भारतीय नारी और उसका त्याग

भारतीय नारी और उसका त्याग

डा० गुरूरामजी विश्वकर्मा मधुकर

PUBLICATIONS

कल्पाज पब्लिकेशन

दिल्ली - 110052

भारतीय नारी और उसका त्याग

मूल्य : 690

ISBN : 81-7835-521-3

भारत में सन् 2006 में प्रकाशित
कल्पाज पब्लिकेशन
सी - 30, सत्यवती नगर,
दिल्ली 110052
ईमेलः kalpaz @hotmail.com

लेजर टाइपसेटिंगः मेगा ग्राफिक्स, दिल्ली
मुद्रितः सालासर एमेजिंग, सिसटम, दिल्ली

नारी जीवन गहरा सागर, दोनों एक समान ।
इस पर भी तूफान हमेशा उस पर भी तूफान ।।

समर्पित है उस ममतामयी नारी को
जिसने
लिखने की प्रेरणा दी

डा० गुरूरामजी विश्वकर्मा मधुकर

विषय सूची

प्रस्तावना

नारी तुम केवल श्रद्धा हो मात्र पुस्तकों तक ही सीमित रह गयी। देखा जाय तो आज देश का जनजागरण "बाममार्गी" हो गया है और स्त्री केवल भोग्या रह गयी है। आज स्त्री पुरूष के बीच का पवित्र गठबंधन समाप्त होता जा रहा है। पुरूष प्रधान इस समाज में नारी केवल प्रदर्शन की वस्तु रह गयी है। आज स्त्रियों को पुरूषों की तुलना में अधिक काम करना पडता है। ग्रामीण क्षेत्रों में रहने वाली शतप्रतिशत स्त्रियां कृषि एवं घरेलू काम में लगी हैं। हमारे देश सहित अन्य पड़ोसी देशों में महिलाओं की स्थिति में सुधार नगन्य है। भारत एवं नेपाल की नारी गरीबी का जीवन जीते हुए सारा बोझ उठाने के लिये मजबूर है, वे बेहतरी का सपना भी नहीं देख सकती।

अन्र्तराष्ट्रीय महिला दशकों के समाप्ति के उपरान्त भी कुछ प्रश्न अनुत्तरित रह जायेंगे—जैसे क्या महिलाओं पर हो रही ज्यादती को रोका जा सकेगा? नयी तकनीक के आयात के नाम पर होता मशीनीकरण महिलाओं को रोजगार की गारन्टी दे सकेगा? धर्म के नाम पर महिलाओं को यातनाओं से मुक्ति मिल पायेगी? नौरोबी सम्मेलन के सामने इसी प्रकार के असंख्य प्रश्न है, जब तक स्त्रियों की माली हालत में सुधार नहीं होता, इस प्रकार के आयोजनों का क्या औचित्य?

भारत की भूमि पर कुछ इस प्रकार के दोष पाये जाते हैं जो सदियों से चले आ रहे हैं। इसे दृष्टि का दोष भी कह सकते हैं। जो बढ़ते-बढ़ते वैचारिक स्तर तक पहुँच गया है। औरतें यहाँ लगातार छली गयी हैं। उन पर वैचारिक और शारीरिक योजनाबद्ध हमले होते रहे हैं। औरतों का भावनात्मक शोषण जिस स्तर पर और जिस ढंग से होता रहा है, वह दिलचस्प भी है और दुखद भी। दिलचस्प इसलिये है कि यहां के लोग अपनी परिभाषाओं में औरतों को देवी का रूप मानते है, माँ की संज्ञा से विभूषित करते हैं। हर औरत मे सीता का चरित्र देखना चाहते है परन्तु व्यावहारिक स्तर पर पुरूष औरतो को किस दृष्टि से देखते हैं वह बहुत ही दुखद और शर्मनाक है। इस पुरूष प्रधान समाज की यह अपेक्षा सदैव रही है कि लड़कियां या औरतें जो भी काम करें उनसे पूछ कर ही करें। समाज के नीति-नियमों के अनुरूप ही चले। आज गाँवों में हीं नही बल्कि बड़े-बड़े शहरों में भी जब लड़कियां घर से निकलें तो परिवार की इजाजत अनिवार्य है। लडकियों के कपडें सिले तो परिवार के पसन्द के हों, लड़कियां अपनी किसी सहेली के घर जाय तो साथ में भाई या कोई पुरूष हो। बात-बात पर परिवार की परम्पराओं की सीमा रेखा वस्तुतः लड़कियों को गुलाम अथवा पंगु बना देने की प्रथा है। लडकियों को "भ्रष्ट" कह देना तथा लांछन लगा देना आम बात है। जिस चरित्र की अपेक्षा लड़कियों से की जाती है, क्या पुरूष उससे बरी है?

वस्तुतः औरतें दोहरी मानसिकता की शिकार रही हैं। अगर यहां औरतों को

माँ का दर्जा मिला तो देवदासियों की प्रथा भी इसी देश में रही है। औरतों के नाम जाने कितने मुहावरे गढ़ दिये गये हैं। किसी भी भाषा के मुहावरे उसके सामाजिक जीवन में ही बनते हैं। कहावतें अथवा उक्तियां परम्परा से पैदा होती हैं जो सामाजिक स्थितियों के आइने का काम करती हैं। यह कैसी विडम्बना है कि जब कोई पुरूष किसी पुरूष को कायर कहना चाहता है तो उसके लिए मुहावरे का प्रयोग होता है "औरतों की तरह चूडियां पहनकर घर बैठ जाओ" कोई ज्यादा बोलता है तो व्यंगात्मक रूप से कहा जाता है "क्या औरतों की तरह जबान चला रहे हो" किसी की चाल पर कहा जाता है "तेजी से जाओ क्या लडकियों की तरह चल रहे हो"। कोई काम नही करना चाहता तो कहते हैं "क्या हाथ में मेंहदी लगा रखी है"। ऐसी न जाने कितनी लोकोक्तियां हैं जो औरतों की जिन्दगी से जुडी हैं। परन्तु क्या सबमें कुछ सच्चाई है।

औरतें किस मायने में पुरूषों से कम है फिर भी चूड़ियाँ पहनने की संज्ञा उनको क्यों? जबकि सच्चाई यह है दोहरी जिम्मेदारियों के साथ वे निष्ठापूर्वक काम करती हैं, मजदूरी करती हैं और घर परिवार की देखभाल भी करती हैं। किस-किस मुहावरे की व्याख्या की जाये और उसका खण्डन किया जाय। इन मुहावरों से स्पष्ट प्रमाणित होता है, औरतों की स्थिति सदैव दोयम दर्जे की रही है। कभी भी उसे बरी नही किया गया। देवदासी परम्परा किसकी बनाई हुई है? वेश्यालयों में कौन लोग जाते हैं? स्त्री को वेश्या जीवन क्यों अपनाना पडता है? पर्वों-त्यौहारों की स्थिति क्या है? क्या वे सिर्फ औरतों के लिए नही बनाए गये हैं जो मंदिरों, मस्जिदों, गुरूद्वारों, गिरजाघरों में जाकर अपने पति अथवा पुत्रों के लिये भगवान से याचना करती है, उपवास करती है। इसमे भी संदेह किया जाता है कि क्या पूजा पति की भी करती है? इस पर कहा जाता है "वह तो जोरू का गुलाम हो गया है" क्या औरतों को कभी शक्तिशाली बनाया गया है कि पत्नी अपने पति को गुलाम बनाकर रखे।

समाज, परम्परा अथवा धर्म ने कभी इस बात की इजाजत औरतों को नहीं दी कि वे स्वतंत्र जीवन जीयें। सदैव उनपर विचार थोपे जाते रहें हैं। कभी किसी विद्रोह ने दस्तक भी दी है तो मानसिक रूप से उसे इतना परेशान किया गया कि बीच रास्ते से ही रास्ता बदल गया है।

ज्ञातव्य है कि अररिया (बिहार) मे वर्ल्ड मुस्लिम कानफरेंस (इस्लाम आलमी इजतया) हुई थी। जिसमें दुनिया भर के लाखों पुरूष धर्म पर विचार करने के लिये इकठठे हुए। परन्तु एक भी औरत को उस सम्मेलन में आने की इजाजत नहीं दी गयी। आस-पास में कहीं कोई औरत सुनने के लिये दूर खड़ी भी हो जाती तो माईक से घोषणा कर उसे वहां से भगा दिया जाता है। क्या यह दोतरफा रूख नही है। धर्म का पालन करने के मामले में औरत को सबसे आगे रखो परन्तु उस पर जब विचार होना हो तो उसे दूर ही रखो। यह सामाजिक, धार्मिक विसंगतियां हैं। इसको पुस्तक में यथास्थान वर्णित किया गया है।

सर्वेक्षण से प्रतीत होता है कि औरतों में वर्तमान परिस्थितियों में यह धारणा है कि क्या कोई भी सामाजिक, धार्मिक, राष्ट्रीय जीवन किसी एक धुरी पर चल सकता है। क्या उसमें औरतों की सहभागिता की कभी कमी रही है। आजादी की लड़ाई हो या अन्य कोई आन्दोलन क्या औरतों का योगदान कभी किसी से कम रहा है। इनमें यह सोच और जागृति निरन्तर बढ रही है। "समय और औरत किसी का इंतजार नही करते"। इस बिन्दु पर भी लेखक ने प्रकाश डाला है।

भारत की संपूर्ण आबादी का 12 प्रतिशत हिस्सा कार्यशील महिलाओं का है। घर से बाहर वह किस प्रकार का कार्य करती है यह इस बात पर निर्भर करता है कि उसे घर में कार्यों के लिए घरेलू सहायता कितनी मात्रा में मिलती है। इसके साथ-साथ दूसरे आर्थिक कारक भी उसके ऊपर इस प्रकार के रोजगारों को अपनाने के लिये अपना प्रभाव डालते हैं। यह महत्वपूर्ण तथ्य नेशनल इंस्टीटयूट ऑफ न्यूट्रिशन हैदराबाद के नवीनतम सर्वेक्षण द्वारा प्रकाश में आया है। कुछ स्थितियों में दोहरे बोझ और घर के अन्दर और बाहरी धंधों व कार्यों को करने की संघर्षात्मक मांग का विपरीत प्रभाव माता, शिशु स्वास्थ्य रक्षा और पौष्टिक आधार की स्थितियों पर पड़ता है।

शहरी उच्च तथा मध्य आय वर्गों में नगरीय औरतों का घर से बाहर लाभदायक रोजगारों से सम्बन्ध विकसित करना आर्थिक स्थितियों से जुडा हुआ है। निम्न मध्य आय वर्गों में इसका संबन्ध माता तथा पौष्टिक भोजन संबन्धी विकसित स्थिति से है। शहरी निम्न आय वर्गीय लोगों में इसका सम्बन्ध पौष्टिक आहार की स्थिति में गिरावट को रोकने से है क्योंकि इस आय समूह में गरीबी एक प्रमुख कारक है। लड़कियों की शिक्षा पर भी इधर विगत कई वर्षो से काफी जोर दिया जाने लगा है जिसके कारण लड़कियाँ और महिलायें भी शिक्षित होकर बेकार बैठना कम पसन्द करती हैं। यदि परिवार सहयोग करता है तो कोई भी अनुकुल रोजगार अपना लेती है।

महिलाओं में रोजगार व नौकरी की प्रवृति बढ़ी है। इससे सिद्ध होता है कि उनकी रूढ़िगत मानसिकता में बदलाव आया है। अब वे अपने व्यक्तित्व के समुचित विकास के प्रति अधिक सचेत हो गयी है और गैर-परम्परात्मक पेशे को अपनाने की प्रवृत्ति उनके बहुमुखी विकास का परिचायक है।

भौतिकवादी प्रवृत्ति ने भी भारतीय नारी को स्पर्धात्मक युग में लाकर खड़ा कर दिया है। जिसका प्रभाव यह हुआ है कि वे इन नवीनतम भौतिक साधनों को जुटाना चाहती है जो परिवार के मुखिया की सीमित व नपी तुली आय में आसानी से सम्भव नहीं हो पाता। अतः मजबूरन उसे किसी न किसी स्तर के बाहरी कार्यो व धंधों में लगना पडता है ताकि परिवार की आर्थिक स्थिति भी मजबूत हो सके और वह सही मायने में जिंदगी जी सके।

अधिकांश महिलाएं तो आर्थिक परेशानी के कारण नौकरी करती हैं लेकिन समय व्यतीत करने व फैशन मात्र के लिये धन अर्जित करने के लिए भी नौकरी व

व्यवसाय करने की प्रवृत्ति व प्रचलन भी अधिक बढ़ता जा रहा है। निर्धनता भी प्रमुख कारक है जो महिलाओं को आमतौर पर घर के बाहर भी कार्य करने के लिये बाध्य करता है।

औद्योगीकरण व मशीनीकरण से भी औरतों को घर से बाहर निकाल कर नौकरी व व्यवसाय करने के लिये आकर्षित किया है। महिलाओं को अधिक स्वतंत्रता मिली है और वे रोजगार करने की ओर उन्मुख हुई हैं। भारत में महिलाओं में रोजगार करने की जो प्रवृत्ति बढ़ रही है वह आर्थिक समानता की दिशा में एक प्रेरणात्मक कदम है उनकी इस विकसित हो रही प्रवृति को बढ़ावा देने की जरूरत है। जिससे न केवल महिलायें वर्ग बल्कि उनका परिवार भी लाभान्वित हो।

भारत में दो तिहाई महिलाएं आज भी खेती बाड़ी के काम में लगी हैं। स्त्रियों के शोषण के खिलाफ नई जागरूकता दिखाई दी है। स्त्रियों की स्थिति संबन्धी रिपोर्ट में कहा गया है कि संविधान की क्रांतिकारी और पारस्परिक सामाजिक व्यवस्था से इनके अलगाव के कारण ही प्रत्येक वयस्क महिला को राष्ट्र निर्माण में स्वतंत्र भागीदार का दर्जा दिया गया है। दूसरी ओर हम देखते हैं कि संसदीय प्रक्रिया में औरतों की भागीदारी से उनकी स्थिति में कोई विशेष सुधार नहीं हुआ है। कारण उनमें राजनीतिक निर्णयों को प्रभावित करने की ताकत नहीं है।

अन्तर्राष्ट्रीय महिला दशक के दौरान महिलाओं की स्थिति में संतोषजनक सुधार न होने पर नई दिल्ली में 'जनवादी महिला समिति' नामक संगठन ने गत् 11 से 14 जून तक "महिला दुदर्शा दशक" मनाया। समिति ने 13 जून को संसद मार्ग पर पोस्टर वर्कशाप का आयोजन किया। 'आलोच्य दशक' में महिलाओं पर हो रहे अत्याचारों में कोई कमी नहीं हुई। यदि थोड़ी बहुत कमी भी है तो उसके श्रेय सरकारी मशीनरी को नहीं जाता। नारी जागरण के लिये काम कर रहे कतिपय संगठन इस दिशा में प्रयत्नशील रहे हैं। इस बिन्दु पर लेखक ने अपने निष्पक्ष विचारों को प्रस्तुत किया है, जो मार्मिक और सारगर्भित है। इससे उपेक्षित और वंचित समाज को राहत मिलेगी और विशाल जन समुदाय इससे काफी लाभान्वित होगा।

ज्ञातव्य है कि देश के हालात से चिंतित करोड़ों देशवासियों की भावनाओं को आत्मसात करते हुए जब ऐतिहासिक एवं राष्ट्रीय महत्व की पुस्तक "हम और हमारी आजादी" प्रकाशित हुई तो अधिसंख्य महिलाओं ने अपने-अपने विचार व्यक्त करते हुए कहा कि लेखक की पीड़ा देश की बहुत बड़ी आबादी की पीड़ा है। परन्तु उक्त ऐतिहासिक एवं राष्ट्रीय महत्व की पुस्तक में नारी की संवेदनशील वेदना और पीड़ा पर लेखक से जितनी अपेक्षायें थीं उतनी हासिल नहीं हो सकी। लेखक ने नारी की वेदना और पीड़ा को अपेक्षाकृत स्थान नहीं दिया है जो मीरा और महादेवी में सन्निहित है। एक लेखक के रूप में महिलाओं की व्यथा मुझे बार-बार आन्दोलित करती रही। विषयान्तर होने के बावजूद भी मैं काफी चिंतित और निराश था जबकि उक्त पुस्तक में "आधी दुनिया का सच" के अध्याय में नारी की स्थितियों का वर्णन है।

इसी प्रकार विभिन्न क्षेत्रों से निरन्तर सुझाव और दबाव आते रहे कि भारतीय नारी और त्याग के संबन्ध में ऐसी रचना का सृजन करें जिसमे अतीत से वर्तमान का चित्रण हो। यह कार्य मेरे लिये बहुत ही कठिन और निराशाजनक था। मन ही मन मैं इतना उद्विग्न और व्यथित था कि इस दुरूह एवं जटिल कार्य को कहाँ से प्रारम्भ करूं, इसके लिये मैने विभिन्न नारी संगठनों, सामाजिक, आर्थिक, शैक्षिक, राजनीतिक क्षेत्रों से जुड़ी विशिष्ट महिलाओं, पार्टियों के प्रमुखों, महिला सांसदों, विधायकों से संपर्क किया परन्तु उनसे अपेक्षित सहयोग नहीं मिलने से बहुत ही हतोत्साहित और निराश हुआ। काफी समय तक यह पीड़ा इस कदर चुभती रही, कहीं ऐसा तो नहीं कि पुरूष के नाते सम्मानित नारियां कहीं यह तो नहीं सोचती हैं कि पुरूष लेखक नारी के उन स्वरूपों का सजीव चित्रण नही कर सकता जो महादेवी जी "आँसू नहीं आग हैं" में चित्रित है। कुछ ने प्रधानमंत्री का पद अस्वीकार करने पर श्रीमती सोनिया गांधी को केन्द्रित कर आज के परिपेक्ष में लिखने का सुझाव दिया। ये दोनों विसंगतियों से भरे सुझाव मेरे पुस्तकीय कार्य को इतनी असमंजस की स्थिति में लाकर खड़ा कर दिये कि इसका प्रारम्भ जनभावनाओं के अनुसार कहाँ से प्रारम्भ करूं जिसमें समग्र नारी समाज प्रतिबिम्बित हो और एक लेखक के रूप में मैं अपने कर्तव्यों का शालीनता से निर्वहन कर सकूं। इसके लिये मैने विभिन्न क्षेत्रों का भ्रमण किया। पुस्तकालयों और वाचनालयों, शोधू संस्थानों, शिक्षण संस्थानों में विभिन्न भाषाओं की दुर्लभ पुस्तकों का अध्ययन कर लेखन कार्य प्रारम्भ किया जो अंतिम रूप में आप के समक्ष प्रस्तुत है।

सर्वप्रथम जागरूक महिलाओं द्वारा लेखक को मीराबाई और महादेवी वर्मा जी की ओर ध्यानाकर्षित कर विशेषरूप से केन्द्रित किया गया है। अतः प्रश्नगत प्रकरणों को मैं पाठक वृन्द के समक्ष रखना चाहता हूँ मीरा और महादेवी दोनों आध्यात्मिक प्रेम की पंथिनी हैं परन्तु मीरा की भक्ति या अध्यात्म चेतना अनुभूति जन्य है जबकि महादेवी का रहस्यवाद बौद्धिक है। इस तरह की समानता और भिन्नता ने मीरा और महादेवी के संघर्ष और निजी अवदान को सीमित कर दिया है। मीरा मध्यकालीन सामन्ती परिवार में जन्मी थी और महादेवी मध्यवर्गीय आधुनिक परिवार में, दोनों के संघर्ष अलग थे। महादेवी का युग भक्ति का नहीं, बौद्धिकता और तार्किकता का था। इसे भक्ति युग की सापेक्षता में देखना उस सचेत वैचारिकों को भूलना है जो औपनिवेशिक वैज्ञानिक और यंत्र-युगीन परिवेश के बीच नई अर्थबत्ता के लिये जूझ रही थी।

यहां मैं अपने महिला पाठक वृंद से विनम्र निवेदन करूगां कि महादेवी जी बुद्ध की करूणा और दुःखवाद से इतनी अभिभूत थी कि एक दिन भिक्षुणी बनने हेतु बौद्ध बिहार में चली गयी। वहां देखती हैं कि स्थविर उनसे पंखो की ओट लेकर बात कर रहे हैं। यह ओट बातचीत करने के दोष का परिमार्जन या स्त्री चर्चा पाप से बचाव था। महादेवी इस अपमान को कैसे सहती? वे बिना दीक्षा लिये लौट आयी। परन्तु बुद्ध की करूणा में उनकी आस्था अडिग रही क्योंकि उनके भीतर नारी की चिरंतर पीड़ा और विषय की शाश्वत व्यथा झलकती रहती थी।

यहां उल्लेख करना समीचीन होगा कि महादेवी बार-बार जताती रही है कि ये आंसू आग है, महाकरूणा का आख्यानक आंसू से नहीं ज्वाला से लिखा जाता है। यह आत्मवेदना के आसूं नहीं है, यह भीतर का करूणार्द्र बुद्ध है, जो दूसरों की आंच से पिघलता है। सारे संसार का अपमान, गरल, व्यथा खुद पीता है और विश्व को सुख का संदेश देता है। मगर सुनता कौन है।

दूसरा पक्ष महादेवी की वह कविता जो यात्री से कहती है कि जाग तुझको दूर जाना, बहुत दूर जाना यानि एक लम्बी यात्रा पर महान् लक्ष्य की ओर। यह वही यात्रा है जो आग पीकर आंसू उडेलती है जो अंगार सैया पर खुद सोती है, लेकिन विश्व के लिये मृदुल कलिया बिछाती है। यह विश्व वेदना है। इससे मैं काफी प्रभावित हुआ हूँ। इस पीड़ा को प्रस्तुत पुस्तक "भारतीय नारी और त्याग" में यथास्थान केंद्रित करने का प्रयास किया हूँ जिसका निर्णय पाठक वृंद करेंगे।

आज के बदलते परिवेश में विषयान्तर होना स्वाभाविक है। मेरे एक घनिष्ठ सहयोगी ने सुझाव दिया है कि रचना आज के राजनीतिक परिदृश्य में होनी चाहिये। नेता और संसद उस पर क्या बोलते हैं। प्रजाजन सुने। परन्तु उन्हें नहीं मालूम कि वे प्रजा द्वारा चुने गए लोकतंत्री, कलयुगी राजा है। कोई खेल नहीं है, प्रजा जनों से उनका कोई मेल नहीं है। जिसको चाहे दीवारों में चुनवा दे, देश निकाला दे दें, या फांसी लगवा दे। जनता का धन अपनी शान शौकत के लिये पानी की तरह बहा दे। खजाना खाली होने पर जिसने उसको राजा बनाया उसी से वसूले। समय भांप कर वह अगड़ा-पिछडा, नर-नारी में बांटकर राज करे। ऐसी विषम परिस्थिति में एक स्त्री द्वारा महसूस की गयी स्त्री की वास्तविक असुरक्षा, भय और पारंपरिक उत्पीड़न से कैसे छुटकारा मिले। क्रूरता , अमानुषिकता, संकीर्णता, लघुता, मदांधता, अन्याय और शोषण के विरूद्ध जब किसी देश काल का दावा नहीं हो सकता तो विमर्श कैसा? इस मार्मिक प्रश्न पर कार्यपालिका, विधायिका, न्यायापालिका को ध्यान केन्द्रित करना होगा।

हमारे देश में सबको समान हक और अधिकार हासिल है। स्त्री पुरूष दोनों समान हैं। अगर हम अपनी समस्याओं को अलग-अलग नजरिये से देखेंगे तो आपस में टूटन और घुटन देश, राष्ट्र और समाज के लिए अहितकर होगी। हमारा देश आजादी के बाद दो हिस्सों में बंट चुका है। देशहित में हमें उस जड़ता को समाप्त करना होगा जिसके कारण हर क्षेत्र में असमानता, अविश्वास, कटुता, घृणा और नफरत बढ़ रही है एक और श्रमिक चौराहे पर खड़ा होकर 70 रुपये मज़दूरी की प्रतीक्षा कर रहा है और दूसरी ओर राजतन्त्र में 7000 रूपये ये 75,000 रूपये वेतन भत्ते पाने वाले लोगों के लिए राजकोष का बोरा खुला है। सांसद/विधायक निधियाँ, उनके वेतन भत्ते, पेंशन और अन्य सुविधायें इतनी अधिक हैं कि राजकोष खाली होने पर उसकी भरपाई विदेशी कर्ज और जनता से पूरी की जाती है। आम जनता पर दिन प्रतिदिन बढ़ती महंगाई और छोटे उद्यमियों और व्यवसायियों पर करों

का बढता भार उनको अपनी इकाई बन्द कर अन्यत्र रोजी रोटी की तलाश में जाने को विवश कर रहा है। इस पर किसी का ध्यान नहीं है। आम जनता को इन मुद्दों से विमुख रखने हेतु अगड़ा-पिछड़ा, दलित-सवर्ण, ऊंच-नीच, छोटा-बड़ा, अमीर-गरीब, स्त्री-पुरूष के विवाद में चाक की तरह घुमाया जा रहा है। जो राष्ट्रीय सुरक्षा के लिए उचित नहीं है। लोकहित में इस पर ध्यान केन्द्रित करने की आवश्यकता है।

प्रस्तुत पुस्तक "भारतीय नारी और उसका त्याग" 6 खण्डों 12 अध्यायों में विभक्त हैं जिसका उल्लेख विषय सूची में अंकित है। इसमें प्रथम, द्वितीय खण्ड भारतीय नारी से सम्बन्धित है तथा तृतीय, चतुर्थ एवं पंचम खंड सम सामयिक मुददों पर आधारित है। षष्टम खण्ड में प्रमुख नारियों का साक्षात्कार चिंतन, विचार एवं सन्दर्भित ग्रन्थ सूची में अंकित पुस्तकों का उल्लेख है। इस पुस्तक के चतुर्थ खण्ड अध्याय 9 और पंचम अध्याय 10 में कॉंग्रेस, संप्रग अध्यक्ष एवं पूर्व नेता विपक्ष की हैसियत से श्रीमती सोनिया गाँधी और भारत के प्रधानमंत्री डा० मनमोहन सिंह के भाषणों का अंश यथास्थान में उल्लेख किया गया है ताकि देश की जनता सोचे और समझे कि देश किधर जा रहा है और हमें क्या करना चाहिये।

अधिकतर लोगों की धारणा है और यह सच भी है कि रामचरित मानस में महाकवि तुलसीदास ने उर्मिला के चरित्र चित्रण में कोताही बरती है जिसकी आलोचना के वे आजतक शिकार हो रहे हैं इस परिप्रेक्ष्य में भारतीय महिलाओं तथा लोगों ने "हम और हमारी आजादी" में नारी उपेक्षा का जो जिक्र किया है, उससे अभिभूत होकर मुझे इस पुस्तक को लिखने की प्रेरणा मिली है। इस निमित्त सारी कठिनाइयों को झेलते हुये नारी समाज की गहन पीड़ा को इस पुस्तक में व्यक्त करने का प्रयास किया है।

हम अपने प्रयास में कितना सफल रहे हैं, इसका मूल्याँकन तो आप सभी पाठकगण ही कर सकते हैं। इस पुस्तक की विषय-वस्तु एवं प्रस्तुतीकरण के बारे में सार्थक आलोचना एवं सुझावों का हार्दिक स्वागत किया जायेगा क्योंकि हमें अगले संस्करण में संशोधन हेतु सहायता मिलेगी।

डा० गुरूराम जी विश्वकर्मा मधुकर

आभार

मैं अपनी माता श्रीमती वासुमती देवी, पिता श्री रामसनेही (स्वतंत्रता सेनानी) का हृदय से आभारी हूँ जिन्होंने मुझे इस योग्य बनाया कि आप लोगों के समक्ष यह पुस्तक प्रस्तुत कर सका। साथ ही मैं अपनी अर्धांगिनी श्रीमती सूरज देवी मधुकर का ऋणी हूँ जिन्होंने मेरे कठिन समय में भी कभी मेरा साथ नही छोड़ा और निरन्तर मेरे प्रयासों को फलीभूत करने में सहयोग करती रही। इन्होंने कभी भी अपने दुखों का ख्याल न करके मेरे इस कार्य में दिन रात साये की तरह मेरे साथ लगी रही।

मैं उन सभी लोगों का हृदय से आभारी हूँ जिन्होंने इस पुस्तक की संरचना में सहयोग किया।

(गुरूरामजी विश्वकर्मा मधुकर)

प्रथम खण्ड

1
प्राचीन काल में नारियों का त्याग और समर्पण

1. महाभारत की नारियों का शौर्य एवं पराक्रम

महाभारत के सैकड़ों तेजस्वी, पराक्रमी और कर्मशील पुरूषों के मध्य कुछ ऐसे नारी चरित्र भी हैं जो न केवल राजमहिषी अथवा राजकुमारी के रिक्त स्थानों को ही भरते हैं बल्कि समूचे घटनाक्रमों को एक नया मोड़ भी देते हैं। ऐसे ही मुख्य नारी चरित्र हैं अंबा, गांधारी, कुन्ती और द्रौपदी आदि। बाहूय रूप से देखने पर ये सभी मानवीय कम और देकवया ज्यादा लगती हैं। इसका मुख्य कारण है इनके चरित्र के साथ जुड़े ढ़ेरों ऐसे प्रसंग जो इन्हें सामान्य स्त्रियों से बहुत ऊँचा उठा देते हैं। परन्तु इस आधार पर यह कहना गलत होगा कि वे मानवीय संवेदनाओं दुर्बलताओं से परे थी। वास्तविकता तो यह है कि इनमें से प्रत्येक की अपनी पीड़ायें और अपने संघर्ष रहे हैं। हाँ, उस पीड़ा को सहने और उस संघर्ष से जूझने के लिये वे सभी किसी और का सहारा न लेकर अपनी आत्म-शक्ति, सहनशक्ति, बुद्धि और विवेक का सहारा लेती है।

महाभारत का एक ऐसा ही अद्भूत नारी चरित्र है "अम्बा"। नारित्व की कोमल भावनाओं से भूरपूर काशी नरेश की पुत्री अम्बा, जिसके नारित्व के अपमान के कारण अनजाने में ही गंगापुत्र भीष्म बन जाते हैं। अपने प्रिय और फिर भीष्म द्वारा अपनाये न जाने पर घोर अपमान और पीडा के दंश से छटपटाती अम्बा उसी क्षण अपने जीवन का अभिष्ट निर्धारित कर लेती है और यह अभिष्ट था एक मात्र भीष्म की समाप्ति का। अपने इस जीवन लक्ष्य को पाने के लिये अम्बा शिव का आर्शीवाद पाकर पाँचालराज द्रुपद के पुत्र शिखंडी के रूप में नया नाम, नयी पहचान और नये अस्तित्व के साथ प्रकट होती है। परन्तु इस संपूर्ण नवीन चोले में भी प्रतिशोध वही भीष्मांत था। जिस तल्लीनता और समर्पण के साथ अम्बा अपना अभिष्ट सिद्ध करती है वह विस्मयकारी है और अधिक विस्मयकारी है अम्बा की मनःशक्ति जो उनके चिरसंचित प्रतिशोध को पूरा करने का माध्यम बनती है।

एक प्रकार से देखा जाय तो अपनी दृढ़ शक्ति के बल पर अम्बा, अम्बा से शिखण्डी तक का रास्ता जरूर तय करती है परन्तु इस समूचे घटनाक्रम के दौरान वह एक सामान्य स्त्री ही बनकर रह जाती है जिसका निजत्व ही उसके लिये महत्वपूर्ण है और सार्वजनिकता अर्थहीन, तभी तो वह भीष्म जैसे महाव्रती के विराठ व्यक्तित्व में भी सिर्फ एक पुरूष को देखती है, जिसने कभी उसके "स्व" की उपेक्षा की थी। इस दृष्टि से अम्बा में और किसी भी सामान्य स्त्री में चाहे वह आज भी रही हो या कल की खास में अन्तर नहीं रह जाता।

अम्बा के बाद अपनी चरित्रगत साधारणता और असाधारणता, सहजता और

असहजता, गुण और दोष जैसी परस्पर विरोधी विशेषताओं के साथ, अबूझ पहेली सा चरित्र है, महाभारत की महत्वपूर्ण नारी "गांधारी" का। गांधारी दृष्टियुक्त है परन्तु जनमांध पति की पत्नी बनते ही आंखों पर पट्टी बांध स्वयं भी दृष्टिहीन बन जाती है। गांधारी की ओढ़ी हुई दृष्टिहीनता ही उनके चरित्र का सर्वाधिक सबल पक्ष है और उनके प्रति उमड़ती हुई श्रद्धा की वजह भी। परन्तु ऐसा नहीं है कि हम चरित्रगत ऊँचाईयों के बल पर "अति मानवी" सी दिखती गांधारी मानवी दुर्बलताओं से अछूती है। ढेरों ऐसे प्रसंग है जहाँ सही गलत की पहचान में गुम होती गांधारी एक सामान्य स्त्री बनकर रह जाती है। क्योंकि गांधारी के चरित्र के साथ जुड़ा हुआ जितना बड़ा सच उनकी ओढ़ी हुई दृष्टिहीनता है उतना ही बडा सच गांधारी का स्त्री सुलभडाह भी है जिसके वशीभूत होकर वह उस समय कोख पर प्रहार करती है जब कुन्ती के पहले पुत्रवती होने का समाचार सुनती है। इसके अतिरिक्त जितना बडा सच यह है कि युद्ध के दौरान दुर्योधन द्वारा बार-बार विजय आशीष मांगने पर भी न देनेवाली गांधारी थी, वही यह भी सच है कि अंत में दुर्योधन को अमरत्व देने के लिये उसके शरीर पर "बज्र दृष्टि" डालने वाली भी गांधारी ही थी।

अम्बा और गांधारी के बाद आनेवाली नारी चरित्र है कुन्ती। अपनी अद्‌भूत सहनशक्ति की वजह से ऊपर से शांत, स्थिर और गंभीर दिखने वाली कुन्ती कुछ अलग-थलग सी दिखती है। परन्तु इस आधार पर यह नहीं कहा जा सकता कि कुन्ती के हिस्से पीड़ा भाव आयी ही नहीं। सच तो यह है कि कुन्ती के एक ही जीवन में अनेकों पीड़ाएं समायी हुई हैं। उस नासमझ बालिका की पीड़ा भी कुन्ती की ही पीड़ा है जिसे अपने ही पिता, मित्र कुन्ती भोज को सौप देते हैं। उस कुंवारी कन्या की पीड़ा भी कुन्ती की पीड़ा है जो अनजाने ही पुत्रवती हो जाती है। उस विवाहिता युवती की पीड़ा भी कुन्ती की ही पीड़ा है जिसका पति न सिर्फ रोगी है बल्कि स्त्री संसर्ग के लिये शापित भी और उस मां की पीड़ा भी कुन्ती की ही पीड़ा है जो पुत्र को सामने पाकर भी पुत्र नहीं कह सकती। यानि कुन्ती का जीवन एक ऐसी स्त्री का जीवन है जो विभिन्न स्तरों पर अपने आप से जूझती है। इनका संघर्ष अम्बा या गांधारी से कम नहीं है। हा, इनके संघर्ष कर तरीका और परिस्थितियाँ जरूर भिन्न है। सब मिलाकर कुन्ती ममता और भावनाओं से भरीपूरी सम्पूर्ण स्त्री तो प्रतीत होती है परन्तु सामाजिक मर्यादा ने अनेक स्थानों पर इन्हें इतना असहाय बना दिया कि वे अपना दोष ही नहीं पहचान पाती।

अम्बा, गांधारी और कुन्ती के अतिरिक्त महाभारत में एक ऐसी नारी चरित्र भी है जिसके जीवन के साथ जुड़े अनेकों प्रश्न आज भी मुँह बाये खड़े हैं, वह है द्रौपदी। द्रौपदी का जीवन जितनी असामान्य, विचित्र और दुखद घटनाओं से भरा हुआ है उतना शायद ही किसी अन्य स्त्री का रहा हो। एक तरह से देखा जाये तो द्रौपदी अपने जन्म से लेकर अंत तक राजनीति की चौतरफा मोहरा बनी रही। उनका जन्म, उनका विवाह, उनका अपमान, उनका दासत्व सभी कुछ अति महात्वाकांक्षी, कठोर और घृणित राजनीति से संचालित होता रहा। इसके बावजूद द्रौपदी अपनी

चमत्कारी सूझबूझ, आत्मबल और प्रतिकूल परिस्थितियों को अपने अनुकूल बना लेने की कला में प्रवीण होने की वजह से जगह-जगह पर अपने स्वतंत्र व्यक्तित्व का अहसास करा सकने में सक्षम है। अम्बा, गांधारी और कुन्ती की चारित्रिक विशेषतायें जहां द्रौपदी में एकसार हो गयी है वहीं इनकी कमजोरियों से द्रौपदी अछूती रह गयी है। द्रौपदी जहां कुन्ती सी अद्‌भूत सहनशक्ति का परिचय देती हुई पाँच पुरूषों के बीच स्वयं का विभाजन न केवल स्वीकार करती है बल्कि गांधारी के अनुपम पतिव्रता की धर्म राह पर चलती हुई पांच पुरूषों में एक ही पुरूष "पाण्डव" का अनुभव भी करती है। यह सोच पाना भी कठिन है कि द्रौपदी ने पांच अलग-अलग गुणों से युक्त पुरूषों के साथ कैसे एकात्मक स्थापित किया होगा और उनकी अनेकता में एकता लाने के प्रयास में उन्हें क्या कुछ नहीं झेलना पडा होगा। परन्तु द्रौपदी ने अपने भीतर उठ रहे झंझावतों से "पांडव शक्ति" को कभी प्रभावित नहीं होने दिया। वे जीवन भर अपने पतियों के सुख-दुख, मान-अपमान की बराबर की सहभागिनी और कर्तव्य पालन के लिये उनकी प्रेरणा भी बनी रही। परन्तु उन्होंने कभी भी कुन्ती के समान अत्यधिक सहनशक्ति का प्रदर्शन कर सर्मपण नहीं किया और न ही वे कभी गांधारी की भांति निर्णय अनिर्णय के दोराहे पर खड़ी रही। सही गलत की पहचान का उनका अपना नजरिया था। द्युतक्रीड़ा भवन में अपने ही कुल पुरूषों के सम्मुख, अपने ही देवरों के हाथों हुए अपमान की प्रतिशोधाग्नि मे वे जीवन भर सुलगति रहती है। न तो वह खुद चैन से रहती है और न ही संधि के लिये उत्सुक पांडवों को चैन लेने देती है। अम्बा की सी एकाग्रता और सर्मपण लिये द्रौपदी का एकमात्र लक्ष्य दुर्योधन, दुशासन और कर्ण का नाश ही बन जाता है। क्योंकि द्रौपदी अपने साथ हुए अन्याय को संपूर्ण नारी जाति का अपमान मानती है जिसके लिये जिम्मेदार व्यक्ति को दण्ड देना ही उनकी नजर मे उचित है।

इस प्रकार द्रौपदी अपने आप पर होने वाले अन्यायों को सहती नहीं है बल्कि अपनी दृढ़ इच्छाशक्ति के बल पर सड़े गले मूल्यों का प्रतिकार और पुरूष सत्ता का विरोध भी करती है। द्यृतक्रीड़ा भवन मे उपस्थित महिमा मंडित कुल पुरूषों और धर्माचार्यों से स्वयं पर हुए अत्याचार के संबन्ध में धर्म-अधर्म, नीति-अनीति के ढेरों जलते हुए प्रश्न दागती द्रौपदी लपलपाती हुई अग्निशिखा सी प्रतीत होती है। द्रौपदी के व्यक्तित्व का यह यह तेज कठिनतम परिस्थितियों में भी उनसे विमुख नहीं हुआ है, यही उनके चरित्र की सबसे बडी विशेषता भी है। इस प्रकार कोमलता, कठोरता, ज्ञान और विवेक से युक्त द्रौपदी का चरित्र ही एक ऐसा गरिमामयी एवं आत्मविश्वासी नारी का अद्‌भूत चरित्र है जिसकी जरूरत कल भी थी, आज भी है और कल भी रहेगी।

2. द्रौपदी चीरहरण और नारी विलाप

युगों-युगों से नारी को जो प्रताड़ना झेलनी पड़ी है और उसके उत्पीड़न और शोषण का जो क्रम आज भी जारी है उसके संबन्ध में अनेक ऐसे प्रश्न उठाये हैं जो भारतीय संस्कृति में नारी को पूज्या और आदरास्पद माने जाने के बावजूद आज भी

अनुतरित है। बदलते युगों में बदलती सामाजिक व्यवस्था में भी नयी-नयी जकड़बन्दी में कसकर वह लगातार जुल्मों का शिकार ही बनी है। नारी की इस दुःखद स्थिति पर लेखक के मन में घनीभूत आक्रोष "भारतीय नारी और उसका त्याग" में अत्यन्त प्रखरता से अभिव्यक्त हुआ है।

भारतीय समाज में वैदिक काल से ही नारी का विशिष्ट स्थान रहा है। हर कार्य में वह पुरूषों की सहभागी रही है। रामायण और महाभारत काल को भारतीय संस्कृति का उत्कर्ष काल माना जाता है। इस समय भारतीय नारी के आदर्श रूप के बखान के साथ उसे महिमामण्डित किया गया। नारी के संबंध भारतीय समाज की विसंगतियों को उजागर करने के लिये लेखक ने महाभारत पाण्डवों की पत्नी द्रौपदी और पाण्डवों की माता कुन्ती को तरह-तरह से प्रबंचित किये जाने और पीड़ित किये जाने संबंधी प्रश्नों को सात संर्गो में हृदय को झकझोर देने वाला अत्यंत मार्मिक चित्रण किया है।

इस प्रसंग में लेखक ने द्रौपदी के स्वयंबर, कौरवो की सभा मे द्रौपदी चीरहरण और कुन्ती और कर्ण के संदर्भ में कुछ नयी तरह की व्याख्या प्रस्तुत की है जो "महाभारत" के इन बहुचर्चित चरित्रों के एक नये रूप को उदभासित करता है और इस तरह नारी का एक गरिमामय रूप संक्षेप में प्रस्तुत करता है। द्रौपदी को इस बात पर आक्रोश है कि स्वयंबर में मत्स्य बेध की शर्त धर्नुवीर अर्जुन द्वारा पूरा किये जाने पर क्यों नहीं वह मत्स्य-नयनबेधी मेरा वरण-पुरूष हुआ? क्यों बनायी गयी पांच पाण्डवों की पत्नी? क्या मैं जडवस्तु थी या मणियों में थी मेरी गणना? मैं क्या खाद्य वस्तु थी जो टुकड़ों में बंट जाती हैं? क्यों किया गया नारी के नारित्व का अपमान। इस प्रकार जघन्य नृशंस हनन। इसी क्रम में द्रौपदी कहती है कि इसी को लेकर आगे मुझसे कहा गया पांचों पति समान धर्म नहीं निभाकर, मैने घोर अधर्म कमाया।

द्रौपदी के कथन का आश्रय लेकर लेखक ने इस प्रश्न को और आगे बढ़ाया कि धर्म-अधर्म, यह नीति-अनीति आखिरं इसकी आधारशिला क्या है? पुरूष अपनी सुविधाओं को प्राथमिकता देकर धर्म-अधर्म, नीति-अनीति सबकी परिभाषा बदलता है। द्रौपदी का आक्रोश पुरूष जाति के प्रति घृणा भरी चित्कार के रूप में उबल पड़ता है जब वह कौरव पाण्डवों की द्यूतक्रीड़ा के प्रसंग में अपने को दाव में लगाये जाने और हारे जाने पर दुःशासन द्वारा भरी सभा में चीर खींचे जाने का उल्लेख करती है।

"नीच दुःशासन ने किस प्रकार अपमानित किया मुझे। अन्तःपुर से केश पकड़ कर आंचल खींचता मुझे गिरती-पड़ती, धरती पर घसीटती नारी को वह पतित भरी सभा के मध्य ले आया। इस अशोभन कृत्य के प्रति जनसंकुलित सभा लज्जानत थी। अपने पराये स्वजन, गुरूजन, पति-पुत्र सब स्तब्ध मौन थे। घोर लज्जा, आक्रोश विवश अपमान से रूदन करती उसने रक्षा हेतु कातर दृष्टि से सभी ओर देखा। पक्ष विपक्ष मे किसी में तो साहस होगा और इस अधर्म के प्रति गहरा क्षोभ प्रदर्शित करेगा। किसी ने भी इस घोर पाशबिकता का विरोध नहीं किया। उसके पति पाँचों पाण्डवों का सारा पौरूष मौन में सिमट गया।

इनकी दृष्टि में नारी पत्नी ही नहीं, लक्ष्य सिद्धि का माध्यम भी थी। वह उपहार स्वरूप हस्तांतरित हो सकती थी, दाव पर लग सकती थी। द्रौपदी की इन शब्दों मे आज की नारी की स्थिति पर तीखी चोट की गयी है, जहाँ उसका पारितोषिक, उपहार, राजनीतिक, आर्थिक, निजी लाभ के लिये पुरूष वर्ग हस्तांतरित की जाने वाली वस्तु के रूप में उपयोग करता है।

द्रौपदी - चीरहरण के प्रसंग मे यह कथन इस अभिजात्य कुल कौरव दल के गौरव का प्रचण्ड, प्रकृष्ट, प्रखर जाज्वल्यमान मार्तण्ड, कलंक कालिमा के राहु से ग्रस्त, मलिन हो कर झील छविहीन हुआ था। वह अपने आप में सब कुछ कह देता है। तीन संर्गो तक द्रौपदी के आक्रोश को शब्दों का रूप देते हुए लेखक ने नारी के प्रति पुरूषों की प्रबंचना और छल को कई तरह से इंगित किया है। पुरूषों द्वारा स्त्रियों को अलंकारों से विभूषित किया जाना शिंजनी नहीं बेड़ियों की झंकार है। मांग में सिंदूर को नारी स्वाभिमान का प्रतीक बताया गया है। वह माता है, पत्नी है, बहन है, पुत्री है, किन्तु है वह वही युगों से उत्पीड़ता, शोषिता नारी है। दुग्धपान करता शिशु ही पुत्र है। वयस्क होने पर पुरूष बनकर रह जाता है। अपना विरोध उचित हो या अनुचित कदापि नहीं सह सकता।

इतिहास साक्षी है युद्ध क्षेत्र मे मरणासन्न पड़े कर्ण के पास कुन्ती के जाने और कुन्ती और कर्ण के बीच वार्ता के जरिये नारी की विवशता जननी द्वारा परित्यक्त नाम कुलविहीन कर्ण माता से उपालभ्भ और अपने प्रथम पुत्र के इस तरह अन्त से दुखी कुन्ती का उससे अपने उस समय की विवशता जानने के प्रसंग में सामाजिक व्यवस्थाओं, मान्यताओं और उच्चकुल, नीचकुल के बीच पनपने वाली विषमाता पर इसे केन्द्रित कर विभिन्न अध्यायों में विश्लेषित किया गया है। कर्ण का मानना है कि जिस मंजूषा में नवजात शिशु के रूप में नदी मे बहता जा रहा था यदि संयोग से वह किसी क्षत्रिय को या बहमबेत्ता को मिल जाता, इतिहास दूसरा होता। स्वयंवर में अभिजात वर्ग का कहकर अपमानित नही किया जाता, वरन् द्रोपदी मेरी होती क्योंकि लक्ष्य - भेद शौर्य में मै अर्जुन से ज्यादा समर्थ था। कर्ण कुन्ती को उलाहने भरे स्वर में कहता है यदि आप ने युद्ध के पहले मुझे अपना पुत्र बताया तो उस स्वयंवर के समय आगे आकर क्यों नही कहा। जन्म जाति परिचय के जलते, विषाक्त व्यंग बाणों से मेरा तन मन विधा रहा है। इस पर कुन्ती विवाह के पूर्व के पुत्र जैसे सामाजिक लांछन का बहाना बना कर कहती है कि वह पाण्डवों के लिये सशर्त अज्ञातवास का समय था। बात खुल जाने पर कष्ट उठाना पड़ता। इस पर कर्ण कहता है क्या संगत क्या असंगत इसे अब तक धर्म समाज कोई भी नहीं सुलझा पाया। नीति-अनीति, धर्म-अधर्म मात्र एक आडम्बर है जिसके हाथों मे बल है, शासन है वैसी ही वह नीति-अनीति बनाता है जो कलंक और अभिशाप है।

आज भी शुद्र, उच्च मानवीय गुणों उदात्त् सुसंस्कृत आचरण से कितना भी परिपूर्ण। प्रत्येक श्रेष्ठ वस्तु आदर सम्मान से सदा रहेगा वंचित। इस प्रकार लेखक

जन्म जाति के परिचय से विहीन कर्ण के माध्यम से उच्च वंश के लोगों के एकाधिकार पर चोट की है। कर्ण के एक और रूप को लेखक ने उजागर किया है वह कहता है मैंने भी अधर्म किया। मैं भी मौन रहा, देखता रहा दाव पर लगी दयनीय नारी को, बाहर भीतर से विचलित होता रहा। उन्हीं का पुरूष पाण्डवों की भांति खड़ा रहा। उसी दिन मैंने महसूस किया। बल, शौर्य ,पराक्रम वीर है। पराधीनता निकृष्ट होती है क्यों नहीं खडा हो गया मै अवलम्बन देकर द्रुपद सुता को। परन्तु निखार रहा था एक पिता एक वंश, एक रक्त एक छत के नीचे रहने वाले, एक दम्भी राजवंशों का कृत्य अशोभन।

द्रौपदी ने कर्ण की इस भावना की पुष्टि की है। चीरहरण की उस असहय अपमान की घड़ी मे द्रौपदी ने सबकी ओर से दृष्टि हटाकर अंतिम अविलम्बन के रूप मे सूर्य पुत्र की ओर भी देखा था किन्तु मौन था सूर्य पुत्र। एक बार पुनः घूमकर उसने देखा जन संकुलित सभा की ओर। अस्त्र उठाने को बढ़ते उसके कदम रूक गये और घोर विवाद की छाया मुंह पर घिर आयी और झुक गया उसका उन्नत शीश।

इस सारे प्रसंगों में बताया गया है कि अन्याय सूर्य पुत्र ही नहीं द्रौपदी के साथ हुआ है और जिसका निमित्त कुन्ती बनी। स्वयंबर में अजुर्न द्वारा शर्त पूरी कर प्राप्त की गयी द्रौपदी को सभी पाँचों भाईयों की पत्नी बनाने कुन्ती को कोई युक्त संगत जवाब नहीं सूझता और वह कतिपय प्रदेशों की अति प्राचीन प्रथा का हवाला देकर यह कहती है कि नारी सम्मान की परम्परा सदियों से संखलित हुई है सीता की बार-बार अग्नि परीक्षा, गौतमी का पाषाणी बनना, सती का एक कुतुहल निवारण के कारण दक्ष यज्ञ मे भस्म होना, धर्म-अधर्म, सतीत्व, पतिव्रत सबकी पुरूषों की अपनी परिभाषा है।

नारी की मर्दित मर्यादा दलित स्वाभिमान, धूति में मिलायी गयी गरिमा और दारूण पीड़ा के लिये पुरूष समाज को दोषी ठहराने पर भी लेखक प्रतिकार के लिये पश्चिम के ढंग के स्त्री स्वातंत्र आन्दोलन का सहारा लेना उचित नहीं समझता। किसी प्रकार कोई निदान, कोई समाधान प्राप्त कर यह संत्रासित नारी जीवन की बात उठाकर भी पुरूषों के साथ जो पतित हैं उसके जैसा बनने की होड़ को हेय मानती है। वह चाहती है कि नारी अपना स्वत्व पहचाने और अपने कार्य व्यवहार और चरित्र से अपनी गरिमा समाज में पुनःस्थापित करे। अधिकार दुर्बलता से किसी को दया से प्राप्त नहीं होता। अपनी योग्यता स्वतः उसे प्राप्त कर लेती है। स्त्री स्वयं शक्ति है और पुरूष को गति देने वाली प्रकृति है।

नारी के प्रति अन्याय और सामाजिक, राजनीतिक, धार्मिक संदर्भों में उसके प्रतारण की चर्चा युगों से अब तक होती चली आ रही है। साहित्य में भी इसकी अभिव्यक्ति हुई है। पौराणिक कथानकों के कतिपय उपेक्षित नारी पात्रों को लेकर अलग-अलग काव्य रचना भी हुई है किन्तु नारी समस्या को समग्र रूप से किसी ने नही देखा है। जो मार्मिक बेदना और पीड़ा प्राचीन और अर्वाचीन काल से लेकर वर्तमान

हालात में दिखाई दे रही है। इस पर सहृदय पाठकों को ग्रामीण परिवेश में विशेष ध्यान केन्द्रित करना होगा तथा नारी पुरूष में सामंजस्य स्थापित कर आपसी कटुता और विद्रोह को रोकना होगा नहीं तो द्रौपदी चीरहरण की भांति वर्तमान महाभारत को रोका नहीं जा सकता। अभी भारतीय नारियॉ जो अधिकांश अशिक्षित, निरक्षर और दूसरे पर अवलंम्बित हैं उनको सर्वप्रथम सामाजिक, आर्थिक क्षेत्र में स्वावलम्बी बनाकर ही राजनीतिक सहभागिता की बात करनी होगी। अन्यथा बड़ी मछली छोटी मछली को निगल जायेगी और सामाजिक न्याय की मंशा न तो पूरी होगी और न तो पुरूष वर्ग से उनके अधिकार सुरक्षित हो सकेंगे जैसा कि पंचायत चुनावों में निर्वाचित होकर एक गूंगी गुड़िया की भांति अपना रोल अदा कर रही है। यह प्रश्न बहुत ही गम्भीर है जिसको लेखक ने अपनी पदयात्रा और जनसंपर्क के आधार पर लिखा है।

3. कैकई शूर-वीरता एवं धर्म परायणता का मूल्यांकन

प्राचीन काल में अन्य विदुषी नारियों की भाति कैकेई युद्ध कला और रण कौशल में प्रवीण महिला थी। उसने अपने शैशव काल में शिल्पाचार्य दैवेज्ञ से शस्त्र निर्माण और बज्रास्त्र संचालन की शिक्षा दीक्षा प्राप्त की थी। उसमें शूरबीर को परास्त करने की अद्भूत शक्ति एवं क्षमता थी। वह जितनी कठोर थी उतनी ही धर्मपरायण भी थी। उसके रण चातुर्य को परख कर राजा दशरथ ने देवासुर संग्राम में अपने रथ का सारथी रानी कैकेयी को बनाया था। देवासुर संग्राम में असंख्य लोग वीर गति को प्राप्त हुए थे। यह ऐसा संग्राम था जिसमें सूर वीरों के मारे जाने पर राजा दशरथ को स्वयं रण क्षेत्र में जाना पड़ा था। युद्ध की विभीषिका को देख कर उन्होंने रानी कैकेई को रथ संचालन का दायित्व दिया था।

कहा जाता है कि युद्ध के दौरान रथ का एक पहिया टूटने पर कैकेई ने अपनी भुजाओं के बल पर राजा दशरथ के प्राणों की रक्षा हेतु पहिया की भूमिका निभाई थी। जब युद्ध महाराजा दशरथ ने जीत लिया और रानी कैकई की दशा देखकर पूछा और कहा रानी आज हमारे प्राणों की रक्षा हेतु यह कैसी दशा बना ली। उसी दौरान उन्होंने कैकेई से दो वर माँगने को कहा, परन्तु रानी कैकेई ने कहा उचित समय आने पर यह दो वर मैं माँग लूँगी। वही दो वर कैकेई ने अयोध्या में माँगा था, पहला वर भरत को राजा और दूसरा राम को चौदह वर्ष का वनवास। यह सुन राजा दशरथ ने कहा क़ि यह क्या माँग रही हो रानी, परन्तु कैकेई अपने इस कठोर वचन से डिगी नहीं और कोप भवन में विधवा का भेष धारण कर बैठ गयी। राजा दशरथ ने कहा कि अयोध्या का राजा भरत को बना देता हूँ, परन्तु मेरे प्राण रूपी राम को मुझसे अलग न करो अन्यथा मैं तड़प-तड़प कर अपने प्राण त्याग दूगाँ। राजा दशरथ ने बार बार कैकेई से कहा कि राज्य ले लो, लेकिन हमारे राम को मेरे नेत्रो से दूर मत करो, लेकिन कैकेई ने राम को बनवास करके अपने को अपराध का भागी बना लिया। राजा दशरथ ने प्राण त्याग दिये और विधवा हो गयी।

इस प्रसंग में विचारणीय है कि महाराजा दशरथ जिस समय सतयुग में मनु

के रूप में थे तो राम से वर मांगा था "फन बिनु मणि जिमि जल बिन मीना, मम जीवन तस तुम्ही अधीना" इस कारण उनका जीवन राम के अधीन हो गया जो मानस कथा में उल्लिखित है। दूसरा प्रकरण पाठक बृन्द के समक्ष केन्द्रित करना है कि श्रीराम को माता कैकेई भरत से भी ज्यादा प्रेम करती थी, परन्तु अति प्रेम के बावजूद चक्रवती सम्राट महाराजा दशरथ से राम को तपस्वी वेश में चौदह वर्ष का वनवास माँगा "तापस वेष विशेष उदासी, चौदह वरिष राम वनवासी" माता कैकेई के आदर्शों के बारे में गौर तलब है कि कैकेई ने ही राम को वन में जाकर धर्म की स्थापना एवं अधर्म का नाश करने में महत्वपूर्ण भूमिका निभायी थी। यदि मानस में कैकेई नहीं होती तो राम का आदर्श शून्य होता और आज हम उन्हें मर्यादा पुरूषोत्तम के नाम से नहीं याद करते। अभिशप्त कैकेई जिस काल और परिस्थिति से वशीभूत होकर उनके दो वर के कारण सर्वत्र शोक का हाहाकार ही गुंजायमान था। उनके परिजनों और स्वजनों तथा मर्माहत जनों के मन में जो शून्य घर कर गया है उसे भर पाना कठिन है। कहते है समय सब घाव भर देता है पर कुछ घाव ऐसे होते हैं जिनपर समय भी मरहम नहीं लगा पाता। व्यक्तित्व, कृतित्व, उनका सबके प्रति आदर किसी के द्वारा भुलाया नहीं जा सकता।

ज्ञान दर्शन और मार्ग दर्शन की समीक्षा करने पर ऐसा प्रतीत होता है कि स्त्री और पुरूष में समान रूप से अनंत संभावनाएँ विद्यमान है। अगर मन चाहे तो स्त्री समाज के थोपे हुए नियमों और वर्जनाओं की साकल तोड़ बाहर आ सकती है जैसा कि कैकेई ने देवासुर संग्राम में अपनी शूरवीरता का प्रदर्शन रण क्षेत्र में दिखाकर नारी समाज को गौरान्वित किया है जिसको राजा दशरथ अपना जीवन संगिनी ही नही जीवन दायिनी कहकर संबोधित करते हैं। उसकी सृजन एवं पालन की शक्ति और मातृत्व की पावनता ही स्त्री का साथ देगी। इसकी मदद से स्त्री समाज में पुरूष से कहीं अधिक परिवर्तन ला सकती है।

कालांतर में अतीत के दिनों के सिरजे विकृत संकल्प ही आधुनिक नारी की उन्नति के पथ में रोडा अटकाते है। ये स्त्री के मानस में भय और शंका बढ़ाती परछाईयां हैं। परछाई मिथ्या होती है सत्य नहीं होती। आज जो सीमायें, बाधायें अनुभव होती है वे केवल मनगढंत हैं। उन्हें मात देने की शक्ति स्त्री को जुटानी चाहिये। अगर वह हो जाय तो सभी क्षेत्रों में उसकी तेज प्रगति को कोई भी नहीं रोक पायेगा।

पौराणिक गाथाओं के संक्षिप्त उल्लेख के उपरान्त हम यहा सर्वमंगलमय की कामना के संबन्ध में बेदशास्त्रों में सबके हित की कामना की विवेचना करना चाहते है। ऋग्वेद में कहा गया है "स्वस्ति नः पश्यासु धन्वसु, स्वस्त्यप्सु वृजने स्वर्वति। स्वस्ति नः पुत्र कृथेसु योनिषुं, स्वस्ति राये मरूतो दधतन" यानि सभी अच्छे रास्तों पर हमें सुख समृद्धि हासिल हो। मरूस्थल में भी हमें सुख शांति मिले। जल, थल, समाज और परिवार हर जगह सुख की धारा बहती रहे। वैदिक परंपरा में प्राणी मात्र

के लिए सुख, शांति और समृद्धि की सतत कामना की गयी है। आज भी उसी परंपरा में चाहे ईस्वी सन् के मुताबिक। जनवरी हो और चाहे शक और संवत काल गणना में संवत्सर (गुडी पर्वा) मंगल कामना और सुख शांति के लिए हम एक दूसरे को मुबारकबाद देते हैं काल गणना में सृष्टि संबत सबसे पुरातन है। यह आम प्रचलन में भले ही न हो लेकिन वैदिक संस्कृति में इसका प्रयोग आज भी होता है। इसके अलावा मुसलमान (हिजरी सन्) जैन, बौद्ध, सिख और पारसी सभी अपने धर्म ग्रंथों के मुताबिक मनाते है। हमारा जीवन मूल्य परक हो। आने वाले दिन सुखद हो उसके बारे में पूर्व घटना चक्र से सबक लेते हुए सोचने की जरूरत है। इसका उल्लेख पाठक बृन्द के सामक्ष इसलिए करना समीचीन होगा कि आदि-अनादि काल से अस्तित्व एवं वर्चस्व की लड़ाई होती रही है। कही न कही मानवता इससे प्रभावित रही है। कोई इसे खुशियों के रूप में मनाते रहे हैं, कोई इसे मातम के रूप में। परन्तु मंगल की कामना हमें हर क्षण करनी चाहिये। देवासुर संग्राम का उल्लेख जिस काल परिस्थिति में किया गया है वह आज भी सर्वत्र देखने को मिल रही है। क्या हजारों वर्षों के बाद हम पुनः मानव दानव के अंतद्वंद से ग्रसित होते जा रहे है। क्या प्राचीन काल में राजा महाराजाओं की भाँति आधुनिक समाज भी उन्हीं के पदचिन्हों को अपना रहा है जिसे कभी हम जड़ता और रूढ़िवादिता कहते थे। इस संबन्ध में प्रगतिशील विद्वानों एवं दार्शनिकों की विचाराधारा का समन्वय आणविक युग में कितना सार्थक एवं लोकोपकारी साबित होगा यह भविष्य के गर्त में छिपा हुआ मानवीय दृष्टिकोण एवं संवेदनाओं पर गहरा प्रभाव डालेगा। यह विवेचना केवल नर-नारी को ही नहीं प्रभावित करेगी वरन् आणविक अंर्तद्वंद के फलस्व जल, थल, नभ भी इससे गंभीर रूप से प्रभावित होंगे। धर्म और कर्म पराणयता का मूल्यांकन बहुजन हिताय, बहुजन सुखाय के मानवीय दृष्टि से करने और इसका निष्कर्ष एवं समाधान जनहित कल्याणकारी क्रमबद्धता करना ही मानवता की विजय व पराजय का द्योतक होगा। प्रश्नगत बिन्दु पर लेखक के विचार राष्ट्रीय अंर्तराष्ट्रीय संगोष्ठियों में विचारणीय विद्वत जनों के विचारों का समीक्षात्मक अंश है।

4. लोक संस्कृति में हिरिणी – कौशल्या संवाद

कहावत है जितने महान् पुरूष धरती पर आते है, प्रायः सभी असमय, अचानक तथा अस्वाभाविक मृत्यु को प्राप्त हो जाते है। श्रीराम ने जलसमाधि ली, श्रीकृष्ण वाण से विंधकर गये। गौतम बुद्ध भिक्षा में प्राप्त अखाद्य भोजन से गये। विवेकानन्द जी भी अल्पायु में गये। ईसा मसीह, पैगम्बर हजरत मुहम्मद की भी यही गति हुई। कहते है कभी अपनी कही हुई बात अपने ऊपर लग जाती है। वही हुआ। उनका संवेदनशील मन अपने लिये किसी को रोता यदि देख लेता तो शायद वे मुह मोड़कर जा नहीं पाते, क्योंकि किसी का भी दुख वह देख नहीं सकते थे। यही उनकी महानता की अदभूत शक्ति थी।

महाभारत में कुन्ती से भगवान श्रीकृष्ण ने कहा – आप मुझसे जो भी चाहे

माँग ले। कुन्ती ने कहा मुझे दुःख दे दो। दुःख साथ रहेगा तो तुम साथ रहोगे। इनकी इस बात ने जीवन के हर दुःख को इस विश्वास के साथ सहने की शक्ति दी कि हर दुःख ईश्वर के समीप्य का अनुभव कराकर धीरज देता रहा। परिवार हो या समाज जब भी इसके टूटने की स्थिति आयी या थोथे अभिमान और अंकहार सामने सिर उठाते आये और लगा कि इसमें स्वाभिमान अर्न्तनिहित है तो उसकी रक्षा करनी चाहिये। जो दो शब्द भी नहीं देना चाहते, केवल लेना चाहते है, सामान्य शिष्टाचार का निर्वाह भी नहीं करना चाहते ऐसे लोगों के प्रति उपेक्षा का भाव आने लगता है। मन का मलीन तिरोहन हो जाता है।

इसी प्रकार लोक संस्कृति में हिरिणी की व्यथा का मार्मिक चित्रण है, जिसमें हिरिणी रानी कौशल्या से अपने मृत हिरण की खाल माँगती है और रानी कौशल्या यह कह कर उसे लौटा देती है कि मृग खाल से तो खजड़ी बनाउगी उससे मेरे राम खेलेंगे। इस में कहीं कहीं हिरिणी द्वारा आक्रोशपूर्ण श्राप दिया गया है कि जैसे मैं अपने हिरण के लिए विसूर रही हूँ, वैसे तुम भी विसूरोगी। दूसरा प्रकरण है हिरिणी चुपचाप लौट जाती है और जब जब खजड़ी बजती है, उसकी आवाज को सुनकर ढॉक के पेड़ के नीचे खड़ी होकर हिरिणी अपने हिरण के लिए बिसूरती है।

इस गीत को सुनकर कुछ प्रगतिशील साहित्यकार बंधुओं ने टिप्पणी की थी कि वह गीत सामन्तवाद के खिलाफ सामान्य जन का आक्रोश है। हिरिणी केवल सामान्य जन की ही नही, संपूर्ण प्रकृति का प्रतिनिधित्व करती है और रानी कौशल्या सामन्तवाद की नही बल्कि बल्कि हमारे उस मन का प्रतिनिधित्व कर रही है जो अपने हर्ष के क्षणों में अपने आस-पास के परिवेश को भूल जाता है। इसको उन्होंने क्रौंच युग्म् के बिछोह की करूणा का लोक रूपान्तर बनाया। तबसे जब में इसकी व्याख्या करता हूँ, मेरा मन और भींग जाता है तथा सामने वाले पर भी इसकी अनेकानेक प्रतिक्रिया होती है और आज के परिवेश के यह समसामयिक माना जाता है और जन सामान्य की भावनाओं को मार्मिक ढंग से प्रतिबिम्बित करता है।

एक छोटे से कथानक के एक सूत्र को पकड़कर उसे अनन्त विस्तार देते चले जाना, धर्म, दर्शन, संस्कृति के नये-नये आयाम, नये-नये क्षितिज का सृजन होता गया जो उस भावभूमि पर इतनी दूर तक इतनी गहराई तक प्रभावकारी हुआ। प्रत्येक चैतन्य से अभिशप्त प्राणी की यही स्थिति है। लोक उनके भीतर सहज भाव से व्याप्त था। लोक की अवधारणा के विकास-क्रम पर चर्चा करते हुए ऋृग्वेद में कहा गया है, विराट पुरूष के कानो से दिशाओं की उत्पत्ति हुई, उसके बाद लोक की हुई, उसका तात्पर्य यही है कि सापेक्ष देश के अनंन्तर लोक की उदभावना हुई। यह संवाद ऋषिकुल ने दशरथ की रानियों को उस वक्त दिया जब यज्ञ में दीक्षित होने के बाद जीव अपने नये जन्मे रूपान्तर के लिए अलग-अलग स्थान बनाता है और वह नये लोक में अधिष्ठित होता है। यज्ञस्थल संपूर्ण लोकों का प्रतिरूप है। इस प्रकार शास्त्र में रंगस्थल भी त्रिभुवन का प्रतिरूप माना जाता है और एक अधिक परिष्कृत और

अनुभाव्य देश काल की सृष्टि की जाती है जिसमें सभी जीव जन्तु पुष्पित एवं पल्वित होते है। इस प्रसंग में प्रकृति रूपी हिरिणी यज्ञ रूपी संसार को अपना सर्वस्व न्योछावर करती है और उपभोग्या के रूप में कौशल्या रूपी रानियाँ यज्ञ से फलीभूत होकर महिमा मण्डित होती है। परन्तु समय आने पर प्रकृति हिरिणी और श्रवण कुमार के अंधे माता-पिता के श्राप को कैकेई के रूप में दशरथ और उनकी रानी कौशल्या को वही पीड़ा और तड़पन देती है जिसकी तड़पन हिरिणी श्रवण और उसके अन्धे लाचार माँ बाप को थी। तात्पर्य कि अपने कर्मों का फल अपने जीवन काल में ही भुगतना पड़ता है। यह कटु सत्य है।

कहा जाता है कि वही व्यथित हिरणी जब अपने हिरण की प्राप्ति हेतु ऋषिकुल तपोवन में प्रजापालक भगवान विश्वकर्मा से बार-बार याचना की तब सृष्टि निर्माता आदि देव विश्वकर्मा उसे स्वर्ण रूपी हिरण अवतरित किये जो कालान्तर में श्रीराम के वनवासी कुटीर आश्रम से सीता हरण का कारण बना तथा हिरिणी की तड़पन के कारण सीता हरण से लेकर अग्नि परीक्षा तक वही दारूण कष्ट उठाने पड़े। सृष्टिकर्ता सृजन एवं निर्माण देवता भगवान विश्वकर्मा जी सभी प्राणियों के रक्षक और पालनहार हैं। उनके विधि-विधान को कोई टाल नहीं सकता। वेद पुराणों सहित अन्य ग्रंथों में भी जीवन दायिनी सूर्य चन्द्र को बनाने और प्रतिष्ठापित करने वाले जगतनियंता भगवान विश्वकर्मा की महिमा का गुणगान किया गया है जो सबको समान रूप से फलदायक है। आइये हम उस प्रभु का गुणगान करें। जिसने सूरज चाँद बनाया, सारी दुनिया को चमकाया जो एकमात्र सबका पालनहार है।

उस शास्वत मूल्यों को अपरिहार्य बताने वाले, उनको आज के सन्दर्भों में आधुनिक दृष्टि से जाँचने परखने और जीवन के लिये मार्गदर्शक की भूमिका में प्रस्तुत करने वाले रचनाकार आज शरीर से हमारे बीच में उपस्थित नहीं है पर उन्होंने इन विचारों को इतनी दृढ़ता से हमें दिया है कि उसका परायण सारे प्रश्नों का समाधान हो सकता है। वह संस्कृति को बन्ध्वा होने से रोक सकता है और काठ होती जा रही संवेदनाओं को अपनत्व का संस्कार देकर विखंडित होते जा रहे समाज को जोड़ने का संकल्प दे सकता है। भूत, भविष्य, वर्तमान को लेकर जो जीवन मूल्य तेजी से आज बदल रहे हैं क्या वे चिन्ता का विषय नहीं हैं?

2

19वीं/20वीं सदी में भारतीय नारी

1. स्वतंत्रता संग्राम में महिलाओं का योगदान

19वीं शताब्दी और उसके बाद के समाज सुधार आन्दोलनों का नेतृत्व राजाराम मोहन राय, ईश्वरचन्द विद्यासागर, स्वामी विवेकानन्द, महर्षि कर्वे तथा देश के विभिन्न भागों के दूसरे लोगों ने किया। इन महान समाज सुधारकों ने महिलाओं के जीवन से संबंधित उन कुरीतियों और कठिन स्थितियों की ओर जिनमें महिलाओं को रहना पड़ता था, समाज का ध्यान आकर्षित करने में निर्णायक भूमिका अदा की। वे जानते थे कि यदि सामूहिक हित के सभी कामों में महिलाओं को समान रूप से भागीदारी नहीं दी गयी तो देश न तो स्वतंत्र हो सकेगा और न ही प्रगति कर सकेगा।

गांधी जी ने स्वराज के लिये 1920 से संघर्ष को जन-आन्दोलन का रूप दिया और महिलाओं को सत्याग्रह में भाग लेने के लिये आवाहन किया। 1930 से 1942 के बीच बहुत बड़ी संख्या में महिलाओं ने विभिन्न आंदोलनों में भाग लिया। ग्रामीण और शहरी इलाकों की गृहिणियों ने संगठित होकर कांग्रेस के अहिंसात्मक अवज्ञा आंदोलन के कार्यक्रमों का प्रचार किया। स्वामी श्रद्धानन्द की पौत्री श्रीमती सत्यवती देवी उन दिनों की एक सर्वाधिक अग्रणी महिला थी। उनके जोशीले भाषणों और संगठनों की अदभूत क्षमता ने सैकड़ों महिलाओं को सत्याग्रह आन्दोलन में भाग लेने को प्रोत्साहित किया। अपने प्रभावपूर्ण भाषणों से उन्होंने आन्दोलित कर दिया था। कुछ ही सप्ताह में उन्होंने कांग्रेस महिला समाज और देश सेविका दल की स्थापना की। दिल्ली के जीवन क्षेत्र और हर कोने की महिलायें सत्यवती जी की ईमानदारी और ओजस्वी देश भक्ति से प्रभावित थीं।

दिल्ली और बम्बई में बहुत बड़ी संख्या में महिलाओं ने आन्दोलन में भाग लिया। अपने आदर्शों के लिये मर मिटने की उनकी अकूत क्षमता का देखकर सारा देश विस्मत था। पुलिस का पाशविक दमन भी महिलाओं के जोश को दबा न सका। नमक सत्याग्रह के दौरान महिलाओं ने शहादरा में जहड़े की इलइली निचली जमीन में नमक की मात्रा अधिक थी एक खाली प्लाट में इकट्ठा होकर नमक कानून को तोड़ा उनमें से करीब 50 लोगों ने लगातार दस दिन तक नमक बनाकर कानून तोड़ा था और नमक की थैलियाँ बनाकर मुफ्त बांटी। महिला समाज के कार्यकत्ताओं को जिन्होंने नमक सत्याग्रह संगठित किया था आँसू गैस के बम तथा लाठियां बरसा कर तितर बितर कर दिया। यही से दिल्ली में सवनिय अवज्ञा आन्दोलन की शरूआत हुई।

1930 के सत्याग्रह और उसके बाद के आन्दलनों का एक महत्वपूर्ण पहलू यह था कि प्रमुख कांग्रेसी एवं राष्ट्रवादी नेताओं ने अपनी पत्नियों, पुत्रियों और माताओं तक ब्रिटिश शासन के खिलाफ संघर्ष में भाग लेने के लिये प्रोत्साहित किया। इसके फलस्वरूप स्वरूपरानी, मोती लालजी की पत्नी, विजलक्ष्मी पंडित, कमला नेहरू एवं उनकी माँ राजपति कौल और नेहरू परिवार की अनेक प्रतिष्ठित महिलायें जैसे उमा नेहरू, लाडो रानी जुत्सी और मनमोहिनी सहगल आदि आन्दोलन में शामिल हुईं। हंसा मेहता डॉ जीवराजेमहता की पत्नी श्रीमती नल्ली सेनगुप्ता और सुभाषचन्द्र बोस के परिवार की कई महिलाएं जो राष्ट्रवादी परिवार से आयी थीं पुरूषों के साथ कंधा से कंधा मिलाकर काम करने लगीं। इनके अलावा बहुत सी महिलाएं संघर्ष में उनके साथ उतर पड़ीं। पुलिस ने इन महिलाओं के साथ जितनी क्रूरता और बर्बरता दिखलाई वह निन्दनीय नहीं बहुत ही घृणित और शर्मनाक है। इनमें से असंख्य ज्ञात अज्ञात ऐसी देश भक्त महिलाएं थीं जिन्होंने अपनी अपने परिवार की कुर्बानिया दीं लेकिन वे आजाद भारत को अपने आँखों से नहीं देख सकी। वे सभी हमारे लिए विशेष श्रद्धा और सम्मान के पात्र हैं।

सरोजिनी नायडू भारतीय महिलाओं के गौरव का अनूठा प्रतीक थी। जिन्होंने 1930 में गांधी जी के ऐतिहासिक डांडी मार्च में उनका साथ दिया था। इस तरह की अन्य प्रमुख महिलाओं में तमिलनाडू की डा० मधुलक्ष्मी रेडडी, दुर्गाबाई, जिनका बाद में सी० डी० देशमुख से विवाह हुआ। कमला देवी चटोपाध्याय, बासुमति देवी, धनवन्तिी देवी, बिमला बाई, गुलाबी बाई, निलिमा साहा, आदि के नाम उल्लेखनीय है।

बढ़ते हुए आन्दोलन को कुचलने के लिये वायसराय के आदेश पर दमनकारी अधिकारियों ने लाठी चार्ज, जलूसों पर गोली चलाना, कैद करना, धारा 144 लगाना, सामूहिक जुर्माना करना व्यक्तिगत सम्पति के हरण आदि को रोजमर्रा की चीज बना लिया था। हम उन तमाम स्त्री-पुरूष आन्दोलनकारियों को श्रद्धा सुमन अर्पितु करते हुए उनकी देश भक्ति का अनुपम उदाहरण उल्लिखित कर रहे हैं कि कोई भी स्वयंसेवक, चाहे वह स्त्री हो या पुरूष, जब गिरफ्तारी देता और जेल जाता तो सभी को बड़ा संतोष रोमांच होता। हफ्तों, महीनों और सालों जेल में रहे पर सदा अनुशासनपूर्ण जीवन बिताया। वे सभी देशभक्ति पूर्ण गाने गाते व चर्खा कातते थे, अनपढ़ों को पढ़ाते थे और नये भारत के निर्माण के लिये विदेशी दासता से मुक्ति अनिवार्य है, यह समझाने के लिये हफ्ते में दो बार अध्ययन चक्र आयोजित करते थें।

जेल में महिलाओं में अधिकांश ऐसी थीं जो कभी स्कूल नहीं गयी थी। बहुत सी ऐसी थीं जिनका विवाह कच्ची उम्र में हो गया था और उनमें कुछ तो बाल विधवा तक थीं। वे खाना बनाना, बच्चे पालने, पति की सेवा करने, बर्तन व कपड़े धोने और अन्य घरेलू कामकाजों के अलावा और कुछ नहीं जानती थीं। स्वाभाविक था कि लिखना पढ़ना व जानने के कारण वे राष्ट्रीय व समाजिक

समस्याओं से पूर्णतः अनभिज्ञ थीं। जहाँ तक सभ्रांत वर्ग की महिलाओं की बात है किसी ने रोजी रोजगार अथवा सार्वजनिक कार्य के लिये अपने घर से निकलने की बात तक नहीं सुनी थी। इसीलिये वे महिलायें जो एक समय केवल घरेलू महिलायें थीं, घर से निकली और उन्होंने निडरता से लाठियों-गोलियों का सामना किया तो लोग आश्चर्यचकित रह गये और सम्मान से उनका मस्तक झुक गया। जो महिलाएं अब तक विनम्रता की प्रतिमूर्ति समझी जाती थीं, उनके अदम्य साहस को देखकर पूरा देश खास कर दिल्ली के लोग विस्मित थे।

क्रांति के समय फिर चाहे वह अहिंसात्मक हो या दूसरी, स्त्री और पुरूष के स्वत्व की परीक्षा हो जाती है। जैसे जैसे स्वंतत्रता संग्राम की रणभेरी की गूंज बढ़ती गयी देश भर की महिलाएं संघर्ष में कूदती चली गयीं। उन्होंने स्वयं पुरूषों की तरह समानता और स्वतंत्रता का अधिकार अर्जित किया। उन्होंने रूढ़िवादी और कठमूल्लेपन की जडें हिला दीं।

आजादी के बाद आज के भारत में उन तमाम अड़चनों के बावजूद जिन्हें नारियां झेलती हैं हमारे सामने, पुरूषों से बराबरी के आधार, समाज को बदलने के लिये, पिछड़ेपन को दूर करने के लिये कहीं ज्यादा अवसर है। युगों पुरानी रूढ़ियों और बंधनों को केवल पुरूषों अकेले ही नहीं तोड़ सकते। नये समाज के निर्माण करने में जो भी बाधायें आती हैं उन्हें स्त्री पुरुष को मिलकर ही हटाना होगा।

2. महिलाओं ने लड़ी आजादी की लड़ाई

महिला जिसे समाज एक कमजोर छुई मुई वस्तु समझता है उसे अबला की उपाधि देता है, जिसके स्थिति के संबंध में राष्ट्रकवि मैथिलीशरण गुप्त, "ऑचल में है दूध और आँखों में पानी" कहते है वही औरत जब कभी किसी लक्ष्य को लेकर संघर्षशील होती है तब आंचल का दूध और आंखों का पानी ज्वालामुखी में परिवर्तित हो जाते है और अपने रास्ते में आने वाली हर बाधा को जलाकर राख कर देती है। अपने शत्रुओं के लिये, वह साक्षात शत्रुसंहारिणी दुर्गा का रूप धारण कर लेती है। स्त्री वह प्रेरणा श्रोत है जो पुरूष को भी संघर्ष की शक्ति देती है। इतिहास इस बात का साक्षी है कि भारतीय महिलाएं किसी भी क्षेत्र में पीछे नहीं रही हैं। भारत के स्वतंत्रता संग्राम में आंदोलन का इतिहास भी, इस बात का साक्षी है कि भारतीय महिलाओं ने स्वतंत्रता की बलिबेदी पर अपने प्रियजनों को ही हंसते हंसते न्यौछावर नहीं किया बल्कि स्वंय अपने प्राणों की आहुति देने में पीछे नहीं हटीं।

अंग्रेजों के खिलाफ, संघर्ष करने वाली महिलाओं में ऐसा ही एक उदाहरण है चेन्नमाका। वह किन्तूर की बीर रानी थी। अंग्रेजों ने उसके राज्य को हड़पना चाहा परन्तु उस स्वाभिमानी रानी ने घोषणा कर दी कि किन्तूर स्वतंत्र है और स्वतंत्र रहेगा। इसकी स्वतंत्रता की रक्षा के लिये हम युद्ध भी कर सकते हैं। 1824 में अंग्रेजों और रानी चेन्नमा की सेना के बीच युद्ध हुआ। इस युद्ध में बहुत से अंग्रेज भी मारे गये परन्तु अंत में रानी को बन्दी बना दिया गया और उनकी मृत्यु

हो गयी। इससे पहले 1799 में मिदनापुर की रानी ने भी चौर्स के विद्रोह का नेतृत्व किया था। पहली भारतीय मुस्लिम महिला जिसने अंग्रेजों के खिलाफ तलवार उठाई, वह थी अवध की बादशाह बेगम जिसमें 1827 में ई. में अंग्रेजों से युद्ध किया।

फिर आया 1857 का समय। उस समय तक अंग्रेजों ने करीब पूरे देश पर कब्जा कर लिया था। सौ बरस पहले 1757 के प्लासी युद्ध से प्रारम्भ हुआ, उनका साम्राज्यवादी विस्तार, पूरे देश में फैल चुका था, परन्तु इस समय तक आम जनता अंग्रेजों को काफी हद तक पहचान चुकी थी। उनकी लूटखसोट की नीयत से परिचित हो चुकी थी और प्रतिक्रिया में, उसके मन में अंग्रेजों के खिलाफ आक्रोश पैदा हो चुका था। इस आक्रोश को स्वर देने का काम किया हवलदार मंगलपाण्डे ने जिसे 1857 में बैरकपुर में फांसी दी गयी। अंग्रेजों ने 1857 की क्रांति को सिपाही विद्रोह कहा परन्तु वह भारत की स्वतंत्रता का प्रथम युद्ध था। इसमें पुरूषों ने ही नहीं, स्त्रियों बच्चों, यहाँ तक उन स्त्रियों ने भाग लिया, जिन्हें समाज पतित कहकर नीची निगाहों से देखता था।

मेरठ में जब कुछ सैनिकों ने चर्बी वाले कारतूसों को दातों से काटने से इन्कार कर दिया तो उनमें से 85 को गिरफ्तार कर 8 से 10 वर्ष के कैद की सजा दी गयी। ऐसे में इनके विरोध के लिये मेरठ के पुरूषों को उत्तेजित करने वाली, महिलायें ही थीं। उन्होंने पुरूषों को ललकारते हुए कहा तुम्हारे भाई जेल में बन्द हैं और तुम बाजार में मक्खियां मार रहे हो, तुम्हें धिक्कार है। इस पर मेरठ के सैनिक और नागरिक उत्तेजित हो गये और उन्होंने जेल पर धावा बोलकर फाटक तोड़कर अपने साथियों को छुड़ा लिया। मेरठ के सैनिकों ने ही दिल्ली जाकर विद्रोह के स्वर तेज किये।

इस काल की दो महिलाओं के नाम मुख्य रूप से उल्लेखनीय हैं। वे हैं "झांसी की रानी लक्ष्मीबाई और अवध की बेगम हजरत महल"। झांसी के राजा की मृत्यु के बाद, अंग्रेजों ने झांसी को हड़पना चाहा, मगर रानी ने बगावत कर दी। रानी के नेतृत्त्व में, पुरूषों के ही नहीं स्त्रियों की भी सेना संगठित की गयी जिसमें पिछड़ी जाति की गृहस्थ महिलाएं थीं। महल की दासियों, दरबार की नर्तकियों और नगर की वारांगनाओं ने भी घुंघरूओं का परित्याग कर तलवार उठाई। इस लड़ाई में रानी की हार हुई और अंग्रेजों के हाथ मृत्यु भी परन्तु इसमें रानी की वीरता असाधारण रही। लक्ष्मीबाई के पति, गंगाधर राव के दरबार की प्रिय नर्तकी जूही भी 18 जून 1858 को उसी दिन ग्वालियर में शहीद हुई जिस दिन लक्ष्मीबाई उनकी दो दासियों मुन्दरा और काशीबाई ने भी अन्त तक उनका साथ दिया और वीरगति प्राप्त की।

1856 में, अंग्रेजों ने अवध के नबाब वाजिद अली शाह को गद्दी से उतार कर कलकत्ता में नजरबन्द कर दिया और उसके राज को हड़पना चाहा। तब उनकी बेगम हजरत महल आगे गयी। उन्होंने अपने बेटे युवराज बिजिस कादर को

शासक घोषित कर दिया। लखनऊ, महलों में रहने वाली दासियों और अन्य महिलाओं की एक महिला सेना बनायी गयी, जो सैनिकों को रसद पहुंचाती थी, साथ ही जरूरत पड़ने पर युद्ध भी करती थी। हजरत महल ने स्वयं भी हाथी पर सवार होकर युद्ध किया परन्तु अन्त में वह हार गयी। बाद में नेपाल में उनका निधन हो गया।

1857 के संग्राम के योद्धा बिहार के रणकांकुरे, जगदीशपुर के महाराज कुवर सिंह ने अंग्रेजों के विरूद्ध उकसाने वाली भी उनकी एक मुसलमान उप-पत्नी थी। जब जगदीशपुर का पतन हुआ तो महल की डेढ़ सौ औरतों जिनमें रानी और दासी भी थी, ने तोप के सामने खड़े होकर स्वयं पलीता लगाकर खुदकुशी कर ली।

कानपुर की अजीजन जो एक खुबसूरत नर्तकी थी उसने नाना साहब और अंग्रेजों के बीच हुए युद्ध में सिपाहियों को हर मोर्चे पर खुद जाकर उत्साहित किया। जब अंग्रजों ने कानपुर पर कब्जा कर लिया तो उसे गिरफ्तार करके जनरल हेवलाक के सामने लाया गया। उसने कहा कि अगर आजीवन क्षमा माँग ले तो उसे छोड़ दिया जायेगा। इस पर आजीजन का उत्तर था, मैं ब्रिटिश शासन का सत्यनाश चाहती हूँ। उसके बदन में गोलियाँ उतरती गयीं और वह नाना साहब की जय-जय चिल्लाती रही।

1857 से 1885 के बीच भी छुटपुट विद्रोह हुए। इनमें कूका आंदोलन में सक्रिय भाग लेने वाली "हुक्मी और इंद कौर" नामक दो महिलायें थीं। 1885 के युग में मैडम भीकाजी कामा ने विदेशों में घूम घूमकर वहाँ क्रांतिकारियों से भेंट कर भारतीय क्रांतिकारियों के लिये हथियार और क्रांतिकारी साहित्य भेजने का काम किया। विदेशी महिलाओं में एनी बेंसेंट जो कि एक आयरिश महिला थी उन्होंने भी भारत आकर स्वाधीनता संग्राम में महत्वपूर्ण योगदान किया।

1920-22 के बीच चले असहयोग आन्दोलनों में सरोजिनी नायडू, कमलादेवी चटट्रोपाध्याय और सरला देवी चौधरी के नाम मुख्य रहे। 1942 के भारत छोड़ो आंदोलनों में असम की एक लड़की कनक लता का साहस भी अद्वितीय रहा। 13 वर्षीय इस बालिका ने थाने पर झण्डा फहराने वाली भीड़ का नेतृत्व करते हुए वीरगति पायी। इसी प्रकार कलकत्ता की बीणादास ने अपने शौर्य और पराक्रम दिखाते हुए अपनी आहुति दे दी। इसके अलावा कटक, पटना, बनारस, लखनऊ, जयपुर, बम्बई हैदराबाद, अमृतसर, भोपाल, मैसूर में भी बीरांगनाओं का त्याग और बलिदान अमर हैं। परन्तु आज की स्थिति तथा आजादी की लड़ाई के दौरान देश भक्तों की कुर्बानियों के परिशीलन से दृष्टिगत होता है कि हम अपने पूर्वजों की गौरवशाली विरासत को पश्चिमी परिवेश के कारण बचा पाने में असहाय होते जा रहे हैं।

कभी पराजय को हटाकर देश में स्वराज्य की स्थापना करना हमारा प्रथम कर्त्तव्य था, परन्तु स्वतंत्र होने के बाद उस स्वराज्य की रक्षा अपना खून बहाकर भी करना हमारा दूसरा मुख्य कर्त्तव्य है। इसके लिये देश पुरानी सेना बेतनभोगी

सैनिकों के भरोसे निश्चिंत नहीं बैठ सकता। वेतनभोगी सैनिकों में शौर्य अथवा कर्त्तव्य पराणयता नहीं होती।

यह नहीं कहा जा सकता, पर हम अपना काम जिस तन्मयता और निष्ठा से करते हैं, क्या उसी निष्ठा तथा तन्मयता से बेतनभोगी कर सकता है, वेतनभोगी वेतनभोगी ही है और हम हम ही। इसलिये आवश्यक है कि स्वामी स्वयं अपना काम अत्यन्त प्राथमिकता से करे। स्वामी से तात्पर्य जिसका देश है वही उसका स्वामी है और उसके बनने बिगड़ने से स्वामी का ही बनता बिगड़ता है। इसलिये स्वामी को देशवासियों को मिलकर देश की रक्षा करना और उसे ऊपर उठाना चाहिये। जब देश राजा का समझा जाता था तो तब उसका सभी दायित्व राजा का था, पर आज देश किसी राजा का नहीं, प्रजा का है, इसलिये उसका उत्तरदायित्व निर्वहन का पहला लक्ष्य है, देश के लिये मरने मारने को तैयार रहना। यदि संसार में सम्मानपूर्वक रहना है, तो भारत के प्रत्येक नागरिक को देश रक्षा के कार्य में अग्रसर होना चाहिये। देश का प्रत्येक नागरिक देश का सैनिक है और देश की खुशहाली, शांतिसुरक्षा का दायित्व उसका है।

3. स्वतंत्रता संग्राम की नारियाँ

स्वतंत्रता संग्राम में नारियों का उच्चकोटि का महान् योगदान रहा है जिनके शौर्य एवं पराक्रम की जितनी भी बड़ाई की जाय वह कम है। हम ऐसी नारियों का संक्षिप्त उल्लेख करना चाहेंगे जो देश, राष्ट्र एवं समाज के लिये आदर्शमय है और वह भी आज के समय में जब हम अपनी राष्ट्रीय एवं सांस्कृतिक धरोहर को भूलते जा रहे हैं। पाश्चात्य सभ्यता, उपभोक्ता वादी संस्कृति में ही अपना गौरव एवं विकास को 21वीं सदी के चकाचौंध में तलाश रहे हैं। इसका प्रभाव आने वाली सदियों में क्या होगा, यह इतिहास के गर्भ में छिपा है लेकिन जब हमारी भावी पीढ़ी ही नैतिक पतन के गर्त में चली जायेगी तो युगों युगान्तरों से चली आ रही उन राष्ट्रीयधरोहरों का क्या होगा जिन्होंने अपने त्याग और बलिदान से भारत माता की अस्मिता के रक्षार्थ अपना सर्वस्व न्योछावर कर दिया है। आज के परिपेक्ष्य में हम उन त्यागमयी नारियों का संक्षिप्त उल्लेख करेंगे, ताकि भारत के लोग यह महसूस करें कि वह भी काल था जब नारियाँ जंगे मैदान में लड़ीं और आज यह काल है जिसमें त्याग और कुर्बानी का कोई स्थान नहीं है। आखिरकार इसके लिए दोषी कौन है? स्वतंत्रता के इस काल में आयी सर्वत्र गिरावट कहीं ऐसा तो नहीं, दो सौ साल पुरानी दासता की जंजीरों को पुनः धारण किया जा रहा है जिसको समाप्त करने के लिये करोड़ों नर-नारियाँ बलिदानी रहे हैं। क्या उसकी भटकती आत्माएं इन कुकृत्यों को कभी क्षमा करेंगी।

प्रस्तुत पुस्तक नारियों पर आधारित है। विशेष रूप से प्रायः उन तमाम नारियों में से चुनकर कुछ विशिष्ट हर क्षेत्र की नारियों का यथास्थान उल्लेख किया है ताकि लोगों को इस सुषुप्ता अवस्था में इनसे प्रेरणा मिल सके। जिन नारियों के पैरों में घुंघरू और हाथों में चूड़ियाँ खनकती है, उन्हीं नारियों की कोमल

कलाइयों में तलवार और राइफलें आ जाती है। जिन्हें लोग अबला समझकर अपनी वासना का शिकार बनाते हैं। वही अबला सबल और प्रबल होकर नारी की अस्मिता से खिलवाड़ करने वालों को मौत के घाट उतार देती है। नारी के मांसल सौन्दर्य का मूल्यांकन करने वाले लोग धोखे में हैं। नारी शान्ति और क्रांति की मूर्ति होती है। वे चन्द्रमुखी ही नहीं, बल्कि ज्वालामुखी की भूमिका में भी आगे रहती है। इस प्रकार सशस्त्र स्वतंत्रता संग्राम में नारियों ने अपने जिस शौर्य, साहस और बलिदान का परिचय दिया है, वह आज भी प्रासंगिक है। इनमें से चुनकर विशेष रूप से जोन, रानी भवानी, राजलक्ष्मी चेन्नाम्बा अबन्तिका, उदाबाई, लक्ष्मीबाई, झंकारी, जीनत महल, कानपुर की नर्तनी, काशी, हजरत महल, मदिरा का अलग अलग से संक्षिप्त उल्लेख स्थानाभाव के कारण किया गया है जो पाठक वृन्द एवं जनता जर्नादन को मार्गदर्शन का काम करेगी।

जोन

इंगलैण्ड जर्मनी की स्वतन्त्रता छीनने के लिए सौ सालों से युद्ध कर रहा था। जर्मनी अपने देश की स्वतन्त्रता की रक्षा के लिए दृढ़ संकल्पित था। अन्तिम दौर में इंगलैण्ड जर्मनी को दुनिया के नक्शे से मिटाने जा रहा था। दोनों में आर- पार की जंग छिड़ चुकी थी। जर्मनी के सैनिक पीछे हटने लगे थे। उस समय गांव के एक गड़ेरिये की लड़की पर्वत पर भेड़ चरा रही थी। उससे जर्मनी के सैनिकों की पराजय देखी नहीं जा सकी। वह गीत गाने लगी 'वीरो! आगे कदम बढ़ाओ, फिरंगी मार गिराओं।' इस गीत ने जादू का काम किया। जर्मनी की सेना भिड़ गयी और इस सशस्त्र स्वंतत्रता संग्राम में इंगलैंण्ड को धराशायी कर दिया। अंग्रेज बौखलाये और उस लड़की को जलती हुई आग में झोंक दिया। इस प्रकार स्वतन्त्रता की ज्योति महाज्योति में विलीन हो गयी। उस ज्योति का नाम था जोन।

रानी भवानी

बंगाल विप्लवका केन्द्र रहा है। इसकी भूमि क्राति की ऊर्जा का स्रोत है। बंगाल-शक्ति धाम है। सशस्त्र स्वतन्त्रता संग्राम के इतिहास में ललित ललाम है। जब अंग्रेजों का दमनचक्र चल रहा था तब बंगाल घधक उठा था। जमींदार परिवार की रानी भवानी अंग्रजों के दमनचक्र पर रणचण्डी बन बैठी। हाथों में सोने के कंगन के स्थान पर राइफल आ गयी और फिरंगियों के छक्के छुड़ाने लगी। उनकी सहेलियां सहस्त्र स्वतन्त्रता संग्राम के लिए मचल उठी थीं। 'वन्देमातरम्' के गीतों से नारिकेल द्रुम चित्रित आम्रकुंज बंगाल के गांव गूंज उठे थे। रानी भवानी ने सामाजिक बुराइयों के खिलाफ आवाज बुलन्द की थी। वीरांगना रानी भवानी की देशभक्ति की परम्परा में 'अग्निवीणा' झंकार झंकृत हुई थी।

राजलक्ष्मी चेन्नाम्बा

दक्षिण भारत के कितूर राज्य की राजलक्ष्मी चेन्नाम्बा अपने युग की सशस्त्र स्वतन्त्रता संग्राम की अप्रितम सेनानी थीं। उनके राजवैभव पर अंग्रेजों की गिद्ध दृष्टि लग चुकी थी। रानी बोलीं– हम स्वतन्त्रता की रक्षा के लिए अपने बलिदान के लिए प्रस्तुत हैं। कितूर परतन्त्रता की बेड़ियाँ नहीं पहनेगा। हमारी तलवारें फिरंगियों को ललकार रही हैं। वीर भोग्या वसुन्धरा। अंग्रेजी सेना हार गयी। अंग्रेज घात में

थे। अन्तिम आक्रमण में वीरांगना चेन्नाम्बा अंग्रेजी सेना को मौत के घाट उतारकर शहीद हो गयी। उनकी वीरगति पर भारतमाता फूली नहीं समायी।

अवन्तिका

'हमें मुगलों की सत्ता स्वीकार नहीं है। हम इस सशस्त्र स्वतंत्रता संग्राम में अपने प्राणों की आहुति देंगे' की गर्जना करनेवाली गोंडवाना रानी दुर्गावती जिस धरती पर अवतरित हुई थीं, उन्हीं वीर परम्परा में मध्य भारत में अवन्तिका ने अपने राज्य की स्वतन्त्रता के लिए अंग्रेजी सेना से जंग किया था। रानी साक्षात् दुर्गावती की अवतार थीं। घायल अवन्तिका अन्त में देश के लिए न्यौछावर हो गयीं। देशी सेना ने अवन्तिकाल के नेतृत्व में अंग्रेजों को गाजर-मूली की तरह तलवार से काटा था।

उदाबाई

अवध की शेरनी उदाबाई पिछड़ी जाति की थी किन्तु वह जाति की सीमा में नहीं बंध सकी थी। वह जातिगत राजनीति से ऊपर थी। 1857 के सशस्त्र स्वतंत्रता संग्राम में लखनऊ के सिकन्दरा बाग में पीपल के पेड़ के ऊपर चढ़कर तीन दर्जन से अधिक अंग्रेज सैनिकों को मारकर उदाबाई शहीद हुई थीं। उदाबाई की कई जंगी सहेलियां अंग्रेजों की गतिविधियों की कड़ी निगरानी करती थीं। अवध में खून की होली खेलो, पिचकारी हटाओ तलवार उठाओ।' 'अवध में राना भयो मर्दाना' इन क्रान्ति गीतों ने तहलका मचा दिया था।

लक्ष्मीबाई

'मैं झांसी नहीं दूंगी' सिंहगर्जना करने वाली झांसी की रानी 21 साल की अवस्था में सशस्त्र स्वतन्त्रता संग्राम में कूद पड़ी थी। वह 1857 की क्रान्ति की जोन आफ आर्क थीं। हिन्दी की कवयित्री सुभद्रा कुमारी चौहान रानी लक्ष्मीबाई की शौर्यगाथा ओजस्विनी शैली में गायी है।

'बुंदेले हरबोलों के मुंह, हमने सुनी कहानी थी।
खूब लड़ी मर्दानी वह तो झांसीवाली रानी थी।।'

लक्ष्मीबाई बड़ी वीरता के साथ अंग्रेजीं सेना से लड़ी थीं। अन्त में गंगा राम की कुटिया के पास शहीद हो गयी थीं। बुन्देलखण्ड के लेखक वृन्दावनलाल वर्मा ने 'झांसी की रानी' पर उपन्यास लिखा है।

झंकारी

झांसी की झंकारी, लक्ष्मीबाई की अंगरक्षिका और तोप सेना की प्रमुख थी। यह 'घनगर्ज' तोप की संचालिका थी। इनका रूप-रंग लक्ष्मीबाई से काफी साम्य रखता था। अंग्रेज झंकारी को ही लक्ष्मीबाई समझ लेते थे। झंकारी युद्ध में फिरंगियों को मारकर कालिका की तरह अट्ठहास करती थी। पकड़ लिये जाने पर अंग्रेजों ने इन्हें तोप से उड़ा दिया था। झंकारी 'घनगर्ज' की पर्याय थी। वह स्त्री सेना की ज्वाला थी।

जीनत महल

अन्तिम मुगल सम्राट बहादुरशाह बेगम दिल्ली क्राति की प्रेरक थी। वह फिरंगियों को हिन्दुस्तान से खदेड़ने के लिए देशी सेना का सहायोग करती थी। नील के द्वारा मारे जाने वाले शहजादे की शहादत पर जीनत महल रोयी नहीं थी। विप्लववादी नारियों से जीनत महल का मिलना-जुलना रहता था।

कानपुर की नर्तकी

1857 की सशस्त्र क्रान्ति में कानपुर की नर्तकी की मुख्य भूमिका रही है। कानपुर की नर्तकी क्रान्तिकारियों की सहायता करती थी। वह अस्त्रों का प्रबन्ध करती थी। नर्तकी घोड़े पर चढ़कर क्रान्ति का संचालन कर रहीं थी। वह घायल बागियों की चिकित्सा कराती थी। बागी अपने हथियार इसी नर्तकी के कोठे में छिपाकर रखते थे। नर्तकी अंग्रेजों पर गोलियां दागती थी। एक मुठभेड़ में नर्तकी शहीद हो गयी। मरते दम तक इन्होंने क्रातिकारियों का नाम नहीं बताया था।

काशी

19 साल की काशी रानी लक्ष्मीबाई की सहेली थी। युद्ध क्षेत्र में इन्होंने भारी मार मचायी थी। वह अंग्रेजों पर बिजली गिराती थी। तलवार-चालन में काशी रणचण्डी बन जाती थी। 1857 के गदर में यह चिनगारी बनी हुई थी।

हजरत महल

लखनऊ की बेगम हजरत महल उस गदर में हाथी पर सवार होकर बागियों का मनोबल बढ़ा रही थी। उनके नेतृत्व में गोमती के किनारे जवानों ने अंगेजों से खून की होली खेली थी। हजरत महल विलासी जीवन को छोड़कर सशस्त्र स्वतन्त्रता क्रान्ति की प्रमुख बन गयी थी।

मदिरा

18 साल की मदिरा रानी लक्ष्मीबाई की अंगरक्षिका और राइफल सेना की मुखिया थी। यह फिरंगियों को दबोचकर तलवार से मौत के घाट उतारती थी। श्रीमती सुभद्रा कुमारी चौहान के शब्दों में 'चमक उठी सन् सत्तावन में, वह तलवार पुरानी थी। खूब लड़ी मर्दानी बह तो झांसीवाली रानी थी।'

काशी और मदिरा रानी के संग आयी थी। युद्ध क्षेत्र में उसने भारी मार मचायी थी।

जंग मैदान में लड़ाई सुसज्जित अस्त्र शस्त्रों से ही लड़ी जाती है। अतः हमने उत्तर भारत और दक्षिण भारत में उस काल में निर्मित अस्त्र-शस्त्रों के निर्माताओं की काफी खोजबीन कर पाया कि उस काल में लोहे के कार्य में दक्ष प्रवीण विश्वकर्मा वंशज "लोहार" द्वारा ही युद्ध के लिए, ढाल, कवच, कटार, तलवार, तोप-बन्दूक, घोड़ों की नाल, रथ, बग्गियाँ, बहुकोणीय चाकू, वज्रास्त्र आदि सभी लड़ाई के औजार बनाकर दिये जाते थे। साथ ही वे युद्ध के मैदान में भी

उनकी अलग अलग टोलिया सैनिकों के साथ साथ होती हैं जो स्वयं लड़ते भी थे, स्वनिर्मित शस्त्रों के संचालन और मरम्मत का कार्य भी करते थे। इसका प्रयत्क्ष प्रमाण राजा राणा प्रताप, पृथ्वीराज, राजा सांगा, शिवाजी, राज लक्ष्मी चेन्नाम्बा, अवंतिका, उदाबाई, लक्ष्मीबाई, झंकारी जीनत महल आदि के राज कौशल से मिलते हैं। अधिकांश इतिहासकार इस बात से पूर्णतया सहमत हैं कि 'मदिरा' रानी लक्ष्मीबाई की अंगरक्षिका और राइफल सेना की प्रमुख थी और 'काशी' जो लक्ष्मीबाई की सहेली थी। जो युद्ध क्षेत्र में भारी मार मचायी थी वे इन्हीं शस्त्र निर्माताओं की कुशल व प्रवीण नारियां थीं।

यूरोपियन इतिहासकारों ने लिखा है कि उस काल में हस्तनिर्मित अस्त्र-शस्त्र जो ब्लैकस्मिथों द्वारा निर्मित लड़ाई के लिये युद्ध क्षेत्र में प्रयुक्त किये जाते थे वे विश्व में कदाचित देखने को मिले हैं। हमें आश्चर्य है कि उन शिल्पियों ने किस वैज्ञानिक विधि एक अनुसंधान से उस घोड़े की स्प्रिंगसुदा नाल का निर्माण किया था। जो घुड़सवार अपने लड़ाकू घोड़े के साथ 30 से 40 फुट की ऊँचाई तक जम्प कर सकता था जैसा कि लक्ष्मीबाई ने अपने महल की चार दिवारी से कूदकर युद्ध स्थल में प्रदर्शित किया था। युद्ध में प्रयुक्त हस्त निर्मित शस्त्र निसंदेह उस काल के युद्ध कला की प्रवीणता को वजागिर करते हैं। माहराणा प्रताप के गाडिया लोहार आज भी इसके प्रत्यक्ष प्रमाण हैं।

भारत में उस समय जितने भी किला, दुर्ग, महलों आदि का निर्माण हुआ उसे इन शिल्पियों ने निर्मित किया था जिसके अवशेष उनकी गौरव गाथा गा रहे है। निसंदेह इन शिल्पियों के रणक्षेत्र के लिए जो अस्त्र-शस्त्र सहित घोड़े की स्प्रिंग सुदा नाल का आविष्कार व निर्माण भारत के तकनीकी ज्ञान का द्योतक है। इस गोपनीय तकनीक को जबतक विदेशी आक्रमणकारी नहीं जाने तब तक के हर युद्ध में वे परास्त होते रहे। जब इनके अवशेष उन्हें रण क्षेत्र में मिले तथा इनके गुप्तचर राजघरानों के संपर्क में आये तभी इनकी तकनीक का अपहरण कर उन्होंने अपने यहां इसे विकसित किया और इस देश के वीरों को हराने में उनकी अहम् भूमिका रही। काश, भारतीय लोगों में इसकी परख होती तो यह दुर्गति न तो उस काल में होती न तो आज यह दुर्दशा देखने को मिलती।

4. आजादी का ध्वज फहराने वाली प्रथम नारी

वन्दे मातरम् शताब्दी समारोह का आरंभ 7 सितंबर, 2005 को लाल किला में हुआ, जिसमें मैडम भीकाजी कामा को, जिन्होंने दादा भाई नौरोजी और श्यामजी कृष्ण वर्मा के संपर्क में रहकर विदेशों में भारत के स्वतंत्रता संग्राम को बलशाली बनाया था, भावभीनी श्रद्धांजलि अर्पित की गई। उन्होनें भारतमाता को विदेशी सत्ता से मुक्त कराने के लिए 'वन्दे मातरम्' समाचार-पत्र भी प्रकाशित किया था। अंतराष्ट्रीय समाजवादी संगठन के छठे अधिवेशन में मैडम कामा ने औपनिवेशक विषय पर विचार-विमर्श करने वाले आयोग में भारत का प्रतिनिधित्व किया था। इसी अधिवेशन में रूसी प्रतिनिधि के रूप में लेनिन ने भाग लिया था और वह सैन्य

विरोधी आयोग में शामिल थे। मैडम कामा ने 7 सितंबर, 1917 को इस सभा को संबोधित किया। अगले दिन उनके जोशीले भाषण को जर्मनी और फ्रांस के समाचार-पत्रों में छापा गया। सभा में सम्मिलित लगभग 1000 प्रतिनिधियों का भारतीय लोगों की ओर से अभिवादन करते हुए उन्होंने भारत की बिगड़ी हुई आर्थिक स्थिति तथा दुरभिक्ष के कारण व्यापक तबाही की ओर ध्यान आकर्षित किया। अंग्रेजी साम्राज्यवाद की भर्त्सज्ना तथा भारत की जनता की व्यथा का वर्णन करते हुए सभा में उपस्थित प्रतिनिधियों से उन्होंने अपील की कि वे उस भारत के, जो कि विश्व का पंचम भाग है, स्वतंत्रता संग्राम को समर्थन दें। वेदना तथा तथ्यों से पूर्ण भाषण करते हुए उन्होंने बड़े नाटकीय ढंग से जोरदार तालियों के बीच तिरंगा झंडा, जिस पर 'वन्दे मातरम्' अंकित था, लहराते हुए गरजकर कहाः "ये भारत की आजादी का ध्वज है, देखो आज इसकी उत्पत्ति हुई है। इस ध्वज को भारतीय युवकों ने अपने खून से रंगा है। मैं आप सभी से यह निवेदन करती हूं कि आप खड़े हो जाएं और भारतमाता की आजादी के इस ध्वज को प्रणाम करें।"

फ्रांसीसी पत्रों ने उन्हें "राष्ट्रवाद की प्रमुख पुजारिन" की संज्ञा दी और जॉन ऑफ ऑक के चित्र के साथ तिरंगा झंडा हाथ में लिए मैडम कामा का चित्र प्रकाशित किया।

अंग्रेजी सरकार बौखला गई और उसने मैडम कामा को भारत में अपनी पैतृक संपत्ति से कोई भी अंश प्राप्त करने पर रोक लगा दी और उन्हें अंग्रेजी साम्राज्य की सीमा से देश निकाला दे दिया। वे यूरोप में कार्यरत रहीं और क्रांतिकारी भावनाओं से ओत-प्रोत होकर स्वतंत्रता संग्राम के लिए संघर्ष करती रहीं। दुर्भाग्य से 1935 में उनको पक्षाघात हुआ और भारतीय नेताओं के दबाव के कारण उन्हें भारत लाया गया। मैडम कामा का 13 अगस्त, 1936 को मुंबई में देहावसान हो गया।

उन्होंने 'वन्दे मातरम्' को एक क्रांतिकारी नारे के रूप में प्रचारित किया और इसका जनतंत्र, सामाजिक न्याय और गरीबी से मुक्ति पाने के लिए शक्तिशाली हथियार के रूप में प्रयोग किया। हम उन्हें बड़ी श्रद्धा और सम्मान के साथ उन्हें स्वतंत्रता संगाम में उनके महान योगदान तथा विदेशी धरती पर आजादी के ध्वज को लहराने के लिए हमेशा याद करते रहेंगे। विश्व के सभी स्वतंत्रता संग्रामों के इतिहास में "वन्दे मातरम्" का उदघोष सबसे अधिक प्रेरणादायक था। इस गीत को वर्तमान हालात के साथ जोड़ने की बहुत आवश्यकता है ताकि नवयुक "वन्दे मातरम्" के आदर्शों और मूल्यों के प्रति सजग रहें और भारत को समृद्ध, स्वावलंबी एवं आत्म निर्भर बनाने में पूरे लगन और निष्ठा से प्रयासरत रहें। वर्तमान परिस्थितियों के परिपेक्ष्य में "वन्दे मातरम्" गरीबी, भुखमरी और असमानता के विरूद्ध संघर्ष की प्रेरणा देता है।

इतिहास साक्षी है कि मैडम कामा ने जर्मनी में आयोजित ..... समाजवादी कांग्रेस अधिवेशन ने यह कहा था कि भारत की जनता सिर्फ राजनैतिक स्वतंत्रता

ही नहीं बल्कि वह आर्थिक स्वतंत्रता के लिए भी संघर्षरत है ताकि भारत में स्वतंत्रता, जनतंत्र और न्याय पर आधारित धर्मनिरपेक्ष समाज की संरचना की जा सके।

वह एक बहादुर महिला थी जिनके समक्ष भारत को स्वतंत्र कराने का लक्ष्य था। वह एक ऐसे भारत का निर्माण चाहती थी जो सामाजिक, तथा राजनैतिक शोषण से मुक्त हो।

दिल्ली की मुख्यमंत्री श्रीमती शीला दीक्षित ने मैडम कामा तथा वंकिम चन्द्र चटर्जी को श्रद्धाजंलि अर्पित करते हुए कहा कि 'वन्दे मातरम्' के दो जादुई शब्दों ने पूरे एक शताब्दी तक हमारे स्वतंत्रता संग्राम को प्रभावित किया। ये शब्द आज भी लोगों को प्रेरणा देते हैं और वे बड़े लगन और देशभक्ति की ज्वलत भावना के साथ भारत के विकास के लिए कार्यरत रहें।

वन्दे मातरम् सांप्रदायिक सद्भाव लाने तथा संकीर्णता, कट्टरवाद जैसी क्षुद्र संकीर्ण विचारधारा के विरूद्ध उद्घोष है। वन्दे मातरम् ने लाखों लोगों को सेवा और बलिदान के लिए प्रेरित किया था हमें उसे निरन्तर याद रखना चाहिए।

5. बलिदानी देश भक्त क्रांतिकारी महिला

महात्मा गांधी और नेता जी सुभाष चन्द्र बोस के आह्वाहन पर शिक्षित, अशिक्षित, युवा, वृद्ध, विधवा, सधवा महिलाओं ने आजादी की लड़ाई में भाग लिया और बलिदानी देश भक्त के रूप अपने प्राणों को न्यौछावर कर दिया उसके पूर्व बंगाल प्रान्त के मिदनापुर जिलांर्तगत तामलूक सब डिविजन की महिला मातंगिनी हाजरा का नाम विशेष उल्लेखनीय है।

1932 के प्रारम्भ में महात्मा गाँधी के नेतृत्व में देश व्यापारी कर बन्द आंदोलन ने जोर पकड़ लिया। तामलूक क्षेत्र में भी राष्ट्रीय झण्डा फहराने तथा एक जलूस निकालने का आयोजन किया गया। इस दौरान घरों की महिलाओं ने बंगाली रिवाज के अनुसार शंख ध्वनि करके जलूस का स्वागत किया। जलूस जब मातंगिनी की झोंपड़ी के समीप से गुजरा तब वह भी शंख बजाती हुई निकली और जलूस के साथ चल पड़ी। कृष्णगंज बाजार पहुँचकर जलूस एक जनसभा में परिवर्तित हो गया जिसमें मातंगिनी ने लोगों के साथ स्वाधीनता हेतु संघर्ष करने की विधिवत शपथ ली। अपने जीवन के दुखों और कष्टों को भुलाने के लिये आदी बन चुकी उस महिला ने उसी दिन से अफीम का सेवन बन्द कर दिया और दिन रात देशभक्त की नशे में अपने व्यक्तिगत दुखों को बिल्कुल भूल गयी।

भगवान राम को अपना आराध्य मानकर मग्न रहने वाली मांतगिनी ने महात्मा गांधी को अपना मसाका उपास्य बना लिया और उनके आदर्शों के अनुसार देश सेवा के कार्य में जूट गयी। एक वर्ष के अंदर वे राष्ट्रीय महत्व के कार्यक्रमों में सक्रिय हो गयी। 17 जनवरी 1933 को कर बन्दी आन्दोलन को दबाने के लिये बंगाल के तत्कालीन गवर्नर एंडरसन तामूलक आये तब वे विरोध प्रदर्शन हेतु एक महिलाओं का विशाल जलूस संगठित कर उसके आगे आगे काला झण्डा

लिये "गो बैक लाट साहब" का नारा लगवाती हुई उनके दरबार गेट तक पहुँच गयी। तभी पुलिस ने आगे बढ़कर उनके हाथ से काला झण्डा छीन लिया और उन्हें महिलाओं सहित गिरफ्तार कर लिया। अदालत ने उन्हें छह माह का सश्रम कारावास की सजा देकर मुर्शिदावाद जेल भेज दिया।

1935 में तामूलक क्षेत्र भीषण बाढ़ के साथ ही हैजा और चेचक की महामारियों से आक्रांत हो गया। तब मातंगिनी ने अपनी जाने की परवाह न कर के राहत कार्य तथा रोगियों के सेवा में जुट गयी। बुढ़ापा, दुर्बलता और निर्धनता उनके कामों से कोई बाधा न पहुँचा सकी। उस समय महामारी इतना भीषण रूप धारण कर चुकी थी कि चारों तरफ मुर्दों का ढेर और चित्कार ही दिखाई पड़ता था। प्रशासन इसे नियंत्रित करने में बिल्कुल नकारा साबित हुआ। चारों तरफ त्राहि त्राहि मचा हुआ था। ऐसी विषम परिस्थिति के मातंगनी ने जिस धैर्य और साहस का परिचय देते हुए छोटे छोटे तथा अन्य पीड़ित लोगों की सेवा लोगों की सेवा की वह एक अदभूत कार्य था जिसे मानवता आज भी याद करती है।

दस वर्षों तक गाँधी जे ने नेतृत्व में अहिंसक संघर्ष तथा देश सेवा में लगी रहकर 72 वर्ष की आयु तक व्यस्त और सक्रिय रहने वाली वृद्धा मांतगिनी ने 1942 के "अंग्रेजो भारत छोड़ो" तथा "करो मरो" के नारों द्वारा शुरू हुए आंदोलन में निश्चित कर लिया कि इस क्रांति यज्ञ में वे अपने प्राणों की आहुति देकर ही अपना जीवन सार्थक करेगी। उसी क्रांतिकारी आंदोलन में तामलूक की कांग्रेस कार्यसमिति ने मिदनापुर के तामूलक सब डिविजन में अंग्रेजी हुकुमत को उखाड़कर स्वशासन स्थापित करने की प्रतिज्ञा कर ली थी। उस आंदोलन में आठ सितम्बर को पुलिस की गोली से तीन व्यक्ति शहीद हो गये थे जिससे लोगों का आक्रोश और जोश दोनों काफी बढ़ गया था। वृद्धा मातंगिनी 29 सितम्बर को आयोजित अंग्रेजी शासन विरोधी ऐतिहासिक जलूस की अगुआई करने की अनुमति माँग प्रातः काल ही निकल पड़ी गाँव गाँव घूम कर उन्होंने लगभग 5000 लोगों का विशाल जलूस तैयार कर लिया और उसको लेकर वे रूप नारायण नदी के किनारे वाले मार्ग से चल पड़ी। अपने गाँव अंलिनान से लगभग पाँच मील की दूरी तय करके दो बजे जलूस लेकर सरकारी डाक बंगले के पास पहुँच गयी। तभी पुलिस की बँदूकें गरज उठी और लोगों को शहादत के घाट उतारने लगी। मातंगिनी पास के एक चबूतरे पर खड़ी होकर नारे लगाती हुई जलूस को निबोध गति से आगे बढ़ने के लिये प्रेरित करने लगी तभी एक गोली उन की बायीं कोहिनी में लगी। फिर भी वे दाहिने हाथ में ध्वज पकड़े आगे बढ़ने लगी इतने में दूसरी गोली उनके दाहिने हाथ में लगी। रक्त रंजित हाथ में ध्वज को मजूबती से पकड़े वंदे मातरम् ध्वनि करते वह आगे बढ़ी तभी तीसरी गोली उनके माथे में लगी और वे वही धराशायी हो गयी, लेकिन झण्डा हाथ से नहीं छूटा यद्यपि झण्डा उस देश भक्त के बलिदान को सलामी देने के लिये अपने आप झुक गया।

मातंगिनी हाजरा के बलिदान से तामलूक क्षेत्र के स्वतंत्रता संग्राम सेनानियों में जो जोश बढ़ा उससे डेढ़ सप्ताह के अन्दर तामलूक कांग्रेस के संग्राम परषिद

ने अंग्रेजी हुकुमत को वहाँ से उखाड़ कर सावाधीन सरकार कायम कर ही ली। यह सरकार 1944 के अगस्त तक कल मिलाकर 21 महीने बरकरार रही। उस क्षेत्र की आजादी का मूल्य चुकाने के लिये काफी लोगों ने अपने प्राण न्यौछावर किये। 13 लाख जनसंख्या वाले तामलूक शहर के विशिष्ट स्थान में 17 दिसम्बर 1974 को तत्कालीन प्रधानमंत्री श्रीमती इंदिरा गाँधी ने अश्रुपूरित श्रद्धा के साथ मातंगिनी हाजरा की मूर्ति का अनावरण कर उनके त्यागमय जीवन के आदर्शों को स्थायित्व प्रदान किया।

6. नेहरू जी की दृष्टि में भारतीय नारी

आधुनिक भारत के निर्माता, जवाहरलाल नेहरू की मानव जीवन के सभी पक्षों में रूचि थी। वे भारत की जनता के एक महान शिक्षक थे। वे किसी भी नागरिक के विरूद्ध, धर्म, जाति, विश्वास और यौन के आधार पर, भेदभाव के विरूद्ध थे।

भारत के स्वाधीनता प्राप्त करने के बहुत पहले ही जबकि ब्रिटिश साम्राज्यवाद के विरूद्ध संघर्ष जारी था उनके भाषणों और लेखों में भारतीय नारी की मुक्ति के बारे में उनकी चिन्ता परिलक्षित होने लगी थी। वे अपने जमाने की सामाजिक मानसिकता से पूरी तरह से ऊब चुके थे और उन्होंने महिलाओं की सामाजिक स्थिति को ऊंचा उठाने के लिए समय-समय पर आवाज उठायी। वे महिलाओं को सामाजिक रूप से अलग नहीं समझते थे, वरन वे उन्हें ऐसे व्यक्तियों के रूप में देखते थे, जिन्होंने गम्भीर असमानताओं तथा कठिनाईयों के कारण यातनाएं सही हैं। वे उनकी सहायता करना चाहते थे। वे इस बात से संतुष्ट थे कि भारतीय महिलाओं की स्थिति में कोई भी सुधार 'व्यापक विकास-क्रम के अन्तर्ग ही हो सकता है।'

नेहरू जी बहुत पहिले 6 अक्टूबर 1936 को मद्रास में महिलाओं की एक सभा में बोलते हुए कहा था, "हम सभी के लिए यह जरूरी है कि देश की स्वाधीनता के लिए संघर्ष करें, क्योंकि मैं यह नहीं समझता कि जब तक हम पराधीनता के जुए को उतार न फेंकें, तब तक महिलाओं तथा अन्य दलित वर्गों को निचले स्तर पर रखनेवाले अन्य बन्धनों को तोड़ना सम्भव होगा। लेकिन मेरा मतलब यह नहीं है कि जब तक भारत स्वतंत्र न हो जाए तब तक महिलाओं को दुष्प्रभावित करने वाले बन्धनों के खिलाफ कुछ करें ही नहीं। हम सबको एक साथ आगे बढ़ना है और कमोवेश सभी मोर्चों पर एक ही रफ्तार से बढ़ते जाना है। लेकिन अन्ततोगत्वा हमें राजनीतिक दासता के सबसे बड़े बन्धन को हटाना भी होगा। इसलिए भारतीय महिलाओं के लिए यह बेहद जरूरी है कि स्वतंत्रता के लिए होने वाले संघर्ष में पूरी तरह से हिस्सा लें। "

नेहरू की दृष्टि में महिलाओं का आजादी की लड़ाई में हिस्सा लेना इसलिए भी जरूरी था, जिससे कि "उन्हें देश के सार्वजनिक जीवन में ऐसा स्थान मिल जाए, जहां से उन्हें हटाना सम्भव न हो सके।" उन्होंने अपने उपयुक्त भाषण में

ही कहा था, "मैं समझता हूँ कि हमारे यहां भारत की सम्मानित नारियोंसीता, सावित्री आदि के बारे में बहुत अधिक बातें की जाती हैं। यह सही है कि हमारे सामने इस तरह के आदर्श व्यक्तियों का उदाहरण हो, लेकिन हम केवल परम्पराओं के बल पर ही जिन्दा नहीं रह सकते हैं, न तो हम अपने प्राचीन आदर्श नर-नारियों के उदाहरण व उनकी प्रतिष्ठा पर ही जीवित रह सकते हैं और इससे बड़ी बात तो यह है कि हम उनके उदाहरण के अनुसार अपने को आज पूरी तरह से ढाल नहीं सकते हैं। परिस्थितियां बदलती हैं, जो कि अपने प्राचीन काल के आदर्श चरित्र नायक व नायिकाओं से प्रेरणा प्राप्त कर सकते हैं, फिर भी हम उनकी अंधी नकल नहीं कर सकते हैं।"

1931 में जब भारतीय राष्ट्रीय कांग्रेस के कराची अधिवेशन में मौलिक अधिकारों के बारे में एक प्रस्ताव आ रहा था, तब नेहरूजी ने इस बात के लिए विशेष प्रयास किया कि उनमें महिलाओं संबंधी स्थिति व विशेष अधिकारों का भी समावेश हो। उसमें मुख्य बात यह थी कि भारतीय समाज में "महिलाओं का स्थान पूरी तरह से पुरूषों के बराबर होगा। उसे समान स्थिति, समान अधिकार, समान अवसर तथा सभी मायनों में समानता प्राप्त होगी। केवल यौन-आधार पर ही महिलाओं को किसी भी क्षेत्र विशेष में काम करने से नहीं रोका जाएगा। पूर्ण तथा समान सामाजिक स्थिति के लिए विवाह करने की शर्त नहीं होगी और न तो इस पर, उनके आर्थिक, व सामाजिक अधिकार ही निर्भर होंगे।"

जब नेहरूजी राष्ट्रीय नियोजन समिति के अध्यक्ष हुए तब उन्होंने सुनियोजित समाज में महिलाओं की भूमिका की छानबीन करने के लिए उपसमिति गठित की। रानीबाई राजवाड़े इस उपसमिति की अध्यक्ष और मृदुला साराभाई सचिव थी ने जनसंख्या-नियंत्रण के लिए गर्भपात अपनाने के बारे में सुझाव देने के साथ ही साथ यह भी सुझाव दिया कि विवाह के बिना बच्चे पैदा करने पर परिपाटियों या कानून के द्वारा कोई रोक न लगायी जानी चाहिए। इसने यह भी सुझाव दिया कि विवाह संबंधी कानून में इस तरह के परिवर्तन किए जाएं जिससे कि विवाह के लिए इच्छुक व्यक्तियों के लिए अपने धर्म की घोषणा करना अनिवार्य न हो। सिर्फ एक विवाह प्रथा को मान्यता देने तथा सहशिक्षा को प्रोत्साहन देने की भी बात कही गयी।

नेहरूजी को इस बात से बेहद चिढ़ थी कि महिलाओं को अधिकांश व्यवसायों तथा पेशों से दूर रखा जाता है। उन्हें देश के पुरूषों तथा महिलाओं को कंधे से कंधा मिलाकर काम करते देख करके गर्व होता था। वे यह ठीक ही कहा करते थे कि मध्यम वर्ग के पुरूषों तथा महिलाओं में ही विभिन्नताओं तथा हैसियत का सवाल उठता है और इस बात पर हमेशा ही आश्चर्य करते थे कि "कोई भी काम न करना सामाजिक स्थिति तथा सम्मान का प्रतीक कैसे माना जाता है?" उनकी दृष्टि में ये ऐसी सामाजिक विसंगतियां थीं जो कि आधुनिक युग से मेल नहीं खाती हैं।

नेहरू जी एक ऐसे भारत की कल्पना करते थे जिसमें कि इस तरह की सामाजिक स्थिति बने जिसमें स्वस्थ तथा चेतनशील नर-नारी अत्यधिक रचनात्मक तथा उच्च स्तरीय काम एक साथ करें। मुस्लिम महिलाओं में शिक्षा की आवश्यकता पर बल देते हुए उन्होंने 22 जनवरी 1955 को तोपानपेट (मद्रास) की महिला कॉलेज का शिलान्यास करते हुए कहा था, "किसी व्यक्ति का कोई भी धर्म और समूह क्यों न हो उसके लिए शिक्षा अनिवार्य है।"

नेहरूजी महिलाओं के साथ विशिष्ट व्यवहार किए जाने को भी बुरा मानते थे। 1942 में, जबकि जापानी हमले का खतरा था, कांग्रेस ने एक महिला विभाग खोलने का निर्णय किया। उसी समय नेहरूजी ने तत्कालीन कांग्रस अध्यक्ष मौलाना आजाद को (5 मार्च 1942) एक पत्र लिखकर यह सुझाव दिया कि महिलाओं को जो कार्य और दायित्त्व सौंपने चाहिए उनमें 'आत्मसुरक्षा तथा आत्मनिर्भरता की स्थानीय समस्याएं,... (सार्वजनिक मोरेल बहुत हद तक इस बात पर निर्भर करता है कि महिलाएं क्या सोचती हैं... मैं इस बात के पूरी तरह विरूद्ध हूं कि महिलाओं को निरीह समझा जाए) प्रमुख है। नेहरू जी ने स्वयं ही संविधान निर्माण के कार्य में महिलाओं को शामिल किया। एक आधुनिक तथा स्वतंत्र भारत के निर्माण कार्य में उन्होंने अपनी समकालीन महिलाओं से पूरा सहयोग लिया। उनके युग की प्रमुख महिलाओं में सरोजिनी नायडू, दुर्गाबाई देशमुख, हंसा मेहता, और रेणुका रे प्रमुख थीं।

नेहरूजी ने हमेशा ही आने वाले कल का सपना देखा। सामाजिक एवं आर्थिक समस्याओं के प्रति उनके विशिष्ट दृष्टिकोण भी उनको एक आधुनिक भारत की संरचना का स्वप्न परीलक्षित होता था। वे राष्ट्रीय एवं सामाजिक क्रान्ति को इस तरह से पूरा करना चाहते थे, जिससे कि नयी सामाजिक संस्था, आर्थिक स्थायित्व तथा प्रगति के लक्ष्य पूरे हो सके। जवाहरलाल नेहरू सामाजिक परिवर्तन तथा स्वस्थ परम्पराओं के निर्माण में अपनी सशक्त भूमिका निभाने में भारतीय नारी को पूरी तरह सक्षम व समर्थ मानते थे।

7. इंदिरा गांधी और बांग्ला देश का मुक्ति संग्राम

1971 में पाकिस्तान के साथ युद्ध के पूर्वान्ह की स्थिति की समीक्षा एवं परिशीलन करने पर पता चला कि बॉग्लादेश के मुक्ति संग्राम में भारत भी मदद कर रहा है जिसकी पुष्टि एक सैन्य अधिकारी ने करते हुए बताया था कि हम लोग तत्कालीन पूर्वी पाकिस्तान के मुक्ति संग्राम में सैन्य मदद कर रहे हैं। सीमा सुरक्षा बल भी पूर्वी पाकिस्तान के इस मुक्ति संघर्ष में हाथ बटा रहा है। मुक्ति बाहिनी का प्रमुख मकसद पाकिस्तान के इस पूर्वी भाग को पाकिस्तान की हुकूमत से पृथक कर इसे एक स्वतंत्र देश के रूप से मान्यता दिलाना था।

प्रेस इन खबरों पर ध्यान केन्द्रित कर रहा था कि पूर्वी पाकिस्तान से शरणार्थी पश्चिम बंगाल में प्रवेश कर रहा है, क्योंकि पूर्वी पाकिस्तान के लोग पाकिस्तानी सेनाओं के अत्याचारों से पीड़ित होकर भारत आ रहे थे। सरकार द्वारा प्रदत्त आंकड़ों

के अनुसार 20 लाख शरणार्थी भारत आ चुके थे। उस दौरान विदेशी पत्रकारों भारतीय समाचार पत्र में मुक्ति वाहिनी के सबन्ध में कई विवादास्पद प्रश्न किये जाने पर भारतीय राजनियक ने मात्र यही कहा कि जब राष्ट्रीय हितों से संबंधित मुद्दे सामने आते हैं तब लोग अपनी इच्छा से देश हित के बारे में निर्णय लेते हैं। इस्लामावाद की हुकुमत के खिलाफ पूर्वी पाकिस्तान में जो बगावत की लहर उठी वह मुद्दा भी राष्ट्रीय हितों के संरक्षण का उदाहरण है क्योंकि पाकिस्तान भारत के साथ शत्रुतापूर्ण व्यवहार अख्तियार कर रहा है।

शेख मुजीब पाकिस्तान के खिलाफ पूर्वी पाकिस्तान के मुक्ति संग्राम का नेतृत्व कर रहे थे। जिसे बड़े पैमाने पर पूर्वी पाकिस्तान से शरणार्थियों के आने का तांता लगा था उसके मद्देनजर भारत सरकार ने मुजीब का समर्थन करने का मन बना लिया था। बांग्ला देश के मुक्ति संग्राम में भारत द्वारा शिरकत किये जाने का एक कारण शरणार्थी समस्या भी थी। इस संदर्भ में भारत को अन्तर्राष्ट्रीय समुदाय के समर्थन की दरकार थी।

प्रधानमंत्री इंदिरा गांधी ने अन्तर्राष्ट्रीय समुदाय का समर्थन हासिल करने के उद्देश्य से गाँधीवादी नेता जयप्रकाश नारायण को अपने प्रतिनिधि के तौर पर अमेरिका, ब्रिटेन, समेत अनेक देशों में भेजा। जे. पी. को यह दायित्व सौंपा गया था कि वह विदेश जाकर बांग्लादेश से आये शरणार्थियों की समस्या को मानवीय दृष्टिकोण के मददेनजर प्रस्तुत करे। तत्कालीन विदेश मंत्री स्वर्ण सिंह ने शरणार्थी समस्या के निराकरण के लिये कई मंचों से एक प्रस्ताव पेश किया। इस पुस्तक के अन्तर्गत उनका सुझाव था कि संयुक्त राष्ट्र के संरक्षण में पाकिस्तान - पूर्वी पाकिस्तान की सीमा के साथ 50 मील की एक पटटी का क्षेत्र श्रृजित किया जाये। जहाँ पर शरणार्थी अस्थाई रूप से तब तक रह सकें जब तक इस समस्या का अंतिम समाधान नहीं हो जाता। प्रधानमंत्री इंदिरा गांधी शरणार्थी समस्या और पूर्वी पाकिस्तान में चल रहे घटनाक्रमों की संजीदगी से वाकिफ थी।

इस संदर्भ में उन्होंने मास्को जाने का फैसला किया। वह मास्को से सहयोग समर्थन चाहती थी। उस वक्त सोवियत संघ के रवैये से ऐसा प्रतीत हो रहा था कि भारत का अंतरंग मित्र होने के बावजूद वह इस मामले में नहीं पड़ना चाहता। इंदिरा गाँधी के मास्को पहुंचने के पूर्व ही तत्कालीन सोबियत संघ के राष्ट्रपति ब्रेझनेव राजधानी से बाहर जा चुके थे। सोवियत प्रधानमंत्री ग्रोमिको की श्रीमती गाँधी से मुलाकात हुई जिन्होंने ब्रेझनेव की तरफ से यह कह कर माफी माँगी कि वह छुट्टियाँ मनाने के लिए बाहर गये हैं। श्रीमती गाँधी ने ग्रोमिको से कहा कि वह राष्ट्रपति को सूचित कर दे कि जब तक ब्रेझनेव मास्को वापस नहीं लौट आते तब तक मैं उनका इंतजार करूंगी। अगले ही दिन बेझनेव मास्को वापस लौट आये।

हमारा आकलन था कि श्रीमती गांधी ने मास्को जाने से पहले ही पूर्वी पाकिस्तान की मुक्ति संग्राम में दखल देने का निश्चय कर लिया था। वस्तुतः

बेझनेव के साथ उनकी मुलाकात का मकसद यह था कि यदि बॉग्लादेश के मुक्ति संग्राम में चीन पाकिस्तान की ओर दखल देता है तो उस स्थिति में सोवियत संघ को भारत की मदद के लिये आगे आना चाहिये। विचारणीय है कि बीजिंग सर्वाजनिक तौर पर पहले ही यह घोषणा कर चुका था कि वह पूर्वी पाकिस्तान के मामले में वह इस्लामावाद की हुकुमत का समर्थन करेगा। कालान्तर भारत और सोवियत संघ के बीच जो मैत्री संधी हुई उसके एक प्रावधान मे उल्लिखत था कि यदि भारत पर किसी देश ने हमला किया तो वह हमला सोवियत संघ पर भी माना जायेगा। भारत सरकार के सचिवों ने विभिन्न अखबारों के संपादकों और सचिवों को साथ आमंत्रित किया। बातचीत से ऐसे संकेत मिल चुके थे की निकट भविष्य के युद्ध संभावित है। अक्टूबर 1971 में तत्कालीन विदेश सचिव टी० एन० कौल के आवास पर सभी पत्रकारों को आमंत्रित किया गया। कौल ने कहा सबसे पहले मैं आप लोगों की सुक्रिया अदा करना चाहूँगा कि आप सबने मुजीब नगर कहाँ स्थित है इस बारे में अपनी खबरों में किसी तरह का कोई खुलासा नहीं किया, साथ ही, आप लोगों ने इस आशय की भी खबरें नहीं प्रकाशित कीं कि भारत सरकार पूर्वी पाकिस्तान के बारे में क्या नीति बना रही है। इस बैठक मे भारत सरकार के एक सचिव के० बी० लाल ने यह स्पष्ट संकेत दिया कि बाग्लादेश के मुक्ति संग्राम में दखल देने का निर्णय श्रीमती इंदिरा गांधी ले चुकी है।

सिर्फ कुछ समय की बात है शुरूआत से मास्को नई दिल्ली को यह सलाह दे रहा था कि उसे पूर्वी पाकिस्तान में दखल देने की कार्यवाही को जल्द से जल्द पूरी कर लेनी चाहिये। सोवियम संघ की राय थी कि जंग के लंबा खींचने पर अमेरिका भी पाकिस्तान के पक्ष में कूद सकता है। इस आशय की समस्त जानकारी श्रीमती गांधी ने जनरल मानिकशा को दी, जिन्हें इस संभावित जंग का सर्वोच्च कमाण्डर नियुक्त किया गया था।

भारत की रणनीति भी थी कि पूर्वी पाकिस्तान की सीमा पर स्थित पाकिस्तानी सैन्य ठिकानों पर पीछे से वार कर और फिर चारों ओर से उन्हें घेरकर भारतीय सेनायें तेजी से मेघना और पदमा नदियों को पारकर ढाका तक पहुंचे। भारत अपनी इस रणनीति में सफल भी सफल रहा। इस संदर्भ में इस्लामाबाद की रणनीति सोच पर भी विचार करना मौजूद रहेगा। इस्लामाबाद की सोच थी कि नई दिल्ली ने एक सीमित सैन्य कारवाई करने की योजना बनायी है। इस बात का खुलासा जनरल नियाजी ने आत्समर्पण के बाद पूछताछ के दौरान किया था। जनरल नियाजी पूर्वी पाकिस्तान के सैन्य कमाण्डर थे। बकौल नियाजी "मुझे यह उम्मीद नहीं थी कि भारत इतने बड़े पैमाने पर पूर्वी पाकिस्तान पर धावा बोलेगा। हमें आशंकायें थीं कि भारतीय सेनायें वहां एक भूभाग पर कब्जा कर उस स्थान पर बांग्ला देश सरकार की स्थापना करवा देंगी। यही कारण था कि हमने शुरूआती दौर में अपनी सैन्य टुकड़ियों को सीमा पर तैनात कर लेने का फैसला कर लिया था, लेकिन जब भारतीय सेनायें सैन्य लामबन्दी से लैश जैसोर शहर को भेदती हुई ढाका की तरफ कूच करती गयी तब हमें अपनी चूक का एहसास हुआ। जाहिर है तबतक काफी देर हो चुकी

थी और पाकिस्तान अपनी सैन्य रणनीति को बदलने की स्थिति में नहीं रह गया।"

संयुक्त राष्ट्रसंघ तथा विश्व के कई देशों ने श्रीमती गाँधी के शौर्य पराक्रम, एव कूटीनीति पर मिश्रित प्रतिक्रिया व्यक्त की वहीं पर अधिकांश ने उनकी इस कार्रवाई को अप्रत्यासित घटना और शेख मुजीब के मिशन में सहायक बताया। निःसंदेह श्रीमती इंदिरा गांधी ने भारत के प्रधानमंत्री के रूप में एक ऐसी ऐतिहासिक महिला प्रधानमंत्री थी जिन्होंने आजादी के बाद अलग हुए देश के नागरिकों को एक नये देश के स्वतंत्र नागरिक की सार्वभौमिकता को उन्हें सौप कर ऐसा ऐतिहासिक कार्य किया जिसका अन्यत्र कोई उदाहरण नहीं है।

श्रीमती इंदिरा गांधी के व्यक्तित्व में वे तमाम गुण थे जो उनको बाकी नेताओं से अलग करते हैं। उनके व्यक्तित्व में सबसे बड़ी बात थी उनकी दृढ़ता उन्होंने एक बार नहीं कई बार साबित किया कि वह जो ठान लेती है, उसे पूरा किये बगैर पीछे नहीं हटती । उनके लिये लेडी आयरन का खिताब बिल्कुल सही था। हमारे देश को आज भी इंदिरा जी जैसी मजबूत इरादों वाली महिला की जरूरत है जो मौजूदा चुनौतियां का सामना करने में सक्षम हो।

3
भारतीय नारी और नया समाज

1. अतीत से भविष्य तक पारम्परिक छवि

प्राचीन काल में नारियों को बहुत से अधिकार प्राप्त थे और वे पूर्ण स्वतंत्र थीं। वैदिक काल में जैसे महिलाए ब्रहमवादिनी हुई वैसे मल्लिकुमारी जैनों की 19वीं तीर्थांकर हुई। मिथिला के महाराजा कुंभ और महारानी प्रभावती की उस पुत्री ने चंपानगरी के राजा चन्द्र, श्रावास्ती नरेश, काशीराज शंख, कुणालाधिपति रूकमणी, हस्तिनापुर शासक अदीनशत्रु और पांचाल महाराज जित शत्रु को संयमी बनाया। जैनों के 24वे तीर्थकर महावीर के संघ में महिलाओं ने सर्वाधिक सम्मान पाया। संत बिनौबा भावे के शब्दों में महाबीर के धर्म संघ में पुरूषों को जितने आध्यामिक अधिकार प्राप्त थे, महिलाओं को भी वे सभी प्राप्त थे।

मुगल आक्रान्ताओं के शासन के बाद तो स्थिति और भी बदतर हुई जिसे परिवर्तित करने वाली मध्यकाल की महिलाओं में मीराबाई, मुक्ताबाई, सहजाबाई, लल्ल देवी, अक्का महादेवी, सुदुर दक्षिण की अंडाल स्मरणीय हैं जिन्होंने भक्ति सृजन और संगीत के माध्यम से देश चेतना और नारी चेतना को जगाया। महिला और समाज की पूरी स्थिति की जानकारी हेतु यह आवश्यक है कि विभिन्न कालों में उसकी पृष्ठभूमि का सही पता लगाया जाय। सामाजिक विकास क्रम आखेट युग से परमाणु युग तक में उसके योगदान को नकारा नहीं जा सकता।

भारतीय नारी की नींव इतनी मजबूत है कि वह आज उस पर अपनी सफलताओं की इमारत खड़ी करती जा रही है। आजादी के बाद उसे पहली स्वतंत्रता शिक्षा के क्षेत्र में मिली जब हंसा मेहता सन 1949 में बडौदा विश्वविद्यालय में पहली महिला कुलपति बनी। सन 1950 में अन्ना राजम जार्ज ने भारतीय प्रशासनिक सेवा के तहत पहली महिला अधिकारी होने का गौरव प्राप्त किया। इसके बाद सन 1951 में प्रेम माथुर ने महिलाओं की कोमलांगी छवि को ध्वस्त किया। वह देश की प्रथत व्यावसायिक पायलट बनी। इसमें सुनहरे अक्षर जोड़े विजयलक्ष्मी पंडित ने जो संयुक्त राष्ट्र आम सभा की पहली अध्यक्ष चुनी गयीं। सन 1953 में इस उपलब्धि के पूर्व आप मास्को में भारत की राजदूत भी रह चुकी थी।

बहादुरी और वीरता के मामले में भी महिलाएं पीछे नहीं रहीं। वीरता के लिए ग्लोरिया बेरी को सन 1956 में मरणोपरान्त अशोक चक्र प्रदान किया गया। साहित्य के क्षेत्र में पहली सफलता अमृता प्रीतम को मिली जब उन्हें साहित्य अकादमी पुरस्कार के लिए चुना गया। सन 1963 में महिलाओं ने राजनीति के क्षेत्र में अपना वर्चस्व सिद्ध किया। सुचेता कृवलानी देश की पहली महिला मुख्यमंत्री बनी। सन 1966

में एस. एस. सुब्बालक्ष्मी संयुक्त राष्ट्र आम सभा में शास्त्रीय संगीत का कार्यक्रम प्रस्तुत कर भारतीय महिलाओं की भूमिका में चार चाँद लगा दिये।

सौंदर्य में भारतीय महिला रहीता फारिमा ने 1966 में मिसवर्ल्ड प्रतियोगिता जीता। नरगिस दत्त को सभा 1968 में उनकी फिल्म "रात और दिन" के लिए राष्ट्रीय पुरस्कार से सम्मानित किया गया। इसके एक वर्ष बाद 1969 में देविका रानी को 'दादा साहब फाल्के' पुरस्कार प्रदान किया गया। 1971 में इंदिरा गांधी "भारत रत्न" पाने वाली प्रथम महिला बनी। सन 1972 में किरण बेदी भारतीय पुलिस सेवा की पहली महिला अधिकारी बनी। आशापूर्णा देवी को 1976 में ज्ञानपीठ पुरस्कार से सम्मानित किया गया।

खेल के क्षेत्र में महिलाएं अपनी प्रतिभा का भरपूर प्रदर्शन करने लगीं। चन्द्रा नायडू सन 1977 में पहली महिला कमेन्ट्रेटर बनी। सन 1978 में कमलीत संधु ने एशियाई खेलों में स्वर्णपदक प्राप्त कर भारत का नाम दुनिया में रोशन किया। अन्तर्राष्ट्रीय स्तर पर ख्यातिप्राप्त नोबेल पुरस्कार मदर टेरेसा को सन 1979 में मिला। इस प्रकार समाज के विकास में इन शीर्ष महलाओं की लम्बी भूमिका है। इस क्रम में सुशील चौरसिया, भनुअकैया, बछेन्द्री पाल, पीटी उषा, लता मंगेशकर, इंदिरा हिन्दूजा, आयशा कैप्टन, मीरा नायर उज्जवला राय, हरिता कौर और शेमपांडे, कल्पना चावला, अरूंधति राय आदि अनेक उल्लेखनीय हैं।

आजादी के बाद महिलाओं के सामाजिक योगदान के अतिरिक्त आजादी के पूर्व भी भारतीय महिलाओं के कम काम नहीं दिया। सन् 1848 में मेरी पूनम लक्सोज पहली सर्जन महिला बनी। 1901 में कदम्बिनी गाँगुली ने कांग्रेस आम सभा को संबोधित किया। भीखा जी रूस्तम कामा ने 1907 में विदेशी जमीन पर पहली बार तिरंगा लहराया था। इसके अतिरिक्त कमला बाई गोखले मंदाकिनी फाल्के, कार्नेलिया सोराबजी, कमला देवी चटोपाध्याय, फातिमा बेगम, जदन बाई, गुल व महराजिन आदि ने महत्वपूर्ण भूमिका निभाई।

स्वतंत्रता की लड़ाई में 1857 की क्रांति, असहयोग आंदोलन, ड़ांडी यात्रा में हजारों प्रदेश, गाँव, देहात, कस्बों की महिलाओं का योगदान भुलाया नहीं जा सकता। महात्मा गाँधी ने महिलाओं की इस सहभागिता के लिए कहा था "सभी पुरूष की सहचरी है, उसमें समान मानसिक योग्यताएं हैं। उसे अधिकार है कि वह पुरूषों के छोटे, बड़े और विस्तृत क्रिया कलापों में भाग लें। सन 1930 में सविनय अवज्ञा आन्दोलन में महिलाओं की सक्रिय भागीदारी सामने आयी। डांडी यात्रा के दौरान महिलाएं जेल भी गईं, अहिंसात्मक संघर्ष में महात्मा गाँधी की पत्नी और उनकी अहिंसा गुरू राष्ट्रमाता का स्तर गांधी का नेतृत्व अविस्मरणीय है।"

आज समाज में चारों और हिंसा और भष्टाचार का परिवेश है। हमारी संस्कृति ने स्त्रियों से बहुत अपेक्षा रखी है। स्त्रियाँ यदि अहिंसा का सन्देश उठा लेती हैं, तो दुनिया की रक्षा होगी। भावी युग में समाज को नियंत्रित करने का काम स्त्रियों

के पास आने वाला है, उसकी तैयारी उन्हें अपनी सेवावृत्ति से देनी होगी। बापू ने कहा था–निम्न से निम्न काम करने के लिए हमारे पास श्रेष्ठतम नैतिक शक्ति है–महिला शक्ति। यह कार्य और प्रयोग सफल रहा। वास्तव में समाज निर्माण के लिए भी पुरूष के भेद को भूलकर सबसे आवश्यक है, चरित्र निर्माण और व्यक्ति निर्माण के लिए एकात्मक विचार और कर्म की प्रबल निष्ठा और दृढ़ इच्छा शक्ति जो भारतीय नारी की प्ररणा से ही संभव है।

आजादी के 58 वर्ष बाद भी जिस देश में राष्ट्रीय एकात्मता के लिये आवश्यक एक कामन सिविल कोड लागू न हो पाया हो, बढ़ती हुई आबादी पर प्रभावी रोक लगाने का कोई कार्यक्रम न बना पाया हो, जहाँ राजनीतिक व्यवस्था ने राष्ट्रवादी विचारधारा को कुचलने तथा संकीर्ण विचारधारा को धर्म निरपेक्षता के नाम पर बढ़ावा देने का प्रयास किया हो, जिस देश मे आज तक शिक्षा की विषमता तथा मजहबी शिक्षा पर प्रभावी अंकुश लगाने की कोई व्यवस्था न की गई हो, जहाँ भ्रष्टाचार को शिष्टाचार का रूप दे दिया गया हो, वहाँ महा शक्ति बन पाने को लेकर संदेह होना ही है।

ऐसा नहीं कि भारत ने वह ऊँचाई कभी देखी ही नहीं। जब पूरी दुनिया अज्ञान के अंधकार में भटक रही थी, तब भारत वर्ष में वेद की रचनायें रची जा रही थीं। वेद भारत के धार्मिक ग्रंथ ही नहीं है, ज्ञान विज्ञान की अथाह भंडार इनके अंदर छिपा हुआ है। और वह दावा भी भारत का ही कोई वेदब्यास कर सकता था, और वह भी आज से 5000 वर्ष पहले कि धर्म, अर्थ, काम मोक्ष,– इन चार मानवीय पुरूषार्थों के बारे में जो कुछ भी महाभारत जैसे काव्य में मिलेगा, वही सारी दुनियाँ के ग्रंथों में मिलेगा। जो इस महाकाव्य में नहीं वह और भी कही नहीं। आखिर विश्वप्रसिद्ध नालन्दा, तक्षशिला और विक्रमशीला के विश्वविद्यालय भारत की ही देन थे जिनसे स्नातक की डिग्री प्राप्त करने में दुनियाँ के किसी भी नागरिक को गौरव का अहसास होता था।

भारत को अगर फिर से महाशक्ति बनना है, तो उसके लिये जरूरी है कि हम भारत के हर एक नागरिक के अन्दर एक भारतीय दृष्टि पैदा करें। उसे उसकी परम्परा और संस्कृति से जोड़ने का प्रयास करें क्योंकि कोई भी राष्ट्र की पहचान वहाँ पर हजारों वर्षों से रह रहे समाज और उसके द्वारा श्रद्धाभाव से निर्मित महान संस्कृति से होती है। भारतीय संस्कृति ने जीवन के चार पुरूषार्थ तय किये है–धर्म, अर्थ, काम और मोक्ष। इन पुरूषार्थो को यदि राष्ट्र के संदर्भ में लें, तो भारत को फिर से चार मूलभूत बातों पर ध्यान देना होगा, जो भारत को फिर से महाशक्ति बनाने में सहायक हो सकती है। ये हैं– शिक्षा, सुरक्षा, अर्थव्यवस्था और स्वास्थ्य सेवा और सेवा।

भारत में सबसे पहले शिक्षा की विषमता को दूर करने की कोशिश होनी चाहिये। अलगाववाद और आतंकवाद बढ़ाने में सहायक मजहबी शिक्षा पर पूरी तरह पाबन्दी लगाकर एक समान और राष्ट्रीय भाव पैदा करने वाली शिक्षा दी जानी चाहिये

जिसमें भारतीय मूल्यों और आदर्शों का समावेश हो। ज्ञान विज्ञान के क्षेत्र में भारतीय भाषाओं में ही शोध के अवसर प्रदान किये जाने चाहिये। संस्कारों से कटा हुआ समाज ही भारत से पलायन करता है संस्कारों से जुड़ी शिक्षा हर नागरिक में राष्ट्रीयता के भाव पैदा करने में सहायक होगी।

दूसरा क्षेत्र है सुरक्षा। किसी भी राष्ट्र की आंतरिक और बाहरी सुरक्षा सिर्फ सेना के बल पर नहीं हो सकती। अगर हर नागरिक के अन्दर अपनी संस्कृति तथा परम्परा के प्रति श्रद्धाभाव न हो, तो देश बहुत दिनों तक अखण्ड नहीं रह सकता। राष्ट्रीयता से ओत-प्रोत शिक्षा हर नागरिक के अन्दर राष्ट्रीय सुरक्षा के भाव पैदा करने में सहायक हो सकती है। इसके बाद विचार कीजिये अर्थव्यवस्था पर। भारत को आर्थिक महाशक्ति के रूप में बढ़ाने की बात करते समय हमें इस बात पर सर्वप्रथम ध्यान देना होगा कि हमारी 80 प्रतिशत आबादी ग्रामीण अर्थव्यवस्था पर निर्भर है।

विकास का यूरोपीय ढाँचा भारत को आर्थिक महाशक्ति नहीं बना सकता, क्योंकि यूरोप में इसके ठीक विपरीत पांच से सात प्रतिशत नागरिक ही ग्रामीण अर्थव्यवस्था पर आश्रित है। ग्रामीण अर्थव्यवस्था को मजबूती देने के लिए गांवों को आवश्यक मूलभूत सुविधायें उपजलब्ध करवाने और कृषि पर आधारित उद्योगों को आगे बढ़ाने की जरूरत है। पर्यटन के क्षेत्र में ढेरे सारी संभावनाएं हैं, उनका फायदा उठाया जाय। हमें विकास के लिए सुनियोजित नीति चाहिये, जो विषमताओं का सामना कर सके। मसलन हर साल भारत के कुछ राज्य जून से अगस्त तक भीषण बाढ़ की लपेट में आते हैं, जबकि उसी समय कुछ क्षेत्रों में भीषण सूखा पड़ जाता है। नदियों को आपस में जोड़ने की महात्वाकांक्षी योजना को लागू करके इस विषमता को दूर किया जा सकता है। साथ ही पनबिजली की अनन्त संभावनाओं का इस्तेमाल ग्रामीण अर्थव्यवस्था को आगे बढ़ाने में किया जा सकता है। इसके अलावा पशुपालन और बागवानी के क्षेत्र भी भारी उम्मीद जगाते हैं।

अंतिम मुददा है सेवा और समर्पण। अगर अपने कर्त्तव्यों के प्रति समर्पण का भाव हर नागरिक में न हो तो देश विकास नहीं सकता। इसलिये जरूरी है कि सेवा और समर्पण का भाव छात्र जीवन से ही सभी के मन मे पैदा किया जाय।

हमारे देश में महिलाओं का गौरव और गुणगान जितना अधिक हुआ अन्यत्र कहीं नहीं। धर्मग्रंथों और शास्त्रों में महिला को विशिष्ट शक्ति के रूप में वर्णित कर उसकी पूजा प्रतिष्ठा के कई प्रसंग निरूपित हैं। देवताओं की तुलना में भी देवीयों की संख्या अधिक मिलती है। अर्धनारीश्वर की कल्पना नारी को ही महात्स्य से प्रकट हुआ है किन्तु व्यवहारिक धरातल पर हम जब दृष्टिपात करते हैं तो नारी के संबन्ध में सारा कथन लेखन "हाथी के दांत" वाली कहावत जैसा चरितार्थ करता है। नारी उत्पीड़न और अत्याचार की घटनाओं में निरन्तर वृद्धि ही हुई है।

देश की आजादी के बाद महिलाओं के उन्नयन/विकास और प्रकाश के संबन्ध में बहुत कुछ सोचा-समझा गया। पुरूषों के समकक्ष राष्ट्र की विकासधारा में नारी

शक्ति भी मुख्यधारा बन सके, इसके लिये कानून भी बने और सोचा यह गया कि राजकाज में उनकी भागीदारी सुनिश्चित की जाए तो मलिलाओं के प्रतिनिधित्व से बहुत सारी समस्याओं का निराकरण हो सकेगा। लेकिन ठीक इसके विपरीत राज-घराने, उच्च वर्गीय साधन संपन्न महिलाओं ने उनका स्थान ले लिया और 85 प्रतिशत सामाजिक, आर्थिक, शैक्षिक, राजनीतिक रूप से पिछड़ी, उपेक्षित वंचित महिलाएं जहाँ की तहाँ रह गयीं। इससे स्पष्ट है कि जब तक 85 प्रतिशत को आत्मनिर्भर और समुन्नत नहीं बनाया जायेगा तब तक इनके नाम से सत्ता में भागीदारी कोरी कल्पना रहेगी।

पंचायत राज तो कायम हो गया पर वह प्रभावी भूमिका अदा नहीं कर सका। अतः 1993 में देश के संविधान में संशोधन किया गया। यह 73वां संशोधन था जो पचांयत राज अधिनियम के रूप में जाना गया। यह पंचायती राज पूरे देश में ग्राम पंचायत, पंचायत समिति तथा जिला परिषद के तीनों स्तर पर कार्य करेगा और इसके सभी पद सीधी चुनाव प्रक्रिया से सम्पूरित किये जायेंगे। परन्तु इसमें भी वही स्थिति बनी रही।

महिलायें अपने घर की चार दिवारी में ही कैद न रहे, अपितु शासनतंत्र में भी पुरूषों के समकक्ष अपनी भागीदारी का निर्वाह कर सके, इसके लिये तीनों स्तर पर महिलाओं के लिये तैतीस प्रतिशत स्थान आरक्षित किये गये जो घंघूट, परदा और अंगूठा निशानी में ही सिमट गया और उनके प्रियजन उनकी बेबसी का नाजायज फायदा उठाकर उनके घूंघट के आड़ में उनका प्रतिनिधितत्व एवं संचालन करने लगे यहाँ तक कि बैठक से सरकारी धननिकासी भी उन्हें के कर कमलों से होने लगा तथा कुछ चतुर चालाक परिवार की महिलाओं ने और उनके परिजनों ने इसका भरपूर फायदा उठाया और व्यवस्था की निचली इकाई को जर्जर कर दिया, जिसकी आज भी वकालत हताश, निराश, जनाधार विहीन वर्ग सरकारी राजकोष के बल पर कर रहा है जो एक चिन्ता का विषय है। विकास के नाम पर धनराशि का दंशास भी अंतिम व्यक्ति तक नहीं पहुंच पा रहा है। लिंग के आधार पर आरक्षण का कोई औचित्य उचित प्रतीत नहीं होता जबकि पहले से ही वर्गीय आधार पर आरक्षण का प्रावधान होते हुए भी ठंड़े बस्ते में पड़ा है।

इस आरक्षण से 48 करोड़ महिलाओं में से लगभग आठ लाख महिलाएँ राजनीति में आ पायेंगी। आरक्षणों का यह कदम सचमुच में क्रांतिकारी कदम है। कुछ गाँव वाले महिलाओं को पाकर खुश हैं। वह कह रहें है कि पुरूषों को तो कई वर्षों से देख रहे हैं अब महिलायें आगे आयीं तो गांवों की उन्नति में अपना जौहर दिखायेगी, अवसर हाथ लगेगा तभी तो कोई अपना करिश्मा दिखायेगा। पंचायत चुनावों में कुछ ऐसा ही रस्म अदायगी दिखाई दी जो देश की आजादी की खबर सुनकर आया था। इस बार महिलाओं नें ऐसी रौनक दिखाई जैसी अच्छी खासी विवाहों में देखने को मिलती है। महिला जागृति के लिये कार्यरत संस्थाओं और

महिलाओं ने भी लेखक को बताया कि देश में स्वस्थ्य लोकतंत्र बनाए रखने के लिए महिलाओं का सत्ता तथा राज-काज में भाग लेना बहुत जरूरी है। जिस प्रकार बालिकायें अच्छा पति पाने हेतु देवी, देवताओं की आराधना और सेवा पूजा करती हैं और उसी प्रकार महिलाओं को भी राष्ट्र को स्वस्थ्य एवं सुखद बनाये रखने के लिये चुनाव में खड़े होकर अच्छा पद पाना चाहिये।

माना जाता है कि महिलाओं की निरक्षरता के कारण ही उन्हें पुरूषों का जुल्म सहना पड़ता है। पर हो रही घटनाओं को देखकर तो नहीं लगता कि सिर्फ निरक्षर महिलाएं ही जुल्म सहती हैं। महिलाएं आज घर के साथ-साथ बाहर की दुनियां में भी विकास की धुरी बन रही है। एक महिला के धैर्य लगन और समर्पण के गुणों ने उसे कारोबार की व्यस्त दुनिया में भी शीर्ष पर पहुंचा दिया है। पर इस उन्नति के बावजूद घरेलू मोंचे पर महिलाओं की स्थिति में ज्यादा सुधार नहीं हुआ है बल्कि घरेलू हिंसा जैसे सामाजिक दाग और भी गहरा हुआ है। महिलाओं की प्रताड़ना बदस्तूर जारी है। यह सब तब है जब वे पहले से ज्यादा शिक्षित हुई हैं। अधिकारों के प्रति उनकी चेतना बढ़ी है और मनोविज्ञान की नई परिभाषाएं उन्होंने सीखी हैं।

ज्यादातर परेशान महिलाएं मानती हैं कि अगर उनपर उनका पति हाथ उठाता है तो उसे इस बात से कुछ लेना-देना नहीं होता कि जिसे वह पीट रहा है वह कितनी शिक्षित है। हालांकि महिलाओं पर हो रहा जुल्म किसी वर्ग विशेष तक सीमित नहीं है। यह बात नहीं है कि सिर्फ निम्न वर्ग, मध्यम वर्ग की औरतें ही दुख सहती हैं। अगर पीड़ित महिलाओं का तीनों वर्गों के अनुपात निकाले जायें तो उच्च वर्ग में भी इस समस्या का विकराल रूप देखने को मिलता है। यहाँ पुरूषवादी अहम या स्थितियों से पार पाने की विवशता उसे वही कदम उठाने पर मजबूर कर देती है जो वे बरसों से समाज में दिखता आया हैं।

हिंसा या अत्याचार की शिकार सिर्फ पत्नियां ही हैं। यह मानना एकतरफा है। पुरूष भी इसी नरक के दूसरे सिरे से जुड़ा है। क्लेश की आग उसे भी सुलगाती है पर मानसिक तौर पर खुद को ज्यादा सक्षम मानने व अंततः समाज में खुद को मजबूत मुखिया के तौर पर सभी दायित्व निभाने के उसके व्यक्तित्व निर्माण से वह स्त्री को स्वभावतः सीखने योग्य समझते हैं। वहीं उसकी भूल है। स्त्री जो कि अलग पारिवारिक परिवेश से आती है, अपने साथ नई सोच की गठरी भी लेकर आती है। नर परिवार के जटिल तानेबाने के अलावा एक नए पुरूष की मानसिकता व संवेदना से उसका सामाना होता है। निश्चित ही, इस दामपत्य रिश्ते में स्त्री से समझ व अनुभूति के ज्यादा गहरे स्तर की उम्मीद की जानी चाहिये। पर अपनी शिक्षा व मायके के लाड़-प्यार की याद उसे कोमल जीवनसंगिनी बनने को प्रेरित करती है। पुरूष को सशक्त साथी की जरूरत होती है और स्त्री को सफल साथी की।

आज के बदलते परिदृश्य में स्त्री-पुरूष की पारम्परिक छवि काफी विवादास्पद है। कामकाज के बदलते सरोकार की इस दुनिया में मतभदों की नई ब्यूह-रचना आकार

लेती है। पति को जब स्थितयां वैसी नहीं मिलती, जैसा वह चाहता है तो वह पहले झल्लाता है फिर झपटता है। स्त्री भी पहले अपनी बदली जीवनशैली के नये रूप को खुद परखती है और फिर जब पारिवारिक दायित्वों को निभाने के आग्रह मजबूर करते दिखते हैं तो उसके पावं उखड़ जाते हैं। फिर पति की हिंसा को वह शिक्षा की दुहाई देकर, अपराध करार दे देती है। निश्चय ही ऐसी हिंसा धिक्कारने के लायक है और सभ्य समाज इसकी कतई इजाजत नहीं देता। परन्तु जिन सवालों के सुलगते जंगल से यह आधुनिक पुरूष गुजरता है, उसकी परवाह कौन-सा समाज करेगा।

इस बिडम्बना के सकारात्मक सोच व निदान हेतु स्त्री-पुरूष दोनों को अपना-अपना मानवीय दृष्टिकोण समझना पड़ेगा। समाज को भी उन्हें व्यावहारिक सीख देने के लिए आगे आना होगा। पुरूष को यह समझना होगा कि उसके सामने खड़ी स्त्री उसकी साथी है, संकट नहीं। वही स्त्री को भी यह सोच बदलनी पड़ेगी कि उसका पुरूष के साथ कोई विषमता या स्पर्धा नहीं है बल्कि वे एक दूसरे के पूरक हैं। इसी पूरकता के चलते ही घर परिवार के सुख-शांति अमन-संभव है। आज राजनीति ने स्त्री-पुरूष में इतनी कटुता और जड़ता पैदा कर दी है कि पारिवारिक जीवन विषाक्त होता जा रहा है। आपसी प्रेम, ममता, भाईचारा दिन प्रतिदिन समाप्त होता जा रहा है। इससे बचने के लिये राजनीतिक दखलअंदाजी जितनी कम हो उतना ही आपसी सौहार्द सुदृढ़ होगा और अतीत के आयने में पारम्परिक छवि निखरकर आयेगा और परिवार जो प्रथम पाठशाला है उसके बच्चे संस्कारित और अनुशासित होंगे। आपसी कलह और विद्वेष समाप्त होगा। जीवन सुखमय होगा। इससे सुख शान्ति और समृद्धि का मार्ग प्रशस्त होगा।

घूँघट काढ़कर पति के पीछे-पीछे चलने वाली महिलाओं में जागरूकता आई है। लेकिन उसे अब भी अपने अधिकारों के लिए लड़ने की आदत डालनी होगी। यह तभी संभव है जब वे आर्थिक रूप से आत्मनिर्भर, शिक्षित एवं संपन्न हो। पारिवारिक परिवेश और लोक मर्यादाओं के कारण वे अपने पति एंव कमाऊ पुत्रों पर आश्रित है। निराश्रित महिलाओं की स्थिति बहुत ही दयनीय है। ऐसी महिलाओं की प्रतिशत 70 से 80 प्रतिशत है जिनके पास भरण-पोषण हेतु अपने श्रम के अलावा अन्य कोई आय का स्रोत नहीं है।

पहले गाँव की घाटी से काफी लगाव और ज्यादा झुकाव था। अब पुरानी परंपरा समाज से लुप्त हो रही है। उनकी जगह नई दुनिया ने ली है। लोक जीवन में यह स्पंदन गीतों के रूप में सामने आता रहता है जो विपन्न स्थितियों एवं परिस्थितियों में दोनों को निकट लाता है। हम ऐसे वातावरण का सृजन करना होगा जो आपसी सौहार्द को बनाये रखें। नर-नारी दोनों पुष्पित और प्रफुल्लित रहे। दाहिनी ओर से देखने पर नारी और बाई ओर से देखने पर नर दिखाई दे।

भारतीय समाज में लोक कलाओं की अपनी विशेष भूमिका है। एक ओर मूल्यों को सुरक्षित रखना तो दूसरी ओर समाज के आदर्शों के प्रति जागरूक पैदा करना।

वर्तमान परिवेश में अधिक से अधिक धन कमाने की लालसा में लोक संस्कृति अपनी मूल पहचान खोती जा रही है। परिणामतः लोक विधा में लगातार गिरावट आई है। हमारी संस्कृति ही देश को माँ का दर्जा देती है। समाजिक समरसता की स्थापना से ही संपूर्ण समाज एक समृद्ध राष्ट्र के रूप में सशक्त बनता है। भारतीय संस्कृति की विशेषता रही है कि हमने अनेकता एवं विविधता के रहते हुए एकता के सूत्र में पिरोया है। हमें इस बात पर ध्यान केंन्द्रित करना होगा कि इसे कैसे अक्षुण्य बनाये रखा जाय।

आज महिलाऐं प्रगति के पथ पर निरन्तर आगे बढ़ती जा रही है और पुरूष के साथ कन्धे से कन्धे मिलाकर कार्य कर रही है। आज के कम्प्यूटर एवं विज्ञान के युग में जब महिलायें सेना से लेकर संसद तक अपनी भागीदारी सुनिश्चित कर रही है वहीं 80 प्रतिशत ग्रामीण महिलायें सिर्फ जागरूकता के अभाव में सर्वाधिक पीछे है। कमजोर वर्ग की महिलाओं की स्थिति बद से बदतर है। इनके लिए संवैधानिक अधिकार की बात करना तो दूर वे अपने अस्तित्व की रक्षा भी नहीं कर पा रही है। इनके अहम व अधिकार ठीक उसी प्रकार हड़प लिये जाते हैं जैसे बड़ी मछली छोटी मछली को निगल जाती है।

2. महिला-पुरूष समानता के अहम प्रश्न

प्रश्नगत बिन्दु पर अनेक परिचर्चाओं, बहसों से आर्थिक स्वावलम्बन शिक्षा, अवसरों की समानता तथा लैंगिक पक्षपात उन्मूलन मुख्य मुददा के रूप में उभरें जिसके लिये समवते राष्ट्रीय प्रयास की जरूरतें है। धार्मिक विरासत की चाहे जो भी गाथायें रही हों, प्राचीन समय में समाज में उनका स्तर चाहे जितना भी ऊँचा रहा हो तथा धर्मग्रंथों में उन्हें चाहे जितना की स्वर्णिम स्थान प्राप्त हो पर वे वास्तविक स्थिति को नहीं दर्शाते हैं। वास्तविक रूप से महिलाएँ पुरूषों के हाथों परिहास और अपमान का विषय रही हैं। उन्हें बच्चे पैदा करने तथा उनका पालन पोषण करने के लिये घर की चहर-दिवारी के भीतर रखा गया है। विरासत की चाहे जो भी गाथायें रही हों, प्राचीन समय में समाज में उनका स्तर चाहे जितना भी ऊँचा रहा हो तथा धर्मग्रंथों में उन्हें जितना भी स्वर्णिम स्थान प्राप्त हो पर वे वास्तविक स्थिति को नहीं दर्शाते।

अर्थपूर्ण स्वावलम्बन शिक्षा से ही हासिल हो सकता है। शिक्षा से सक्षमता उत्पन्न होती है। सक्षम्ता से क्षमता का निर्माण होता है और अगर क्षमता प्रस्फुरित हो जाये तो जीवन में हर अच्छाई का मार्ग प्रशस्त हो जाता है। इस प्रकार शिक्षा और आर्थिक स्वावलम्बन ही परिवर्तन के लिये वाहन है, जिससे लैंगिक समानता आती है। चिकित्सा, अर्थव्यवस्था, शिक्षा राजनीति, जनता की सामाजिक उन्नति, इंजीनीयरिंग अर्थात् हर क्षेत्रों में महिलाऐं आगे निकल रही हैं। यहाँ तक कि परम्परागत रूप से पुरूषों का गढ़ मानी जाने वाली रक्षा सेवा में भी उन्होंने अपनी

राह निकाल ली है। ये सब शिक्षा और आर्थिक स्वावलम्बन के सुखद सुयोजन के लिवास और किसी चीज का द्योतक नहीं है।

इस प्रकार प्रश्न उठता है कि किस प्रकार की शिक्षा से ऐसा बदलाव आ सकता है जो हमारे लैंगिक समानता के परम लक्ष्य की प्राप्ति का मार्ग प्रशस्त करे। लड़के लड़कियों में जीवन कौशल के विकास पर बल दिया गया है। यहाँ जीवन कौशल का आशय समानता एवं हिस्सेदारी का मूल्य उसमें बिठाने का है। पुरूष और महिला दोनों को ही जीवन को सांझा जीवन के रूप में लेना चाहिए।

20वीं सदी के अंत में समाज के भीतर एक प्रगतिशील चिंतन प्रकाश में आया है। महिला मुक्ति, उन्नति, लैंगिक समानता और शासन में अधिकारिता के मामले में आज जोरदार आवाजें उठ रही हैं। महात्मा गाँधी, जवाहरलाल नेहरू, इंदिरा गांधी, राजीव गाँधी के योगदानों का भारत में महिलाओं की उन्नति से संबधित अद्यतन आन्दोलन पर अनोखा प्रभाव है।

इतिहास ऐसे आन्दोलनों से भरा पड़ा है, जहाँ बिना किसी दृष्टिगोचर परिणाम के भयंकर हो हल्ला मचा लेकिन अन्त में स्वीकार्य समाधान के साथ शांति बहाल हुई। पहले समाज में इंसान का दर्जा जन्म से तय होता था। घिन्नौनी यातना के साथ निकृष्टतम किस्म की दासता तो उस समय की माँग थी। महिलाओं को उपेक्षा की नजर से देखा जाता था। भारत में सती प्रथा विद्यमान थी और सबसे दुखद बात यह थी कि इसे धार्मिक मान्यता प्राप्त थी। धीरे-धीरे सभी कुरीतियाँ ओझल हो गयी हैं तथा एक नयी सामाजिक व्यवस्था अस्तित्व में आई जहाँ जाति धर्म पर लिंग के आधार पर बगैर किसी भेदभाव के पूरी मानव जाति को समान समझा जाता है। महिला समानता का मार्ग प्रशस्त हो रहा है।

सदियों से तथाकथित छोटी जाति के लोग मुट्ठी भर लोगों के हाथों अकथनीय उत्पीड़न का शिकार होते रहे जिनकी श्रेष्ठता का एक मात्र प्रमाण उनका जन्म प्रमाण पत्र है। छोटी जाति के लोगों का समान एवं सम्मानजनक रूप में उनके जीवन अधिकार के प्रति उनका बहुत ही घटिया एवं द्वेषपूर्ण दृष्टिकोण था। आज इस क्षेत्र में उनके दृष्टिकोण एवं धारणा में बदलाव देखा एवं महसूस किया जा रहा है। इस मामले में प्रजातंत्र बधाई का पात्र है। निर्धन और पिछड़ा, अनुसूचित जाति/ जनजाति वर्ग अपने मतदान की शक्ति को जान गया है तथा सदियों से होती आ रही गलतियों को दूर करने के लिये वे आज एकजुट हो गये हैं।

आज न केवल अनुसूचित जाति/जनजाति अन्य पिछड़े वर्ग ही अपने लिये समान अधिकार आरक्षण, न्याय और अपना कार्य स्वयं सम्पन्न करने सम्बन्धी अधिकारों की माँग कर रहे हैं अपितु उच्च्‌ जातियाँ भी ओ० बी० सी० में शामिल होने की बात कर रही हैं जिससे जीवन में अपनी खामियों पर विजय पाया जा सके तथा समान अवसर प्राप्त किया जा सके। समाज में महिलाओं की भूमिका तथा पुरूषों के साथ उनकी पूर्ण समानता मानव विकास में अद्यतन एवं मेरूदण्ड को कंपकंपा देने वाला परिवर्तन है।

सबसे पुरानी और एक मात्र राष्ट्रीय पार्टी कांग्रेस ने अपने लम्बे संघर्ष के दौरान न केवल राजनीतिक आजादी एवं स्वतंत्रता को अपना लक्ष्य बनाया है अपितु इसने सामाजिक पुर्ननिर्माण के लिये भी प्रयास किया है। इस प्रकार राजनीतिक स्वतंत्रता ने अच्छा शासन देने और एक न्योचित सामाजिक व्यवस्था निर्मित करने का अवसर प्रदान किया है और यह बात स्पष्ट रूप से समझ लेनी चाहिये कि चाहे जितना भी कठिन प्रयास करे पर लैंगिक समानता के बगैर इसे हासिल नहीं किया जा सकता। इस संबन्ध में जिस चमकते सितारे के योगदान को कमतर नहीं आँका जा सकता है, राजीव गाँधी जिन्होंने महिला अधिकारिता को व्यावहारिक रूप दिया। नियति ने क्रूर खेल खोला लेकिन अब मशाल सोनियाँ के हाथ में हैं।

यदि सोचा जाये तो लैंगिक समानता को कानूनी मंजूरी दिलाने का क्रमशः श्रेय कांग्रेस को जाता है। हिन्दू विवाह अधिनियम, हिन्दू उत्तराधिकार अधिनियम, दहेज निषेध अधिनियम, बलात्कार विरोधी कानून ये सभी कांग्रेस के संकल्प की अभिव्यक्ति है। इन कदमों से न केवल सामाजिक बाधाओं को दूर करने में मदद मिली है अपितु इससे महिला अधिकारिता के अनुकूल वातावरण भी सृजित हुआ है।

राजीव गाँधी द्वारा लाया गया पंचायती राज विधेयक भारत के संसदीय प्रजातंत्र इतिहास में टर्निंग प्वांट था। उन्होंने पंचायती राज संस्थाओं में महिलाओं को 33 प्रतिशत आरक्षण दिलाने का प्रयास किया। परन्तु यह विधेयक राज्यसभा में पारित नहीं हो सका। पी०बी० नरसिंह राव के नेतृत्व वाली कांग्रेस की अगली सरकार पर पंचायत राज विधेयक को पास कराने को दिया गया। सभ्यता के पहिये में काफी जड़ता आ गयी है और इस जड़ता में निरन्तर बढ़ोत्तरी हो रही है परन्तु शिक्षा, समानता, न्याय की दृष्टि से जब अनुसूचित जाति/जनजाति/अन्य पिछड़े वर्ग ओ० बी० सी० को बिना किसी लिंग व वर्गीय भेदभाव के आरक्षण उपलब्ध है तो अलग से महिला आरक्षण क्रिमीलेयर और हर प्रकार से प्रभुता संपन्न लोगों के लिए कवच साबित होगा और नीतिगत आधार सामाजिक, आर्थिक, शैक्षिक पिछड़ापन पर आधारित आरक्षण व्यवस्था को ठेस पहुँचेगा और असमानता-विषमता की खाई और चौड़ी होगी। इसके लिये संवैधानिक संशोधन लाना होगा।

विश्वविद्यालय अनुदान आयोग द्वारा आयोजित "परिवार एवं कामकाजी महिलाएँ" विषयक गोष्ठी में महिलाओं की ओर से यह माँग उभर कर सामने आयी कि जिस प्रकार कामकाजी महिलाएँ अपने कार्यालय के अतिरिक्त घर का भी काम करती हैं उसी प्रकार पुरूष भी महिलाओं के साथ घर के कामकाज में सहभागी बने। इस बात को कुछ पुरूष वक्ताओं और महिलओं ने भी माना। इंटरनेशनल सोसाइटी आफ पीस के सदस्य और इन्साइकलौपीडिया इंडियाः और समाज शास्त्र खण्ड के संपादक आई. टी. आई. में समाज शस्त्र के प्रोफेसर श्री के० एन० शर्मा ने बताया कि पिछले दशकों के आंकड़े देखे जायें तो महिलाओं के काम के अवसर जनगणनाओं

के अनुसार सन 1901 में 32 प्रतिशत कामकाजी महिलायें थीं जबकि 1951 में 23 प्रतिशत, 1981 में 14 प्रतिशत और 2001 में 21 प्रतिशत घर से बाहर जाकर काम करती रही। ऐसा नहीं कि पुरूषों के लिये रोजगार के अवसर बढ़े। यह प्रतिशत कमावेश घटता बढ़ता रहा। 1961 में 43 प्रतिशत, 1981 में 34 प्रतिशत और 2001 में 38 प्रतिशत पुरूष ही रोजगार में थे। रोजगार इसलिये गिरा क्योंकि नई तकनीक आ जाने के कारण खेतों में काम कर रहे हजारों लाखों पुरूष और महिलाएं बेरोजगार होते चले गये। वैसे आजकल महिलाएं सबसे ज्यादा अध्यापन कार्य और टेलीफोन एक्सचेंज में कार्यरत हैं।

यहाँ हम इंगित करना चाहेंगे कि बढ़ते रहन-सहन के स्तर रुपये के अवमूल्यन और बेरोजगारी बढ़ने के कारण परिवारों पर आये आर्थिक दबाव के कारण महिलाओं को घर से बाहर निकल कर काम करना पड़ता है। विश्वविद्यालय की भूतपूर्व कुलपति डा० सुमन ने कहा कि कामकाजी महिलाओं को अत्यधिक परेशानियों का सामना करना पड़ता है। रूढ़िवादी पति दफ्तरों में काम करने वाली महिलाओं पर हमेशा शक करता है। निम्न स्तर का काम करने वाली महिलाओं को शराब के लिये अपने पति को पैसा न देने के कारण अक्सर मार खानी पड़ती है। कामकाजी महिलाओं के परिवारों के रूढ़िवादी होने के कारण अक्सर परिवार टूट भी जाते हैं।

भारतीय समाज एक ऐसा समाज है जहाँ एक बड़ा वर्ग अशिक्षा से ग्रस्त है और शिक्षित वर्ग में भी संस्कारहीन लोगो की अच्छी खासी संख्या है। भारत में शिक्षा के गिरते हुए स्तर ने जिन अनेक समस्याओं को बरकरार रखा है। उनमें एक सभस्या पुरूषों द्वारा महिलाओं को बराबरी की निगाह से नहीं देखना है। यही कारण है कि हमारे देश में महिलाओं पर अत्याचार तो कायम है ही, दहेज प्रथा और कन्या भ्रूण हत्याओं का सिलसिला भी थमने का नाम नहीं ले रहा है। बिडम्बना यह है कि ये दोनों समस्यायें दिन प्रतिदिन बढ़ती चली जा रही हैं। यह स्थिति उस देश में है जहाँ महिलाओं को देवी का दर्जा दिया जाता है।

भारत का एक छोटा सा वर्ग ऐसा है जो श्रेष्ठ कोटि की शिक्षा ग्रहण कर पा रहा है। समस्या यह है कि श्रेष्ठ कोटि की शिक्षा ग्रहण करने के बावजूद भी तमाम पुरूषों और महिलाओं की सोच विकृत है। इस संदर्भ में ध्यान देने की बात यह है कि उच्च वर्ग के हर प्रकार के आचरण और आदमी को देश का अधिकांश समाज बिना समझे बूझे अपनाने को तैयार रहता है। इस कारण भी महिलाओं को समाज में वह दर्जा प्राप्त नहीं हो पा रहा है जो उसे मिलना चाहिये। ऐसा नहीं है कि जो शिक्षित वर्ग है वहाँ महिलाओं की स्थिति बहुत अच्छी हो। यह तथ्य है कि पढ़े लिखे और संपन्न वर्ग के वीच अनेक ऐसी कुप्रथायें मौजुद हैं जो महिलाओं की सम्मानजनक स्थिति में बाधक है।

केन्द्र, और राज्य सरकारें शिक्षा के जरिये समाज की सोच बदलने के प्रति गम्भीर नहीं हैं। हमारे देश में अच्छी शिक्षा देने वाले विद्यालयों का अभाव है। आज

जरूरत इस बात की है कि एक निश्चित अवधि में भारतीय समाज के आचार व्यवहार और सोच में सकारात्मक परिवर्तन लाने वाली शिक्षा प्रणाली तैयार की जाए। इसके लिये प्राथमिक शिक्षा के स्तर से ही शैक्षिक ढाँचे को मजबूत बनाना होगा। अगर महिलाओं की स्थिति में बदलाव उच्च वर्ग से शुरू होगा तो इसका प्रभाव मध्य और निम्न वर्ग पर भी तेजी से पड़ेगा इसके साथ ही सरकार को भी यह चाहिये कि वह महिलाओं की सुरक्षा के लिये आगे आये और यह सुनिश्चित करें कि दूषित मानसिकता वाले पुरूषों पर सख्ती से अंकुश लगाये साथ ही समानता के बिन्दु पर सकारात्मक भूमिका अदा करें।

3. अंधविश्वास के शिकंजे में भारतीय नारियाँ

आज की इस इक्कीसवीं सदी के वैज्ञानिक युग में एक छोटा सा बच्चा भी यह बात मानने को तैयार नहीं है कि जलता लोहे का गोला हथेलियों को जलायेगा नहीं। इस अग्नि परीक्षा का न तो कोई वैज्ञानिक आधार है और नही कोई औचित्य। यह मात्र एक क्रूर अन्धविश्वास है जो नारी पर पुरूष के अत्याचार की पराकाष्ठा का बयान करता है। यह हम प्राचीन काल में सीता अग्नि परीक्षा से लेकर सती प्रथा तक जारी विभिन्न क्रियाकलापों का विश्लेषण न कर संक्षेप में इंदौर के "अग्नि परीक्षा" काण्ड का जिक्र पाठक बृंद के समक्ष करना चाहते है जिसमें एक औरत को अपने पतिव्रता होने का प्रमाण पत्र अपनी हथेली पर आग से तपते गरम लोहे को रखकर देना पड़ा था। उसका कसूर केवल इतना था कि वह अपने पति को बताये बिना पन्द्रह दिन से घर से बाहर रही।

पन्ना जिले के तमौली गांव में 65 वर्षीय वृद्धा पति की जलती चिता पर बैठ कर सारे गाँव के सामने जिन्दा जल जाती है और अंधविश्वासी जनता "सती माता की जय" के नारे लगाती रही। यह कौन सा विश्वास या आस्था है कि पति के साथ पत्नी के जिन्दा जल जाने से उसे स्वर्ग मिलता है। इस अंधविश्वास को गरिमामय बनाकर आखिर यह पुरूष प्रधान समाज किस वैज्ञानिक आधार पर नारी की हत्या को सती का चोला पहनाना चाहता है। इस सर्वथा अमानुषिक आपराधिक कृत्य के पीछे इस पुरूष प्रधान समाज की मंशा क्या है, क्या नारी की समाज में वहीं तक स्थिति स्वीकार है, जब तक वह किसी पुरूष के साथ बंधी हुई है।

दमोह जिले के एक गाँव की महिला पर चरित्रहीनता का आरोप लगा कर उसे समाज और गाँव से तिरस्कृत कर उसका बहिष्कार कर दिया गया। उसे न तो गाँव के कुएँ से पानी भरने दिया जाता और न ही गाँव की दुकान से उसे कोई सामान मिलता। वह मजदूर किस्म की औरत थी। रोज कमाना रोज खाना उसकी नियति थी। चरित्रहीनता के आरोप के चलते उसे कोई अपने यहां काम पर नहीं रखता। यह कैसी बिडम्बना है कि औरत को चरित्रहीनता या यौन संपर्क के लिये केवल औरत को ही दोषी माना जाता है, उस पुरूष को नहीं जो उसके यौन संर्पक

में सहभोगी बनता है और बिना उस पुरूष के सम्पर्क से औरत चरित्रहीन हो ही नहीं सकती। अजीब अंधविश्वास है कि इस चरित्रहीनता की दोषी सिर्फ औरत ही है।

उस औरत ने जब गाँव वालों से पुनः समाज में मिलने की प्रार्थना की तो उससे कहा गया कि सारे गाँव वालों के पैर धोकर उसे पीये तो उसे गाँव में मिला लिया जायेगा। उस औरत ने वैसा ही किया और कल तक की चरित्रहीन औरत गाँव वालों की पैर धोकर पीकर गाँव की सम्मानित महिला बन गयी। सामान्य जनता यह समझ नहीं पाती कि गाँव वालों के पैर धोवन में से ऐसे कौन से रासायनिक तत्व थे जिसके कारण उसका अनेक पुरूष से संसर्ग में आया शरीर पवित्र और निष्कलंक हो गया और उसके सारे तथा कथित पाप धुल गये।

झाबुआ जिले में एक आदिवासी परिवार ने अपनी सगी वृद्धा दादी को केवल इसलिये मार डाला कि उसका विश्वास था कि दादी माँ डायन है और उसी के कारण उस परिवार पर तरह-तरह की आपतियाँ आ रही हैं। वह दादी मां जिसने अपने आँचल की छाया में खुद अनेक कष्ट और तकलीफें सहकर दो पीढ़ियों को पाला पोसा, बड़ा किया, सक्षम बनाया, उन्हीं लोगों ने उसे "डायन" समझ कर मार डाला। अंधविश्वास के चलते उसे अपने ऊपर आने वाली तकलीफों का कारक माना।

समाज में ऐसी अनेक घटनायें पग-पग पर छिपी हुई हैं जिनमें अंधविश्वास के सहारे औरतों को छला गया है। पीड़ित महिलायें सामाजिक भय से इतनी भयभीत हैं कि वे अपनी दास्तां उजागर भी नहीं कर सकतें और चुप रहने में ही अपनी भलाई समझती हैं।

अंधविश्वास के नाम पर औरतों का केवल यौन शोषण ही नहीं होता है, यह तो अंधविश्वास का पहला चरण है। इसकी चपेट में आ जाने के बाद अंधविश्वास में जकड़ी इन औरतों से धन और सम्पति भी हड़प ली जाती है।

अब प्रश्न यह उठता है कि वे कौन से कारण हैं कि इतनी वैज्ञानिक चेतना और आधुनिकता होने के बावजूद हम अंधविश्वास, जादू टोने, टोटकों के जकड़न से मुक्ति नहीं पा रहे हैं। उल्टे इनकी पकड़ और मजबूत होती जा रही है। एक क्षण इस पर विचार करें और सोंचें तो हम पायेंगे कि आज से तीन या चार दशक पहले समाज में तांत्रिकों और धर्मगुरूओं की जो संख्या थी, वह इस दौरान बढ़कर आज दो गुनी व तीन गुनी हो गयी है। इनके आडम्बर, रहन-सहन, सुख-सुविधा, विलासिता के साधन आदि भी बढ़कर राजसी ठाठ-बाट के समान हो गये हैं। जिस तांत्रिक या धर्मगुरू के पास जितना विशाल आश्रम, जितनी अधिक विदेशी कारें, जितने अधिक गनमैन, वह उतना ही बड़ा, उसके दर्शनों की कीमत भी उतनी ही अधिक है। इस स्थिति का कारण हमारी डर की मनोवृति है। आधुनिक जीवन शैली तथा प्रतिस्पर्धा जीवन में हमारा आत्म विश्वास क्रमशः कम होता जा रहा है।

अंधविश्वसास की समाप्ति के लिये हमें समाज में वैज्ञानिक जागरूकता लानी

होगी। इसके लिये महाराष्ट्र में एक संस्था महत्त्वपूर्ण काम कर रही है जो गाँव गाँव जाकर अन्धविश्वास और जादू टोने का वैज्ञानिक विश्लेषण कर उनकी हकीकत जनता को बताती है। इससे आम आदमी को अन्धविश्वास का सही बोध होता है और वे उससे मुक्ति पा सकते हैं। हमें ऐसी अनेक संस्था बनाकर इसका व्यापक प्रचार प्रसार करना होगा।

4. महिला आन्दोलन और सामूहिक लड़ाई

हिन्दुस्तान की नारी घर में देवी और बाहर नगन्य है। ईसवी सन के हजारों हजार वर्ष से हिन्दू नर का दिमाग अपने हित को लेकर गैर-बराबरी के आधार पर बहुत ज्यादा कुंठित हो चुका है। उसे बदलना होगा। नर नारी में गैर-बराबरी के जो आधार है वे गैर-बराबरी और नाइंसाफी की बुनियाद पर टिके हुए हैं जिसे तोड़कर आपसी प्रेम और सौहार्दपूर्ण वातावरण में बदलना होगा।

यूरोप में नारी कभी भी किसी युग में असमानता की वैसी शिकार नहीं रही जैसी एशिया में। बहुत ढूंढा लेकिन बड़े युद्धों के अलावा कहीं और एक मर्द के एक से अधिक से अधिक विवाह की घटना न मिली। मध्ययुग में सालमन ने अपने सरदारों की विधवाओं से एक साथ विवाह किया। ऐसी और भी घटनायें रही हैं। किन्तु पुराने से पुराने युग से लेकर आज तक बहुपत्नी प्रथा यूरोप के कानून में सर्वथा त्याज्य है। जहाँ तक हम जानते हैं, इस प्रश्न को लेकर अभी तक शोध नहीं हुआ है। अगर हो तो मजेदार नतीजे निकल सकते हैं।

हमारे यहाँ अजीबोगरीब सामाजिक घटना और समाज रचना है। मैंने कई लोगों से कहा, इस पर अध्ययन किया जाय। यह तो शोध का विषय है, क्या बात है कि हिन्दुस्तान में मर्द को तो अधिकार मिल गया, भारत ही नहीं, अरबिस्तान, चीन में शादी करने या रखैल रखने का। शादी तो एक सामाजिक घटना है और बहुत जबरदस्त घटना है। यौन पवित्रता की लम्बी चौड़ी बातों के बावजूद, आमतौर पर विवाह और यौन के संबन्ध में लोगों के विचार सड़े हैं। संसार में कभी कभी मर्द ने नारी के संबन्ध में शुचिता, शुद्धता, पवित्रता के बड़े लंबे चौड़े आदर्श बनाये हैं। इन आदर्शों का संबन्ध शरीर तक सिमट जाता है।

राजधानी में बीते माह हुए राष्ट्रीय महिला सम्मेलन के दौरान औरत की चिंताओं की इस नयी दिशा को देखने पर लगता है, मानो महिला आंदोलनों का बुर्जुआवाद ढह रहा है। देश के दूरदराज हिस्सों से आई करीब 600 औरतों की जुबान, वेशभूषा बेशक अलग-अलग थी, पर उनकी पीड़ा और सोच का रंग एक सा लगा।

महिलाओं के इस सामूहिक मंच का नाम अखिल भारतीय प्रगतिशील महिला संगठन है। यह सी. पी. आई. माले की महिला इकाई है और उसने औरतों की तमाम प्रगतिशील ताकतों को तितर-बितर रहने की बजाय एक बैनर के तले गोलबंद किया

है। नक्सलवादी आन्दोलन से जुड़ी अनेक औरतें हथियारबन्द क्रांति का समाजशास्त्र अच्छी तरह जानती है और जिस तरह जंगलों की लुका छिपी की लड़ाई से आजिज आकर "पीपुल्स वार ग्रप" मुख्य धारा से लौटकर सामयिक मुददों पर अपनी शिरकत दर्ज कराने को तैयार हुआ है, उसी तरह औरतों ने अपनी सीमित लड़ाई को मुख्यधारा से जोड़ लिया है। पहले प्रगतिशील महिला समिति के नाम से इस महिला संगठन ने पश्चिम बंगाल में फूलबगान थाने में नेहरबानों का पुलिस द्वारा सामूहिक बलात्कार, वर्धमान जिले के करंदा गाँव में तीन साल के बच्चे के जिंदा दहन तथा कलकत्ता में अरूंधती रायचौधरी को पुरी के शंकराचार्य द्वारा वेदपाठ करने से रोकने तक कई औरत विरोधी सिलसिलों के खिलाफ अपने तेवर दर्ज कराये हैं। बिहार में इसका नाम "प्रगतिशील महिला मंच" है। वहाँ इसने महिला आयोग के गठन से लेकर औरतों की बराबर मजदूरी, स्नातक तक कन्याओं की मुफ्त पढ़ाई तथा अन्य सामाजिक अत्याचारों के सवाल पर अपनी जन अदालतों में फैसले किये हैं।

राष्ट्रीय सर्वेक्षण से स्पष्ट है कि पिछले कई सालों से हर मोर्चे पर औरत के खिलाफ घेराबन्दी की जा रही है। सरकारी योजनाओं के बावजूद उसका शोषण बरकरार है। नयी आर्थिक नीतियों की पहली शिकार वही है, क्योंकि वह घर की प्राथमिक ईकाई है। 70 फीसदी से अधिक घर खेती पर आश्रित है और सरकार उसी का सौदा कर रही है। किसान का बोया हुआ अन्न खुद उसके लिये नसीब नहीं है। यह कैसी बिडम्बना, कैसी नियति है। पढ़ाई और रोजगार के अवसर औरतों के लिये गायब है। दूसरे सामाजिक अभिशापों और रूढ़ियों की मार अलग है। अब राष्ट्रीय स्तर पर एक सामूहिक लड़ाई की जरूरत है। क्षेत्रीय और स्थानीय स्तर पर संघर्ष कुछ हद तक एक समस्या को दबा तो देते हैं लेकिन औरत से जुड़े बुनियादी सवाल फिर भी अनसुलझे रहते हैं।

विभिन्न विचारधारा के महिला संगठन देश के कई हिस्सों में काम कर रहे हैं। विभिन्न महिला संगठनों के प्रमुख नेत्रियों से वार्ता करने पर यह तथ्य प्रकाश में आया कि अब उन्हें एक ताकत के रूप में संगठित किया जा रहा है। औरत पर हमला किसी भी क्षेत्र में हो या वह किसी सरकारी गति से सीधे प्रभावित होती हो, महिला एसोशियेशन राष्ट्रीय स्तर पर हस्तक्षेप करेंगी और अपने तमाम प्रगतिशील घटकों समेत सीधे दिल्ली की केन्द्र सरकार पर दबाव बनायेगी। यह औरत के अस्तित्व का संकटकाल है। यदि अब भी चुप रहे तो किसी साम्राज्यवादी की गुलामियत तय है।

पूणे के "श्रमिक महिला मोर्चा" के सदस्यों ने बताया कि उनका संगठन घरों में कामकाज करने वाली औरतों का संगठन है, जो कि देश में अपनी तरह का पहला प्रयोग है। इस संगठन के प्रतिनिधि बहुत बड़ी तादाद में दिल्ली पहुंचे और वे भी बिना टिकट। रेलगाड़ी का टिकट न लेने के पीछे उनकी दलील सरकार पर दबाव बनाना है। ये उन घरों की औरतें हैं, जो ग़रीबी की रेखा तले जी रही हैं और दशकों

से शोषित हैं, लेकिन वे अब अपना हक और मकसद पूरा करने "राजधानी" पहुँची है, ताकि लौटकर वही चेतना अपनी साथिनों के भीतर भर सकें। वहाँ की तेजतर्रार महिला लक्षमा कही कि यदि घर बैठे सरकार हमारी सुन ले तो कोई पागल है कि दिल्ली आयेगा। हम लोगों को हफ्ते में आधे दिन रोटी नसीब नहीं होती, फिर रेल का भाड़ा क्यों दें।

अजमेर महिला संगठन से जुड़ी लक्ष्मी ने बनाया, राजस्थान में औरतों पर घरेलू हिंसा की स्थिति गंभीर होती जा रही है। औरतें मर्द द्वारा अपनी पिटाई के भय से आतंकित रहती हैं। बेटिया भी सुरक्षित नहीं हैं। अधिकतर मजदूर खेतिहर बेकार रहते हैं, तो अपनी कुंठाये औरतों पर निकालते आंध्र प्रदेश की "चेतना महिला समिति" की मणिकुमारी पढ़ाई की कमी को ही सब बुराइयों की जड़ मानती है। उसके मुताबिक शिक्षा ही अंदरूनी तौर पर औरत को सचेत कर सकती है।

असम की औरतों की दिक्कत सबसे अलग है। एक तरफ वे अपनी मरणासन्न संस्कृति को जिंदा रखने के लिये प्रयत्नशील हैं, दूसरी तरफ अलगाववादी ताकतों की छानबीन व शांति कायम रखने की आड़ में सेना तथा पुलिस उन्हें तंग करती है। ये आंकड़े न तो मानवधिकार आयोग के समझ में आते हैं और न ही उनकी तकलीफ गूंगी-बहरी सरकार सुन पाती है। मणिपुर में हालात और भी खराब हैं।

अधिकांश महिला संगठन के प्रतिनिधियों ने नयी आर्थिक नीतियों को और जन विरोधी बताया। उनके मुताबिक इससे औरतों के लिये काम के अवसर घटेंगे क्योंकि व्यापक पैमाने पर छटनी जारी है। इस अर्थनीति ने बहु-राष्ट्रीय कम्पनियों को औरतों का शोषण करने का रास्ता खोल दिया है।

सर्वेक्षण एवं जनसंपर्क के दौरान अधिकांश महिलाओं ने हिन्दू संप्रदायवाद और उग्रपंथ को औरतों पर एक फासीवादी हमला कहा तथा आयोध्या, बंबई, सूरत, मध्यप्रदेश, गुजरात के भीषण सांप्रदायिक दंगों के लिए जिम्मेदार ताकतों को सजा देने तथा पुलिस और राजनीतिक दलों की विवादास्पद भूमिका की आलोचना की। औरतों ने बांग्लादेश की लेखिका तसलीमा नसरीन के खिलाफ मुस्लिम कट्टरपंथियों के फतवे की भी घोर निंदा की। औरतों के यौन शोषण, बलात्कार काण्डों की जाँच, कश्मीर पूर्वत्तर - पंजाब में औरतों की इज्जत पर हमलों प्रसूति अवकाश कानून संबंन्धी प्रस्ताविक विधेयक टाडा कानूनों का दुरूपयोग, नाममात्र के महिला आयोगों, अश्लील उपभोक्तावादी संस्कृति सरीखी काली व्यवस्थाओं का विरोध किया तथा जनवादी तरीके से लड़ाई लड़ने की जरूरत पर बल दिया। महिला संगठनों ने तकनीकी संस्थाओं और रोजगार के अन्य क्षेत्रों में औरतों के लिये 30 प्रतिशत आरक्षण की माँग भी की है।

इतने पर भी एक बिसंगति इस आंदोलन के साथ चिपकी है, वह है महिला संगठनों की खेमेबाजी। मौजूदा परिस्थितियों में महिला संगठनों के सामने कई चुनौतियाँ हैं। राजनीतिक दलों से बंधे संगठन "पार्टी लाइन" से इंच मात्र भी नहीं

सरक सकते, स्वंयसेवी संगठनों की स्वयत्ता पर खतरे हैं, तो गैर-सरकारी संगठनों को बाध्य किया जा रहा है। मलसन विदेशी सहायता वाले संगठन जनसंख्या नियंत्रण के लिये जानलेवा गर्भ निरोधकों का प्रचार प्रसार करे। सरकारी सहायता वाले संगठनों को भी निर्देश दिये गये हैं कि गर्भ निरोधकों का प्रचार न करने पर उनकी सहायता राशि बन्द कर दी जायेगी। परिणामतः ऐसे संगठन अपनी स्वायतता पर सोचने लगते हैं। उनके लिये स्वदेशी सहायता को ठुकरा कर इस बैनर के तले आकर खड़ा होने के सिवाय कोई विकल्प नहीं है।

औरतों ने इस मुददों पर सहमति जताई कि बलात्कारी को मृत्यु दण्ड दिया जाना चाहिये और एक जन आन्दोलन के द्वारा डंकल प्रस्तावों, बहुराष्ट्रीय निगमों के साम्राज्यवाद, मंहगाई, सांप्रदायिकता के खिलाफ मुहिम छेड़ी जाय। सांसद गीता मुकर्जी का विश्वास है कि अगर औरत इस मोर्चे पर लड़ाई जीत लेती है तो उसकी शेष दिक्कतें खुद-ब-खुद हल होती जायेंगी।

आज के हालात को देखते हुए चाहे महिला वर्ष हो, महिला दिवस हो, या महिलाओं से संबंधित तमाम सेमिनार सम्मेलन, गोष्ठी, विचार मंच, वास्तविकता यह है कि टूटते उलझते जीवन मूल्यों के बीच और ठिठकी हुई खड़ी है। उसे क्या पाना हैः कितना और कैसे पाना हैः अपनी लड़ाई कैसे लड़नी हैः लड़ाई में कितना वह खोयेगी और क्या पायेगीः उसके पाने को क्या वाकई उससे ज्यादा मूल्य होगा, जो वह खो रहीं हैः खुद को और अपनी लड़ाई को वह कितना पहचान पायी हैः तमाम सवाल हैं। उसे इनके जबाव इसी संघर्ष के बीच में ढूंढने भी हैं।

परिवार के ढाँचे में पति-पत्नी की भूमिकायें तय थीं। इसलिये पारिवारिक जीवन शांत था। क्योंकि औरत ने सहनशीलता, लज्जा, नारी और तमाम इसी तरह के शब्दों को पहन-ओढ़कर अपनी स्थिति को सिर झुका कर स्वीकार कर रखा था। परन्तु उसके इंन्कार में सिर हिलाते ही परिवार डावाडोल हो गये हैं। दूसरी तरफ पुरूष ने उसके काम में हिस्सेदारी के लिये हाथ नहीं बढ़ाया है। एक तरफ अभी भी माँ है, पत्नी है, घर को चलाने वाली दबी-झिझकी औरत है, दूसरी तरफ वह पहले से ज्यादा स्वतंत्र है, आत्मनिर्भर है।

हमारा सामाजिक ढाँचा ऐसा है कि भारतीय औरत को घर-परिवार की दूसरी औरतों की मदद मिल भी जाती है और पुरूष घर से अछूता ही रह जाता है। घर का मतलब उसके लिये सिर्फ सुविधा है। पुरूष बड़े आराम से प्रगतिशील बना रहता है कि वह अपनी पत्नी के कैरियर में बाधा नहीं बन रहा है, जबकि दूसरी तरफ न उसने परिवार का उत्तरदायित्व संभाला है, न बच्चों का। दरअसल पहले ऐसा नहीं था, जब बाहर जाकर पैसा कमाने की जिम्मेदारी उसकी थी, तब काम बंटा हुआ था। दोनों अपनी जगह जिम्मेदार नजर आते थे। परन्तु जब शिक्षा और आर्थिक दबावों के चलते औरत बराबरी से कमाने लगी है और पुरूष अभी भी घर को सिर्फ अपनी सुविधाओं के लिये ही इस्तेमाल कर रहा है, अपनी भूमिका में फेरबदल करने को तैयार नहीं है, तो यह

अपने आप में गैर-जिम्मेदार लगेगी ही। पुरूष को समर्थन देने वाली सामाजिक, राजनीतिक और धार्मिक संस्थायें अभी भी इतनी शक्तिशाली हैं कि वह साफ बच निकलता है। घर मे काम करने वाला पुरूष अभी भी हास्यास्पद बना हुआ है।

अब घरेलू-घरेलू सी साधारण औरत में ज्यादा आत्मविश्वास है, ज्यादा सामर्थ है। फैसला करने और अपने फैसले के अनुरूप उसमें जीने की हिम्मत है। वह कही ज्यादा प्रबन्ध कुशल पजर आती है। अब उसका जीवन पहले जैसा दबा-सिमटा या छिपा नहीं रह गया है। पर यह भी सच है कि उसे अपने पति, अपने परिवार और बाहर जो काम की स्थितियाँ है, उनकी मदद भी चाहिये। नहीं तो सिर्फ औरत ही नहीं, पूरा परिवार प्रभावित होगा।

बेहतर जिन्दगी और घर परिवार की खुशहाली के लिये स्त्री-पुरूष दोनों की सकारात्मक सोच होनी चाहिये। अलग अलग हो कर यह लड़ाई नहीं लड़ी जा सकती। आत्मनिर्भरता का मतलब सिर्फ पैसा कमाना नहीं, अपने ऊपर भरोसा करना और अपने लिये बाहर और घर में भी सम्मानपूर्ण जगह बनाना है। जब तक घर का कामकाज नौकर या औरत तक सीमित रहेगा तब तक उसका पैसा कमाना, आत्मनिर्भर होना कोई मायने नहीं रखता। इसमें पुरूष की सहभागिता अपने पारिवारिक दायित्व के निर्वहन के साथ आवश्यक है। इस प्रकार स्त्री पुरुष यदि अपने अपने दायित्व को संभाल लेते हैं तो परिवार सुखमय और हर प्रकार से भरा पूरा रहेगा। मेरा तात्पर्य यह कतई नहीं है कि इससे अच्छा औरत को घर में रह जाना चाहिये। यह एक संघर्ष की स्थिति है। एक बेहतर जिन्दगी के लिये संघर्ष जरूरी है। परन्तु इसमें उलझाव अधिक है। अटकाव भी है। परन्तु इसी के बीच से ही सुगम रास्ता निकलता है। जिस पर चलकर जीवन की सार्थकता अपनी पराकाष्ठा पर पहुँचती है। संघर्ष से हासिल उपलब्धि जीवन को सुखमय और आर्दशमय बनाती है।

5. नारी जागृति के संबन्ध में संस्थागत विचार

नारी जागृति के संबन्ध में संस्थागत विचार आज समाज की मूल भावना ईर्ष्या, द्वेष और असामनता से बेहद जकड़ी हुई है साथ ही मूलभूत आर्थिक-सामाजिक ढाँचे में भी कोई परिवर्तन नहीं हुआ है। शताब्दियों से चली आ रही परम्परायें हमारे पैरों की बेड़ियां बन चुकी हैं। आज की नारी घर की चहर दिवारी से बाहर निकल कर पुरूष के साथ कंधे से कंधा मिलाकर काम करते हुए विभिन्न क्षेत्रों मे अपनी कार्य कुशलता एवं सक्षमता का परिचय देने के बाद भी अपने आपको असुरक्षित एवं असहाय महसूस कर रही है। आज भी वह बेटी के रूप में पिता पर, पत्नी के रूप में पति पर और माँ के रूप में पुत्र पर निर्भर रहती है। समाज ने नारी को स्वतंत्र ईकाई के रूप में स्वीकार नही किया है। पुरूष आज भी अपनी पत्नी, बेटी या बहन को व्यवहार में समानता का दर्जा नहीं दे पाता।

आज देश भर में फैले अनेक नारी संगठन नारी चेतना और समता के सवाल

को लेकर पुरूषपरक धाराओं से टक्कर लेने के लिये तैयार हैं। लेकिन आवश्यकता है ऐसे विश्लेषण की, एक ऐसे आन्दोलन की, एक ऐसे समाधान की, जो नारी को स्वतंत्र ईकाई के रूप में मान्यता दिला सके, व्यवहार में समानता का दर्जा दिला सके। इस संबध में लेखक ने नारी चेतना के आन्दोलनरत कुछ महिलाओं से भेंट की, उनके विचार यहाँ दिये जा रहे हैं।

मधु किश्वर मानुषी की संपादिका का मानना है कि नारी में चेतना जगाने के लिये केवल उत्तेजनात्मक भाषण या समस्यात्मक लेख ही काफी नहीं हैं बल्कि उनकी समस्याओं की जड़ों में जाकर मूल कारणों को खोजकर उनके समाधान का ऐसा तरीका खोजना होगा जो आम नारी की पहुंच के अन्दर हो। उनका मानना है कि नारी आन्दोलन में तेजी लाने के लिये जो औरतें संघर्ष कर रही हैं उनकी जानकारी समूचे नारी समाज को होनी चाहिये। जिससे एक ओर असहाय और शोषण की शिकार नारियों को प्रेरणा मिलेगी वही इस तरह की संस्थायें और संगठन भी बदलाव की प्रक्रिया मे जुड़ेगे। उनके कार्यकर्ता घर-घर जाकर इन विषयों पर बात करते हैं। विशेषकर कम पढ़ी लिखी या अनपढ़ महिलाओं से चर्चा करते हैं उनके शोषण के विरूद्ध आवाज उठाते हैं।

श्रीमती विमला फरूकी जो नेशनल फेडरेशन आफ इंडियन विमेन की अध्यक्षा है। उनकी संस्था का उद्देश्य स्वतंत्रता प्राप्ति के बाद निम्न मध्यम एवं मध्यम वर्गीय, ग्रामीण, शहरी व आदिवासी महिलाओं को उनके अधिकारों के प्रति जागृत करना है। इस संस्था ने एकजूट होकर कानूनी तौर पर लड़ते हुए इस देश की महिलाओं को सम्मान एवं गौरव दिलवाया है। विमली जी के विचार में आज नारी के प्रति असम्मान, असमानता, असुरक्षा की भावना, बलात्कार, दहेज तथा कुरीतियों की जड़ें हमारे समाज के सामन्तवादी विचारों के कारण है। आज शिक्षा नीति में वैज्ञानिकीकरण हमारे दृष्टिकोण पर बहुत प्रभाव डाल रहा है। आज कुरीतियों की जड़ न औरत है न मर्द है। आज हम सब इनके शिकार हैं और जब तक समाज के सामन्तवादी विचारों को नहीं तोड़ा जायेगा तब तक किसी का भी व्यक्तित्व नहीं उभर सकता।

संशोधित दहेज कानून के बारे में उन्होंने कहा कि यद्यपि दहेज कानून में संशोधन अवश्य हुआ है लेकिन वह प्रभावशाली नहीं है। आज दहेज की समस्या पूंजीवाद के विकास व नैतिक मूल्यों के पतन से ही उपजी है। दहेज की समस्या केवल पुरूष के आधिपत्य के कारण ही पनपती है। केवल उसके द्वारा बहिष्कार करने से दहेज की जड़ता का विनाश हो सकता है।

श्रीमती कृष्णा चावला सुदृढ़, धैर्यवान आत्मविश्वासी व ममत्व से युक्त अखिल भारतीय महिला सम्मेलन की सीनियर सदस्य व बापुना घर की संचालिका है। इस संस्था को बनाने का श्रेय ऐनी बेसेन्ट की अंग्रेजी मित्र मारग्रेट कजनश को जाता है जिन्होंने भारतीय महिला को पर्दे से मुक्ति दिलाकर उसे पढ़ने लिखने के लिये प्रेरित किया। इस समय संपूर्ण देश में इसकी 400 शाखायें हैं। समाज कल्याण का कार्य

मद्रास, कलकता, दिल्ली, बम्बई में तो काफी आगे बढ़े लेकिन साथ ही काई ऐसा क्षेत्र नहीं जहाँ पर महिलाओं के कल्याण के लिये कार्य न हो रहा हो।

संशोधित दहेज कानून के बारे में कृष्णा जी का कहना है कि दहेज कानून अच्छा है। कुछ समय के बाद इसमें स्थिरता अवश्य आयेगी। नारी समाज की रीढ़ की हड्डी है उसे खुद अपने मूल्य का अहसास दिलाना है। वह नारी जागृति ही क्या जब वह अपने को माड नहीं सकती । नारी को आज सभी अधिकार मिले हैं। यदि वह अपने कार्य में अधिकारों का दुरूपयोग करेगी तो पतन निश्चित है।

डा प्रमिला कपूर सुप्रसिद्ध समाजशास्त्री है। इंडियन काउसिल आफ सोशल साइसेंज रिसर्व की उपनिदेशिका है। उन्होंने कामकाजी विवाहित, अविवाहित महिलाओं के कार्य से क्या प्रभाव पड़ता है, इस पर पुस्तक लिखी है। प्रमिला जी ने बताया कि स्वतंत्रता आन्दोलन में गाँधी जी ने महिलाओं को चहर दीवारी से निकालकर कंधे से कंधा मिलाकर काम करने की प्रेरणा दी। डॉ कपूर का मानना है कि आज स्त्रियाँ शिक्षा प्राप्त कर रही है, काम धंधा स्वयं कर रही हैं, उच्चे ओहदे पर भी बैठी हैं, उनकी भूमिका का फैलावा हो रहा है, उनके व्यक्तित्व के साथ साथ विचार भी बदल रहे हैं लेकिन पुरूष हमेशा से कामकाजी रहा है उसका दृष्टिकोण अभी इतना नहीं बदला है। आज दोनों के दृष्टिकोण की भिन्नता के कारण अंतर उत्लन्न होते हैं। अतः पुरूषों के दृष्टिकोण में बदलाव होना चाहिये। आज मिलजुलकर कार्य करने की आवश्यकता है अन्यथा तनाव पैदा होंगे और सामाजिक कुरीतियों को बढ़ावा मिलेगा। भारतीय महिलाओं की जागृति का कतई पश्चिम देश की 'विमेन लिग' से मतलब नहीं है। भारत में सामाजिक अन्याय के विरूद्ध आवाज उठानी है। इसके लिये रीति-रिवाज विचार व दृष्टिकोण को बदलना अत्यंत आवश्यक है।

उन्होंने बताया कि महिला आन्दोलन के नारे लगाने से कुछ नहीं हो सकता। आज संपूर्ण क्रांति की आवश्यकता है जिसमें सामाजिक एकता की भावना उत्पन्न हो और असमानता खत्म हो। इससे स्पष्ट है कि हमारे समाज में जब तक पुराने दृष्टिकोण को नया स्वरूप नहीं दिया जायेगा, तब तक यह समस्या कानूनी ढाँचे के आधार पर नहीं सुलझ सकती, क्योंकि न पुरूष ही नारी को त्यागना चाहता है न ही नारी।

इसलिये आवश्यकता है कि वर्तमान आर्थिक परिस्थिति में दोनों के प्रति एक चेतना उत्पन्न की जाये कि नारी और पुरूष दो अलग अलग स्वरूप नहीं हैं। दोनों जीवन रथ की समान धुरी है।

6. विविध क्षेत्रों की पहली महिलायें

पुरूष एकाधिकार वाले अधिकतर क्षेत्रों में भारतीय महिलाए निर्णायक भूमिका में पहुंच रही हैं। ललित कलाओं में महिलाओं की महत्वपूर्ण उपस्थिति अब किसी के लिए नयी बात नहीं है। लेकिन तब भी ऐसे कई क्षेत्र हैं जहाँ पुरूषों का बर्चस्व हाल तक कायम है।

लड़की के जन्म को अब भी अभिशाप मानने वाला भारतीय समाज तब भी चौका था जब किरण बेदी पुलिस सेवा की अधिकारी बनी थी और अब भी चौकी जब दार्जिलिंग की 45 वर्षीय तारा क्षेत्री ने टैक्सी ड्राइवर के काम को पेशे के रूप में अपनाया। कार से लेकर अंतरिक्ष यान तक को संचालित करने का अधिकार हाल तक पुरूषों के पास सुरक्षित था। किन्तु तारा क्षेत्री ने पहली बार टैक्सी की स्टीयरींग संभाल कर और सुरेखा यादव ने ट्रेन के इंजन को अपने काबू में कर पुरूषों के एकाधिकार वाले क्षेत्र में एक कड़ी चुनौती पेश की।

जोखिम और खतरों से खेलने वाले रोजगारों में धीरे-धीरे ही सही लेकिन पुरूषों के पुरूषार्थ पर आज भी नारियां भारी पड़ती जा रही हैं। यह बदलते समय के साथ साथ चलने की स्त्रियों की सहज इच्छा का परिणाम है, कि वे सबकुछ कहीं बेहतर ढंग से कर रही है जो कल तक उनके लिए वर्जित माना जाता था या जहाँ तक पहुँचपाना उनके वश से बाहर समझा जाता था। इसीलिए अग्निशमन, सेना, वायुसेना, पुलिस जैसे खालिस पुरूषों के काम में भी महिलाओं की हिस्सेदारी लगातार बढ़ती जा रही है। कल्पना चावला अंतरिक्ष में उड़ने के सपने को साकार करने के लिए "नासा" जा पहुँची तो खतरों का उत्साह के साथ सामना करने की आदत के कारण पद्मावती देश की पहली एयरमार्शल बन गयी। देश की आधी आबादी में आये इस बदलाव से विकास की रफ्तार तेज हो रही है। खेत में हल जोतने से लेकर चाँद सितारों का तिलस्म तोड़ने तक, सड़क किनारे बैठकर पत्थर तोड़ने से लेकर रोजगार के नये क्षेत्र की तलाश तक, ऑगन में बैठकर चूल्हे-चौके के झझटों से निपटने से लेकर वैश्विक कूटनीति की गुत्थियों का हल ढूढ़ने तक मलिआएं आज हर जगह हैं।

इन्हीं महिलाओं में से चुनकर प्रत्येक क्षेत्र की पहली महिला के रूप में कैप्टन लक्ष्मी सहगल, पहली (डाक्टर सेनानी), डॉ० इंदिरा हिन्दुजा (पहली परखनली शिशु निर्माता), सुरेखा (भोंसले) यादव (पहली महिला रेल ड्राइवर), तारा क्षेत्री (पहली टैक्सी ड्राइवर), किरण बेदी (भारतीय सेवा की पहली महिला अधिकारी), मीनाक्षी विजय कुमार (पहली महिला दमकल कर्मी), बेगम नसीम इख्तेदार-अली (मुस्लिम पर्सनल ला बोर्ड की पहली महिला सदस्य), नजमा हेपतुल्ला (राज्य सभा की पहली महिला उपसभापति), पदमावती बंद्योयाध्याय (पहली महिला एयर मार्शल) के कार्यवृत्त की संक्षिप्त विवरणी प्रेरणाश्रोत इसमें समाहित कर रहा हूँ ताकि पाठक बृंद महिलाओं की कार्यकुशलता का अनुकरण कर अपने अपने कार्यक्षेत्र में भी ऐसा उदाहरण एवं आदर्श प्रस्तुत करें। जिस पर राष्ट्र को गर्व हो।

पहली महिला

कैप्टन लक्ष्मी सहगल

पहली डाक्टर सेनानी

राष्ट्रपति के चुनाव में कैप्टन लक्ष्मी सहगल को भले ही एपीजे अब्दुल

कलाम के हाथों मात खानी पड़ी हो। लेकिन लड़ाई के मैदान में दुश्मनों के हाथों कभी हार का सामना नहीं करना पड़ा। बढ़ती उम्र और निरंतर जर्जर होती काया भी आजतक कैप्टन लक्ष्मी को उनके इरादों से डिगा नहीं पायी। वे आज भी कानपुर के कारखानों में काम करने वाली बीमार महिलाओं का इलाज उसी तन्मयता से करती हैं जैसे कभी घायल सैनिकों का करती थीं। अपनी सक्रियता का श्रेय वे नेताजी और आजाद हिंद फौज को देती हैं, "मैं नेताजी की आजाद हिंद फौज में थी। नेताजी के गुणों का उन दिनों युवा पीढ़ी पर गहरा प्रभाव पड़ा। उनसे मिले प्रशिक्षण का ही नतीजा है कि मैं इतनी चुस्त-दुरूस्त और सक्रिय हूं।" कैप्टन लक्ष्मी सहगल राष्ट्रपति नहीं बन सकीं। अगर वे राष्ट्रपति बनतीं तो वे राष्ट्रपति भवन में एक अस्पताल बनवातीं 'मैं राष्ट्रपति भवन को एक अस्पताल बना देती। एक आदमी के रहने के लिये इतनी बड़ी जगह की क्या जरूरत।'

डा. इंदिरा हिन्दुजा

पहली परखनली शिशु निर्माता

डा. इंदिरा हिन्दुजा ने छह अगस्त 1986 को भारत में सबसे पहले परखनली शिशु के जन्म करिश्मा कर दिखाया। इसके पीछे उनका तीन वर्ष का गहन अनुसंधान था। उन्हें गर्भाधान और शिशु जन्म से संबंधित प्रक्रियाओं के क्षेत्र में अनेक अनुसंधानों का श्रेय प्राप्त है। मुंबई विश्व विद्यालय ने उन्हें पोस्ट डाक्टरेट उपाधि से सम्मानित किया है। डा. हिन्दुजा बताती है कि वे डाक्टर बनने के बारे में बचपन से ही सोचने लगी थी। सामान्य डाक्टर नहीं, ऐसा डाक्टर जो लीक से हटकर कुछ कर दिखाये। उनकी लगन, अध्यवसाय और परिश्रम ने उन्हें कामयाबी के शिखर पर पहुंचाया।

डाक्टर इंदिरा मानती है कि अभी उन्हें बहुत लंबा रास्ता तय करना है। वह अभी कामयाबी की पहली सीढ़ी पर भी नहीं पहुंची है। वे अपने काम में कामयाबी की दर लगातार बढ़ा रही हैं। वे पुरूष निवीर्यता साध्य बांझपन और स्वस्थ शिशु के जन्म जैसे विभिन्न क्षेत्रों में अनुसंधान में जुटी हैं। अपनी उपलब्धि व संतानहीन दंपतियों के चेहरे पर आने वाली मुस्कान और सुख की अनुभूति को मानती हैं। डाक्टर हिन्दुजा मनोविज्ञान से भी काम लेती हैं और मिलने वाले के दिल में उम्मीद भर देती हैं। वे कहती हैं कि संतानहीन दंपति की वेदना व्यक्त नहीं की जा सकती और ऐसे दंपति ईश्वर में विश्वास असंभव को भी संभव बना देता है।

सुरेखा (भोसले) यादव

पहली महिला रेल ड्राइवर

भारत की पहली महिला रेल ड्राइवर सुरेखा महाराष्ट्र के सतारा जिले के एक

किसान की बेटी हैं। उनकी सातवीं तक पढ़ी मां ने उनकी शिक्षा का ध्यान रखा और उन्होंने विद्युत अभियांत्रिकी में पत्रोपाधि पाठ्यक्रम 1986 में पूरा किया। रोजगार के विज्ञापन देखते हुए उनकी निगाह रेलवे के सहायक इंजन ड्राइवर की रिक्ति पर पड़ी, जिसके लिए न्यूनतम योग्यता विद्युत अभियांत्रिकी में पत्रोपाधि थी। उन्होंने आवेदन कर दिया। तीन साल तक उन्हें विभिन्न परीक्षणों के दौर से गुजरना पड़ा। फिर नियुक्ति मिली तो पता चला कि वह रेल का इंजन चलाने वाली देश की पहली महिला ड्राइवर बन गयी हैं। शुरू में कुछ समस्याएं आयीं लेकिन आत्मविश्वास ने उन्हें आगे बढ़ाया। उनके साथी पुरूषों ने इस काम के खतरों की बात की लेकिन उनका निश्चय देखकर वे सब उनकी मदद करने लगे। इस तरह उनकी गाड़ी पटरी पर दौड़ने लगी।

सुरेखा के इस काम से उनके पारिवारिक जीवन पर भी असर पड़ा है। उनके काम के घंटे तो अनिश्चित हैं ही, पुलिस विभाग में काम कर रहे पति के काम का समय भी निश्चित नहीं है। लेकिन बच्चे और पति उन्हें का सहयोग देते हैं। उनके बच्चों के स्कूल के अभिभावकों को सम्मानित करने का आयोजन किया जो विशिष्ट कार्य कर रहे हों। बच्चों ने उनका नाम दे दिया। मंच पर जब वह सम्मानित हो रही थीं तो बच्चे जोरदार तालियां बजा रहे थे। सन् 2000 में उन्हें उपनगरीय लोकल गाड़ियों का ड्राइवर बनाया गया। अब वह आगे प्रोन्नति के रास्ते पर निगाह रखे हैं। उन्हें पैसेंजर गाड़ी का ड्राइवर बनना है, फिर घाट पार करने वाले इंजन का ड्राइवर और फिर लंबी दूरी मेल और एक्सप्रेस का ड्राइवर। उन्हें विश्वास है कि सेहत ठीक रही और ईश्वर की इच्छा रही तो उनकी गाड़ी अपनी पटरी पर गति पकड़ती रहेगी।

तारा क्षेत्री

महिला टैक्सी ड्राइवर

दार्जिलिंग के पहाड़ी क्षेत्रों में दार्जिलिंग गोरखा आटोनामस हिल कौंसिल ने स्थानीय महिलाओं को मोटर ड्राइविंग सिखाने का और शिक्षिका के काम तक सीमित रह जाने से संतुष्ट नहीं हैं। वे और भी बहुत कुछ कर सकती हैं। इस पहाड़ी नगर में काम ज्यादा नहीं है, इसलिए टैक्सी चलाने का नया काम जोर पकड़ रहा है। विश्वविद्यालय की स्नातक टैक्सी ड्राइवर गीता प्रधान कहती हैं कि नौकरी के लिए कयामत तक इंतजार करने के बजाय किसी अन्य तरीके से रोजी कमाने लगना बेहतर है।

इन लड़कियों के टैक्सी ड्राइवर बनने पर उनके अभिभावकों को कोई आपत्ति नहीं हुई। पुरूष टैक्सी ड्राइवर जरूर उनकी विश्वसनीयता का सवाल उठाते हैं। लेकिन ये लड़कियां अपने नये काम से पीछे हटने को तैयार नहीं हैं। सवारियां भी उन्हें सहयोग दे रही हैं। टैक्सी मालिक विशाल गुरूंग कहते हैं कि उनका धन इन लड़कियों के कौशल पर लगा हुआ है।

किरण बेदी

भारतीय पुलिस सेवा की पहली महिला अधिकारी

यातायात व्यवस्था को दुरूस्त करने के लिए क्रेन पर सवार होकर दिल्ली की सड़कों पर घूमने वाली भारतीय पुलिस सेवा की पहली महिला अधिकारी तिहाड़ जेल के कैदियों को सुधारने संबंधी अपनी गतिविधियों के कारण अंतराष्ट्रीय स्तर पर चर्चित रहीं। अपराधियों से पुलिसिया ढंग से मिलने की जगह उनसे दोस्ताना संबंध बनाकर उनकी पूरी मानसिकता को बदलने के इस ढंग को दुनियाभर में सराहा गया। मैग्सेसे पुरस्कार से सम्मानित किरण बेदी जब पुलिस सेवा के लिए चयनित हुई, तब बहुतों को आश्चर्य हुआ कि एक महिला दुर्दांत अपराधियों से कैसे निपट पाएगी। लेकिन किरण बेदी को इस पर कोई आश्चर्य नहीं हुआ। उन्होंने कहा, "मैंने सीख लिया था कि आगे बढ़ने के लिए चुनौती को सामने रखना जरूरी है।" पुरूषों के कार्य क्षेत्र में प्रवेश करने और लंबे समय तक अपनी उपलब्धियों का सिलसिला बनाए रखने के लिए आसान नहीं था। वे कहती हैं, 'अपनी उपलब्धियों की निरंतरता बनाए रखने के लिए व्यक्तिगत रूप से मुझे इसके लिए अपने आपको पूरी तरह झोंक देना पड़ा और मेरे परिवार का मुझे यहाँ तक पहुंचने में मेरा पूरा सहयोग रहा।'

मीनाक्षी विजयकुमार

पहली महिला दमलकर्मी

दमकलकर्मी के नाम पर पुरूषों का अग्निशमन अधिकारी के रूप में शामिल होकर महिलाओं के लिए नया किला जीता है। भारत की अग्निशमन सेवाओं में कदम रखने वाली पहली महिला हैं।

अंग्रेजी में स्नातकोतर उपाधि लेकर मीनाक्षी ने बी.एड. किया ओर फिर औद्योगिक संबंधों व कार्मिक प्रबंध में पत्रोपाधि हासिल की। वे महाविद्यालय में व्याख्यता रहीं। फिर 1997-98 में 35 वर्ष की वय पार करने से पहले राज्य लोकसेवा आयोग की वर्ग एक की परीक्षा में बैठी और उसमें सफल हुई। उनके अग्निशमन अधिकारी बनने पर बधाइयों का तांता लग गया। उनकी प्रेरणा का स्रोत पुलिस अधिकारी किरण बेदी और उनकी पुस्तक रही जिसमें लिखा है कि अपना सपना पूरा करने के लिए आप ईमानदारी से काम करें तो पूरा कर लेंगी। मीनाक्षी इस भेदभाव को नहीं मानतीं कि कोई काम मात्र पुरूषों का है या महिलाओं का। वे कहती हैं कि यह सब दिलचस्पी और नजरिये पर निर्भर है। महिलाएं किसी भी चुनौती को स्वीकार कर सकती हैं। अपनी नयी चुनौती के लिए वे पूरी तरह तैयार कर रही हैं। खूब पैदल चल रही हैं, जिम जा रही हैं और प्रार्थना कर रही हैं।

बेगम नसीम इख्तेदार अली

(मुस्लिम पर्सनल लॉ बोर्ड की पहली महिला सदस्य)

शरीयत का कानून स्त्रियों को बहुत सारे बंधनों में बांधता है। ऐसी स्थिति

में यदि किसी महिला को शरीयत कानून की व्यवस्था करने और उसमें सुधार की गुजाइश तलाशने का मौका मिले तो यह अपने आप में बहुत बड़ी बात है। बेगम नसीम इख्तेदार अली देश की ऐसी पहली महिला हैं, जिन्हें आज इंडिया मुस्लिम पर्सनल लॉ बोर्ड की सदस्य बनने का मौका मिला। आज इस बोर्ड में पच्चीस महिला सदस्य हैं। किंतु पांच साल पहले तीस पुरूषों के बीच एक अकेली महिला होने के बावजूद काम करने या अपनी बात रखने में उन्हें कहीं कोई परेशानी नहीं हुई। कट्टरपंथी मुल्लाओं ने इस बोर्ड में इनकी नियुक्ति का जमकर विरोध तो नहीं किया किंतु नाक-भौं जरूरी सिकोड़ी। बेगम ने बताया, "मुल्लाओं की पहल पर ही मुझे नियुक्त किया गया था। इसलिए मुखर विरोध तो नहीं हुआ। किंतु बेंगलूर में एक बैठक के दौरान यह कहते मैंने जरूर सुना कि यह खातून यहां क्या कर रही हैं।"

इस बोर्ड में बेगम नसीम के आने के बाद मुल्लाओं को यह महसूस होने लगा कि शरीयत में महिलाएं भी शामिल हैं और बोर्ड में उनका भी प्रतिनिधित्व होना चाहिए। उसके बाद बोर्ड का दरवाजा महिलाओं के लिए खुला। अपने कामकाज के बारे में उनका कहना है, 'मेरा काम शरीयत बदलना नहीं, बल्कि महिलाओं के सामने शरीयत की सही व्याख्या प्रस्तुत करना है।' तलाक के सवाल पर एक मानक निकाहनामे की तैयारी को लेकर बोर्ड इन दिनों चर्चा में है। तीन तलाक के नियम को बदलने की भूमिका तैयार की जा रही है। माना जा रहा है कि शरीयत कानून की सही व्याख्या या तलाक के नियम को औरतों का हितैषी बनाने की पूरी कवायद के पीछे बोर्ड की महिला सदस्यों और खासतौर से बेगम अली का किरदार अहम है।

नजमा हेपतुल्ला

राज्यसभा की पहली महिला उपसभापति

कांग्रेस छोड़ कर भाजपा की सदस्यता ग्रहण करने के कारण नजमा हेपतुल्ला पिछले दिनों काफी चर्चा में रहीं। किंतु इनकी लोकप्रियता का कारण राज्यसभा की पहली महिला उपाध्यक्ष के रूप में पूरा किया गया कार्यकाल है। राजनीति के उथल-पुथल भरे दौर में राज्यसभा का संचालन जिस दक्षता और राजनीतिक कौशल के साथ नजमा ने किया वह एक मिसाल है। राजनीतिक परिवार (मौलाना अबुल कलाम आजाद) से होने के बावजूद राजनीति में आने की इच्छा उनके अंदर नहीं थी, 'राजनीति में मुझे नियति ले आयी'। पहली महिला उपाध्यक्ष बनने के गौरव को वे व्यक्तिगत उपलब्धि मानती हैं। महिलाओं को अपनी पहली प्राथमिकता मानने वाली नजमा ने उनके लिये बहुत कुछ किया भी है। महिलाओं की स्थिति पर संयुक्त राष्ट्र आयोग में भारतीय प्रतिनिधि मंडल का नेतृत्व करने से लेकर 1995 में बीजिंग में चौथे विश्व महिला सम्मेलन में सक्रिय भागीदारी तक। नजमा कहती हैं, "महिलाओं की समस्याओं के निदान और समाधान के लिये मैंने सौ से अधिक परिसंवाद और राष्ट्रीय स्तर की बैठकें आयोजित कीं।" इन्हीं उपलब्धियों के कारण 1997 (हारवर्ड) में हुए विश्व महिला फोरम में विशेष आमंत्रित सदस्य के रूप में नजमा हेपतुल्ला को बुलाया गया।

राज्यसभा संचालन में निपुणता के कारण उन्हें इंटर पार्लियामेंटरी यूनियन का अध्यक्ष चुना गया। नजमा हेपतुल्लता कहती हैं, 'मेरे कार्यकाल के दौरान इस यूनियन की महिला सदस्यों का प्रतिशत दस से बढ़कर पच्चीस हो गया। महिलाओं की समस्याओं का समाधान भारतीय परंपरा के अनुरूप ढूंढने वाली हेपतुल्ला महिला सशक्तिकरण को अपने ढंग से समझती है। वे कहती हैं, 'महिला सशक्तिकरण की पश्चिमी अवधारणा से मैं असहमत हूं। मेरी निगाह में आम महिला के प्रति गंभीर होना जरूरी है। उसके पद या हैसियत से कोई अंतर नहीं आना चाहिए।'

पद्मावती बंद्योपाध्याय

पहली महिला एयर मार्शल

पति खुशी से उछल पड़े, पुत्रों ने बधाई दी, पिता के मुंह से कोई बोल नहीं फूटा, उनका गला रूंध गया, वरिष्ठ अधिकारियों ने आशीर्वाद दिया, साथियों के स्नेह में ईष्या का रंग घुल गया। यह सब तब हुआ जब पद्मावती बंद्योपाध्याय भारत की पहली महिला एयर मार्शल बनीं। 'कुछ पल के लिये लगा मैं दुनिया की चोटी पर पहुंच गयी हूं।' बाधाएं कभी पद्मा का रास्ता नहीं रोक सकीं। 'मैंने महसूस किया कि मेरा जन्म जीतने के लिये हुआ है इसलिये बाधाओं से कभी मैं डरी नहीं।' वायुसेना के इस उच्च पद पर पहुंचने का सपना किसी महिला ने क्या स्वयं पद्मावती ने भी नहीं देखा था। किंतु, चुनौतियों का उत्साहपूर्वक सामना करने और अपने काम को सर्वश्रेष्ठ ढंग से अंजाम देने की आदत ने उन्हें इस मुकाम पर पहुंचाया तो लगा कि अब स्त्रियों के लिये वायुसेना में बहुत कुछ है।

7. सामाजिक क्षेत्र में समर्पित महिलाएं

सामाजिक क्षेत्र में महिलाओं की अग्रणी भूमिका रही है। इनके अथक एवं निरन्तर प्रयास से राष्ट्रीय स्तर पर जो सामाजिक चेतना एवं जागृति आयी है। उसके लिये हम उनके लोकप्रिय महिलाओं में से अरूणा राय, मजदूर किसान शक्ति संगठन सैयदा सैयदन हमीद, मुस्लिम वीमेंस फोरम बृंदा कारत आल इंडिया डेमोक्रेटिक एसोसियेशन, निर्मला देश पाण्डे, मेघा पाटकर, नर्मदा बचाओ आंदोलन, इला भट्ट, स्वाश्रयी महिला संघ, गाँधीवादी सामाजिक कार्यकर्त्ता सेवा, रमिला थापर, इतिहास सुनीता नारायण, सेन्टर फार साइंस एंड एन्वारमेन्ट की उल्लेखनीय सेवाओं सहित संक्षिप्त कार्यवृत्त प्रेरणा हेतु अलग अलग उल्लिखित है। जो महिला समाज और, उन तमाम लोगों की मार्ग-दर्शन प्रदान करेगी जो खुशहाल जीवन एवं सामाजिक दायित्व का निवर्हन जनहित मे करना चाहते हों। मुझे विश्वास है कि इससे पाठक वृंद लाभान्वित होंगे तथा इन क्षेत्रों से जुड़े लोगों को प्रेरणा मिलेगी।

सूचना की शक्ति

भ्रष्टाचार की सबसे अधिक मार ग्रामीण इलाकों के गरीबों को झेलनी पड़ती है। उनके विकास के लिए मोटी रकम दी जाती है लेकिन अधिकांश पैसा अधिकारी

और कर्मचारी हड़प जाते हैं। राजस्थान को हर साल कोई 20 करोड़ डॉलर की रकम ग्रामीण सहायता के लिए दी जाती है। अरूणा राय और उनका मजदूर किसान शक्ति संगठन (एम के एस एस) गांवों के गरीबों की मदद कर यह पता लगाने में कार्य करते हैं कि पैसा जाता कहां है? इसके लिए वे सूचना के अधिकार को हथियार के रूप में इस्तेमाल करती हैं।

चेन्नई में जन्मी राय 1974 तक आई ए एस अधिकारी थीं। उन्होंने सरकारी नौकरी छोड़ कर राजस्थान के तिलोनिया में अपने पति संजीत 'बंकर' राय द्वारा स्थापित सोशल वर्क ऐंड रिसर्च सेंटर में काम शुरू कर दिया, जहां वे 1983 तक रहीं। 1990 में उन्होंने एम के एस एस का गठन किया जो पारदर्शी संगठन की मिसाल है। सूचना के अधिकार की प्रबल पैरोकार राय ने राजस्थान में सूचना का अधिकार विधेयक पारित कराने में महत्वपूर्ण भूमिका निभाई। एम के एम एस ने सरकारी रिकॉर्ड के सार्वजनिक किए जाने को लेकर जनांदोलन छेड़ा जिस पर देश भर में व्यापक बहस हुई।

राय को वर्ष 2000 में जब समुदाय नेतृत्व के लिए रामोन मैगसायसाय पुरस्कार के लिए चुना गया तो उन्होंने आग्रह किया कि पुरस्कार एम के एस एस को दिया जाए। जब उन्हें यह बताया गया कि वह केवल व्यक्तियों को ही दिया जा सकता है तो उन्होंने पुरस्कार स्वीकार कर लिया लेकिन सारा पैसा लोकतांत्रिक संघर्ष के समर्थन में लगाने के लिए एक ट्रस्ट में रख दिया। राय का कहना है कि अगर कोई मामला या स्थिति उन्हें परेशान करती है तो 'जब तक मैं उसका कोई उपाय नहीं करती तब तक मुझे चैन नहीं मिलता।' देश के हर जिले को सरकारी बाबुओं के अलावा एक अदद अरूणा राय की भी जरूरत है।

सर्वव्यापी सैयदा

कश्मीर में पैदा हुई सैयदन हमीद मुस्लिम महिलाओं की शैक्षिक, सामाजिक, आर्थिक दशा सुधारने के प्रयास के साथ ही सांप्रदायिक सोहार्द पैदा करने के लिए संभवतः सबसे अधिक सक्रिय महिलाओं में से एक हैं। एक दर्जन से अधिक न्यासों, संगठनों और संस्थानों की अध्यक्ष या सदस्य सैयदा ने 1965 में दिल्ली के लेडी श्रीराम कॉलेज और फिर 1972-74 में कनाडा यूनिवर्सिटी ऑफ अलबर्टा में पढ़ाया है। इसके बाद वे अलबर्टा में सरकारी पद पर रहीं और तीन साल तक वहां के उच्च शिक्षा एवं सशक्तिकरण मंत्री की कार्यकारी सहायक भी रहीं।

महिला सशक्तिकरण और उनकी आवाज बुलंद करने के लिए मुस्लिम वीमेंस फोरम बनाया जो मुस्लिम महिलाओं की चिंताओं से सरकार को वाकिफ कराता है और उनके अधिकारों के बारे में उलेमा से बात करता है। महिलाओं की दशा सही रहने के लिए जरूरी है कि दक्षिण एशिया खासकर भारत-पाकिस्तान में शांति का माहौल रहे सो वे वीमेंस इनिशिएटिव फॉर पीस इन साउथ एशिया (डब्लूआइपीएसए) के जरिए इलाके में बातचीत के जरिए माहौल बढ़िया बनाने का प्रयास करती हैं।

दिल्ली से लाहौर और लाहौर से दिल्ली महिलाओं की शांति बस चलवाई और फिर कोलकाता से ढाका तक ऐसी ही एक बस चलाई गई।

दक्षिण एशियाई देशों में मानवधिकार और उनके बीच मेलजोल के लिए सक्रिय सैयदा राष्ट्रीय महिला आयोग की सदस्य भी रही हैं। अपनी समृद्ध विरासत के प्रति जागरूक सैयदा संस्कृत और उर्दू को भी प्रोत्साहन देने का प्रयास करती हैं। दिवंगत प्रोफेसर एम.एस.ए. हमीद की पत्नी और तीन बच्चों (सब कनाडा में) की मां सैयदा आधी से ज्यादा दुनिया घूम चुकी हैं। विभिन्न पत्र-पत्रिकाओं में लिखे उनके लेखों से जाहिर होता है कि कश्मीर और गुजरात में हिंसा की घटनाओं से वे काफी आहत हैं।

महिलाओं की सरदार

करीब दो दशकों से ऑल इंडिया डेमोक्रेटिक वीमेंस एसोसिशन (ए आइ डी डब्लू ए) की महासचिव के नाते वृंदा कारत ने कपड़ा मजदूरों, करघा मजदूरों, खोमचे लगाने वालियों, विकलांग महिलाओं और अल्पसंख्यक समुदाय की महिलाओं को एकजुट कर उनकी आवाज बुलंद की है। महिलाओं के आरक्षण और शिक्षा नीति से लेकर सशक्तिकरण तक के मामले में उनके प्रयास सराहनीय रहे। बृंदा राजनीति की ओर 1960 दशक के आखिरी वर्षों में उस समय अग्रसर हुईं, जब वे इंगलैंड में काम कर रहीं थीं। खुद के अराजनैतिक से राजनैतिक व्यक्ति बनने की बात याद करते हुए कहती हैं, 'वियतनाम युद्ध के दौरान मैं युद्ध विरोधी आंदोलन से प्रभावित हुई। मैंने राजनीति के बारे में गंभीरता से सोचना शुरू कर दिया और मार्क्स की विचारधारा के प्रति आकर्षित हुई।'

माकपा के वरिष्ठ नेता और विचारक प्रकाश कारत की पत्नी बृंदा के अकेले दम पर ए आइ डी डब्लू ए का जनाधार बढ़ाया है। खबरिया चैनल एन डी टी वी की मालकिन राधिका राय उनकी बहन हैं। वृंदा का मानना है कि सरकारें, खासकर राजग सरकार राजनैतिक, सामाजिक, कानूनी और आर्थिक मामलों में महिलाओं को आगे बढ़ाने में विफल रहीं।

उनके संगठन के लोग देश के विभिन्न राज्यों का दौरा करते हैं और वहां महिलाओं की स्थिति से लोगों को वाकिफ कराते हैं। एक अध्ययन के बाद उन्होंने पाया कि दहेज प्रथा देश के अल्संख्यक समुदायों में भी घुस गई है और इसका अंतिम परिणाम विवाहिता की मौत के रूप में निकलता है। उनका मानना है कि महिलाओं की मुक्ति के लिए जाति व्यवस्था को खत्म करना जरूरी है क्योंकि अक्सर अंतरजातीय प्रेम-संबंधों के चलते अपने ही लोग लड़की की हत्या कर देते हैं। लेकिन वे कानूनी पेचोखम के मद्देनजर बलात्कारियों को मृत्युदंड देने की पक्षधर नहीं लगतीं क्योंकि 'इससे बलात्कार पीड़ितों की हत्या की आशंका बढ़ सकती है।' अब तक कैमरे के सामने अपने राजनीतिक तर्कों से जूझने वाली बृंदा शोनाली बोस की फिल्म 'अमु' में कोंकणा सेन की मां बनी हैं।

समाज को समर्पित

कुछ वर्षों पहले की बात है, पुरानी दिल्ली में तुर्कमान गेट स्थिति हज हाउस में विभिन्न धर्मों के लोग सौहार्द बनाए रखने के उपायों पर अपनी राय व्यक्त कर रहे थे और एक बुर्जुगवार महिला सबकी बातों को ध्यान से सुन रही थीं। उनमें कोई नामी-गिरामी वक्ता नहीं था लेकिन निर्मला देशपांडे ने वहां अपनी मौजूदगी दर्ज कराकर बैठक को महत्त्वपूर्ण बना दिया। 1929 नागपुर में जन्मी देश पांडे ने नागपुर के मॉरिस क़ालेज और फरग्यूसन कॉलेज से शिक्षा हासिल की।

गांधीवादी देशपांडे को शादी करने का समय ही नहीं मिला। 1952 में विनोबा भावे के भूदान आंदोलन में शामिल होकर भावे के साथ उन्होंने 40 हजार किमी पदयात्रा कीं। 1983 और 1984 में उग्रवाद के दौर में पंजाब में शांति यात्राएं निकालीं, 1994 मे कश्मीर में शांति मिशन आयोजित किया। नब्बे के दशक के शुरू में देश में सांप्रदायिक सद्भाव बिगड़ने से विचलित हो गईं और जगह-जगह सर्वधर्म समभाव सम्मेलन आयोजित किया। मई 1996 में भारत-पाकिस्तान सौहार्द बैठकें कीं और शांति सेना का गठन किया। आदिवासियों और अनुसूचित जातियों की शिक्षा, रोजगार और सशक्तिकरण के लिए आज भी कार्यरत हैं। देश के सभी जिलों में 'ग्राम स्वराज्य' के लिए प्रयास देशपांडे कोई आधा दर्जन संगठनों, समितियों, संस्थाओं की प्रमुख या सदस्य हैं।

अगस्त 1997 में राज्यसभा सदस्य मनोनीत देशपांडे की विशेष रूचि गरीबों की सेवा, सर्वधर्म समभाव और विदेशों के लोगों के बीच संपर्क बनाने में है। पढ़ और लिखकर अपना वक्त बिताने वाली देशपांडे ने इतिहास बनते देखा है। वे कोई आधा दर्जन पुस्तकों की लेखिका हैं और भूदान गंगा (आठ भाग) तथा भावे की कई पुस्तकों तथा नित्यनूतन की संपादक हैं। पटियाला विश्वविद्यालय, अमरावती विश्वविद्यालय तथा काशी विद्यापीठ ने उन्हें मानद डॉक्टरेट प्रदान कर रखी है।

विस्थापितों की मसीहा

जिस तरह से बड़े बांध दुनिया भर में बड़े पैमाने पर लोगों के विस्थापन और पारिस्थितिकी की तबाही के प्रतीक बन कर हैं, उसी प्रकार मेधा पाटकर और नर्मदा बचाओ आंदोलन (एनबीए) एक दूसरे के पर्याय बन गए हैं। मुंबई में जन्मी पाटकर ने नर्मदा घाटी विकास परियोजना से कोई 3,20000 लोगों, जिनमें ज्यादातर गरीब आदिवासी हैं, के पक्ष में आवाज उठाई है। एनबीए की मुख्य आयोजक और रणनीतिकार के रूप में उन्होंने 1985 में इस परियोजना के खिलाफ लोगों को एकजुट करके धरना-प्रदर्शन शुरू किया। हालांकि उनका विरोध प्रदर्शन शांतिपुर्ण होता था लेकिन उन्हें पुलिस ने कई बार गिरफ्तार किया और मारा पीटा।

धुन की पक्की मेधा ने अपना इरादा नहीं बदला। 1991 में 22 दिन के अनशन के क्रम में वे मरणासन्न हो गईं। उनके आंदोलन को देखते हुए विशव बैंक

ने भी, जिसने इस परियोजना के लिए पैसा मुहैया कराया, अप्रत्याशित रूप से बांध की स्वतंत्र समीक्षा की और पाया कि परियोजना में पर्यावरण और पुनर्वास के मुद्दों पर ध्यान नहीं दिया गया। इसके बाद उसने अपने ऋण की 45 करोड़ डॉलर की आखिरी किस्त रद्द कर दी। एनबीए ने 1994 में सरदार सरोवर बांध का निर्माण रोकने के लिए सुप्रीम कोर्ट का दरवाजा खटखटाया लेकिन अदालत ये उन्हें खास मदद नहीं मिली। उलटे राय के एक बयान लेकर दूसरी तरह का विवाद शुरू हो गया।

बहरहाल अब पाटकर और एनबीए विस्थापित लोगें के लिए पर्याप्त मुआवजा लेने का प्रयास कर रहे हैं। उन्होंने विस्थापित लोगों को आवाज दी और देश के विभिन्न इलाकों के सामाजिक कार्यकर्ताओं को नेशनल एलायंस ऑफ पीपुल्स मूवमेंट के तहत जोड़कर आवाज इतनी बुलंद कर दी कि उसकी अनुगूंज दुनिया भर में सुनी गई। विश्व बैंक और दूसरे अंतरराष्ट्रीय वित्तीय संस्थानों ने बड़े बांधों को वित्त मुहैया न कराने का फैसला किया है।

महिलाओं की सेवा

देश की आधी आबादी, महिलाओं को एकजुट कर दिया जाए तो कितना कुछ बदल सकता है। पेशे से वकील इला आर. भट्ट को इस बात का अंदाजा था और इसीलिए 1954 में उन्होंने कानून की डिग्री हासिल करने के बाद कपड़ा मजदूर संघ के लिए काम शुरू कर दिया। इसांफ पसंद और स्पष्टवादी भट्ट के घर में सारे लोग आजादी के लिए लड़ते हुए जेल जा चुके थे और उनके पति भी छात्र नेता रह चुके थे। बाद में उन्हें इस संघ की महिला शाखा को देखने को कहा गया, जिसमें मध्यम वर्ग की महिलाएं अपने हितों की बात करतीं।

तभी उन्हें एहसास हुआ कि असंगिठत क्षेत्र में ज्यादा महिलाओं का शोषण हो रहा है सो 1972 में उनको संगठित करने के लिए एशिया का पहला महिला मजदूर संघ (स्वाश्रयी महिला मजदूर संघ 'सेवा') बनाया। महिलाओं को पैसे की किल्लत देखते हुए उन्होंने कोऑपरेटिव बैंक बनाया जिससे वे सूदखोरों को अधिक ब्याज देने और बेगारी खटने से बच गई। आज इस बैंक की कार्यशील पूंजी 12 करोड़ रूपये से अधिक है। इस संघ ने अपने 5,30,000 से अधिक सदस्यों के लिए चिकित्सा, वित्त, व्यावसायिक प्रशिक्षण केंद्र और एक अकादमी की व्यवस्था की है। फिलहाल भट्ट ने सेवा सदस्यों का बीमा की मुहिम छेड़ रखी है।

महिलाओं के सशक्तिकरण के प्रयास में भट्ट को कई परेशानियों का सामना करना पड़ा लेकिन वे कभी निराश नहीं हुई। गुजरात के मुख्यतः सूखाग्रस्त इलाकों में महिलाओं को स्वावलंबी बनाकर उनका प्रवास 80 फीसदी रोक दिया। महिलाओं के रोजगार के लिए इस कदर प्रयास किया गया कि एक परिवार में तीन पीढ़ियों की महिलाओं के पास साल भर काम रहता है जबकि पुरूष बेरोजगार बने रहते हैं। सेवा के अहमदाबाद आश्रम में रहने वाली सादगी पसंद भट्ट जीवन के हर क्षेत्र में संतुलन और सादगी चाहती हैं। महिलाओं की दशा सुधारने के अभिनव प्रयास के

लिए उन्हें एशिया का नोबेल कहलाने वाले रामोन मैग सायसाय पुरस्कार के अलावा कई राष्ट्रीय पुरस्कारों से नवाजा गया है।

अतीत-भविष्य की कड़ी

देश की एक पूरी पीढ़ी उनका लिखा इतिहास पढ़कर बड़ी हुई है और अतीत को देखने का एक संतुलित और समग्र दृष्टिकोण अपनाया है। कुछ लोग उन पर मार्क्सवादी प्रचारक होने का आरोप लगाते हैं लेकिन उनके समर्थक इस आरोप को संघी की दुष्प्रचार करार देते हैं। जाहिर है, संघ की करीबी भाजपा के नेतृत्व वाले राजग के कार्यकाल में उन्हें कुछ परेशानियां हुईं और उन्होंने शिक्षा के भगवाकरण के खिलाफ अभियान-सा छेड़ दिया। अब वे यूपीए का 'विष उतारने' के अभियान की वकालत करती हैं।

रोमिला थापर 1931 में पंजाबी परिवार में पैदा हुईं और उनका बचपन देश के विभिन्न इलाकों में बीता। पंजाब विश्वविद्यालय से डिग्री लेने और लंदन युनिवर्सिटी से डॉक्टरेट करने के बाद दिल्ली विश्वविद्यालय में रीडर बन गईं और फिर जवाहरलाल नेहरू विश्वविद्यालय के प्राचीन भारतीय इतिहास विभाग की प्रमुख, जहां अब वे इतिहास की एमिरिटस प्रोफेसर हैं। एक खास विचारधारा के इतिहास लेखन और ऐतिहासिक घटनाओं की व्याख्या के तरीके क्षुब्ध थापर कहती हैं, 'इतिहासकारों और पुरातत्वविदों के लिए जरूरी किसी तकनीकी प्रशिक्षण को मान्यता प्राप्त नहीं है। इंजीनियर, कंप्यूटर विशेषज्ञ, पत्रकार से राजनीतिक बने लोग और भारत विशेषज्ञ का स्वांग रचने वाले विदेशी पत्रकार अपनी मर्जी से भूगर्भ विज्ञान और इतिहास पर बोलते और मीडिया उन्हें हैसियत प्रदान करती है।' ऐतिहासिक घटनाओं की व्याख्या के लिए समाजशास्त्र की बुनियादी जानकारी पर जोर देनेवाली थापर फ्रांस, ब्रिटेन और अमेरिका के कुछ विश्वविद्यालयों से भी जुड़ी हुई हैं।

1983 में इंडियन हिस्ट्री कांग्रेस की जनरल प्रेसीडेंट और 1999 में ब्रिटिश एकेडमी की करेस्पॉडिग फेलो चुनी गई थापर निरंतर अपने विषयों पर राष्ट्रीय - अंतरराष्ट्रीय प्रकाशनों में लेख लिखती रही हैं। इसी साल जनवरी में प्रकाशित उनकी पुस्तक सोमनाथः द मेनी वायसेज ऑफ द हिस्ट्री ने समालोचकों को अपनी कलम चलाने के लिए उतना ही उकसाया जितना कोई आधा दर्जन दूसरी किताबों ने उकसाया था।

पर्यावरण की पुजारिन

पिछले 22 वर्षों से विकास और पर्यावरण के बीच संबंध पर काम कर रही सुनीता नारायण दिल्ली स्थित सेंटर फॉर सांइस ऐंड एन्वायरनमेंट (सीएसई) से जुड़ी हैं। आजकल वे इस संस्था और सोसाइटी फॉर एन्वायरनमेंटल कम्युनिकेशंस की निदेशक हैं तथा उसकी पत्रिका 'डाउन टु अर्थ' की प्रकाशक हैं। उन्होंने और उनके संस्थान ने टिकाऊ विकास के बारे में जनचेतना बढ़ाने का प्रयास जारी रखा है।

विश्व भर में लोकतांत्रिक व्यवस्था से लेकर स्थानीय लोकतंत्र और उसके पर्यावरण से संबंध पर उनकी खास नजर रही है। देश के पर्यावरण के बारे में सीएसई की वार्षिक रिपोर्ट 'स्टेट ऑफ इंडिया'ज एन्वायरनमेंट' के लिए शोध और लेखने से अपना कैरियर शुरू करने वाली नारायण का मानना है कि टिकाऊ विकास के लिए स्थानीय रूप से लोकतंत्र को मजबूत करना जरूरी है। 1990 के दशक में वह अंतरराष्ट्रीय पर्यावरण अभियान से जुड़ गईं।

कई पुस्तकों और रिपोर्टों की लेखिका नारायण कई सरकारी तथा गैर सरकारी संस्थानों एवं समितियों की सदस्य हैं। लोगों के सरोकार वाले पर्यावरण के मुद्दों पर वे मुखर प्रवक्ता के रूप में उभरी हैं। बोतल बंद पानी और विभिन्न कोला पेयों में कीटनाशक रसायनों की मात्रा के बारे में बताकर लोगों को चौंकाने वाली नारायण ने महानगरों में डीजल गाड़ियों के खिलाफ अभियान सा चलाया और अंततः दिल्ली में सार्वजनिक परिवहन के वाहनों में डीजल के प्रयोग पर पाबंदी लगा दी गई। अब ऐसा ही पूरे देश में करने की जरूरत है।

8. साहित्य के क्षेत्र में महिलाएं

आधुनिक युग ने पुरूष के साथ-साथ नारियों को भी विद्रोह की प्रेरणा दी है। आधुनिक नारी आज किसी भी क्षेत्र में पुरूष से पीछे नहीं है। अध्यापन, चिकित्सा, प्रशासन, वकालत, राजनीति, आदि प्रत्येक क्षेत्र में नारी पुरूष के साथ अग्रसर ही नहीं हुई, उसने निरंतर अपनी श्रेष्ठता को सफलता से प्रतिपादित किया है। कुछ तो नारी के प्रति अब पुरूष का रवैया भी बदल गया है। आज की नारी अब अपनी स्वंतत्रता का ढिणोरा पीट, अपने अधिकारों के लिए दया की भीख नहीं मांगती।

नारी का यही नवीन रूप साहित्य में भी स्पष्ट होकर उभरा है। जहां प्रेमचंद के उपन्यासों में नारी के लिए प्रमुख आदर्श रहा है त्यागमयी गृहिणी का, वहीं प्रेमचंदोत्तर युग में स्वच्छंद प्रेम को बुरा नहीं माना गया है। यह प्रेम सामाजिक, धार्मिक एवं नैतिक रूढ़ियों की अवहेलना करता है। इसके लिए जाति या धर्म का बंधन अब नहीं रहा। आज के युग में हमारे नैतिक एवं आध्यात्मिक मूल्यों में तीव्रता से ह्रास हुआ है। दहेज-प्रथा, अंतरजातीय विवाह आदि इस युग की ऐसी समस्याएं हैं, जिन्होंने नारी को रूढ़ियों को तोड़ने की प्रेरणा दी। महिला साहित्यकारों को इन समस्याओं ने प्रेरित किया। नारी-जीवन से संबंधित विवधि समस्याओं का यही निरूपण, हमें अनेक महिला साहित्यकारों की रचनाओं में मिलने लगा।

I प्रेमचन्द साहित्य संस्थान की अन्तर्राष्ट्रीय संगोष्ठी 2005 गोदान और किसान विषयक काशी हिन्दू विश्वविद्यालय के सीनेट हाल में ही हुई। आरक्षण हेतु महिलाओं को भी दलितों के नजरिये से देखा जाने लगा है। दलित साहित्याकारों ने कहा कि दलित प्रश्न केवल गोष्ठियों में उठाये जाते हैं। दलित व सवर्ण आज भी ऐसे हैं जैसे दो राष्ट्र हों। दक्षिणपंथी ही नहीं बल्कि वामपंथियों ने भी जाति के

इस सवाल को नहीं उठाया। अम्बेडकर की पहली लड़ाई ब्राह्मण पद से थी। सभा के अध्यक्ष प्रो० विजेन्द्र ने कहा उपनिवेशाद में ब्रिटिश सत्ता और उसके दलाल, सूदखोर महाजन, अमानुषिक पुरोहित का नरमचारा किसान ही था। गोदान की मीमांसा करते हुए उन्होंने कहा कि होरी के परिवार का हर सदस्य भूख, गरीबी, जलालत व तबाही का शिकार था। गोदान में मरजाद व गाय ही दो मूल्य हैं। गाय का सीधा संपर्क भारतीय कृषि से है और मरजाद भी समांतवादी प्रतीक न होकर उनका प्रतीक है, जो समाज की व्यवस्था के साथ चलना चाहते हैं। गोदान व सदगति दोनों की समस्या अंतिम संस्कार की है और समाज में अंतिम संस्कार ही तय करती है कि आदमी और स्त्री की स्थिति क्या है।

मेरे विचार से होरी व गोबर मिलकर ही वह आइना बनाते हैं, जिसमें मध्यवर्गीय समाज अपना चेहरा देख सकता है। आज किसान आत्म हत्या कर रहे हैं। महिलाएं आत्महत्या कर रही हैं। या तो स्वयं जलती है या जला दी जा रही हैं। गोदान को पढ़ते समय इन समस्याओं को देखा होगा 'होरी की स्थिति उस समय क्या थी और अब क्या है। गोदान में प्रेमचंद के पूर्वाग्रहों पर सवाल खड़ा कर दिया है।

इसमें कोई संदेह नहीं कि नारी को विधाता ने भले ही शारीरिक रूप से पुरूष की अपेक्षा दुर्बल बनाया हो, उसे एक अद्भुत सूक्ष्म दृष्टि भी प्रदान की है, जो निश्चित रूप से उसकी लेखनी को अधिक सशक्त एवं समर्थ बना देती है। यही कारण है कि भाषा भले ही अप्रौढ़ या शिथिल रहे, भावों की स्वच्छंद सरलता, लेखिकाओं के कृतित्व को स्वयंमेव तेजस्विता, भाव-व्यंजकता एवं माधुर्य से मंडित कर देती हैं- चाहे यह कृतित्व आशापूर्णा देवी का हो, अमृता प्रीतम का हो मन्नू भंडारी का हो, या शैलबाला घोषजाया का। किन्तु विभिन्न क्षेत्रों में अपनी कार्यकुशलता प्रतिपादित करने पर भी, नारी आज भी अपने को अबला मानने के लिए बाध्य होती हैं, भले ही उस क्षेत्र में उसने पुरूष के कौशल को पराजित किया हो।

जैसाकि अज्ञेय जी ने लिखा है, साहित्य सृजन को प्रेरक मूलशक्ति साहित्यकार की आंतरिक विवशता है। यदि वह सच्चा कलाकार है और निरा प्रचारक नहीं है तो उसकी प्रेरणा-शक्ति एक निगूढ़, अत्यंत व्यक्तिगत विवशता है जिसके कारण वह संसार की सत्यता को चित्रित करने को बाध्य होता है। साथ ही, प्रत्येक, कलाकार अपने सामाजिक दायित्व के प्रति भी जागरूक रहता है।

एक और पूर्ण निष्ठा से यथार्थ को चित्रित करना दूसरी और सामाजिक दायित्व का निर्वाह किसी भी कृति की सहज अभिव्यक्ति के लिए, इन दोनों पक्षों का निभाव महिला साहित्यकार के लिए भी उतना ही महत्वपूर्ण है, जितना पुरूष साहित्याकार के लिए। किन्तु महिला साहित्यकार के लिए इन दोनों पक्षों का निर्वाह उतना सहज नहीं है, उसकी लेखनी की गतिशीलता इसमें कभी-कभी स्वयं कुंठित हो जाती है। इसका एक प्रमुख कारण है उसका नारी-सुलभ संकोच। यद्यपि उच्च-शिक्षा, विदेश प्रवास एवं बदलते जीवन-मूल्यों ने उसके इस संकोच की बेड़ियों को स्वंय ही

शिथिल कर दिया है, फिर भी नारी नारी है एवं सदा रहेगी। शायद, उसके इसी संकोच में उसका सौष्ठव भी निहित है।

यह एक सर्वविदित तथ्य है कि जब हम किसी महिला साहित्यकार का कोई उपन्यास या कोई दुःसाहसिक कहानी पढ़ते हैं तो हम, उसके उस लेखन में, स्वंय उसी को ढूंढ़ने लगते हैं– यह तो उसने अपनी ही कहानी लिखी है, या निश्चय ही यह उसके कौमार्य - जीवन के रहस्यमय अतीत का इतिहास है आदि-आदि। यह आघात किसी भी महिला साहित्यकार के लिए सामान्य आघात नहीं होता। इसका एक दृष्टांत दूं तो शायद बात अधिक स्पष्ट होगी।

बंगाल की एक साहसी महिला साहित्यकार ने कभी अपने एक ही उपन्यास से बंग-साहित्य में खलबली मचा दी थी। उनका नाम था– शैलबाला घोषजाया। और उसका वह उपन्यास था 'शेख अब्दू'– एक जमींदार परिवार की सुंदरी पुत्री लतिका और एक मुसलमान तरूण की प्रेम-कहानी। ऐसा विषय वह भी आज से दशकों पूर्व, लेकर लिखने का दुःसाहस तब किसी पुरूष को भी नहीं हुआ था। बंकिमचंद्र की मृत्यु के वर्ष ही शैलबाला का जन्म एक जमींदार परिवार में हुआ था। स्वाभाविक था कि वे बंकिम के लेखन से बहुत प्रभावित थीं। उपन्यास के छपते ही साहित्य - जगत में तो उन्हें प्रचुर ख्याति मिली, किन्तु पारिवारिक जीवन में स्वंय ही विष घुल गया। वे लिखती हैं, मेरी ससुराल में हलचल मच गयी। मुझे साहित्यिक ख्याति तो मिली, किन्तु मेरी लेखनी ने मेरे व्यक्तिगत जीवन की सुख-शांति छीन ली।

यही महिला साहित्याकार की नियति है। वह केवल लेखिका ही नहीं, किसी की सहचरी भी है, जननी भी है, सहोदरा भी और बहू भी। उसके सामाजिक दायित्व की परिधि पुरूष की अपेक्षा कहीं अधिक व्यापक है। पद-पद पर उसे उस लक्ष्मण रेखा का भय त्रस्त करता रहता है, जिसे बाल-भर भी लांघा और पैर बाहर निकाला तो उसे लेखनी-सहित कठघरे में खड़ा कर दिया जायेगा।

मैं अन्य लेखिकाओं के विषयों में नहीं कह सकता। किन्तु अपने बत्तीस वर्षों के साहित्यिक जीवन के कटु अनुभवों ने मुझे एक सत्य से अवश्य परिचित करा दिया है कि कोई सफल, सशक्त साहित्य और इतिहास लिखने का अर्थ ही शत्रुओं की संख्या में वृद्धि। मैंने इसी लेखनी के कारण न जाने कितने मित्र खो दिये हैं और कितने आत्मीय।

मेरा यह दृढ़ विश्वास है कि प्रेरणा-शक्ति एवं अत्यंत व्यक्तिगत विवशता होने पर भी, महिला साहित्याकार पुरूष की भांति निःसंकोच किसी भी सामाजिक सत्य को चित्रित नहीं कर पाती। भले ही उसकी आधुनिक शिक्षा ने उसे मुखर बना, उसकी संकोची जिव्हाकों आतीत की अपेक्षा अधिक प्रगल्भ बना दिया हो, उसके अंतरतम हृदयकक्ष में अब भी व्रीड़ा की चिरपुरातन चिलमनें, चिथड़े होने पर भी, उसी तत्परता से लटकी हैं और यदि वह उन चिलमनों की धज्जियां उड़ा, अपने तथाकथित

'बोल्ड लेखन' से पाठकों को चौंक कर उनकी प्रंशसा अर्जित करने की चेष्टा करती है, तो उसे इस दुःसाहस के लिए कुछ क्षण स्थायी हाथ तालियां या साधुवाद भले ही मिलें, उसके अंतःकरण का समर्थन कभी नहीं मिल पाता।

लेखिकाओं के एक और दोर्बल्य को प्रायः ही उछाला जाता है कि उनका साहित्य शरदचंद्र साहित्य की भांति, अंतःपुरका साहित्य है, उसकी भावुकता में बुद्धि विलासका नितांत अभाव रहता है। हमें महिला साहित्यकारों के इस दौर्बल्य की आलोचना के पूर्व एक बात स्मरण रखनी चाहिए। भावुकता मनुष्य का स्वाभाविक गुण है, अवगुण नहीं। यदि भावुकता ईमानदारी से व्यक्त की गयी हो, तो अभिव्यक्ति में कृत्रिमता के रंग आने का प्रश्न ही नहीं उठ सकता। कोई भी साहित्यकार यदि अपनी कलम के जरिये पाठकों को हंसा सकता है, रूला सकता है। तो वह साहित्यकार ही नहीं, सच्चा कलाकार है।

छोटी-सी बात का सहज रूप में कहना सबसे कठिन होता है और इस कला में नारी को कमाल हासिल है। शायद इसलिए ही उसकी स्वभावगत सरलता, निष्ठा, सहज संकोच, शालीनता स्वयं उसके मसिपात्र में धुलते चले जाते हैं। महादेवी हिन्दी गद्यकी एक छत्र सम्राज्ञी हैं एवं चिरकाल तक रहेंगी। कौन पुरूष लेखक आज तक उनका-सा सरल, हृदयग्राही गद्य लिख पाया है? ऐसे मार्मिक रेखाचित्र क्या किसी पुरूष की लेखनी हिन्दी साहित्य को दे पायी है? और उनके गरिमामय व्यक्तित्व की ही भांति उनके गद्य की गरिमा की विशिष्टता है, उनकी प्रौढ़ शालीन भाषा। वे लिखती हैंः

इन स्मृति चित्रों में, मेरा जीवन भी आ गया है, यह स्वाभाविक भी था। अंधेरे की वस्तुओं को, हम अपने प्रकाश की धुंधली या उजली परिधि में लाकर ही देख पाते हैं, उसके बाहर तो वे अंधकारक अन्य हैं। मेरे जीवन की परिधि के भीतर खड़े होकर चरित्र जैसा परिचय दे पाते हैं। वह बाहर रूपांतरित हो जायेगा। फिर, जिस परिचय के लिए कहानीकार अपने कल्पित पात्रों की वास्तविकता से सजाकर निकट लाता है, उसकी परिचय के लिए मैं अपने पथ के साथियों को कल्पना का परिधान पहनाकर दूरी की सृष्टि क्यों करती? परंतु मेरा निकटता-जनित आत्मविज्ञापन उस राख से अधिक महत्व नहीं रखता जो आग को, अधिक समय तक सजीव रखने के लिए, अंगारे को घेरे रहती है। जो इसके पार नहीं देख सकता, वह इन चित्रों के हृदय तक नहीं पहुंच सकता।'

महिला साहित्यकार की यहीं विशिष्टता है। उसका आत्मविज्ञापन उस राख से अधिक महत्व रखने की कामना भी नहीं करता, जो आग को सजीव रखने के लिए अंगारे को घेरे रहती है। यदि अपनी स्वभाव-जनित शालीनता को लांघ, वह अपने दुःसाहिसक प्रयोग से स्वयं अंगारा बनने की चेष्टा करती भी है, तो तप्त राख अपने ताप से क्षणिक प्रशंसा भले ही प्राप्त कर ले, दहकता अंगारा कभी नहीं बन सकती।

प्रकृति ने नारी और पुरूष को भिन्न-भिन्न दायित्व प्रदान किये हैं। उन्हें

अस्वीकार करना न पुरूष के लिए संभव है, न नारी के लिए। नारी प्रकृति से जूझ भले ही ले, उसे पराजित कदापि नहीं कर सकती। दुर्भाग्य से, हमारे देश में अभी भी नारी का वह स्थान समाज नहीं दे पाया है, जो उसे मिलना चाहिए। और फिर, यदि नारी लेखिका है, तो उसका दायित्व सामान्य नारी से कहीं अधिक कठिन है।

आज मानवीय मूल्य बहुत गिर गये हैं और ईमानदार लेखन का अर्थ ही है, अन्याय के विरूद्ध आवाज उठाना। नारी के लिए यह बहुत आसान नहीं है। एक सद्यः-घटित दृष्टांत हमारे सम्मुख है, अमृता प्रीतम का। जिन नज्मों को लिखकर उन्हें अत्यंत संतोष हुआ था, जिनको फिल्म बनाकर वे पंजाब के गांव-गांव में दिखाना चाहती थीं कि लोगों में भाईचारा बढ़े, उन्हीं के लिए जब उन्हें कानूनी नोटिस मिला, तो वे लिखती हैं, 'यह क्या हो गया, मैंने तो आदर और प्यार के साथ यह नज्म लिखी थी। यह तो काव्य और सौन्दर्य का मिलन था। पर फिर समझ में आया कि मुझे पुरस्कार मिला था, वास्तव में वह तकलीफ तो पुरस्कार की है। वह नहीं मिलता तो ऐसा कुछ नहीं होता।' स्पष्ट है कि नारी का अपनी ख्याति भी बड़ी महंगी पड़ती है।

लेखिका का अपना वैशिष्ट्य है, अपनी भाषा है, वह सहज अभिव्यक्ति है। लेखकों से उसकी तुलना कर, उसे छोटा या बड़ा सिद्ध करना मूर्खता ही होगी। क्योंकि, नारी न पुरूष से अधिक सशक्त है न दुर्बल। वह उससे भिन्न है और उसकी यहीं भिन्नता उसका एक सशक्त आयुध है।

इस पुस्तक की संरचना में मूल प्रेरक नारी है। मैंने नर-नारी दोनों को यथास्थान प्रतिष्ठित करने का प्रयास किया है। धरती और वर्षा ग्रामीण अंचल के दो मूल आधार हैं जो नर-नारी बच्चों को समय समय पर विशेष आकर्षित एवं प्रभावित करते रहते हैं जीवनदायिनी हैं। इन दो बिन्दुओं पर काव्य शैली में "धरती सूखी गाँव की और वर्षा" इस आशय से चित्रित की जा रही है कि पाठक वृंद को सरस एवं ग्राहय होगी।

धरती सूखी गांव की

धरती सूखी गांव की, पानी मांगे खेत।

प्यासे सावन से मिला, धूल फांकता चैत।।

कटि आयी परती मिली, दांत चिआरे ताल।

किससे दुखड़ा रो कहें, कौन सुनेगा हाल।।

दिन की प्यास बुझी नहीं, भूखी आ गयी रात।

किस जंगल में खो गये, 'गोबर' के जजबात।।

सपने सार रह गये, मंहगी देख अबाध।

बिना किरासिन जल गयी, 'झुनियां' की सब साध।।

तेल छिड़क 'रूपा' मरी, ले दहेज का पाप।
बेटी की अरथी सजी, कंधा देता बाप।।
सूदखोर के सूद में हुए पराये खेत।
बैठ मेंड़ पर रो रहा, अब 'होरी' का प्रेत।।
'धनियां' का धीरज गया, 'रूपा' का वह रूप।
ठंडे साये में पड़ा हाथ सेंकती धूप।।

वर्षा

काले भूरे और श्वेत रंग बादल चहुंदिश छाये।
पाने एक बूंद स्वाती की
चातक आस लगाये

गरज रहे हैं काले बादल
बिजली चमचम चमके।
लगे भयानक रात अंधेरी
जब रिमझिम पानी बरसे।

नटखट बच्चे सराबोर हो
कहते वर्षा रानी।
काले मेघा उमड़-घुमड़कर
जमकर डालो पानी।

बच्चों मत समझो ये दे
केवल मन हर्षाती।
स्वाती की एक बूंद से
मोती सीप बनाती।

9. नारी को पुरूष प्रतिद्वद्वी नहीं पूरक देखें

हर लेखक के मन में पुरूष और महिला होती है, वह अपने में पात्र को जीता है। पुरूष लेखक अगर किसी महिला किरदार के बारे में लिख रहा है तो वह एक महिला की तरह ही सोचता है। लेखक तो सिर्फ लेखक है महिला और पुरूष का फर्क कैसा। साहित्य में बंटवारा नहीं किया जा सकता। नारी मुक्ति की बात करने से पहले 'स्व' को पहचानना होगा, स्व का विस्तार करना होगा। स्व का अर्थ ही मुक्ति है लेकिन मुक्ति का आशय निरंकुशता कभी नहीं हो सकता। स्व के साथ आत्मानुशासन आवश्यक है। भीतर के विवेक को पहचान कर अपनी शक्ति का सदुपयोग ही मुक्ति है। जो लोग पुरूष और नारी को प्रतिद्वंद्वी के रूप में देख रहे हैं उन्हें यह भी ध्यान

रहे कि महिला और पुरूष प्रतिद्वंद्वी नहीं एक-दूसरे के पूरक हैं।

प्रकृति की दो महान रचनाओं नर और नारी के इस आपसी समन्वय के बल पर अगर पुरूष कहे कि वह सबल है और नारी को दबा कर रखना उसका अधिकार है तो गलत है। दोनों एक दूसरे की भावना का सम्मान करते हुए कार्य करें तो अच्छा होगा, परिवार संस्कारित होगा। एक-दूसरे से लड़ेंगे तो परिवार टूटेगा। एक कहावत है पुरूष अगर कुदाल लेकर घर जोड़ना चाहे तो नहीं कर सकता लेकिन महिला एक सुई से भी घर जोड़ सकती है। वर्तमान दौर में नारी मुक्ति का भाव तो दे दिया गया है। मगर विवेक नहीं जगाया। ये माना जा सकता है कि अन्याय, शोषण उत्पीड़न का विरोध करना चाहिए किन्तु यह भी देखना होगा कहीं इस आपाध ापी में सत्य का, शिव का विरोध तो नहीं हो रहा है। समाज में हो रहे बदलाव का परिणाम है कि आज खान-पान, पहनाने की आजादी है, जीवनसाथी चुनने की आजादी है। किन्तु उपभोक्तावादी संस्कृति के दौर से सुख की परिभाषा ही बदलने की कोशिश हो रही है। पहले अभावों में रहते हुए भी परिवार में सुख खोजा जाता था, आज भौतिकतावादी साधनों को ही सुख माना जा रहा है। भौतिक सुख के लिए तमाम रिश्तों को भी दांव पर लगाया जाने लगा है। पाश्चात्य देशों में भी संयुक्त परिवार की आवश्यकता महसूस की जा रही है। समाज में सुधार आयेगा, कोई आंधी आती है तो उसके साथ धूल-गर्द के साथ सगंध होती है।

वह मानती हैं समाज को तेजी के साथ सही दिशा में ले जाने के लिए लोक संस्कृति सबसे अच्छा माध्यम है। हमारे संस्कार गीतों, त्योहार, व्रत-पर्व गीतों को देखिये सब में कुछ न कुछ संदेश अवश्य भरा है। संध्या-भोर जगायी जाती थी। वृक्ष पूजन, नदी पूजन का मतलब ही प्रदूषण कम करना और पर्यावरण संरक्षण है। मुझे याद है बचपन में हम लोगों को बताया जाता था गंगा नदी में स्नान से पूर्व घर से नहा कर स्व्च्छ हो कर जायें, नदी में साबुन न लगायें। आज देखिये नदियां कचरा बहाने के नाले के रूप में इस्तेमाल की जा रहीं हैं। लोक परम्परा के संरक्षण का आशय संग्रहालय में सुरक्षित करने से नहीं है बल्कि इसे अधिक से अधिक लोगों तक पहुंचाना है। विद्यालयों में संगीत की शिक्षा के साथ क्षेत्रीय लोकगीतों को सिखाया जा सकता है। लोक कलाकारों की कार्यशालायें लगा कर उनसे कला को आगे बढ़ायी जा सकती है। शहर में भी यह प्रयोग हो सकता है। एक सुखद बात यह देखने को मिल रही है कि गांवों में तो नयी उम्र के बच्चों को लोकगीत सीखने की रूचि जागी है, लोग जागरूक हुए हैं। समाज को बदलने के लिए लोक गीतों की संवेदना को लोगों तक पहुंचाना होगा।

संयुक्त परिवार की प्रासंगिकता के संबंध में स्पष्ट है कि आज संयुक्त परिवार की जगह एकल परिवारों का चलन बढ़ता जा रहा है। प्रेम, भाईचारा आपसी सौहार्द में उत्तरोत्तर गिरावट एवं बड़े बुजुर्गों का निरादर को देखते हुए आज के दौर में इसकी प्रासंगिकता के कुछ विचार प्रस्तुत कर रहे ताकि इसका अनुसरण कर परिवार सुखमय और समृद्धिशाली बन सकें।

संयुक्त परिवार कल भी प्रासंगिक थे, आज भी हैं और कल भी रहेंगे। स्वछन्दता और स्वार्थ के कारण आज एकल परिवारों की संख्या बढ़ी है। बुजुर्गों की छाया से दूर बचपन को प्रेम व अपनापन न मिलने से सामाजिक संस्कार और व्यावहारिक मार्ग दर्शन से वंचित बच्चों का विकास भारतीय संस्कृति के अनुरूप नहीं हो पा रहा है। एकल परिवार अपने पारिवारिक, धार्मिक रीति-रिवाजों से अन्जान रहते हैं और असुरक्षित भी। संयुक्त परिवार में युवा पीढ़ी में अच्छे संस्कारों का निर्माण होता है। सब लोग मिलकर त्यौहार मनाते हैं तो आनन्द उत्साह एक उत्सव का रूप लेता है। सब मिलकर दुख-सुख बांटकर मानसिक तनाव दूर करते हैं और आत्मिक शान्ति का अनुभव करते हैं संयुक्त परिवार भारतीय संस्कृति के धरोहर हैं।

परिवार में ही प्यार, मोहब्बत भाई-चारे का माहौल देखने को मिला है। वैसे आज के दौर में बहुत कम ही ऐसे परिवार देखने को मिलते हैं। आज न जाने क्यों हम अपने बुजुर्गों के साथ नहीं रह पाते हैं। उनकी नसीहत गलत कामों पर रोका-टोकी को हम बेजा दखलन्दाजी मान बैठे हैं। उनके न रहने पर हम पछतावा जरूर करते हैं पर इससे क्या फायदा। जो दिली सुकून हम इनके साथ रहकर पा सकते हैं उसे खुद ही खोते जा रहे हैं। काश हम सभी फिर संयुक्त परिवार में रह सकें।

आज के दौर में संयुक्त परिवार विलुप्तता के कगार पर हैं जिसका नतीजा है कि अधिकतर लोग तनाव भरी जिन्दगी जी रहे हैं। संयुक्त परिवार में रहने से अनेकों फायदे हैं। घर में हर समय कुछ सदस्य रहते ही हैं, बच्चों को अकेलापन नहीं महसूस होने पाता, हर सुख-दुख के समय सारे काम आसानी से हो जाते हैं, कहीं भी आने-जाने के समय घर अकेला छोडने की कोई चिन्ता नहीं रहती, बुजुर्गों का सानिध्य जीवन को और सुखमय बनाता है। हम सभी को चाहिए कि परिवार को टुकडों में बांटने के बजाय संयुक्त परिवार में रहें तभी जीवन सुखमय होगा।

आज के दौर में संयुक्त परिवार की अत्यधिक प्रासंगिकता हो गयी है, क्योंकि ऊर्जा, श्रम, धन, समय, सामान, अन्न, मकान का संकट देश के सामने मुंह बाये खड़ा है। मुसीबतों के कारण एकाकी परिवार समस्याओं से घिरे हैं। किसी तरह से संयुक्त परिवार की प्राचीन व्यवस्था बहाल होनी चाहिए ताकि देश को महान बनाया जा सके।

आज लोगों की मजबूरी बस संयुक्त परिवार टूट जाते हैं जिसमें आत्मरक्षा और सुरक्षा को सदैव खतरा बना रहता है। आज की व्यस्ततम जिन्दगी में अकेले जीवन यापन करना मुश्किल हो गया है ऐसे में पत्नी का भी काम करना लाजिमी है। उस पर परिवार व घर की देखरेख करना असम्भव है। ऐसे में संयुक्त परिवार इसके लिए आदर्श उदाहरण हो सकते हैं। जिसमें बच्चों की देख-रेख होती है और घर भी सुरक्षित रहता है। व्यस्ततम जिन्दगी और बढ़ती महंगाई में संयुक्त परिवार व्यवस्था जहां खर्च को नियंत्रण में रखती है वहीं अनुशासन की भावना भी लाती है।

संयुक्त परिवार भारत की 'वसुन्धैव कुटुम्बकम' की भावना की एक इकाई है। विभिन्न भाषा, विभिन्न धर्म, परिवार की बहु ताउम्र एक परिवार का सदस्य बनकर कड़ी को आगे बढ़ाती है। भौतिकवादी विचारधारा ने एकल परिवारवाद को जन्म दिया। फलतः संयुक्त परिवार की अवधारणा छिन्न-भिन्न होकर रह गयी। एकल परिवारवादी भी कोई खुश नहीं।

भारत वर्ष जैसे प्राचीन संस्कृति वाले देश में सदियों से 'संयुक्त परिवार' अपना अस्तित्व बनाये हुए हैं। परन्तु आज बेरोजगारी, नगरीकरण, औद्योगिकीकरण, कार्यक्षेत्रों में महिलाओं की सहभागिता व उचित संस्कार के अभाव में भारतीय संस्कृति के संरक्षक संयुक्त परिवार तितिर-बितिर हो रहे है। इनके बिखरने व पारिवारिक मुखिया के अभाव में बच्चों में परम्परागत रीति-रिवाजों, अनुशासन, नैतिकता व उचित संस्कारों का अभाव हो रहा है।

द्वितीय खण्ड

सामाजिक स्थिति एवं नारी जीवन

4
ग्रामीण संकल्प-विकल्प

1. आदर्श गाँव का यथार्थ और देहाती व्यवस्था

कहावत है कि भारत गाँवों का देश है। इसकी तीन-चौथाई आबादी गांवों में रहती है। भारत में लगभग 7 लाख गाँव है। इसमें से इने गिने चयनित गांव है आदर्श गाँव एवं अम्बेदकर गाँव उनमें से एक हैं। जिन पर शासन, प्रशासन, राजनेताओं का ध्यान विशेष केन्द्रित रहता है और उनको जीवनोपयोगी सभी सुविधा उपलब्ध कराने हेतु राजकोष तथा अन्य विधियों से विशेष धनराशि आवंटित एवं खर्च की जाती है। महामहिम जी भी ऐसे गाँवों को देखने जाया करते हैं मुख्य मंत्रियों का दौरा तोमात्र सड़क, खडन्जा और नालियों के निरीक्षण की औपचारिकता बन गया है। नए जमाने की नई आर्थिक अस्थिरता से लोगों का भविष्य कभी भी प्रभावित हो सकता है। भारत में यह स्थिति सामाजिक विघटन तथा अशांति की स्थिति पैदा कर सकती है। इसके साथ यदि हम पुरानी अर्थ व्यवस्था के पराभव से उत्पन्न विघटनों व अशांतियों को जोड़ दें, तो अनुमान कर सकेंगे कि भविष्य के भारत की ग्रामीण तस्वीर क्या होगी।

हाल ही में मध्यप्रदेश और राजस्थान में किसानों पर गोली चलाई गयी। दोनों की जगह समस्या सिंचाई के पानी की थी। किसान पानी के लिये आंदोलन कर रहे थे। उनकी उचित माँगों पर गौर करने और उनके खेतों को पानी मुहैया कराने के बजाय प्रशासन ने उनके दमन का रास्ता चुना। इसी तरह की समस्या दूसरे राज्यों में भी पैदा हो रही है। इन्हीं के बीच से हम देश के कई राज्यों में किसानों की आत्म-हत्याओं के माध्यम से अपनी आर्थिक प्रगति के कुछ कुरूप पक्ष को देख सकते हैं। मरते हुए किसानों ने किसी प्रकार का कोई आंदोलन नहीं किया, न ही हजारों की संख्या में उनकी मृत्यु से किसी प्रकार के आन्दोलन का जन्म हुआ। इसका कारण पूंजीवादी स्थितियाँ और मनोदशा है, जिसमें हर आदमी अपने को अकेला पाता है। जिन किसानों ने आत्महत्या की, ये वे किसान थे, जिनकी फसलें नष्ट हो गयी थीं और जिन्होंने इतना कर्ज ले रखा था कि उसकी अदायगी नहीं कर सकते थे। उपभोक्तावाद ने उनकी अपेक्षायें इतनी बढ़ा दीं हैं कि वे तनिक-सा आर्थिक झटका बरदास्त्त नहीं कर पा रहे थे।

आत्महत्याओं का यह सिलसिला शहरी क्षेत्रों में भी देखा जा सकता है, जहाँ आर्थिक अनिश्चितता, बेरोजगारी और बढ़ती जिम्मेदारियों ने लोगों का जीना मुश्किल कर दिया है। तनाव और आपसी विद्वेष इतना बढ़ता जा रहा है कि किशोर-किशोरियों, युवक-युवतियों में हिंसा का ज्वार तुरंत उमड़ने लगता है। यह वह भारत है जो नई बाजारवादी नीतियों के आधार पर जिससे ग्रामीण और देहाती व्यवस्था प्रभावित हो रही है। इसका मतलब यह नहीं है कि पुरानी तथाकथित

समाजवादी नीतियों पर जो भारत बनाया जा रहा था, वह बहुत अच्छा था। उसके घोषित उद्देश्य बेहतर थे, लेकिन क्रियान्वयन के स्तर पर सामाजिक संवेदना कम थी।

अब मैं उत्तरप्रदेश की राजधानी लखनऊ के रूदही गाँव की लड़की अर्चना का उदाहरण पेश करना चाहूँगा जिसने 14 जनवरी को अपने गाँव आये राष्ट्रपति ए. पी. जे. कलाम को अपनी फरियाद सुनाने की कोशिश की थी। वह अपनी लिखित शिकायत राष्ट्रपति को देना चाहती थी, पर उन तक पहुँचने में नाकाम रही। इस नाकामी के बावजूद उसके इस प्रयास को मीडिया ने महत्त्व दिया। अर्चना राष्ट्रपति को यह बताना चाहती थी कि गाँव के प्रधान ने जोर जबरदस्ती के बल पर उसके पिता की जमीन पर प्राइमरी विद्यालय की इमारत बनवा दी है। ग्रामीण क्षेत्र के लिहाज से इस तरह की शिकायत कोई बहुत अस्वाभाविक नहीं, लेकिन एक ऐसे गाँव से ऐसी शिकायत मिलना विचित्र है जिसे आदर्श गाँव के रूप मे पेश किया गया हो और जहाँ राष्ट्रपति को गाँववासियों से मिलने-जुलने के लिये खास तौर पर नियंत्रित किया गया हो।

यह प्रकरण यही बताता है कि आदर्श गाँवों में भी सब कुछ आदर्श नहीं है। चूंकि रूदही गाँव में राष्ट्रपति को आना था। इसलिये उनके स्वागत के लिये बड़े पैमाने पर तैयारी की गयी। पेयजल व्यवस्था दुरूस्त की गयी। विद्यालय का रंग रोगन किया गया। यही नहीं इन बच्चों और अन्य ग्रामीणों को यह बताया-सिखाया गया कि उन्हें राष्ट्रपति से क्या पूछना-कहना है। गाँवों के किसानों ने अपने स्तर से तैयारी की थी। जिला प्रशासन पहले से ही मुस्तैद था, लेकिन शायद उसका उद्देश्य राष्ट्रपति को सब कुछ ठीक ठाक दिखाना ही अधिक था, न कि सब कुछ ठीक करना। यदि ऐसा नहीं होता तो अर्चना को राष्ट्रपति के समक्ष गुहार नहीं लगानी पड़ती और उसकी उस शिकायत को पहले ही सुन लिया गया होता जिसमें वह अपने पिता की जमीन हड़पने का आरोप लगा रही थी। अर्चना का मामला राष्ट्रपति के समक्ष में आने के बाद जिला प्रशासन सक्रिय तो हुआ, लेकिन वह अभी तक उसे न्याय दिलाने में सफल नहीं हो सका है।

यह पहली बार नहीं है जब किसी पीड़ित को न्याय पाने के लिये उच्च-पदस्थ व्यक्ति तक अपनी व्यथा-कथा सुनानी पड़ी हो। ज्यादातर लोगों को ऐसा ही करना पड़ता है क्योंकि निचले स्तर अर्थात बलाक, तहसील, जिला स्तर पर उनकी शिकायत सुनी ही नहीं जाती है। अनेक बार तो मंडल और राज्य प्रशासन के स्तर पर भी शिकायतें अनसुनी रह जाती हैं। अन्याय अत्याचार और उत्पीड़न संबन्धी अधिकांश शिकायतें फाइलों के अंबार में दबकर रह जाती हैं। प्रत्येक राज्य में ऐसी व्यवस्था है जहां जन शिकायतों की सुनावाई अनेक स्तरों पर होती है। कुछ राज्यों में लोकायुक्त है जो जन शिकयतों पर अपने स्तर से पहल करते हैं, लेकिन उनकी भी एक सीमा है। कुछ मुख्य मंत्री जनता दरबार भी लगाते हैं। जहां जन शिकायतों की सुनवाई होती है। कुछ राज्यों में मुख्य मंत्रियों के कहने पर जिलाधिकारी भी जनता की शिकायतें सुनते हैं, लेकिन

शिकायत सुनने का चाहे जो मंच हो वहाँ उसका हाल बुरा ही होता है यानि वे अनसुनी ही रह जाती है।

चूंकि प्रशासनिक तंत्र में जबावदेही का घोर अभाव है इसलिये कोई भी अधिकारी या कर्मचारी समस्या को टालने के लिये ही तत्पर रहता है। इस देश में दायित्वहीनता के अभाव में कोई अधिकारी-कर्मचारी दंडित नहीं होता। यदि होता भी है तो तबादले के रूप में। जाहिर है कि अर्चना जैसी लड़कियों को राष्ट्रपति के समक्ष गुहार लगाने के लिये विवश होना पड़ता है।

शासन और देहाती व्यवस्था के संबंध में उ० प्र० की महिला मुख्य सुश्री मायावती ने अपने कार्यकाल में उत्तरप्रदेश के दो मण्डलों, गोरखपुर और बस्ती के सात जिलों के सात अम्बेदकर गाँवों का दौरा किया। गोरखपुर में बाहिलपुर, बस्ती में आइलिया, सन्त कबीर नगर में भकटी, सिद्धार्थनगर में महला, महराजगंज में खजुरिया, कुशीनगर में खुरहरिया और देवरिया में भटनी खास जैसे चयनित अम्बेदकर गाँव में नाली और खडंजा के निर्माणों को देखा। अपने इस निरीक्षण के समय उन्होंने जहाँ खडंजा और नालियों के निर्माण में त्रुटिया पायीं, वहां उन्होंने आई. ए. एस. से लेकर पी. सी. एस. अधिकारियों को निलम्बित किया और प्रतिकूल प्रवृष्टियां दी। उनके इस निरीक्षण सम्बन्धी दौरे में उनकी सुरक्षा और हेलीकाप्टर के मद में राज्य सरकार का कितना धन व्यय हुआ, इसका अभी राज्य सरकार द्वारा ब्यौरा राज्य की जनता के समक्ष नहीं आया। मगर इतना तो स्पष्ट है कि जिस तरह उनकी सुरक्षा का प्रबन्ध किया गया था, उसमें राज्य सरकार का करोड़ों रूपया खर्च हुआ।

सुश्री मायावती के दौरे का अध्ययन करने से जो तस्वीर उभर कर आयी है उससे स्पष्ट होता है कि देहात की जनता से उन्हें मिलना नहीं था। उन्होंने जिन अम्बेदकर गाँवों में जाकर विकास कार्यों को देखा, उसमें खडंजा और नाली ही उनकी प्राथिमताओं में से थे। सच तो यह है कि अब देहात की व्यवस्था के बारे में समेकित रूप से आवाज उठाने वाला एक भी राजनीतिक दल, नेता और कार्यकर्ता नहीं है। इसलिये लेखक को अपनी लेखनी के माध्यम से आम जनता के विचारों और समस्याओं को जनहित में लिखना पड़ रहा है।

शासन द्वारा प्रदत्त व्यवस्था के देहात के लोगों को नारकीय जीवन जीना पड़ रहा है। ऐसे नरकीय जीवन को संस्कार में बदलने के लिये गाँवों में जिस तरह की सरकारी शिक्षा व्यवस्था है, उसे देखकर अफसोस होता है। जिन गाँवों मे प्राथमिक विद्यालय है, वहाँ उचित अध्यापक नहीं हैं और जो अध्यापक हैं वे समय से नहीं जाते और न तो सही ढंग से पढ़ाते हैं। गाँवों में खुशहाल घरों के बच्चे कान्वेन्ट और नर्सरी स्कूल में जाते हैं। मगर गरीब परिवारों और खासतौर से दलित-अति पिछड़े वर्ग के बच्चे प्राथमिक स्कूलों में जाते हैं और इस लालच से जाते हैं कि उन्हें स्कूल की ओर से दोपहर का भोजन तथा मासिक छात्रवृति मिलने की उम्मीद रहती है। यद्यपि दोपहर का भोजन भी प्रधानाध्यापकों और ग्राम प्रधानों की सांठ-गांठ से आधी-तिहाई बच्चों को मिल पाता है। छात्रवृति बांटते समय भी कमीशनखोरी होती है। इस प्रकार प्रारम्भ से ही छोटे-छोटे बच्चों के दिमाग में भ्रष्टाचार का विष भरा जा रहा है।

सम्पूर्ण स्थिति का बारीकी से विश्लेषण करने के बाद निष्कर्ष निकलता है केन्द्र और राज्य सरकार ने जिन योजनाओं को चलाया है, उससे दो प्रकार के नागरिक पैदा हो रहे हैं और इन दो प्रकार के नागरिकों में देहात वालों को जानबूझकर दूसरे नम्बर का नागरिक बनाया जा रहा है। इस वर्ग को खडंजा और नाली का उपहार देकर अन्य विकास से विमुख रखा जा रहा है। यह भविष्य के लिये सोचनीय और विचारणीय है।

गरीबी दूर करने के लिये समाजवादी ढाँचे का भी प्रश्न उठता है। पूर्व प्रधानमंत्री श्रीमती इंदिरा गांधी स्वाभाविक रूप से कुछ लोकप्रिय कदम अर्थतंत्र से उठाया करती थीं, बैंकों का राष्ट्रीयकरण, प्रिवीपर्स की समाप्ति, आत्मनिर्भरता को राष्ट्रीय लक्ष्य बनाना तथा स्वतंत्र राष्ट्रीय अर्थ-नीति के विकास से लेकर 20 सूत्री योजना और समन्वित ग्रामीण विकास योजनाओं तक एक खास किस्म का नये अर्थतंत्र का संस्थागत रूप दिया था। उनका लक्ष्य ग्रामीण विकास तथा अंतिम व्यक्ति की खुशहाली थी जिसे सड़ी-गली व्यवस्था के कारण सदृढ़ ग्रामीण व्यवस्था का अमली जामा नहीं पहनाया जा सका।

2. नारी की सामाजिक एंव लोक मान्यताएं

आज की नारी की सामाजिक मान्यता का आधार विवाह ही है। इस कथन में 79 प्रतिशत छात्राएं सहमत थीं जबकि 21 प्रतिशत छात्राओं का मत इसके विपरीत था। इस कथन के साक्ष्य में अपना मत व्यक्त करते हुए सुश्री नीलू भागवानी लिखती हैं "नारी की सामाजिक मान्यता का आधार विवाह है, यह निर्विवाद है। नारी प्रेम, दया, करूणा, समता की साकार मूर्ति होती है। उसके वे सारे उसे पूर्णता प्रदान करते हैं। इन्हें साकार करने हेतु विवाह बंधन में बधना अति आवश्यक है।" यद्यपि इक्कीसवीं शताब्दी में कदम रखकर हम पूर्णतः प्रगतिशील हो गये हैं। किन्तु मेरे विचार से नारी को संरक्षण प्रदान करने हेतु विवाह के सूत्र में बंधना नितान्त जरूरी है। नारी विवाह के द्वारा वंशवृद्धि की परम्परा का पालन कर सकती है और माँ बनने के पश्चात् वात्सल्य की स्निग्ध धारा द्वारा बालक हृदय को ओत प्रोत करने में सक्षम होती है। स्त्री-पुरूष एक सिक्के के दो पहलू के समान हैं जिनके आत्मिक व शारीरिक समागम द्वारा ही विवाह की पूर्णता सिद्ध होती है। अतः नारी का गौरव व आत्मसम्मान विवाह द्वारा ही प्रतिफलित होता है।

नारी की सामाजिक मान्यता का आधार विवाह ही क्योंः इस संबन्ध में सुश्री विन्दु यादव का विचार है कि विवाह इसीलिये जरूरी है कि हमारा समाज विवाह को पवित्रता और आदर की दृष्टि से देखता है। दूसरी ओर यदि कियी नारी ने अविवाहित रहने का निश्चय किया तो उसे हेय की दृष्टि से देखा जाता है। इसके अलावा धार्मिक अनुष्ठान को विवाहित होकर ही पूरा किया जा सकता है। हमारे समाज में तो ऐसा कहा गया है कि अविवाहित कन्या को स्वर्ग की प्राप्ति नहीं हो सकती और फिर हमारे पुरुष प्रधान समाज में नारी का अकेले रहना बहुत ही दुष्कर है।

इसी प्रकार से सुश्री सोनिका चतुर्बेदी का विचार है कि हमारे देश में किसी स्त्री के सामाजिक स्थान का निर्णय केवल इस पर निर्भर करता है कि वह विवाहित है या

अविवाहित, अविवाहित नारी को संदेह की नजरों से देखते हैं। विवाह न करने का कारण– हमारे देश में लड़की के मन में शुरू से ही यह बात डाल दी जाती है कि बड़े होने पर किसी और के घर जाना है। उम्र आने पर अपने विवाह की प्रतीक्षा करने लगती है। अगर किसी विपरीत परिस्थिति के कारण उसका विवाह नहीं हो पाता तो वह हीन भावना से ग्रस्त हो जाती हैं और जीवन को नीरस समझने लगती हैं।

कथन के विपक्ष में सुश्री स्वप्ना टाईटस का कहना है "आज के वैज्ञानिक और और तकनीकी युग में नारी का केवल वैवाहिक स्तर के आधार पर मान्यता नहीं दी जा सकती।" शिक्षा के प्रसार ने केवल उसे आत्मनिर्भर बनाया है वरन् उसमें आत्मसम्मान भी दिया हैं। उसने नर्सरी से लेकर खगोल विद्या तक में निपुणता हासिल की है।

मनीषा माथुर का विचार है "आधुनिक युग में यह मानना कि नारी विवाह द्वारा ही समाज में अपना स्थान बना सकती है पूर्णतः गलत है क्योंकि आज वह पुरूषों से कंधे से कंधा मिलाकर कार्यालयों, विद्यालयों, फैक्ट्रियों में कार्य कर रही हैं।" वह किसी पर आश्रित नहीं है। आज नारी स्वयं अपनी रक्षा कर सकती है। प्राचीन परम्पराओं रूढ़ियों, रीति-रिवाज के स्वतंत्र नारी के लिये आवश्यक नहीं है कि वह विवाह करे ही।

पिंकी बलानी, सीमा गुरनानी और सुषमा दीक्षित से लगभग एक से तर्क प्रस्तुत किये "यदि समाज नारी को सामाजिक मान्यता का आधार विवाह को ही मानता है तो इसी तरह पुरूष को भी सामाजिक मान्यता का आधार विवाह ही होना चाहिये। सुश्री गीता राय का तो मत है कि यदि विवाह को ही सामाजिक मान्यता का आधार माना जाता रहा तो एक ओर महिलाओं में उच्च पदों को प्राप्त करने का कोई उत्साह नहीं रहेगा दूसरी ओर बेमेल विवाह और आत्महत्याओं की संख्या में वृद्धि होगी।"

अलका शर्मा का कहना है "विवाह महिला की पहचान को ही नष्ट कर देता है। यह नारी की योग्यता को विकसित होने नहीं देता। साथ ही लक्ष्य पूर्ति में भी बाधक सिद्ध होता है। एक नारी अपनी आकांक्षाओं की पूर्ति और अपने अस्तित्व की अलग पहचान बनाने का कार्य अविवाहित रह कर ही कर सकती है।"

विवाह के विरोध के कुछ अन्य स्वर भी उभरे हैं और इतने नाकरात्मक नहीं। मीनू सिंह के अनुसार "विवाह कोई अभिशाप नहीं, किन्तु उसका दुरूपयोग नहीं होना चाहिए। जो पुरूष नारी को गुलाम बनाकर रखते हैं उसके पीछे शायद उनकी यही भावना रहती है कि यदि नारी उनसे आगे बढ़ गयी तो उनकी तौहीनी होगी। आशा यादव के अनुसार विकास की ओर बढ़ते हुए नारी के कदमों ने यह झुठला दिया है कि नारी को केवल सामाजिक मान्यता पाने के लिये विवाह हेतु विवश होना पड़े। यद्यपि इस बात को नहीं नाकारा जा सकता कि विवाह एक ऐसी सामाजिक कड़ी है जिसमें रह कर न केवल शारीरिक, मानसिक, व भावनात्मक विकास होता है वरन् सहयोग, त्याग, प्रेम, दया, बलिदान जैसे गुणों को भी प्रोत्साहन मिलता है।

शुभ्रा शुक्ला के अनुसार "विवाह जीवन का एक आवश्यक अंग है पर उसका संबन्ध नारी की सामाजिक मान्यता से नहीं होना चाहिए। विवाह की इतनी ही आवश्यकता पुरूष को भी है जितनी की नारी को, इसलिये यह हम इसे सामाजिक मान्यता को विवाह से जोड़ते हैं तो हमें पुरूष की सामाजिक मान्यता को भी विवाह से जोड़ना चाहिये। नारी को स्वंय जागरूक रहकर अपनी स्थिति में सुधार लाना चाहिए और विवाह को ही अपने जीवन का लक्ष्य नहीं समझना चाहिए। जब तक हमारे समाज में नारी की सामाजिक मान्यता का संबन्ध विवाह से जोड़ा जायेगा तब तक नारी अपना व्यक्तित्व पूरी तरह से विकसित नहीं कर पाएगी तथा हमारे देश की ज्वलंत समस्याओं जैसे दहेज आदि में कोई सुधार नहीं हो पायेगा। अतः हमें इस बात पर विचार कर कोई ठोस हल निकालना चाहिये।

आरती मुखर्जी का अभिमत है कि इसके लिये स्त्रियाँ ही आगे आयें। स्त्रियों को ही स्त्रियों के साथ सहयोग करना होगा आलोचना नहीं, ताकि वे स्वयं को सुरक्षित अनुभव कर सकें और अपने व्यक्तित्व को निखार सके। सालेहा नूर का कहना है "नारी सदा से ही माँ, बेटी, बहन, पत्नी के रूप में समाज की सेवा करती आयी है।" इतिहास में अनेकों महापुरूषों के बारे में यह पढ़ने में आता है कि उनकी सफलताओं के पीछे किसी महिला का हाथ था। बदलते समय में न केवल विवाह की रूढ़ियों ने जकड़ा वरन् स्त्री की सामाजिक मान्यता का आधार ही विवाह को ठहराया। मेरे विचार से आज विवाह द्वारा किसी महिला की सामाजिक मान्यता नहीं निर्धारित की जानी चाहिए।

इस परिचर्चा से इतना तो तय है कि आज की नारी अपनी सामाजिक स्थिति के विषय में सोचने की और उन्मुख है। विवाह के महत्त्व को न केवल स्वीकार करती है वरन् कुछ सीमा तक इसे स्वाभाविक और आवश्यक भी समझती है। किन्तु इसी को जीवन का एक मात्र लक्ष्य मानकर चलने को वह तैयार नहीं है।

भारत एक पुरूष प्रधान देश है, जहाँ शुरू से ही स्त्रियों के खिलाफ तरह तरह के हथकंडे अपनाए गये हैं ताकि महिलाओं को उनके अधिकार से वंचित रखा जाय। इनमें जिस सामाजिक मान्यताओं की भूमिका रही है, उसमें सबसे प्रमुख है वे लोक मान्यतायें और लोक विचार जो बालिका शिशु के जन्म से ही उसे निंदा, अपमान, उपेक्षा, प्रताड़ना, बोझ, पराया धन आदि का पात्र बना देते हैं।

यह सब पुरूषवादी समाज की बहुत बड़ी चतुराई है कि इन लोक मान्यतायों का प्रचार भी खूब कर दिया जाता है, जिससे बालिका अपने जन्म से पुरूषों जैसे अधिकारों की माँग करने योग्य न बन सके। न उसमें इतनी क्षमता रहे और ना हीं वे अपने मांगों के लिए सिर उठा सके। समाज में ऐसी अनेक मान्यताओं की भरमार है। एक प्रचलित मान्यता है कि बालिका की तुलना में बालक ही कुलदीपक या वंशपालक होता है। प्रायः नानी या दादी ही जो स्वयं एक औरत है, इस मान्यता की नींव रखती हैं। राजस्थान में बेटी के जन्म पर कई मान्यताएं प्रचलित हैं। "दिन

अस्त हो गया।" बेटी क्या हुई चारो ओर अंधेरा छा गया। दूसरी कहावतें हैं कि "चोर आ गया।" यानी बेटी क्या हुई, वह दहेज के रूप में संपति ले जायेगी। तात्पर्य यह है कि बेटा तो अपना है, बेटी परायी। हरियाणा से कहावत है कि "बाप की बेटी गुदड़ लपेटी" यानी बेटी के जन्म लेते ही बाप इतना गरीब हो जाता है कि उसके पास तन ढकने के लिये कपड़े भी नहीं बचते। विज्ञान द्वारा यह सिद्ध होने के बावजूद कि बच्चे के लिंग का निर्धारण माँ नहीं, पिता द्वारा होता है, दोषी माँ क्यों ठहराई जाती है।

राधा जो एक मनोचिकित्सक है, का कहना है कि जिस बेटी को जन्म से कोसा जाता है उसी को नवरात्रि में देवी बनाकर पूजा जाता है और उसी का कन्यादान करके पुन्य लूटने की परम्परा है। इसलिये राधा कहती है कि दूसरे को दोष देने के बजाय महिलाओं को स्वयं अपनी मानसिकता बदलनी होगी। अच्छी परम्परा को जरूर साथ रखें। लेकिन उन तमाम सड़ी गली मान्यताओं को तोड़ने की पहल करें ताकि समाज में महिलाओं की स्थित और सुधर सकें।

भारत में प्रत्येक स्त्री आत्मनिर्भर होने की क्षमता रखती है। पर बगैर विवाह के औरत को सामाजिक मान्यता नहीं मिलती है। इस संबन्ध में समाज की मान्यता को बदलने की जरूरत है, अन्यथा संवैधानिक अधिकारों का हनन होता रहेगा। अन्याय के विरूद्ध तथा मानवीय मूल्यों की स्थापना के लिये दृढ़तापूर्वक सतत संघर्ष करने की जरूरत है। आज समाज के शक्ति संतुलन का सवाल खड़ा है जबकि संसार में हर मिनट में 30 बच्चे भूख के कारण दम तोड़ देते हैं, संसार में उसी अवधि ा में 13 लाख डालर सेना के ऊपर खर्च कर दिये जाते हैं। आज देश में करोड़ों पिछड़े वर्गों के उत्थान के लिये एकजूट होकर संघर्ष करने की जरूरत है।

सती काण्ड जैसी सामाजिक कुप्रथाओं पर भी विचार करना आवश्यक है। पत्र पत्रिकाओं, दूरदर्शन एवं आकाशवाणी पर प्रस्तुत किये गये साक्षात्कारों में यह पहले उजागर हुआ है। राजस्थान सरकार ने अध्यादेश जारी कर सती प्रथा पर रोक लगाने का प्रयास किया। अध्यादेश जारी होते ही स्वार्थीतत्व धर्म और परम्पराओं का ढोल बजाकर सड़कों पर उत्तर आये कि सती प्रथा पर लगाई गयी कानूनी रोक तुरंत वापस ली जाय। भारत की महान् सांस्कृतिक परम्परा में आज भी दुर्गा, सरस्वती, लक्ष्मी की पूजा शक्ति ज्ञान एवं संपति के प्रतीक के रूप में की जा रही है। इन देवियों में किसी के नाम के साथ सती लगाने की जरूरत कभी नहीं पड़ी। सीता, राधा एवं पार्वती जैसी महान् नारियां भारत देश में अवतारों की प्रेरणा के रूप में जानी जाती हैं।

राजस्थान भ्रमण के दौरान मैंने देखा कि महिला मजूदर अक्सर भवन निर्माण एवं ईंट भटटों पर काम करती हैं। इनमें से कुछ युवतियाँ विधवायें कुछ परित्याक्ताएं वर्षों से अपने पति से अलग रह कर काम करती है। इनके बीच यदि कोई कठमुल्ला सती होने के लिये प्रेरित करने जाये तो शायद अपमानित एवं निराश होकर लौट

आयेगा। किन्तु सती मंदिरों एवं मेलों में इन्हीं युवतियों की भीड़ रहती है यदि इससे किसी को यह भ्रम होता है कि मजूदरीनें सती प्रथा में विश्वास करती हैं तो यह उनकी भारी भूल होगी। क्योंकि सती मंदिरों को बन्द करो की धरना प्रदर्शन में ये विशेष शिरकत करती है। ये श्रम के जीवन दर्शन में इस कदर आसावान होती हैं कि उन्हें पति के चिताग्नि में बैठकर आत्महत्या का विचार आ ही नहीं सकता है।

3. घरेलू हिंसा और महिलाएं

महिला संगठनों ने पिछले दो दशकों से अधिक समय से महिला उत्पीड़न और घरेलू हिंसा को प्रतिबंधित करने वाले विधेयक का इंतजार कर रही हैं। प्रस्तावित विधेयक में कहा गया है कि इस देश में लगभग चालीस फीसदी महिलाएँ घरेलू हिंसा का शिकार होती हैं। यह आंकड़े कहां से जुटाये गये हैं फिलहाल इसका कोई इल्म नहीं है। सच तो यह है कि शारीरिक अथवा मानसिक रूप से देखा जाए तो लगभग शत प्रतिशत महिलाएं किसी न किसी तौर से इस हिंसा के दायरे में आती हैं। ऐसा नहीं है कि घरेलू हिंसा के उदाहरण सबसे अधिक गरीब तबकों या निम्न वर्ग में ही देखने सुनने को मिलते हैं। अभिजात्य असरदार परिवारों यहाँ तक ग्लैमरस धनी वर्ग में यह हिंसा कम नहीं। प्रतिमा बेदी हो या डिम्पल कपाडिया, नीतू सिंह या अमृता सैफ अली। इन सभी असरदार, आजाद ख्याल महिलाओं ने कथित रूप से अपने को घरेलू हिंसा का शिकार बनते पाया है।

यह समाज ही पुरूष प्रधान समाज है। जहाँ यह पहले से तय कर दिया परिवार सर्वश्रेष्ठ है क्योंकि उसका कर्त्ता पुरूष है। जब तक समाज में औरत दोयम दर्जे पर देखी जाती रहेगी और पुरूष अव्वल रहेगा तब तक महिलाएं हर प्रकार की हिंसा, दुर्व्यवहार का शिकार बनती रहेंगी। विधेयक में सबसे अच्छी बात यह है कि कानून के दायरे में पहली बार "परिवार" पर निशाना साधा गया है। एक ऐसा परिवार पर जो समाज में हजारों वर्षों से महिमामंडित किया जाता रहा है। एक ऐसे परिवार जिसकी साख उसके सदस्यों के जीवन से कहीं महत्वपूर्ण है। एक ऐसा परिवार जिसकी एकता खुशहाली के लिये हमेशा से सूली पर महिलाओं को लटकाती जाती रही हैं। प्रस्तावित कानून में जो सबसे कमजोर कड़ी लगती है, वह संरक्षण अधिकारी की हैं। यह ठीक है कि पुलिस के रोल को बिल में कोई जगह नहीं दी गयी है और उसके स्थान पर संरक्षण अधिकारी की बात कही गयी है। लेकिन देखने योग्य यह है कि संरक्षण अधिकारी कितनी ईमानदारी और प्रभावी तौर से पीड़ित महिला को न्याय दिला पाता है। इस बात की क्या गारन्टी होगी कि परिवार की साख दाँव पर लगने पर संरक्षण अधिकारी किस भ्रष्ट आचरण का शिकार नहीं बनेगा। संरक्षण अधिकारी कौन होगा। प्रारूप में इसका कोई खुलासा नहीं है ।

महिलाओं के प्रति घरेलू हिंसा हमारे पारिवारिक और सामाजिक जीवन की गंभीर और चिंताजनक वास्तविकता है। महिला विकास के तमाम सूचकांकों में सकारात्मक परिवर्तन दिखाने वाले आकड़ों की बहुतायत के बावजूद चंद अपवादों

को छोड़कर भारतीय समाज में महिलाओं की सामान्य छवि अबला और आश्रिता की है। हालांकि देश में महिला सशक्तिकरण का नारा काफी पुरानी है। देश में 70 का दशक महिला कल्याण का माना गया तो 80 का दशक महिला विकास का। 90 के दशक को महिला सशक्तीकरण के नारे के साथ प्रस्तुत किया। पिछली आधी सदी के आजाद भारत के कालखण्ड की बात करें तो महिलाओं की स्थिति में सुधार भी हुआ है। सन् 2001 के जनगणना आकड़े बताते हैं कि देश की आधी से ज्यादा महिलाएं साक्षर 54.16 प्रतिशत हो चुकी हैं और उनकी दशकीय साक्षरता वृद्धि कर पुरूषों के मुकाबले ज्यादा पुरूष 11.77 प्रतिशत जबकि महिला 14.7 प्रतिशत रही हैं देश की सबसे बड़ी राजनैतिक पार्टी की मुखिया महिला है और 3 राज्यों में महिलाएं सफलतापूर्वक शासन भी संभाल रही हैं।

पंचायती राज्य व्यवस्था में भी 10 लाख से ज्यादा महिलाएं किसी न किसी पद पर निर्वाचित होकर काम कर रही हैं लेकिन इन सबके बावजूद बर्चस्व और सशक्तिकरण की लड़ाई में पुरूषों से काफी पीछे हैं। सन् 1951 में देश की पहली आइ.ए.एस, अन्ना मेहरोत्रा बनने के बाद, विदेश सचिव बनने में, चोकिला अरूयर उसे अगले 40 वर्ष लगते हैं। शक्ति संपन्न और नेतृत्त्व प्रदान करने वाली महिलाएं अजूबे की तरह हमारे देश में खबर बनती हैं। जब हम पहली महिला सरकारी वकील, पहली महिला ट्रक ड्राइवर, पहली महिला ट्रेन ड्राइवर या पहली महिला लड़ाकू पायलट की सुर्खियों अखबारों, चैनल के माध्यम से प्राप्त करते हैं तो यह भाव आम भारतीय महिलाओं की सामाजिक छवि का अच्छा आइना है।

घरेलू मोर्चे पर इनकी स्थिति वास्तव में शोचनीय है। एक अनुमान के अनुसार तीन चौथाई महिलाएं किसी न किसी स्तर पर घरेलू हिंसा का शिकार होती हैं। इस संदर्भ में राष्ट्रीय परिवार सर्वेक्षण द्वारा जारी 1999-2000 रिर्पोट के अनुसार लगभग 59 प्रतिशत महिलाओं को बाजार जाने या कियी परिचित के यहाँ जाने के लिए परिवार के पुरूष सदस्यों की इजाजत लेनी पड़ती है। सर्वेक्षण के अनुसार लगभग 47 प्रतिशत महिलाएं नितांत घरेलू और गोण कारणों जैसे कार्यालय से आने में देर हो जाना, खाना ठीक से या समय पर न बनाना, कपड़े तैयार नहीं रखना, मेहमाननवाजी में चूक होना आदि कारणों से पिटाई की शिकार होती हैं। यौन हिंसा या छेड़छाड़ के 31 प्रतिशत मामले घरों में ही होते हैं। इसके अतिरिक्त दहेज की माँग, मायके से पैसा लाने का दबाव परिवार नियोजन का प्रश्न, पारिवारिक निर्णयों में पक्ष रखने की जिद और बाहर काम करने का निर्णय आदि अन्य प्रमुख कारण है जिनके चलते महिलाएं घरेलू हिंसा का शिकार होती हैं।

दहेज के प्रश्न पर महिलाओं की हत्या का बर्बर खेल निरन्तर जारी है। पारिवारिक हिंसा का ही एक और घिन्नौना रूप कन्या भ्रूण हत्या दोषपूर्ण गर्भ के इलाज या निस्तारण रूप में 70 दशक में सामने आई महिलाओं के भ्रूण परीक्षण तकनीक का जघन्य सामाजिक दुरूपयोग भारत में कन्या शिशु के जन्म से छुटकारा पाने के हथियार के रूप में किया गया

है। पुत्र मोह की पौराणिक लालसा और छोटे परिवारों के चलन से बेटी के जन्म को रोकने की दानवी प्रवृति को तेजी से फैलाया है।

विगत पाँच दशकों की घरेलू हिंसा की समीक्षा करने पर ऐसा लगता है कि कानून महिलाओं को घरेलू हिंसा से बचाने में बहुत कारगर सिद्ध नहीं हुआ। देश की अदालतों में लंबित लगभग 2.5 करोड़ मुकदमों के अंधकूप में न्याय मिलना नामुमकिन लगता है। बलात्कार के मामले में भले ही धनन्जय चटर्जी की फांसी सुर्खियाँ बनती हों परन्तु अपराधी को दण्डित करने की दर अत्यंत कम है। लिंग परीक्षण का कानून बनने के बाद से आज तक कोई भी व्यक्ति इसके तहत सजा नहीं पा सका है। इसके अलावा प्रताड़ना की शिकार अधिकसंख्य महिलाओं के मामले तो अदालत का मुंह ही नहीं देख पाते।

ऐसी परिस्थिति में एक ऐसे समग्र प्रावधान की जरूरत है जो घरेलू हिंसा को ठीक ढंग से परिभाषित कर उससे महिलाओं को बचाने के लिये प्रभावपूर्ण न्यायिक व्यवस्था होनी चाहिये। घरेलू हिंसा की रोकथाम के संदर्भ में विधेयक के मसौदे के अनुरूप अपराधिक प्रक्रिया संहिता की कमियों को दूर करने का उचित प्रावधान होना चाहिए जिससे महिलाओं को सही और सम्मानजनक तरीके से न्याय मिले। विधेयक में घरेलू हिंसा के दायरे का परिभाषिक विस्तार करके उसमें शारीरिक, मानसिक हिंसा और सम्पति संबन्धी मामले को बहुत ही संजीदगी से निस्तारित किया जाय अन्यथा इस प्रक्रिया के दायरे में प्रतिकूल प्रभाव हो सकते हैं।

ऐसे समाज में जहाँ महिलाओं की संख्या निरन्तर कम हो रही हो। 2001 की जनगणना में महिला-पुरूष अनुपात 927/1000 था जो 1991 में 945/1000 था। सरकारी या बड़े दफ्तरों में बमुश्किल से 20 प्रतिशत महिलायें कार्यरत हो, प्रशासनिक सेवाओं में 10-11 प्रतिशत, पुलिस सेवा में करीब 2 प्रतिशत तथा न्यायिक सेवा में मात्र 3 प्रतिशत महिलाएं स्थान पा सकी हैं, घरेलू हिंसा का दुश्चक्र उनकी प्रतिभा, निर्णय शक्ति और क्षमताओं को सामने नहीं आने देता तो ऐसे में इस प्रवृत्ति को कारगर तरीके के प्रयासों को तत्काल लागू करना और उनके प्रभावी क्रियान्वयन की व्यवस्था करना महिलाआ के विकास की दिशा में महत्वपूर्ण हो सकता है।

जो लोग यह सोच रहे हैं कि जगलों में निवास करने वाली जनजातियाँ अपने रहन सहन के स्तर के परिवर्तन की इच्छुक नहीं हैं, वे सही और सार्थक नहीं है। इसी प्रकार यह तर्क भी गले नहीं उतरता कि वन संपदा संबन्धी जो परंपरागत ज्ञान है उसे केवल वनों में रहने वाले लोग ही सुरक्षित रख सकते हैं। निःसंदेह वन संपदा अमूल्य और इस संपदा संबधी परंपरागत ज्ञान भी बहुमूल्य हैं, लेकिन आखिर इस बात का क्या औचित्य है कि उसे केवल जनजातियों और आदिवासियों के भरोसे ही छोड़ दिया जाए और माफिया तंत्र उन्हें आतंकित कर लूटखसोट करते रहे जो तस्करों की कारगज़ारियों से स्पष्ट है। मंत्रालयों एवं आयोगों में माफियों का प्रभाव अत्यंत चिंता का विषय है। आखिर इस बात का क्या औचित्य है कि उसे केवल

जनजातियों और आदिवासियों को निर्बल वर्ग के भरोसे छोड़ दिया जाय ? आखिर सरकार इस ज्ञान-संज्ञान को सहेजने के लिये अपने स्तर पर कोई प्रयास क्यों नहीं कर सकती। इस पर स्त्री पुरूष दोनों को संजीदगी से विचार करना होगा।

निःसंदेह ऐसा भी नही हैं कि वनो अथवा उसके आसपास रहने वाले सभी समुदाय प्राचीन बौद्धिक संपदा की रक्षा में ही लगे हों। अगर इन समुदायों को रोजी रोटी के कोई अन्य विकल्प नहीं उपलब्ध होंगे तो फिर उनके समक्ष वन संपदा का दोहन करने के अतिरिक्त और कोई उपाय ही नहीं रह जायेगा। वस्तुतः वर्तमान मे ऐसी ही स्थिति है। बेहतर होगा कि सरकार, पर्यावरणविद अनुसूचित जातियों, जनजातियों निर्बल और असहाय अति पिछड़े वर्गों के हितों की रक्षा के लिए प्रतिबद्ध संगठन आपस मे विचार विमर्श कर ऐसी किसी व्यवस्था पर सहमत हो जिसके तहत वन क्षेत्र मे रहने वाले समुदायों का सही ढंग से पूर्नवास किया जा सके। यदि वन क्षेत्र मे रहने वाले 25-30 प्रतिशत लोगों को भी अन्यत्र कही स्थापित कर उनके भरण पोषण की व्यवस्था की जा सके तो जंगलों पर आबादी का जो बोझ है उसे कम किया जा सकता है। इसके लिये सबसे पहले केन्द्र सरकार को पुर्नवास नीति दुरूस्त करनी होगी। अभी तक अनुभव यही बताता है कि पुर्नवास के वायदे तो खूब किये जाते हैं, लेकिन उन पर अमल मुश्किल से ही होता है।

हमारे देश में शासक तथा अमीर वर्ग अर्थ व्यवस्था के विकास और उपलब्धियों के बारे में बड़ी डींगें हाकता रहा है। इनके आकड़ों के अनुसार विकास दर 8 प्रतिशत है और सेन्सेक्स 6500 की नयी ऊंचाईयों को छू रहा है। भारत सरकार और पूंजीपति वर्ग को इस बात का गर्व है कि विदेशी मुद्राभण्डार अरबों डालर को पार कर गया है। लेकिन इस संबन्ध में जानकार सूत्रों का कहना है कि भारत की विशाल जनता, गरीबों और आम लोगों को इस विदेशी मुद्रा से क्या फायदा होगा ? देश के ग्रामीण क्षेत्र मे काम करने वाले किसानों, खेत मजदूरों तथा दस्तकारों को क्या हासिल होगा। रोजमर्रा की जरूरतों की चीजों पर बेरोकटोक महंगाई पहले से आसमान छू रही है। आम जनता और गरीबों की कमर मंहगाई से टूट रही है। लोगों को दो जून का भोजन उपलब्ध नहीं हो रहा है। पेट्रोल, डिजल, किरोसीन के दाम बेरोकटोक बढ़ते जा रहे हैं अमीर-अमीर होता जा रहा है, गरीब दिन प्रति दिन गरीब होता जा रहा है। रात भर मेहनत मुश्क्कत से किसी प्रकार अपना व अपने परिवार का भरण पोषण कर रहा है। उसकी ओर गुड फील का तनिक भी ध्यान नहीं है। क्योंकि उन्हें जनता की गाढ़ी कमाई और सरकारी धन पर ऐश आराम करने की पूरी छूट है। देश में इन्हीं मुट्ठी भर लोगों का बर्चस्व नीचे से ऊपर तक हैं। अगर इन पर अंकुश नही लगा तो देश की जनता इन्हे कत्तई बर्दास्त नही करेगी और राजकोष के लूटेरों से लेखा-जोखा मांगेगी जो भारत मे 2015 संपूर्ण क्रांति का वर्ष साबित होगा। लार्ड मैकाले शिक्षा पद्धति से उपजी अवसरवादी उपभोक्ता संस्कृति और इसके पोषक तत्वों को जिनके कारण देश की 85 प्रतिशत आम जनता त्रस्त और उत्पीड़ित है वे सर्व प्रथम अपने गुनाहों के लिये जनता के कोपभोजन होंगे।

हमारे देश के हर शहर तथा गाँव मे सर्दी, गर्मी तथा बरसात के मौसम ही नहीं बल्कि गरीब लोगों को भूख सताती है। भारत के विभिन्न क्षेत्रों में लाखों लोग हैं जो एक वक्त की रोटी भी नहीं जूटा पाते और भूख ही उनकी दिनचर्या बन गयी है। देश के ऐसे समाजिक ग्रुप हैं जो स्थायी रूप से गरीबी और भुखमरी से पीड़ित हैं या इनमें ऐसे बूढ़े बुजुर्ग व्यक्ति हैं जिनकी कोई देखभाल नहीं करता। ऐसे बच्चे हैं जिन्हे किसी व्यक्ति का सहारा नहीं है। ऐसे भी परिवार हैं, जिन्हे केवल महिलाओं की थोड़ी कमाई से जीवन बसर करना पड़ता है और विधवा महिलाओं को तो अपना गुजारा करना भी मुशकिल होता है और ऐसे परिवारों की भी कमी नहीं है जिनमें हर परिवार में एक तथा एक से अधिक अपंग और स्थायी बीमारियों के शिकार हैं।

सरकारी आकड़ों के अनुसार अकेले राजधानी दिल्ली मे लगभग डेढ़ लाख निवासियों के पास छत नहीं है। दिल्ली सरकार तथा नगर निगम द्वारा चलाये जा रहे सिर्फ तीन दर्जन रैनबसेरों में कड़ाके की ठण्ड में रात काटने की मारामारी होती है। इसलिये इन्हें शिफ्टों में रात गुजारनी पड़ती है। जहाँ उन्हें प्रत्येक को एक कम्बल दिया जाता है और बाथरूमों की कोई व्यवस्था नहीं है। सरकारी अफवाहों के अनुसार अकेले राजधानी दिल्ली मे लगभग तीन हजार लोग सड़कों, पटरियों और फुटपाथों पर दम तोड़ देते हैं जिनके शवों को उठाने वाला या कन्धा देने वाला भी कोई व्यक्ति नहीं होता।

यदि नगरपालिका या निगम से लेकर संसद तक हमारी जनता के प्रतिनिधि अपने अपने क्षेत्रों में ईमानदारी से जनता की समस्याओं को हल करने की कोशिश करें तो उनकी तकलीफें कुछ कम हो सकती हैं। परन्तु कुछ अपवादों को छोड़कर ये जनता के प्रतिनिधि विधायक या सांसद अपने क्षेत्रों में जमीदारों, अमीरों और उद्योगपतियों के एजेन्ट के रूप में नाम कमाई करते हैं क्योंकि उनसे उन्हें चुनावों में खर्च करने के लिये करोड़ों रूपये चन्दा मिलता है। गरीब जनता से वोट भी प्राप्त कर लेते हैं लेकिन जीतने के बाद वे उनको भूल जाते हैं। यदि ये जन प्रतिनिधि इमानदारी से जनता की भलाई का काम करें तो बहुत हद तक भूखमरी, गरीबी तथा अन्य बेरोजगारी को दूर करने में मदद मिल सकती है और बहुत हद तक घरेलू हिंसा से बचाया जा सकता है जिसमें अधिकांशतः महिलाएं त्रस्त रहती हैं।

4. जनसंख्या नीति और ग्रामीण स्वास्थ्य मिशन

जनसंख्या नीति को समझने के लिये हमें इसके पिछले पृष्ठभूमि पर गौर करना पड़ेगा। दरअसल 1952 मे भारत परिवार नियोजन कार्यक्रम शुरू करने वाला एक मात्र देश था जिसमें फैमिली प्लानिंग कार्यक्रम प्रारंभ किया। 1976 मे इंदिरा गांधी के शासन काल मे पहली जनसंख्या नीति बनी। फिर 1983 मे राष्ट्रीय स्वास्थ्य नीति अपनायी गयी जिसके अर्न्तगत प्रजनन दर को 2000 तक स्थिर करके फिर उसे कम करना था।

1980 से पूर्व के अनेकों शोधों में बिहार, उत्तर प्रदेश, राजस्थान, मध्य प्रदेश, पश्चिम बंगाल जैसे राज्यों में जनसंख्या विस्फोट के लिये गरीबी और अशिक्षा को जिम्मेवार ठहराया गया है लेकिन जब 1990 के दशक में पंजाब और हरियाणा जैसे संपन्न और अपेक्षाकृत शिक्षित राज्यों में गर्भ जल परीक्षण के बाद भ्रूण हत्या के मामले सामने आये तब नया चिंतन प्रारम्भ हुआ। आखिर क्या कारण है कि पढ़ा लिखा साधन संपन्न परिवार भी लड़की के जन्म से घबराता है।

इस प्रश्न पर उत्तर आसान नहीं है। दक्षिण एशियाई समाज और परम्परा महिला को हर बात के लिये अपने पति और सास पर निर्भर बनाते हैं। दुनियाँ के अधिकांश हिस्सों मे महिलाएं कई मायनों में पुरूषों पर आश्रित हैं। लेकिन दक्षिण एशिया में अधीनता के प्रकार और मात्रा अलग ढंग की है इसलिए महिलाओं के अपने जीवन के साथ-साथ बच्चों की देखभाल का स्वरूप भी प्रभावित होता है। सन् 2000 मे स्वास्थ्य एंव परिवार कल्याण मंत्रालय के नयी राष्ट्रीय जनसंख्या नीति में जिक्र है कि 2045 में भारत जनसंख्या के मामले में चीन को पीछे छोड़ देगा। लेकिन इस नीति पत्र में उन क्षेत्रों पर कोई चर्चा नहीं की गयी जिनके कार्यक्रमों के चलने से जनसंख्या विस्फोट होता है।

नयी जनसंख्या नीति के टिकाऊ विकास और आय के न्यायसंगत वितरण पर जोर है। परन्तु विश्लेषण से पता चलता है कि इसका मुख्य लक्ष्य जनसंख्या नियंत्रण है। इस दस्तावेज में जाति और धर्म को बिल्कुल भूला दिया गया। नयी नीति में बचाव और प्रोत्साहन के कार्यक्रमों की जगह एक बार फिर "लक्ष्य" और प्रलोभन पर जोर दिया गया। प्रधानमंत्री मनमोहन सिंह के ताजा बयान से ऐसा आभास होता है कि सरकार अपनी नीतियों की पुनः समीक्षा करनी चाहती है। यह एक अच्छा संकेत है।

आखिर जनसंख्या स्थिरीकरण में जोर जबरदस्ती किसे कहा जाय। इसमें अधिकारियों द्वारा मौखिक धमकी, गरीबी उन्मूलन कार्यक्रमों के लाभार्थी बनने हेतु आपरेशन की शर्त, दो से अधिक बच्चे वाली माँ को सरकारी इलाज से वंचित रखने का नियम, परिवार नियोजन कराने के लिये गर्भपात कराने को राजी परिवारों को प्रलोभन, नौकरी या दो से अधिक बच्चों वाले व्यक्ति को पंचायत का चुनाव लड़ने से रोकना आदि शामिल है।

1994 के बाद से अंतराष्ट्रीय समुदाय में जनसंख्या नियंत्रण हेतु कठोर प्रावधानों को नकारा जा रहा है। किसी भी समाज में जनसंख्या स्थिरीकरण उसकी आंतरिक सोच और जीवन शैली का हिस्सा है। अधिकांश मामलों में सरकारों के अलावा गैर-सरकारी संगठन भी इस पहलू को नजरअंदाज करते हैं। जनसंख्या की समस्या की प्रकृति के बारे में आम सहमति कायम करना आवश्यक है। भारत में जनसंख्या नियंत्रण कार्यक्रम में एक "सम्पूर्ण सोच" का अभाव है। बच्चों को अभी भी भारतीय समाज में सीमित परिवार नीति अपनाने की इच्छा जागृत नहीं होती।

कृषि प्रधान पारम्परिक समाजों में जनसंख्या स्थिरीकरण हमेशा एक समस्या

रही है। भारत में प्रजनन दर कम करना राजनीतिक मुददा है। वैसे परिवार में कितने बच्चे हों वह एक दम निजी मामला है जिसे दंपति और परिवार के अन्य सदस्य अपने साधनों और बुनियादी आवश्यकताओं की पूर्ति के आधार पर लेते हैं। अतः प्रजनन नीति के मामले में बाजार का नफा नुकशान वाला फारमूला नहीं चल सकता। मोटे तौर पर सरकार को रहन सहन के बुनियादी स्तर की गारंटी देनी चाहिये ताकि दरिद्रता से बचा जा सके। अगर तत्काल ऐसा संभव नहीं है तो सरकार को ऐसी नीतियाँ अपनानी चाहिये। जिससे बहुत कम समय में ऐसा कर पाना संभव हो।

राष्ट्रीय ग्रामीण स्वास्थ्य मिशन के रूप में केन्द्र सरकार द्वारा जो पहल की गयी है उसे सरकार की एक सकारात्मक प्रतिक्रिया के रूप में देखा जाना चाहिए। संदेह नहीं कि यदि यह मिशन ठीक ढंग से चलाया गया तो ग्रामीण लोगों की स्वास्थ्य संबन्धी जरूरतों की अब तक हुई उपेक्षा को दुरूस्त करने में काफी मदद मिलेगी। इसके लिये मिशन में ग्रामीण स्वास्थ्य की प्रमुख समस्याओं पर ध्यान देना होगा। सबसे पहली समस्या तो यह है कि ग्रामीण स्वास्थ्य सेवा के लिये उपयुक्त धन उपलब्ध कराया जाये। यह जगजाहिर है कि प्राथमिक स्वास्थ्य केंद्रों और अस्पतालों की सुविधाएं इतनी कम हैं कि उनसे लोगों की जरूरतों की पूर्ति मात्रात्मक व गुणात्मक दोनों दृष्टियों से कम है।

स्वास्थ्य नीति 2002 में भी इसे स्वीकार किया गया है कि विगत 10 से 15 वर्षों में स्वास्थ्य सहित विभिन्न सामाजिक क्षेत्रों में सार्वजनिक निवेश में कटौती के कारण स्थिति बदतर हुई है। चिकित्सकों और जरूरी स्टाफ का अभाव, दवाओं की अनुपलब्धता और रख रखाव के अभाव में धूल खाते उपकरण प्राथमिक स्वास्थ्य केन्द्रों में यही स्थिति है। न्यूनतम सांझा कार्यक्रम में केन्द्रीय स्वास्थ्य खर्च को सकल घरेलू उत्पाद के 0.9 प्रतिशत से बढ़ाकर 2-3 प्रतिशत किया गया। वर्ष 2005-06 के बजट में स्वास्थ्य सेवा का बजट 24 प्रतिशत, 1860 करोड़ रूपये बढ़ाया गया, मगर यह बढ़ा हुआ बजट भी सकल घरेलू उत्पाद का 0.9 प्रतिशत ही है। इसके अलावा एक तथ्य यह भी है कि इस बढ़ोत्तरी में से 1540 करोड़ रूपये की वृद्धि तो चार वर्तमान खाते में गयी है। इसके परिणामस्वरूप राष्ट्रीय ग्राम स्वास्थ्य मिशन के लिए 300 करोड़ रूपये ही बचते हैं।

यह सही है कि स्वास्थ्य के लिए खतरनाक उत्पादों पर अधिक टैक्स लगना चाहिए, लेकिन इस टैक्स से प्राप्त धन का उपयोग लोगों को व्यसन मुक्त करने के प्रचार प्रसार पर, शराबियों के परिवारों के पुर्नवास और खतरनाक उद्योगों में कर्मचारियों के लिये वैकल्पिक रोजगार पर खर्च किया जाना चाहिए। यदि स्वास्थ्य की देखभाल का वित्तीय इंतजाम इन खतरनाक चीजों पर टैक्स लगाकर किया जाता है तो इसका मतलब यह होगा कि स्वास्थ्य सेवा इन बुराइयों के जारी रहने पर निर्भर होगी।

दूसरी प्रमुख समस्या संसाधनों के अल्प उपयोग और लोगों के प्रति जबावदेही

के अभाव की है। इन समस्याओं से निपटने हेतु विभिन्न गैर-सरकारी संगठनों ने ठोस सुझाव दिये हैं। इनमें से कुछ सुझाव बर्बादी को रोकना, कम प्राथमिकता या अयथार्थवादी कार्यक्रम, जैसे हिपेटाइटिस बी टीकाकरण, पोलियो उन्मूलन या आर्युविज्ञान संस्थान बनाना वगैरह, शुरू करने से पहले सार्वजनिक स्वास्थ्य के विशेषज्ञों के बीच गहन वैज्ञानिक विचार विमर्श करना आवश्यक है।

ग्रामीण स्वास्थ्य सुविधा की तीसरी प्रमुख समस्या यह है कि हर गाँव में आवासीय स्वास्थ्य उपलब्ध नहीं है। परिणाम यह होता है कि लोग घर पर बैठे रहना पसन्द करते हैं और हालत बिगड़ने पर ही मदद मांगते हैं। यदि राष्ट्रीय ग्रामीण स्वास्थ्य मिशन को ठीक से डिजाइन व क्रियान्वित न किया गया तो यह एक और नाकाम सरकारी योजना बनकर रह जायेगी। इस मिशन की सफलता हेतु इस पर निगरानी रखी जाये।

5. भारत के जल संकट की समीक्षा

भारत का जलसंकट आधुनिक सभ्यता और सरकारी कुप्रबंधन की देन है। समाज और राज्य, दोनों बराबर के दोषी हैं। इजरायल में पूरे वर्ष सिर्फ 25 से.मी. औसत वर्षा होती है। वहां कोई जलसंकट नहीं है, लेकिन सालाना 114 से.मी. औसत वर्षा के बावजूद भारत में जलसंकट है।

वही सिंचाई के काम में 70 प्रतिशत भूजल इस्तेमाल हो रहा है। घरेलू आपूर्ति का 80 प्रतिशत पानी भी भूजल स्रोतों से ही निकाला जा रहा है। आबादी लगातार बढ़ रही है इसलिए वर्ष 2020 तक भारत में भारी जलसंकट होगा। विश्व बैंक ने लगे हाथ बड़ी परियोजनाओं पर भारी निवेश करने और पानी का निजीकरण करने का भी बिन मांगा सुझाव दे डाला है। सूदखोर महाजन की सही बात में ही मुनाफे के तत्त्व होते हैं। जल संकट की आशंका सौ फीसदी सच्ची है, लेकिन पानी के निजीकरण का सुझाव गरीब विरोधी है। भारत के 60 फीसदी लोग खरीदकर पानी पीने की स्थिति में नहीं हैं। पर्यावरणविद परंपरागत तरीकों पर लौटने का सुझाव दे रहे हैं। देश के नीति नियंता अंधकार में हैं। भारत के जलसंकट पर विश्व बैंक की यह रिपोर्ट पहली नहीं है। विश्व बैंक इसके पहले भी भारत के जलसंकट पर अपनी राय जाहिर कर चुका है। उसका लक्ष्य बहुराष्ट्रीय कंपनियों को मुनाफा अपने लिए ब्याज और भारत को पानी बाजार बनाना है। विश्व बैंक ने कोई 6 वर्ष पहले बोलविया से भी जलसेवाएं निजी क्षेत्र में सौंपने का आग्रह किया था। बैंक ने जलसेवाओं की अनुदान राशि रोक दी, बोलविया मान गया।

उसने 'बेशटेल' नाम कंपनी को जलसेवा सौंप दी। कंपनी ने पानी की कीमतें बढ़ा दीं। पानी के सवाल पर जन-आंदोलन हुआ। विश्व बैंक ने पानी की मूल्य वृद्धि हो, सही बताया और कहा कि उसके कर्ज का उपयोग गरीबों को पानी पिलाने के लिए नहीं हो सकता। भारत के पानी संकट से विश्व बैंक का कोई वास्ता नहीं है।

विश्व कल्याण से भी इसका कोई लेना-देना नहीं है। इसका जन्म द्वितीय विश्व युद्ध के बाद 'पुनर्निर्माण और विकास के अंर्तराष्ट्रीय बैंक, के रूप में हुआ। बाद में इसका नाम विश्व बैंक हो गया निजी क्षेत्र के अरबों-खरबों रूपए इस बैंक की पूंजी हैं। भारतीय बैंकों की ही तर्ज पर कर्ज देते समय यह भी मान्यता प्राप्त कंपनियों से ही काम करवाने की शर्तें थोपता है। बैंक की रणनीति किसानों को उसकी परियोजना का पानी खरीदने के लिए बाध्य करने की है। उच्च मध्यवर्ग बहुराष्ट्रीय कंपनियों के बोतलबंद पानी पर पहले से ही लट्टू है। बैंक इस बाजार को और व्यापक बनाने की रणनीति पर है।

भारत का जलसंकट आधुनिक सभ्यता और सरकारी कुप्रबंधन की देन है। समाज और राज्य, दोनों बराबर के दोषी हैं। इजरायल में पूरे वर्ष सिर्फ 25 से.मी. औसत वर्षा होती है। वहां कोई जलसंकट नहीं है, लेकिन सालाना 114 से.मी. औसत वर्षा के बावजूद भारत में जलसंकट है। देश के 231000 गाँव जलसंकट में हैं। इन गांवों से 1.5 किलोमीटर दूर तक भूमिगत जल उपलब्ध नहीं है। तकरीबन 400 मिलियन क्यूबिक मीटर पानी प्रतिवर्ष वर्षा से प्राप्त होता है। इसका अधिकांश हिस्सा नदियों के रास्ते समुद्र में चला जाता है। जल संचयन का उचित प्रबंधन नहीं है। पानी की मांग बढ़ी है। सन् 1947 के आसपास प्रति व्यक्ति 5000 घनमीटर पानी था, आज प्रति व्यक्ति 2000 घनमीटर से भी कम रह गया है। प्रति व्यक्ति 1700 घनमीटर से कम पानी जल संकट माना जाता है। जनसंख्या वृद्धि और कुप्रबंधन के चलते सन् 2020-25 तक इससे भी ज्यादा विषम स्थिति आ सकती है। विश्व में सबसे ज्यादा भारत में ही 150 अरब घनमीटर भूजल प्रतिदिन निकाला जा रहा है। केंद्रीय भूजल बोर्ड की एक रिपोर्ट के अनुसार देश के 593 जिलों में से 206 जिलों में भूजल स्तर बहुत नीचे चला गया है। खेती, किसानी की आधुनिक तकनीकों, सिंचाई और औद्योगिक जरूरतों तथा नगरीय पेयजल आवश्यकताओं के लिए सारा जोर उसी संचित कोष पर है। भारत विश्व का प्राचीनतम जलसंग्रहकर्त्ता देश है। महाभारत में एक दिलचस्प कथा है। नारद ने युधिष्ठिर से हालचाल पूछा। युधिष्ठिर ने जबाव में कहा "आपकी कृपा से कृषि बादलों पर निर्भर नहीं है।" यानी कुशलक्षेम का मतलब जल स्वायत्तता और पर्याप्त जलसंग्रह था। विश्व के प्राचीनतम 'अर्थशास्त्र' में कौटिल्य ने सिंचाई और पेयजल प्रबंधन का उल्लेख किया। राष्ट्रीय कृषि आयोग के अनुसार 1950 में यहां के 5 लाख तालाब 36 लाख हेक्टेयर भूमि की सिंचाई करते थे। सदा नीरा नदियां थी। नदी तट तीर्थ थे। जल अमृत था, आचमन पुण्य था। तालाब पट गए। नदियां कचरा बन गईं। सीवर नदियों में गिरते हैं। नदी जल प्रदूषण के मापक मानक के अनुसार जल में घुली आक्सीजन 4 मिग्रा. प्रतिलीटर से कम नहीं होनी चाहिए। इसी प्रकार जल में 3 मिग्रा. से ज्यादा कार्बन पदार्थ खतरा है। यहां सारे मानक टूट चुके हैं। जलप्रदूषण से बीमारियां बढ़ी हैं। संयुक्त राष्ट्र ने स्वच्छ पानी की गुणवत्ता और उपलब्धता के आधार भारत को 120वां स्थान दिया। पानी प्रकृति

प्रदत्ता है। नैसर्गिक आवश्यकता है, लेकिन भारत में पानी के बीच भी वर्ग विभाजन है। राज्य व्यवस्था आर्थिक भूमंडलीकरण की तीर्थ यात्रा पर है। निजीकरण ही उसकी आराधना है, लेकिन निजीकरण ही हर समस्या का समाधान नहीं हो सकता। भारत को भारत के स्वभाव में जीना चाहिए। पानी का संकट आर्थिक समस्या नहीं हैं। विश्व बैंक, विश्व व्यापार संगठन, भोगवादी सभ्यता और उसके चेले भारतीय राजनीतिज्ञों ने ही इसे आर्थिक समस्या बनाया है। पानी का संकट वस्तुतः सांस्कृतिक संकट का ही एक हिस्सा है। संस्कृति विहीन जीवन शैली की यही नियति है। भारत में एक सदाबहार जल संस्कृति थी। नदियां माताएं थीं। कुएं देवता थे। पानी देवताओं/पितरों तक पिंडदान और श्रृद्धा से जाता था। मंत्राभिषिक्त जल अंतरवाह्य शुद्धि का प्रकृति प्रदत्ता अवदान था। पानी प्राण था, औषधि था, ऊर्जा संचार था, प्यास था, तृप्ति था, जीवन था, प्रणम्य था और पूजा भी। हिंदू संस्कृति का नामकरण ही सिंधु नदी के नाम पर हुआ। लगभग 15 हजार वर्ष पहले ॠग्ववेद में सिंधु है वही इरानियों की अदेस्ता में हिंदु है। ऋग्वेद में बेगवती और कल्याणवती है।

जनसंख्या में लगातार हो रही वृद्धि व जल संसाधन की कमी के कारण प्रति व्यक्ति पानी उपलब्धता लगातार कम होती जा रही है। यदि अब भी जल संरक्षण की बात नहीं सोची गयी तो वह दिन दूर नहीं जब देश में पानी के लिये भी युद्ध छिड़ जायेगा। गर्मी के दिनों में जिस तरह लोगों को पानी के लिए भटकना पड़ता है, वह कतई शुभ संकेत नहीं है। कम वर्षा होने के कारण नदियों का जल स्तर दिन प्रति घटता जा रहा है। इसके तटीय स्थलों पर अवस्थित ग्रामों में अपेक्षाकृत शुद्ध पेय जल प्रदूषित होने के कारण जिसमें बड़े-बड़े नगरों का गन्दा व विशाक्त पानी नदियों में बहने के कारण लोग विभिन्न तरह की बीमारियों से ग्रसित है और अकाल मृत्यु के शिकार होते जा रहे हैं। पशु-पक्षियों की स्थिति भी बहुत ही दयनीय है। उनकी अकाल मृत्यु भी गम्भीर चिन्ता का विषय है। जल संकट और प्रदूषित पानी से मानव जाति को महान खतरा है। यदि इसका तुरन्त कोई निदान नहीं किया गया और प्राथमिकता के आधार पर कारगर कदम नहीं उठाए गए तो जल के अभाव और गन्दे पानी के कारण प्राणी के विनाश को कत्तई रोका नहीं जा सकता।

जिस प्रकार जलस्तर में निरन्तर गिरावट आने से संकटकालीन स्थिति उत्पन्न हो रही है, उसी प्रकार प्रदूषित एवं विषाक्त जल से पशु-पक्षी, जीव-जन्तु आदि समस्त प्राणी अकाल मृत्यु के शिकार होते जा रहे हैं। लगातार गिर रहे जलस्तर को दृष्टिगत रखते हुए मेरा यह विचार है कि वर्तमान में देश में 1900 करोड़ घनमीटर जल उपयोग के लिए उपलब्ध है। स्वतंत्रता के समय अपने देश में प्रति व्यक्ति 5236 घनमीटर जल उपलब्ध था जो अब घटकर मात्र 2200 घनमीटर प्रति व्यक्ति रह गया है। डा० मधुकर ने कहा कि जहाँ तक देश में पेय जल का प्रश्न है तो 1990 में 25 घन किमी. पेयजल का उपयोग होता था जो 2004 में बढ़कर 40 घन किमी. व वर्ष

2005 के अंत तक 52 घन किमी. पेयजल का उपयोग होने लगा। आज स्थिति यह है कि देश के एक लाख से भी अधिक बस्तियों में पेयजल का स्रोत नहीं है।

जल का स्तर बारिश के पानी पर निर्भर करता है, नदियों पर नहीं। गंगा नदी के भी प्रवाह में काफी कमी आयी है जो भविष्य के जल संकट की ओर इशारा कर रही है। यदि अब से भी जल संरक्षण की बात नहीं की गयी तो वह दिन दूर नहीं जब पानी के लिये युद्ध होगा।

यह उल्लेख करना आवश्यक है, जल संरक्षण का मतलब मात्र जल को बचत करना नहीं, बल्कि संरक्षण एक प्रक्रिया है। जिसके तहत ही जल की बर्बादी को रोकना होगा। जल का सीमित उपभोग करना होगा। इसे कोई सरकार या प्रशासन नहीं कर सकता बल्कि हमें और आपको मिलकर करना होगा।

आंकड़े बताते हैं कि आबादी बढ़ने के साथ ही प्रति व्यक्ति पानी की उपलब्धता कम होती जा रही है। यहां उल्लेखनीय है कि सर्वेक्षण के बाद स्वास्थ्य संस्थान ने अपनी रिपोर्ट में कहा है कि नागरिकों को शुद्ध पानी उपलब्ध कराना जरूरी हो गया है, अन्यथा असंख्य लोग विकलांगता के शिकार हो जायेंगे। दूषित पेयजल का उपयोग करने से लोग गठिया, हड्डी रोग, पीलिया, चर्मरोग, कैंसर, वर्ल्ड फल्यू जैसे संक्रमक रोगों के चपेट में आ रहे हैं। गर्मी बढ़ने पर जल स्तर घटने के कारण लाखों गाँवों में पानी के संकट की समस्या से जूझ रहे हैं। इस संबंध में जो भी योजना तैयार की जाती है वह भ्रष्टाचार के कारण सार्थक नहीं सिद्ध हो पा रही है। देहात और शहरी श्रेत्रों में वाटर सप्लाई तथा हैण्ड पम्प के माध्यम आवश्यकता की पूर्ति नहीं कर पा रहे हैं।

यह अत्यंत चिन्ताजनक विषय है कि चालीस से अधिक की उम्र पार करने वाले नागरिकों में हर दसवा आदमी कई हड्डी रोग से पीड़ित है, तो कोई कमर दर्द से । किसी की समय से पहले आँख की रोशनी धीमी पड़ रही है तो किसी को गठिया की शिकायत हो रही है। चिकित्सकों के पास उपचार हेतु जाने पर "र्दद निवारक" दवा देता है जो आगे चलकर संक्रामक रोग धारण कर लेता है। इसका मूल कारण पीने के लिये प्रयोग से लाया जाने वाला पानी है। भूगर्भ जलस्तर में आ रहे गिरावट के चलते पानी में फलोराइड की मात्रा की अधिकता होती जा रही है जिससे अधिकांश लोग फलोरोसिस के शिकार है। विश्व स्वास्थ्य संगठन इस दिशा में जन स्वास्थ्य सुविधा मुहैया कराने में कारगर नहीं है। मानवीय दृष्टिकोण से इस पर विशेष ध्यान केंद्रित करने की आवश्यकता है।

अंतर्राष्ट्रीय जलसंकट पर प्रकाशित रिपोर्ट में यह चेतावनी दी गयी है कि भारी आबादी के कारण भारत और चीन को विशेष रूप से जलसंकट का सामना करना पड़ सकता है। दिल्ली में 2015 तक सारे जलस्रोत सूख जाने की संभावना है। रिपोर्ट में कहा गया है कि 2025 तक पूरी दुनिया में पीने और जीवन निर्वाह के लिए जरूरी अन्य कार्यों के लिए पानी की मांग दोगुनी होने की संभावना है। विज्ञान एवं

पर्यावरण केन्द्र की एक अन्य रिपोर्ट के अनुसार यदि भूजल का अत्यधिक दोहन न किया गया होता तो हालात् बेहतर हो सकते थे। राष्ट्रीय राजधानी में भूजलस्तर में तेजी से आ रही कमी के कारण अगले दो दशक में दिल्ली में भूजल स्रोत सूख जाने का अंदेशा है। रिपोर्ट के अनुसार दिल्ली में पानी की माँग व आपूर्ति में भारी अन्तर है। दिल्ली की डेढ़ करोड़ की आबादी को प्रतिदिन 332.4 करोड़ लीटर पानी की जरूरत होती है जबकि उसे केवल 203.4 करोड़ लीटर उपलब्ध हो पाता है।

अन्तर्राष्ट्रीय जल दिवस पर जारी रिपोर्ट में वातावरण में बदलाव को भी प्रमुखता दी गयी है। रिपोर्ट में कहा गया है कि नदियों में प्रवाह घटने, मुहानों पर खारापन बढ़ने, मछलियों एवं जलीय वनस्पतियों की प्रजातियों के नष्ट होने और तटवर्ती तलछट में कमी के कारण धरती की उर्वराशक्ति में कमी, खाद्य असुरक्षा और मछलियों के उत्पादन में कमी होने की आशंका है, जिसके चलते 2020 तक पूरी दुनिया में कुपोषण और बीमारियाँ बढ़ने का खतरा है। संयुक्त राष्ट्र पर्यावरण कार्य क्रम के अध्ययन से बहुत से महत्वपूर्ण संदेश मिलते हैं। इसमें सबसे प्रमुख और स्पष्ट संदेश आर्थिक हैं और वह हमें बताता है कि हम अन्तर्राष्ट्रीय जल से प्राप्त होने वाली वस्तुओं और सेवाओं का मूल्यांकन करने में सामूहिक रूप से नाकाम रहे और हमने पूरे समाज के दीर्घकालिक हितों पर ध्यान देने के बजाय केवल कुछ लोगों की अल्पकालिक सुविधाओं का ही ख्याल रखा। अध्ययन के दौरान पाया गया कि ताजे पानी के मोर्चे पर कृषि को लेकर ही सबसे बड़ी चिंता है, जबकि पूरी दुनिया में कृषि उत्पादों की माँग बढ़ती जा रही है। यही नहीं लोगों में फलों और सब्जियों के बजाय जलीय जन्तुओं के मांस के प्रति अभिरूचि भी बढ़ती जा रही है।

इसके अलावा सिंचाई के जरिये होने वाली खेती में 70 फीसदी पानी खर्च हो जाता है और केवल 30 फीसदी ही पर्यावरण को वापस मिलता है, जबकि उद्योगों और घरेलू कार्यों में 90 प्रतिशत पानी पर्यावरण को वापस मिल जाता है। रिपोर्ट में मछली पकड़ने के छः अत्याधुनिक तौर तरीकों की आलोचना करते हुए कहा है कि विस्फोट के जरिये मछलिया मारने से स्थानीय मछुआरों को भले ही 200 गुना लाभ होता हो। लेकिन उससे पर्यावरण को नुकसान होता है, उसकी भरपाई होने में 50 साल लग जाते हैं। इसके अलावा मछलियों की संख्या कम होने से भी पानी की गुणवत्ता पर विपरीत असर पड़ता है।

चतुर्थ विश्व जल मंच की बैठक के दौरान प्रदर्शनकारियों ने पानी बिक्री के लिये नहीं है, पानी के लिये नारे लगाये और प्लास्टिक की बोतलों में पैसे डालकर सम्मेलन स्थल की ओर फेके। यह प्रदर्शन ऐसे समय हुए जब दुनिया के कई देशों में बोतल बन्द पानी की बिक्री में तेजी से इजाफा हुआ है। भारत में तो बोतल बन्द पानी की बिक्री में तीन गुनी वृद्धि हुई है। इस समय पूरी दुनिया तो बोतल बन्द पानी का कारोबार 100 अरब डालर सालाना का है। इस पर वह भारत से बात करना होगा। रिचार्जिंग व रेन वाटर हावेस्टिंग योजना हवाई साबित हो रही है। भूमिगत

जल दोहन के लिए सरकारी प्रयास सफल नहीं साबित हो रहे है। बरसात में पानी नहीं बरसने के कारण आधी धरती प्यासी रह गयी है। पानी के गभा में मौजूद जल 5 से 6 मीटर नीचे खिसकने से पानी की घोर किल्लत उत्पन्न हो गयी है। भूजल स्रोत्रो में रसायनों व खनिजो के घुलने से जल प्रदुषित हो गया है। इसकी मुख्य वजह वहाँ के भूगर्भ जल स्रोत में रसायन खनिज पदार्थ कोमियम, निकिल लेड, कैडमियम व फलोराइड मिश्रित है।

केन्द्रीय जल बोर्ड द्वारा किये गये सर्वेक्षण के मानक से कई गुना अधिक सुरक्षित पेयजल में क्रोमियम, लेड, कैडमियम, फलोराइड व निकल मिले है। केन्द्र व राज्य सरकारों द्वारा लगातार भूमिगत जलस्तर के गिरते जाने को गम्भीरता से लेते हुए निर्माण कार्य करते समय रेन वाटर हावेस्टिंग यानि वर्षा के जल का संचयन अनिवार्य कर दिया है।

सर्वेक्षण के बाद केन्द्रीय स्वास्थ्य संस्थान ने अपनी रिपोर्ट में कहा है कि नागरिकों को शुद्ध पानी उपलब्ध कराना जरूरी हो गया है अन्यथा असमय लोग विकलांगता के शिकार हो जायेंगे। इस समय जल संकट एक राष्ट्रीय समस्या बनी हुई है जल संरक्षण पर करोड़ो डालर व्यय हो रहे हैं लेकिन स्थिति भयावह होती जा रही है।

5

नारी शोषण और देवदासी प्रथा

1. नारी उत्पीड़न और चुनौतियाँ

जिस देश मे नारी स्वरूपा दुर्गा, सरस्वती व लक्ष्मी की पूजा होती है, जब देवी अनुष्ठान के बिना कोई भी शुभ कार्य पूर्ण नहीं होता। वहां नारी का इतना अनादर सोचनीय है। एक तरफ नारी को देवी कहकर उसे पूज्यनीय बनाकर छुटटी पाई जाती है, दूसरी और उसे एय्यासी की वस्तु सम्झकर उसके साथ मनचाहा व्यवहार भी किया जाता है। समस्त मानव जाति को जन्म देने वाली नारी को खुद यह मंत्र पढ़ाया जाता है कि लड़की का जन्म अशुभ होता है, वह दहेज लाने का बहाना है। यहाँ तक कि सास-बहू-ननद, भौजाई के रूप मे लड़कर स्त्री-स्त्री से जिस प्रकार दूर हो जाती है वह भी घर परिवार की इकाई के संगठित व सशक्त होने के खिलाफ पुरूष का सोचा समझा षढ़यंत्र है।

गाँवों में महिलाओं के साथ शहर की अपेक्षा शोषण अधिक है। स्त्री दोयम दर्जे का जीवन जीने को बाध्य है। इसका मुख्य कारण है नियम कानून जो पुरूष के हितों को संरक्षण करते हैं मगर स्त्री जाति कां शोषण स्त्रियों के सारे सुख, सम्मान पर स्वतंत्रता-संरक्षण की कीमत पर नारी शोषण में ही निहित है। समाज की समस्त शक्ति की साजिश से जहां उसका पौरुष करार दिया जाता हो वहां औरत के शोषण को महिमा मण्डित करने के भी समस्त प्रावधान है। जो नारी जितना सहती-चुप रहती है वह उतनी सहनशील मानी जाती है। नारी को सूरज की तरह जलने, धरती की तरह सहने, सीता सावित्री बनने की प्रेरणा तो सभी देते है पर कोई उसे लक्ष्मीबाई, दुर्गावती या इंदिरा गाँधी सा बनने के लिए प्रोत्साहित क्यों नहीं करता। इसीलिए कि अगर नारी ने सहनशीलता यानि अन्याय को सहना छोड़ दिया व विरोध करने लगी तो वह शक्ति संतुलन डगमगा जायेगा जो पुरूषों द्वारा पुरूषों के लिए है।

स्त्री पर आधिपत्य जमाने वाले पुरूष को यह बात अंदर ही अंदर कुंठित करती है कि उसको जन्म देने वाली एक स्त्री ही है। इसी कुंठा से उबरने के लिए वह स्त्री के प्रति और क्रूर हो उठता है और स्वयं को श्रेष्टतम सिद्ध करने की अंधी चाल में निम्नतम हरकतें कर जाता है। नारी शारीरिक दृष्टि से भी पुरूषों से अधिक बलशाली होती है तभी तो वह घर बाहर के सभी काम सुचारू रूप से कर पाती है। जहाँ भी नारी को अवसर मिले उसने वह हर कार्य कर दिखाया जो पुरूष अपनी शक्ति और वश का समझता है।

जैसा कि प्रधान मंत्री ने भी कहा है कि जो भी मशीनी उपकरण आता है पुरूष उसका लाभ स्वयं उठाकर स्त्री को कठिन काम के लिए ढकेल देता है। जैसा पहले महिलाएं धान कूटकर चावल निकालती थीं। मशीनी सुविधायें आने पर यह काम

पुरूषों ने अपने हाथ मे लेकर महिलाओं को दूसरे मुश्किल काम सौंप दिये। खेती बाड़ी में सहायता से लेकर बच्चे पालने, लकड़ी लाने, पानी भरने, गेहूँ पिसने और साथ-साथ आदमी का हर हुक्म मानने का जो दायित्व पुरूषों ने स्त्रियों पर डाला है वह इसलिये नहीं कि केवल स्त्रियाँ ही उसके योग्य हैं बल्कि इन कठिन कार्य में स्त्री की शक्ति खपा उसे पुरूष की आश्रिता बनाना है। इसके साथ तमाम उपवास पूजा-पाठ पर्व व अन्य बंधन भी स्त्री के लिये अनिवार्य हैं ताकि वह अपने बारे मे जरा भी न सोच सके।

उन्नत देशों मे जहाँ पति पत्नी दोनो नौकरी करते हैं अपनी-अपनी शिफ्ट के अनुसार बच्चों और घर की देखभाल भी वे मिल बांटकर करते हैं। नारी के हाथो में मानव जीवन का जन्म और विकास निहित है। बिना नारी को साथ लिये कोई भी समाज व देश उन्नति नहीं कर सकता इसलिये नारी को अपनी महतता की पहचान हेतु अपनी लड़ाई स्वयं लड़नी होगी।

आज भी हमारे समाज में विवाह ही स्त्री का अंतिम लक्ष्य है और विवाह के बाद उसे तमाम उम्र उसे अपने पति बच्चों की देख-रेख करनी पड़ती है। पत्नी और मातृत्व की इतनी गरिमा प्रदान की गयी है कि बिना इसके स्त्री का जीवन सार्थक नहीं माना जाता। सदियों से चली आ रही ये परम्परायें स्त्रियों को गृहस्थी के घरेलू परिधि में अपने परिवार और बच्चों की खुशहाली में ही न्यौछावर हो जाती है। इसके बावजूद इनका शोषण और उपेक्षा मानव जीवन का एक कलंकित अध्याय है। यह सही है कि स्त्री मे जन्मजात रचनात्मक और सृजनात्मक गुण होता है। हमारी लोक गाथायें-कला-संस्कृति इसका जीवन्त उदाहरण है। बहुत कम पति ऐसे होते हैं जिन्हें पत्नी की उपलब्धियों से संतोष और आनन्द मिलता है।

संसार का एक वर्ग ऐसा है जो कला क्षेत्र से जूड़ी महिलाओं के चरित्र को संदिग्ध दृष्टि से देखता है और मानता है कि ऐसी स्त्रियाँ घर-परिवार के प्रति जिम्मेदार नहीं होती हैं। यह भी सच है कि बंद कमरे मे बैठकर कला का जो श्रृजन होगा वे कलाकार के लिये रचनात्मक क्षुधां की पूर्ति भले कर ले जनमानस को नहीं छू सकेगा लेकिन जो रचना ढेर सारी व्यस्तताओं और सामाजिक संबंधों के बीच से निकलेगी उसमें विभिन्न अनुभवों के कारण सम्प्रेषण शक्ति भी ज्यादा होगी। लेखक ने इन सारी विविधता का अपनी अनुभूति के आधार पर उपेक्षिता नारी ही नही उपेक्षित पुरूषों के दयनीय स्थितियों का संक्षिप्त उल्लेख अपनी लेखनी के माध्यम से जन जागरण हेतु करने का प्रयास किया है जो नीतिनियामका तक जा सके और वे इसका एहसास करे कि उनकी सोच और असलियत क्या है। लेखक ने गहन अध्ययन, जन संपर्क, अनुभव और स्वयं आखों देखी हालातों के आधार चित्रण किया है। इससे मात्र नारी समाज ही लाभान्वित नहीं होंगे बरन् नारी की भांति अन्य उपेक्षित शोषित और वंचित लोग जिसकी पीड़ा और वेदना को कोई सुनने समझने वाला नहीं है वे भी इससे प्रभावित होंगे। यह पुस्तक शोषण और अन्याय के खिलाफ कवच का काम करेगी

जिसको जानने के लिये सरकार करोड़ों रूपये आयोगों और योजनाओं में खर्च करती है।

इस प्रसंग में यहाँ उस शोषित और पीड़ित नारी का उल्लेख करना न्यायसंगत होगा जो बीहड़ों से संसद तक पहुँची। उस सांसद फूलन देवी को लेकर कुछ खास वर्ग के लोगों मे बड़ी तीखी प्रतिक्रियायें हुईं। हालांकि यह कोई नई बात नहीं है। सारा दोष हमारी सामाजिक संरचना का है, जहाँ मनुष्य से ज्यादा महत्व पशु का है। फूलन देवी जो एक निर्धन एवं अति पिछड़े समाज की सतायी हुई महिला है जिन्हें सामन्तों ने डैकेत बनने को बाध्य किया परन्तु परिस्थितियाँ कुछ ऐसी बनी कि डकैत से फूलन देवी सांसद बन गयी। उनका यह सफर समाज के उन तथाकथित अभिजात्य वर्ग को कतई रास नही आया जो फूलन जैसे लोगों का स्थान सदैव अपने चरणों में देखते रहने का आदी रहा है। इसीलिये जब फूलन देवी शताब्दी एक्सप्रेस को रूकवाती थी तो यह वर्ग तिलमिला उठता था कि बड़ा अनर्थ हो गया। परन्तु अपनी उन हरकतों को भुला देता है जब वह जरा-जरा सी बात पर ट्रेनों में आग लगाता है, स्टेशन फूकता है और डाकघर जला डालता है। यह ही नहीं अयोध्या में मंदिर-मस्जिद के नाम पर पूरे देश की कानून व्यवस्था को पंगु बनाकर हजारों को मौत की नींद सुला देता है तब इन्हें कत्तई शर्म नहीं आती क्योंकि ये श्रेष्ठ वर्ग के हैं उनको यह सब करने का जन्म सिद्ध अधिकार है। फूलन देवी यदि अज्ञानतावश जेल के अंदर साथियों सहित जाने की जिद करती है तो पूरे देश मे तूफान मच जाता है परन्तु जब रिश्वत लेकर उग्रवादियों और बदमाशों को जेल से भाग जाने की छूट दी जाती है और कार सेवा नाम पर जेलों को तोड़कर भागा जाता है तो कहीं कोई चू तक नहीं करता है, यह कैसे हो सकता है। आये दिन तमाम राजनीतिक कार्यकर्ता रैलियों आदि के नाम पर थोक-थोक ट्रेनों को हाईजेक करके बिना टिकट यात्रा करते हैं और आरक्षित बर्थ को हथिया लेते हैं तथा स्टेशनों पर लूटपाट करते हैं, जेलों के अन्दर व जेलो के बाहर सामूहिक रूप से अराजकता फैलाते हैं तो कहीं कोई उबाल नहीं आता, ऐसा क्यों? फूलन देवी की सदस्यता समाप्त करने की माँग करने वालों को सबसे पहले अपने पार्टी नेताओं की सदस्यता समाप्त करनी चाहिये जो देशभर में अराजकता, आतंक, लूटपाट, अपहरण, हत्या, बलात्कार जैसे जघन्य दुष्कर्म करते हैं और धर्म व जाति के नाम पर आग लगा रहे हैं तथा सर्वोच्च न्यायालय द्वारा दण्डित होने के बावजूद भी गाल बजाते रहते है ऐसे ही लोगों द्वारा सरेआम सांसद फूलन देवी की हत्या सांसद निवास में कर दी गयी। यहाँ मार्मिक प्रश्न है कि क्यों, कैसे और किन परिस्थिति मे फूलन देवी एक साधारण नारी से डकैत बनी और उस अबोधनारी के साथ सामूहिक बलात्कारी कौन थे जिसकी उसने भी सामूहिक हत्या कर दी थी, जिसकी प्रतिशोधात्मक हत्या हुई। इस पर निष्पक्षता से विचार होना चाहिये और रोक लगानी चाहिये। परन्तु पक्षपातपूर्ण विवेचना इस देश को विनाश के कगार पर पहुँचा चुका है, यदि अब भी हम नहीं सुधरे तो इसका प्रतिफल उनको भी भोगना पड़ेगा जो अपने को नितान्त सुरक्षित समझ रहे हैं।

मध्य प्रदेश के डोरी जिले के सिपिडी गाँव की बैगाआदिम जनजाति की महिलाओं ने उन प्रभावशाली ताकतों के सामने एक नई मानवीय चुनौती पेश की है जो सामाजिक-आर्थिक सत्ता को अपने हाथ मे रखने के लिए बाजार का सहारा ले रहे हैं। पारंपरिक व्यवस्था के अनुसार, बैगा आदिवासी धरती को माँ के रूप मे स्वीकार करती है, बैगा महिलाओं के लक्ष्मी समूह की सक्रिय सदस्य फूलवती बाई कहती है कि जब हमारे पारंपरिक वजूद खत्म हुए, तभी हमारा उत्पादन कम हुआ ओर हमें भूखे सोना पड़ा। भूख की पीड़ा को मिटाने के लिए बैगाओं की शरण में जाना पड़ा। गाँव की सारी अर्थ व्यवस्था साहूकारों के आसपास घूमने लगी। खेतों के लिए बीज का कर्ज भी वे ही देते है और घर की जरूरत को पूरा करने के लिए नकद कर्ज भी। इस संबन्धों मे चैता बाई बताती है कि साल भर मे बैगा तीन महीने के खाने की जरूरत कनकी (चावल की टुकड़ी) लेकर पूरा करते हैं। यह शोषण की चरम व्यवस्था है। बैंक बैगा आदिवासियों से केवल धन जमा कराते हैं, उन्हें ऋण नहीं देते, क्योंकि बैंकों का मानना है कि उनका दिया हुआ कर्ज वापस नहीं आयेगा। यह अपने आप मे एक अपमानजनक पूर्वाग्रह है।

इस पूरे वातावरण में शोषण के खिलाफ संघर्ष, मूल्यों के प्रति ईमानदारी और संवेदनशीलता उनकी विचारधारा है। ये महिलाये मानती हैं कि जब हम समझते हैं तो हमें बोलना भी पड़ेगा और जब बोलेंगे तो संघर्ष के लिये भी तैयार रहना पड़ेगा। तभी तो जी पायेंगे। वास्तव में आज के दौर में जिस तरह से हर क्षण व्यवस्था का बाजारीकरण हो रहा है, उस दौर में इन बैगा महिलाओं ने इस अमानवीय व्यवस्था के सामने नई चुनौतियाँ खड़ी करनी शुरू कर दी है।

उत्तर प्रदेश अब उत्तराखण्ड के पिथोरागढ़ जनपद की महिलाओं की स्थिति स्वतंत्रता प्राप्ति के इतने वर्षों बाद कैसी है - एक उदाहरण के रूप में देखें। इस क्षेत्र मे तमाम विकास योजनाएं और सुविधायें हर वर्ष कागज पर तैयार होती रहती हैं। परन्तु महिलाओं की स्थिति यह है कि आज भी वहां की स्त्रियाँ सुबह उठते ही रोते हुए बच्चों को छोड़कर कई किलोमीटर दूर पानी लेने के लिये जाती है। चाहकर भी अपने बच्चों और परिवार के साथ बैठ कर घड़ी-दो-घड़ी बात तक नहीं कर पाती। अभी भी महिलाएं घास और लकड़ी बीनने के लिए ऊँचे-ऊँचे पहाड़ों पर जाती हैं, जहाँ से गिर कर उनकी मौत होती रहती है। भाग्यवश यदि वे बच भी गईं तो अपंग शरीर का बोझ न तो वे स्वयं ढो पाती हैं और न इनका कोई सहारा बनता है।

एक ओर रूढ़ियों, अन्धविश्वासों और परम्पराओं से जूझते हुए और दूसरी ओर सरकार द्वारा अधूरी-सी उपलब्ध स्वास्थ्य सुविधाओं के बीच वे अपने आप को निरीह और असहाय महसूस करती है। आए दिन महिला प्रसव के दौरान मर रही हैं और यदि बच भी जाती हैं तो प्रसवोपरान्त की परेशानियों से ल्यूकोरिया और एनीमिया उन्हें घेर लेती हैं।

अपने जुझारूपन के लिये विख्यात पहाड़ी महिलाएं, रोजमर्रा के जीवन में

शहरी प्रभावों का दबाव भी महसूस कर रही है। यहा लड़कियों के लिए आठवीं दसवीं की शिक्षा तक का प्रबन्ध है। पर महिला उत्पीड़न की बढ़ती हुई घटनाओं ने उनका जीवन इतना असुरक्षित बना दिया है कि हर दिन नई चुनौती आती है। रहस्यमय आत्महत्याओं की सूची लम्बी है तो दर्दनाक जघन्य हत्याओं के विवरण रोंगटे खड़े कर देने वाले हैं। कहीं एक महिला की लाश मिलती है तो कहीं रामलीला के दौरान एक युवती के साथ सामूहिक बलात्कार की शर्मनाक घटना हो जाती है।

राहजनी, चोरी, डकैती, अपमानपूर्ण और उपेक्षित व्यवहार ऊपर से अशिक्षा, गरीबी, पति के उपेक्षा सास ननदों के अत्याचार पारिवारिक तनावों और अपरिमित शारीरिक श्रम के बोझ से महिलाए कष्टपूर्ण स्थिति मे जी रही हैं। सभ्यता के दुष्परिणाम, दहेज, छेड़खानी, बेश्यावृति के रूप मे महिलाओं को अपनी गिरफ्त मे ले चुके हैं। सामाजिक, संस्कृति और धार्मिक मूल्यों के ह्रास के साथ महिला अस्तित्व जलाने, यातना भोगने, प्रदर्शन की वस्तु समझे जाने तक सीमित रह गया है।

यदि हर महिला आत्म निर्भर हो जाय तो उसे शादी की भी कोई विशेष जरूरत नहीं होती और यदि शादी अनिवार्य न समझी जाय तो दहेज की समस्या भी अपने आप हल हो जाती है। आर्थिक असुरक्षा ही महिलाओं की समस्याओं का मूल कारण है। महिलाओं पर हो रहे अत्याचारों का लगातार बढ़ने से स्थिति ओर खतरनाक हो सकती है।

परम्परा और संस्कारगत आस्थाओं के संदर्भ में आज भी हमारे यहाँ की महिलाएं बेहद सजग और हठीली हैं। आज की स्थिति में नारी को मुक्त होना ही होगा वरना अपनी ही लगाई आग में उसका सर्वस्व भस्म हो जायेगा और वह शून्य रह जायेगी।

बिल्कुल समान दृष्ठि से दूसरे पहलू पर भी नजर डालें तो सोचना पड़ता है कि क्या सच में कोई किसी को इतना उत्तेजित कर सकता है कि क्रोध मे उसे कोई दूसरा पक्ष जिन्दा जला कर मार डालेः क्या सचमुच वे पागल हो जाते हैं जो गुस्से में उसे जला डालते हैं। ये कुछ संदिग्ध किस्म के प्रश्न हैं जिनका जवाब महिलाएं ही दे सकती हैं।

आज भी यही मानसिकता है सामान्य मध्यमवर्गीय महिलाओं की जो पुरातन चिन्तन को ओढ़े चली आ रही है। अनवरत एक ही चाल से लीक की रफ्तार में उन्हें डर है कि कहीं वे लीक न छोड़ दे। परन्तु सच में अगर वे स्वस्थ्य सोच के साथ जीना चाहती है तो उन्हें मानवीय पहले बनना होगा, महिला बाद में हिन्दू समाज में महिला के संदर्भ में एक बुराई थोड़े ही है। दहेज के नाम पर रोज इस देश में न जाने कितनी नव बधुओं को जला दिया जाता है, अपंग कर दिया जाता है और उन्हें जो यातनाये दी जाती हैं, यदि प्रतिदिन के आकड़ों को एकत्रित किया जाय तो इसकी संख्या लाखों में पहुंच जायेगी। हमारे देश में इन अपराधों को पंजीकृत करने की कोई व्यवस्था नहीं है। पुलिस भी कुछ नहीं कर सकती। कानून की रखवाली करने वाली पुलिस कैसे

इसकी रक्षा कर सकती है जबकि स्वयं उसके लोग भी इसी रास्ते पर चलते हैं। अभी एक समाचार मैंने पढ़ा था कि एक पुलिस वाले ने अपनी पत्नी को कुएं पर लाकर धक्का दिया लेकिन पत्नी का भाग्य था कि वह बच गयी। लेकिन ऐसी घटनाएं तो आये दिन हमारे देश मे होती रहती हैं। हमारे देश मे चीटीं मारना तो पाप माना जाता है। बिल्ली के मारने पर तो लोग प्रायश्चित करते हैं। गौहत्या बन्द करने के लिये लोग आमरण अनशन करते है लेकिन पत्नी के हत्यारें को हमारे देश के धार्मिक नेता कोई सजा देने की बात नहीं करते। "गौहत्या बन्द करो" इसकी दुहाई हमारे शंकराचार्य देते हैं लेकिन "पत्नी हत्या बन्द करो" ऐसी दुहाई वे नहीं करते।

शंकराचार्या द्वारा की जाने वाली समाज की यह उपेक्षा अक्षम्य है। आज दो चार नहीं सैकड़ों हजारों बहुएं जिन्दा जला दी जाती हैं और हमारे देश के शंकराचार्य और मठाधीश मुंह से आह तक नहीं करते। देंश मे ऐसे ही कुछ स्थिति वैधन्य से पीड़ित नारियों की भी है जिन्हें कोई डंकिनी कहते हैं, कोई डायन कहता है जिनकी परिवार मे उपेक्षा होती है और जो सामान्य जीवन नही बिता सकती । जो देश अपने देश की नारियों का सम्मान नहीं कर सकता, अपने देश की नारियो की रक्षा नहीं कर सकता, अपने देश की नारी को पुरूष से मंडित नहीं कर सकता, कैसे वह अवधारित करता है कि देवी शक्ति आसमान से नहीं यह तो नारी से ही उद्भूत है। मै सोचता हूँ कि मेरे विचार बहुतों को कटु लगेंगे।

नारी उत्पीड़न के ऐसे सनसनी खोज प्रकरण सामने आये हैं जिसमें सत्ता संरक्षण प्राप्त जघन्य अपराधी, मंत्री, नौकरशाह, उनके बेटे और राजनीतिक हल्को में ऊँची पैठ रखने वाले लिप्त पाये गये हैं। भारतीय नारिया देश की परम्परा एवं अपनी अस्मिता को आँचल में सिमेटे रहती हैं। ग्रामीण परिवेश में पश्चिमीकरण आधुनिकीकरण के समावेश अपनी अस्तित्व खो देंगी। फिर न तो अस्तित्व रहेगा और न तो मिठास।

आज के व्यावसायिक प्रतिद्वन्दिता में लोक मर्यादा का लोप होता जा रहा है। पारिवारिक विघटन के कारण संयुक्त परिवार विघटित होते जा रहे हैं। इतिहास साक्षी है हमारे महापुरूषों ने असम्भव को भी सम्भव कर दिखाया है। पक्षी को मनुष्य एवं वासना को उपासना में बदलने का ऐतिहासिक कार्य हमारे श्रद्धेय महापुरूष ने करके इतिहास में अमिट छाप छोड़ी है।

2. पत्नियों द्वारा प्रताड़ित पुरूषों की त्रासदी

पहले समाज अथवा परिवार में पुरूष निर्णायक होता था तथा स्त्री उसका अनुशरण करती थी परन्तु समय के साथ-साथ पुरूष वर्ग ने समाज एवं परिवार के प्रति अपने दायित्व निर्वाहन में विचार विमर्श हेतु अर्धांगिनी को शरीक होने की सुविधा प्रदान की। नतीजन कुछ परिवारों में सीमा का ध्यान रखने के कारण महिला पक्ष ने स्वयं को निर्णायक के स्थान पर जमा लिया। ऐसी स्थिति दो तरह के परिवारों

में विशेषकर देखी जा रही है। पहली जहाँ पत्नी का पिता पक्ष पति के पिता पक्ष से आर्थिक और सामाजिक परिस्थियों से ज्यादा है और अत्यधिक दहेज के लोभ में विवाह किया गया है। दूसरे उन परिवारों मे जहाँ स्त्री पुरूष दोनों पेशे अथवा नौकरी में हैं तथा उनकी आय लगभग समान है। कुछ मामलों में स्त्री का पुरूष की तुलना में अत्यधिक सुन्दर होना भी इसका कारण माना जाता है। इसके अलावा भी कुछ परिस्थितियाँ ऐसी होती हैं जिसके चलते पति-पत्नी के समक्ष अपने को विवश पाता है जो कि पूर्णतया असामान्य परिस्थितियाँ होती है। ऐसे प्रवृति के स्त्रियों की बढ़ते प्रभाव से सामाजिक अनुशासन एवं पारिवारिक संस्कृति को कितना बड़ा खतरों पैदा हो रहा है यह अकल्पनीय है। कुछ परिवारों में तो यहां तक देखा गया है कि पत्नियाँ बच्चों को जन्म देने के अलावा सभी कार्य पति के जिम्मे लगा देती हैं। यदि शारीरिक संरचना से जूड़ी मजबूरी न होती तो शायद वह इस दायित्व का निर्वाह करने से भी इनकार कर देती। आज समूचे विश्व में नब्बे फीसदी पत्नियाँ स्वयं को पति के मुकाबले ज्यादा अकलमंद समझती हैं। विदेशों में इस जटिल समस्या से त्रस्त पतियों ने एक संस्था भी बना दिया है। जिसके सदस्य लाखों की संख्या में है। अपने देश में गत वर्ष सुप्रीम कोर्ट ने एक मुकदमे मे ऐतिहासिक निर्णय लिया है जिसके अनुसार एक स्त्री के द्वारा प्रताड़ित कर घर से निकाले गये पति को एक निर्धारित रकम प्रति माह गुजारे भत्ते के रूप में देने का आदेश दिया गया है। जिस व्यक्ति के मामले में यह निर्णय हुआ था उसे पत्नियों द्वारा प्रताड़ित तमाम पुरूषों की ओर से ढेरों बधाई संदेश प्राप्त हुये तथा सामूहिक निर्णय से देश की राजधानी में इस बिरादरी के पुरूषों की संस्था बना ली गयी।

पति पत्नी के समक्ष किन परिस्थितियों में आत्मसमर्पण को बाध्य होता है। इसमें किसी एक पक्ष को दोषी ठहराने के पूर्व तमाम परिस्थितियों की विवेचना करके ही किसी निष्कर्ष पर पहूँचा जा सकता है।

आदिकाल से अपने से थोड़ा नीचे के स्तर की लड़की घर में लाना या लड़के को थोड़ा उच्चे स्तर के खानदान में भेजने की परम्परा रही है। परन्तु जैसे-जैसे समाज मे धन के प्रति आकर्षण बढ़ा है वैसे-वैसे नैतिकता में गिरावट आयी है। आज परिवार, खानदान, सच-झूठ, न्याय-अन्याय सबको परखने का मापदण्ड मात्र धन है। किसका बैंक बैलेनस कितना बड़ा है, किसका टर्न ओवर अधिक है, जिसके घर में बी.सी.आर है, कितनी गाड़िया हैं आदि इसी से समाज में अपनी श्रेष्ठता सिद्ध की जा सकती है। जबकि इन साधनों को जूटाने या धन संपदा बढ़ाने के पीछे किसी व्यक्ति ने देश को लूटा, समाज को लूटा या मानवता का गला घोंटा। ये सारी बातें अर्थहीन हैं तथा इसकी चर्चा करने वाला बेवकूफ एवं दकियानूस हो जाता हैं। अतः देश का प्रत्येक जागरूक नागरिक इस सिद्धान्त को सिरोधार्य करते हुए कि जो पकड़ा गया वह चोर है। येन केन प्रकारेन धन कमाने की होड़ मे हिस्सा ले रहा है।

अब जब पूरे समाज में इसी संस्कृति का बोलबाला है वहां आपके घर में आई

हुई नववधु चंद दिनों के भीतर ही अपने पिता के घर के सुख साधनों की तुलना ससुराल मे उपलब्ध सुख साधनों से करना प्रारम्भ कर देती है, जहाँ से प्रयास करके श्रेष्ठ परिवार की कन्या को बहू बनाया गया है वहां वर पक्ष में किस हैसियत से है जो बहु के आदेशात्मक स्वर मे बात करे। परिणामतः पति बेचारा तो पहले दिन से ही पत्नी को बराबर का दर्जा देने को बाध्य हो जाता है। धनाढ्य परिवारों अथवा औधौगिक घरानों में टैक्स बचाने एवं अन्य लोगों के चलते घर के स्त्री पुरूष, बच्चे बूढ़े सभी व्यवसाय में भागीदार बना दिये जाते हैं। अतः व्यवसाय में दखल देने का कानूनी अधिकार वैसे ही उसके पास रहता है जबकि व्यवसाय का संचालन विशेषकर पुरूष वर्ग को देखना पड़ता है और स्त्रियाँ पूरे दिन घर से नौकरों पर हुकूमत चलाते हुए आराम फरमाती हैं अथवा सैर सपाटे को निकल जाती हैं। पुरूष द्वारा प्रातः से रात्रि तक विभिन्न परिस्थितियों में सरकारी अधिकारियो एवं अपने संस्थान के कर्मचारियों को झेलते हुए लिए गए निर्णयों में एक का भी परिणाम गलत या कम अच्छा निकलने पर स्त्रियां उसे बेवकूफ एवं अदूरदर्शी सिद्ध करने से कभी नहीं चूकती हैं और पुरूष बेचारा दिन भर की मानसिक और शारीरिक थकान लिये इस अव्यवहारिक प्रतिक्रिया पर क्रोध एवं दुख की मिली-जुली अनुभूति को शांत भाव से स्वीकार कर लेता है इसके अलावा बच्चे भी माँ के ही संपर्क में रहते हैं अतः उन्हें माँ को खुश रखना पड़ता है और उसे हर बात में माँ को समर्थन देना पड़ता है। अतः बच्चों का भी उपयोग पत्नियां पति पर रोब जमाने के लिये करती हैं। यदि बच्चों को किसी बात के लिए पिता ने डांट दिया या हल्की चपत भी लगा दी तो उसे बढ़ा चढ़ाकर बच्चे माँ को बतातें है और फिर माँ बच्चे मिलकर पुरूष की खटिया खड़ी कर देते हैं। बेचारा पुरूष बच्चे पैदा करने से लेकर पालने तथा पढ़ाने आदि के तमाम नसीहतों को सुनता हुआ परिवार का माहौल और न बिगड़ने देने की गरज से चुप रह जाता है।

आज के उपभोक्तावादी-अवसरवादिता को देखते हुए लड़की पक्ष अधिकांशतः बिना घर परिवार, वंश, हाड-माँस को जांचने परखने की ओर ध्यान देकर मात्र कुर्सी की बात कर सरकारी अथवा संस्थान में नौकरीसुदा वर से वैवाहिक संबन्ध स्थापित करते है। जिसका आधार अच्छी तनखाह, उपरी आमदनी, भ्रष्ट आचरण से अर्जित धन और सेवानिवृत्त के बाद निश्चित आय से रहता है जिसमें अधिकांशतः गलत संस्कार और भ्रष्ट आचरण की प्रमुखता होती है। ऐसे परिवार में शादी शुदा स्त्री और पुरूष में नैतिकता का अभाव पाया जाता हैं। इसमें जो पात्र अधिक प्रभावशाली और दबंग होता है उसका बर्वस्व है। यदि स्त्री पक्ष नौकरीसुदा और आर्थिक रूप से पुरूष वर्ग से अधिक मजबूत हो वहाँ स्त्री महिम का विशेष प्रभाव रहता है और पुरूष उसका चाकर बनकर जीवनयापन करता है और महिला उसके साथ वही व्यवहार करती है जो एक मालिक नौकर के साथ करता है। ठीक यही स्थिति पुरूष वर्ग की पायी जाती है। स्त्रियों द्वारा प्रताड़ित पुरूषों द्वारा आत्महत्या की प्रायः घटनाएं होती रहती हैं। यहां यह विचारणीय है कि ऐसी अमानवीय परिस्थिति के लिए कौन उत्तरदायी है, लड़की पक्ष, वर पक्ष या पारिवारिक संस्कार।

आज संस्कार विहीन परिवारों के लड़के, लड़कियाँ बहुत ही उदण्ड और अमानवीय देखे जाते है जिसमे गलत व्यसन, गलत आचरण की बहुलता है। शिक्षा क्षेत्र में गिरावट, राजनीति का अपराधीकरण, शिष्टाचार की कमी, नैतिकता का अभाव, चारित्रिक पतन के कारण अच्छे घर परिवार और सज्जन माँ बाप, अपमानित और तिरस्कृत होते रहते हैं। जिन महिलाओं की गौरव गाथा मैंने अपनी लेखनी से प्राचीनकाल से आधुनिक समय का किया है। उस पर प्रश्न चिन्ह लग जाता है जब बहू अपने पति, सास, ससुर एवं अन्य परिवारजनों को अपमानित और तिरस्कृत करती है। डराती धमकाती है ओर स्वयं अपराध कर वर पक्ष के परिवार को प्रताड़ित करती है। इसका कतिपय परिवारजनों द्वारा विरोध किये जाने पर उनको समझाने और बुझाने पर भी नहीं मानती है। अपने अहंकार और हठधर्मिता के कारण स्वयं आत्महत्या करती है और पूरे परिवार को दहेज हत्या में फंसा देती है। ऐसी घटनायें संस्कार विहीन परिवेश में अधिकांश पाई जाती हैं। इसका मूल कारण बेमेल विवाह और संस्कार विहीन परिवार है जो बिना परिवार को परखे मात्र नौकरी व कुर्सी की लालच में और जायज नाजायज की चिंता किए बिना आर्थिक संपन्नता के आधार पर वैवाहिक संबन्ध करते हैं और अपनी तथा दूसरे परिवार की मान प्रतिष्ठा को भी धूमिल कर देते हैं जिसका कुप्रभाव दूसरे पर भी पड़ता है। समाज को ऐसे तत्वों पर पैनी निगाह रखनी चाहिए ताकि एक मछली पूरे तलाब को गन्दा न कर दे। यहाँ हमें नही भूलना चाहिए कि जो पुरूष जीवन भर अपने परिवार की खुशहाली और संपन्नता के लिये कार्य करता है और उसे पाल-पोषकर आत्म निर्भर बनाता है, उसका वही परिवार बूढ़ा और अपंग, निष्क्रिय होने पर उसकी देखभाल न करे और बुढ़ापे में अपमानित करे और उसके मरने के बाद धूमधाम से शमशान घाट से लेकर क्रिया कर्म तक प्रदर्शन करे, पिण्डदान से लेकर ब्रहमभोज तक उसकी आत्मा की शांति के लिये प्रार्थना करे, इसमें कितनी सच्चाई और मानवता है, उसपर उसे हृदय परिवर्तन हेतु विचार करना चाहिये। साथ ही साथ उसे इस पर भी गौर करना चाहिये कि जो माँ बाप उसे पाल-पोष कर बड़ा किया, शिक्षा-दीक्षा से आत्मनिर्भर बनाया यही माँ बाप उसकी शादी करने के बाद और दूसरे की लड़की को अपना कुल बहू बनाने के बाद ऐसी बहुएं या पत्नी से अपमानित और तिरस्कृत क्यों होते हैं। कहाँ गया उनका पुत्र लाड प्यार कहां गयी ममतामयी माँ का प्यार जो नई बहुओं से त्रस्त और प्रताड़ित किए जाते हैं। जिस घर की नींव और आधारशिला जिस पुरूष ने रखी हो उसे अपने वृद्ध जीवन काल में ही गवा देता है और उसपर उन स्त्रियों का प्रभुत्व स्थापित हो जाता है जो घर की बहू बनकर सम्मानपूर्वक लाई जाती है। इन्ही क्रिया कलापों के चलते वैसे परिवार के बच्चे आगे चलकर उन्हीं के अनुसार कार्य करते हैं जो सामाजिक कलंक है। इससे उपजी संस्कृति के कारण आज नैतिक पतन और हर क्षेत्र मे गिरावट दृष्टिगोचर है।

यही सब स्थितियाँ कालांतर में पुरूष को मूक दर्शक बना देती है। क्योंकि सारे दिन झमेले से जूझकर लौटा पुरूष घर के अन्दर किसी कीमत पर शांति का

वातावरण पाने की लालसा मे पत्नी की धोस को चुपचाप सहन कर लेता है। जबकि पत्नी इसका नाजायज़ फायदा उठाकर अपने सास-ससुर को भी नही बकशती। बेचारा और बेसहारा माँ बाप अपनी विवशता के कारण अपनी बहु से प्रताड़ित किये जाने और अपने लड़के की बेवसी को समझकर घर की मान प्रतिष्ठा को देखते हुए शांत और मौन हो जाता है क्योंकि उसे डर है कि कहीं ऐसा न हो कि बहु द्वारा कोई अप्रिय वारदात से उसे और उसके परिवार को नाहक फंसा दिया जाय जैसाकि उसके पास पड़ोस एवं अन्यत्र ऐसी घटनाएं प्रायः घटित होती रहती हैं और स्त्रियां कानून का नाजायज दूरूपयोग कर रही हैं।

नौकरी अथवा पेशे में जो महिलाएं हैं उन्हें पति सहित पूरा समाज समानता प्रदान कर देता है जहाँ दोनों ही धनोपार्जन हेतु एक निर्धारित समय तक घर से बाहर रहकर श्रम करते है तो स्वभाविक है कि पति को गृहस्थी के कार्यों रसोई आदि में पत्नी को सहयोग करना पड़ता है। चूंकि इस तरह की महिलाएं शिक्षित होती हैं और घर के बाहर का भी वातावरण देखती समझती रहती हैं। अतः आम तौर पर विवाद की स्थिति कम रहती है। एक दूसरे के सहयोग से घर बाहर के सभी कार्यों को असानी से पूरा कर लेती हैं परन्तु अगर कही भी तालमेल का अभाव हुआ तो तत्काल पत्नी चढ़ बैठती है क्योंकि पूरूष वर्ग की अकेली विशेषता यह होती है कि वह कमाता है लेकिन यहां तो स्त्री में भी यह गुण विद्यमान है। अतः पलक झपकते ही शासनतंत्र पत्नी के हाथ में चला आता है।

अत्यधिक सुन्दर स्त्रियों के पतियो की तो अलग ही त्रासदी हैं वे बेचारे विवाह के दिन से लेकर आजीवन परिवार, समाज, इष्ट मित्रों, उच्चाधिकारियों, राहगीरों आदि के समक्ष आये दिन हीनता के शिकार होते रहते हैं क्योंकि हर आदमी इस जोड़ी को देखकर कुछ न कुछ टिप्पणी प्रत्यक्ष अथवा परोक्ष रूप से करने से बाज नहीं आता। बात चाहे जिस रूप में कही जाय अर्थ यही निकलता है जिससे पति बेचारा घुटन की जिन्दगी जीने को बाध्य हो जाता है। ऐसे में उसको अपनी सुन्दर पत्नी का किसी से भी बात करना, मिलना-जुलना काफी नागवार लगने लगता है और आये दिन की कलह की स्थिति से बचने के लिए अन्ततः वह स्वयं को पत्नी के समक्ष सेवाभाव से समर्पित कर देता है।

यद्यपि इन बातों के लिये हमारे बुजुर्गवार सीधे-साधे युवा पीढ़ी को दोषी मानते हैं जबकि इसके मूल मे सारा दोष हमारी सामाजिक व्यवस्था का है। आज पचहत्तर प्रतिशत परिवारों में चाहे वह उच्च वर्ग का हो अथवा मध्यमवर्गीय शिक्षा प्राप्त होते ही घर के नौजवान लड़के के विवाह की चिन्ता में परिवार के बड़े वृद्धों की जमात लग जाती है और फिर पारिवारिक मित्रों एवं रिश्तेदारों के साथ पंचायतों का एक सिलसिला शुरू हो जाता है और सुयोग्य कन्याओं के बरीयता क्रम की सूची बनने लगती है जिसमे प्रमुखता उन कन्याओ को मिलती है जिनके परिवार आर्थिक रूप से वर पक्ष को संतुष्ट कर सकें। लड़की का सुन्दर होना परम आवश्यक है, साथ

में पढ़ी लिखी हो तो अति उत्तम आदि विशेषताओं से युक्त एक कन्या का चयन करके विवाह कार्य संपन्न हो जाता है।

धीरे-धीरे परिवार सामान्य परिस्थितियों में आ जाता है और फिर शुरू होता है नुक्ता-चीनी का दौर। कल तक जो लड़की अपने पिता के घर स्वछदं भाव से जिम्मेदारी रहित जीवन का सुख प्राप्त कर रही थी अचानक उसे प्रातः काल सबसे पहले उठकर स्नान आदि से निवृत होने के बाद ही चाय का कप करीब होने लगता है तथा परिवार का प्रत्येक सदस्य उससे पूरी अपेक्षायें रखता है। जैसे पति के भाई-बहनों के समक्ष एक समझदार मित्र की हैसियत से सेवा भाव से, पिता के समक्ष एक सुशील सेबिका के रूप में तथा माँ के समक्ष एक नासमझ, अनुभवहीन सेविका के रूप में तथा सबसे अन्त में पति के समक्ष प्रत्येक रूप से उसे पसंद हो। इस प्रकार नववधु को औसतन अठारह घण्टे ही घर मे व्यस्त रहना पड़ता है।

नववधू के संबन्ध में घर का हर सदस्य किसी न किसी रूप में आये दिन अपना असंतोष प्रकट करता रहता है जबकि उसके पास अपना पक्ष प्रस्तुत करने के लिये एक मात्र पति ही रहता है जो सिर्फ शिकायतों को सुन सकता है। यदि भूल से भी भाई-बहनों या माता-पिता की उस फरियाद को दुहरा दिया तो तुरंत उसे पत्नी का गुलाम, परिवार द्रोही, आदि उपाधियों से सुशोभित कर जलील कर दिया जाता है। परिणाम स्वरूप पति एक असहाय की सी स्थिति मे हो जाता है जिसे अपनी पत्नी तथा परिजनों की सारी बातों को सुनकर चुप रहने में अपनी भलाई नजर आती है। ऐसी स्थिति में पत्नी उसे डरपोक, बेवकूफ एवं काहिल होने का आभास कराती रहती है।

इस प्रकार हम पाते हैं कि अधिकांश मामलों में दोष मात्र स्त्री का नहीं है अपितु हमारी सामाजिक अव्यवस्था एवं अव्यवहारिक परम्पराओ का भी है। हमें दकियानूसी मान्यताओं को भूलकर समय की मांग को देखते हुए व्यवहारिक पक्ष की ओर विशेष ध्यान देना चाहिये ताकि किसी प्रकार की घरेलू हिंसा, आपसी विद्वेष और कलह से बचा जा सके और संयुक्त परिवारों के विघटन की समस्या भी स्वतः हल हो जाय।

परम्पराओं और संस्कारगत आस्थाओं के संदर्भ में आज भी हमारे यहां की महिलाएं बेहद सजग और हठीली है। वें संस्कारयुक्त तंत्र जो उसे कभी मुक्त नहीं करते उनसे आज की स्थिति में नारी को मुक्त होना ही होगा, वरना अपनी ही लड़ाई से आग में उसका सर्वस्व भस्म हो जायेगा और सदैव की तरह जहाँ की तहाँ रह जायेगी। यहाँ संक्षेप मे आगजनी का जिक्र किया जाय तो मुद्दा सामयिक होगा और तर्क संगत भी। घर में दो औरतें विशेषकर पत्नी और बहु की नहीं बनती और किस्सा स्टोव फटने से लेकर एक औरत के जलने और अन्त में पोस्टमार्टम के बाद पुलिस की कागजी खानापूर्ति से जाकर उनके टांके लगे शव की राख जैसा ठंड़ा पड़ जाता है। इस जलने जलाने के पीछे अगर वास्तव में केन्द्रबिन्दु दहेज रहा है तो यह मानसिकता भी नारी मन की उपज अधिक प्रतिशत में रही होगी। इस पूर्वाग्रह की

बदबू कौन दूर करेगा जो प्रतिशोधात्मक बदबू से ग्रसित हो। समान दृष्टि से दूसरे पहलू पर नजर डालने से यह सोचना पड़ता है कि क्या सच में कोई किसी को इतना उत्तेजित कर सकता है कि क्रोध में उसे दूसरा पक्ष जिन्दा जला कर मार डाले इसका जवाब महिला ही दे सकेगी।

पत्नी की सास उसके पति की माँ होती है। अधिकांश मामलों में सास-बहु की आपसी कटुता विद्वेष का कारण बनती है। इससे कुठित होकर पत्नियाँ अपने पुरूषों को प्रताड़ित करती हैं जो घरेलू हिंसा का कारक बनकर विषाक्त वातावरण पैदा करता है और पति द्वारा माँ को सहजता "माँ" नही स्वीकारती जिससे पारस्परिक संबन्धों में कटुता पैदा होती है क्योकि वह दो वर्ष्र की आयु से सब से सुनती आ रही है कि सास के घर जायेगी तो मार खायेगी जब "सास" का घर तो अब उसके संस्कारों में बस गया है। इसे सोचिये ऐसा संस्कार किसने डाला। पुरूष ने तो नहीं। तब निश्चित ही तत्कालीन महिला समुदाय दोषी है जिसने बच्चे को कुछ सिखाना भी चाहा तो यह कहकर कि ऐसा फूहड़पन वहाँ (ससुराल में) नहीं चलेगा, वह तो सास ठीक कर देगी, मार-मार कर। वही नन्हीं बच्ची जब विवाहित होकर पत्नी-बहु बनकर आती है तो कमावेश अपनी माँ के प्रारम्भिक शब्द उसे याद दिलाते हैं और जब उसे अपने सास-ननद से जूझना पड़ता है तो वह उद्वेलित हो जाती है और स्वतंत्र रहना चाहती है जिसे संयुक्त परिवार स्वीकार नहीं करता। इससे कुण्ठित होकर वह अपने पति पर दबाव डालती है। असमंजस की स्थिति में उसका पति जब अपने को असहाय पाता है तो वही पत्नी उसे भिन्न-भिन्न तरीके से प्रताड़ित करती है और बेचारा पति दो चक्की के बीच में ऐसा पिसता है कि वह कहीं का नहीं हो पाता।

पुरूष प्रधान देश में पहले स्त्रियाँ प्रताड़ित की जाती थीं और अब स्त्रियां पुरूषों को प्रताड़ित कर रही हैं। अगर इसमें प्रतिशोध की भावना निहित है तो नि.संदेह यह इंसानियत के खिलाफ है और इसकी जितनी भी निन्दा की जाये वह कम है। यहाँ मेरे कहने का अर्थ कदापि नहीं कि इसके लिये केवल स्त्री ही दोषी है क्योंकि पुरूष वर्ग शुरू से ही दंभी और अहंकारी रहा है ओर स्त्री को उपभोग की वस्तु मानता आ रहा है। ऐसी प्रतिक्रिया उन्ही में है जिनमे आपसी स्पर्धा है और वह भी वर्चस्व और एकाधिकार की उपज है जिसका कुप्रभाव उनके परिवार व बच्चों तक ही सीमित नहीं है वरन् इसकी लपटें अन्यत्र भी पाई और देखी जा रही हैं। यदि वे अपने घर-परिवार-बच्चों-समाज का भला चाहते हैं तो उन्हें सर्वप्रथम मानवीय बाद में स्त्री-पुरूष बनना होगा ताकि उनकी आपसी फूट से जग हंसाई न हो।

भारतीय समाज में ऐसी महिलायें जो संयुक्त परिवार के नियंत्रण से परे हैं और स्वतंत्र पहिचान बनाये हुए हैं और उनके तथाकथित पतियों के प्रताड़ना का आरोप है उनमे सभ्रांत परिवार की 0.56 प्रतिशत मध्यवर्गीय परिवार की 1.00 प्रतिशत, नौकरीसुदा कामकाजी 1.31 प्रतिशत श्रमिक वर्ग और बाजारु 2 प्रतिशत सर्वेक्षण के अनुसार है। इस पर गौर करने से स्पष्ट है कि 95 प्रतिशत से अधिक

स्त्रियाँ अपनी लोक परंम्पराओं के अनुसार समर्पित भाव से यदाकदा कुछ राजनीतिक उच्छश्रृखंलता को छोड़ कर मर्यादित जीवन व्यतीत कर रही है। और वे ही पुरूष प्रताड़ित है जो मानदण्ड के अनुसार निष्क्रिय और आलसी है अन्यथा कोई भी संस्कारित परिवार की पत्नी अपने मांग के सिंदूर को इतनी आसानी से धोना नहीं चाहती क्योंकि उसे हमेशा सामाजिक अपमान का भय रहता है।

3. स्त्री-पुरूष संबन्धों में सिसकती नारियाँ

भारतीय समाज में नारी को देवी-देवता कहकर उन्हें अत्यंत ऊंचा स्थान दिया गया है। दुर्गा, काली, चण्डी या अन्य कई नामों और रूपो में उसे शक्ति का प्रतिनिधि माना जाता है। वह मनुभय और श्रद्धा दानों जगाती है। वह रक्षा कर सकती है। विभिन्न परिस्थितयों में प्रतिशोध से विनाशलीला भी कर सकती है। प्रसन्न होने पर प्रत्येक की इच्छा पूरी कर सकती है, क्रुद्ध होने पर वह अभूतपूर्व विभीषिका ला सकती है।

कुछ रूढ़ीवादी लोग उसे सभी बुराइयों की जड़ मानते हैं तथा ऐसा भी मानते हैं कि उसके इस तथाकथित असंगत चरित्र के कारण उसे कठोर नियंत्रण में रखना आवश्यक है। कोमलांगी और नाजुक बनावट के कारण उसे अपने जीवन के प्रत्येक चरण में सुरक्षा चाहिए जैसा कि मनुस्मृति में लिखा है। स्त्री-पुरूष सम्बन्ध के समीकरण का तथा पुर्ननिर्माण बहुत कुछ ऐतिहासिक, आर्थिक सामाजिक तथा राजनीतिक शक्तियों की परस्पर क्रिया पर निर्भर करता है।

कुछ अपवादों को छोड़कर भारतीय समाजिक व्यवस्था की विशेषता है पितृसत्ता। पितृसत्ता पुरूष के प्रभुत्व और स्त्री की अधीनता को मान्यता देता है। विवाह के बाद वधू का अपने पैतृक घर से नाता टूट जाता है तथा वह उस परिवार की सदस्य हो जाती है, जिसमें उसका विवाह होता है और वही परिवार उसके वंश का परम्परागत सूत्रधार होता है।

भारतीय समाज में स्त्री-पुरुष कार्य घरेलू और बाह्य क्षेत्रों में है। जो स्त्रियां घरेलू कार्यो को अपने पति और परिवारजनों के सहयोग को निष्ठापूर्वक करती है और एक दूसरे के पूरक रहते हैं वहाँ आपसी एकता और सौहार्दपूर्ण वातावरण बना रहता है और एक-दूसरे के पूरक होने के कारण कोई आपसी मतभेद की गुंजाइस कम रहती है। गृहस्थी के प्रबन्ध का काम निरपराद रूप से स्त्री के क्षेत्र में आता है। कुछ के पास घरेलू सेवक होते हैं और कुछ स्वयं ही सारा कामकाज करती हैं। पुरूष यदि इनके जिम्मे के घरेलू कार्य करते देखे जाते हैं तो इनका उपहास होता है। पुरूष ये काम तभी कर सकते हैं जब पत्नी घर पर नहीं हो या अस्वस्थ्य हो तथा उसका काम संभालने वाली अन्य स्त्री घर में न हो। यह धारणा इतनी गहरी जमी हुई है कि व्यवसायो में कार्यरत तथा पूर्णकालिक सेवारत स्त्रियों से ही अपेक्षा की जाती है कि वे गृहस्थी के कामकाज भी देखती रहे। बहुत सी स्त्रियां जब अपने घरेलू दायित्व नहीं पूरा कर पाती तो उन्हें अपराध न भी हो तो एक अपर्याप्तता तो महसूस होती

ही है। दूसरी ओर पुरूषों से घर के बाहर की दुनिया के कामकाज देखने की अपेक्षा की जाती है। उनसे अपेक्षा की जाती है कि वे परिवार का भरण पोषण करे तथा उसके असंतोषों और संघर्षों की स्थिति में पंच के रूप मे काम करें।

उच्चतर सामूहिक-समूहों में पुरूष भरण-पोषण करने वाले होते थे किन्तु आज यह स्थिति भी तेजी से बदल रही है। स्त्रियां सार्वजनिक सेवाओं तथा व्यवसायों में प्रवेश कर रही हैं और नियमित वेतन अर्जित कर रही हैं। अतः बढ़ती कीमतों उच्चतर जीवन स्तर की इच्छाओं के कारण इस प्रवृति को स्वीकार करना ही पड़ेगा लेकिन पुरूषों को अच्छा नहीं लगता कि उनका खर्च कोई महिला उठाये। उनकी पत्नियां उनसे ज्यादा कमाती हैं तो उनके अहम को चोट लगती है। हिन्दू समाज का पितृवंशी भाग स्त्री में अनेक चारित्रिक गुणों की अपेक्षा करता है। स्त्री से यह अपेक्षा होती है कि जिस परिवार में उसका विवाह हुआ है वह उसके ही ढांचे में अपने को ढाल ले और निजी पहचान को अपने पति के पहचान मे विलीन कर दे। आखिरकार उसके अस्तित्व का उद्देश्य ही है अपने पति की छाया बनकर रहना। आवश्यकता पड़ने पर उसके साथ खड़ी होकर उसकी ताकत में अपनी ताकत जोड़ दे। उल्लेखनीय है कि ये सब आदर्श चारित्रिक मूल्य थे और यह माना जाता था कि स्त्रियाँ इस पर खरी नहीं उतरती थीं।

मैने एक महिला से पूछा “क्या आप को विश्वास है कि अगले जन्म में इसी जन्म वाला पति नहीं मिलेगा वह बोली बेशक आप देख नही रहे हैं कि इतना पूजा पाठ, व्रत बगैरह मै क्यों कर रही हूँ”, ताकि अगले जन्म में ऐसे पति से पीछा छूट जाय। मैने कहा आप अगर इस जन्म में पीछा छुड़ाना चाहती है तो किसी भाई को सुपारी क्यों नही दे देती। वह बोली पीछा छुड़ाने की इतनी भी जल्दी नही है कि सुपारी देनी पड़े। यह जन्म तो जैसे तैसे बीत जायेगा, अगले जन्म में गलती को दुहराना नही चाहती हूँ।

पति की सोच अलग है वह वर्तमान पर टिका होता है। वर्तमान ही बिगड़ा हुआ है तो भविष्य क्या सुधरेगा। यह जन्म मुश्किल में है तो अगला जन्म कौन सा सरल होगा। मैने एक व्यक्ति से पूछा क्या आप अगले जन्म में इसी पत्नी के भरोसे रहना चाहोगे : वह बोला अगला जन्म किसने देखा है, मैं तो इस जन्म में भी पत्नी के भरोसे नहीं रहना चाहूंगा। मैं तो हर वर्ष कोशिश में रहता हूँ कि पत्नी बदलती रहे। मैंने फिर पूछा, लगता है आप को अगले जन्म में विश्वास नहीं वह बताने लगा जब वर्तमान ही खूबसूरत हो तो अगले जन्म की सोचने की जरूरत नहीं। मैं तो इस जन्म के बारे में ज्यादा नहीं सोच पाता तो उस जन्म की क्या सोचूं।

एक सर्वेक्षणकर्ता ने मेरी पत्नी से पूछा “क्या आप अगले जन्म में भी इस पति से काम चलायेगीं पत्नी के उत्तर में हाँ सुनकर वह चकराया, आप बहुत ही पुराने विचारों की हैं। नए जन्म में कुछ नया नहीं करना चाहोगी? पत्नी ने पीड़ा व्यक्त की, इस एक पति को सुधारने में जीवन बेकार हो गया है। मैं चाहती हूँ कि अगला

जन्म तो व्यर्थ न जाये, इसलिए इसी सुधरे व्यक्ति की कामना करती हूँ। नए जन्म मे नए पति को सुधारने में पूरा जन्म बेकार हो जायेगा। शोधकर्ता ने इस दूरदर्शिता को देखकर अपना सिर झुका लिया।

देश की आजादी की लड़ाई में महिलाओं ने आगे बढ़कर हिस्सा लिया था। उनमें से बहुत सी ऐसी महिलायें भी थीं जो देश को गुलामी से मुक्त कराने के साथ-साथ अपने आप को भी पुरानी गुलामी और भेद-भाव से मुक्त कराना चाहती थीं। नए संविधान में महिला पुरूष एकता का सिद्धान्त सुनहरे अक्षरों में खोद दिया गया। डा० अम्बेडकर ने देश के न्याय मंत्री के रूप में यही कहा कि जिस तरह भारतीय समाज में वर्ण व्यवस्था के आधार पर देश की आधी से ज्यादा आबादी के साथ घोर अन्याय किया था, ठीक उसी तरह उसने महिलाओं को भी उनके मूलभूत मानव अधिकारों से भी वंचित रखा था। इस अन्याय को दूर करने के लिये अम्बेडकर ने हिन्दू कोड बिल तैयार किया और उसके माध्यम से हिन्दू औरतों (जो औरतो की कुल आबादी का 80 प्रतिशत हिस्सा थी) के अपने मायके और ससुराल में पुरूषों के बराबर लाने का प्रयास किया।

बहुत सालों से इंतजार कर रही औरतों के मन में खुशी की लहर दौड़ उठी, लेकिन दुर्भाग्य से जैसा सोचा गया था, वैसा हुआ नहीं। अम्बेडकर ने हिन्दू कोड बिल का मसौदा जैसे ही सदन मे पेश किया वैसे ही संसद में कोहराम मच गया। अम्बेडकर को पुरूषों के रोष का सामना करना पड़ा। महिला सदस्य हैरत से एक ऐसा नजारा देख रही थीं जिसकी कल्पना भी उन्होने नहीं की थी। सबसे हैरत की बात यह थी कि अम्बेडकर की मदद करने के बजाय ज्यादातर सदस्य उन पर हो रहे हमले मे ही हिस्सा ले रहे थे। उनका साथ तो केवल जवाहरलाल नेहरू और उनके कुछ साथी दे रहे थे, कुछ साथ समाजवादी तथा अच्छी तादाद में मौजूद कम्यूनिस्टों ने दिया।

अंबेडकर कौन-सी ऐसी बात कर रहे थे जिसका इस कदर विरोध हुआ। वह कह रहे थे कि लड़कियों को भी गोद लिया जा सकता है। इसका जवाब कट्टरपंथियों ने यह कह कर दिया कि जब लड़कियां अपने पिता की मौत के समय उन्हें आग नहीं दे सकतीं तो फिर उन्हें गोद लिया ही क्यों जाये। बहुविवाह पर रोक की बात सुनते ही पुरूष आगबबूला होकर बोले कि ऐसा कहकर उनके जन्मसिद्ध अधिकारों पर कुठराधत किया जा रहा था। बाल विवाह और विधवाओं के उत्पीड़न को खत्म करने की बात का कड़ा विरोध धर्म को सुरक्षित रखने के नाम पर किया गया। इस पर देश के राष्ट्रपति डा. राजेन्द्र प्रसाद ने हस्तक्षेप किया और अम्बेडकर अधूरा कानून ही पारित करा सके। बाद में उन्होंने इस्तीफा दे दिया। अंत में उन्होंने बौद्ध धर्म स्वीकार कर लिया।

महिलाओं को यह बात हमेशा याद रखनी चाहिए कि अम्बेडकर ने किसी दलित मुद्दे पर नहीं, बल्कि महिलाओं के मुद्दे पर केन्द्रीय मंत्रालय से इस्तीफा

देकर एक ऐतिहासिक कदम उठाया था। पिछले पाँच दशकों से महिला आंदोलन से जुड़े तमाम लोगों की यह माँग रही है कि हिन्दू कोड बिल को पूर्ण रूप से पारित कर हिन्दू महिलाओं को उन तमाम अधिकारों से लैस किया जाये जिनसे उन्हें हजारों सालों से वंचित रखा गया है।

इस सत्य को कोई नकार नहीं सकता कि भारतीय जन का कोतुहल जब जगता है, वह परिवर्तन और नई स्थापनाओं को वाहक बनता है। अतएव समस्त संकटों और समस्याओं की चर्चा करने और उसका समाधान खोजने के पूर्व यह आवश्यक है कि देशवासियों में मानसिक स्तर पर राष्ट्रीय कोतुहल सदा बनाये रखा जाये ताकि गरीबी, बेरोजगारी बीमारी, भ्रष्टाचार आदि समस्याओं को अपनी समस्या समझे। देशवासियो का राष्ट्रीय कौतुहल इस समय पुनः कुलबुला रहा है। कुंठायें ढीली हो रही हैं कि कुछ करो। कुछ करना चाहिए ताकि व्यवस्था मे बदलाव आये यह राष्ट्रीय कौतुहल अभी केवल सत्ता और राजनीति के आसपास चक्कर लगा रहा है। वह किसी ऐसे व्यक्ति और माध्यम की तलाश में है, जो उसके इस कौतुहल को संपूर्ण राष्ट्रीय संदर्भ में अभिव्यक्ति दे। उसकी संज्ञा शून्य संवेदनाओं को सामाजिक, आत्मियता, राष्ट्रीयता और सांस्कृतिक परंपराओं का आदान प्रदान करके उन्हें जीवंत बनाये।

प्रकृति ने स्वाभाविक रूप से स्त्री-पुरूष के रूप में दो जातियों का निर्माण किया है। इन दोनों की परस्पर पूरकता से प्रकृति काल चक्र चलता है। पृथ्वी पर अन्य जातियों का निर्धारण पूर्णतः कर्म और गुण पर आधारित है। इस स्थिति में किसी तरह की शिक्षा ग्रहण करने तथा धार्मिक कर्मकाण्ड, अनुष्ठान आदि संपन्न कराने का अधिकार महिलाओं को भी समान रूप से प्राप्त है। विभिन्न समस्याओं के समाधान हेतु महिलाओं को सामाजिक अनुष्ठान के बारे में जानकारी होना आवश्यक है। यह तभी संभव है जब दोनों में आपसी सौहार्द की प्रबलता और एक दोनों को समझने की जिज्ञासा हो। ऐसा संभव नहीं होने पर दोनों का जीवन नारकीय हो जाता है और नारी सर्वाधिक उपहास का कारण बनती है। यह कैसी विडम्बना है जिसमें एक ओर लोक मर्यादा और दूसरी ओर उसका उपहास।

नारी का सम्मान करने से ही विकास एवं संमृद्धि संभव है। महिलाओं के शिक्षित होने तथा विधिक रूप से साक्षर होने पर ही एक सभ्य समाज की संकल्पना की जा सकती है। परन्तु जहाँ नारी संशक्त है वहाँ पुरूष त्रस्त और जहाँ पुरुष सशक्त व प्रभावशाली है वहाँ नारी अपने आप को त्रस्त की अनुभूति करती है। परन्तु जहाँ दोनों में आपसी स्नेह और मित्रवत व्यवहार है वह घर और परिवार सुखी और संपन्न है। परन्तु जहाँ किसी प्रकार का संशय और विद्वेश है वहा जीवन असुरक्षित और आतंकित है।

आपसी वैमनस्यता के कारण न जाने कितनों कीं हत्या हो गयी जिससे पूरा देश स्तब्ध है। न जाने कितनी महिलाओं की जानें गयीं। न जाने कितनी माँगो का

सिंदूर धुल गया। न जाने कितने बच्चे अनाथ हो गये। न जाने कितनों ने अपने जीवन के बसंत भी नहीं देखे। घूँघट और घुटन दोनों की त्रासदी झेल रहे लोगों में आपसी एकता, प्रेम, भाई-चारा, समन्वय, सौहार्द से दाम्पत्य जीवन में हमेशा खुशहाली बनी रही, यही लेखक की चाह और राह है।

4. देवदासी प्रथा और नारी चिंतन

भारत जैसे देश मे जहाँ स्त्रियों को प्रसन्न करने तथा उनका शोषण हर स्तर पर करने के लिए पुरूष प्रधान समाज ने दुर्गा, लक्ष्मी, सीता, सावित्री की उपाधि से विभूषित किया है ताकि स्त्री समाज भूलावे मे पड़कर पुरूषों के हाथों कठपुतली की भांति संचालित होती रहे। समाज में स्त्रियों की अनेक प्रकार से व्याख्या की गयी है। नायिका के रूप में उसे मुग्धा कहा जाता है, तो इससे हटकर वह माँ, बहन, बेटी और पत्नी आदि रूप मे जानी जाती है।

प्रसंग जब नारी के दुरूपयोग का आता है तो मुझे यह कहने मे तनिक संकोच नहीं है कि पुरूषों ने हर काल में उसके तन-मन के साथ मजाक किया है। आज के उन्नतिशील समाज में भी देवदासी परम्परा का स्वरूप दक्षिण भारत में देखा जा सकता है। वास्तव मे इस परम्परा के तहत नारियों को धर्म द्वारा अनुमोदित वेश्या बनाने की साजिश ही है। कहने को तो देवदासी प्रथा का अंत कई दशक पूर्व हो गया है जबकि वास्तविकता वह है कि देवदासी प्रथा का मुख्य केन्द्र कर्नाटक राज्य के सौन्दती बेलगाव कस्बे मे एक पहाड़ी पर स्थित यलम्मा देवी का मंदिर है। प्रति वर्ष माघ माह की पूर्णिमा को इस मंदिर मे विराट मेला लगता है। इस मेले मे प्रति वर्ष चार पाँच हजार अबोध बालिकाओं को देवी को समर्पित कर देवदासी बना जाता है। एक रिपोर्ट के अनुसार स्वाधीनता प्राप्ति के बाद यहां करीब तीन लाख बालिकाओं को देवदासी बनाया गया है। ध्यान देने वाली बात यह है कि अपनी पुत्रियों को देवी यलम्मा के चरणों में समर्पित कर देवदासी बनाने का प्रमुख कारण मनौती (मिन्नत) का पूरा हो जाना। मन्नत पूरा हो जाने पर कन्या को माता पिता देवदासी बना देते हैं। वास्तव मे आर्यों के भारत आने के पूर्व भारत में जारी थी। ऐसी मान्यता है कि जब मूर्ति पूजा के विकास के साथ मंदिरों का निर्माण शुरू हुआ तभी उपासना की विधियों में तन्त्र-मन्त्र के प्रभाव का लोगों पर तेजी से असर हुआ। समयोपरान्त धर्म को जब राजाश्रय प्राप्त हुआ तो वैभव प्रदर्शन हेतु भव्य पूजा का आयोजन किया जाने लगा। ऐसे आयोजनों की मान्यता को बढ़ाने के लिये नृत्य, गायन में माहिर नवयौवनाओं को प्रमुखता से स्थान मिलने लगा और यहीं से हमारे देश में देवदासी प्रथा की शुरूआत हुई है।

इतिहास साक्षी है कि तीसरी शताब्दी के पूवार्ध में यह प्रथा अधिक प्रचलित हुई हालांकि उस काल में इसका स्वरूप पूर्णतः धार्मिक रहा। पल्लव एवं चोलवंश के शासकों के शासन काल में इसका विकास तेजी से हुआ और इसको बड़े सम्मान की दृष्टि से

देखा जाता था। एडगर थस्टन की पुस्तक "कास्टस एण्ड ट्राइब्ज इन सदर्न इंडिया" में भी इसका उल्लेख मिलता है। एडगर के अनुसार 11वीं सदी मे चोल वंश के राजा चोल के शासन काल मे तन्जौर के राजेवश्वर मंदिर मे 400 देवदासियाँ थी। गुजरात के सोमनाथ मंदिर मे 500 देवदासियाँ होने का प्रमाण है। देवदासी प्रथा में अवमूल्यन का सिलसिला विजयनगर शासन काल के दौरान आरंम्भ हुआ था। इस काल मे देवदासियों का कार्य मंदिर मे देवी की पूजा अर्चना करना मात्र न रहकर राजाओं और सामंतों की कामवासना को भी शांत करना भी होने लगा। समयोपरान्त वह सरकारी मुलाजिम, पुजारी, धनाढय लोगों का भोग विलास, मनोरंजन की वस्तु बनती गयी। फिर तो पतन का यह क्रम बदस्तूर जारी है। माता पिता द्वारा कन्या को देवी यलम्मा के चरणों में समर्पित करते समय जो रस्में पूरी की जाती हैं, वे वैवाहिक रस्मों से काफी मिलती जुलती होती हैं। देवदासी बनने वाली कन्या को मंदिर से तीन मील दूर स्थित खोगुला वर्वा नाम के कुएं के जल से स्नान कराया जाता है, उसे निर्वस्त्र अवस्था में नीम की बनी माला पहनाई जाती है तथा एक जलुस के साथ पैदल मंदिर तक लाया जाता है। मंदिर में बालिका को पुनः नहलाया जाता है और यलम्म देवी के मंदिर की परिक्रमा करायी जाती है। फिर पुजारी पूजा एवं आरती जैसे अनुष्ठान को पूरी करता है। तत्पश्चात पुजारी उस कन्या का विवाह देवी के साथ संपन्न कराता है। कन्या को देवी की तरफ से मंगलूसत्र प्रदान करता है। मंगलसूत्र इस बात का प्रतीक माना जाता है कि बालिका का विवाह देवी के साथ संपन्न हो चुका है तथा अब भविष्य में बालिका किसी पुरूष के साथ विवाह नहीं कर सकती है।

वर्तमान समय में देवदासियाँ एक प्रकार से धार्मिक मान्यता प्राप्त वेश्याओं की घिनौनी जिन्दगी जीने को विवश हैं। सबसे बड़ी विड़म्बना यह है कि विवाह के अधिकार से वंचित होने के बाद भी यह किसी एक पुरूष के साथ अधिकतम दो वर्ष की अवधि तक ही रहे लेकिन इस दौरान उत्पन्न संतान अवैध मानी जाती है। अधिकांश देवदासियाँ महानगरों में दलालों के माध्यम से वेश्यावृति कर अपना जीवनयापन करने को विवश हैं। दुखद स्थिति का सामना उन्हें तब करना पड़ता है जब उनका यौवन ढल जाता है उस समय घर-घर भीख माँगकर छिपते छिपाते चूल्हा-बर्तन कर किसी तरह गुजारा करती हैं। किन्तु भेद खुल जाने पर काम भी नहीं मिलता।

मनुष्य होकर कीडे-मकोड़े से बदूतर जिन्दगी जीना देवदासियों के भाग्य में धर्म की आड़ लेकर लिख दिया जाता है। समाज के द्वारा इस जहर को बाल्यावस्था से ही इन्हें प्रतिदिन घुट-घुट कर पीना है, क्योंकि ये जानती हैं कि ये अबला है। परिवार का, समाज का, विरोध करने की ताकत उनमें नहीं है।

हालांकि देवदासी प्रथा के उन्मूलन तथा इनकी दयनीय स्थिति को सुधारने के लिये सरकार ने समय-समय पर कानून बनाये हैं, फिर भी इनकी स्थिति में कोई खास प्रगति नहीं हुई है। अन्य सामाजिक समस्याओं की तरह मात्र कानून बना देना

ही पर्याप्त नहीं है। जिस प्रकार आज भी भारत के अनेक शहरों में बालविवाह तेजी से हो रहा है, उसी तरह बालिकाओं को धर्म की आड़ मे देवदासी के नाम पर वेश्या बनाने को कुकृत्य हो रहा है। समाजिक जनजागरण तथा शिक्षा के प्रचार-प्रसार के माध्यम से इस समस्या पर काफी हद तक काबू पाना संभव हो सकता है। जहाँ कहीं भी ऐसा कुकृत्य होने का समाचार मिले, तुरन्त कड़ाई से कार्यवाई होनी चाहिये तथा दोषी व्यक्तियों को कड़ी सजा का प्रावधान बनाया जाये ताकि लोगों में भय उत्पन्न हो, साथ ही वह देवदासियों को पेंसन, देवदासियों की संतानों को सरकारी नौकरियों में आरक्षण तथा पिता के संपति में अधिकार दिये जाने का कानून बनाना होगा, तभी इस देश से इस कुप्रथा का अन्त किया जा सकता हैं। अन्यथा नारी देह का खुला व्यापार देवदासी प्रथा के नाम से ऐसा ही चलता रहेगा।

नारी मुक्ति के लिये समर्पित कई संस्थानों ने अपने ठोस और सतूत संघर्षपूर्ण और दिशावान कार्य से यह सिद्ध कर दिया है कि देवदासी जैसी जघन्य अपराध से नारी मुक्ति की कितनी आवश्यकता है। हजारों बेवस सताई हुई, परिव्यक्त, पीटी हुई, जलाई हुई, निकाली हुई और भुख से मरती हुई महिलाओं को इन संस्थाओं ने न्याय दिलाया है, सिर उठाकर शान से जीना सिखाया है और उन्हें उपभोक्ता से उत्पादक बनाया है। ऐसी समर्पित महिलाओं और संस्थाओं के लिये मेरा प्रश्न यह है क्या नारी के प्रति समाज (जिसमें स्त्री-पुरूष दोनों आते हैं) का दृष्टिकोण बदलने में थोड़ा भी कामयाब हुई है।

कुछ लोगों की अवधारणा है कि उच्च वर्ग नैतिकता की परवाह ही नहीं करता, निम्नवर्ग नैतिकता को अगुवाई नहीं कर सकता और मध्यवर्ग नैतिकता की सबसे अधिक चिन्ता करता है। वह यह तो चाहता है कि उसकी बेटी उच्च शिक्षा प्राप्त करे, लेकिन यह पसन्द नहीं करेगा कि वे अपने पुरूष सहकर्मी के घर जाये या उन्हें अपने घर बुलाये। नैतिकता के कितने मानदण्ड हैं, उसके पास बेटी के लिये अलग तो हो और बहुओं के लिये अलग। विवाहितों के लिये अलग तो प्रौढ़ों के लिए अलग और कुवारियों के लिये अलग। लड़कियों को दिन में कई बार यह सुनना पड़ता है कि अब वे बड़ी हो गयी है, उसे अब ऐसा नहीं करना ऐसा ही करना चाहिये।

गत दशकों की अपेक्षा महिलाओ की स्थिति में काफी अंतर आया है और अनेक एशियाई देशों की तुलना मे भारत में महिलाएं अधिक मुक्त और सहज समाज में हैं। लेकिन उनकी स्थिति को नारी मुक्ति आंदोलन ने नहीं सामाजिक, आर्थिक परिवर्तनों ने बदला है। यह कटु सत्य है कि आर्थिक रूप से आत्मनिर्भर होते ही नारी अपने आप मुक्त हो जायेगी या मुक्त होना शरू कर देगी। नौकरी ने हमारी लड़कियों की मुसीबतों को दुगुना कर दिया है। अब उन्हें बच्चे भी पालने हैं घर के सारे काम करने है और नौकरी भी करनी है। बच्चों के मामले मे यह अपराध बोध लगता है कि वे नौकरी करके बच्चों को लाड प्यार से वंचित कर रही है जिस पर उनका स्वभाविक हक है लिहाजा थोड़े से बचे समय में ही इसकी क्षतिपूर्ति कर

दी जाये। महत्वपूर्ण तथ्य यह है कि केवल अधिकारों के प्रति सजकता महिला को मुक्त नहीं कर सकती, स्त्री पुरूष को समान दर्जे पर प्रतिष्ठित नहीं कर सकती, मुक्ति के लिये अधिकार के साथ-साथ उत्तरदायित्व की सजकता भी आवश्यक है। इसके लिये यह भूलना आवश्यक है कि लज्जा ही नारी का आभूषण है, यह भूलना आवश्यक है कि नारी जीवन की चरम सार्थकता माँ बनने में है। यह भूलना आवश्यक है कि बच्चों के यौन संबन्धी प्रश्नों को टाल देना चाहिये। यह भूलना आवश्यक है कि बच्चे की सबसे अच्छी परवरिश माँ ही कर सकती है और यह भूलना आवश्यक है कि नारी को प्रकृति ने ही कमजोर और कामनीय बनाया है।

जैसे-जैसे संचार सुविधाओं का विस्तार होगा इलेक्ट्रानिकस निवास उत्पादन प्रचलन में आयेंगे, विकेन्द्रीकृत सेवा उद्योग पनपेंगे और औद्योगिक सभ्यता के गर्भ से एक नया समाज बनेगा। घर का महत्व भी बढ़ता जायेगा। आने वाले समाज में महिलाओं को एक महत्वपूर्ण भूमिका निभानी है। अब उन्हें अपने रूप और आदतों का भरोसा छोड़कर पुरूषों से अधिक दक्षता प्राप्त करनी है और अधिक जवाबदार होना है। जो नारी को अबला कहते हैं उनसे तो सावधान रहना ही है, जो उन्हें देवी कहते है उनसे अधिक सावधान रहना है।

यह बात नारी को स्पष्ट समझ लेना चाहिये कि पुरूष नारी का प्रतिद्वदी नहीं, मित्र और सहयोगी है। नारी को अपनी मुक्ति की लड़ाई स्वयं जीतनी और लड़नी है। कोई भी दूसरा उसके लिये लड़ाई नहीं लड़ेगा।

5. मातृत्वजनित नारी का सर्वेक्षण

एक सर्वे के अनुसार भारतवर्ष में प्रसव सम्बन्धी विभिन्न कारणों से हर पाँच मिनट में एक महिला की मृत्यु हो जाती है। ये आंकड़े विकसित देशों की तुलना में 60-80 प्रतिशत अधिक हैं यह विडम्बना है कि एक को जन्म देने की प्रक्रिया में एक की मौत हो जाती है। प्रसव के दौरान माँ के मरने के कई कारण होते हैं, जिनमें महिला का खराब स्वास्थ्य, चिकित्सा या स्वास्थ्य केन्द्रों का अभाव, यातायात, आवाजाही की सुविधा न होना, लचर आर्थिक स्थिति और इस तरह के तमाम कारण होते हैं। लेकिन इन्फेक्शन, रक्तस्राव और असुरक्षित गर्भपात मुख्यरूप से जिम्मेदार हैं।

आज भी स्त्रियां जच्चा-बच्चा के प्रति उतनी जागरूक और सचेत नही हैं। धार्मिक अधिकारों के नाम पर भी स्त्रियों की स्वतंत्रता पर कुठाराघात होता रहता है। स्त्री कोख पर नियंत्रण से ही स्त्री को नियंत्रित किया जा सकता है, इसे दुनिया भर की सजाऐ, चाहे वे धार्मिक हो या राजनीतिक, मानती आयी हैं। धर्म, जाति, आयु से परे स्त्री एक सहज शिकार है। दुनिया भर के तमाम देशों में जो लाखो, करोड़ो मारे जाते हैं, उनकी चीखें क्यों नहीं सुनाई देती। पढ़ी-लिखी महिलाओं को अपने ही शरीर के बारे में फैसला करने के लिए दूसरे का मुंह जोहना पड़ता है। भारत, नेपाल, पाकिस्तान, अफगानिस्तान, अमेरिका एवं अन्य सब की औरतों की स्थिति

एक जैसी है। स्थिति का कठिन पहलू यह है कि अमेरिका में अजन्में शिशु के अधिकार के नाम पर स्त्रियों को चुनने की आजादी का हनन किया जा रहा है और भारत में गर्भपात का अधिकार होने पर चुन-चुनकर कन्या भ्रूणों की हत्या की जा रही है।

सुरक्षित गर्भपात एवं कृत्रिम जन्म निरोधक एक महान् धारणा है लेकिन इसका पालन दुनिया के चन्द देशों में ही किया जाता है। ब्रिटेन में चेरिटी आक्सफेस नामक संस्था ने अभी हाल में ही "मातृत्व की कीमत" शीर्षक से एक सर्वे किया था जिसके अनुसार संसार में बच्चा पैदा करने में प्रति मिनट एक औरत मर जाती है, यानि एक वर्ष में 5.25 लाख स्त्रियाँ बच्चा करते समय मर जाती है। इसमें से 40 प्रतिशत महिलाएँ दक्षिण एशिया से होती है। भारत और नेपाल जैसे विकासशील देशों में इनका आकड़ां एक लाख गर्भवती महिलाओं में से बच्चे के जन्म तक 540 महिलाओं की मृत्यु हो जाती है। कुछ अन्य आंकड़ों पर नजर डाले तो विश्व में प्रति मिनट 380 महिलाएं गर्भ धारण करती है। इनमें से 190 महिलाएँ अनचाहे गर्भ का सामना करती है। इतना ही नहीं प्रति मिनट में 110 महिलाएं अनचाहे असुरक्षित गर्भ सम्बन्धी जटिलताओं से गुजरती है तथा इनमें से 40 महिलाएं असुरक्षित गर्भपात कराती है।

यूनिसेफ एवं सात अन्य बड़ी सामाजिक संस्थाओं के एक प्रकाशन से प्रकाशित पुस्तक फैक्ट फार लाईफ" के अनुसार भी मातृत्व की भयावता का अन्दाजा लगाया जा सकता है। इस पुस्तक के अनुसार विश्व में प्रति दिन 1400 महिलाएं गर्भावस्था अथवा इससे जुड़ी समस्याओं के चलते मौत के आगोश में चली जाती है। इस पुस्तक में "सेफ मदरहुड" नामक में मातृत्व को सुरक्षित रखने के लिए कुछ बिन्दु सुझाये गये हैं जो इस क्षेत्र में एक सार्थक पहल कही जा सकती है, साथ ही यह साझा मंच "हबाईट रिबन एलायेन्स" का गठन इसी के चलते किया गया है जो इस प्रकार से होने वाली मौतों से बचाने के लिए महिलाओं को जागरूक करें।

विश्व स्वास्थ्य संगठन की रिपोर्ट के अनुसार भारत में 65 प्रतिशत महिलाएं एनीमिया (रक्ताल्पता) से पीड़ित हैं और यही जब भी माँ बनती है तो शरीर में पौष्टिक तत्वों की पहले से ही कमी के कारण शारीरिक रूप से और भी कमजोर हो जाती हैं और आखिर में इनमें से अधिकतर महिलाएं मृत्यु को प्राप्त होती है। भारतीय संदर्भ में "नेशनल फेमिली हेल्थ सर्वे" (एन.एफ.एच.एस) की रिपोर्ट के अनुसार देश के ग्रामीण क्षेत्रों में मातृत्व मृत्युदर प्रति एक लाख में 619 है तथा देश के सबसे बड़े सूबे उत्तर प्रदेश में प्रति एक लाख गर्भवती महिलाओं में से 707 महिलाएँ प्रसव के दौरान मृत्यु को प्राप्त हो जाती है तो वही बिहार में प्रति लाख महिलाओं में से 709 महिलाएं प्रसव के दौरान मृत्यु को अंगीकार करती है। दक्षिण के राज्यों में स्थिति काफी अच्छी है। वहाँ केरल, गोवा और तमिलनाडू जैसे राज्यों में प्रति एक लाख गर्भवती महिलाओं में से लगभग 71 महिलाएँ प्रसव के दौरान जान गवाती है। यानी जहाँ दक्षिण के राज्यों में सुरक्षित प्रसव का प्रतिशत लगभग 97.4 है, वही उत्तर

भारत के अधिकतर राज्यों में सुरक्षित प्रसव का प्रतिशत लगभग 19.6 ही है।

भारत में 53.8 प्रतिशत तक ही टेटनस आक्साइड का इंजेक्शन पहुँच पाता है महज 46.8 प्रतिशत का ही रक्तचाप नापा जाता है तथा 20 प्रतिशत महिलाओं को ही हर तरह की प्रसवपूर्व देखभाल सुलभ है, वही भारत के पिछड़े राज्य विहार, उत्तर प्रदेश एवं राजस्थान में लगभग 3.9 प्रतिशत से 5.2 प्रतिशत महिलाओं को ही ऐसी सुविधाएं नसीब हो पाती है। जहाँ देश में 33.6 प्रतिशत प्रसव चिकित्सीय संस्थानों में होते है वही विहार उत्तर प्रदेश, एवं राजस्थान में 13.4 से 16.9 प्रतिशत महिलाएँ ही बच्चों को जन्म देने के लिए चिकित्सीय संस्थाओं में भर्ती होती है। 42.3 प्रतिशत प्रसव ऐसे होते है, जिनमें डाक्टरों, नर्सों अथवा दाइयों का सहयोग होता है, वही विहार, उत्तर प्रदेश एवं राजस्थान में 19.3 प्रतिशत से 23.6 प्रतिशत प्रसवों में ही डाक्टर, नर्से एवं दाइयाँ सहयोग कर पाती हैं।

महिलाए यदि सुरक्षित गर्भपात अपनाए तो यह ज्यादा से ज्यादा सुरक्षित रह सकती है लेकिन देखा गया है कि गर्भपात करानेवाली ज्यादातर महिलाएं कम उम्र की होती है। इसके अलावा बलात्कार का शिकार, रक्त संबंधियों के यौन शोषण की शिकार तथा बाल विवाह के कारण भी काफी संख्या में गर्भपात कराती है। इनमें से अधिकतर महिलाए गरीब होती हैं जो अपने स्वास्थ्य की सही देखभाल नहीं कर पाती। इस करण इनमें से भी अधिकतर महिलाओं की मृत्यु असुरक्षित गर्भपात एवं बच्चे को जन्म देते समय हो जाती है।

वर्तमान परिपेक्ष में नारियों के स्वास्थ्य, चिकित्सा, कल्याण, जागरूकता पर विशेष ध्यान केन्द्रित किये जाने की आवश्यकता है। यह कार्य मात्र सरकारी तंत्र से संभव नहीं बल्कि इस अभियान को जन-जन तक पहुँचाने हेतु सामाजिक, शैक्षिक संस्थाओं की अहम भूमिका होगी। दक्षिण एशियाई देशों में व्याप्त असुरक्षा तथा भ्रष्टाचार के कारण इस दिशा में जितना कार्य किया जाना चाहिए वह पर्याप्त मात्रा में नहीं हो पा रहा हैं । जन स्वास्थ्य सेवाएं तथा औषधियाँ गुणवत्ता के आधार पर न तो उपलब्ध है और न तो आम जनता इससे लाभान्वित हो रही है। इसके समुचित निदान हेतु चेक प्वाइंट बनाकर विशेष सर्तकता बनाना चाहिए। जिस देश के नागरिकों का स्वास्थ्य उत्तम होगा वही देश संपन्न एवं उन्नत माना जा सकता। हमारा परम कर्तव्य है कि हम जन स्वास्थ्य सेवाओं को जन-जन तक पहुँचाने में सहयोग करें और उन असहाय एंव विपन्न लोगों को सारी सुविधायें मुहैया कराये जो जरुरतमन्द है ताकि वे स्वस्थ रहे और स्वस्थ भारत के नवनिर्माण में सहयोग प्रदान करे।

भूमण्डलीयकरण के इस दौर में जागरुकता अहम मुद्दा है। जागृति के बिना समाज और राष्ट्र का विकास संभव नहीं है। इतिहास इस बात का साक्षी है कि राष्ट्र के विकास में नारियों ने अपनी अहम भूमिका निभायी है। विज्ञान, चिकित्सा, कला संस्कृति और राजनीति के क्षेत्र में अपना परचम लहराया महिलाएँ अपने अनुभव को

संस्कृति और राजनीति के क्षेत्र में अपना परचम लहराया महिलाएँ अपने अनुभव को जीवन में उतारे तथा समाज के दीनहीन, उपेक्षित वंचित व्यक्तियों को समाज की राष्ट्रधारा में जोड़ने का प्रयास करें। लेखक के अनुसार स्वस्थ राष्ट्र के लिए स्वस्थ मन और तन का होना आवश्यक है। स्वस्थ तन और मन के लिए साफ-सफाई आवश्यक है। हमें अपने पर्यावरण को स्वच्छ बनाये रखने हेतु प्रयास करना चाहिए। हमारे सामने अनेक चुनौतियाँ है जिनका सामना अपने को अनुशासित करके करना होगा। राष्ट्रीय सामाजिक संकल्प को तभी पूर्ण किया जा सकता है जब दहेज प्रथा, राष्ट्रीय जागरण, नारी सशक्तिकरण, भ्रष्टाचार उन्मूलन आदि से संबंधित कार्यक्रम को जमीनी स्तर से प्रस्तुत किया जाय।

6

सामाजिक न्याय एवं अधिकारिता

1. महिला आरक्षण राजनीतिक प्रकरण

विधायिकाओ और सरकारी नौकरियों में महिला आरक्षण को लेकर चर्चाओं से ऐसा लगता है कि सामाजिक न्याय की राजनीति में अपने एजेण्डे का विस्तार किया है और दूसरी ओर महिलाओं के आरक्षण के मुद्दे पर आम सहमति बनाने का प्रयास जारी है। संविधान के तहत पिछड़ी जातियों के आरक्षण के सवाल पर जो बवाल मचा था, वे कौन थे? उसकी तुलना इस वक्त की शांति से करने पर तो ऐसा ही लगता है जैसे आरक्षण के मुद्दे पर देश की समाज सत्ता को खास एतराज नही हैं। शायद इस लिये स्त्री शिक्षा की जो सामाजिक दशा आज है उसमें ऐसे आरक्षण का लाभ अधिकांशतः समाज के उसी वर्ग की स्त्रियों को मिलने वाला है जिस वर्ग के पुरूष सामाजिक, राजनीतिक सत्ता पर काबिज हैं।

नैसर्गिक रूप से स्त्री पुरूष एक दूसरे के पूरक हैं। जिस आधुनिक लोकतांत्रिक समाज में मनुष्य अपने व्यक्तित्व की नयी उचाईयां छू रहा है, उसके निर्माण में भी स्त्री की भूमिका दूसरे दर्जे की नहीं मानी जा सकती। हमारे देश में जब से देश के आधुनिक राष्ट्र के परिवर्तित होने की प्रक्रिया आरंभ होती है, तभी से हम स्त्रियों को सामाजिक, राजनीतिक, प्रक्रियाओं में सक्रिय भूमिका निभाते पाते हैं। यह और बात है कि जब इन प्रक्रियाओं को इतिहास या राष्ट्रीय "माइथालाजी" का रूप दिया जाता है तब स्त्रियों को केवल पुरूष की प्रेरणा के रूप में प्रस्तुत किया जाता है या फिर अधिक से अधिक ऐसी वीरांगनाओं के रूप में जिन्हें परिस्थितियाँ पराक्रम के लिये बाध्य कर देती हैं। सामाजिक, राजनैतिक विवेक या इतिहास बोध पर भी स्त्री का दावा हो सकता है, यह आम तौर से राष्ट्रीय वृतांतों में स्वीकार नहीं किया जाता। भारत के पहले स्वाधीनता संग्राम 1857 के दो उदाहरण से यह बात समझी जा सकती है।

महारानी लक्ष्मीबाई कुशल प्रशासक और जुझारू नेता थी, लेकिन उनकी मुख्य छवि हमारा राष्ट्रीय वृतांत एवं युद्धरत वीरांगना का बनता है। अवध की बेगम हजरत महल के बारे में तो हम सिवा इसके याद नहीं करते कि वह भी 1857 के नेताओं में से एक थी 1 लक्ष्मीबाई हो या हजरत महल, मोतीबाई हो या अलका जी ये स्त्रियां अपवाद नहीं थीं, बल्कि उस दौर की सामान्य राजनीतिक चेतना से ही इनके व्यक्तित्व परिभाषित होते थे।

तमाम सर्वदलीय बैठकों के बावजूद महिला आरक्षण विधेयक पर कोई आम सहमति कायम न हो पाना तो यही बताता है राजनीतिक दल इस पर आम सहमतीं

नहीं हैं। इस विधेयक को 1996 से कानून मे तबदील करने की कोशिश हो रही है लेकिन नतीजा शून्य है। यहां प्रश्न उठता है कि क्या संविधान में लिंग के आधार पर आरक्षण का प्रावधान है क्या इसे दो-तिहाई बहुमत से संशोधित करने की क्षमता किसी पार्टी-सरकार में है। क्या अन्र्राष्ट्रीय स्तर पर अन्य मुल्कों में भी ऐसा आरक्षण है। क्या विधि-विधान-संविधान और जनता दरबार में इस पर मतैक्य है। क्या पंचायती राज में महिला आरक्षणसार्थक है, जहां महिला एक कठपुतली, गूंगी गुड़िया है, जहाँ उसके परिजन, ईष्ट-मित्र-सहयोगी ही उसके नाम से काम करते हैं और उसकी मुहर हो कमावेश यही स्थिति उन पुरूषों की है जो धन बल, बाहुबल, अवरोध, आतंक, दबंगई के बल पर बिना निष्पक्ष मताधिकार के आसीन हैं और लोकतंत्र के नाम पर हर क्षेत्र मे दोहन जारी है और सरकारी धन व जन का खुला दुरूपयोग, अपराधियों पर कोई नियंत्रण न हो, जनता इन अपराधियों से त्रस्त हों, सरकारी धन की लूट से लेकर जनता की लूट और शोषण में ये कठपुतलीयां और पुलिस उनकी कवच हो जिसका खामियाजा देश की शांतिप्रिय, न्यायप्रिय जनता को भुगतना पड़ता है। मण्डल आयोग के क्रियान्वयन पर मुट्ठी भर लोगों ने सरकारी संपति का नुकशान कर 1990 के दशक मे लीलायें दिखाईं वह आज भी देश की 85 प्रतिशत जनता के गले से नहीं उतरता जबकि वह संविधान प्रदत्त था।

महिला आरक्षण विधेयक के मामले में यह कहना अनुचित न होगा कि राजनीतिक दल इस विधेयक के प्रति ईमानदार नहीं हैं। इस विधेयक के गुण-दोष के आधार पर सभी दल न तो एक मत हैं और न तो एक मत होने की संभावना है। पिछले एक दशक से कोई भी सुझाव कारगर साबित नहीं हो पा रहा है। आरक्षण प्रत्येक समस्या का समाधान नहीं हो सकता। राजनीतिक दल चाहे जैसा दावा क्यों न करें, इस तथ्य से इन्कार नहीं किया जा सकता कि महिला आरक्षण विधेयक की कवायद के पीछे मुख्य उदेश्य महिला मतदाताओं को आकर्षित करना है। जहां तक इस विधेयक के संबन्ध में कुछ की आरक्षण के अंदर आरक्षण की मांग का प्रश्न है यदि अन्य क्षेत्रो में इस मांग के अनुरूप व्यवस्था की जा सकती है तो इस विधेयक के मामले मे ऐसा क्यों नही किया जा सकता जैसा जनता भुगत रही है। सदन के बाहर और भीतर जनता की गाढ़ी कमाई के करोड़ों-अरबों रूपये बिना उपयोगिता के व्यय हो रहे हैं। विदेशी कर्ज खरबों डालर हो गये हैं। महंगाई की मार तथा अनुपादक व्यय भार से जनता की कमर टूट रही है। इसे कोई पूछने वाला नहीं है।

आमतौर पर यही माना जाता है कि महिलाओं के कल्याण के विषय पर सभी की एक राय होती है, लेकिन लखनऊ के आशियाना क्षेत्र में नाबालिक लड़की के साथ सामूहिक दुराचार के मामले मे राष्ट्रीय महिला आयोग और राज्य महिला आयोग के बीच जिस तरह की खीचतान सामने आयी उससे यही संकेत मिलता है कि महिला आयोग भी राजनीति से घिरते जा रहे हैं। आशियाना घटना की जाँच करने आयी राष्ट्रीय महिला आयोग के सदस्यों की मौजूदगी में राज्य महिला आयोग की

अध्यक्ष के खिलाफ जिस तरह नारेबाजी हुई और आरोप प्रतिरोप का दौर चला वह कोई शुभ संकेत नहीं था। इसमें संदेह नहीं कि इस तरह के आयोग की कार्यप्रणाली यदि सियासी दावपेचों के आधार पर संचालित होगी तो उस उद्देश्य को हासिल करना कठिन हो जायेगा जिनके लिये इसका गठन किया गया है। यह समझना कठिन है कि लखनऊ की घटना के सबन्ध में राष्ट्रीय महिला आयोग को हस्तक्षेप करने की जरूरत क्यों पड़ी। निश्चित ही इससे यही आभास मिलता है कि राष्ट्रीय महिला आयोग और राज्य महिला आयोग के बीच कोई तालमेल नहीं।

राज्य महिला आयोग इस तथ्य से खुद को अलग नहीं कर सकता कि वह लखनऊ की इस घटना मे उस सक्रियता से प्रतिक्रिया नहीं व्यक्त कर सका जिसकी अपेक्षा थी। यदि राजधानी लखनऊ में महिला उत्पीड़न से संबंधित किसी घटना में राज्य महिला आयोग की सक्रियता की यह स्थिति है तो फिर यह अंदाजा लगाया जा सकता है कि राज्य के दूसरे हिस्सों में होने वाली घटनाओं का वह कितना संज्ञान ले पाता होगा। निहःसंदेह यह कोई पहला अवसर नहीं जब राज्य महिला आयोग की सार्थकता पर प्रश्न चिन्ह लगा हो। अभी हाल मे चर्चित इमराना प्रकरण के मामले मे भी राज्य महिला आयोग पर तीखी प्रतिक्रिया व्यक्त की गई है। उत्तर प्रदेश में महिलाओं के साथ दुर्व्यवहार की घटनाएं जिस तरह बढ़ती जा रही हैं उसे देखते हुए यह आवश्यक है कि राज्य महिला आयोग अपनी प्राथमिकताओं पर पूर्नविचार करे।

प्राचीन भारत से लेकर अबतक भारत की मनीषा, मेधा, उजेस्विता और शक्ति मे अबिछिन्न आस्था रखने वाले देव पुरूषों को शायद यह बात भली न लगे, लेकिन क्रूर सच यही है कि भारतीय समाज अपने भूल चरित्र में कायर और पलायनवादी समाज है, जो अपने सामने खड़ी किसी भी समस्या या चुनौती का सीधा मुकाबला नहीं करना चाहता। यह समाज हर प्रत्यक्ष मुठभेड़ से कन्नी काट जाता है और समस्या के निदान-उपचार के लिए पतले गलियारे तलाशने लगता है। आरक्षण का अविष्कार भी, चाहे वह जातियों के नाम पर हो, चाहे वह धर्म के झंडे तले हो, या फिर महिलाओं के लिये हो, भारतीय चेतना की पलायनवादी प्रवृति ही पर्याय है। जब हमें मूल समस्या के निराकरण के मूलगामी उपाय नहीं मिलते, मिलते भी हैं तो हम उन्हें आचरण में ढालने का साहस नहीं जुटा पाते तो हम आरक्षण जैसे तात्कालिन छतरी तले आ खड़े होते हैं।

यहा विषयवस्तु महिलाओं के लिए आरक्षण पर है, जो संसदीय सुगबुगाहट के चलते विमर्श के केन्द्र में आ गयी है, इसलिये इसी के बहाने आरक्षण पर टिप्पणी करना होगा। समाज मे महिला अधिकारों की, पुरूष के साथ उसकी समानता की और मनुष्य समाज के हर क्षेत्र में उसकी भागीदारी की विश्वव्यापी चेतना के स्मरण में भारतीय समाज पर भी दबाव बनाया है कि इस दिशा में कुछ सक्रियता हो। इस में सोच के पीछे मूल दृष्टि यह है कि महिलाएं आदिकालीन सामाजिक व्यवस्थाओं से मुक्त होकर अपनी क्षमताओं और अपनी रचनात्मक उर्जाओं का इस्तेमाल एक

बेहतर समाज के निर्माण के लिए कर सके, जिसमे वे स्वयं किसी भी प्रकार के उत्पीड़न, अन्याय और शोषण से मुक्त हो। ऐसा वास्तव में तभी संभव हो सकता है, जबकि हमारा समूचा सामाजिक विकास इसी सोच के समानान्तर चले।

यहां दो बिन्दु हमारे सामने हैंएक सामज के सहज और समग्र विकास का, जिसमें महिलाओं को जन्म से ही व्यवस्था में अधिकार के तौर पर वह सब उपलब्ध हो, जो उन्हें समाज में आधी अधूरी नहीं, बल्कि पूरी भूमिका निभाने का माहौल उपलब्ध कराये। दूसरा वह रास्ता है, जिसके अर्न्तगत निश्चित क्षेत्र, जाति, धर्म जैसे पैमाने के तहत एक थोपी हुई शर्तानुसार इधर उधर से महिलाओं का चयन करके उन्हें जबरन व्यवस्था में स्थापित करे। इन दोनों में पहला रास्ता ज्यादा चुनौतीपूर्ण है, सरकार और समाज से ज्यादा की माँग करने वाला है और ज्यादा कठिन है, लेकिन यह स्थायी और वास्तविक रास्ता है। दूसरा रास्ता सीमित परिणाम देने वाला है, महिलाओं के विकास की दिशा को सीमाबद्ध कर देने वाला है और इस तरह से होने वाले महिला उत्थान टुच्ची राजनीतिक प्रतिबद्धता को जकड़ में ले जाने वाला है। इसके सतही परिणाम प्रगतिपूर्ण दिख सकते हैं, लेकिन दूरगामी परिणाम नये सामाजिक संकटों का सुत्रपात भी कर सकते हैं।

वस्तुतः महिलाओं का आरक्षण मसला इस समय सामाजिक कम राजनीतिक अधिक है। अगर यह मसला सामाजिक होता तो इसके साथ व्यक्ति, परिवार, स्त्री-पुरूष और समाज का व्यापक फलक जुड़ा होता और समस्याओं पर जो विचार-विमर्श होता वह उसका फलक भी व्यापक और वास्तविक प्रगति से जुड़ता, लेकिन यह इस समय एक सामाजिक मांग में राजनीति का बाध्यपूर्ण हस्तक्षेप है, इसलिए इस से उन सुफलों की अपेक्षा नहीं की जा सकती, जो वास्तव में औरत के हक में जाते हैं। आम धारणा है कि वे अपने-अपने राजनीतिक आकाओं द्वारा तैयार किये गये अखाड़ों में एक-दूसरे को पराजित करने की प्रतिद्वंदिता में होगी, समाज में मूलभूत परिवर्तन लाने के संघर्ष में नहीं।

एक प्रश्न यह भी उभर कर आ रहा है कि क्या देहात की औरत या कम पढ़ी लिखी औरत इसका लाभ उठा पाएगी। आम धारणा है कि चाहे राजनीति का मसला हो या सरकारी नौकरियों का उसमें पढ़ी लिखी और उच्च वर्ग की महिलाएं ही ज्यादा लाभ उठाएंगी। अपेक्षाकृत योग्यता को नकार कर अयोग्य को प्रश्रय देना किसी भी दृष्टि से उचित नहीं है। आरक्षण से कुछ परिवर्तन तो आएगा। फिर भी महिला आरक्षण समाज के भीतर से उठने वाली आवाज नहीं है क्योंकि जब तक पुरूष का मन नहीं बदलेगा, लोग अपने परिवार की बहु-बेटियों, अपनी पत्नियों को बाहर नहीं लायेंगे या उनको स्वतंत्र रूप से आगे बढ़ने के लिए छूट नहीं देंगे, तब तक सही मायने में बदलाव नहीं आयेगा। इस लिये पुरूष वर्ग अपनी मानसिकता बदले। यह सही है कि आरक्षण से संपन्न या सामर्थ्यवान महिलाएं ज्यादा लाभान्वित होगी। लेकिन जहां तक पार्टी द्वारा महिलाओं को टिकट देने का प्रश्न है, पार्टी स्वयं देखेगी

कि किस जाति या वर्ग की महिलाओं को ज्यादा अवसर दिया जाना चाहिए। यदि नारी समाज के उत्थान की बात स्वस्थ और सार्वभोमिक रूप से सोची जा रही है, अमल में लायी जा रही है तो उसके लिए विशेष वर्ग या शक्ति संपन्न परिवारों की महिलाओं को नहीं वरन् आम मिट्‌टी से जुड़ी सामान्य महिलाओं को नीति निर्माण प्रक्रिया से जोड़ना होगा। उसे सम्मान देना होगा वरना यह प्रश्न बरकरार रहेगा।

महिला आरक्षण से पुरूष और महिला वर्ग के बीच सामाजिक रूप से एक दीवार खड़ी हो जाने की संभावना है। इतना ही नहीं महिलाओं के बीच भी यह विवाद उठ खड़ा होगा कि किस जाति की कितनी महिलाए इसके दायरे मे आयेगी। ऐसा भी हो सकता है कौन सी महिला इसके दायरे में आयेंगी। ऐसा भी हो सकता है किसी विशेष जाति की महिलाएं ही आरक्षण का अधिकांश फायदा उठा ले जाये। आम जनता मे ऐसी आशंका व्यक्त की जा सकती है। संपन्न घरानों की महिलाओं द्वारा आरक्षण का ज्यादा बड़ा हिस्सा हथियाने का खतरा बना रहेगा। सामाजिक न्याय की दुहाई देने वाले महिला संगठन इस महिला आरक्षण पर मंडल की चादर फैलाने की कोशिश करेगा महिला आरक्षण में पिछड़ी जातियो की महिलाओं के हिस्से को अलग करने का प्रयास होगा इसी तरह दलित जातियाँ भी करेंगी। कुछ अपवाद को छोड़कर महिला आरक्षण का कायाकल्प बहिन-भतीजावाद में हो जायेगा।

जातिगत राजनीति चलते भूले भटके कोई फूलन देवी या भगवती देवी भले ही संसद या विधान सभा में पहुँच जाये, वरन् आरक्षण का अधिकांश लाभ शिक्षित शहरी महिलाओं तक सीमित होकर रह जायेगा। अशिक्षित ग्रामीण महिलाओं को केन्द्र की ऊंची नौकरियों से कोई लेना-देना नहीं है। गाँव में ऐसी नौकरियां नहीं जिन पर महिला आरक्षण के तहत व अपना दावा ठोक सके। इस प्रकार आरक्षण देकर महिलाओं को कई भागों में बांट दिया जायेगा –शहरी-ग्रामीण-अगली-पिछड़ी, शिक्षित-अशिक्षित। इनके साथ ही सामूहिक भाग भी होंगे। टूकड़ों-टूकड़ों में बटी महिलाओं में अपने अस्तित्व की सामूहिक चेतना कभी नहीं हो पाएगी। अपनी सच्ची शक्ति का उन्हें आभास नहीं हो पायेगा।

आरक्षण के नकारात्मक पक्षों को ध्यान में रखते हुए यही तर्कसंगत उचित लगता है कि राजनीतिक क्षेत्र में महिलाओं के लिए आरक्षण केवल गाँव और जिले स्तर तक ही सीमित रहना चाहिए। जमीन से जुड़ी राजनीति में जमीन से जुड़ी महिलाओं की ईमानदारी प्रभावी एवं सच्ची होगी। संसद या विधान सभा में प्रवेश की आकांक्षा रखनी वाली महिलाओं को अपनी जमीन खुद बनानी चाहिये। इस जमीन का आधार उनके द्वारा की गयी जनसेवा होगी आरक्षण से मिला वरदान नहीं। महिला संगठनों में बैठी ये महिलाएं परिष्कृत अंग्रेजी में राजनीति में भागीदारी अथवा आरक्षण की माँग अकसर दुहराती रहती हैं। इस वर्ग की महिलाएं भारतीय राजनीति की ऊबड़-खाबड़ जमीन से अपने पैरों को बचाती हुई संसद या विधान सभा तक घुसपैठियों की शैली में पहुँचाना चाहती हैं जैसे आज का शिक्षक वर्ग सरकारी

कर्मचारियों की सारी सुविधा लेकर विधान परिषद और राज्य सभा में जाता है और उसे राजकोष से पर्याप्त सुविधायें उपलब्ध है।

पंचायत महिला आरक्षण की स्थिति यह है भारतीय राजनीति के आकाश में खुद-ब-खुद सरपंच नामक पद का प्रार्दुभाव हुआ, पत्नियों को चुनाव लड़ाओ, नेतागिरी खुद दिखाओ। महिला के नाम से चुनाव लड़ा जाता है, उसको माला पहनाता है। जीते हुए महिला प्रत्यासी की स्थिति यह है कि दुलारी को आज भी वह दिन याद है जब वह घर पर खाना पका रही थी और अचानक बाहर धूम धड़ाके के बीच उसके पति की जय जयकार सुनाई दी। उसने बाहर निकल कर देखा - उसके पति का जलूस निकाला जा रहा है। वह फूल मालाओं से लदा पड़ा था। तभी उसने देखा कि उस भीड़ मे कोई दौड़ा आया - अरे भोजाई तू चुनाव जीत गई रे। अजब मामला था चुनाव वह जीती थी और जलूस उसके पति का निकल रहा था। रात सरपंच ने उसे पास बुलाकर कहा-सुन री दुलारी, अरे तू चुनाव जीत गई है। अब तुम मालकिन बन रहियो। देखो कैसा राज चलाता हूं। शहर के टीवी वाले आते तो सवाल सरपंच पति से पूछते। जिला मुख्यालय जिलाधिकारी मीट्रिग के लिए उसी को बुलाते। असली सरपंच वहां सिर्फ अँगूठा लगाने पहुँचती। उसका अँगूठा ही काम था। सरपंच पति कई बार लाड प्यार से उसका अँगूठा चूम लेता। उस अँगूठे को कुछ हो न जाय, इसलिए उसे कपड़े में लिपटवाकर रखवाता। कपड़ा तभी खुलता, जब किसी योजना पर अँगूठा लगाना होता।

पंचायत महिला आरक्षित सीट से जीती हुई, प्रत्यासी की स्थिति यह है कि पहली मीटिंग में तो दुलारी अपनी आदत के मुताबिक जमीन पर ही बैठ गयी। चबूतरे पर केवल दो ही कुर्सियां थीं। तहसीलदार साहब आये थे वह सालों से जानती थी कि एक कुर्सी पर अतिथि बैठता है और दूसरी पर सरपंच जी, जो उसका पति हुआ करता था। लेकिन जब इस बार उसका पति बैठा तो तहसीलदार साहब ने उसे उठा दिया और उस पर नए सरपंच को बिठाने को कहा। दुलारी बेचारी पसोपेश में पड़ गयी। पति का अपमान। अब पति घर लौटकर उससे अपने अपमान का बदला लेगा। यह प्रसंग इस लिये उदघृत है कि इसका प्रभाव अन्यत्र विभिन्न क्षेत्रों में भी है। इसके दूरगामी परिणाम आम जनता को भुगतना पड़ता है।

आखिरकार लोकसभा और विधान सभा में महिलाओं के लिए आरक्षण के नाम पर फिर कर्मकांड शूरू हो गया। अब यू.पी.ए. सरकार ने आम राय बनाने के लिए एक नया फार्मूला पेश किया जिसके अनुसार एक तिहाई सीट बढ़ाकर महिलाओं के लिए आरक्षित कर दिया जाये जो व्यवहारिक रूप से संभव नहीं है। यू.पी.ए. सरकार द्वारा पेश किये गये फार्मूले के विरोध मे वही राजनीतिक ताकतें खड़ी नजर आ रही हैं जो सीधे एक तिहाई रिर्जवेशन के खिलाफ खड़ी रही हैं। उनके तर्क भी ज्यो के त्यों है। इनमें सबसे मुख्य है पिछड़ों की नुमाइंदगी का दावा करने वाली पार्टियाँ। इसके बाद दलित जनजातियों तथा अल्पसंख्यकों की नुमाइंदगी की दावेदारी करने वाली पार्टियां। ऊपर से देखने में संवेदनशीलता तो दिखाई दे रही है।

लेकिन असलियत उल्टी है जो फूट डालो राज करो की नीति की ही परिचायक है। मैंने अधिकांश पार्टियों के वरिष्ठजनों से इस बिन्दु पर उनकी राय जाननी चाही। उनकी सोच है कि इस मामले में वे एक दूसरे को समर्थन न देंगे और न लेंगे। उसके लिए आंदोलन की अभी तो शुरूआत ही हुई है।

आधुनिक युग में ऐसे अनेक क्षेत्र हैं जहाँ महिलाएं कार्यरत हैं और वे अपना दायित्व बखूबी निभा रही हैं। पुरूषों की अपेक्षा वे बहुत तेजी से आगे बढ़ रही हैं उनमें आगे बढ़ने और बड़े से बड़ा दायित्व संभालाने की ललक है और ऐसी चाह है जिसका अभाव पुरूष वर्ग में है। फिर भी यह कहना अनुचित नहीं होगा कि पुरूष प्रधान समाज में अभी उनकी सहभागिता कम है। महिलाओं में दया, क्षमा, ममता, स्नेह, सहानुभूति प्रकृति प्रदत्त कुछ ऐसे गुण होते हैं जिसके कारण वे सैकड़ों लोगों के जीवन को बना-सुधार सकती है। उदाहरण के लिए शिक्षा क्षेत्र को लें। छोटे छोटे बालक-बालिकाओं को शिक्षिकाओं का सहयोग एवं मार्ग दर्शन जितना अधिक मिलेगा उसीसे हमारे भावी नागरिकों का जीवन उतना ही सुन्दर ढांचेंमें दिखेगा। छोटी अवस्था के बच्चों के लिए कठोर शिक्षक के स्थान पर यदि महिलाएं विशेषकर ऐसी जो स्वयं माताएं भी हैं तो कितने बालकों का भविष्य इस प्रकार नष्ट नहीं हो सकेगा। जिस प्रकार आजकल हो रहा है क्योंकि बच्चों की मानसिक शक्ति नारी के स्नेह की छाया में जितनी पुष्ट और विकसित होती है उतनी किसी अन्य से नहीं। मेरे विचार से इनको आरक्षण की परिधि मे बांधना उचित नहीं होगा।

2. आरक्षण के संबंध में अन्य महिलाओं के विचार व सुझाव

मोहसिना किदवई

पूर्व केन्द्रीय मंत्री

महिला आरक्षण औरतों द्वारा उठायी जा रही बहुत पुरानी मांग है। इसका एक नमूना 'पंचायत राज' में महिलाओं की हिस्सेदारी है जिसके तहत अनेक क्षेत्रों से औरतें खड़ी हुईं। यहां तक कि पर्दानशीन औरतें भी आगे आयीं और विभिन्न संस्थाओं में चेयरमैन जैसे महत्वपूर्ण पदों पर आसीन हुईं। कई फतवों के जरिये उनका विरोध भी हुआ, मगर जहां तक इस्लाम की बात है लोग उसकी सही तस्वीर नहीं पेश करते हैं। इस्लाम में आजादी एवं बराबरी की भी बातें हैं। औरतें मैदाने जंग में साथ-साथ जाती थीं, औरतें तिजारत (व्यवसाय) करती थीं। यहां तक कि लड़कियों का जायज हक इस्लाम ने भी दिया।

सबसे बड़ी बात यह है कि औरतें हमारे समाज की धुरी हैं किन्तु निर्णय लेने की प्रक्रिया में उनका कोई हाथ नहीं होता जबकि उनको यह हक मिलना चाहिए। प्रकृति ने मर्दों के मुकाबले औरतों को निर्णय लेने की क्षमता ज्यादा दी है यानी वे फैसले जल्दी कर लेती हैं । इसके अलावा औरत के जो गुण हैं-हमदर्दी, ईमादारी मेहनत, लगन यही वह गुण हैं जो एक अच्छे सामाजिक-राजनीतिक कार्यकर्ता के

लिए बहुत जरूरी हैं तो इस हिसाब से भी संसद या विधानसभाओं में औरतें ज्यादा आएंगी तो एक गुणात्मक परिवर्तन होगा। वैसे भी आज की औरतें हर क्षेत्र में आगे बढ़ रही हैं और अपनी योग्यता साबित कर रही हैं। जब औरतें राजनीति में भी ज्यादा संख्या में आएंगी तो सकारात्मक, परिवर्तन साफ नजर आएगा। हमारे जनतांत्रिक समाज की जड़ें बहुत मजबूत हैं, इसके लिए एक नये माहौल (परिवर्तन) की बहुत ज्यादा जरूरत है।

एक चीज पर मैं खास जोर देना चाहती हूँ वह है लड़कियों की शिक्षा। इसके लिए जितना ज्यादा आरक्षण कर दें उतना अच्छा है। पूर्वी उत्तर प्रदेश में शिक्षा क्षेत्र में महिलाओं के लिए मात्र 0.1 या 0.2 प्रतिशत आरक्षण है। यही वजह है कि वहां अशिक्षित माएं ज्यादा हैं। मां शिक्षित है तो पूरा परिवार उसी दिशा की ओर आगे बढ़ता है। मगर एक चीज और है। शिक्षा का जागरूकता से संबंध तो है मगर सही दृष्टिकोण का होना बहुत बड़ी बात है। पढ़ी-लिखी औरतें अपनी बहू को जला दें और एक अनपढ़ औरत अपनी बहू को बेटी की तरह रखे ऐसी शिक्षा तो बेमानी है। यह भी सच है कि औरतों को अपने हक की लड़ाई लड़नी है। आज भी लड़की के मुकाबले लड़कों को ही प्राथमिकता दी जाती है, इस तरह से लड़कियों को समाज में आगे बढ़ने का मौका नहीं मिलता है। यह चीज कतई खत्म होनी चाहिए। औरतों का एक गुण सहनशीलता और शालीनता भी है। उम्मीद है कि संसद में ज्यादा संख्या में औरतों के आने से वहां का महौल बदलेगा। हमारी आजादी की लड़ाई में बेगम हजरत महल, रानी लक्ष्मीबाई और हजारों औरतों की बहुत बड़ी भूमिका रही। यह सुनिंश्चित किया जाना चाहिए कि महिलाओं को आरक्षण देने से समाज में असंतुलन न उपजने पाये। इसलिए नौकरियों में आरक्षण का मामला नाजुक स्थिति में है। इसलिए विस्फोटक स्थिति पैदा होने की आशंका या संभावना खत्म होनी चाहिए।

योग्यता की कीमत पर आरक्षण उचित नहीं

डॉ. प्रोमिला कपूर (समाज शास्त्री)

हमारे समाज में महिलाएं सदियों से घरों की चारदीवारी में कैद रही हैं, जिसके चलते दुनिया की तेज दौड़ में कदम से कदम मिलाकर चलने की उनकी शक्ति का ह्रास हो चुका है। अब उन्हें अचानक कहा जाय कि तुम्हारा मुकाबला उन मर्दों से है, जो हमेशा से समस्त सुविधाओं को प्राप्त करते रहे हैं तो स्वाभाविक है कि चाहकर भी स्त्रियों के लिए मुकाबले को जीत पाना कठिन हो जाएगा। ऐसे में यह जरूरी हो जाता है कि खुले मुकाबले से पूर्व उन्हें विशेष सुविधाएं तब तक उपलब्ध करायी जायं, जब तक कि वे शक्ति और सामर्थ्य में पुरुषों के समकक्ष नहीं हो जायं। इस लिहाज से अगर संसद में 33 फीसदी और सरकारी नौकरियों में 30 फीसदी आरक्षण देने की बात चल रही है तो यह सर्वथा उचित ही है। इससे उन्हें अपनी कार्यक्षमता और योग्यता प्रदर्शित करने का सही अवसर मिलेगा।

महिलाओं के लिए आरक्षण इसलिए भी जरूरी हो जाता है कि महिलाओं की

सामाजिक जीवन में भागीदारी ही ऐसी है कि सामाजिक ढांचे में कोई भी बड़ा परिवर्तन या नया प्रतिमान बिना उसके सहयोग के स्थापित नहीं किया जा सकता है। लेकिन आरक्षण देने से पहले इस बात का ध्यान रखना चाहिए कि इसे लागू करने में सिर्फ खानापूरी नहीं किया जाये, क्योंकि अभी भी संसद में कई महिलाएं हैं, उनमें से अधिकांश अपनी पार्टियों की मात्र शोपीस का काम करती हैं। महत्वपूर्ण नीतियों के निर्धारण में उनकी कोई भूमिका नहीं होती है। लेकिन यहां पर एक बात में जोर देकर कहना चाहूँगी कि नौकरी या राजनीति में आरक्षण तो हो, लेकिन वह योग्यता की कीमत पर नहीं हो।

सरकार अगर आरक्षण देने के लिए कटिबद्ध है तो उसे चयनित महिलाओं को विशेष प्रशिक्षण देने की व्यवस्था भी करनी चाहिए। बिना योग्यता के वह किसी महत्वपूर्ण पद पर काम नहीं कर सकती। इसलिए पहले तो उन्हें शत-प्रतिशत शिक्षित करने की बात की जाय तो ज्यादा बेहतर है। अभी जो दल इसका समर्थन कर रहे हैं उसके पीछे महिला उत्थान की भावना नहीं बल्कि विशुद्ध राजनीतिक मंशा छिपी है। हर दल स्त्रियों के विशाल वोट बैंक पर नजरें गड़ाये हैं। अगर वास्तव में वे स्त्रियों को आगे बढ़ते देखना चाहते हैं तो अपनी पार्टी के टिकट के लिए भी एक न्यूनतम शैक्षणिक एवं नैतिक योग्यता को निर्धारण करें, तभी आरक्षण सार्थक हो सकता है।

3. महिला विधेयक पर जम्मू-काश्मीर की प्रतिक्रिया

महिला विधेयक के संबन्ध में जम्मू काश्मीर के लोगों ने इस विधेयक को कई कारण से महिला के खिलाफ माना है कि यह लिंग के आधार पर महिला भेद-भाव करता है। यह मानवीय मूल्यों के खिलाफ है। यह महिला को अपना पसन्द के जीवन साथी चुनने की स्वतंत्रता है उसे सीमित करता है और वह नैतिक सिद्धान्त के खिलाफ है क्योंकि इस्लाम महिलाओं का न केवल उनको पैतृक सम्पति का वारिश बनाता है बल्कि उन्हें अपना पसंद के शौहर चुनने का भी अधिकार देता है। लिहाजा इस विधेयक पर तीखी प्रतिक्रिया होनी आवश्यक है। जबकि कांग्रेस अध्यक्ष श्रीमती सोनिया गाँधी ने बिल के पारित होने के चन्द घंटों के भीतर ही जम्मू काश्मीर के मुख्य मंत्री मुफती मोहम्मद सइद को पत्र लिखकर साफ किया कि इसके बाद आप की जो भी मजबूरी हो। लेकिन यह विधेयक सीधा-साधा महिलाओं के अधिकारों में कटोती की प्रयास है। सोनिया ने विधेयक को विधान सभा की सलपट कमेटी में भेजने का अनुरोध किया इसी का मद्देनजर रखते हुए उपमुख्यमंत्री मंगत राम शर्मा ने कहा कि विधेयक बहुत जल्दी में पास कर दिया इसलिये जरूरी है कि विधान परिषद समीति के पास होने के लिये भेज दिया जाये।

काश्मीर घाटी में इस विधेयक का जबरदस्त समर्थन है। वे लोग सियासी पार्टियों के उलंघन कर रहे है। विधानसभा में पारित होने के बावजूद यह विधेयक

कानून नहीं बना है। कानूनी अभी नहीं बना है। जम्मू काश्मीर व अन्य राज्यों की तुलना में गर्वनर के पास जो विशेष अधिकार है, उसके चलते वह अपनी मर्जी से केद्रीय सरकार के आग्रह पर या राष्ट्रपति के आदेश पर विधेयक को कानून बनाने से रोक सकता है। पर इस विधेयक का संबन्ध जम्मू काश्मीर सरकार और उसकी विशेष परिस्थितियों तक ही सीमित है। विरोध को देखते हुए कहा जा सकता है कि मुस्लिम अपना पिछड़ापन दूर नहीं करना चाहतें हैं वे अपनी औरतों को परदे में रखकर उन्हें कोई अधिकार नहीं देना चाहते हैं।

इस कथन का अर्थ यह नहीं है कि विधेयक ठीक हैं यह बात पहले भी कही जा चूकी है कि बिल मानवता विरोधी है। अपत्ति इसके आधार पर सियासी फायदा उठाते हैं, खासतौर पर इसलिए इस्लाम महिला को विरासत का हकदार भी बनाता है और अपनी पसंद का पति चुनने की इजाजत भी देता है और उससे जो यह अधिकार छीनता है कि वह सिर्फ करता है यानि कि वह सबसे बड़ा गुनाह है जिसमे दैविक कानूनों में आदमी अपनी मर्जी का नया कानून खोज लेता है

किसी खास नतीजे पर पहुंचने से पहले इस विधेयक के इतिहास को जानना जरूरी है। 1927 मे राज्य के तत्कालीन शासक महाराजा हरिसिंह ने राज्य के नागरिकों के अधिकारों से संबंधित एक कानून बनाया था। जिसकी रोशनी में यह आदेश पारित किया गया कि जो महिलायें राज्य से बाहर विवाह करेंगी, वे राज्य का स्थायी नागरिक नहीं रहेंगी। इस आदेश का जबरदस्त विरोध हुआ और राज्य के पूर्व प्रधान मंत्री (उस समय जम्मू काश्मीर मुख्य मंत्री को प्रधान मंत्री ही कहा जाता था) जी.एम. बख्शी की पोती ने, जिन्होंने पंजाब के गर्वनर सुरेन्द्र नाथ के साथ विवाह किया था, इसके खिलाफ हाई कोर्ट में लिखित याचिका दायर की थी। ऐसी ही याचिका डा० सुशीला साहनी ने भी दायर की थी। इसपर फैसला देते हुए जम्मू काश्मीर हाई कोर्ट की ब्रांच ने 7 अक्टूबर 2002 को कहा कि महिलाओं को पुरूषों के बराबर अधिकार है और आदेश में ऐसा कुछ नहीं जिससे राज्य से बाहर शादी करने पर महिला के स्टेप्स पर प्रतिकूल प्रभाव पड़ता हो।

इस फैसले को राज्य की अनेक पार्टियों ने धारा 370 के तहत दिये गये विशेष दर्जे को पंगु बनाने के आरोप लगाया नतीजन यह विधेयक लाया गया। यह निश्चित रूप से महिलाओं की स्वतंत्रता के खिलाफ है।

यह उनके विवाह में चयन के दायित्व को सीमित करता है और कहता है कि बगावत की तो वह राज्य में वोट नहीं डाल पायेगी, पैतृक संपत्ति से अपना हिस्सा खो देगी और जो उसके पास सम्पति हैं, वे उसे अपने बच्चों तक ट्रांसफर नहीं कर सकती क्योंकि वह भी बाहरी होंगे।

कल और आज की परिस्थितियों को देखते हुए नवश्रृजनित राज्य झारखंड के संबंध में उल्लेख करना चाहता हूँ जहां के गाँव देहातों में महिला स्वास्थ्य स्थिति बहुत दैनीय है यह एक ऐसा तथ्य है जिसकी जड़ सामाजिक आर्थिक एवं धार्मिक कारणों

में निहित है। पर इसका दूसरा पहलू यह है कि तमाम विसंगतियो के बावजूद कई धार्मिक समुदाय की महिलाएं अब छोटे परिवार की अवधारणा का स्वागत करने लगी हैं और गर्भ निरोधक साधनों की ओर मुड़ने लगी है, खासकर मुस्लिम समुदाय की महिलाएं जिनके बारे मे आम धारणा है कि वे किसी भी परिवर्तन से अछूती रहती हैं। यहाँ तक अपने स्वास्थ्य के बारे में भी उन्हें स्वतंत्र निर्णय लेने का अधिकार नहीं। इस मिथ्य का झारखण्ड के कई जिलों में मुस्लिम महिलाओं ने लताड़ा है। झारखण्ड के देहातों में बसी मुस्लिम बस्तियों की महिला नयी जानकारियों से वंचित है क्योंकि उनके यहां धार्मिक, सामाजिक विरोध दूसरे समुदाय की तुलना में अधिक गरीबी और शिक्षा का अभाव इसके लिए जिम्मेदार है। दूसरे समुदाय की महिलाओं की स्वास्थ्य संबन्धी समस्याएं वहां हैं जो बाकि समुदाय की स्त्रियां कोमसलन-कुपोषण, कमजोर स्वास्थ्य, लगातार बच्चों का जन्म, घर और खेती की जिम्मेदारी। इससे उनकी जिन्दगी दूभर हो जाती है। गौर करने लायक तथ्य यह है कि इन सबका हल वे अपने सामाजिक, धार्मिक दायरों के अन्दर ही करना चाहती हैं।

परिवार नियोजन मुस्लिम समुदाय के लिए अजनबी नहीं है और न ही उसमें उन्हें बुराई ही नजर आती है। यह नजरिया हाल के वर्षों मे मुस्लिम समुदाय में विकसित हुआ है। अब इससे यह समुदाय भड़कता नहीं है। बल्कि अपने गाँव के दूसरे समुदाय की तरह इसमे भागीदार होना चाहता है। यह सोच कई जगह परिलक्षित हो रही है, वह खूटी के तारपा की मुस्लिम महिलाएं हों, हजारीबाग की महिलाएं हों या नैनीतला गाँव की मुस्लिम बस्ती हो, वह वहाँ इसका लाभ उठा रही हैं।

स्वास्थ्य ग्राम परियोजन में जब झारखण्ड के चार जिलों : हजारी बाग, गुमला, रांची, लोहरदग्गा के गाँव में प्रजनन एवं शिशु स्वास्थ्य पर जागरूपता का कार्यक्रम आरम्भ किया तो उनके पास बंधे-बंधाये सूत्र थे। लेकिन कार्य के दौरान यह महसूस किया गया कि धार्मिक समुदाय के पास पहुंच का कोई अलग सूत्र नहीं था जबकि विभिन्न समुदाय की सोच और जीने के तरीके अलग थे। उन तक पहुँचने के लिए अन्य समुदाय के माध्यम से बात की गई, तब यह पता चला की इतने संवेदनशील मुद्दे पर बातचीत करने के लिए उनसे लगातार संबंध बनाये रखना आवश्यक है जिससे मुस्लिम औरतें बिना संकोच के अपनी स्वास्थ्य सम्बन्धी समस्याओं पर सवाल पूछ सके। महिला बैठकों में उन्हें अपने स्वास्थ्य पर बोलने के लिए प्रेरित किया गया। समस्याओं पर उनका ध्यान केंद्रित किया गया। मुस्लिम महिलाएं इस विषय पर पुरूष कार्यकर्ताओं के साथ बताचीत करने को तैयार नहीं होती थी पर शहर से 10 किलोमिटर के गाँव मे जहाँ टीवी है, अखबार है, शहरों में आना जाना होता है, वहाँ पर मुस्लिम महिलाएं गर्भ निरोधक साधना से परचित है, पर झिझक और संकोच दूसरे समुदायों की तुलना में अधिक हैं।

भारतीय मुस्लिम महिलाएं शिक्षा, विज्ञान, राजनीति कला-साहित्य शासन प्रशासन के क्षेत्रों में अग्रणी भूमिका निभा रहा हैं। उनमें मानवीय संवेदना अधिक है।

ग्रामीण क्षेत्रों की महिलाओं में आर्थिक विपन्नता और शिक्षा के अभाव और धार्मिक कट्टरता के कारण उतनी प्रगति नहीं कर सकी है जितना शहरी परिवेश की महिलाओं ने उन्नति की है। जम्मू काश्मीर महिला विधेयक बिल के साथ झारखण्ड का ग्रामीण मुस्लिम महिलाओं के स्वास्थ्य संबंधित परिवार नियोजन का उल्लेख इसलिये किया है कि अन्य क्षेत्रों की महिलाएं इस पर विचार करें और पुरानी मान्यता और कुरतियों तथा अपने परिवार का भविष्य सुखद और समृद्ध बनाएं।

4. संयुक्त राष्ट्र संघ-महिला आयोग के प्रस्ताव

संयुक्त राष्ट्र संघ आयोग (यूनाइटेड नेशन्स कमीशन आन द स्टेटस आफ वूमेन) के अड़तालीसवें सत्र में पुरूषों की भागीदारी जितनी बड़ी संख्या में थी उतनी पहले कभी नहीं थी। इस भागीदारी के पीछे पुरूषों की यह भावना थी कि वे महिलाओं के अधिकारों के लिये आवाज उठाने वालों में महिलाओं के साथ समान रूप से शामिल हैं।

इस सम्मेलन मे लिंग भेद समाप्त करने के बारे में इस बात को विशेष रूप से महत्व दिया गया है कि लिंग समानता के लाभ पुरूष और स्त्री दोनों को समान रूप से मिलते हैं। यह भी कहा गया है कि लिंग भेद की तमाम बुराईयों के नकारात्मक प्रभाव समाज को प्रभावित करते हैं और सामाजिक बुराईयों को बदलना और अधिक बलवती होती है। लेकिन इस सम्मेलन में इस बात पर बहुत बल दिया गया कि जब तक पुरूष और युवा लड़के लिंग भेद के कारण होने वाली सामाजिक बुराईयों की समस्या को समाप्त करने की जिम्मेदारी नहीं लेंगे और महिलाओं और लड़कियों को मिलकर इस समस्या से नहीं जुड़ेंगे तब तक लिंग समानता के सकारात्मक परिणाम की दशा नहीं बन पायेगी। जहाँ तक महिलाओं और पुरूषों के बीच आये दिन होने वाले संघर्ष का प्रश्न है, उसके लिये सम्मेलन में लोगों का विचार था कि सर्व स्वीकृत और स्थायी शांति प्राप्त करने के लिए महिलाओं और लड़कियों की पूरी और समान भागीदारी हो और इसी के साथ संघर्ष रोकने की समाप्ति पर शांति की स्थापना हो सकती है। इसका कारण यह भी है की उपयुक्त मुद्दे पर चलाये जाने वाले कार्यक्रम की प्रक्रिया, या उन्हें चलाने वाले संस्थानों और उनकी कार्य शैली में महिलाओं की भागीदारी बहुत कम होती है।

संयुक्त राष्ट्र संघ का महिला आयोग का यह अधिवेशन इस दृष्टि से भी महत्वपूर्ण रहा कि गत वर्ष बीजिंग में हुए 1995 के चौथे विश्व सम्मेलन में जो निर्णय लिये गये थे, उनका आकलन किया गया है।

इस सम्मेलन में यह भी कहा गया है कि बीजिंग सम्मेलन के बाद बालक शिशु के प्रति जो सशकत मुद्दे उठे और बालिका शिशु की समस्या पर जितना ज्यादा जोर दिया गया, उसका सकारात्मक पहलू उभर कर नहीं आया जितना कि बालक शिशु के प्रति लोग अधिक गम्भीर हुए और बेटे की चाह और अधिक बलवती हुई। यह भारत में भी हुआ कि पुरूष समाज में बालक शिशु के प्रति लोगों का मोह

अधिक जागा। इसका परिणाम यह हो रहा है कि लड़कियों को परिवार की जिम्मेदारी से लादा जा रहा है। लडकियां घर-बाहर दोनों जगह कामों के लिए जिम्मेदार ठहराई जा रही हैं। दूसरी और लड़के अपने व्यक्तिगत, परिवारिक और सामूहिक जिम्मेदारी के बिना ही बड़े हो रहे और उन्हें कुछ नहीं कहा जा रहा है। लेकिन इसका दुष्प्रभाव यह हो रहा है कि ऐसे ही लड़के नशे, हिंसा, अपराध और अन्य सामाजिक बुराइयों में लिप्त होकर समाज के लिये बहुत बड़ी चुनौती बन रहे हैं।

महिलाओं की स्थिति पर संयुक्त राष्ट्र के इस सम्मेलन में इस बात पर जोर दिया गया कि महिलाओं और लड़कियों पर होने वाले हिंसक अत्याचारों को रोकने के तरीकों पर विचार किया जाए और जिन कारणों से यौन हिंसा और यौन व्यापार बढ़ रहा है, उन्हें रोकने की भरपूर कोशिश कही जाय तथा इस तरह के जिम्मेदार लोगों को कठोर से कठोर दंड भी दिया जाय। महिलाओं की स्थिति पर संयुक्त राष्ट्र महिला आयोग के अधिवेशन में यह भी कहा गया है कि लैंगिक समानता का मसला केवल प्रस्ताव पास करना या किसी दस्तावेज पर सहमति के रूप में हस्ताक्षेप करना मात्र ही नहीं है यदि आप इसके लक्ष्य प्राप्त करना चाहते हैं या कोई समुदाय इससे लाभ लेना चाहता है तो उसे लिंग की समानता जिसे योजना के लिए पूरी निष्ठा और इमानदारी से कार्यक्रम चलाने होंगे, जो सर्वमान्य हों और जो लोगों के मन में इस समानता को स्वीकार करने के लिए प्रेरित कर सके। इसके लिए सभी तरह के संसाधन मुहैया कराने होंगे और न केवल सामाजिक संगठनों का बल्कि सरकारों का भी अपनी सक्रीय भागीदारी सुनीश्चित करनी होगी।

इस अधिवेशन में इस बात पर भी आम सहमति थी कि जिस समाज में लैंगिक समानता होगी। वहां स्त्री-पूरूष दोनों की उन्नति समान रूप से होगी। यह सामाजिक बदलाव के आपसी सहयोग से ही संभव है ना कि आपसी भेद भाव या झगड़ों से। इसलिए अधिवेशन में पूरा विश्व समूदाय से आवाहन किया गया है कि महिलाओं को अपनी क्षमताओं को विकसित करने के अवसर देने के लिए पुरूषों को ही आगे बढ़ाया जाये और स्त्री पुरूष के बीच लैंगिक समानता स्थापित करके महिलाओं को अधिकार दिलाये जायेंगे। हमारे समाज और विभिन्न समूदायों के नैतिक विषय की असली परीक्षा उपरोक्त कार्य वृत उसके संदर्भ में होगी सामाजिक राजनैतिक प्रक्रिया में हिस्सेदारी प्रशासन तंत्र में हैसियत और आर्थिक सबलीकरण में ही सब किसी सामाजिक अस्मिता के पूर्ण आत्म साक्षात्कार की दिशा में आरंभिक कदम है। स्त्रियों की ही बात करें तो उपरोक्त सभी तथ्यों की देर सवेर परिणति यह होने वाली है कि स्त्रियां अपनी छवि पर पुर्नविचार कर, विभन्न सभ्यताओं और परंपराओं को वास्तविक ढंग से गढ़ा है। वर्चस्व की राजनीति यह है कि स्त्री की आत्म सजगता का सिर्फ आर्थिक सबलीकरण को ही अपना अंतिम गंतव्य मानकर समाप्त हो जाय, जबकि स्त्री व्यक्तित्व का विकास एतिहासिक हासिल कर सबसे पहले इस बात को रेखांकित करना चाहिए कि स्त्री जाति खुद एक सामाजिक पहचान है। अपना इस पर अधिकार से लेकर अपने जीवन क्षेत्र के चुनाव तक की मदद है। भारत

में स्त्री किसी न किसी अन्य सामाजिक पहचान, सवर्ण, दलित, हिन्दू मुस्लमान, आदिवासी ईसाई का भी अंग हैं इसलिए लैंगिक न्याय का सवाल अपनी तार्किकता तक पहुँचने पर सामाज में गहरा मंथन पैदा करेगा–इसमे संदेह नहीं।

वैश्वाकरण और उदारीकरण के इस दौर में यह दावा किया आ रहा है कि महिलाएं भी पुरूषों के सामने काम का अवसर पा रही है। लेकिन सच्चाई इससे जुदा है। सदियों से चली आ रही रूढ़िवादिता और अड़ियल पुरूष बर्चस्ववादी सोच के कारण महिलाएं अभी तक कई महत्वपूर्ण पदों पर सुशोभित होने से वंचित हैं। संयुक्त राष्ट्र की एक रिपोर्ट के अनुसार पुरूषों के वर्चस्व वाले कुछ क्षेत्रों में, विशेष रूप से प्रबन्धन के क्षेत्र में, उच्च पद हासिल करने में महिलाएं काफी पीछे हैं।

संयुक्त राष्ट्र संघ महासचिव कोफी अन्नान का कहना है कि वेतन के मामले में लिंग भेद समाप्त करने और श्रम बाजार में व्याप्त असमानता को दूर करने के लिए पर्याप्त कदम उठाये जाने की आवश्यकता है, साथ ही महिलाओं को रोजगार सुरक्षा मुहैया कराने के लिए जरूरी कदम उठाये जाने चाहिये। रिपोर्ट में इस बात पर प्रकाश डाला गया है कि भूमण्डलीकरण का महिला सशक्तिकरण और उनके रोजगार पर क्या प्रभाव पड़ा। सेवा क्षेत्र का उदाहरण देते हुए कहा गया है कि पूरे विश्व में इस क्षेत्र में अधिक उदारीकरण का सबसे तीव्र और दूरगामी प्रभाव पड़ा है। शिक्षा, स्वास्थ्य एवं व्यावसायिक क्षेत्र में भूमण्डलीकरण का व्यापक प्रभाव दृष्टिगोचर है।

रिपोर्ट में प्रवासी और अवैध व्यापार के जरिये विदेश पहुची औरतों की दूर्दशा पर भी प्रकाश डाला गया है। दुकानों में घोर श्रम करने वाली महिलाऐं खुद को किस फन्दे मे फँसी हुई पाती हैं। अधिकतर कार्यालय में उन्हें जिस तरह के शोषण का शिकार होना पड़ता है वह भी तत्काल प्रभाव से गुलामी का ही एक रूप है। कई प्रवासी महिलाएं स्वास्थ्य सेवा के क्षेत्र में नर्सिंग या फीजिकल थैरेपी के काम में संलग्न है।

गौरतलब है कि इन सभी परंपरागत रोजगार क्षेत्रों में आमतौर पर महिलाओं का वेतन ज्यादा नहीं होता। दूसरे शब्दों में कहा जाय तो औरतों के लिए ये तमाम स्वीकृत आर्थिक गतिविधियां हैं। कोफी अन्नान के अनुसार आर्थिक क्षेत्र में, श्रम बाजार में महिलाओं के साथ होने वाले भेदभाव उनके लिये अतिरिक्त चुनौती पिछा कर रहा है। उनका कहना है कि सेवा क्षेत्र की वर्तमान स्थिति स्त्री-पुरूष को बराबरी का अवसर प्रदान करने में फिलहाल सक्षम है। इसके लिए ऐसी नीतियों की आवश्यकता है, जो महिलाओं को रोजगार के क्षेत्रों में पुरूषों के समान अवसर और वेतन मुहैया करा सके।

इस वर्ष हारवर्ड यूनीवरसिटी के शोध में यह पाया गया था कि विज्ञान और अभियांत्रिकी के क्षेत्र में महिलाएं बहुत ज्यादा आगे नही बढ़ पा रही हैं इसका कारण पारिवारिक दबाव को माना गया था। शोध में यह बात सामने आयी थी कि विज्ञान और गणित के क्षेत्र में पुरूषों का दिमाग ज्यादा चलता है।

रिर्पोट मे लिंग भेद को कम महत्व दिया गया था। बाद में इस शोध रिपोर्ट की काफी आलोचना हुई थी लेकिन इस तथ्य से इन्कार नहीं किया जा सकता कि ज्यादातर मामलों में महिलाओं के कोमल स्वभाव को देखते हुए उन्हें ज्यादा चुनौतीपूर्ण पद से दूर ही रखा जाता है। ज्यादा दूर न जाकर हमारे देश में ही देखें तो महिला आरक्षण के संबन्ध में अभी तक घोर गतिरोध जारी है क्योंकि मंडल आयोग का क्रियान्वयन अभी तक असलियत से दूर है। गौरतलब है कि जब अन्य पिछड़े वर्गों को 27 प्रतिशत आरक्षण का लाभ जिसमें बिना लिंग भेदभाव के स्त्री पुरूष दोनों सम्मिलित हैं वह किसी कुचक्र के तहत अभी तक क्रियान्वित नहीं हो सका तो महिला आरक्षण जिसमें सर्वाधिक अन्य पिछड़े वर्ग, दलित वर्ग की महिलाएं हैं, उन्हें किसी आरक्षित श्रेणी से कैसे अलग रखा जा सकता है। इस गम्भीर समस्या के निदान हेतु राष्ट्रीय पिछड़ा वर्ग आयोग, अनुसूचित जाति जनजाति आयोग, महिला आयोग, मानवाधिकार आयोग और इससे जूड़े विशेषज्ञों, चिंतकों और लेखकों का विचार लेकर राजनीतिक दुराग्रहों से परे इसका सही निदान निकाला जा सकता है क्योंकि इस बिन्दु पर अधिकांश सासंद और विधायक पूरी तरह से रुचि नहीं लेते है और न तो विशेषज्ञों की राय और प्रकाशित पुस्तकों के आधार पर सदन में चर्चा करते हैं। परिणामतः वे न तो सदन को संतुष्ट कर पाते हैं और न तो जनता को।

भारतीय महिलाएं सदा से अपने घर परिवार से लेकर राष्ट्रीय अर्न्तराष्ट्रीय स्तर पर अपनी प्रतिभा, चातुर्य शौर्य कोशल योग्यता, कार्य-कुशलता, अदम्य साहस और त्याग का अनुकरणीय उदाहरण पेश कर चुकी है। भारत में महिलाऐं प्रधान मंत्री, मुख्य मंत्री, विदेशों में राजदूत, कार्यपालिका, न्यायपालिका, विधायिका में महत्वपूर्ण पदों पर कार्य कर चुकी हैं और आज भी हर क्षेत्र में बहुत तेजी से आगे आ रही हैं। अन्तर्राष्ट्रीय पदों पर पुरूष और महिला वर्ग के उत्कृष्ट कार्यों का सही-सही मुल्यांकन न किया जाना, प्रतिभा पर संदेह व्यक्त किया जाना दुर्भाग्यपूर्ण है। आज सारा विश्व आखों देख रहा है कि मैडम क्यूरी, कल्पना चावला, सोनिया गाँधी, मेघा पाटेकर, किरण बेदी, अरूणदती राय जैसी सफल महिलाएं अपनी प्रतिभा से दुनियां को चकाचौंध कर चुकी हैं। भारत को इन पर गर्व है।

5. प्राकृतिक आपदा-बाल अपराध और भारतीय सोच

दक्षिण एशियाई देशों के समूह में यदि कोई देश प्राकृतिक आपदाओं का सबसे अधिक शिकार रहा है तो वह भारत है। सूखा, बाढ़, भूकंप व चक्रवात जैसी प्राकृतिक आपदायें साल दर साल देश तथा उसकी अर्थ व्यवस्था को बुरी तरह झकझोर देती है जिससे देश का पूरा ढ़ाँचा चरमरा जाता है। परन्तु इस देवीय आपदा का निदान के लिये जो हमारा सामुहिक दायित्व है उसका सही हल खोजने में हम बिल्कुल असमर्थ हैं। इसका प्रतिफल स्पष्ट रूप से बाल अपराध से शुरू होकर विभिन्न अपराधों से लेकर आतंकवाद के रूप मे दृष्टिगोचर होता है। हम जिस परिवार से अच्छे नागरिक होने की अपेक्षायें रखते हैं यदि उस ओर से अपराध और

अपराधी का सृजन हो, हम और हमारा कानून मूक हो जाय तो क्या हम नए भारत की परिकल्पना को अभावग्रस्तता के कारण पूरा कर सकते हैं। परन्तु हमारा राष्ट्रीय एवं मानवीय चिंतन अब तक क्या है? यह तबाही कब थमेगी? हम अपने कर्तव्य का निर्वहन कहां तक कर पा रहे हैं? इसका प्रतिफल हमें क्या देखने को मिल रहा है। यह आम जनता के दिमाग में लाना आवश्यक है।

भारत के 32 प्रदेशों व केन्द्र शासित राज्यों में से 22 आपदा आशांकित प्रदेश हैं। 1988 से 1997 के बीच देश मे आई प्राकृतिक आपदाओं नें कुल 5116 जानें लीं तथा 2,47,90,000 लोगों को प्रभावित किया। इसके बाद 1998 में प्राकृतिक आपदायें कहर बनकर भारत पर बरसीं। इसी वर्ष तबाही का आंकड़ा 9,846 मृतकों तथा 3,41,10,000 लोगों को बुरी तरह प्रभावित किया। 1999 के उड़ीसा के प्रलयंकारी चक्रवात में तो प्रकृति ने अपनी क्रूरतम प्रहार और कहर से 10,000 लोगों की जानें लीं और असंख्य परिवार घरों से बेघर हो गये। अरब की खाड़ी से उठने वाले प्रचण्डकारी चक्रवात के चलते भारत विश्व के चक्रवात संभावित देशों में अग्रणी है। देश का 28 फीसदी सिंचाई युक्त क्षेत्र हर वर्ष सूखे की चपेट मे आता है। देश का 57 प्रतिशत क्षेत्रफल भूकंप आशंकित क्षेत्र में आता है। खास तौर से हिमालय की पर्वतीय श्रृंखला, जिसमें आए गंभीर भूस्खलन और हिमस्खलन अकसर घोर आपदाओं में तब्दील होकर क्षति निरन्तर बढ़ाते रहते हैं। पश्चिमी और मध्य भारत के कई क्षेत्र भी इसी आपदा संभावित सीमा में शामिल हैं।

पचहत्तर प्रतिशत मानसून मुश्किल से कुल चार महीने तक खींचता है। इसके चलते जून से सितम्बर माह के समय में नदियों में भरे पानी के दबाव से देश के कई भागों में बाढ़ का खतरा बढ़ जाता है। वर्षा और बाढ़ से निरन्तर सामना कर रही देश की पूर्वी जनता अपने घरों तथा परिजनों को बाढ़ की भेंट चढ़ते देखने की आदी हो चुकी है। 76 लाख हेक्टेयर क्षेत्र प्रति वर्ष बाढ़ की चपेट में आता है। इसके चलते कम से कम 1600 जानें प्रतिवर्ष बाढ़ का शिकार बनती हैं।

सबसे खतरनाक तथ्य यह है कि प्रतिवर्ष बाढ़ प्रभावित क्षेत्रों का दायरा अब तेजी से बढ़कर देश के कई हिस्सों को अपनी चपेट मे ले रही हैं। बाढ़ का विकराल दायरा ब्रहमपुत्र से सटे इलाकों को छोड़ अब कर्नाटक, आंध्र प्रदेश, बिहार, उत्तर प्रदेश, महाराष्ट्र व गुजरात पर भी अपनी नजरें गड़ाये बैठा है। 1998 में आई बाढ़ के चलते देश का 37 प्रतिशत क्षेत्र जलमग्न हो गया। 1953-95 के सरकारी आकड़ों पर नजर डालें तो बाढ़ के चलते प्रतिवर्ष 972 करोड़ का नुकशान हुआ। दूसरी तरफ वर्ष 1988 में नुकसान का आंकड़ा अपने चरम पर 4,630 करोड़ रूपये तक पहुंचा। कालान्तर पूरे देश मे आयी 1999-2003 मे प्रतिवर्ष बाढ़ से 2156 करोड़ तथा सूखा से 2796 करोड़ की क्षति हुई जिससे जन जीवन बुरी तरह प्रभावित रहा और इसका प्रतिकूल प्रभाव अर्थ व्यवस्था व आपूर्ति पर पड़ा। बाढ़ और सूखा से बचने हेतु विशेष प्रबन्ध करने होंगे ताकि प्रभावित क्षेत्रों से पलायन रोका जा सके।

बाल अपराध, सामाजिक अव्यवस्था, अनैतिकता, गरीबी एवं अशिक्षा आदि का फल है। यह बुराई समाज की संरचना के साथ उत्पन्न होकर अनवरत रूप से बढ़ती जा रही है। विश्व के किसी भी देश ने शायद इसके परिणाम पर कोई विचार नही किया। फलस्वरूप पाप रूपी यह फल पकने के पश्चात अपराध रूपी पौधों मे बदलकर, बाल अपराधी रूपी फलों का श्रृजन करता रहा। बाल अपराध की प्रवृति देखकर सुधार एक्ट पास करते हुए बाल अपराधी बच्चों में सुधार लाने के लिये स्कूल खोले गये। कथित स्कूल मे 15 वर्ष तक के बच्चे पढ़ने जाते थे जिन्हें स्कूली शिक्षा के साथ-साथ औद्योगिक शिक्षायें भी दी जाती थी। ऐसे बच्चों के रहन सहन पर विशेष ध्यान दिया जाता था। किन्तु यह एक्ट देश के बड़े-बड़े राज्यों तथा केन्द्रीय सीमाओं तक प्रभावित होने के साथ-साथ शिक्षा पद्धति में बाल अपराधियों के हृदय परिवर्तन करने की कला में कमी के कारण बाल अपराध नियंत्रण में कोई लाभ नहीं हुआ। सुधार की दृष्टि से इस स्कूल को प्रयोग के रूप मे बोस्टल स्कूल के नाम से मद्रास, बंगाल, मैसूर तथा मध्य प्रदेश में खोला गया। किन्तु शिक्षा पद्धति में कोई परिवर्तन होने के कारण कथित स्कूलों से भी कोई लाभ नहीं हुआ।

अतः अपराधो की बढ़ती हुई संख्या एवं प्रयोग के लिये खोले गये बाल बन्दी गृहों की असफलता देखकर विश्व के संपूर्ण अपराध एवं समाज शास्त्रियों द्वारा बाल अपराध रोकने के लिये अन्तराष्ट्रीय स्तर पर लीग आफ नेशन्स के सिद्धान्त को मान्यता देते हुए बाल अपराध नियंत्रण का प्रयास किया। बाल अपराधियों का हृदय परिवर्तन करने के लिये भारतीय संस्कृति के अनुसार नियम में तथ्य अवश्यक मौजूद हैं किन्तु नियम पालन प्रक्रिया में शिक्षा सूची से आध्यात्मिक शिक्षा के तत्व निकाल देने के कारण भारत के किसी भी सुधार स्कूल में इसका कोई लाभ नहीं हुआ।

ब्रिटिश शासन काल में शिक्षा पद्धति से आध्यात्मिक शिक्षा प्रणाली निकाल देने से पाश्चात्य विद्वान अध्यात्म को धर्म समझते हैं जबकि गहनतापूर्वक विचार करने से स्पष्ट होता है कि अध्यात्म मानव हृदय के नैतिक स्तर को उँचा उठाने की एक कला है। इसका संबंन्ध किसी आदर्श के उन तथ्यों से लक्षित है, जिसका सीधा संबन्ध आत्मा से है। अध्यात्म संपूर्ण धर्मो का एक ऐसा संकलन है जो मानव धर्म की टूटी एवं बिखरी कड़ियों को लिंगबद्ध करते हुए भौतिक प्रगति का मार्ग प्रशस्त करता है।

आध्यात्मविहीन, भौतिक प्रगति मानव को कभी मानवीय ज्ञान नहीं करा सकती, भावनाओं के अध्ययन बिना आध्यात्म समझना असंभव है। बिना मनोविज्ञानिक स्थिति समझे, किसी व्यक्ति के हृदय से बुराइयों का निकालना अप्राकृतिक बात है। क्यों अपराधी एक तरह से मानसिक रोगी होता है। मानसिक रोगी का उपचार, दुतकार से नहीं पुचकार से अधिक संभव है। उदाहणार्थ डाकूओं का हृदय परिवर्तन कराकर आत्म समर्पण कराने की पहल की गयी। फलस्वरूप पेशेवर डाकुओं के आत्म समर्पण पर आज पूरे भारत वर्ष में पुराने डाकुओं का नामोंनिशान नहीं है। यह चिंतन

की बात है कि जिन डाकुओं को पकड़ने एवं मारने के प्रयास मे भारत को अरबों रूपया खर्च करना पड़ा था, किन्तु न तो डाकुओं की संख्या कम हुई और ना ही डाकुओं ने कभी हथियार डालें, परन्तु उन्हीं डाकुओं को जब सदयता पूर्वक स्नेह की बात समझायी गयी तब डाकुओं ने हथियार डाल दिये। इसलिये समझना चाहिये कि मौजूदा समय मे अपराधियों पर नियंत्रण पाने के लिये प्यार की आवश्यकता है।

यद्यपि सन् 1947 में भारत स्वतंत्र होने के बाद 15 वर्ष तक के बच्चों को अनिवार्य शिक्षा देने की मान्यता दी। नाबालिक बच्चों को कारखाना, प्लान्टेशन तथा रेलवे आदि में नौकरी करने पर रोक लगायी गयी। बाम्बे चाईल्ड एक्ट सन् 1938 को कानूनी मान्यता दी तब जाकर बाल अपराधियों की सुनवाई के लिये ज्यूडिशियल मजिस्ट्रेट नियुक्त किये गये तथा ऐसे बच्चों को सुधार स्कूल भेजने के लिये शासन ने उचित निर्देश दिया एवं म.प्र. बाल अपराध नियंत्रण अधिनियम पारित किया गया किन्तु बच्चों को सुधारने के लिये आज भी स्कूल मे भेजा जाता है जिसका प्रचलन विदेशी भूमिका पर संपन्न हुआ था।

आज स्कूलों की संख्या बढ़ा दी गयी है लेकिन शिक्षा पद्धति में कोई विशेष परिवर्तन नहीं हुआ है। विश्व के संपूर्ण देशों द्वारा मानव का नैतिक स्तर सुधारने के लिये अपने अपने देश की संस्कृति के अनुसार आध्यात्मिक शिक्षा देने के प्रावधान पर सफलता की आशा व्यक्त की गयी थी, किन्तु भारत में वह शिक्षा पद्धति प्रचलित न होने के कारण भारत के बाल अपराध बन्दी गृहों में इसका कोई लाभ नहीं हुआ।

बाल अपराधियों का वार्षिक आंकड़ा देखकर यह समझ जाना चाहिये था कि हमारी सुधारवादी नीति में कोई खोट है। किन्तु इस खोट को न समझने के लिये कम ऊंची दीवार नहीं है। इसलिये पहले हमें उस बुनियाद को नष्ट करना चाहिये जो हमारे देश के बाल अपराध नियंत्रण में बाधक है।

सामाजिक एवं आर्थिक व्यवस्था आदर्श एवं व्यावहारिक ढांचे पर आधारित होती है। अकेले आदर्श पर चलने, व्यावहारिक गाड़ी का पहिया जाम होने के कारण समाज अव्यवस्थित हो जाता है। जैसे कि बाल अपराध नियंत्रण के लिये बनाये गये नियम देखने में तो बहुत अच्छे हैं किन्तु व्यवहारिकता में भारतीय संस्कृति का पुट न होने के कारण बाल अपराध नियंत्रण में कोई लाभ नहीं हुआ। इस संबन्ध में लाभ न होने के कारण मेरा विचार है कि मानव को भौतिक ज्ञान चाहे कितना भी हो जाय, जब तक उसे प्रकृति के होने का ज्ञान नहीं होगा, तब तक अन्याय के प्रति घृणा एवं भय उत्पन्न नहीं हो सकता। यह मानना है कि जब तक अन्याय के प्रति घृणा एवं भय उत्पन्न नहीं होता, तब तक प्रवृति के होने को अनुभव नहीं हो सकता। साथ ही मानव को जब तक प्रकृति के होने का अनुभव नहीं होता तब तक प्रकृति की अनुभूति कभी नहीं हो सकती। इस लिये कथित प्रत्यक्ष प्रमाण पर चिंतन करने के पश्चात यह मानना चाहिये कि जब तक हम भारतीय दर्शन के अनुसार, अपराध घटित होने का यह कारण नहीं समझते कि किस परिस्थिति के कारण किस प्रकार की

घटनायें घटित होती हैं तथा उन्हें प्रोत्साहन कैसे मिलता हैं तब तक बाल अपराध ही नहीं अपितु देश में घटित किसी किस्म की घटनाओं पर नियंत्रण असंभव है।

भारतीय दर्शन के माध्यम से हर किस्म के अपराध घटित होने का कारण समझने पर स्पष्ट होता है कि बाल अपराधी शुद्ध मानसिक रोगी होता है जिसका इलाज केवल स्नेह है। स्नेह के माध्यम से मानसिक रोगी का इलाज करते हुए बाल अपराधी को पवित्र मानव की संज्ञा मे लाया जा सकता है इसके अलावा भारतीय संस्कृति में अपराध नियंत्रण के लिये कोई उपाये नहीं है। भारत में बाल अपराध नियंत्रण के प्रचलित कार्य प्रणाली से स्पष्ट है कि बाल अपराधियों का एक बार पैर फिसलने के पश्चात समाज ने उन्हें अपनाया नहीं इसलिए अपराधी जातियों के अलावा बाल अपराधियों को कहीं कोई सहारा नहीं मिल पाता। मेरे विचार में बाल अपराधियों को अपराधी समाज में जाने से बचाने के लिये निम्न कार्यवाही सहायक हो सकती है।

बाल अपराधियों के सुधार स्कूल में औद्योगिक शिक्षा के साथ-साथ नैतिक स्तर सुधारने के लिए आध्यात्मिक शिक्षा प्रणाली अनिवार्य करने की आवश्यकता है। बाल अपराधियों का मनोबल ऊंचा उठाने के लिये उनके विरूद्ध प्रसंगिय अपराध की सूचना मिलने पर 24 घन्टे के अन्दर विवेचना पूर्ण करते हुए अपराधियों को सुधार गृह में भेजने की व्यवस्था की जायें।

यह आम धारणा एवं विश्वास है कि जब अनाचार, दुराचार से धरती बोझिल हो जाती है तो दैवीय अपदायें अपनी विनाश लीला दिखाती हैं जिसमें जौं के साथ घुन भी पीसे जाते हैं। आज पूरा मानव समाज इस प्रदूषण से ग्रसित और त्रस्त है। पारिवारिक विघंटन, आपसी कलह और दुराग्रह से स्त्री पुरूष संबन्ध विच्छेद, अवैध, संतान, गरीबी, भूखमरी से ग्रसित अबोध बालकों में पुराने अपराधियों के संरक्षण में उपजी बाल अपराध प्रवृति उन महिला-पुरूष की देन है जो लोक लज्जा और अपमान के भय से उन्हें छोड़ देते हैं और ये अबोध बच्चे अपराधियों के संरक्षण में पाल-पोष कर सर्वप्रथम बाल अपराधी इसके उपरान्त खूंखार अपराधी हो जाते हैं। इनको सही दिशा कैसे दी जाये यह ज्वलन्त मानवीय प्रश्न है। ऐसी विषम परिस्थिति में इन बाल अपराधियों को कैसे सुधारा जाये। इस दिशा में सरकार द्वारा आयोग गठित किये गये परन्तु उसका न तो कोई सार्थक समाधान निकला और न ही अन्तर्राष्ट्रीय संगठनों के कार्यक्रमों का सकरात्मक परिणाम हासिल हुआ जो विश्वव्यापी आतंकी गतिविधियों से स्पष्ट है। इस पर पूरे विश्व समूदाय को गम्भीरतापूर्वक विचार करना होगा।

जब खूंखार डाकुओं और अपराधियों का हृदय परिवर्तन स्नेह और शांतिपूर्ण विचारों से किया जा सकता है तो देवीय आपदा और बाल अपराधों से निजात पाने के लिये उन्हें धैर्य, संकल्प और सही दिशा देनी होगी। वेदो में कहा गया है कि अगर मनुष्य में अहिंसा, सत्य, प्रेम, उत्साह और परिश्रम की लगन हो, तो उसके मन में अशुभ संकल्प आ ही नहीं सकते। और शुभ संकल्पों से जो काम किये जाते हैं उनका

परिणाम कभी अशुभ नहीं हो सकता। इसलिये शास्त्रों में जीवन को सुखमय और शांतिमय विकास के लिये हमेशा शुभ संकल्पों को ही अपनाने पर जोर दिया गया है। मानव समाज यह हमेशा खोज करता रहता है कि सभ्य समाज और अच्छी परंपराओं का निर्माण किन सद्गुणों और मूल्यों के विकास से होगा। उसके इस प्रयास मे हमेशा धैर्य, संकल्प, सत्य साहस जैसे गुण ही रेखांकित होते हैं।

यह भी गौरतलब है कि हर इंसान में कुछ अच्छे गुण होते हैं, पर उसका उसे ज्ञान नहीं होता। हमारे पास कितनी शारीरिक, मानसिक आत्मिक और चेतना शक्ति है उसे हम कई बार जीवन के अंत तक नहीं जान पाते हैं। इंसान अपनी समस्त उर्जा का एक छोटा सा हिस्सा इस्तेमाल करके यह समझ लेता है कि उसने बहुत बड़ी सफलता हासिल कर ली है। कोई व्यक्ति अच्छे गुणों से भरा हुआ है। धैर्य और संकल्प की भी कोई कमी नहीं है। पर उसकी दिशा सही नहीं होगी तो कभी वह अपनी मंजिल नहीं पा सकता । इतिहास में उसी का नाम अमर होता है, जो तन-मन के साथ अपने समय एवं चेतना की उर्जा का इस्तेमाल भी सही दिशा में करते हैं।

6. समतायुक्त समाज और राजनीतिक महिलाओं की पृष्ठभूमि

सामाजिक न्याय प्रगतिशील राष्ट्र के लिए आवश्यक है। सामाजिक सुरक्षा की मुगल प्राचीन काल से ही किसी न किसी रूप में मान्य रही है। चाहे मनुष्य समूह में रहता रहा हो अथवा सामाजिक विकास के क्षेत्र में, राजतंत्र का विकास होने पर सामाजिक न्याय एवं सुरक्षा पर विशेष ध्यान दिया जाने लगा। जनतांत्रिक व्यवस्था होने पर कल्याणकारी राज्य की कल्याणकारी योजनाएं तथा कानून बनाये गये। सामाजिक न्याय एवं सुरक्षा प्रगतिशील राष्ट्र के लिए आवश्यक है। इससे कृषि, उद्योग, व्यापार, नव-निर्माण, सृजन आदि क्षेत्र में विकास होता है। सामाजिक सुरक्षा एक एक बुद्धिमत्तापूर्ण विनियोग है।

भारत दुनिया का एकलौता देश है जहाँ विभिन्न जाति और धर्म के मानने वाले लोग रहते हैं। सबके अपने रीति रिवाज और त्यौहार हैं। यही विविधता इस देश की खासियत है। गंगा-जमुनी तहजीब हमारी पहचान रही है। हमें इसको कायम व बहाल रखने की जरूरत है।

भारत पूरे विश्व में एक शांतिप्रिय एवं सौहार्द का देश है। भारत ही एक ऐसा देश है जिसमें सभी जाति, धर्म और संप्रदाय के लोग मिलजुल कर तथा आपसी एकता के एक सूत्र में बंधे हैं। यही हमारी गंगा-जमुनी संस्कृति का प्रतीक है। इसमें हमारे देश की महिलाओं की महत्वपूर्ण भूमिका है। महिलाए ही शांति और एकता की प्रतीक हैं। इसके बावजूद भी त्याग और बलिदान का इतिहास इनको वह स्थान नहीं दे सका जैसे देश का विशाल जनसमुदाय अपने गौरवशाली पृष्ठभूमि के बावजूद निरन्तर उपेक्षा के कारण इससे वंचित रहा है और उसे हासिल करने के लिए आधुनिक भारत में संघर्षरत है।

इतिहास उन्ही का लिखा गया है जिनके पास भूगोल था। जिनके -------

में अधिकाधिक भूगोल था अथवा जो अधिक समय तक उस विशाल भूखण्ड पर अपना अधिपत्य बनाये रहे, इतिहास उन्ही को अपने अधिक से अधिक पृष्ठ दे सकता है। तुलना में जिनके पास का भूखण्ड था या अधिपत्य की अवधि न्यून थी। उन्हें इतिहास कुछ ही पृष्ठों में थोड़ी पंक्तियों में समेट दिया है। इतिहास की एक बात और विलक्षण है, जिन लोगों ने धरती के भौतिक संपदा को अपनी विलासिता हेतु मुक्त हस्त उपयोग या पद दलित किया, उनका उल्लेख विस्तृत है। परन्तु ऐतिहासिक दृष्टिकोण से उनका उल्लेख अपेक्षाकृत कम पृष्ठों में है। समतायुक्त समाज की संरचना में उन राजनीतिक महिलाओं की भूमिका अपने साधन संपन्न परिजनों की साया मात्र रह गयी जिनकी सामंती साया उन उपेक्षित और वंचित समाज के लिए मृगतृष्णा की भांति है।

7
इस्लाम में स्त्री स्वतंत्रता

1. कुरान शरीफ और उलेमाओं के विचार

कुरान शरीफ का चौथा पैरा सुरतु उन्निसा स्त्रियों पर केंद्रित है। इसकी आयत 23 में बताया गया कि एक आदमी के लिए किस किस रिश्तों की औरतें हराम हैं। इस आयत का अनुवाद कुछ इस प्रकार है :"—तुम्हारी माताएं, बेटियाँ और बहनें तुम्हारी बुआएं, मौसियां, भतीजीयां, भानजीयों और तुम्हारी ये मातायें जिन्होंने भले ही तुम्हें जन्म न दिया हो लेकिन जिन्होंने तुम्हें दूध पिलाया तुम्हारा दूध शरीकी बहन (यानि दूध पिलाने वाली माताओं की लड़कियां) और तुम्हारी सासें तुम पर हराम हैं। तुम्हारी उन बीबी का पूर्व पति से उत्पन्न बेटियां जो तुम्हारी गोद से परवरिश पाती हैं, हराम है लेकिन अगर इन बीबीओं (जो पूर्व में किसी और की बीबीयां रही हैं) के साथ तुमने संगत नहीं की हो तो उनके पूर्व पति से पैदा हुए लड़कियों से निकाह करने में कोई गुनाह नहीं है। तुम्हारी ओर से पैदा बेटों की स्त्रियाँ ओर दो सगी बहनों का एक साथ निकाह करना हराम है।

इसी पैरा को 21 आयत में यह भी कहा गया है कि जिन औरतों के साथ तुम्हारे बाप ने निकाह किया है तो उसके साथ निकाह न करना।

नेशनल क्राइम ब्यूरो की रिपोर्ट कहती है कि प्रदेश में हर घन्टे दो महिलाएं बलात्कार का शिकार होती हैं। बदकिस्मती से इस फेहरिस्त में शामिल हुई मुजफरनगर की इमराना पूरे मुल्क में चर्चा का विषय — नहीं बनती, अगर यह फतवा जारी न होता कि वह अपने पति के साथ नहीं रह सकती थी फतवा, जारी होते ही इमराना सिर्फ बलात्कार की शिकार एक महिला नारी नहीं रही, यह एक मुददा बन गयी। आखिर फतवा होता क्या है और यह कैसे जारी होता है।

उल्लिखित है कि फतवा अरब का शब्द है और जिसके मायने हैं हुक्म सादिर करना यानि यह बताना कि हुक्म पाया है। इसी मसले पर कुरान और हदीस में क्या कहा गया है, यह जानने की जब जरूरत आन पड़े तो ही फतवा की जरूरत होती है। अकसर फतवे को लेकर भ्रम पैदा होता है। मुसलमानों की सर्वोच्च धार्मिक संस्था आल इंडिया मुस्लिम परसनल लॉ बोर्ड के सदस्य मौलाना खालिद रसीद फिरंगी महला कहते हैं कि वह फतवा नहीं होता। फतवा तो केवल उन्हीं मामलों में दिया जा सकता है जो शरीयत से जूड़े हो, जिसमे यह देखना जरूरी हो कि कुरान और हदीस क्या कहता है :

एक सवाल यह भी है कि फतवा जारी कौन कर सकता है। फतवा केवल मुफती जारी कर सकता है। मुफती एक तरह का कोर्स होता है जो आलिम और फाजिल के बाद होता है। मुफती का कोर्स पूरा करने वाला व्यक्ति ही फतवा जारी

कर सकता है। फतवा एक अकेला मुफती जारी कर सकता है। लेकिन बेहतर माना जाता है कई मुफती मिलकर सामुहिक विचार विमर्श द्वारा फतवा जारी करें। यही वजह है जो इस्लामिक संस्था है जैसे लखनऊ का नदवा कालेज, सहारनपुर का दारूल उलूम आदि इन सब में फतवा जारी करने के पृथक विभाग हैं। इन विभागों को दारूल इफवा कहते हैं। अगर किसी मसले पर फतवा लेना होता है तो पूरा प्रकरण लिखकर दारूल इफता में दे देना होता है। मुफती कुरान शरीफ और हदीस की रोशनी में बताते हैं कि क्या उचित है। फतवा मांगने का क्या कोई वैधता होती है, उलेमा कहते हैं कि कानूनी तौर पर तो किसी को बाध्य नहीं किया जा सकता है, लेकिन कोई व्यक्ति इस्लाम को मानने वाला है तो वह कुरान, हदीस के खिलाफ कैसे जा सकता है। क्या फतवा का दुरूपयोग हो रहा है? मौलाना खालिद रसीद फिरंगी कहते है कि दुरूपयोग का सवाल ही नहीं। अगर कोई मसला ऐसा है जो शरीअत से नहीं जुड़ा है तो मुफती उस पर फतवा जारी ही नहीं करेगा।

वार्ता के अनुसार स्कूल आफ थाटस की बात आई। पूछने पर लॉ बोर्ड के सदस्य एवं विधिक सलाहकार जफरयाब जिलानी ने बताया कि मुहमद साहब के बार-बार इमाम हुए दमाम अबू हनीफा, इमामी अहमद बिन हमूबल, इमाम शाफई और इमाम मालिक। इन लोगों ने हदीसों को जगाकर उसको अपने अपने हिसाब से व्याख्या की। यही लोग स्कूल आफ थाटस कहलाते हैं। इमाम अबू हनीफा को मानने वाले हनफी मुसलमान कहलाते हैं। इमाम हमबल को मानने वाले हमबली, इमाम शीफई को मानने वाले शाफई और इमाम शीफई को मानने वाले शाफई और इमाम मलिक को मानने वाले मालिक ही मुसलमान होते हैं। उत्तर प्रदेश में मुसलमानों की बड़ी तादाद हनफी मुसलमानों की है। इमराना भी हनफी मुसलमान हैं।

कुरान शरीफ में निकाह के कुरान संदर्भ में स्पष्ट व्याख्या है, लेकिन उलेमाओं की कुछ और राय है। कुरान शरीफ के चौथे पैरा का 23वां आयत में साफ साफ यह लिखा होने के बाद कि "तुम्हारा औरत से पैदा हुए बेटों और स्त्रियाँ तुम पर हराम है। उलेमा इमराना के मामले में इस आयत की व्याख्या अपने अंदाज में कर रहे हैं। मोलाना खालिद रसीद फिरंगी महली कहते हैं कि किसी आयत का हिन्दी तर्जुमा पढ़ लेने भर से कुरान-हदीस की बारीकी से वाकिफ नहीं हुआ जा सकता है। अगर ऐसा ही होने लगा तो फिर जो आलिम बनने में अपना पूरी जिंदगी लगा देते हैं, उसकी कोई मायने नहीं रह जाते। एक-एक आयत के क्या क्या मायने हैं इसका बहुत बारीकी से व्याख्या की आवश्यक होती हैं और यह व्याख्या आलिम ही कर सकते हैं। बेशक किसी बाप के लिये बेटे की स्त्री हराम है, अगर कोई बाप अपने बेटे की पत्नी के साथ जबरदस्ती करता है तो निकाह टूट जाता है। निकाह के टूटने के बाद बेटा और बहु पति पत्नी के रूप में साथ-साथ नहीं रह सकते हैं। न ही उसको दोबारा निकाह हो सकता है। पहले भी कई फैसले हुये हैं। उसकी नजीरें हैं।

दारूल उलूम फारूकिया, काकोरी लखनऊ के मौलाना वली फारूकी का भी

मत है कि अगर बहु और श्वसुर ने रजामंदी से संबन्ध होते तो भी यह हराम था। बेटे के साथ बहू का निकाह तब भी टूट जाता।

इस्लाम कानून के हिसाब से इस गुनाह की सजा संगसारी (पत्थर से मार मार कर मार डालना) दोनों को मिलता, लेकिन इमराना के मामले में श्वसुर द्वारा जबरदस्त अवैध संबन्ध बनाये जाने की बात कहा जाता है। ऐसे में गुनहगार तो श्वसुर हुआ, संगसारी की सजा केवल श्वसुर को मिलनी चाहिए, लेकिन इमराना अब अपने पति के साथ नहीं रह सकती क्योंकि उसका निकाह टूट चुका है।

दरअसल मुस्लिम परसनल लॉ बोंड, कामन सिविल कोड की माँग के विरूद्ध मुस्लिम शरीय (कानून) की हिफाजत के लिए कुल हिंद परसनल लॉ बोर्ड (दिसम्बर 1972) के नाम से बना था। बोर्ड की मध्ययुगीन सोच आधुनिकता विरोधी है। भारत के बाकी समुदायों में स्त्रियों की स्थिति बेहतर हैं। मुस्लिम महिलाओं में भी वैसी खवाइश हैं बोर्ड नये निकाहनामा के सवाल पर 18 सालों से टाल रहा था। भोपाल बैठक से नया निकाहनामा वजूद में आया। महिलाएं भड़क उठीं। मध्ययुगीन बनाम 21वीं सदी या अरब बनाम भारत की महिला हैसियत की लड़ाई जारी है। कुछ बोल रहे हैं तो कुछ मौन हैं। लेकिन देह की भी भाषा होती है। स्त्रीदेह की भाषा दुनिया का सारा ज्ञान भाषाओं से ज्यादा ताकतवर है वह तलाक से मिलने वाला "मेहर" से संतुष्ट नहीं है। तलाक तो दे रहे हो गरूर और फिक्र के साथ मेरा शबाब भी लौटा दो मेरे मेहर के साथ।

पाकिस्तान की लेखिका अतिया दाउद की "मार्मिक अभिव्यक्ति" काले नकाबो से मैं दुनियां नहीं देखना चाहती, यहां से दुनिया बहुत धुंधली नजर आती है। मैं इस्लामी समाज की दबी कुचली स्त्री की बगावत हूँ। पाकिस्तान का ही एक और लेखिका तसमीना भी काफी अरसे से स्त्री उत्पीड़न के विरूद्ध जंग में है। भारत के दूसरे सबसे बड़े इसी संप्रदाय की महिलाएं "तीन तलाक" के खौफ में हैं। दुनियां अंतरिक्ष नाप रही है। आसमान और समुंद्र में भी शादियां हो रही हैं। इंटरनेट पर भी शादियां हैं। लेकिन देश के मौंलवी 21वीं सदी में भी महिलाओं के मनमाफिक "निकाहनामा" नहीं बना पाये। मुंबई तहरीकएं निस्वां, हकूकऐ निस्वां आदि 25 महिला संगठनों ने अपना अलग से निकाहनामा जारी कर दिया है। ज्ञातव्य है कि बोंड के निकाहनामे का कानूनी वजूद नहीं है। मो. कल्वे जव्वाद ने इस्लामी न होने की दिक्कत बतायी। वे कहते है निकाहनामे को स्वैच्छिक ही रखा जा सकता है, कानूनी नहीं। ऐसा तभी हो सकता था। जब मुल्क में इस्लामी हुकूमत होती। शाहबानो मामले में सुप्रीम कोर्ट ने पीड़ित मुस्लिम महिलाओं की तकदीर खोलने का फैसला सुनाया।

इस्लाम 7वीं सदी की अरबी मजहब है। अरब में औरतों को पुरूष जैसा सम्मान न तब मिला न आज (कुरान शरीफ) सूरो 2/223 कहता है "तुम्हारी स्त्रियां तुम्हारी खेती है" कुरान गैर-इस्लामी स्त्रियों या पुरूषों से विवाह की इजाजत नहीं देता मुशरिक बहुदेवतावादा स्त्रियों से विवाह मत करो जब तक वे इमान न ले आये। एक मुसलमान

वांदी सुंदर मुशरिक से अच्छा है। एक मुसलमान गुलाम अच्छा है बनिस्वत आजाद मुशरिक से (सूरा 2/221 कुरान) सूरा 2/229 में तलाक दो बार है।

कोई भी समाज ज्ञान विज्ञान, इतिहास और परंपरा के अनुभवों से समृद्ध होता है। विवाह संस्था को भी आधुनिक क्यों नहीं बनाने का प्रयास किया जाना चाहिए। सामाजिक विकास के दीर्घकालिक अनुभवों ने भारत में विवाह पद्धति का विकास किया। विवाह संस्था अति प्राचीन काल में नहीं थी। आदिम समाज में स्त्रियां स्वतंत्र थीं। श्वेतकेतु ने व्यवस्था दी "जो स्त्री पति छोड़ दूसरे से मिलेगी अथवा जो पति स्त्री छोड़ दूसरी स्त्री से मिलेगा, दोनो पापी होंगे। "ऋगवेद काल में भी स्त्रियां स्वतंत्र थीं उस काल में कहा गया है कि जो स्त्री स्वयं ही अपने मित्र (पति का) चुनाव करती है वह भद्रा वधू है (10/27/12) ऋग्वेदिक काल मे वधू का आदर स्थान सुरक्षित था (ऋ 10/85) अर्थववेद में पति ने पत्नी से कहा मै साम हूँ तू ऋक है। मै घी हूँ तू पृथ्वी है। आगे उपनिषद काल में स्त्री पुरूष अर्द्धांग मिलकर एक आत्मा का सूत्र चला।

देश में राजनीति से इतर अन्य क्षेत्र में महिलाओं की भागीदारी चौकाने वाली है। देश के वातावरण में स्त्री अधिकारी अनुगुंज है। कोई सवा लाख महिलाएं हर वर्ष चिकित्सा की डिग्री ले रही हैं। संप्रति 198 जिलों में वे जिला पंचायत अध्यक्ष हैं। पत्रकार, इंजीनियर, अध्यापक, अधिवक्ता, प्रशासन प्रबन्धन आदि क्षेत्रों में वे अग्रणीय हैं। ऐसे माहोल के बावजूद मुस्लिम महिलाएं मनमाफिक निकाह करने को लेकर व्यथित हैं। ताजा बहस ने प्रगतिशील मुस्लिम चिंतकों पर एक नई जिम्मेदारी डाली है। वे आगे आयें। समाजिक परिवर्तन की रफतार कैसी थी वे स्वयं भी चलने का सहास जूटायें।

2. बुर्के से झांकते सवाल, हमारा मजहब और अधिकार

कुरान शरीफ (सुरा-ए-निसा) (हदासे और सुन्नत के अनुसार मुस्लिम महिलाओं को सम्मानजनक दर्जा प्राप्त है। इनके अधिकार किसी भी धर्म की तुलना में इस्लाम में बेहतर हैं। मसलन महिलाएं, शहर की ज्यादती से ऊबने पर तलाक (खुला) ले सकती हैं। पिता की संपति में 1/3 हिस्सा लड़के का होता हैं। इस्लाम में मेहर यानि स्त्रीधन का व्यवस्था है। यह पुरूष (पति) की पत्नी के संपर्क में आने से पहले देना पड़ता है। स्त्री की मर्जी के बिना निकाह संभव नहीं है। शिक्षा के मामले में पुरूष और स्त्री दोनों को समान अधिकार मिलें है। विधवा की शादी को प्रोत्साहन दिया गया है। कयामत के दिन हर इंसान को माँ के नाम से पुकारे जाने का वर्णन है, पिता के नाम से नहीं और स्वयं इनको लेना न चाहे तो कोई क्या कर सकता है। जायदाद में एक तिहाई हिस्सा लड़कियों का होता है। एक वर्ग ऐसा भी है जिनकी मांग है कि यह हिस्सा बढ़ा दिया जाय, लेकिन बहुत कम मामले सामने आते हैं, जहां लड़कियां जायदाद में हिस्सा माँगती हैं। यही हाल मेहर का है। कोई भी पति आसानी से यह रकम नहीं देता। हालांकि यह रकम लड़की वालों को मर्जी

से है। निकाह के समय निश्चित की जाती है फिर भी निकाह के बाद लड़की अपना यह अधिकार नहीं माँगती, क्योंकि ज्यादातर मामलों में तो पति मेहर माफ करा लेता है, लेकिन अक्सर ऐसा होता है कि जिन्दगी भर पति-पत्नि में इस मामले पर बात ही नहीं होती और उम्र के आखिरी पड़ाव मे पत्नी उसे खुद ही माफ कर देती है।

निकाह, मेहर, लियान मुरता, इला, खुला, गुजारा भत्ता, बच्चों के सवाल, तालीम संपति, विरासत जैसी कई समस्यायें है जिनसे मुस्लिम महिलाओं का सीधे सामना करना पड़ता है। कहीं शरीयत का कानून है तो कहीं उलेमा के फतवे। व्यवहार सिद्धान्त का अंतर और तोड़-मरोड़ कर पेश की गई व्याख्या। ये सारे जवलंत मूददे मुस्लिम महिलाओं की दुनिया में झांकता प्रश्न हस्तक्षेप के लिए विवश करता है जिस बिन्दू पर पाकिस्तानी लेखिका अतिथी दाउद ओर तहमीना संघर्ष कर रही है जिसको बगावत की संज्ञा दी जाती है। भारत में नजमा हेपतुल्ला, नफीसा हुसेन, नफीसा अली, मुनीषी सभी, डा० नर्गिस जहाँ बीबी जकिया मशहदा, निगार खान, सइदा हामिद मीरा अली, फरहत रिजवी, जैसी महान् चिंतक विचारक, विदूषी महिलाओं ने व्याप्त कुरीतियों और उत्पीड़न के खिलाफ मार्मिक संवेदना व्यक्त किये हैं जिसको सूक्षम करने से उन निरीह महिलाओं को उनके हक और बहकूक को बल मिलता है।

महिलाओं की स्थिति धार्मिक कट्टरता और सामाजिक पिछड़ेपन के कारण मर्द के मुकाबले कमजोर है। आर्थिक और सामाजिक आजादी का न होना और शिक्षा का अभाव भी मुस्लिम औरतों के पिछड़ने का मुख्य कारण है। आंकड़े बताते हैं कि पांचवीं कक्ष तक जाते जाते मुस्लिम लड़कियां अन्य दलित और पिछड़े वर्गों की लड़कियों की भांति पढ़ाई छोड़ देती हैं। तलाक और निकाह जैसे मसलों को लेकर हो रहे विवाद का मुख्य कारण मुनीवा सभी के अनुसार "इस्लाम की इमेज को तोड़ मरोड़ कर पेश करना है। तीन तलाक गैर इस्लामिक है। मौजूदा तलाक के कानून व निकाहनामा में भी तबदीली होनी चाहये।

मुस्लिम समाज के लिए सबसे गम्भीर मसला लड़कियों की तालीम है। पुरूषों को यह समझना होगा कि वे भी जिन्दा चीज है उनके सीने में दिल है जो धड़कता है। डा० नर्गिस जहां बीबी का मानना है कि शरीयत कानून में बदलाव के बदले सामाजिक बदलाव होना चाहिए। इस्लाम वह पहला धर्म है जहां औरतों को सबसे ज्यादा अधिकार मिले। इस्लाम में बुराई नहीं है, बुराई है उसे लागू करने वालों में। अल्लाह ताला ने तीन तलाक का इस्तेमाल नहीं करने को कहा है।

मुस्लिम समाज में बदलाव की प्रक्रिया बहुत धीमी है। औरतों की स्थति अच्छी नहीं है। मुस्लिम परसनल लॉ पिछले 60-70 से बिना ऐसा तब्दीली के कायम है। वह औरतों को जो अधिकार देता हैं वहां मर्दों के मुकाबले कम हैं। जकिया मशहदी का कहना है कि मौजूदा तलाक कानून में बदलाव की जरूरत है। मुस्लिम औरतों को देखने का नजरिया भी समाज को बदलना होगा। मुस्लिम औरतों पर जब बात होती है तब धर्म बीच में आ जाता है। मुस्लिम औरतों की स्थिति जानने के लिए

उसकी सामाजिक आर्थिक स्थितियों का आंकलन करना होगा। खासकर तीन तलाक जैसे मसले अन्यायपूर्ण हैं। निसार खान का कहना है कि औरत के विरूद्ध पुरूष अपने मालिकाना हक की हिफाजत और झूठे अहम की तुष्टि के लिए तलाक को हथियार की तरह इस्तेमाल करता है। इस्लाम में कोई दूसरा रास्ता न रहने की सूरत में ही तलाक की व्यवस्था की गयी है।

दरअसल, मध्यकाल के बाद कटट्रपंथियों की जमात ने इस्लाम की खुली हवा में सांस ले रही महिलाओं को चारदीवारी में बंद करने की साजिश की और धर्म का ठेकेदारी संभाल कर औरतों का हक छीनने का प्रयास किया जबकि इस्लाम में मासायात की परंपरा है! सईदा हामिद का मानना है कि पुरूषवादी इस समाज में धीरे-धीरे महिलाओं को दबाकर उन्हें धर्म और कुरान को पुरूषों के नजरिये से देखने को मजबूर किया। जिन महिलाओं ने कट्टरपंथियों के वर्चस्व को चुनौती देने की कोशिश की, उनके खिलाफ फतवा जारी कर दिया।

दरअसल, मुस्लिम महिलाओं में जागरूकता का अभाव है। अपने अधिकारों की उन्हें जानकारी नहीं है। उन्हें मालूम नहीं कि वे भी अपने पति से तलाक (खुला) की मांग कर सकती है। स्वास्थ्य संबन्धी जागरूकता का भी इनमें अभाव है। फिर एक बड़ी समस्या लड़कियों की शिक्षा को लेकर है। लड़कियां इस समाज में बहुत कम स्कूल, मदरसों तक जा पाती हैं। बड़े शहरों में जो लड़कियां स्कूलों में जाती है और उच्च शिक्षा की पढ़ाई करती है, उन्हें बाद में भारी समस्या का सामना करना पड़ता है। पहली तो यह तमाम बंदिशों के चलते (पर्दा प्रथा) नौकरी नहीं कर पातीं और शादी के लिए योग्य वर नहीं मिल पाता, क्योंकि इस समाज में पढ़ने वाले लड़कों की संख्या सीमित है। जहाँ शिक्षा पहुंची है वहां वातावरण बदल रहा है।

नफीसा हुसैन, सदस्य राष्ट्रीय महिला आयोग का मानना है कि मुस्लिम समाज में महिलाओं की समस्याओं का पहाड़ है। पुरूष वर्चस्ववादी समाज में जब जब जैसे और जिस तरह से चाहा समाज और शरीयत के नियम तोड़े और बनाए। इससे महिलाओं की समस्याओ में इजाफा ही नहीं हुआ बल्कि समाज का ढांचा भी पुरूष हित की ओर खिसक गया। जैसे जैसे देश में आधुनिकता का बुखार चढ़ रहा है, ई-मेल, मोबाइल, फोन आदि पर तलाक चलन में आ रहा है। एमएमएस के जरिये तलाक दिया जा रहा है। आखिर यह क्या हुआ कि तीन बार तलाक कह दिया और पति, पत्नी को छोड़कर चला गया।

अब तो लोग महर (स्त्रीधन) भी नहीं देते हैं। लोग बहला-फुसलाकर या बारगेनिंग कर। इसे माफ करा लेते हैं। तलाक के बाद गुजारा भत्ता के मसले पर बिदक जाते हैं। ऐसे में महिलाओं की समस्या और भी बढ़ जाती है क्योंकि पुरूष तो दूसरी शादी कर लेता है, पर महिलाएं बच्चों का भविष्य देखकर जीवन से जूझना ही नियति मान लेती हैं क्योंकि दूसरे पति की सम्पति में इनका अधिकार नहीं बनता। कई ऐसे भी उदाहरण हैं जिसमें मर्द बिना बताये अपनी पत्नी को छोड़कर

चला गया। बगैर तलाक दिये ऐसे में महिलाओं को पता ही नहीं वह कहां गया। दर-दर भटकती हैं और दूसरा विवाह भी नहीं कर सकती। इस्लाम मे हुक्म है तलाक दो तो स्त्री का सम्मान करते हुए उसे उसके माँ बाप के घर तक छोड़ कर आओ।

शिक्षा के क्षेत्र में एक नजर मुसलमानों के इतिहास पर डालें तो फोर्ट विलियम कालेज, दक्षिण भारत में उस्मानिया विश्वविद्यालय, उत्तर भारत मे अलीगढ़ मुस्लिम विश्वविद्यालय और अब्दुल्ला गर्ल्स कालेज, भोपाल मे हमीदिया गर्ल्स कालेज और दिल्ली मे दिल्ली कालेज की सक्रिय भूमिका है। संपन्न घरानों के युवा आक्सफोर्ड केम्ब्रिज जाया करते थे जो वहां नहीं जा सके उनके लिये अलीगढ़ मुस्लिम विश्वविद्यालय था।

अशिक्षा के चलते समाज में भी फतवे को माना। एक समय था जब वैज्ञानिक तरीके से पुरूष और महिलाएं सभी मुद्दों पर बहस करती थीं। अब इस बात पर बहस होती है कि सभी महिलाएं बुर्के पहने, लिपस्टिक न लगायें। इसलिए ईरान में सभी महिलाऐं चादरों में आ गयीं। जबकि मराठी मुस्लिम है तो मराठी साड़ी बांधेगा, केरल का है तो कोकणी साड़ी पहनेगा। बयूटी तो इसमें है कि सभी लोग अपने अपने तरीके से अलग अलग रंगों में अल्लाह की इबादत करें। इस बारे में धर्म में कोई रूकावट नहीं है।

पैगम्बर मोहम्मद साहब के समय में औरतों से सलाह मसविरा किया जाता था। उनकी कौंसिल में औरतें भी शामिल थीं, मोहम्मद साहब की पत्नी हजरत आयशा को जुबान से इसकी चर्चा भी मिलती है और हदीस में इस बावत काफी कुछ कहा गया है। हजरत आयशा खुद औरतों के अधिकार का जिक्र करती हैं जिससे पता चलता है कि तत्कालीन समाज में भी औरतों की कितनी इज्जत थी। राज्य सभा की पूर्व उपसभापति सांसद सुश्री नजमा हेपतुल्ला का कहना है कि जो लोग महिलाओं को धर्म प्रदत्त अधिकारों से वंचित रखने की साजिश कर रहे हैं, उन्होंने औरतों में शिक्षा की कमी का फायदा उठाया है। ऐसे लोग अक्सर शरीयत का हवाला देते हैं। क्या शरीयत हमें यह बतायेगा कि मैं नमाज कैसे पढ़ूं पर पूरे दिन में मुझे कुरान कितनी बार पढ़नी चाहिए। देश, समाज और अपने बच्चों के लिये मुझे क्या करना है। शरीयत तो आधारभूत सिविल कोड है। परसनल लॉ को शरीयत कहते हैं। कई बार इस तरह की घटना प्रकाश में आती है कि अमुक मौलवी ने किसी जगह पर किसी महिला के लिए फतवा जारी कर दिया क्योंकि उसने सौन्दर्य प्रसाधनों को इस्तेमाल किया। इसके लिये वे शरीयत का हवाला देते हैं। कोई भी शरीयत का जानकार इस तरह की बात नहीं करेगा। यह तो पुरूष समाज के पिछड़ेपन का प्रमाण है।

दरअसल मुस्लिम महिलाओं को दबाने की कोशिश होती रही है। ऐसा उनमे शिक्षा का स्तर कम होने से हुआ। सबसे पहले उनका शिक्षा का प्रबन्ध होना चाहिए। यह उनका जन्म सिद्ध अधिकार है। यदि वे शिक्षित नहीं है तो वह कुरान शरीफ

कैसे पढ़ेगी और शरीयत में उनके अधिकारों के बारे मे क्या लिखा गया है, कैसे पढ़ेगी कैसे जान पायेगी। कुरान शरीफ हजरत जिब्राहील ने "इकरा" की बात कही है। यानी पढ़ो (इसलिये आधुनिक युग मे भी कट्टरपंथियो द्वारा उनके वाजिब अधिकारों पर हमला किया जाना खेदजनक है और महिलाओं को अपना हक छीनना है।

इसी प्रेरणा को लेकर अब्दुल्ला सहाब ने अलीगढ़ में ही अब्दुल्ला गर्ल्स कालेज की स्थापना कर इस ----- को पैरा कर दिया, जहाँ बड़े शहरों के अलावा छोटे शहरों और कस्बों से मुस्लिम घरानों की पर्दा नसीन लड़कियां आकर आधुनिक तालीम हासिल करती थी। इस संस्था से निकल कर अस्मत पुराताई, सलमा सिद्यीकी, साजिदा जैदी, जाहिदा जैदी, पूर्व राष्ट्रपति फवरुद्दीन अली अहमद की पत्नी बेगम आबिदा अहमद भी इसी संस्था की देन है। नवाब भोपाल ने हमीदिया गर्ल्स कालेज और एक महिला क्लब की बागडोर स्वतंत्रता संनानी अबुल कलाम आजाद की दो बहनें (जिनमे एक नजमा हेप्तुल्लाह की दीदी थी) सौपी थी। न्याय के क्षेत्र मे जस्टिस फातिमा बीबी, सौंदर्य प्रशासन के क्षेत्र में शहनाज हुसेन अंर्तराष्ट्रीय स्तर पर ख्याति हासिल कर चुकी है। फिल्म उद्योगों में भी स्त्रियां भी पीछे नहीं हैं। बाते वख्त का शमशाद बेगम, मुबारक बेगम, नूरजहा नसीम बानो, मीना कुमारी, सुरया, मधुबाला, निम्मी, नरगिस, वहीदा रहमान जैसी प्रतिभावान आदाकारें, प्रसिद्ध महिलाओं और मराठी रंगभेद की मंजी हुई कलाकारों के सामने डिगी नहीं। वर्तमान मे अभिनय के क्षेत्र मे शबाना आजमी और तब्बू का विकल्प ढूढना मुश्किल है। शबाना की माँ शोकत कैफी पहले ही रंगमंच फिल्म मे दस्तक दे चुकी हैं। डांस कोरियोग्राफी में फरहा खान का विशिष्ट योगदान है।

रही बात आज इस समाज में फैली गरीबी, अशिक्षा और तमाम समस्याओं को तो यह नहीं भूलना चाहिए की भारत में 90 प्रतिशत मुसलमान मूल भारतीय हैं। इनके पूर्वजों ने धर्मान्तरण के बाद इस्लाम कबूल किया था। धर्म परिवर्तन करने वालों मे ज्यादा हिन्दू समाज के निम्न वर्ग का था। उनके लिये शिक्षा तो दूर की बात वे इंसानों की तरह कुएं पर पानी भी नहीं पा सकते थे। ऐसे समाज को शिक्षित, सभ्य होने में शताब्दियां लग जाती हैं।

3. मुस्लिम समाज की बदहाली के लिए जिम्मेदार कौन?

अल्लाह चाहता है कि समाज और व्यक्ति साफ-सुथरा हो। हम जब बोलें, सच बोलें। हम जो वादा करें उसे पूरा करें। अमानत में ख्यानत न करो। उन्होंने कहा कि अपनी नजरों को नीची रखो। अपने हाथों पर अंकुश रखो। अपने हाथों के द्वारा किसी को तकलीफ मत पहुंचाओ। यदि ऊपर वाले की नुसरत हो जाय तो व्यक्ति गुमराह नहीं हो सकता है। अख्तियार करो सच्चाई को इंसान को सीधे रास्ते पर चलना चाहिए। सच्चाई स्वर्ग का एक दरवाजा है जबकि झूठ का दरवाजा नरक है। यदि हम सच्चाई को अख्तियार कर लें तो हालात और जिन्दगी में बड़ी तब्दीली हो जाएगी। 'न्याय के ध्वजवाहक बनो'

नाइंसाफी के कारण दहशतगर्दी पैदा होती है। आज मुसलमान-मुसलमान में और भाई-भाई में दूरी और दुराव बढ़ता जा रहा है। आज का मानव, दानव बनता जा रहा है। शिक्षा अनुशासन सिखाता है, परन्तु आज के शिक्षित वर्ग में भ्रष्टाचार ज्यादा फैला हुआ है। आज के लोग जायज और नाजायाज तथा हलाल व हराम का मतलब नहीं समझ पा रहे हैं। देश की उन्नति के लिए हिन्दू और मुसलमानों को एकजुट होकर विचार-विमर्श करना चाहिए।

पकिस्तान के राष्ट्रपति परवेज मुर्शरफ ने अपने देश के दौरे में मदरसे देखे हैं जहां आतंकवादी शिक्षाएं दी जा रही हैं। ऐसे मदरसों से राष्ट्र विरोधी गतिविधियां पनप रही हैं जिसके परिणामस्वरूप मुर्शरफ ने अन्तरराष्ट्रीय दबाव और पकिस्तान की आन्तरिक स्थिति के मद्‌देनजर पाकिस्तान के अनेक मदरसों में कड़ी पाबन्दी लगाने का ऐलान किया है। कहा है कि पाकिस्तान के सभी मदरसे शीघ्र ही अपना-अपना पंजीकरण करा लें। पाकिस्तान के विभिन्न कट्टरपन्थी संघटनों के इशारे पर ही इन मदरसों का खुला दुरुपयोग किया जाता है। ऐसे मदरसों पर पाकिस्तान की कड़ी निगाह रखने का भी ऐलान किया है।

यह सच है कि पाकिस्तान मे २० लाख छात्र जेहादी और दूसरी शिक्षाएं ग्रहण करते हैं जिनमें ७ हजार मदरसे देवबन्दियों के हैं तथा दूसरे मदरसे अन्य फिरकों के हैं। दुर्भाग्य की बात है कि हथियारों के जखीरे और आतंकवादी प्रशिक्षण के समाचार सुर्खियों में आये दिन रहते हैं। भारत के प्रधान मन्त्री माननीय अटलबिहारी वाजपेयी जी ने यह स्वीकार किया है कि पाकिस्तान के मदरसे आतंकवादी पैदा करने की फैक्ट्रियां बन गयी हैं। अनेक मस्जिदें भी पाकिस्तान में सन्दिग्ध बनी हुई हैं। इन मदरसों और मस्जिदों आतंकवादियों की गतिविधयों से पाकिस्तान ही नहीं अपितु भारत भी अत्यन्त चिन्तित है। इन मदरसों में जहां बच्चों को विभिन्न शिक्षाएं मिलनी चाहिए, वहीं इन शिक्षण संस्थानों और धार्मिक स्थलों से आतंकवाद, जेहाद का प्रशिक्षण घोर निन्दनीय एवं शर्मनाक है इसलिए भारत सरकार को भी चाहिए कि देश में सन्दिग्ध मदरसों और मस्जिदों पर कड़ी निगाह रखे। मुसलमानों में अशिक्षा, गरीबी तथा बदहाली के लिए कोई सरकार नहीं बल्कि मुस्लिम समाज के उलेमा ही जिम्मेदार हैं। मुस्लिम समाज के लोगों तथा उलेमाओं को दोनों तालीम के साथ-साथ दुनियावी तालीम पर जोर देना चाहिए ताकि मुसलमान ऊंची शिक्षा लेकर तरक्की कर सके।

मुसलमानों में अशिक्षा की कमी से बेरोजगारी, गरीबी तथा बदहाली बढ़ी है। इसके पीछे कोई सरकार नहीं बल्कि मुस्लिम समाज के अगुआ धर्म के ठेकेदार दोषी हैं। जहां भी मुसलमानों की भीड़ जुटती है, चाहे वह मस्जिद हो या जलसा यही नहीं शादी-व्याह के मौके पर भी जब कोई बात शुरू होती है, तकरार होती है तो उलेमा या जो भी कुछ कहता या समझता है तो यही कहता है कि मुसलमानों दीन की तालीम लो तभी तुम पक्के इमान वाले बनोंगे। बहु अच्छी बात है। जब तक

मुसलमान दीन की तालीम नहीं लेगा तब तक दीन क्या है के बारे मे जानकारी नहीं हो सकेगी। उसे हलाल तथा हराम की पहचान नहीं रहेगी, लेकिन सबसे अहम बात है कि दीन की तालीम लेने के बाद मुसलमान को दुनिया में भी रहना है तो रोटी, कपड़ा और मकान तथा उसके बाद पहचान की भी जरूरत है। इसके लिए दुनियावी तालीम की भी जरूरत पड़ेगी। जब तक कोई भी व्यक्ति हिन्दी, अंग्रेजी, विज्ञान की शिक्षा नहीं लेगा तब तक वह समाज में खुशहाल नहीं हो सकता न ही वह डाक्टर, इंजीनियर, आईएएस, आईपीएस या वैज्ञानिक ही बन सकता है। यही नहीं दीन की तालीम लेकर अपवाद छोड़ सरकारी सेवक नहीं हो सकता। चाहे वह पुलिस, पीएसी या सेना में नौकरी नहीं पा सकता कम से कम हाई स्कूल पास हो तभी उसे योग्य माना जाएगा दीन की तालीम लेकर एपीज कलाम साहब प्रधान्मंत्री के वैज्ञानिक सलाहकार या देश के सर्वोच्च पद की कुर्सी नहीं पा सकते।

डा० जाकिर हुसैन, फकरूद्दीन अहमद ना राष्ट्रपति हो पाते न ही जनाब हिदायतुला साहब, एम. अहमदी साहब उच्चतम न्यायालय के मुख्य न्यायाधीश की कुर्सी पर पहुंच पाते। इन लोगों ने दीन की तालीम लेने के साथ ही दुनिया की तालीम लेकर ही उच्च पदों पर आसीन हुए हैं। इसके बाद भी मुसलमानों तथा मुस्लिम समाज के अंगुआ जिनके इशारों पर मुसलमान पाबंद हैं। इस ओर आंख बंद किए हुए हैं। मुसलमानों के लिए सबसे बड़ा दुखद पहलू क्या हो सकता है। ये लोग मुसलमानों की दीन की तालीम के प्रति पाबंद होने के साथ ही साथ उसी मुशतैदी का नेकनियती तथा दुनियावी तालीम लेने के लिए भी जोर दें ताकि गरीब मुसलमान दीन के प्रति वफादार होने के साथ ही साथ दुनियावी तालीम लेकर सरकारी नौकरियाँ, पुलिस तथा प्रशासनिक सेवाओं, डाक्टर, इंजीनीयर, वैज्ञानिक बनकर कौम की पहचान बन सके। जब तक मुसलमानों के रहनुमा मुसलमानों को दीन की तालीम के साथ दुनिया की तालीम लेने के लिए जोर नही देंगे मदरसों के साथ ही साथ उतनी ताकत से जब दुनिया की तालीम के लिए कालेज तथा मैडिकल कालेज की स्थापना नहीं करायंगे तब तक मुसलमानों की तरक्की कतइ संभव नहीं है। मुसलमानों तथा मुस्लिम रहनुमायों से दीन की तालीम के साथ साथ दुनियावी तालीम देने की जरूरत है।

जमायते इस्मामी हिन्द की अन्तर्राष्ट्रीय कान्फ्रेस में इंटरनेशनल डेवलपमैन्ट बैंक जिहाह के अब्दुल्ला मामुन अल आजमी ने कहा कि इंसान-इंसान है, चाहे वह किसी समुदाय, तबके का क्यों न हो किसी एक इन्सान को तकलीफ पहुँचाना खुदा के फरमान से हटना है, लिहाजा हर इन्सान की तरफ दोस्ती का हाथ होना चाहिये क्यो न वह आपसे दुश्मनी ही करता रहे। वह एक दिन आपकी तरफ लौट आयेगा। उन्होंने हदीस का हवाला देते हुए कहा कि तुम सब एक-एक रहनुमा हो, अर्थात अपने विचार रिश्तेदार या समाज में तुम अच्छा किरदार पेश करोगे तो तुम्हें लोग रहनुमा ही समझेंगे और खुदा के बताये हुए रास्ते पर चलते हुए दूसरों को भी सलाह देते रहेंगे। इस लिए हमें अपने किरदार (आचरण) को इस्लामी दर्शन के अनुरूप

ढालना होगा। खुदा ने फरमाया है कि नीयत सही रखो। जो खुदा के लिए हो, तथा नीयत के बाद उस पर सही व जायज कोशिश करो और अल्लाह से दुआ मांगो। यही एक सच्चे इंसान की राह है, जो खुदा की तरफ ले जायेगी।

मस्जिदें अक्सर ये इमाम शेख मुहमम्द-मुहम्मद अस्सरूयाम ने कहा कि अल्लाह के दीन को मजबूती से पकड़ो, जो बिना मजबूत इमान व अच्छे आचरण के संभव नहीं है। इसलिए हम अपने आचरण को इस्लाम के बताये हुए रास्ते पर चलने-चलने का संकल्प लें। मौजुदा हाल में हालात में हमारी अहम जिम्मेदारी है कि हम अल्लाह के पैगाम के मुताबिक दूसरों को दावत दे तभी भला होगा। जो बुरा करेगा वह खुदा की पकड़ से कभी बच नहीं सकता। अल्लाह-ताला अपने बंदो पर उसकी क्षमता के अनुसार ही जिम्मेदारीयां देता है। जो लोग खैरात, जकात, सदका तथा गरीबों व मिस्कीयों का ध्यान नहीं देगा खुदा उससे बाज फुर्स होगा। नेक अमल करो रसूल की जमाअत करो। अल्लाह तुम्हें खलीफा बना देगा। आखिर में फिलिस्तियों तथा पूरी दुनिया की फलह व वह कूदी के लिये दुआ की अपील करते हुये सम्बोधन को विराम दिया। अब्दुल्ला-मामून अब आजमी ने कहा हमारी सोच जैसी होगी वैसा ही हमारा आचरण होगा लिहाजा हमारी सोच इस्लामी दर्शन के अनुरूप व ईमानदारी से भरपूर हो।

8

नारी स्वतंत्रता और समानता

1. नारी का अस्तित्व और स्वतंत्र स्वरूप

स्त्री हो या पुरूष दोनों पहले इंसान है और स्वतंत्रता इंसान का बुनियादी हक है। नारी का स्वतंत्र अस्तित्व सबके लिये उलझन इसलिए है कि आज का वातावरण अनैतिक असुरक्षित एवं आतंक से पूर्ण है और उसमे बिना बलवान पुरूष चौकीदार के नारी का जीना ही बिडम्बना बन चुका है। अभी भी नारी को जीने के लिए "व्यावहारिक नैतिक मर्यादाएं हैं एवं थोपी हुई मान्यतायें।" कोई खुली रूप रेखा नहीं है। बंधनों से जीवन कुंठित होता है और बंधन बाहय होता है। आंतरिक जीवन अलग जीवन है उसे बांधने के लिए प्रेम चाहिए। जिसकी आवश्यकता प्रत्येक इंसान को है चाहे वह नर हो या नारी। स्वतंत्र होकर जीने वाली स्थिति के लिए नारी खुद भी कहीं न कहीं रूकावट लग रही है। एक तरफ वह पाश्चात्य नारी की तरह आत्मनिर्भर है दूसरी तरफ वहां पुराना अधकचरा बौना नारीत्व का आदर्श बीच में उलझता टूटता नारी का बंधन है। जिस तरह परिवार में प्रत्येक व्यक्ति एक दूसरे को सहयोग देता है और उसी तरह जीवन को ठीक से बनाने के लिए स्त्री पुरूष को एक दूसरे का सहयोगी बनना चाहिए।

श्रमिक वर्ग की स्त्रियां मजदूरी करती हैं। वह आत्मनिर्भर होती हैं। इस वर्ग में पुरूष लड़ता है, मारपीट करता है तो स्त्री भी उसी तरह लड़ती है और गालियां देती हैं। पुरूष दो तीन विवाह करता है तो स्त्री भी दो तीन घर कर लेती हैं, कर सकती हैं। हाँ इस वर्ग की महिलाओं का सामाजिक शोषण अवश्य होता है। स्त्री के स्वतंत्र व्यक्तित्व की पहली शर्त आत्मनिर्भरता है।

औरत को खुद यह शुरूआत करनी होगी कि वह अपने व्यक्तित्व को बनाये उसकी उपस्थिति महसूस कराये। स्त्री पुरूष दोनों बराबर हैं और दोनों सेक्स की वजह से एक दूसरे पर निर्भर हैं। मगर पुरूष सेक्स खरीद सकता है औरत नहीं। हमने पुरूष को वह आजादी दे रखी है जबकि औरत के पास कोई चारा नहीं है। एक पुरूष या दो तीन पुरूषों से बंधे रहने के अलावा एक पुरूष जब एक से अधिक औरत से संबंध रख सकता है तो एक औरत को भी इसे सहज मानना चाहिये। मगर इसे औरत की कमजोरी या पाप मानकर चलते हैं।

औरत के पास लगाव के अलावा और कुछ नहीं होता है। इसलिये वह अपनी सुरक्षा के लिए बहुत भयभीत रहती है। उसे भय रहता है कि कहीं उसका पुरूष उसे भाप न जाये। एक आरोप औरत पर यह भी लगाया जाता है कि वह साड़ी, गहनों से ऊपर कभी नहीं आती।

उज्जैन की रमा श्रीवास्तव एक कालेज की प्राचार्या रही हैं। संवेदनशील रमा जी का आक्रोश मेरे प्रश्नों पर फूट सा पड़ता है। कुछ मत पूछो कदम-कदम पर रूकावट ही रूकावट है। समान अधिकार और इस तरह की सभी बातें केवल कागज पर ही हैं। संबंध और सहारा में फर्क होता है। स्त्री के लिए सहारा पुरूष भी हो सकता है व नारी भी। कई बार लड़की माँ पर आश्रित होती है, वह माँ बेटी पर।

आज के युग में स्त्री पुरूष के बिना आगे बढ़ सकती है। लेकिन व्यवहार में स्त्री भावुक होती है। शिक्षा ने इगो पैदा किया है मगर पुरूष में सुपर इगो होता है जब पुरूष देखता है कि वह स्त्री को अपने इगो में नहीं जीत पा रहा है तो वह भावुकता का सहारा ले लेता है। संस्कार बड़े प्रबल होते हैं। इसके लिये पढ़ी लिखी स्त्री भी झुक जाती है। बाहय आवरण में ढकी नारी सशक्त होती है मगर आंतरिक रूप से वह कमजोर होती है। जागतिक चेतना का अभाव संस्कार और परिवार समाज का असहयोग नारी स्वतंत्र अस्तित्व की रूकावटें हैं। पति की मृत्यु के पश्चात स्त्री बच्चों का पालन पोषण कर लेती है लेकिन अच्छे ढंग से पुरूष नहीं।

समाज की संरचना ऐसी है कि स्त्री ही स्त्री को समझना नहीं चाहती। अविवाहित लड़की एक खास उम्र तक अकेली रह सकती है फिर समाज उस पर हावी हो जाता है। कुछ महिला संगठन कहते हैं कि स्त्री को और अधिकार मिलना चाहिये क्योंकि उसकी जिम्मेदारियाँ बढ गयी हैं। परन्तु अधिकार भीख मांगने से नहीं मिलते हैं और जो नारी संगठन आरक्षण जैसे संवेदनशील मुद्दे पर 90 प्रतिशत पिछड़ी, दलित, अल्पसंख्यक महिला पूर्व की भांति अपने को उपेक्षित और बंधित पायेगी जैसा कि ग्रामीण क्षेत्र की महिलाएं आज भी अपने को उसी स्थिति में पा रही हैं। इसका लाभ पुरूष वर्ग की भांति उन्हीं सभ्रांत महिलाओं की झोली में जायेगा जैसा कि पुरूष वर्ग हावी है परन्तु नारी के अन्य मुद्दों के लिए उनमें जागरूकता और चेतना लाया जाना आवश्यक है।

नारी के स्वतंत्र अस्तित्व के संबंध में विचारणीय है कि क्या भारतीय नारी पुरूष के सहारे के बिना अपना स्वतंत्र अस्तित्व कायम कर सकती है। अपनी पौराणिक प्रवचना से निकल कर भारतीय नारी ने आज संपूर्ण समाज को उनकी स्थिति पर पुनः विचार करने को बाध्य किया है। अज्ञान, अशिक्षा तथा अंधविश्वासों की श्रृंखलाओं को तोड़कर भारतीय नारी ने कदम उठाया है उससे वह झूठा विश्वास टूट चुका है कि नारी को पग पग पर किसी भी रूप में पुरूष का सहारा आवश्यक है। शिक्षा एक ऐसी वस्तु है जो मस्तिष्क के द्वारों को खोल देती है। हर क्षेत्र में अपना जो आकार प्रवेश कर भारतीय नारी स्वावलम्बी बनती जा रही है। आर्थिक रूप से स्वावलम्बी होने के कारण उसके अंदर आत्म-विश्वास की वृद्धि हुई है और मुख्य रूप से इसी कारण से उसने अपने अस्तित्व को पहचाना है अपने अस्तित्व को केवल पहचाना ही नहीं वरन् समाज में अपना एक स्थान बनाया है परन्तु ऐसा नजरिया मात्र पाँच प्रतिशत से अधिक नहीं हैं। शेष 95 प्रतिशत सामाजिक, आर्थिक, शैक्षिक,

राजनीतिक रूप से उपेक्षित और वंचित है वे अपना जीवनयापन अपने श्रम, अपने निजी व्यवहार और विशेष रूप से ग्रामीण महिलाएँ अपने पुरूष, परिवार तथा खेती-बाड़ी पर आश्रित हैं। इसका अर्थ कदापि नहीं निकाला जा सकता है कि नारी समाज जिसमें अधिकांश अशिक्षित, निर्धन, और खेत खलिहान में काम कर अपना, अपने बच्चों का गुजर बशर कर रही है वे भी शहरी, सभ्रान्त धनी और उच्चवर्गीय साधन संपन्न महिलाओं की भांति आत्म निर्भर है, उच्च शिक्षित, प्रशिक्षित है, सरकारी नौकरियां, पंचायती पदों, संसद, विधायिका, कार्यपालिका, न्यायपालिका उद्योग व्यवसाय में प्रगति कर रही है। वास्तव में अशिक्षा, निर्धनता और बेबसी के कारण इनका हक और अधिकार वे ही साधन संपन्न, संभ्रान्त महिलाएं पुरूषों की भांति उन पर हावी और प्रभावी है जो पिछले दरवाजे से उच्च पदों और सम्मान की आकांक्षी है जो अपने पुरूषों के पद चिन्हों पर उनके सहारे आगे बढ़ रही है। इनमें से 95 प्रतिशत अपने रोजी रोटी भरण पोषण के लिए त्रस्त है। यह पीड़ा उस बहुत बड़ी आबादी की है जो गूंगी बहरी, असहाय है और उनकी वेदना को कोई राजनेता या प्रतिनिधि ठीक प्रकार से कहने का सहास नहीं करता क्योंकि उनका वर्चस्व उन्हीं पर आधारित है। चूँकि लेखक ने उनकी पीड़ा और वेदना को आँखों देखा है इसलिये इसका उल्लेख करना नितांत जरूरी समझता है। यहाँ इस संदर्भ में लिखना आवश्यक है कि पुरूष पर आश्रित नारी आज उसकी आश्रिता नहीं सहयोगी है।

सामाजिक विचारधारा तथा मूल्यों के परिवर्तित होने के कारण कोई भी नारी अगर बिना पुरूष की छत्रछाया के अपने व्यक्तित्व एवं अस्तित्व को प्रतिष्ठित कर लेती है तो उसको समाज में गरिमा और आदर भी मिलता है। परंतु इस देश के सभी शासन तंत्र पर लोकतंत्र के नाम पर उन्हीं का वर्चस्व और प्रभाव है जो सदियों से हावी और प्रभावी है। उनको देश और समाज के बहुत बड़े उपेक्षित और वंचित लोगो से चुनावी वोट के अलावा अन्य कोई वास्ता सरोकार नहीं है क्योकि वे और उनकी पत्नियाँ उसी मानसिकता से ग्रसित है।

राष्ट्रीय, अन्र्तराष्ट्रीय, संगठन इस संदर्भ में कार्यरत हैं और केन्द्र राज्य सरकारों ने कई आयोग गठित किये हैं। उन पर करोड़ो रूपये खर्च हो चुके हैं और उनके तामझाम पर आज भी हो रहे हैं। उसकी उपलब्धियां और सार्थकता क्या रही है और आज है। इसके परिणाम पर संक्षेप में विचार करना आवश्यक है। इस परिपेक्ष्य में यह विचारणीय है कि क्या इन उपलब्धियों के सापेक्ष में क्या स्त्री पुरूष समान हैं और एक दूसरे के पूरक हैं अगर हाँ तो स्त्री का स्वतंत्र व्यक्तित्व, घर और समाज के लिए उलझन क्यों?

यह प्रत्यक्षदर्शी है कि शारीरिक और मानसिक दोनों रूप से प्रकृति ने भी पुरूष स्त्री को भिन्न बनाया है। पुरूष समानता को लेकर बहस करना व्यर्थ लगता है। एक ही परिस्थिति के होते हुए भी स्त्री की विचारधाराः उसकी मनःस्थिति तथा उसकी अनुभूति पुरूष से सदैव भिन्न रहती है। अतः स्पर्धा करना उचित नहीं। इनका संबंध

संभोग से समाधि तक है। यह आवश्यक है कि परिवार को ईकाई बनाने के लिए और समाज के संगठन के लिए दोनों एक दूसरे के पूरक हैं। परन्तु कुछ क्षेत्र ऐसे हैं जहाँ समानता से ही उपलब्धि हो सकती है जैसे राजनीतिक, आर्थिक या सामाजिक अधिकार, शिक्षा तथा नौकरी आदि। ऐसे क्षेत्रों में केवल पूरक होने से काम नहीं चल सकता है। जीवन की प्रगति के लिए समानता अधिकारों की माँग गलत नहीं है।

स्त्रियों की शिक्षा, उनका वैधानिक अधिकारों की प्राप्ति को भी अधिक समय नहीं हुआ है। हमारे समाज में आधुनिक और संस्कारों से जुड़ी हुई दोनों तरह की नारी अभी विद्यमान है। अतः यह ऐसा समय है जिसको संधिकाल कह सकते हैं। एक ओर पुरूष है जो वर्षों से नारी का एक बंधा बंधाया रूप देखता आ रहा है और घर परिवार में उसका मालिक का स्थान है। इन मनः स्थितियों को परिवर्तित होने में समय लगेगा। अतः तनाव का होना स्वाभाविक है। पुरूष घर में स्वामी की भांति सहयोगी है या स्त्री भी उसकी सहयोगी होकर उसकी अधिक जिम्मेदारियों को बाँट सकती है। इस बात के लिए अभी भी पुरूष अपने को तैयार नहीं कर सका है। दूसरी ओर यह बात भी एक सीमा तक ठीक है कि बाहर काम करने वाली स्त्री घर और बच्चों को उतना समय नहीं दे पाती है। परन्तु क्या वह प्रमाणिक हो सकता है कि घर में रहने वाली स्त्री ही घर और बच्चों की ज्यादा अच्छी तरह देख भाल कर सकती है। एक शिक्षित नारी कम समय में अधिक व्यवस्थित रूप से घर का संचालन कर सकती है। हाँ इतना अवश्य है कि अन्य देशों की भाँति इस स्थिति तक पहुंचने में अभी हमारे देश में समय लगेगा और तब तक यह उलझन समाज के लिए बनी रहेगी।

डा. सुमन मेहरोत्रा का मत है कि अपनी मिथिकीय प्रवंचना से निकल कर भारतीय नारी ने आज संपूर्ण समाज को उसकी स्थिति पर पुनः विचार करने को बाध्य किया है। अज्ञान, अशिक्षा तथा अंधविश्वासों की श्रृखलाओं को तोड़कर भारतीय नारी ने जो कदम उठाया है उससे यह झूठा विश्वास टूट चुका है कि नारी को पग पग पर किसी भी रूप में पुरूष का सहारा चाहिए। शिक्षा एक ऐसी वस्तु है जो मस्तिष्क के द्वारों को खोल देती है। हर क्षेत्र में साधिकार प्रवेश कर भारतीय नारी स्वावलम्बी बनती जा रही है। आर्थिक रूप से स्वावलम्बी होने के कारण उसके अंदर आत्मविश्वास की वृद्धि हुई है और मुख्य रूप से इसी कारण से उसने अपने अस्तित्व को पहचाना है। अपने अस्तित्व को केवल पहचाना ही नहीं वरन् समाज में अपना स्थान भी बनाया है।

सामाजिक विचारधारा तथा मूल्यों के परिवर्तित होने के कारण कोई भी नारी अगर बिना पुरूष की छत्रछाया के अपने व्यक्तित्व और अस्तित्व को प्रतिष्ठित कर लेती है तो समाज उसे स्वीकार कर लेता है और उसे आदर और गरिमा भी प्रदान करता है।

शारीरिक और मानसिक दोनों रूप में प्रकृति ने भी भिन्न बनाया है और बिना

एक दूसरे के संभोग और सहबास के संतान उत्पत्ति हो नहीं सकती व बिना संतान उत्पति के उनका जीवन अपूर्ण माना गया है। यदि पत्नी नहीं तो उसके बच्चे नहीं होते। यदि संतान न होती तो परिवार न होता। इस प्रकार यदि स्त्री न होती तो श्रृष्टि भी नहीं होती पुष्पित और पल्लवित नहीं होते और आज नए निर्माण, विकास, उत्पति और सृजनहार कोई नहीं होता।

आधुनिक भारत की वर्तमान नारियों को दो वर्गों में रखा जा सकता है प्रथम मेहनतकश अशिक्षित वर्ग, दूसरा सुबिधा भोगी शिक्षित और जागरूक वर्ग। सुविधा भोगी शिक्षित नारियों को दो वर्गों में विभाजित किया जा सकता है। उनमें से पहली सुविधासम्पन्न बिना काम धंधे या नौकरीवाली अथवा समय काटने के लिए नौकरी करने वाली। दूसरी जरूरतमन्द नौकरी करने वाली। दूसरे वर्ग की ज्यादातर नारियाँ कोई खतरा उठाये बिना आराम की जिन्दगी बसर करना चाहती हैं। इनकी प्राथमिकता धनी पति तलाशने की होती है। बड़े अफसर, उद्योगपति, डाक्टर, इंजीनियर, व्यवसायी पतियों को पाकर ये नारी दुनिया की गरीबी और संघर्ष से कन्नी काट लेती हैं। इनकी सारी सोच बदल जाती है, यहाँ तक दूसरी नारियां इनकी नजर में हेय दिखाई देने लगती हैं। ऐसी ही नारियां पिछले दरवाजों से राजनीतिक संरक्षण तथा अपने धनी पतियों के सहयोग से संसद और विधान सभा आरक्षण के बहाने भागीदारी चाहती हैं जबकि पंचायती राज व्यवस्था में आरक्षित महिलाएं अपने पतियों के संरक्षण में राजकाज संभाल रही हैं और पति ही उसका सारा काम करता है।

भारतीय नारियों का बहुत बड़ा वर्ग अशिक्षित मेहनतकश है। इनमें गाँवों और शहरों में रहने वाली छोटी जातियों और गरीबों की स्त्रियों आती हैं। ये खेती, घरों और लघु उद्योगों आदि में मजदूरी करती हैं। ये आर्थिक रूप में अपने स्तर पर स्वतंत्र होती हैं, परन्तु अशिक्षा और अज्ञान के कारण इनमें हीनता बनी रहती है इसलिए ये अपने पतियों के अधीन रहकर उनके अत्याचार भी सहती हैं। कभी-कभी ये अपने पतियों को छोड़ देती हैं परन्तु दूसरे पति के साथ भी उन्हें वही जिन्दगी गुजारनी पड़ती है। स्वतंत्र चिंतन की क्षमता न होने से ये सभी मनुष्यों से दलित और शोषित है। सुविधाभोगी वर्ग से अलग होकर मेहनतकश शिक्षित नारियाँ ही वास्तविक रूप से स्वतंत्र कही जा सकती हैं, परन्तु इनकी संख्या भारत में अत्यल्प है और नौकरियों के अलावा दूसरे उद्यमों में तो इनकी क्षमता के कहीं विशेष दर्शन ही नहीं होते। इसका कारण उन्हें पुरूषों द्वारा प्रदत्त सुविधा भी है जो समता की विचारधारा से अलग होकर उनको कोमल और निर्बल समझकर अलग दर्जा देता है। इसी के तहत नारियों के आरक्षण की वकालत की जाती है। परन्तु ध्यान देने की बात है कि आरक्षण व्यक्ति की क्षमताओं को पंगु बनाता है।

भारत में विकास की दिशा पश्चिमी भौतिकवाद से प्रेरित होने के कारण देहिक सुख, आत्मकेन्द्रिता, चालाकी और अपने लिए दूसरों के इस्तेमाल की प्रवृति, जो पुरूषों में होती है, उसका प्रभाव नारियों पर भी पड़ा है। आज कल पढ़ी-लिखी

नारियाँ अपने फायदा के लिए पुरूषों को मूर्ख बनाने से नहीं चूकती और उसकी कमजोरियों का फायदा उठाती हैं। हालाँकी ऐसी प्रवृति दोनों के लिए घातक है।

भारत में नारी का अस्तित्व सर्वविदित है। वहीं जन्मदाता, निर्माता, पालन कर्ती भी है। हमें इनके अस्तित्व और उत्पादकता पर टिप्पणी करने का कोई अधिकार नहीं है। आज हम जो कुछ हैं वह उन्हीं की देन है। यदि हम नारी को जो हमारी ममतामयी माँ की प्रतिमूर्ति है उसका सम्मान व आदर नहीं करेंगे तो निश्चत रूप से हमारा कोई अस्तित्व स्वतंत्र स्वरूप नहीं रहेगा और मानवता पर प्रश्न चिन्ह लग जायेगा जिसको हम लाख बार धोने पर भी धो नहीं सकेंगे। परन्तु उस नारी को भी सोचना चाहिऐ कि उसका कार्य और व्यवहार अपने सास ससुर और अन्य परिवारजनों के प्रति कैसा है।

आज देखने में आ रहा है कि वर्तमान नारी-पुत्रवधु संयुक्त परिवार से अलग स्वतंत्र रूप से रहना चाहती है। वह अपने पति के अलावा अपने सास ससुर को भार स्वरूप समझती है। अधिकांश लड़के भी अपने पत्नी का पक्ष लेते हैं। घर के वृद्ध माता-पिता अपने को हर प्रकार से असहाय और निरीह प्राणी के रूप में लाचार हालत में जीवन व्यतीत करते हैं और विवश होकर या तो घर छोड़ते हैं या बहू का कोपभोजन बनकर घर के कोने में पड़ा रहते है। जिस घर को वह जीवन पर्यन्त बनाता है, लड़के की खुशहाली के लिए अपनी जीवन भर की कमाई लगा देता है। उसका विवाह बड़े धूमधाम से करके दूसरे घर की लड़की को अपनी बहू बनाता है, उसके स्वागत में बड़े-बड़े भोज और नियोजन करता है। वहीं लड़की एक बहू के रूप में अपने सास ससुर को अपनी स्वतंत्रता के लिए भार स्वरूप समझने लगता है। उनका आदर सत्कार तो दूर उनके साथ क्रूरता का व्यवहार करने लगती है और उनसे अलग अपना अस्तित्व बना लेती है और संयुक्त परिवार में विघ्न पैदा हो जाता है। नौकरी करने वाली महिलाएँ तो पहले से ही स्वतंत्र हैं। उनका घर परिवार जहाँ वे कार्यरत हैं, वही हो जाता है। उनका अलग संसार है। राजनीति में कार्यरत महिलाओं की विचारधारा भिन्न है। या तो वे अपने संपन्न पतियों के बल पर राजनीति करती हैं या उनका मोहरा बनकर उनको राजनीतिक या प्रशासनिक संरक्षण देती हैं। इनमें से अधिकांश का स्वतंत्र जीवन है और अलग अस्तित्व।

हमें मानना चाहिए कि नारी की स्वतंत्रता यदि मर्यादित है और उसमें लोक परंपराओं के अनुसार मिश्रित गुणों का समावेश है, वह परिवार और समाज की गरिमा के लिए फलदायक होगा। परन्तु ऐसी नारियों को अपने बड़े बुजुर्गों का सम्मान भी करना चाहिए ताकि उनके एकांकी अस्तित्व पर प्रश्न चिन्ह न लगे जो पाश्चात्य नारियों में व्याप्त है।

हमारे देश में एक महिला प्रधानमंत्री बनी। बहुत सी महिला विधायक हैं, संसद सदस्य हैं, मंत्री हैं और अन्य ऊँचे पदों पर हैं। हमारे देश में महिला अधिकारी हैं तथा कुछ उद्योग भी चलाती हैं लेकिन हमारे देश में जो लगभग 50 करोड़ महिलाएं

हैं, कुल मिलाकर उनकी स्थिति क्या है? इनमें कितना प्रतिशत ऐसा है जिन्हें समाज ने प्रतिष्ठा प्रदान की है। यदि इस देश के समाचार पत्रों में छपे समाचारों के आधार पर कोई निष्कर्ष निकाला जाय तो यही निकलेगा कि महिलाओं का जितना शोषण और उन पर जितना अत्याचार भारतवर्ष में होता है उसकी मिसाल विश्व के दूसरे देशों में मिलना कठिन है। यह अत्याचार व शोषण केवल हिन्दू समाज में नहीं बल्कि मुस्लिम समुदाय में भी बदस्तूर जारी है लेकिन हमारे मुसलमान भाइयों ने महिलाओं के प्रति जागृति की तो बात दूर है, सामान्य सदभाव भी नहीं दिखाई देता। तलाकशुदा मुस्लिम महिलाओं की रक्षा के लिये सर्वोच्च न्यायालय ने व्यवस्था की थी उसका भी सरकारी स्तर पर विरोध हुआ। जिस दुर्दशा से मुस्लिम समाज की महिलाएं गुजर रही हैं काश, समाज के काजी, मौलवी, और मुल्ला इसे ईमानदारी से देखने की कोशिश करते और उसका समाधान यदि खोजते तो मन को संतोष होता और लगता कि हमारा देश भी सुधर रहा है। लेकिन चूँकि राजनीति चलानी है अतः महिलाओं की हत्या को मान्यता देकर और उन्हें जानवरों की तरह बाड़े में रखकर राजनीति चलायी जा सकती है तो भी शायद चलायी जायेगी।

हिन्दुओं में जागृति आवश्यक आयी है लेकिन यह जागृति हिन्दुओं के एक बहुत छोटे से वर्ग तक सीमित है। ग्रामीण क्षेत्र में महिलाओं की स्थिति तो पहले की तरह बदतर है और हिन्दू समाज का एक वर्ग तो महिलाओं को काल्पनिक सम्मान देता है। यह मानकर तो यह उन्हें सम्मान देना चाहता है कि महिला के माध्यम से देवी उतर रही है लेकिन प्रत्येक महिला देवी का साक्षात स्वरूप है वह मानने को वह तैयार नहीं है। वह कितना बिडम्बना और प्रपंच है कितना बड़ा पाखंड है कि जिसे आज भी वह समाज सती प्रथा सरीखे घृणित प्रथा को जीवित रखने के लिए संघर्ष करता है।

नारी ने चन्द्रशेखर आज़ाद दिया जिसने स्वतंत्रता के लिये कुर्बानी दी। जब उसकी पीठ पर बेंत पड़ता था तब हर बेंत पर वह कहता था "वन्देमातरम" हमें उस बालक बजेन्द्र को याद करना चाहिए जो अपनी जान गवा कर कानपुर के सातों को डूबने से बचाया। मैंने जब इस समाचार को पढ़ा तो महान् नारी को सर्वप्रथम प्रणाम किया जिसने बृजेन्द्र कुमार जैसे सपूत को जन्म दिया जो दूसरे के लिए अपनी जान कुर्बान कर दी। बृजेन्द्र कुमार जब महान् परम्पराओं की रक्षा के लिए जूझ रहा था यदि उन परंपराओं की रक्षा के लिए आज का युवक-युवतियाँ और समाज का अन्य वर्ग भी जूझने लगे तो हमारे देश का कायाकल्प होने में चंद दिन ही लगेंगे। लेकिन क्या ऐसा हो सकेगा। मेला दिवस और बाल दिवस पर उन त्यागमयी माताओं और पुरूषार्थी बच्चों का अभिनन्दन करते हैं, लेकिन ऐसी माताओं और बच्चों के लिए क्या कर रहे हैं? उन्हें श्रेष्ठ मानव और आदर्श नागरिक बनाने के लिए हम जो व्यवस्थायें कर रहे हैं। क्या वह अपने आप में पर्याप्त है? ये तमाम प्रश्न मेरे मन में कौंधते हैं और जिनका उत्तर खोज नहीं पाता।

2. पश्चिमी नारीवाद और भारतीय नारी

आधुनिक काल में पश्चिमी जगत में नारीवाद के उदय के लिए पृष्ठभूमि सामन्तशाही की समाप्ति और औद्योगिक क्रांति ने तैयार की। नारीवाद का पहला बिगुल आज से दो शती से पूर्व 1792 में इंग्लैंड में बजाया था किन्तु ब्रिटेन के उस समय के वातावरण में वह दब गया और नारीवाद की असली शुरूआत अमेरिका में हुई। अमेरिका में इस नारीवाद का जन्म 19वीं शती में दासता विरोधी आंदोलन के कारण हुआ था। गृहयुद्ध (1861-65) के बाद दासता के कानून का अंत हुआ और निग्रो लोगों का मताधिकार स्वीकार किया गया तब भी स्त्रियों को मताधिकार से वंचित रखा गया।

नारी आंदोलन का दूसरा चरण 20वीं शती के प्रारम्भ से शुरू होकर पच्चास दशक तक चलता है। भारत में भी गांधी जी ने नारी उत्थान और बिनोबाजी ने नारी शक्ति पर विशेष बल दिया किन्तु उससे स्त्रियों की स्थिति में कोई विशेष परिवर्तन नहीं हुआ। इस दूसरे काल में सामाजिक परिवर्तन तो हो ही रहे थे। नारियों में उच्च शिक्षा बढ़ रही थी। कामकाजी स्त्रियों की संख्या में वृद्धि हो रही थी और फ्रायड के विचारों के प्रचार में यौन नैतिकता में ढिलाई आ रही थी। द्वितीय महायुद्ध के काल में कामकाजीं महिलाओं की संख्या बढ़ती गयी और यह क्रम पच्चास के दशक में भी चलता रहा।

इस काल में नारीवाद का जोर कम ही रहा। समाज में वैवाहिक और पारिवारिक जीवन ही आदर्श माना जाता था।

इसका परिणाम साठ और सत्तर के दशकों में सामने आया और नारीवाद का तीसरा चरण प्रारम्भ हुआ। इस चरण में नारीवाद एक सशक्त आंदोलन के रूप में उभरा, जिसने पहले चरण की कुछ विशेषताएँ भी शक्तिशाली रूप से सामने आईं। ये हैं-नारी आंदोलन के व्यापक उद्देश्य और विवाह संस्था का अधिक विरोध। इस नारीवाद को नया नारीवाद भी कहा गया है।

नए नारीवाद ने शीघ्र ही जोर पकड़ा। किन्तु उससे उत्पन्न नारी आंदोलन में कई विचार धाराएं मिलती हैं। इन्हें मोटे तौर पर रूढ़िगत, मध्यमार्गी मार्क्सवाद तथा रेडिकल कहा जाता है वैसे इनमें से प्रत्येक की अलग-अलग उपलब्धी होती थी। इनके अलग-अलग विचार पाये जाते हैं। रूढिगत धारा कुटुम्ब को अत्यधिक महत्व देता है और वैवाहिक जीवन को आदर्श मानता है। राष्ट्रपति रीगन के शासन काल में इस धारा ने जोर पकड़ा। मुख्य रूप से इसका कारण उग्र विचारों की प्रतिक्रिया लगता है। इसके पीछे धर्म का प्रभाव भी काम करता रहा है।

मध्यमार्गी विचारधारा की प्रतिनिधि फ्रीडन को माना जा सकता है। ऐसा लगता है कि समय के साथ उनके विचार नरम हुए हैं। वे पुरूष-प्रधान समाज का विरोध करती है परन्तु पुरूष को शत्रु नहीं मानती जैसा कि रेडिकल धारा में ज्यादातर लोगों को रखा है। यौन.संबंधी, आहार बिहार काम वासना, आमोद-प्रमोद, रीति क्रिया को लेकर न तो अकेले स्त्री की तृप्ति हो सकती है और न अकेले पुरूष ही इसके

बिना जीवित रह सकता है क्योंकि ऋतु मास में पशु पक्षियों में स्पष्ट दृष्टिगोचर होता है उसी तरह स्त्री और पुरूष बिना एक दूसरे के सहवास के न तो संतुष्ट रह सकते हैं और न ही संतान प्राप्ति हो सकती है जो प्राकृतिक है और बिना इसके सृष्टि रचना और वंश परम्परा का अस्तित्व संभव नहीं है। इसलिए स्त्री पुरूष एक जीव और दो के मिलन और उत्पति का श्रोत है।

फ्रीडन स्त्री मुक्ति आंदोलन को पुरूष मुक्ति आंदोलन भी मानती है उसका कहना है कि इसके फलस्वरूप निर्मित परिस्थितियों से स्त्री पुरूष दोनों के संपूर्ण विकास में मदद मिलेगी। नारीवाद की उनकी परिभाषा में नारी पूरे अर्थों में मानव है और उसे उन सब अधिकारों, अवसरों तथा उत्तरदायित्वों के साथ काम करने की स्वतंत्रता होनी चाहिए, जो आम नागरिकों को प्राप्त है।

मार्क्सवादी-धारा की मान्यता है कि स्त्रियों की परतंत्रता, उनको आर्थिक शोषण और उनके आवेगों पर प्रतिबन्ध तभी समाप्त होंगे, जब पूंजीवादी व्यवस्था से जन्मी कुण्ठाओं और चिन्ताओं से पुरूष भी मुक्त होंगे। उसके लिए ऐसे सहयोगी, समाजवादी परिवेश की जरूरत है जिसको व्यक्तियों के संबन्ध संपत्ति और स्वार्थ पर आधारित नहीं होंगे। इनमें से कुछ का चिंतन तीसरी दुनिया के संदर्भ में भी चलता है। इनमें न पुरूष विरोधी भावना है और न ये स्त्री को उपयोग की वस्तु बनते देखना चाहता है।

रेडिकल नारीवादियों की सोच भी जांगतिक संदर्भ में चलता है। विशेष कारण यह है कि वे ज्यादातर शांतिवादी हैं। साथ ही उनमें पुरूष विरोधी भावना कहीं अधिक मात्रा में मिलती है। कुछ तो पुरूषों के साथ काम संबंधों को भी परतंत्रता का कारण मानती है और उसकी विरोधी हैं। बहुतों का सुझाव नारी समलैंगिकता की ओर है, जिनमें ऐसा नहीं है, वे भी उसे निन्दनीय नहीं मानती। परन्तु रजोधर्म के बाद स्त्री पुरूष कामना, सहवास, दैहिक संतुष्टि, संतानप्राप्ति के मसले पर उनका विचार एकसा है क्योंकि यह प्राकृतिक आत्मसंतुष्टि है और आवश्यकताओं में यह भी वह एक प्रमुख आवश्यकता है।

शांतिवाद के कारण उनमें अहिंसा की ओर झुकाव है और गांधीजी के प्रति कम या अधिक मात्रा में आकर्षण भी किन्तु कुछ अपवाद को छोड़कर वे गांधीजी के नारी विषयक विचारों से सहमत नहीं है। इस अपवादरूप नारियों का कहना है कि गांधीजी के विचारों में बल है। वैसे सभी को गांधीजी के कुव्यवहारों में पितृसत्ता की गंध आती है। कुछ का आकर्षण स्त्री मुक्ति के लिए सत्याग्रह की ओर है।

कुछ स्त्रियों में विवाह संस्था के प्रति इनमें तीव्र विरोधाभाव है। कुछ तो ऐसे औपचारिक संबन्धों के बिना ही किसी के साथ रहना पसन्द करती हैं। कुछ तो पुरूषों से इतनी घृणा करती हैं कि उनके लिए अपशब्द इस्तेमाल करती हैं। इन अतिवादी विचारों का असर विशेषतः नवयुवतियों पर पड़ा है और उन्हीं के जीवन में उसके दुष्परिणामों को देखकर फ्रीडन इस विचारधारा की प्रबल विरोधी बनी है।

आज अमेरिका की विभिन्न धारायें, भारत में भी कमोवेश देखी जा सकती हैं

और इस पर यह अनुमान किया जा सकता है कि यही स्थिति अन्य देशों में भी है विशेषतः पश्चिमी देशों में। किन्तु आज ऐसा लगता है कि नारीवाद की उग्रता में ढील आयी है, उसमें कमी भी हो रही है। परन्तु इसका अर्थ कदापि नहीं वह अपना असर नहीं छोड़ जायेगा। मुझे ऐसा प्रतीत होता है कि नया समाज एक समन्वित विचारधारा पर आधारित होगा।

इस समन्वय में गांधीविनोबा विचार एक महत्वपूर्ण भूमिका अदा कर सकता है। किन्तु उसमें पहले भारत की रेडिकल महिलाओं को ही करना होगा। उनसे अपेक्षा है कि वे ठीक प्रकार से उन विचारों को समझ कर विश्व की नारीवाद के सम्मुख रखेंगी। अभी तक उन्होंने ठीक से समझने का प्रयास नहीं किया है।

अब भारतीय नारियों के व्यक्तित्व और कृतित्व का विश्लेषण–अब तक की उपलब्धियों के आधार पर देखा जाता है कि भारत की नारी को पुरूष के बराबर अधि ाकार प्राप्त हैं, परन्तु व्यवहारिक दृष्टि से आज भी नारी की सामाजिक स्थिति पुरूष की दासता की बेड़ियों में कैद है। संविधान के अनुसार प्रदान किये गये अधिकारों को स्वतंत्रतापूर्वक प्रयोग करने में अभी काफी दूरी बनी हुई है। यदि यदा-कदा अपने अधिकारों के लिए लड़ती है या थोड़ी सी आवाज भी उठाती है तो स्वयं उसके परिवार वाले उसका विरोध करने लगते हैं। पुरूष शासित होने में उस स्त्री पर तरह तरह के लांछन लगाये जाते हैं ताकि वह समाज में आगे बढ़ने का साहस न कर सके तथा हतोत्साहित होकर अपने अभियान पर स्वयं अंकुश लगा दे।

पारिवारिक तौर पर नारी की भूमिका कैसी हो, इस पर सदा से विवाद चला आ रहा है। उसकी सामाजिक स्थिति कैसी हो, इस पर कई बार बहस चलती रही तथा कई समाधान भी प्रस्तुत किये गये। परन्तु नारी को उसके मूलभूत रूप में स्थापित करने का साहस की कमी समाज में अब भी व्याप्त है। नारी जो शक्ति स्वरूपा है, उसे उसके स्थान पर प्रतिष्ठित करने की जरूरत है।

भारतीय समाज में नारी केवल एक व्यक्ति ही नहीं वरन् किसी की माँ, किसी की बहिन, किसी की पत्नी, किसी की प्रेमिका आदि भी है। इसके अलावा एक ही नारी को कई प्रकार की भूमिका एक साथ निभानी होती हैं। प्राचीन काल में महिलाओं को इसी परिपेक्ष्य में देखा गया अतः उन्हें देवी शक्ति का प्रतीक मान लिया गया है। परन्तु मध्यकाल से पूर्व आधुनिक काल तक के सामाजिक राजनैतिक स्त्री की भूमिका सामाजिक दृष्टिकोण से आंकी जाये तो शायद कोई समस्या न हो, परन्तु उसे कभी देवी या दायी, राक्षसी, कुलटा, दासी प्रतिशोध एवं विलासिता की मूर्ति, डरी सहमी कुठित स्त्री, लज्जा शर्म की बेड़ी में जकड़ी हुई कैदी, भ्रष्टा निर्लज्ज इत्यादि रूप में परम्परा विरोधी छवियों तथा प्रतिमूर्तियों की स्थिति में मानी ये उसको हर अत्याचार, अनाचार को चुप करके सहने वाली, कमजोर, आसू बहाने वाली, झगड़ालू, घर में अशांति फैलाने वाली, पारिवारिक कलह को बढ़ावा देने वाली, बुद्धिहीन स्त्री के रूप में देखा गया।

जीवन में सफल तथा सुखी वैवाहिक जीवन बिताने वाली बहू के द्वारा सास की देखभाल करने से इन्कार की घटना क्यों आम बात हो गयी? ससुराल से निकाल दी गयी ननद क्यों भाई के घर में बोझ बन जाती है, जबकि उस घर में उसका भी उतना ही अधिकार है जितना कि भाई का। इसका भी कारण ननद-भाभी के बीच में प्यार की कमी है तथा नारी के दुख को नारी का दुख न समझना है। बहन द्वारा पिता की संपत्ति में हक मांगने पर सबसे ज्यादा आपत्ति भाभियां ही उठाती हैं। ऐसा क्यों होता है?

सामाजिक संबन्धों में आने वाली इन समस्याओं के मूल में भी नारी की सर्वाधिक भूमिका होती है। अपने सामाजिक परिस्थितियों की अत्याधुनिकता के कारण नारी के व्यवहार में स्पर्धा, ईर्ष्या, रूचि, तिरस्कार आदि देखने को मिलते हैं। इससे इनके व्यवहार में कई त्रासदियां होती हैं। बहू हत्या मामले में जब अभियुक्त के रूप में स्वयं स्त्री ही खड़ी दिखाई देती है तो इस बात में कोई संदेह नहीं रह जाता है कि नारी को स्वयं अपने आप में सुधार लाना होगा।

अपनी ही जाति की दुदर्शा के लिए स्वयं जिम्मेदार होने की परम्परा को त्यागने की जरूरत है। अपना बहुलायामी भूमिका को पहचान कर उसके अनुसार अपने आप को ढालना होगा। निरक्षरता को दूर करने की आवश्यकता है एक स्त्री का दूसरी स्त्री के साथ पशुवत व्यवहार बन्द करना होगा तथा एक दूसरे की समस्या को समझकर उसे आपसी प्रेम सदभाव से सुलझाना होगा अन्यथा नारी को सामाजिक स्थिति को पुर्नस्थापित करने का हर प्रयास व्यर्थ हो जायेगा। नारी को स्वयं इस स्वभाव के ऊपर उठना होगा। सदभाव की महक से घर-परिवार को महकाना होगा। हम अपने त्यौहारों को केवल परम्परागत खानापूर्ति करने के रूप में न मनाकर अन्धकार को दूर करके ज्ञान की ज्योति फैलाने के सही अर्थ में जीवन में अपनाएं तभी हमारी नैतिक सार्थकता सिद्ध होगी।

शताब्दियों से भारतीय समाज में नारी की स्थिति अन्य वर्गों की अपेक्षा कमजोर रही है। मानव इतिहास के विविध चरणों में उसकी यह कमजोर दीन-हीन स्थिति का परिणाम रहा है कि कुछ सजग व्यक्तियों द्वारा स्वतंत्रता की लड़ाई के साथ साथ नारी के पक्ष में भी आवाज बुलन्द की गयी और बाद में धीरे-धीरे महिलाओं का समर्थन पाकर यही स्वर नारी मुक्ति, नारी जागरण, नारी स्वाधीनता आदि विविध रूपों में महिलाओं के बीच में आन्दोलन के रूप में उभरा।

आज अधिकांश शहरी महिलाएं अर्थहीन जीवन जी रही हैं। सैकड़ों क्रियाशील संगठन इनके बीच आज तक जागरूकता नहीं ला सके हैं। क्योंकि उनकी कार्य पद्धति ही ऐसी है कि स्वयं की संस्था की मीटिंग से ज्यादा वे कुछ कर ही नहीं सकते। दूसरे अधिकांश संगठनों के पास साधन की भी कमी होती है।

गावों में नारी की पराधीनता का मुख्य कारण अधिक असमानता एवं परावलम्बिता है। निम्न तबके को छोड़ अधिकांश महिलाएं कुछ भी आर्थिक काम नहीं करती। इस परिस्थितियों में भाषणों या कोरे चेयरनेस प्रोग्राम द्वारा नहीं निपटा

जा सकता। इसके लिए कार्य के प्रति चेतना काम सिखाने के दोहरे दायित्व को पूरा करना होगा। अधिकांश नारी मुक्ति के समर्थक सिर्फ कानूनी हकों को बताकर काम की इतिश्री समझ लेते हैं।

स्वाधीन भारत की यह सबसे बड़ी उपलब्धि है कि इस विशाल आबादी, विविधता से भरे तथा विखंडित विभाजित देशों के लिए एक मान्य संविधान बन सका। लेकिन आज जब हम चारों ओर देखते हैं तो राजनीतिक के व्यवस्था चरमराती हुई दिखायी देती है।

लोकतंत्र का मूल आधार मानव जीवन का मूल्य और समानता है। लेकिन हमारा जीवन अब भी सामन्तवादी है। बढ़ती जनसंख्या हमारे लोकतंत्र को सबसे बड़ा खतरा है। राष्ट्रीय संकट मुंह बाये खड़ा है। देश में पैसा, कुर्सी, सत्ता और पद की लड़ाई सब कुछ है। पैसा और प्रभाव से ही किसी की क्षमता और योग्यता का मूल्यांकन किया जाता है और उन्हें सम्मानित और पुरूस्कृत किया जाता है। सज्जन और योग्य व्यक्तित्व को निरन्तर "अवहेलना" और उन्हें कुंठित किया जाता है। इसके मूल में राजनीति का अपराधीकरण और अयोग्य लोगों का वर्चस्व है जो योग्य और योग्यता को देखना नहीं चाहते।

आज़ादी के छः दशक बीत जाने के बाद भी स्त्री के साथ छेड़छाड़, बलात्कार, उत्पीड़न और दहेज के कारण हत्या जैसी स्थितियाँ बनी हैं और वह जूझ रही है। सामाजिक परिवर्तनों के परिणामस्वरूप प्राप्त नये अनुभवों की भूमिका में स्त्री और पुरूष दोनों अपने-अपने अधिकारों को पहचान रहे हैं। इन सबके बावजूद स्त्री आज भी ऐसे समाज में जी रही है जहाँ उसे इस फैसले का हक नहीं मिलता है कि उसके कोख से कब और कितने बच्चे पैदा होंगे। यह बात भी गौरतलब है कि आज शहरों में ही नहीं गाँवों में भी भौतिक बदलाव के दौर आये हैं। आज जरूरत इस बात की है जो आगे बढ़ चुके हैं वे थोड़ा रूककर या बिना रूके ही पीछे छूटे लोगों को साथ लेने की कोशिश करें, चाहे वे महिलाए हों या कोई पिछड़ा समुदाय।

अब स्त्रियों में भी नशे की लत देखी जा रही है। महिलाओं के लिए खास तौर पर सिगरेट बनाना और उसे विज्ञापनी चमक से जोड़ना, महिलाओं को पतन के गर्त में ढकेलना है। सिगरेट बनाने वाली कम्पनी को इससे अधिक लाभ हो सकता है पर देश की संस्कृति का इससे कितना नुकसान हो सकता है, वह अनुमान कौन लगायेगाः महिला संगठनों और प्रबुद्ध महिलाओं का दायित्व है कि वे इस विकृति को पनपने से पहले ही समाप्त करने के लिए कोई ठोस अभियान चलायें। आज संभ्रान्त और साधन संपन्न वर्ग की महिलाओं में धुम्रपान, सिगरेट, शराब, श्रमिक वर्ग की महिलाओं में बीड़ी, शराब पीने का व्यसन बढ़ता जा रहा है। मादक पदार्थ के सेवन की चर्चा अखबारों और टीवी चैनल से देखने और सुनने में भी है। ऐसी महिलाओं का राजनीति और उपरोक्त जगत में भी वर्चस्व क्राइम समाचार से मिल रहा है। आखिर यह सब क्यों हो रहा है? समान अधिकार और पुरूषों की बराबरी का दावा करने वाली महिलाएं स्वयं

इस विकृति को आमंत्रित कर रही हैं अथवा उनके उज्जवल चरित्र को धूमिल बनाने के लिए उनकी बुद्धि पर परदा डाल रहा है।

अपनी यात्राओं के मध्य मैंने एक हरा भरा खेत देखा। इस खेत के आस पास कोई बाड़ नहीं था। मुझे आश्चर्य हुआ। मैंने पूछा, गांव के पास हरा भरा खेत है और इसमें बाड़ नहीं है। क्या इसे पशु नुकसान नहीं पहुंचातेः मेरी बात सुनकर एक ग्रामीण भाई बोला, आप जानते नहीं, यह तम्बाकू का खेत है। इसे न बैल खाता है और न गधा। मेरे मुंह से अनायास ही निकल पड़ा-एक ही जानवर इसे खाता है और वह है आदमी।

हम विकासशील से आगे विकसित देश की परिभाषा में नहीं आ पा रहे हैं। संतुलित और तीव्र विकास के लिए आवश्यक है कि देश की नारी उर्जा को, उसके संकल्प को, उसके साहस को और उसकी दक्षता को प्रगति की मुख्यधारा से जोड़ा जाये। उच्चादर्श केवल गोष्ठियों और समारोहों में नहीं, हमारे सोच और व्यवहार में सक्रिय होने चाहिए। यह मेरा संकेत मात्र महिला को नहीं वरन् पुरूष वर्ग को भी है।

पाठक वृन्द के समक्ष शिकागो धर्म सम्मेलन में गये स्वामी विवेकानन्द के आदर्श का उल्लेख समीचीन प्रतीत होता है जहाँ उनके प्रतिभावान स्वरूप सम्मोहित हो वासना के ज्वार मे डूबी एक महिला उनके समान ओजस्वी एवं गुणवान पुत्र की कामना करती है। महिला की काम वासना की स्थिति को भापते हुए स्वामी जी ने कहा मुझे ही अपने पुत्र का दर्जा क्यों नही दे देती। क्या मुझमें आप का पुत्र होने की क्षमता नही है। महिला पुत्रवत स्वभाव से उन्हें अपलक निहारती रह जाती है और सदैव के लिये उनकी अनुगामी हो जाती है।

दूसरा प्रकरण मर्यादा पुरूषोत्तम श्री राम है जो चौदह वर्ष का वनवास व्यतीत कर जब अयोध्या वापस आते हैं तो सर्व प्रथम माता कैकई से मिलने जाते हैं और जब अयोध्यावासी प्रश्न करते हैं तो उन्होंने कहा था, अयोध्यावासियों यदि माता कैकई, ने मुझे वन नहीं भेजा होता तो मै सिर्फ अयोध्यानाथ बनकर रह गया होता, विश्वनाथ कभी नही बन पाता।

अपने राज्याभिषेक के बाद श्रीराम जब-जब अयोध्या के आसन पर विराजमान हुए तो लक्षमण, उर्मिला, भरत, शत्रुघन-सुकिर्ति सभी चरणों में शीश नवाया। परन्तु श्रीराम ने माण्वी एवं सुतकिर्ति को अखण्ड सौभाग्यवती भव का आर्शीवाद दिया परन्तु उर्मिला को अखण्ड सौभाग्यवती भव का आर्शीवाद नही दिया। इस पर अयोध्यावासियो ने प्रश्न किया तो राम ने कहा उर्मिला को आर्शीवाद देने की क्षमता मुझमें नही है उसे आर्शीवाद तो लक्षमण की प्राण रक्षा करने वाले हनुमान ही दे सकते हैं। भक्तों को अपने से बड़ा बताना भगवान का स्वभाव रहा है। यही पश्चिमी नारीवाद और भारतीय नारी की विसंगतिया रही है और आदर्श पुरूष इसके घोतक रहे हैं। इसी प्रकार सीता और मन्दोदरी का चरित्र भी काल परिस्थितियों के अनुसार अनुकरणीय हैं।

3. महिला सशक्तिकरण और सामाजिक उत्कर्ष

आज सशक्तिकरण का आंदोलन पूरे विश्व में है। इसकी शुरूआत अमेरिका से हुई। कारखानों में कार्यरत महिलाओं ने कार्यदिशा में सुधार, समान वेतन तथा सुविधाऐं हेतु आंदोलन किया जो लम्बे समय की लड़ाई के बाद सफल हुआ। सफलता के दिन 8 मार्च, अंतराष्ट्रीय महिला दिवस के रूप में मनाया जाने लगा। भारतीय महिला इस मायने में भाग्यवान है कि बिना लड़े अनेकानेक संवैधानिक व्यवस्था के द्वारा समान अधिकार प्राप्त हुऐ। कहीं कहीं नीति निर्धारण के क्षेत्र में भागीदारी भी प्राप्त हुई। इसके अलावा प्रसव पूर्व निदान के तकनीक अधिनियम 1994, सती निषेध अधिनियम 1947, वेश्यावृति निवारण अधिनियम 1986, बाल विवाह निषेध अधिनियम 1961 आदि प्रभावशाली अधिनियम भी बने। उ. प्र. सरकार द्वारा कुछ विशेष कदम उठाये गये। जमींदारी उन्मूलन एक्ट के द्वारा माँ को पुत्रों के बाराबर की हिस्सेदारी, शिशुओं के स्कूलों में नामांकन के समय भी मां का नाम फार्म पर लिखना, पंचायतों में महिलाओं को आरक्षण, सरकारी नौकरियों में आरक्षण की विशेष रूप से मुख्य है। इन सब अधिनियमों के बावजूद महिलाओं की दयनीय स्थिति में कोई अंतर नहीं है।

देश में बालक बालिकाओं की मृत्यु दर में प्रति हजार 10 प्रतिशत का अंतर है। 50 प्रतिशत बालक प्राथमिक शिक्षा में पहुचते हैं, लेकिन बालिकाओं में 27 प्रतिशत। 1-15 वर्ष की उम्र आते आते बालिकाओं की शादी हो जाती है। 50 प्रतिशत से ज्यादा महिलाओं को अपने स्वास्थ्य के बारे में फैसला लेने का हक नहीं है। 88 प्रतिशत महिलाओं को अपने माँ बाप रिश्तेदार के यहाँ जाने के लिये पुरूषों की इजाजत लेना जरूरी होता है। कन्या भ्रूण हत्या के कारण महिला एवं पुरूष जनसंख्या में अन्तर बढ़ता चला जा रहा है। कैसी हास्यास्पद स्थिति है कि महिलाओं की संख्या पुरूषों से अधिक है या कम, दोनों ही स्थिति में हम कालगर्ल की संख्या बढ़ने, बैश्यावृति, महिलाओं का अपहरण, बिक्री की संभावना में वृद्धि की सोच से चिंतित होते हैं। आज महिलाओं के विरूद्ध शारीरिक और मानसिक शोषण बढ़ता दिखाई दे रहा है। बलात्कार प्रकृति वाले पुरूष इस स्थति में पहुँच गये हैं कि स्थिति राजनीतिज्ञो को भी अपने चपेट में ले लेते हैं।

बहुतों की यह धारणा है कि हमारी संस्कृत पर पश्चिम का बढ़ता प्रभाव हमारी गिरावट के लिए उत्तरदायी है। लेकिन यह उचित नहीं। अगर पश्चिम में नैतिकता का मापदण्ड नहीं होता तो एक अमेरिकी राष्ट्रपति को अपने दुष्कृत्य पर अपने देशवासियों से बार-बार क्षमा याचना नहीं करना पड़ता। एक ब्रिटिश प्रधानमंत्री को अनैतिक कार्यों के कारण इस्तीफा देना पड़ा था। जबकि भारत में साक्ष्य के अभाव में बलात्कारी ससम्मान छूट जाते हैं क्योंकि उनकी पहुंच पुलिस-प्रशासन-न्यायालय तक होती है और त्रस्त महिला अपनी रक्षा, सुरक्षा न तो सही ढंग से अपने परिजनों से कर पाती है और न तो लोक लज्जा के कारण अपना पक्ष सही ढंग से रख पाती है क्योंकि न्यायालय में वकीलों की जिरह और बहस अमर्यादित तरीके से देखने को मिलती है

जिसका वे दृढ़ता से मुकाबला नहीं कर पाती। अगर कुकर्मियों को न्यायालय सजा देती है तो हाई कोर्ट और सुप्रीम कोर्ट में अपराधी केस को ले जाकर लटका देते हैं और नारी इसका दृढ़ता से सामना नहीं कर पाती है। जिससे अन्य बलात्कारियों को और सह और प्रश्रय घोर चिन्ता और अपवाद का द्योतक हो जाता है।

भारत में बलात्कार में लिप्त सांसद, विधायक, मंत्रीगण अपने कुकर्मों को अंत तक छिपाते हैं उनके खिलाफ अभियोग पत्र जारी होने पर न्यायालय में हाजिर होने से बचने के लिए अपने पद और प्रभाव का उपयोग करते हैं। और इससे आगे बढ़कर उच्च न्यायालय से बचने का प्रयास करते हैं। अभी हाल में उ.प्र. के पूर्व मंत्री को बलात्कार के केस वर्षों वान्टेड रहने पर अंत में न्यायालय द्वारा जेल भेजे जाने पर मुख्य आरोपी मंत्री जेल में ऐश की जिन्दगी जी रहे हैं। जेल प्रशासन की कृपा से जेल उनके लिए ऐशगाह बन गयी है। वहां के जिला कारागार में बन्द मंत्री को फोम के गद्दे पर आराम फरमाने एवं कूलर की हवा का लुत्फ उठाने की सुविधा मुहैया कराई गयी है। उसे यहां कई तरह की सुविधा दी जा रही है। उन्हें न केवल घर का बना हुआ अच्छा भोजन मिल रहा है बल्कि वे यहां के किसी भी बेहतरीन होटल से भोजन मंगवाने को स्वतंत्र है। वहीं पर एक ओर जहाँ जेल में आम कैदियों को प्रदूषित पानी पीना पड़ता है, वहां पूर्व मंत्री मिनरल वाटर से गला तर कर रहे हैं। उनके इस आरामदेह सेल में ठंठा पानी से युक्त मिनरल वाटर की मुक्कमल व्यवस्था है और सेलफोन उपलब्ध है जबकि वहीं पर आम कैदी सड़ीगली जिन्दगी व्यतीत कर रहे हैं और उन पर जेल के सारे नियम कानून सख्ती से लागू हैं। उन्हें न तो अच्छा भोजन, शुद्ध जल, साफ सुथरे कपड़े, शुद्ध स्थान, और शुद्ध वायु-रोशनी उपलब्ध है। आम कैदी एक एक बाडे में कई की तादाद में रहते हैं और उनसे कठिन श्रम कराया जाता है जबकि वहां कैदी मंत्री, सांसद, विधायक आराम की जिन्दगी जेल में काट रहे है। यह लोकतंत्र में आम कैदियों के साथ कैसा दुरंगी व्यवहार है। इसके लिए महिला संगठन को भी अन्याय के विरूद्ध लड़ाई लड़ना चाहिए। कहीं ऐसा तो नहीं है कि ऐसे लोगों की महिलाएं महिला आरक्षण की आड़ में संसद-विधान सभा में उनके स्थान पर स्वयं पहुंच जायें और सदन का बड़ा खुला वातावरण और प्रदुषित हो जाये। यह धारणा और विचार देश की अधिकांश महिलाओं को है जिसे लेखक ने उद्घृत करने का प्रयास किया है।

आज महिलाओं के विरूद्ध शारीरिक और मानसिक अत्याचार बढ़ता दिखाई दे रहा है। बलात्कार प्रवृति वाले पुरूष इस स्थिति में पहुँच गये हैं। स्विस राजनीयिक को भी अपनी चपेट में ले लिया। बहुतों की वह धारणा है कि हमारी संस्कृति पर पश्चिम का बढ़ता प्रभाव हमारी गिरावट के लिए उत्तरदायी है लेकिन यह गलत है। अगर पश्चिम में नैतिकता का मापदण्ड न होता तो अमेरिकी राष्ट्रपति अपने दृष्कृत्य पर अपने देशवासियों से बार-बार क्षमा याचना नहीं मांगते और ब्रिटिश प्रधानमंत्री अनैतिक कार्यों के कारण पद त्याग नहीं करते।

कुछ वर्षों पहले अपने ही देश में एक विदेशी महिला ने अपनी अस्मिता के

रक्षार्थ चलती ट्रक से कूदकर हंडिया (इलाहाबाद) अपनी जान गवां दी थी। वास्तव में जरूरत है महिलाओं के सामाजिक, आर्थिक राजनीतिक स्थिति में सुधार की। आज महिलाओं को जो भी अधिकार प्राप्त है, इसकी उन्हें जानकारी नहीं है, अज्ञानता, अशिक्षा, बाल विवाह जैसी कुरीतियों को कड़ाई से समाप्त करना चाहिए। आज देश में बहुत सी महिला सांसद, विधायक, मंत्री हैं। उन्होंने ऐसी पीड़ित नारियों को क्या राहत और न्याय दिलायी, इस देश की वे तमाम त्रस्त नारियां जानना चाहती हैं। कतिपय पुरूष तो इस बिन्दु पर सदन में बोलते देखे जाते हैं, पर महिला सांसद व विधायक इस बिन्दु पर क्यों कन्नी काट लेती हैं, कहीं ऐसा तो नहीं वे अपने ऐसे परिजनों से प्रभावित हो, अगर नहीं तो उन्होंने क्यों चुप्पी साधी है।

आज की परिस्थिति में कुछ सामाजिक धारणायें भी बदली जायं। पुरूष ही वंश का नाम उज्जवल करता है। यह धारणा गलत है। कन्यादान, विवाह के अवसर पर ससुर द्वारा दामाद का पैर धोना, विधवाओं की उपस्थिति अपशकुन मानना समाप्त करना चाहिए जो समाज में महिलाओं को उनकी हीन अवस्था का बोध कराता है। महिलाओं को स्वयं इस ओर कदम उठाना होगा। नैतिक शिक्षा का विरोध राजनैतिक स्तर पर बन्द कराना होगा कानून को कड़ा बनाना और उसे कड़ाई से लागू करना होगा। स्कूली छात्राओं से छेड़खानी, भ्रुणहत्या, बाल विवाह पर रोक, दहेज हत्या के विरूद्ध प्रमाण देने का, कोर्ट में जिरह करने की अनिवार्यता न हो। वकील और पुलिस बलात्कार को प्रेम व्यवहार सिद्ध करने की कोशिश में भोड़ा प्रश्न करते है। बलात्कार का आरोपित पुरूष ही सिद्ध करे कि उसने बलात्कार नहीं किया है।

उल्लेखनीय है कि जब श्री आडवानी द्वारा दिया गया यह सुझाव कि बलात्कारी पुरूष को फांसी की सजा दी जाये तो कुछ महिलाओं ने इसका विरोध करते हुए कहा था कि इससे पीड़ित महिला की हत्या हो जायेगी। निश्चित ऐसा होगा क्योंकि परिचित बलात्कारी पुरूष अभी भी महिलाओं की हत्या कर देते हैं। अन्त में लडकियों और बहुओं पर होने वाले अत्याचार एवं अनाचार के विरूद्ध सुनवाई हाई कोर्ट के निर्देशानुसार मुहल्लों और गाँवों में बनी कमेटियों द्वारा हों। उसे पुलिस, एवं प्रशासन का अनिवार्य सहयोग प्राप्त हो उसे दीवानी का भी अधिकार प्राप्त हो।

महिला को स्वयं प्रयत्नशील, प्रगतिशील बनना होगा। महिला उद्यमी इस दिशा में कुछ कर सकती हैं। देश में कुटीर उद्योग और खासकर महिलाओं से संबंधित कुटीर उद्योग के प्रसार एवं प्रोत्साहन की नीति अपनानी होगी। केरल और आंध्र देश में महिलाओं द्वारा संचालित योजनाएं काफी लोकप्रिय एवं जनोपयोगी हो रही हैं। निवार्चित महिला सांसद, विधायकों को इसमें विशेष रूचि और उत्साहवर्धक कदम उठाने होंगे जो वैशाखी के सहारे संभव नहीं है।

हिन्दुस्तान की जमीन पर कुछ इस तरह के दोष पाये जाते हैं जो सदियों से चले आ रहे हैं। औरतों का भावनात्मक शोषण जिस जिस स्तर और ढंग से यहाँ होता रहा है वह दिलचस्प भी है और दुखद भी। दिलचस्प इसलिए है कि वहां के लोग

अपनी परिभाषाओं में औरतों को देवी का रूप मानते हैं, माँ को संज्ञा से विभूषित करते हैं, हर औरत में सीता का चरित्र देखना चाहते हैं परन्तु व्यवहारिक स्तर पर पुरूष किस दृष्टि से औरतों को देखते हैं, वह बहुत ही दुखद और शर्मनाक है।

वस्तुतः औरतें दुहरी मानसिकता की शिकार रही हैं। अगर यहाँ औरतों को माँ का दर्जा मिला है तो देवदासी की प्रथा भी इसी देश में रही है। यहां औरतों की स्थिति सदैव दोयम दर्जे की रही है। कभी भी उसे बरी नहीं किया गया। देवदासी प्रथा किसकी बनाई हुई है। बैश्यालयों में कौन लोग जाते हैं। स्त्री को वेश्या जीवन आखिर क्यों अपनाना पड़ता है? पर्वों, त्योहारों की स्थिति क्या है? क्या वे सिर्फ औरतों के लिए नहीं बनाये गये हैं? जो मंदिरों में जाकर अपने पति अथवा पुत्रों के लिए भगवान से याचना करती है, उपवास रखती है। 21वीं सदी में पुरूष वर्ग को इसकी समीक्षा करनी चाहिए। यह गौरतलब है कि समय और औरत किसी का इंतजार नहीं करते।

देश के विभिन्न भागों में हिंसा तथा लूट का व्यापक आतंक फैलता जा रहा है। देश के महानगरों में तो प्रायः नित्य ही हत्या, लूट और बलात्कार की घटना हो रही है। नागरिक जीवन को किस प्रकार सुरक्षित रखा जाये यह प्रश्न अत्यन्त जटिल बन गया है। इनकी रोकथाम की व्यवस्था न हो पाना प्रशासन के लिए लज्जा-जनक है।

आजादी के 58 वर्षों बाद भारतीय नारी का चेहरा क्या कुछ बदला है। हाँ, और न दोनों का जवाब हैं और ये दोनों जवाब सीधे सीधे वर्ग चरित्र से जुड़े हैं। भारतीय नारी के सामाजिक और आर्थिक विकास की बात करने वाले वर्ग के लोग समाज के जिस आय वर्ग के हैं, उसी वर्ग की महिलाओं का विकास हो रहा है। लेकिन शहरों में बसने वाली महिलाओं के विकास की तुलना आदिवासी महिलाओं से करना ईमानदारी नहीं है। साथ ही वह भी ईमानदारी नहीं कि हम शहरों में बसी महिलाओं के सामाजिक, आर्थिक विकास को देश भर की महिलाओं के विकास का मापदण्ड माने। सुविधा संपन्न उच्च आय वर्ग और मध्य आय वर्ग की शहरी महिलाओं के "जीवन ग्राफ" बुलंदियों को आज छू रहा है, ग्रामीण महिलाओं का "जीवन ग्राफ" निरन्तर नीचे ही गिरता जा रहा है। आजादी के बाद तय किये गये एक लंबे सफर के बाद भी आज गाँव की औरत के पास क ख ग का पाठ नहीं है। खाने को रोटी, पहनने को कपड़ा और रहने को मकान नहीं है। उसके पास गाँव की मिट्टी में सनी देह है और भोर 4 बजे से रात 12 बजे तक की कमरतोड़ दिनचर्या है। इस कठोर परिश्रम का मेहनताना न्यूनतम है या कभी कभी कुछ भी नहीं। लेकिन देश की खुशहाली को देखने वाले देश की जमीन से जुड़ी इस सच्चाई को देख कहां पाते हैं। उन्हें दिखती है तो शहर की समतल सड़कें, उस पर फर्राटे लगाती कारें, गगनचुम्बी इमारतें और उन इमारतों को खिडकियों से संपन्नता के उठते ठहाके। वे अपनी इन इमारतों के पीछे अभी भी उन झोपड़ियों को नहीं देख पाते जो उनकी फेकी गयी जूठन को उठाकर खाते हैं। वे यह भी नहीं देखते कि उनकी गगनचुम्बी इमारतों ने पीछे बसी

झोपड़ियों के हिस्से को धूप भी खा ली है। वे संपन्न हैं और इसीलिए उन्हें संपन्नता दिखाई देती है।

अन्तर्राष्ट्रीय महिला दशक बीत चला है नैरोबी से लेकर बीजिंग तक के सम्मेलन और उपलब्धि के आंकड़े ऐसे कौतुकी हैं कि असंख्य महिलाओं को न तो सांत्वना दे पाये और न उनके ज्वलंत मुद्दे का उचित समाधान। कुछेक सरकारों ने चन्द कानून बनाकर अपने दर्शक बोध का परिचय दिया है मगर महिलाओं के लिए आज भी घर की चारदीवारी से लेकर भीड़ भरे चौराहे तक समस्याओं के खतरनाक चेहरे, जीभ लपलपाते दिखाई दे रहे हैं। महिलाओं की समस्याओं पर विचार करने के लिए कोई दशक या कोई शताब्दी भी बहुत छोटी अवधि है। अगर वाकई हमें उनकी चिंता है तो उनकी समस्याओं को पहचानने के लिए हमें अपने हर दिन का आधा हिस्सा खर्च करना होगा क्योंकि बढ़ती आबादी साथ-साथ दिनप्रति दिन उनकी समस्याओं में इजाफा होना एक संवेदनशील मसला है जो विश्व समुदाय को सोचने के लिए विवश करता है। महिलाओं के जीवन स्तर को उठाने तथा उन्हें समाज में उचित स्थान दिलाने की जिम्मेदारी राष्ट्रसंघ द्वारा आर्थिक एवं सामाजिक परिषद को सौपी गयी है।

परिषद ने एक आयोग गठित किया। आयोग ने सामाजिक, आर्थिक, शैक्षणिक क्षेत्रों में महिलओं के अधिकारों में वृद्धि के बारे में रिपोर्ट दी। इसे आयोग की रिपोर्ट के अनुपालन में एशियाई देशों ने अपने-अपने देश और राज्यों में आयोग गठित किये जिसने अधिकांशतः महिलाएं रही हैं। परन्तु इसका लाभ महिलाएं कितना उठा पायी, उनकी समस्या आज तक जस की तस है। इससे स्त्री समाज में निराशा और असंतोष होना लाजिमी है। ऐसा प्रतीत हो रहा है। जैसे कुछ मुद्दे ऐसे हैं जो स्त्री-पुरूष के समन्वय से ही सुलझ सकते हैं और उन्हें इसकी पहल करनी चाहिए।

आज राष्ट्र के लोगों ने ही राष्ट्रीय सिद्धान्तों एवं दर्शन की मूलभूत आवश्यकताओं को नकारा साबित कर दिखाया है और राष्ट्रीय सभ्यता के मेल राष्ट्रधर्म को इतना पीछे ढकेल दिया है कि किसी ने उसे पीछे मुड़कर फूटी आंख देखना नसीब नहीं किया, जिससे राष्ट्रवाद की भावनाओं को भारी आघात पहुँचाकर, स्वार्थवश संकीर्णता में बांधने को मजबूर कर दिया। लेकिन सच तो कुछ और ही है कि जो धर्म हमें मानवता एवं राष्ट्रवाद के मूल अधिकारों से वंचित रखता है, ऐसे धर्म के साथ विपन्ना मात्र अमानुषी की संज्ञा देना है।

हम सबको अब असमानता तथा सामाजिक प्रभुत्व के उन कारणो को खोजना होगा जिनके द्वारा राष्ट्रवाद ने अन्याय, अत्याचार, भ्रष्टाचार का ताण्डव जारी करना पड़ा। आज भी हम वास्तविकता से बहुत पीछे जा चुके हैं। कब तक हम हालात से मुंह छिपा कर जीते रहेंगे कब तक अपने मानवीय आदर्शों के पतन को उद्विग्न होकर देखते रहेंगे। यह सिलसिला और कहाँ तक चलता रहेगा। आज हम सबके लिए एक ज्वलंत प्रश्न है जिसका उत्तर हम सबको स्वयं खोजना होगा और यथार्थता

पर राष्ट्र व समाज के प्रगति, अवगति, उत्थान पतन को खरा उतरना होगा।

जबतक हम अपने वर्तमान परिदृश्य के यथार्थ को नहीं समझ पायेंगे तब तक हम इसका कोई निदान नहीं निकाल पायेंगें। अभी भी समय शेष है राष्ट्रीयता को बचाना ही पड़ेगा अन्यथा हमारे जीवन का अस्तित्व मात्र एक बोझ के सिवाय कुछ नहीं होगा।

आज आवश्यकता है जातिवाद, धर्मवाद, भ्रष्टाचार, अनाचार, दुराचार, व्यभिचार, महिला उत्पीड़न के विरूद्ध सामाजिक क्रांति की आवाज को बुलन्द कर वैचारिक क्रांति को खड़ा करने का। हम सभी को आत्मविश्वास के साथ संगठित होकर राष्ट्रीयता के उन प्रदत्त अधिकार को प्राप्त करके उस मंजिल तक पहुंचाना होगा जिस वशीभूत स्थान को पाने के लिए सहिष्णुता एवं आदर्शों की भावनाओं से राष्ट्र की अस्मिता एवं गौरव को बचाया।

4. भारतीय समाज को धरती पर लाकर जीवन्त बनाने वाली महिलाएं

साहित्य से रंगमंच तक चित्रकला से लेकर संगीत और नृत्य कला तक भारतीय स्त्री की रचनात्मक उपस्थिति केवल इन कलाओं में एक और आयाम नहीं जोड़ती। बार बार वह कलाओं का ढांचा बदलती है और तकनीकी बदलाव की आंधी से सूखे पत्ते की तरह उड़े जा रहे भारतीय समाज को फिर से धरती पर लाकर उसे जीवनरस से सींचती है।

नैतिक मूल्यों में आई गिरावट के कारण आज चारों तरफ असंतोष एवं निराशा व्याप्त है। जनमानस दिशाहीन होता जा रहा है। ऐसी विषम परिस्थिति में हम ऐसी नारियों के व्यक्तित्व एवं कृतित्व को उद्घृत करना चाहते हैं जिनसे लोगों को प्रेरणा मिले और हमारी गौरवशाली परम्परा चिरस्थायी बनी रहे। ऐसी अनुकरणीय महिलाओं में कपिला वात्सायन, महाश्वेता देवी, कुर्रतल ऐन हैदर अरूणधति राय, कृष्णा सावित्री, उषा गाँगुली, ग्रामिनी कृष्णामूर्ति, किश्मेरी अमोनकर का व्यक्तित्व एवं कृतित्व नई दिशा प्रदान करने में सहायक होगा।

कपिला वात्स्यायन

भारतीय समाज में स्त्री एक मौन उपस्थिति है। लेकिन आधुनिक भारतीय संस्कृति की दुनिया में वे एक बेहद प्रखर उपस्थिति हैं। आज परंपरा की जकड़न और पश्चिमीकरण की आंधी के बीच यदि संस्कृति के क्षेत्र में कुछ भी मौलिक हो रहा है तो उसका काफी श्रेय महिलाओं को जाता है। देश भर में फैली विविध कला संस्कृति की परंपराओं को गहराई से परखने और उस पर आलोचनात्मक विमर्श करने में कपिला वात्स्यायन की सार्थक और महत्वपूर्ण भूमिका रही है। देश की कई प्रमुख सांस्कृतिक संस्थाओं का दायित्व निभाकर उन्हांने एक रचनात्मक दृष्टि दी। उनके समय में कई संस्थाओं का विकास हुआ। इसमें इंदिरा गांधी राष्ट्रीय कला केंद्र का नाम प्रमुख है। प्रशासनिक भूमिका के साथ-साथ उन्होंने लेखकीय दायित्व को भी

निभाया। पारंपरिक और आधुनिक संस्कृति के शास्त्रीय स्वरूप और लोकरंग पर उन्होंने काफी कुछ लिखा है। कला-संस्कृति के लेखन में कपिला जी पहली प्रतिष्ठित महिला हैं जिन्होंने भारतीय नृत्य, पारंपरिक थियटर, भारतीय चित्रकला में नृत्य मुद्राएं, परंपरागत भारतीय लोकशैलियों पर व्याख्यान दिए, सारगर्भित लेख और पुस्तकें लिखीं। जयदेव की कृति गीत-गोविंद का भाष्य कर उन्होंने साहित्य में एक महत्वपूर्ण अध्याय जोड़ा। कला-संस्कृति में महत्वपूर्ण अवदान के लिए उन्हें राष्ट्रीय और अर्न्तराष्ट्रीय स्तर के कई सम्मान मिले।

महाश्वेता देवी

भारत ही नहीं इस पूरे उपमहाद्वीप में गर्व कर सकने लायक नाम है, महाश्वेता देवी। वे जितनी महान लेखिका हैं, उतनी ही बड़ी एक्टिविक्ट। उनके इन दोनों रूपों को अंर्तराष्ट्रीय स्वीकृति मिली है। साहित्य में उल्लेखनीय योगदान के लिए 175 पुस्तकों की लेखिका महाश्वेता को पिछले साल ही फ्रांस का प्रतिष्ठित आफिसल आफॅ आर्ट एंड लिटरेचर पुरस्कार मिला था। आदिवासियों के बारे में उनके पत्रकारीय सम्मान आलेखों (एक्टिविस्ट राइटिंग्स) के लिए सात साल पहले 1997 में मैग्सेसे अवार्ड मिला था। भारत में साहित्य का सबसे बड़ा सम्मान माना जाना वाला ज्ञानपीठ पुरस्कार उन्हें 1996 को भी मिला था। साहित्य अकादमी पुरस्कार इन्हें 25 साल पहले 1997 में जंगल के दावेदार (अरण्येर अधिकार) पर मिला था। लेकिन इन पुरस्कारों से ज्यादा गौरवबोध उन्हें आदिवासियों के जीवन संघर्ष की सहयात्री होने पर होता है। बहुत कम लोगों को पता है कि 1976 में उन्हें पद्मश्री लेखन के लिये नहीं, आदिवासियों के बीच उनके काम को मिला था। महाश्वेता के जीवन का उत्तर पक्ष आदिवासियों की सेवा और उनके लिए संघर्ष में ही बीता है। उन्होंने सदियों से उपेक्षित, शोषित और उत्पीड़ित जनजातियों के दुख-दर्द को उनके बीच रहकर देखा, बांटा और अपनी कृतियों में अभिव्यक्त किया। वे लेखक होने के नाते ही नहीं, व्यक्ति होने के नाते ही हाशिए के लोगों के अधिकारों के लिए सशक्त आवाज बन गई। महाश्वेता के शब्द उनके कर्म के पीछे भागते हैं। आदिवासियों के बीच वर्षों से काम करने के अनुभव ने उन्हें वह पैनी दृष्टि और शक्ति दी कि वे आधुनिक भारतीय जीवन के पीड़ादायक मुद्दों का एहसास कर सकीं और उन्हें अपने लेखन में अभिव्यक्त कर सकीं। 78 वर्षीय महाश्वेता के साहित्य को पढ़कर हम इस दुनिया को अलग ही तरीके से देखना सीखते हैं। महाश्वेता की चिंता उनके लिए है, जो असहिष्णु, समाज के शिकार हैं। उनकी औपन्यासि कृतियों जंगल के दावेदार, टरोडक्टिल, शालगिरह की पुकार पर, अक्लांत कौरव, चोट्टिमुंडा और उसका तीर के अलावा अनेक कहानियों और परिवर्तनकामी टिप्पर्णियों में हम आदिवासियों के सृजन व संघर्ष की मुकम्मल तस्वीर देख सकते हैं। इन्दिरा गाँधी राष्ट्रीय, एकता पुरस्कार, 2004 से सम्मानित किया गया।

कुर्रतुल ऐन हैदर

ज्ञानपीठ और साहित्य अकादेमी पुरस्कारों से सम्मानित उर्दू की बहुचर्चित लेखिका कुर्रतुल ऐन हैदर का साहित्य हिंदुस्तान की साहित्यिक विरासत और वर्तमान के साथ उसके संबन्धो का दस्तावेज है। पश्चिम उत्तर प्रदेश में बिजनौर जिले के नेहटौर के अभिजात मुस्लिम परिवार में जन्मी कुर्रतुल ऐन हैदर को साहित्य संस्कार विरासत में मिला। उनके पिता सज्जाद हैदर यल्दरम और मां नजर सज्जाद दोनों अपने जमाने उर्दू के प्रमुख साहित्यकार थे। देश के बंटवारे का उनके लेखन पर जबरदस्त प्रभाव पड़ा। उनका अपना परिवार उस त्रासदी का शिकार हुआ जिसका दर्द उनके बहुचर्चित उपन्यास 'आग का दरिया' में उभर कर आया। उन्होंने यह उपन्यास महज तीस साल की उम्र में लिखा। अपने जमाने की बेहद खूबसूरत ऐनी आपा के क्रांतिकारी व्यक्तित्व का अंदाजा इसी से लगाया जा सकता है कि उन्होंने अपने ढंग से जीने का निर्णय लिया और परिवार-समाज की परवाह न करते हुए आजीवन अविवाहित रहीं। 'चांदनी बेगम', 'आखिरी शब के हमसफर','पतझड़ की आवाज', 'अगले जनम मोहे बिटिया न कीजौ' तक फैले उनके रचना संसार ने उर्दू अदब को एक नई जमीन दी। 'पतझड़ की आवाज' पर उन्हें साहित्य अकादमी पुरस्कार मिला। लेखन के साथ-साथ उन्होंने बीबीसी के लिए पत्रकारिता की। इसके अलावा मुंबई से प्रकाशित 'इप्रिंट', 'इलेस्ट्रेटेड वीकली' और 'टाइम्स ऑफ इंडिया' का संपादन भी किया। उन्होंने फिल्मों के लिए भी लिखा और पाकिस्तान और मुंबई में डाकुमेंट्री फिल्में भी बनाईं। संगीत और चित्रकला में उनकी खास रुचि रही। वे कहती हैं, 'हिंदुस्तानी कला, साहित्य और संस्कृति दुनिया में ऊंचा स्थान रखते हैं। लेकिन हमारी संस्कृति जितनी समृद्ध है, हम उतने ही बेहूदे हैं। हमने उसे बर्बाद किया। हम उसकी कद्र करना नहीं जानते।' नोयडा के सेक्टर 21 में रहते हुए ऐनी आपा उम्र के आठवें दशक में भी सक्रिय हैं और अपने लेखक, फिल्मकार और पत्रकार दोस्तों पर संस्मरण लिख रही हैं।

अरुंधति रॉय

कहते हैं कि पंद्रह मिनट के लिए कोई भी व्यक्ति प्रसिद्ध हो सकता है, लेकिन ऐसा कम होता है कि पहली और अकेली किताब किसी को हमेशा के लिए प्रसिद्ध बना दे। 1961 में जन्मी लेखिका और समाजकर्मी अरुंधती रॉय के साथ ऐसा हुआ और उनके पहले उपन्यास 'द गॉड ऑफ स्माल थिंग्स' (हिंदी में 'मामूली चीजों का देवता') ने उन्हें विश्व साहित्य में बड़ी देवी का रूप दे दिया। अरुंधति पहली और अकेली गैर-प्रवासी लेखिका हैं जिन्हें इस कृति पर 1997 का बुकर पुरस्कार प्राप्त हुआ। यह उपन्यास लिखने के लिए पांच लाख पाउंड की अग्रिम धनराशि पाने वाली भी अरुंधति अकेली लेखिका हैं। केरल के एक छोटे से कस्बे आयमनम के सीरियाई ईसाई परिवार की इस विलक्षण और मार्मिक कथा को बहुत कम समय से वही मिथकीय दर्जा हासिल हुआ जो आर. के. नारायण के 'मालगुडी डेज' का है। आज अरुंधति रॉय 'स्मॉल थिंग्स' के अलावा अपनी सामाजिक-राजनीतिक सक्रियता के लिए भी उतनी ही जानी जाती हैं। मेधा पाटकर के नर्मदा आंदोलन में वे गहरे सक्रिय रहीं जिस

जिस पर उन्होंने 'फॉर ग्रेटर कॉमन गुड' नामक अमेरिकी सांस्कृतिक साम्राज्यवाद, अफगानिस्तान और इराक पर अमेरिकी आक्रमण के विरोध में उनके कई लंबे निबंध भी चर्चित रहे हैं, जिनका संग्रह 'द अलजेब्रा ऑफ इनफिनाइट जस्टिस' महत्वपूर्ण माना जाता है। खास बात यह है कि शोहरत के बावजूद अरूंधति ने 'सेलीब्रिटी' बनने से इनकार किया और देश में चल रहे जनांदोलनों में भागीदारी करना बेहतर समझा। बांग्ला की महाश्वेता देवी के साथ अरुंधति इसका उदाहरण हैं कि तीसरी दुनिया के लेखकों को कैसा होना चाहिए। अरुंधति की शिक्षा दिल्ली के स्कूल ऑफ आर्किटेक्चर में हुई। बाद में उन्होंने फिल्मों के लिए पटकथाएं लिखीं, प्रदीप कृष्ण की पहली फिल्म 'मैसी साहब' में आदिवासी नायिका की भूमिका की ओर एक फिल्म का निर्देशन भी किया। पिछले दिनों उन्हें अमेरिका के लेनान फाउंडेशन का प्रतिष्ठित 'सांस्कृतिक स्वतंत्रता' पुरस्कार भी मिला जिसकी धनराशि उन्होंने हिंदी की पचास जनपक्षधर पत्रिकाओं और संस्थाओं में बांट दी।

कृष्णा सोबती

कहते हैं कि 'यार जिंदा तो सोहबत बाकी।' लेकिन साहित्य में कृष्णा सोबती के लिए कहना होगा कि 'सोहबत जिंदा तो साहित्य बाकी।' उनकी सोहबत अपने समय से है और उससे ज्यादा इंसान से। सिर के बल पड़े महिला लेखन को उलटकर पैरों के बल खड़ा करने का श्रेय भी उन्हीं को जाता है। लेखन में महिला-पुरुष का विभाजन भूलकर अगर शीर्ष पर देखना पड़े तो वहां भी कृष्णा सोबती ही नजर आती हैं। इसका अर्थ यह नहीं कि छठे दशक में उनके साथ लिख रही मन्नू भंडारी और उषा प्रियंवदा का महत्व कम है। कृष्णा जी अगर आज शीर्ष पर हैं तो इसलिए कि उन्होंने लेखन को एक ऐसा मुहावरा दिया जो उन्हें अपने समय की सभी लेखिकाओं से अलग करता है। उनके उपन्यास 'मित्रो मरजानी' से महिला लेखन में साहसिकता की शुरूआत माना जाता है। आज 'जिंदगीनामा' जैसे उपन्यास हिंदी की किसी लेखिका के पास नहीं है जिसे ग्रामीण जीवन का महाकाव्य कहा जाता है। इस बारे में पूछने पर वे कहती हैं, 'बीस-तीस पहले लिखते हुए हम बोलियों को दूर रखते थे। पहली बार रेणु ने बोलियों को एक लय दी और बोलियों को खड़ी बोली के निकट लाए। जब मैं जिंदगीनामा लिख रही थी तो एक बात बिल्कुल साफ थी कि खेती, घर, संस्कृति और भाषा के संस्कार को पीछे कर देने का मुझे कोई अधिकार नहीं', डार से बिछुड़ी' 'मित्रो मरजानी', 'सूरजमुखी अंधेरे में', 'दिनों दानिश' इनकी ऐसी रचनायें हैं जिनमें हिंदी साहित्य समृद्ध हुआ है। 'सोबतीः एक सोहबत' उनकी प्रतिनिधि रचनाओं का संकलन है। 'हम हशमत' में लिखे उनके व्यक्ति चित्र को अविस्मरणीय हैं। इस तरह 'ऐ लड़की उनकी ऐसी कहानी है जिसके जरिए हिन्दी कहानी ने पहली बार स्वतंत्रता का स्वाद चखा। विस्थापन का दर्द, पंजाब की साझी संस्कृति और स्त्री पात्रों के साथ उनका खास तरह का मोह उन्हें अंतरराष्ट्रीय स्तर की लेखिका बनाता है।

उषा गांगुली

हिंदी समाज को जिन रंगकर्मियों से समकालीन सांस्कृतिक पहचान मिली है, उनमें मझली पीढ़ी की मंच अभिनेत्री व नाटय निर्देशिका उषा गांगुली का नाम महत्वपूर्ण है। वे अपनी संस्था रंगकर्मी के जरिए पूरे देश में हिंदी नाटक का परचम संभाले हुए हैं। बंगाल के रंगमंच का वे ऐसा रोशनदान है, जिससे होकर हिंदी और बांग्ला की बहुरंगी किरणें बिखरीं। कोलकाता के एक कालेज में हिंदी भाषा-साहित्य की प्राध्यापिका उषा गांगुली (41 वर्षीया) ने अपने रंगजीवन के 33 वर्ष पूरे किए हैं और उनकी नाटय संस्था रंगकर्मी की उमर 28 साल है। यानी उनमें व्यक्तिगत व संस्था के रंगजीवन में पांच वर्ष का अंतर है। उषाजी एक नाटक उठाती हैं तो पूरे देश के रंग जगत में उसी पांच-छह साल तक गूंज तो जरूर बनी रही है। इधर वे लगभग हर साल नया नाटक लेकर रंगमंच पर अपनी उपस्थिति दर्ज करा रही हैं। इन नाटकों में उल्लेखनीय हैं, बेटी आई (1996), मय्यत (1997), हिम्मत माई (1998), इंस्पेक्टर मातादीन चांद पर (1999), मुक्ति (1999), शोभायात्रा (2001), अंर्तयात्रा (2002), काशीनामा (2003) और बदनाम मंटो (2004) बेटी आई से पहले उनके नाटकों महाभोज, लोककथा, होली, वामा, कोर्टमार्शल, रुद्राली और खोल की भी गूंज रही। इनमें अधिकतर नाटक रनिंग हैं। कोर्टमार्शल के तो ढाई सौ शो हो चुके हैं। काशीनामा पिछले साल ही शुरू हुआ और उसके देशभर में पचास से ज्यादा शो हो चुके हैं। उषा गांगुली का नाटक अंतर्यात्रा उनके निजी जीवन में आई प्रायः सभी स्त्रियों के संघर्ष को प्रस्तुत करता है। इस नाटक में वे अपने एकल अभिनय की ताकत से स्त्री की बाहरी ही नहीं आंतरिक परतों-गांठों को अभिव्यक्त करती हैं। उषा की अंतर्यात्रा में कई-कई स्त्रियों की अंतर्यात्राएं जुड़ती जाती हैं और सभी मिलकर नाटक को स्त्री संघर्ष की महागाथा का रूप देती हैं।

यामिनी कृष्णमूर्ति

सत्तर के दशक तक भरतनाट्यम की सर्वाधिक लोकप्रिय नृत्यांगना यामिनी कृष्णामूर्ति का कोई सानी नहीं और उन्हें भरतनाटयम का एवरेस्ट कहा जाता था और यह हकीकत भी थी। 1957 में चेन्नई के एक कार्यक्रम में उनके पहले नृत्य ने ही दर्शकों को चकित कर दिया था। देवदासी प्रथा में उच्चकोटि की नृत्यांगना बाला सरस्वती के बाद शीर्षस्थ नृत्यांगना रहीं यामिनी नृत्य के भाव और भंगिमा दोनों में ही विरल रहीं। 1958 में जब वे दिल्ली आई तो अपने जादुई नृत्य से दिल्ली समेत पूरे देश में छा गई। नृत्य की भावभूमिपर उनका एक-एक अंग अनोखी लय के साथ थिरकता था। श्रृंगार की अभिव्यक्ति में तो उन जैसा कलाकार इस नृत्य शैली में कोई दूसरा हुआ ही नहीं। एकल नृत्य के अलावा नृत्य संरचनाओं मं भी उनका काम बेहद कल्पनाशील होता था। पारंपरिक भरतनाट्यम का विस्तार करते हुए उन्होंने इसे एक नया आयाम दिया। उन्हें प्राप्त हुए अनगिनत सम्मानों की सूची में पद्मविभूषण, संगीत नाटक अकादमी और कालिदास सम्मान प्रमुख हैं। यामिनी कृष्णामूर्ति गुरू

के रूप में भी खासी लोकप्रिय हैं। उनके शिष्यों में रमा वैद्यनाथन जैसी प्रखर नृत्यांगना हैं।

किशोरी अमोनकर

हिंदुस्तानी संगीत में गायिकाएं तो एक से एक हुई लेकिन राष्ट्रीय और अंतर्राष्ट्रीय स्तर पर जो ख्याति किशोरी अमोनकर को मिली, वह किसी और को नसीब नहीं हुई। कोकिलकंठी किशोरी अमोनकर की सुरीली आवाज से देश-विदेश के लाखों संगीत रसिक मंत्रमुग्ध हैं। खयाल, मीरा के भजन, मांड, राग भैरवी की बंदिश 'बाबुल मेरा नैहर छूटल जाए' पर उनका गायन तो जैसे संगीत रसिकों के दिल में नक्श सा हो गया है। जयपुर-अतरौली घराने से जुड़ी किशोरी अपने जमाने की मशहूर खयाल गायिका मोगूबाई की बेटी है। लेकिन किशोरी अमोनकर ने पारंपरिक जयपुर गायिकी के अन्दर अपनी एक अलग शैली विकसित की जो श्रोताओं को टिकाने में बहुत कारगार हुई। इस समय किशोरी की गायिकी के चहेते सारे देश में बड़ी संख्या में हैं। गायन के अलावा वे एक श्रेष्ठ गुरू भी हैं। उनके शिष्यों में मानिक भिड़े, अश्विनी देशपांडे भिड़े, आरती अंकलेकर जैसी जानी-मानी गायिकाएं है।

5. रामराज्य और भारतीय नारियों का यथार्थ

देश किधर जा रहा है, हमारी मौलिक सोच में विषयान्तर क्यों दिखाई देता है, उपभोक्त संस्कृति बहुत तीव्र गति से हम पर हावी होती जा रहा है, अत्याचार अनाचार, दुराचार सर्वत्र व्याप्त है, नैतिकता और आदर्श लुप्त होते जा रहे, कुटिल राजनीति राजसत्ता-शासन-प्रशासन से आचार-व्यवहार-विचार पर इस प्रकार हावी और प्रभावी हो रही है कि सत्ताधारी चरित्र अपने निहित स्वार्थवश देश की जनता और निरीह प्राणियों को कभी धर्म के नाम पर, कभी जाति-वर्ग के नाम पर, कभी स्त्री-पुरूष, नारी में भेद-विभेद पैदा कर लोकतंत्र, प्रजातंत्र के नाम पर भ्रम पैदा कर, एक दूसरे को बांटकर शासन सत्ता पर हावी है। लोक कल्याण, विकास, शांति और सुरक्षा के स्थान पर लिंग भेदी राजनीति की कुटिलता को कभी आरक्षण के नाम पर, कभी आतंकवाद के नाम पर कभी पुरूषवाद और नारीवाद के नाम पर, कभी पड़ोसी देशों से मधुर संबंध के नाम पर देश की जनता को गुमराह कर निहित स्वार्थ वश ऐसा खेल खेला जा रहा है जो आगे चलकर विस्फोटक होगा।

रामराज्य और स्वराज्य के सर्वस्व न्योछावर करने वाली पुन्यात्मा आज बिलखकर छटपटाती हुई पूछ रही है कि आज उनकी बदतर स्थिति और हालात के लिए कौन दोषी है और उनसे निजात पाने के लिए हम क्या कर रहे हैं। हमारे त्याग और बलिदान कहाँ चले गये जिसको हमने एक धरोहर के रूप में सौपा था। ये ऐसे मार्मिक प्रश्न है जिस पर संपूर्ण मानव समाज को नये सिरे से सोचना होगा और सही मायने में रामराज्य और स्वराज्य की परिकल्पनाओं को साकार रूप प्रदान करना

होगा, अन्यथा देश उस काल के गाल में समाहित हो जायेगा, जहाँ से इसके पुर्नजन्म और पुर्नस्थापना में हजारों वर्ष लग जायेंगे।

सत्ता सिंहासन दो षडयंत्र, साजिशों, निम्न स्तर के कार्य करने को उद्यत है। इस युग के अग्रदूत संत ने रामराज्य की कल्पना कर एक आदर्श राज्य की स्थापना का प्रयास किया था। समस्त समाज जो लोभ, काम, अर्थ, लिप्सा, हिंसा, अनास्था के भंवर से अभिग्रस्त है। वह ऊपर उठने के स्थान पर पतन के गर्त में जा रहा है। संघर्षयुक्त, पाप, अत्याचार मुक्त करने के लिए ईश्वर निष्ठा होना कल्याणप्रद है, किन्तु सत्ता के लोभ ने भाई-भाई, स्त्री-पुरूष, पुत्र-पिता, माता-पुत्र, नर-नारी, राजा-प्रजा के मध्य टकराव उत्पन्न कर दिया है। स्वार्थ के इस गहन अंधकार में मानस प्रकाश पुंज है जो मन को आलोकित कर हमारी मानसिकता को परिवर्तित करने में समर्थ है।

इतिहास, साहित्य और लेखक समाज का दर्पण है। यही अधो गति और पतन से मुक्ति दिला सकते हैं। प्रस्तुत पुस्तक नारी प्रसंग पर आधारित है। अतः उन मुख्य बिन्दुओं पर जिसमें रामराज्य परिकल्पनायें निहित है, उस समय भी अर्धम और अनीति का बोलबाला था। इस त्रासदी से त्रस्त प्रजा के सम्मुख तुलसी के राम अवतरित हुए। मानस के राम लोक जीवन का प्रत्येक पक्ष अपने आचरण से प्रभावित करते हुए सांसारिक तथा असांसारिक जीवन मूल्यों में समन्वय स्थापित करते हैं। तुलसी जानते थे कि मानव हृदय अत्यधिक दुर्बल है, समाज की व्यवस्था अत्याचार पर आधारित है अतः रामराज्य का स्वप्न जनता के सामने प्रस्तुत कर दिया। राम जिस विकृत समाज की रक्षा करने के लिए प्रकट हुए उसका यथार्थ चित्रण तुलसी ने मानस में किया है।

धर्म, दर्शन और लोक जीवन, शासन, जनता नीति, विवेक, समाज आदि विविध पक्षों को लेकर मानस में जो विचार निहित हैं, उसमें आज विश्वजनित समस्याओं का समाधान है। यह मात्र हिन्दुओं का ग्रंथ नहीं है, इसमें तो सभी धर्म एकाकार हो गये हैं। राम के चरित्र ने विश्व के जनमानस को आकर्षित किया है। साथ ही कैकई का शौर्य और पराक्रम, सीता, उर्मिला का त्याग अनुकरणीय है। यह कहना अतिश्योक्ति न होगी कि जब तक धरती है मानस की पंक्तियाँ जनता-जर्नादन को अभिभूत करती रहेगी। इसमें वर्णित प्रीति की नीति आज भी जनमानस को उतना ही प्रेरित करती है जितना कि तत्कालीन समय में इसकी रचना हुई। लोक जीवन से संबंधित शायद ही कोई ऐसा विषय हो जिस पर कवि की अनायास ही दृष्टि न गई हो। परिवारिक, सामाजिक, धार्मिक, राजनैतिक, नैतिक भावनात्मक सभी विषय मानस की काव्यमयी भूमि पर पुष्पित और पल्लवित हुए हैं उतनी ही सहजता से सीधे मन को छुए हैं। मन को मोहित करने की जो क्षमता मानस में है वह दुर्लभ है।

संपूर्ण आदर्श के पुँज स्वरूप जन्मे राम भारतीय साहित्य के अद्वितीय नायक हैं। लोक नायक राम के शील स्वभाव की एक झलक भी मानव मन को उदात्त बनाने

की साम्मर्थ रखती है। युग युग से राम का सही रूप जन-जन को संयमित और मोहित किये हुए है।

मानस में कवि ने अपने विभिन्न चरित्रों के द्वारा आदर्शवाद की प्रतिष्ठा पर बल दिया है। इसके मूल में समाज सुधार की भावना निहित थी। समाज में पुत्र का पिता के प्रति, माता का पुत्र के प्रति, भाई का भाई के प्रति तथा पत्नी का पति के प्रति क्या कर्तव्य होना चाहिए इसका आदर्श रूप उन्होंने मानस में रखा है। जीवन की प्रत्येक भावना को उन्होंने एक आदर्श के रूप में प्रस्तुत किया है। प्रतिज्ञा निर्वाह के लिए प्रस्तुत राजा दशरथ जान की परवाह नहीं करते और कहते हैं "प्राण जाय पर वचन न जाई"। हम आदर्श नारी के रूप में सीता, उर्मिला, भाई के रूप में लक्ष्मण मित्र के रूप में सुग्रीव का उदाहरण देते हैं और रावण समस्त बुराईयों के रूप में हमारे सामने खड़ा हो जाता है। मानस आज भी जनजीवन के लिए प्रेरणा श्रोत बनी हुई है। हमें सदा याद रखना होगा कि तुलसी ने राज्य की कल्पना कर एक आदर्श राज्य की स्थापना का प्रयास किया था जिसकी परिकल्पना राष्ट्रपिता महात्मा गाँधी ने भी की है।

अब हम भक्ति, वेदना और करूणा के संदर्भ में मीरा - महादेवी और प्रेमचन्द की नारी पात्र पर संक्षिप्त प्रकाश डालेंगे ताकि पाठक बृन्द इसकी अच्छाइयों से रू-ब-रू हो और अमल में लाये।

मीरा-महादेवी अपने काल-समय की अध्यात्मिक प्रेम पंथिनी है, लेकिन मीरा की भक्ति या अध्यात्म चेतना अनुभूति जन्य है, जब कि महादेवी का रहस्यवाद बौद्धिक है। मीरा के साथ महादेवी की तुलना करने की रूढ़ि तोड़ना चाहिए। दोनों में समान क्या है। न स्थान, न काल, न भक्ति, न दर्शन, न विद्रोह, न जीवन। अगर कोई समानता हो भी तो वह सृजन और समय की सूक्ष्म, जटिल अन्तः क्रियाओं से मेल नहीं खाती है। महादेवी और उनके समय में क्या मीरा जैसी अनुभूति और अभिव्यक्ति स्वाभाविक या संभव हो सकती थी। मीरा मध्यकालीन सामंती परिवार में जन्मी थी और महादेवी मध्यवर्गीय आधुनिक परिवार में, दोनों के संघर्ष अलग थे। महादेवी को युग भी भक्ति का नहीं, बौद्धिकता तार्किकता का था। इसीलिये छायावाद ने अपनी भाव चेतना को नए युग संदर्भ में जाँचा और नई व्यंजना प्रण सी आविष्कृत की। इसे भक्ति युग के सापेक्ष में देखना उस सचेत बैचारी को भूलना है जो औपनिवेशिक, वैज्ञानिक और युगयुगीन परिवेश के बीच नई अर्थवत्ता के लिए जूझ रही थी।

वस्तुतः महादेवी की अनुभूति और सृजन का केन्द्र आंसू नहीं आग है। जो दृश्यक है वह अंतिम सत्य नहीं है, जो अदृश्य है वह मूल या प्रेरक सत्य है। ये आंसू सहज सरल वेदना के आसू नहीं है। इनके पीछे जाने कितनी आंग, झंझावत प्रलय, मेघ का विद्युत गर्जन, विद्रोह छिपा है। महादेवी के जीवन की एक छोटी लेकिन प्रतीकात्मक घटना है, वे बी.ए में पढ़ रही थी। बुद्ध की करूणा और दुःखवाद से इतनी अभिभूत हुई कि एक दिन भिक्षुणी बनने बौद्ध विहार में चली गयी। वहां देखती है कि स्थविर उनसे पंखो की ओट लेकर बात कर रहे हैं। महादेवी इस

अपमान को कैसी सहती? वे बिना दीक्षा लिये लौट आयी, परन्तु बुद्ध की करूणा में उनकी आस्था अडिग रही क्योंकि उनके भीतर नारी की चिरंत पीड़ा और विश्व की शाश्वत व्यथा घुमेडती रहती थी जिसे उनकी कविता में सागर के बारम्बार प्रयोग में देखा जा सकता है। इसी ने महादेवी को बुद्ध की ओर खीचा था, परन्तु उनके भीतर जो विद्रोह और आत्म तेज था उसने संघाराम में करूणा को अपमानित होते देखा तो संघाराम से अलग कर लिया, लेकिन करूणा से नहीं, लिहाजा करूणा बच गयी संघ मिट गया। इससे स्पष्ट है कि महादेवी में संग्रह त्याग का कैसा विवेक था। विद्रोह की कैसी संयत और सार्थक अभिव्यक्ति थी। वह संयम और विवेक महादेवी को समझने का सूत्र ही नहीं, प्रतिमान है। विद्रोह महादेवी की समुद्र-आत्मा में मोतियों के मानिंद था।

महादेवी वह स्त्री है जो युग युग से मूक, दुग्ध, आहत और भीगी भारतीय स्त्री की ऐसे वक्त उठी आवाजी थी जब औरत की स्वाधीनता और उसके विमर्श का प्रायः कोई बोल नहीं था। महादेवी ने स्त्री की स्मिता के लिए अपनी तरह से संघर्ष किया। "श्रृंखला की कड़ियां" के निबन्ध इसके पुखता प्रमाण है। महादेवी की अभियक्ति में एक गहरी अपील और खारापन इसलिये भी है कि उन्होंने स्वयं अपने जीवन में यह दुःख झेला था, उनकी सर्जक आत्मा ने उसे बृहत और उदात्त बनाया। विदित है कि आज के विमर्श अपने उत्पीड़न को अपनी ही जंजीरों में बांध रहे हैं जबकि उन्हें ये श्रृंखला की कड़ियां तोड़नी थी। इससे और भी बहुत कुछ अपने आप टूट जाती। दुख भोग से तो अभियान पिघलता है और आत्म विराट होती है, असीम करूणा जागती है तभी तो कोई हरि आत्मा में विश्वास जगा सकता है। यह महादेवी ने किया। उन्होंने निजी दुःख को स्त्री की चिंतन वेदना और अंततः विश्व वेदना से जोड़ा, इसी से उनमें महाकरूणा जन्मी और पराजित निराश आत्माओं में विश्वास जगाया।

महादेवी के समूचे काव्य में जो बड़वानल है, आसू भीगा हाहाकार है, वह क्या है। जैसे वे हमेशा किसी आंतरिक असुरक्षा, आतंक और भय से घिरी रही है। क्या जिनकी वेदना संवेदना की संघनता में बदलती है, या अपना और पराया दुःख जिनमें सघन हो जाता है वे इसी तरह के किसी भीतरी आतंक से घिरे रहते हैं जैसे हंटर लेकर कोई उनका पीछा कर रहा हो। महादेवी ही नहीं, मुक्ति बोध के काव्य पर भी एक प्रकार का भय आतंक का साया है।

एक स्त्री के द्वारा महसूस की गई, स्त्री की वास्तविक असुरक्षा, भय और पारंपरिक उत्पीड़न की ही तो कहीं प्रतिक्रिया न हो कि हे करतार, अब तो इससे छुटकारा मिले। महादेवी को किसी अकेले विमर्श में बांधना गलत होगा। क्रूरता, अमानुषिकता, संकीर्णता लघुता, मदांधता, अज्ञान के विरूद्ध खड़े रचनाकार पर किसी देश काल का ही दावा नहीं हो सकता तो किसी विमर्श का दावा क्यों?

अब हम पाठकबृंद और महिला जगत के समक्ष प्रेम चन्द्र के नारी पात्र का संक्षेप में विश्लेषण करेंगे जो साहित्य से लेकर नारी जीवन में कथानक के रूप में चर्चित है।

प्रेमचंद का कैनवास विशाल है, समस्याओं को अनावृत कराते चित्र अनगिनत है। ऐसी समस्याएं जो तब भी थीं और आज भी हैं और उनकी रचनाओं की नारी अनवरत इन समस्याओं से जूझ रही है। ऐसी ही ज्वलंत समस्या है, दहेज जिससे प्रताड़ित नारी कभी विद्रोह करती है, कभी विजयिनी होती है तो कभी अभिशाप भोगती है। उनके लोकप्रिय उपन्यास की नायिका निर्मला का जीवन भी अभिशाप ही बन जाता है। जब दहेज के अभाव में ब्याह की तैयारियाँ हो जाने पर ब्याह नहीं हो पाता और स्वयं उसकी माँ ही उसका विवाह एक विधुर वृद्ध के साथ करने का निर्णय ले लेती है।

यह रूपवती है, गुणवती है, कुलीन है तो हुआ करे। दहेज नहीं तो उसके सारे गुण दोष हैं। प्राणी का कोई मूल्य नहीं केवल दहेज का मूल्य है। विवाह बेदी में निर्मला अपने स्वप्नों और इच्छाओं की आहुति दे आरोपित जीवन जीने को विवश हो जाती है किन्तु उसके विपरीत उसकी सखी सुधा, जो मुखर है, विद्रोहिणी है और अन्याय की स्पष्ट रूप से निंदा करती है, उसके पति ने ही दहेज के कारण निर्मला से विवाह करने से इनकार कर दिया था वह क्रोध में कहती है "तुम और तुम्हारे साथी बिना भारी गठरी लिए बात नहीं करते तो फिर ये बेचारी किसके घर जाये। तुमने यह भारी अन्याय किया है और तुम्हें इसका प्रायश्चित करना पड़ेगा।"

इसी प्रकार सुधा की ही भाँति गोदान के दरिद्र किसान हीरो की अनपढ़ बालिका सोना स्पष्ट शब्दों में दहेज का विरोध करती है और कहती है "मैं तो सोनारी वालों से कह दूंगी अगर तुमने एक पैसा भी दहेज में लिया तो मैं तुमसे ब्याह न करूगी।" उनके नारी पात्र यथार्थ में जीते हैं। पति यदि अपने वैभव का मिथ्या प्रदर्शन करे, पत्नी को प्रसन्न रखने के लिए झूठ बोले, गबन करे, रिश्वत ले तो पत्नी का क्या दोष है। सही स्थिति जानने पर वह क्रोध से भर उठती है। ऐसी ही है उनके गबन उपन्यास की नायिका जालपा। जब तक वस्तु स्थिति स्पष्ट नहीं होती, वह आभूषणों के लिए अपने पति रमानाथ से हठ करती है और सत्य का उदघाटन होने पर आत्मग्लानि से भर उठती है। अपने गहने बेचकर पति का कर्ज चुकाती है और पति को भी एक नयी दिशा देती है।

शोषण, अत्याचार और अनाचार के प्रति विद्रोहिणी है उनकी नारी। गोदान के नायक हीरो की पत्नी धनिया के देखते ही बनता है जब वह जमीन्दार के अत्याचार की निन्दा करती है और कहती है "ये हत्यारे गाँव के मुखिया हैं, गरीबों का खून चूसने वाले। सूद ब्याज, डेढी, सवाई, नजर-नजराना, घेस-घास जैसे भी हो गरीबों को लूटो।"

नारी युगों से ही तेजस्विनी रही है। अपनी शक्ति से वह अन्याय का दमन कर सकती है। कर्मभूमि की मुन्नी अपने अपमान का प्रतिशोध लेने के लिए उन्मत हो उठती है और दो फिरंगियों पर छुरे से घातक हमला करती है। नारी का क्षेत्र घर

की चारदीवारी तक ही सीमित नहीं है। कथा शिल्पी की नारी राजनीति के क्षेत्र में भी सक्रिय है। कर्मभूमि सुखदा, नैना, मुन्नी, रंगभूमि की रानी जाहवी, जुलूस की मिठनवाई, गबन की जग्गो, रंगभूमि की सोफिया, रानी सारंधा की सारंधा आदि अनेक पात्र उपन्यास की आदर्श चरित्र सृष्टि है। ये वीरता, साहस, आत्मगौर व राष्ट्रप्रेम आत्मोसर्ग की भावना से परिपूर्ण है और समय आने पर हंसते हंसते प्राणों की आहुति देने को उद्यत रहते हैं।

अनमेल विवाह एक बहुत बड़ी समस्या है और वैधव्य अभिशाप। प्रतिज्ञा की पूर्णा, प्रेमाश्रम की गायत्री, गबन की रतन आदि अनेक ऐसी नायिका हैं जिन्हें परिस्थितियाँ आरोपित जीवन जीने के लिए बाध्य करती हैं किंतु तनाव घुटन, छटपटाहट से मुक्ति पाने के लिए ये निरन्तर प्रयत्नशील है। कथाकार ने उनके अन्तर्द्वंद कामर्मस्पर्शी चित्रण किया है। वे धूपबत्ती की भांति तिलतिल कर जलती है। उनके सदगुणों की सुगंध से वातावरण सुवासित हो उठती है।

नारी तो स्वभाव से ही सर्वमंगला है। गोदान की डॉ० मालती के चरित्र की परिणति एक कर्मठ, ममतामयी, त्यागी, सर्वमंगला नारी के रूप में होती है जो अपने जीवन का हर पल मरीजों की सेवा में ही समर्पित कर देती है सेवा व्रत उसके रोम-रोम में समा जाता है। मालती का त्याग देख कर उसका प्रणयी मेहता कहता है "तुम्हारे त्याग एक टुकडा भी यदि मैं पा जाता तो अपने को धन्य समझता। तुम देवी हो त्याग की मंगल की, पवित्रता की।" नारी जीवन की सार्थकता मातृत्व में है। उसके इस उदात्त भव्य रूप की कल्पना उन्होंने अपने नारी पात्रों में की है। वरदान की सुशीला, गोदान की धनिया, झुनिया, सिलिया, डॉ० मालती गबन की जग्गो रंगभूमि की मिसेज सेवक आदि उनकी उदात्त सरिक्ष सृष्टि है।

प्रेमचन्द्र का नारी पात्र नारीत्व के उन उच्च आदेर्शों से युक्त है जो युगों तक आलोक बिखराते रहे। वे तों उनके साहित्य सागर के उन अमूल्य मोतियों की भांति है जो अपनी कांति अपनी आभा से निरन्तर जगमगाते ही रहते हैं। उनका बाह्य तो सुन्दर है ही मोती की सी तरलता है, वे हर युग के हैं, सामयिक है, शाश्वत है और है साहित्यकार के जगमगाते हुए नक्षत्र। अंतराष्ट्रीय धरोहर है। कीर्ति और कीर्तिमान दोनों हैं।

6. महिलाओं पर बढ़ते अत्याचार का उत्तरदायी कौन?

भारत विविधताओं, विसंगतियों, विषमताओं, मिश्रित संस्कृतियों, विभिन्न जातियों, धर्मों और संप्रदायों का देश है जहाँ जनता जमीन पर रहती है उसका लोकतंत्र रूपी कलयुगी नेता केवल चुनाव तक उसके साथ कभी कदापि स्वयं दर्शन देता है और जनता को अपनी बड़ी-बड़ी सभाओं में एकत्रित कर अपने लावलश्कर के साथ ऊँचे-ऊँचे मंचों से अपना गुणगान कर के जनता को लुभावने भाषण देता है। रामराज्य का सपना संजोये जनता मूकदर्शक बनकर देखती रहती है। चुनाव में

विजयश्री हासिल कर अपने पुष्पक विमान से अपने परियों के साथ स्वर्ग में चला जाता है जहाँ जनता न तो जा सकती है और न तो उसे उस देवता का दर्शन हो पाता है जिसके लिऐ वह हजारों किलोमीटर की यात्रा लोहपथगामिनी से करके शेष पैदल स्वर्ग द्वारा मोक्ष पाने हेतु पदयात्रा करती है। जनता जीवन पर्यन्त संघर्ष करे न रामराज्य देख पाता है और न तो घर का और न घाट का रह पाती है। अंत में उसको न तो माया मिली है न राम। भारत दर्शन में उल्टे उसका घर-परिवार-इज्जत-मान-सम्मान सब कुछ लूट जाती है जो निरीह प्राणी अपना सर्वस्व खो देता है। इसका सब से अधिक शिकार महिलायें होती हैं। जिनको न सुरक्षा, भरपेट भोजन, तन ढकने को कपड़ा है। उन्हें न तो ताज चाहिए और न तो तख्त जिसपर उनके देवता और परियां शोभायमान है और नरक रूपी धरती पर उनके कारिन्दे तांडव नृत्य कर रहे हैं, उन्हें लूटकर केवल अपने तथा अनेक परिवार के लिए अट्टालिकायें जनता की गाढ़ी कमाई पर बनाकर लोकतंत्र और राम राज्य का उपहास कर रहे हैं। एक ओर महिला कल्याण का संकल्प लेते हैं दूसरी ओर उनकी सुरक्षा की बात करते हैं। एक ओर लूट और दूसरी ओर सुरक्षा?

अब हम इस विविधता भरे देश में महिलाओं पर बढ़ते अत्याचार का जिक्र करेंगे जिसकी पीड़ा और वेदना को मुंशी प्रेमचन्द और महादेवी वर्मा ने अपनी रचनाओं में रेखांकित किया है और देश के समाचार पत्र दिन प्रति दिन की घटनाओं को प्रकाशित कर रहे हैं।

हाल में ही प्राप्त आंकड़ों पर यदि ध्यान दिया जाये तो स्पष्ट होगा कि देश में महिलाओं के साथ बलात्कार की घटनाओं में निरन्तर वृद्धि होती जा रही है। 1990 से 2000 तक की अवधि तक 33964 महिलाएं बलात्कार की शिकार हुईं थी। बलात्कार की यह दुःखद प्रवृति देश में किस प्रकार निरन्तर बढ़ती चली जा रही है, उसका अनुमान इस बात से लगाया जा सकता है। कि 2000 में 8724 महिलाओं से बलात्कार की वारदातें हुईं थी लेकिन 2001 में इसमें भारी बढ़ोत्तरी हो गयी और यह आंकड़े 9500 को भी पार कर गये। लिहाजा दिन दहाड़े बलात्कार की घटनाएं पुलिस और प्रशासन पर कलंक है। महिलाओं पर कितना उत्पीड़न हो रहा है, यह इन आंकड़ों से स्पष्ट हो जाता है। 1990 से 2000 तक दहेज एवं अन्य घटनाओं में जलकर मरने वाली औरतों की संख्या या फिर आत्महत्या करने वाली औरतों की संख्या कुल मिलाकर 32961 थी, जब कि सरकार लगातार बार बार कह रही है कि दहेज संबंधी मामलों में मरने वाली औरतों की संख्या में भारी कमी आयी है। इसी प्रकार महिलाओं के अपहरण की वारदातों में भी दिन प्रति दिन वृद्धि होती जा रही है। महिलाओं के प्रति बढ़ रही अत्याचार की घटनाएं पुलिस और प्रशासन की घोर असफलता का प्रमाण है।

देश की राजधानी दिल्ली में हर माह ऐसी घटनायें घटती हैं जो उस के माथे पर कलंक है। अंग्रेजी मीडिया इसे रेप कैपिटल की संज्ञा दे रहा है। मई के पहले हफ्ते में

धौलाकूंआं में एक कालेज की छात्रा से बलात्कार हुआ। एक व्यक्ति को पकड़ कर पुलिस ने इतिश्री कर ली। ढाई महीने के भीतर 20 जुलाई को मायापुरी में वैसी हैवानियत ने फिर दिल्ली को हिलाकर रख दिया। उसके बाद पिछले हफ्ते कई घटनाऐं हुई।

मीडिया भी तभी किसी घटना को उछालता है, जब उसमें कोई न्यूज वैल्यू होती है। तीन साल पहले मौलाना आजाद मेडिकल कालेज की छात्रा के साथ हुआ बलात्कार कांड मीडिया ने खूब उछाला। यह घटना ऐसी छात्रा के साथ घटी थी जो मेडिकल कालेज की पढ़ाई कर रही थी और उच्च वर्ग या मध्य वर्ग से संबंधित थी। उस घटना को महत्व देकर मीडिया प्रभावी रही पर मायापुरी की शिकार वंचित वर्ग की थी उसके बलात्कारियों को पकड़ना दूर, फाइल बन्द कर दी गयी।

दिल्ली में 2002 में 403, 2003 में 490, 2004 में 525 और इस वर्ष की पहली तिमाही में 350 से अधिक वारदातें घट चुकी हैं। दिल्ली में अन्य महानगरों की तुलना में ज्यादा बलात्कार होते हैं। सन् 2003 में दिल्ली में 490 बलात्कार हुए मुंबई में 133, कोलकाता में 36 और चेन्नई में 381। यहाँ औसतन हर रोज कम से कम एक स्त्री बलात्कार की शिकार होती है।

1998 में दिल्ली के महिला आयोग ने राजधानी में बलात्कार की बढ़ती घटनाओं पर एक सर्वेक्षण अध्ययन कराया। जिसका विश्लेषण करने पर पाया गया कि पकड़े गये 449 बलात्कारियों में से 64 ऐसे थे जो अनेक बार यह कृत्य कर चुके थे या बलात्कार की वारदातों में शामिल रहे थे। 220 ऐसे थे जो पड़ोसी, रिश्तेदार या जान पहचान के लोग थे। लगभग 95 प्रतिशत मामले में बलात्कारी व्यक्ति अपने शिकार को पहचानता था। ज्यादातर 18 से 30 साल के बीच के थे। बलात्कार की शिकार लड़कियों में सबसे ज्यादा 16 से 24 की उम्र की थी। ज्यादातर घटनाएं गरीब बस्तियों में होती हैं।

दिल्ली में ऐसा क्या है जो इसके मर्दों को इतना वहसी बना देता है? वे दूसरे प्राणी को रोते बिलखते, यातना देने में भी आनंनदित होते हैं। इसके पीछे उनके भीतर पहले स्त्री के प्रति हिंसा के बीज होते हैं।

क्यों होते हैं बलात्कार? इस सवाल के ज्यादातर जवाब जाने पहचाने हैं। पुलिस की अर्कमन्यता, न्यायापालिका की मंथर गति, सरकार की उपेक्षा, चरित्र का पतन आदि। शायद यह मर्ज इससे कहीं गहरा है। हमारा समाज खास करके उत्तर भारतीय समाज बड़ी तेजी से बदल रहा है। समाजशास्त्री कहते हैं कि उत्तर भारतीय पुरूष दमित वासनाओं का पुंज हैं, उसके सामने कोई रोल मॉडल नहीं होता।

बहुत ही शर्मनाक बात यह है कि जहाँ सर्वाधिक महिला अत्याचार हुए अथवा हो रहे हैं, दिल्ली और चेन्नई की महिला मुख्यमंत्री है। इतना ही इन उत्पीड़ित, उपेक्षित, वंचित, तिरस्कृत और अपमानित महिलाओं की सुरक्षा एवं बचाव के स्थान पर मात्र संपन्न एवं प्रभावशाली उच्चवर्गीय महिलाओं के लिये संसद/विधान सभाओं

में आरक्षण के लिए संसद में बार-बार चर्चा होती है और जनता की गाढ़ी कमाई अनावश्यक रूप से व्यय हो रही है। काश ये साधन संपन्न महिलाएं संसद और विधान सभा को ओर मुखापेक्षी न होकर इन दीन दुखी, पीड़ित एवं त्रस्त महिलाओं की ओर अपना ध्यान केन्द्रित करतीं और जहाँ महिला मुख्यमंत्री है वही पर महिलाओं पर अधिकतर जुर्म और अत्याचार हो रहे हैं। उन्हें सहयोग कर अपनी क्षमता और कार्य कुशलता से स्पर्धा में पुरूष से आगे बढ़ती क्योंकि लिंग भेद से उपजी संस्कृती बहुत ही घातक और विनाशकारी सिद्ध हो रही है।

आज समूचा बाजार, सिनेमा, टेलीविजन, पढ़ाई-लिखाई, सब स्त्री को उपभोग की वस्तु में तब्दील करते जा रहे हैं। हिंसा बलात्कार के दृश्यों से फिल्में, व टी.वी. सीरियल भरे रहते हैं ये दृश्य इसलिये नहीं होते कि पटकथा में इसकी जरूरत होती है, बल्कि इसलिये कि एक फारमूले के तहत बनती है जिसका समाज के मूल्यों से कोई लेना देना नहीं है। ये सारी चीजें मिलकर एक समाज के मानस का निर्माण करती हैं जिसका प्रतिकूल प्रभाव पड़ता है। हमें अपनी शिक्षा और अपने संस्कार के स्रोतों की ओर नजर दौड़ानी होगी, ताकि हम अपना भविष्य सुधार सकें।

हमारे शास्त्रों में लिखा है कि परायी स्त्री को माँ, बहन और बेटी की नजर से देखना चाहिए। हमारे बुजुर्गों ने हमें सिखाया है कि गाँव की बहू बेटी को अपनी बहू बेटी समझना चाहिए। रामायण में कहा गया है कि स्त्री को बराबर का अधिकार देना चाहिए। स्त्री आदर की अधिकारी है। दुख की बात तो यह है कि कन्यापूजन वाले देश में आज भी माँ, बेटी, बहन, पत्नी सभी पुरूषों की शिकार हो रही है। धार्मिक एवं सामाजिक नेता इस अभिशाप से मुक्ति दिलाने के लिए सही प्रयास नहीं कर रहे हैं और न तो किसी सरकार ने इस बुराई की रोकथाम के लिए संसद में कोई कानून पास किया। देश के भूतपूर्व उपप्रधानमंत्री लालकृष्ण आडवाणी ने कहा है कि राज्य सरकार और महिला संगठन तैयार हों तो सरकार बलात्कार के लिए मृत्युदण्ड का प्रावधान करने को तैयार है। संसद में बैठी कई महिलाओं ने उनके इस वक्तव्य पर अपनी चुप्पी अभी तक साधी हुई है। यदि औरत ही औरत की मदद करने को तैयार नहीं है तो समाज में परिवर्तन कैसे होगा। स्वयंसेवी संघठनों और महिला संगठनों को इस बात के लिए आगे आना चाहिए कि बलात्कारियों के लिए कानून में सख्त प्रावधान हो।

मुंशी प्रेमचन्द ने लिखा है कि आदमी जितना मर्जी बुरा हो, उसकी भी माँ, बहन, पत्नी एवं बेटी होती है। आदमी जितना भी शराबी क्यों न हो वह अपनी पत्नी और बहनों में अंतर तो करता ही है। मनुष्य भगवान को मानता हो या नहीं लेकिन माँ (जननी) का स्थान सर्वोपरि है। हमारे ग्रंथो में लिखा है कि जहाँ नारी की पूजा होती है, वहां देवता निवास करते हैं। परन्तु जितनी बेरहमी से इस सिद्धान्त को पुरूषों द्वारा पैरो तले रौंदा जा रहा है, आज एक रिकार्ड बन चुका है। बुजुर्ग प्रायः कहा करते हैं कि अंग्रेजों के राज्यकाल में कोई भी सुन्दर स्त्री सिर के पैर तक जेवरों से लदी हुई अकेले देश के एक कौने से दूसरे कौन तक घूम सकती थी। किसी की

हिम्मत नहीं थी कि उसे बुरी नजर से भी देख सके लेकिन आजादी प्राप्त करने के पश्चात आज स्त्रियों का खुलेआम बलात्कार हो रहा हैं।

पुलिस अधिकारी बलात्कार क़ी घटनाओं की बढ़ोत्तरी के पीछे विदेशी चैनलों को दोषी मानते हैं। उनके अनुसार अमूमन परिवारिक कारणों से खिन्न व्यक्ति अपनी हवस को पूरा करने के लिए किसी मासूम को अपना शिकार बना लेता है। बलात्कार का अन्य कारण आपसी रंजिश भी हो सकता है। ग्रामीण क्षेत्रों में बलात्कार की घटनाओं की शिकार अधिकतर गरीब दलित महिलाएं ही होती हैं।

सबसे बुरी स्थिति खेतों एवं घरों में काम करने वाली लड़कियों एवं महिलाओं की होती है। जिनके घरों में वे काम करती हैं, उनकी आर्थिक, सामाजिक एवं राजनीतिक पहुँच ऊपर तक होती है। कभी कभी तो बलात्कारी रिश्ते नातों की भी परवाह नहीं करते। बलात्कार की इन घटनाओं में वृद्धि का एक अन्य कारण अदालतों में इन मुकदमों को पेंडिंग रखना भी है। कई मामलों में अभियुक्त धन, बल और वकीलों की बेहतरीन जिरह के चलते न सिर्फ छूट जाते हैं बल्कि समाज में सिर उठा कर सरेआम घूम रहे हैं। अनेक बार भुक्त भोगी लड़कियां बलात्कार को चुपचाप सहने पर मजबूर होती हैं। कई मामले या तो पंचायत स्तर पर निपटा दिये जाते हैं या फिर लोक लज्जा के कारण खुलासा करने से महिलाएं हिचकती हैं।

महिलाओं के जीवन को इस देश में नारकीय बनाया जा रहा है। जहाँ देश की राजधानी सहित जगह जगह पर महिलाओं द्वारा तन बेचने का व्यापार आज भी स्वतंत्र भारत में हो रहा है, वहीं देवदासी प्रथा के विरूद्ध कानून बन जाने के बावजूद सरकार की नाक के नीचे इस कानून की धज्जियाँ सरेआम हर साल उड़ती हैं। सैकड़ों मासूम लड़कियों को देवदासियाँ बनाकर वेश्यावृत्ति करने पर मजबूर कर दिया जाता है। भ्रूणहत्याओं का सिलसिला लगातार बढ़ रहा है। देश में लड़के लड़कियों का अनुपात लगातार बिगड़ता जा रहा है।

महिलाओं के ऊपर हो रहे अत्याचारों को रोकने के लिए केवल कानून बनाकर ही सरकार को अपना कर्तव्य पूरा हो गया नहीं समझना चाहिए। उसका क्रियन्वयन भी सुनिश्चित कराना चाहिए। नारी को अब अबला का रूप त्याग कर चण्डी, दुर्गा का रूप लेने की जरूरत है।

गरीब महिलओं के शोषण का मुख्य कारण गरीबी है। आजिविका के लिए उन्हें अमीर वर्गों पर आश्रित होना पड़ता है। महिलाओं पर बढ़ते अत्याचारों के लिए जातिप्रथा जैसी कुरीतियाँ दोषी हैं। देश के तीन चौथाई लोगों की राय है कि बलात्कारियों को मौत की सजा का प्रावधान होना चाहिए जिससे लोग ऐसे जुर्म करने से हिचकिचायेंगे। बलात्कारी एक महिला की पूरी जिन्दगी बरबाद कर देता है। पुलिस भी रक्षक की भूमिका नहीं निभा पा रही है। सख्त कानून बनाने के साथ साथ समाज में जागरूकता लाने की भी जरूरत है।

प्रश्न यह उठता है कि शिक्षा, अर्थ व्यवस्था, विज्ञान, तकनीक, उद्योग, प्रशासन जैसे क्षेत्रों में पुरूषों को बराबरी की टक्कर देने वाली भारतीय महिलाएं देश की राजनीति के प्रति

इतनी उदासीन क्यों है? अध्ययन करने से इस उदासीनता की कुछ स्पष्ट वजह जाहिर हुई, जिसमें अशिक्षा, मतदान के दौरान घटने वाली हिंसक घटनाएं, आतंकवाद, बूथ कैपचरिंग आतंक, हिंसा, लूटपाट, मारकाट, अपहरण, धनबली, बाहुबलियों से ओवीसी/एमबीसी/कमजोर वर्गों के महिला-पुरूष को अभी तक संसद और विधायिका में पहुंचने का अवसर हासिल नहीं हो सका है, अब सामन्तवादी पुरूष वर्ग इनका हक हड़पने का कुचक्र कर रहा है। इसी तबके का नवजात वर्ग जैसे कमजोर वर्गों को हतोत्साहित कर उनको आगे बढ़ने से रोकता आ रहा है अब वही अधिकांश कमजोर वर्गों की महिलाएं के शोषण और अत्याचार में लिप्त हैं। राजनीति में तिकड़मबाजी की जोरदार घुसपैठ, सवैधानिक और राजनीतिक बदलाव की तुलना में सामाजिक गति का धीमा होना यानि महिलाओं के प्रति समाज का रूढ़िवादी दृष्टिकोण, महिला राजनेताओं की जातीय जिन्दगी को लेकर संचार माध्यमों द्वारा गाहे-बगाहे उठाये जाने वाले सवाल, उनके चरित्र को लेकर की जाने वाली छीटांकशी और राजनीतिक पार्टियों में उनके प्रति गम्भीर रुख का अभाव आदि कुछ ऐसे कारण हैं जो भारी संख्या में कमजोर वर्गों और महिलाओं के राजनीति से जुड़ने से रोकते हैं।

इस स्थिति में लगभग 130 करोड़ जनसंख्या और 14 बार लोकसभा चुनाव की प्रक्रियाओं से गुजर चुके इस देश में प्रधानमंत्री इंदिरा गांधी, देश की महिला मुख्यमंत्रियों (नन्दिनी सतपथी, सुचेता कृपलानी, शशि कला काकोदर, अनवा तैमूर, जानकी रामचन्द्रन, जयललिता, उमा भारती, शिला दीक्षित, बसुन्धरा राजे सिंधिया, मायावती) को यदि उंगलियों पर गिना जाये तो आश्चर्यजनक बात न होगी। इस बीच देश के राजनीति पटल पर राजमाता सिंधिया, मोहिसिनाकिदवई, नजमा हेपतुल्ला, मारग्रेट अल्वा, मेनका गांधी, जयललिता, ममता बनर्जी, राजेन्द्र कुमारी बाजपेयी, सोनिया गांधी, मीरा कुमार, सुभाषिनी अली, उमा गजपति राजू प्रमिला दण्डवते, चद्रिका केनिया जैसे कुछ नाम उभरे भी और समय समय पर उन्हें भरपूर राजनीतिक महत्व भी मिला।

चौदहवी लोक सभा में कांग्रेस अध्यक्ष सोनिया गांधी यूपीए चेयरपर्सन के रूप में उभर कर आयी। इन्होंने प्रधानमंत्री पद का त्याग कर मनमोहन सिंह को प्रधानमंत्री का मुकुट पहनाकर बाहर से देश का राज काज संभाला। इनके निर्देशन में केन्द्र UPA सरकार लगभग डेढ़ वर्ष का कार्यकाल पूरी कर चुकी है। राजधानी दिल्ली में महिला मुख्यमंत्री शीला दीक्षित है जिनके ऊपर जिक्र किया जा चुका है। इनके अलावा दक्षिण भारत की राजनीति को प्रभावित करने वाली महिला मुख्यमंत्री जय ललिता है जिनसे राज्य में सर्वाधिक त्रस्त महिलाओं को न्याय की आशा है। उन पीड़ित महिलाओं की गुहार को देखते हुए उनकी सांत्वना हेतु इनका यहां पर उल्लेख किया गया है ताकि उन्हें आभास हो सके कि उनकी आवाज और व्यथा शासनतंत्र के संज्ञान में है। और उनकी पीड़ा और वेदना के प्रति लेखक और देश की जनता की सहानुभूति है।

तृतीय खण्ड
आर्थिक विकास और विनिवेश

9
आर्थिक विकास और विनिवेश

1. आर्थिक न्याय और सामाजिक बदलाव

आजादी मिलने के बाद लगभग छः दशकों में देश की जनता गरीबी और शिक्षा से निजात तो नहीं पा सकी, पर यह भी नहीं कहा जा सकता कि उनके जीवन स्तर में कोई बदलाव नहीं आया है। अवश्य ही भारत उन्नत देशों के साथ शुमार देशों में नहीं है, लेकिन यह पिछड़े देशों की कतार में भी नहीं है। सच पूछा जाये तो हमारा देश उन्नतिशील देशों की पंक्ति में आ गया है और रफ्ता रफ्ता आर्थिक उन्नति की ओर अग्रसर है। गरीबी की सीमा रेखा का ग्राफ संकुचित नहीं हुआ है। किन्तु उसमें इजाफा भी नहीं हुआ है। अगर ऐसा न होता आज लोगों ---- शक्ति में उछाल नहीं आता, गाँवों में आर्थिक उन्नति के लक्षण देखने को नहीं मिलते। हाँ इतना जरूर है कि जिस द्रुत गति से सबको आर्थिक और सामाजिक न्याय मिलना चाहिये था, वह उस अनुपात में नहीं मिल सका। और बिचौलियों और उच्च वर्ग ने राष्ट्रीय आय के बड़े भाग पर कब्जा जमा लिया। तब इस जड़ता में भी दरार पड़ गई है और देश और जनता आर्थिक और सामाजिक न्याय पाने के लिए सजग और जागृत हो गई है।

विदेशी दासता से मुक्ति पाने के लिए आजादी की जंग इसलिए लड़ी गयी देश जब स्वाधीन होगा तो जनता का अर्थिक शोषण नहीं होगा। समानता के आधार पर सबको अपना हक मिलेगा। प्रजातंत्र ऐसी सोच अजूबा नहीं था। सामाजिक, आर्थिक न्याय दिलाने के लिए देश में संविधान बना फिर समाजवादी ढांचे पर ढल गया और मिश्रित अर्थव्यवस्था के तहत शांतिपूर्ण तरीके से समाजवाद स्थापना की गुहार लगाई गयी। इन वैचारिक प्रक्रियाओं से देश में अमूल परिवर्तन तो नहीं हुआ है पर सूत्रपात अवश्य हुआ है। इस वैचारिक मन्थन का फल है कि प्रत्येक नागरिक आर्थिक और सामाजिक न्याय पाने के लिए सजग और तत्पर है।

देश की जनता ने शासन में भागीदारी बनाने के लिए शासन विकेन्द्रीकरण की दिशा में गांधीजी की पंचायती राज पर की परिकल्पना को अमली जामा पहनाने के लिए पहल हुई। पंचायत शब्द हमारे देश में नया नहीं है। इसका प्राचीन इतिहास है। पंचायत शब्दों से पता चलता है कि गाँव-गाँव में स्थानीय समस्याओं विवादों और झगड़ों का निबटारा गाँव में ही करते थे। भारत तो देश के 80 लाख गाँवों में ही बसा है। जब देश के गाँव और गाँववासी आत्म निर्भर होंगे और अपना स्वशासन सम्भालेंगे तब भी रामराज का सपना पूरा होगा। ऐसे राज्यों में जात-पात, ऊँच-नीच, धर्म-भाषा भेद-भाव नहीं रहेगा। फलतः स्थानीय संस्थाओं तथा पालिकाओं, जिला परिषदों और नगर निगमों में वयस्क मताधिकार के अनुसार मतदान की व्यवस्था की गयी इसके पूर्व कुछ विशिष्ट तबके के लोग ही स्थानीय संस्थाओं के निर्वाचन में हिस्सा लेते

थे। जब संविधान के 74 संशोधन के अर्न्तगत ग्राम पंचायतों और स्थानीय निकायों के चुनाव अनिवार्य कर दिए गए हैं। इस संशोधन की खूबी है कि निर्वाचन में महिलाओं को भी महत्व प्रदान किया गया है। स्थानीय स्वशासन का इन संस्थाओं में शत प्रतिशत स्थान महिलाओं के लिए सुरक्षित कर दिए गए हैं। यह एक स्वच्छ और प्रगतिशील शुरूआत है। यह सही है कि अभी तक हमारे देश में स्त्री शिक्षा में उतनी बढ़ोतरी नहीं हुई है जितनी होनी चाहिए थी। कदाचित इसी सोच के कारण महिलाओं के लिए शत प्रतिशत स्थान आरक्षित कर दिए गए हैं।

हमारे संविधान की धारा 45 में राज्यों को निर्देश दिया गया है कि ये देश में 14 वर्ष तक के वयस्क बालकों-बालिकाओं के लिए अनिवार्य एवं निशुल्क शिक्षा की व्यवस्था करें। संविधान की इस धारा का अभी तक पूरी तरह से पालन नहीं हो पाया है। यही कारण है कि भारत में स्त्री पुरूष का औसत कम है। शिक्षित नागरिक देश को उन्नत और समृद्ध बनाने में सहायक होते हैं। शिक्षित समाज अपने अधिकारों और कर्तव्यों के प्रति सजग रहता है। शिक्षा किसी भी देश की रीढ़ की हड्डी के समान है। शिक्षा के प्रचार प्रसार, स्वस्थ, नागरिक कर्तव्य और अनुशासन के प्रति सचेत रहते हैं। शिक्षा से सुसंस्कार और नैतिकता को बल मिलता है। शिक्षित नागरिक अपने मत का सही प्रयोग कर शासन में अच्छे और योग्य प्रतिनिधि का निर्वाचन कर सकते हैं। देश का शासन, स्वच्छ, मजबूत और जनकल्याणमुखी होगा तो स्वयंमेव बहुत सी बुराईयों का शमन होगा। अशिक्षा और गरीब देश के लिए अभिशाप है।

पहले हमारे देश में बाल विवाह होते थे लेकिन जैसे जैसे लोगों में शिक्षा का प्रसार हुआ, बाल विवाह की प्रथा कम होती गई। इसी प्रकार लोग पहले छुआछूत और अस्पृश्यता के प्रति कट्टरपंथी थे, किन्तु अब यह अमानवीय बुराई काफी हद तक दूर हो गई है। मंदिरों में मेलेठेले में हरिजनों का प्रवेश निषिद्ध नहीं रहा है। शहरों में तो छुआछूत और अस्पृश्यता का कोई औचित्य नहीं रह गया है। लोग बिना भेद भाव जलपानगृहों, भोजनालयों, निर्माणगृहों या ऐसे ही सार्वजनिक स्थानों में परस्पर मिलते बैठते हैं। ट्राम, बसों या रेल सफर में तो छुआछूत की बात तो रह ही नहीं गयी है।

गाँव देहातों में अभी भी छुआछूत और जाति-पाति का रोग बरकरार है। लेकिन वहां भी यह जड़ता शनैः शनैः शिथिल हो रही है। इसका कारण है कि जहाँ शहर उन्नत देशों की होड़ में लगे हैं वैसे ही ग्रामवासी अपने गाँव को शहरमुखी बना रहे हैं। इस मानसिकता के बदलाव में विज्ञान और प्रौद्योगिकी में बड़ा महत्व हासिल किया है। ये लक्षण आर्थिक उन्नति के प्रमाण हैं। पहले गाँव में किसी के यहाँ कोई मेहमान मोटर गाड़ी लेकर जाता था तो लोग उसे देखने के लिए खिड़कियों और छतों पर जमा हो जाते थे। गाँवों में बैलगाड़ी या साइकिल ही यातायात के साधन थे। अब गाँवों में मोटर साइकिल, स्कूटर, टैक्टर और मोटरगाड़ियां धड़ल्ले से देखने

को मिलती हैं। लोग पहले रेड़ियो को चाव से सुनते थे अब तो गाँव में खपड़ैल घासपूस के मकानों की जगह पक्के मकान बनने लगे हैं और उनकी छतों पर टी.वी. का एन्टीना लगा दिखाई देता है। कुछ गांवों में टेलीफोन की भी व्यवस्था हो गई है। फिल्मों ने गाँव के लोगों में शहरी बाबू बनने की ललक पैदा की है। ये सारी बातें आर्थिक उन्नति की द्योतक हैं। पहले जहाँ गाँव देहात पर स्त्रियाँ खार की मिट्टी या दही से सिर धोतीं थी और इत्र वगैरह का शादी विवाह में ही प्रयोग होता था। आज प्रसाधन की बहुत सी चीज़े गाँव-देहात की दुकानों में बड़े अनुपात में उपलब्ध हो जाती हैं। स्त्रियाँ शैम्पू और सुगन्धित साबुन से स्नान करती हैं। स्टील के बर्तन तो गाँव में आम हो गये हैं और मेहमानों की आवभगत में चाय नाश्ते के लिए कप-डिश का प्रयोग होता है। यह परिवर्तन इस बात का संकेत देता है कि लोगों का जीवन स्तर उन्नत हुआ है। पहले खेतीहर मज़दूरों को मेहनताने के रूप में अनाज दिया जाता था या एक जून का भोजन दिया जाता था। अब खेतिहर मजदूरों का न्यूनतम मज़दूरी सत्तर रूपये प्रतिदिन हो गई है। कल कारखानों, खादानों, घरेलू मज़दूरों के वेतन में भी वृद्धि हुई है। भौतिक उन्नति के साथ-साथ उसकी बुराइयों का भी ग्रामों में प्रवेश हो गया है।

हिन्दू-मुसलमानों में प्रेम विवाह देखने को मिलता है। इतना जरूर है कि पहले विवाह-विच्छेद, तलाक या सामाजिक विच्छेद होते थे। अब विवाह विच्छेद के लिए डायवोर्स का प्रयोग होने लगा है।

शहरों में लोग अंग्रेजी माध्यम के स्कूलों के प्रति बुरी तरह दिवाने हैं। यह मानसिकता गाँवों में भी पनपने लगी है। समाचार पत्रों, रेड़ियो, टी.वी., सिनेमा हॉल पत्र-पत्रिकाओं के प्रचार प्रसार से लोगों की जीवन शैली में काफी परिवर्तन हो गया है। कृषि और औद्योगिक क्षेत्रों में वह परिवर्तन देखा जाता है। रासायनिक खादों के प्रयोग से हरित क्रांति तो हुई पर भूमि की उर्वरा शक्तियाँ में अधिक दोहन के कारण बंजरता भी आई है। हरित क्राति से जमीन के मालिकों को दोगुना और चौगुना उत्पादन मिलता है और उसकी आर्थिक सम्पन्नता बढ़ी है। जब गाँव वालों की आय बढ़ेगी तो बाजार में पूंजी का वितरण होगा। उपभोक्ताओं के द्वारा बाज़ार में रूपया पैसा वितरण होने से खुशहाली बढ़ेगी बाजार में उदारीकरण के कारण देश में पूंजी निवेश के द्वार उदघाटित हुए हैं। देशी और विदेशी पूंजी निवेश से औद्योगिक प्रगति के लक्षण दिख रहे हैं। उद्योगों की स्थापना से स्वाभाविक है बेरोजगारी में कमी आयेगी और लोगों को मेहनताना बेहतर तरीके से मिलेगा। परन्तु आज बड़े-बड़े कारखाने बन्द हो गए हैं। अपार संख्या में कारीगर, मज़दूर बेकार और निराश्रित दिख रहे हैं। लघु उद्योग, कुटीर उद्योग, ग्रामीण उद्योग बन्द है। कुशल शिल्पी, दस्तकार, कारीगर, मजदूर सड़कों पर रोजगार के लिए तरस रहे हैं। आधुनिक विज्ञान और प्रौद्योगिकी की चकाचौंध चारों और दिखाई दे रही है, परन्तु देश की विशाल जनसंख्या आर्थिक विपन्नता और बेरोजगारी से बुरी तरह ग्रस्त और त्रस्त है। इससे निजात पाने के लिए हमें ग्रामीण उद्योग, कुटीर उद्योग की ओर विशेष ध्यान केंद्रित करना होगा

अन्यथा बेरोजगारी और भूखमरी इस देश को निगल जायेगी।

स्वदेशी और स्वावलम्बन पर भी गोष्ठियां और आन्दोलन हो रहे हैं। गैर समझौता और पेटेन्ट कानून के प्रवर्तन से अवश्य ही जीवन रक्षक दवाईयां और महँगी हो जायेंगी। इस कारण पेटेन्ट कानून का विरोध हो रहा है और स्वदेशी पर जोर दिया जा रहा है। आज सारे विश्व में आर्थिक उन्नति के लिए जोरों से चेष्टा चल रही है। भारत इस प्रतिस्पर्धा में पीछे कैसे रह सकता है।

शहरों और बड़े नगरों में आर्थिक बदलाव जिस तेज रफ्तार से आ रहा है, उतना ग्रामीण क्षेत्रों में नहीं हो पा रहा है। शहरों में जमीन की कीमत बढ़ रही है। जनसंख्या के बढ़ते दबाव से आवास गृहों की किल्लत हो गयी है। नगर वृक्ष की तरह फल-फूल रहे हैं। गावों की जमीन की कीमतें भी बढ़ रही हैं। आर्थिक उन्नति के इस दौर में आवश्यक वस्तुओं का मूल्य गगनचुम्बी हो गया है। इस मूल्यवृद्धि में मुद्रास्फीति ने अहम भूमिका अदा की है, रिजर्व बैंक की ओर से इस शताब्दी के अंत तक 9.5 बिलियन नोट छापे गये। इससे मुद्रा-स्फीति घटने के बजाय बढ़ेगी और जाहिर है कि चीज़ों के दाम बढ़ेंगे, महंगाई काबू से बाहर हो जायेगी।

असल में कानून बना देने से ही सामाजिक और अर्थिक बदलाव नहीं हो सकता। इसके लिए देशवासियों को जागरूक करना होगा। सतत जागरूकता से ही देश की सुरक्षा, आजादी की रक्षा, सामाजिक सुधार, आर्थिक उन्नति और लोकतंत्र सफल हो सकता है, आतंकवाद और हिंसा पर काबू पाया जा सकता है। धन के बेतहासा बढ़ने से भ्रष्टाचार और आर्थिक घोटालों को बल मिला है। दूसरी ओर राजनीति का अपराधीकरण होने से हिंसा, भ्रष्टाचार और तस्करी बढ़ी है। सिनेमा और दूरदर्शन के माध्यम से हमारी संस्कृति और अस्मिता पर चौतरफा हमला हो रहा है। इसका प्रत्यक्ष प्रमाण गाँव देहात में देखने को मिलता है। अब वहाँ भी धोती साड़ी की जगह स्कर्ट, सलवार और कुर्ता का फैशन चल पड़ा है और लोग ब्लू फिल्मों से भी परिचित हो गये हैं। नशाखोरी, ड्रग और तस्करी में वृद्धि हुई है।

इन तमाम परिवर्तनों से एक बात स्पष्ट दिख रही है कि विज्ञान तकनीकी उन्नति के साथ साथ कई तरह के प्रदुषण बढ़े हैं और लोगों की तो जीवनयापन की आपाधापी के कारण कई प्रकार के रोग बढ़े हैं। भौतिकवादी जीवन का रेल-पेल से चिन्ता, दुष्चिन्ता, टेंशन और हाइपरटेंशन से लोग पीड़ित हैं फलस्वरूप हृदयरोग, चीनी की बीमारी, कैंसर और ऐसा ही सांघातिक बीमारियाँ बढ़ी हैं।

वस्तुतः देश की समृद्धि और खुशहाली से ही लोगों का जीवन स्तर उन्नत हो सकता है। इसके लिए उद्यम, कठोर श्रम, लगन, ईमानदारी और पारस्परिक सहयोग नितान्त आवश्यक है। देश में लोकतंत्र की सफलता के लिए आर्थिक उन्नति पहली शर्त है और यह शर्त गरीबी और अशिक्षा को दूर करने से ही सम्भव है।

इक्कीसवी सदी में औरतों के लिबास को लेकर सराकर जो नीतिगत दृष्टिकोण प्रदान करना चाहती है, उसे स्पष्ट करने के लिए केन्द्र सरकार ने एक

राष्ट्रीय दृष्टिकोण योजना तैयार की है। पहली राष्ट्रीय दृष्टिकोण योजना का मसविदा तैयार करते समय सरकार ने स्त्री संगठनों से राय-मशविरा की कोई जरूरत नहीं समझी और न ही अब इस मसविदे पर कोई राष्ट्रीय बहस चलाने का उसका इरादा है जो तत्कालीन प्रधानमंत्री की अध्यक्षता में नियुक्त एक राष्ट्रीय स्त्री समिति की ओर से तैयार किया गया है। इस समिति में स्त्री संगठनों की एक भी प्रतिनिधि नहीं था। इस विराटकाय समिति में शायद ही कोई सदस्य रहा हो जो स्त्री आंदोलन या स्त्री संबंधी गतिविधियों से कभी भी कोई भी रिश्ता रखा हो।

अब तक स्त्री संगठनों ने सरकार और सरकारी एजेंसियों की औरत के बारे में अपनाये गये रूख की जो आलोचनाएं की हैं, मसविदा उनको स्वीकार किये। इसकी भाषा लुभावना है और नारीवादियों द्वारा इस्तेमाल की जा रही नयी शब्दावली का इसमें भरपूर इस्तेमाल किया गया है। अब तक सरकारी नीति स्त्री विभाग को समाज कल्याण से जोड़ने की रही है। वर्ष 1985 में राजीव गांधी ने पहली बार अलग से एक महिला मंत्रालय का गठन किया था और उसे महिला कल्याण मंत्रालय का नाम दिया था। बाद में आलोचना में चलते इसके नाम से कल्याण शब्द हटाकर उसकी जगह विकास लगा दिया गया।

पूर्व योजना के मसविदे में कई सुझाव दिये और लिए गये। तत्कालीन महिला विकास मंत्री सुश्री अल्वा ने कहा इसका मकसद स्त्रियों के विकास हेतु धन का विनियोग करना नहीं बल्कि मौजूदा विकास कार्यक्रमों को ही नया दृष्टिकोण देना है। बढ़ती प्रौद्योगिकी और ग्रामीण क्षेत्रों में कृषि में बढ़ते पूंजीवादी तकनीकों के चलते अशिक्षित-अप्रशिक्षित स्त्रियों के रोजगार के अवसर निरन्तर घटते जा रहे हैं और स्त्रियां रोजगार से हटायी जा रही हैं। इनको बिना सरकारी कोष से कुछ खर्च किए बिना कैसे दूर किया जा सकता है। यह बात स्त्री संगठनों की समझ में नहीं आती।

स्त्रियों की गरिमा के अधिकार की बात करने वाली उस योजना का मसविदा ग्रामीण और शहरी क्षेत्रों में स्त्रियों की बढ़ती बेरोजगारी पर एक शब्द नहीं कहता, जबकि आर्थिक आत्मनिर्भरता गरिमा के मूल धाराओं में से एक है। खास तौर से सन्तानहीन परिवारों की स्त्रियों के लिए यह बेहद महत्व का प्रश्न है। सम्पतिशाली वर्ग की महिलाओं के अधिकारों के विषय में मसविदा काफी मुखर है। वह शादी के समय सारी जायदाद को पति पत्नी संरक्षित करता है।

सरकार के गरीबी उन्मूलन अभियान में राष्ट्रीयकृत बैंकों का अभूतपूर्व योगदान है। गरीबी की रेखा के नीचे जीवन यापन करने वालों के जीवन स्तर में सुधार के लिए बैंकों ने विशेष भूमिका अदा की है। बैंकों ने हर क्षेत्र में बढ़कर ग्रामीण विकास में सहयोग दिया है। चाहे किसानों या खेतिहर मजदूरों को आय के अतिरिक्त साधन उपलब्ध कराने हो अथवा ग्रामीण प्रोद्योगिकी के विकास में सहायता करना हो, समन्वित ग्रामीण विकास कार्यक्रम हो या ग्रामीण युवकों को तकनीकी प्रशिक्षण देना हो, कुआं खोदने को मदद चाहिए या पशु खरीदने के लिए ताकि

उत्पादन को बढ़ावा देने वाले हर काम में बैंक ग्रामीण समुदाय के साथ रहे हैं।

भारत में जहाँ आर्थिक अभाव था वहां राजनीति के भ्रष्टाचार के कारण जनजीवन दूभर हो गया है। सड़क, बिजली, पानी, सिंचाई साधन, बैंक-ऋण, कोयला, गैस, पेट्रोल आदि के कारण कृषि प्रधान देश अपनी आजादी के आधी शताब्दी के बाद भी एक के बाद एक भ्रष्टाचारियों को दण्डित करवाने में अक्षम है। सामाजिक विघटन के साथ गरीबी रेखा के नीचे आधा भारत रह रहा है, वहां राजनीतिक पार्टियाँ जाति विद्वेषी नेताओं के नेतृत्व में घोर भ्रष्टाचार में लिप्त है।

भारत एक कृषि प्रधान देश है अतः अशिक्षा और उत्पन्न समस्यायें गाँवों में सर्वाधिक हैं। 35-45 करोड़ की जनसंख्या रोटी, कपड़ा, मकान, शिक्षा स्वास्थ्य के लिए मोहताज है। ग्रामीण जनता जहाँ आधुनिक सुविधाओं से वंचित है वहीं ग्रामीण अंचल में पैदा युवक युवतियों तथा नवधनाढय परिवार शहरों की ओर पलायन कर रहे हैं। गाँवों में विश्वविद्यालय, शिक्षा, बिजली, पानी तथा अन्य प्रकार के अभाव तो है ही मृत्युदर भी अधिक है। प्रौढ़ अवस्था, वृद्धावस्था में पहुंचने से पूर्व ही ग्रामीण मृत्यु को प्राप्त हो जाते हैं।

केन्द्र व प्रदेश सरकारों को गाँवों के संपूर्ण विकास की ओर ध्यान केन्द्रित करने चाहिए तभी राष्ट्र को विकसित बनाया जा सकता है। गावों में संसाधन उपलब्ध कराकर ग्रामीण विकास को कारगर बनाना हमारे आर्थिक सुधार कार्यक्रम का एक प्रमुख हिस्सा होना चाहिए। रोजगार गारंटी योजना पंचायतों के देख-रेख में चलानी चाहिए और इसे सुनिश्चित करना चाहिए कि इस योजना में सबसे गरीब को न्यूनतम रोजगार मिले और आगे चलकर उसे दूसरा काम भी मिल सके।

इस योजना से लाभान्वित परिवार अपने अपने बच्चों की शिक्षा और खानपान पर अधिक ध्यान दे सकेंगे। उनका आत्मविश्वास भी बढ़ेगा और यह भी संभव है कि अन्य कामों के लिए मिलने वाले रोजगार के दर में भी बढ़ोत्तरी होगी। साथ ही हमारा प्रयास होना चाहिए कि समाज के उत्पादक वर्ग की जरूरतों को पूरा किया जा सके जो आर्थिक न्याय की अवधारणाओं में से एक है।

ग्रामीण क्षेत्र ऐसे कुटीर उद्योग हैं जिसमें स्त्री पुरूष समान रूप से कार्य करते हैं और रोजमर्रा की जरूरतों और सामानों का निर्माण स्थानीय संसाधन से करते हैं। आभाग्यवश वे आर्थिक विपन्नता के कारण विकसित नहीं कर पा रहे हैं। बैंकों तथा अन्य सरकारी तंत्रों के माध्यम से यदि किसी प्रकार का ऋण लेते हैं। तो बिचौलियों और व्याप्त भ्रष्टाचार के कारण उनको ऋण की धनराशि का आधा तिहाई मिल पाता है और वे ऋणग्रस्तता के कारण उसे अदा नहीं कर पाते। कुछ तो ऐसे हैं जिनके नाम से कोई दूसरा ऋण ले लेता है और उसकी अदायगी के लिए प्रशासनिक मशीनरी ऐसा क्रूर व्यवहार करते हैं कि वे विवश होकर घर गाँव छोड़ कर अन्यत्र चले जाते हैं अथवा आत्महत्या कर लेते हैं और उनकी जमीन, झोपड़ी मकान निलाम कर लिये जाते हैं।

सरकार ने ग्रामीण शिल्पियों, दस्तकारों, लघु-उद्यमियों को चार प्रतिशत ब्याज पर आसान किस्तों में ऋण ग्रामोद्योग बोर्ड से, बैंक आदि के माध्यम से लेने का प्रावधान किया है। परन्तु ऐसी कम ब्याज पर ऋण पात्र व्यक्तियों को नहीं मिल रहा है परन्तु उनके नाम पर इसका लाभ और दुरूपयोग अन्य लोग कर रहे हैं जो चार प्रतिशत पर लेकर उन्हें बारह से अठारह प्रतिशत पर देते हैं जो आर्थिक न्याय और सामाजिक बदलाव की प्रमुख खामियां हैं।

2. विकास की सबसे बड़ी समस्या

राष्ट्रीय संसाधनों का ह्रास इतनी तेजी से हो रहा है कि आर्थिक विकास की वर्तमान दर को ज्यादा समय तक कायम नहीं रखा जा सकेगा। तीसरी दुनिया के देशों में पर्यावरण विनाश अब विकास की सबसे बड़ी समस्या के रूप में सामने आ रही है। प्रदूषण, विषाक्त उद्योग तथा अनुपयुक्त प्रौद्योगिकी से मानव-स्वास्थ्य तथा सनातन काल से चली आ रही खेती प्रथा का नुकसान हो रहा है। अभी ज्यादा दिन नहीं हुए अब तीसरी दुनिया का सबसे पहला लक्ष्य गरीबी दूर करने के लिए आर्थिक दर को बढ़ाना था। आज की स्थिति यह है कि विकास की दलील को किया ही नहीं जा सकता। आर्थिक विकास के बावजूद गरीबी बढ़ी है तथा इस बात के विपुल प्रमाण उपलब्ध हैं कि उसके कारण जो पर्यावणीय विनाश हुआ है उससे न केवल लोगों को उनकी आजीविका से वंचित कर दिया है बल्कि तीसरी दुनिया के देशों के लोगों के स्वास्थ्य को खतरे में डाल कर उनकी जिन्दगियों से भी खिलवाड़ किया है।

जो भी विनाश हुआ है उसमें से अधिकांश आयातीत है। तीसरी दुनिया में होने वाली पर्यावर्णीय या स्वास्थ्य संबंधी दुर्घटनाएं अक्सर पश्चिमी उत्पादों, विकास प्रादर्शी तथा प्रौद्योगिकी का नतीजा है। भोपाल के गैस त्रासदी जिसमें 3000 हजार जाने गयी और 100000 लोग किसी न किसी प्रकार से पीड़ित हैं। इस बात का उदाहरण है कि पश्चिमी देशों की बहुराष्ट्रीय कम्पनियाँ जब उनके देशों में लागू सुरक्षा उपायों काफी निचले स्तर का मानक तीसरी दुनिया में रखते हैं तो नतीजा क्या होता है। घटिया दर्जे के ऐसे कितने ही संयत्र तीसरी दुनिया में अन्यत्र भी बेचे गये। फिलीपिन्स स्थित वातान परमाणु संयत्र ऐसा ही है या स्थानान्तरित किये गये हैं ताकि बहुराष्ट्रीय कम्पनियाँ उनके अपने ही देशों के बड़े सुरक्षा कानून से बच सके।

इसके अलावा कुछ ऐसे आर्थिक सहायता से चलाये जाने वाले एक मुश्त विकास कार्यक्रम भी हैं जो कृषि तथा भूमि उपयोग की देशी प्रणालियों का उन्मूलन कर उनका उपयोग धनी राष्ट्रों के हित में करते हैं। मसलन हरित क्रांति नें चावल का सहस्त्र देसी किस्मों को समाप्त कर दिया जो पीढ़ियों से कीटों का सामना कर रहा था। उनकी जगह ऐसी अधिक पैदावार देने वाला किस्मों ने ले ली जो किसानों से कीड़ों का शिकार हो जाती है। इन कीड़ों का मुकाबला करने वाला रासायनिक कीटनाशकों के कारण दुनिया की निर्भरता कृषि व्यवसाय करने वाली कम्पनियों पर तो बढ़ा है, उनके कारण दुनियाँ में प्रति वर्ष 50,000 मौतें कीटनाशकों की कृषि से होने लगी हैं।

इस बीच बीजों के देशी किस्मों की समाप्ति हो जाने से तीसरी दुनियां के देशों की सरकारों तथा किसानों को उन थोड़ी सी बहुराष्ट्रीय कम्पनियों की दया पर निर्भर करना पड़ रहा है जिन्होंने इन बीजों को एकत्र कर उनका पेटैंट करवा लिया है। मजे की बात यह है कि बीज तथा बंशाणु जीवाद्रव्य मूलतः तीसरी दुनियां के देशों से ही प्राप्त किये गये थे।

तीसरी दुनियां के कई देशी मछुआरों ने पाया है कि मछलियों की संख्या घटती जा रही है। आधुनिक ट्रालरों के आगमन से, जो कि ज्यादातर विदेशी आर्थिक सहायता से मिली है, समुद्रों के मतस्य भण्डार तेजी से खाली हो रहे हैं। इससे न केवल इनका प्रमुख प्रोटीन श्रोत खतरे में पड़ गया है बल्कि लाखों तटीय मछुआरे अपनी परम्परागत आजीविका से वंचित हो गये हैं। औद्योगिक कारखानों से निकले उस उत्सर्जन पदार्थों से नदियों की मछलियां मर जाती हैं। कई कृषि रसायनों के कारण धान के खेतों की मछलियाँ भी मर जाती हैं।

तीसरी दुनियां के देशों में जो विशाल विकास योजनाऐं बन रही हैं, वे कुल विकास राशि का बहुत बड़ा हिस्सा निगल जाती हैं। इनमें पनबिजली बांध औद्योगिकी संयत्र तथा परमाणु बिजली घर शामिल है। हमेशा बहुराष्ट्रीय कम्पनियां ही इनके पीछे होती हैं। तथा इनके स्वीकृत होते ही इन्हें अरबों डालर का लाभ होता है। पर्यावरण को क्षति पहुंचाने वाली इन बड़ी परियोजनाओं की स्वीकृत प्राप्त करने के लिए कमीशन रिश्वतों तथा किकबैग्स का सहारा लिया जाता है। यह काम भी बहुराष्ट्रीय कम्पनियाँ तथा उनके एजेन्ट ही करते हैं। इसके साथ हाथ मिलाते हैं। वे अल्प दृष्टि राजनीतिक जिन्हें कम से कम समयों में अधिक वृद्धि दर चाहिए क्योंकि संरक्षणवादी नीतियों से लाभ आने वाली पीढ़ियों को दिलाती हैं। जिस नेता को आज लोकप्रिय होना है उसी के लिए वे बेकार है।

इस तरह ही परियोजनाएं वास्तविक विकास के लिए उपयुक्त नहीं होती। आम तौर पर उनकी पूरी क्षमता का उपयोग नहीं हो पाता, वे अकुशलता से काम करती है तथा कई बार तो इनका डिजाइन इतना खतरनाक साबित होता है कि उनका उपयोग नहीं हो पाता। इनमें बहुत ज्यादा पूंजी लगने के कारण वास्तविक विकास कार्यों के लिए समुदायकों के पास पैसे नहीं बच पाते। इसलिए तीसरी दुनियां के देश उधार लेकर कर्ज में डूबते चले जाते हैं।

भोपाल त्रासदी के बाद जन-विज्ञान आन्दोलन अस्तित्व में आया। परमाणु शक्ति के विरूद्ध भी भारत में प्रदर्शन हो रहे हैं। थाईलैण्ड में तो एक लाख लोगों ने क्रोधित हो फकेत में एक कारखाने को ही आग लगा दी जब उन्हें पता चला कि रेडियोथार्मी पदार्थों का उत्पादन करने वाला एक संयत्र वहां स्थापित किया जाने वाला है। फीलीपीन्स की एक्विनों सरकार को पर्यावरणवादियों के विरोध के सामने झुकते हुए बातान परमाणु संयत्र का विचार छोड़ना पड़ा। इसका उल्लेख इसलिए किया गया कि ऐसे विरोध प्रदर्शन में महिलाओं ने काफी शिरकत की और भारत के लोग भी

इस पर विचार करें क्योंकि बहुराष्ट्रीय कम्पनियों का जाल इस देश में तेजी से विकास के नाम पर फैलाया जा रहा है।

समुदायिक स्तर पर जो कार्यवाइयाँ की गयी वे निचले स्तर पर हरित क्रांति चेतना विकसित करने की दृष्टि से बहुत महत्वपूर्ण है। मगर तीसरी दुनिया की पर्यावरणीय समस्याओं की गहरी समझ पीछा करने के लिए उन्हें समस्त विश्व की आर्थिक, सामाजिक या राजनीतिक प्रणालियों के साथ जोड़ना होना।

यहां मुझे उल्लेख करना पड़ रहा है कि कोई देश उद्योगों के बगैर जी नहीं सकता। अपनी शक्ति भर उद्योगों का विस्तार करने उसे ही उसका जीवन और उसकी सुख-समृद्धि है। परन्तु यह कड़वा सच है कि हमें प्रकृति के खिलाफ चलने में मजा आता है। प्रकृति से दूर हटते जाने की हमारी दुर्बुद्धि इस हद तक आ पहुँची है कि हमें सर्दी में गर्मी (हीटर) चाहिए, गरमी में सर्दी (कूलर) चाहिए बारहों महीने एक ही तापमान वाला कमरा (एयर कंडीशनर) चाहिए, मई-जून में मटर और नवम्बर दिसम्बर में आम खरबूजे चाहिए (कोल्डस्टोरेज)। इन सबके लिए और प्रत्येक उद्योग और कल कारखानों के लिए चौबीस घन्टे बिजली चाहिए। इसके लिए बिजली उत्पादन हेतु कोयला फुकेगा, राख भी उड़ेगी, धुंआ भी चलेगा। इस प्रकार जल-थल-वायु के प्रदूषण का शिकार सभी होंगे। अब किचेन में प्रदूषण और बच्चों के लिए बहुत ही हानिकर हो रहा है। हाल में किये गये सर्वेक्षण के अनुसार 60 प्रतिशत से अधिक औरत और बच्चे इसके शिकार हैं और संघातिक बीमारियों से ग्रस्त हैं जिन से 15 प्रतिशत की मृत्यु प्रतिवर्ष होती है। अधिकांश महिला-पुरूष ऐसे संयंत्र में कार्यरत हैं। उनके स्वास्थ्य और चिकित्सा के प्रति सचेत रहने के लिए हमें सतर्क रहना चाहिए। विश्व स्वास्थ्य संगठन को भी इस पर विशेष ध्यान देने की आवश्यकता है अन्यथा आने वाले समय में एक बहुत बड़ी आबादी अकाल मौत का शिकार हो जायेगी।

जंगलों के रूप में जीवन का संतुलन बनाये रखने के लिए प्रकृति ने हमें अनमोल भेंट दी है। इस सच्चाई को भुलाते हुए हम एक ओर तो जंगलों को उजाड़ रहे हैं दूसरी ओर रेगिस्तान को वनस्पतियों में बदलने का प्रयास कर रहे हैं। इसमें कितना विरोधावास है। इससे कितना मानव रक्षा और संरचना होगा इस पर गम्भीर विचार करना चाहिए। प्रकृति को हम जीत नहीं सकते। उनकी क्षमता, शक्ति ओर वरदानों को थोड़ा बहुत समझ पायें, बहुत है। विज्ञान का चमत्कार हमें भले ही चकाचौंध भरी दुनिया में सबकुछ दे देगा लेकिन मानवरूपी साक्षात जीवन्त वृक्ष नहीं दे सकता।

उद्योगीकरण और प्रदूषण फूल और कांटे के समान है। संसार में प्रत्येक वस्तु द्वंदमय है, सिक्के की तरह दो पहलू वाली हैं सुख है तो दुख भी है, सर्दी है तो गर्मी भी, फूल है तो कांटे भी और उद्योग है तो उच्छिष्ट प्रश्न रह जाता है। कांटों और उच्छिष्टों को सूझबूझपूर्वक निष्कासन का। अर्थात यत्नपूर्वक कांटों को इस तरह हटाने, फेंकने या गाड़ देने का कि वे हमारे ही पावों में या हमारे आगे पीछे चलने

वालों के पावों में चुभे नहीं। यानी औद्योगिक उच्छिष्टों का निपटान इस प्रकार किया जाये कि वे वातावरण को अड़ोस-पड़ोस को दूषित न करे।

जनसंख्या वृद्धि और बेकारी को नियंत्रित करने में हम असफल हैं और अब बस से बाहर की बात कही जा रही है। बस में है तो वही कि हमें विभिन्न उद्योग धंधे और खेतीबाड़ी जितनी बढ़ सके बढ़ाते जायें तब उसी अनुपात में बेकारी घटती जायेगी। उद्योगों को वरदान बनाना हमारे पुरुषार्थ के हाथों में है तो प्रदूषण को अकंशित रखना हमारी बुद्धि और सूझबूझ के सम्मुख एक चुनौती है।

वसुदेव कुटुम्बकम का उद्देश्य मानने वाला भारत और समृद्ध सामुदायिक जीवन जीने वाला भारत का समाज अब "बाजार" बन रहा है और प्रत्येक व्यक्ति उपभोक्ता में रूपांतरित हो रहा है। व्यक्ति के रूप में उसका मौलिकता, उसकी पहचान, और उसका अस्तित्व ही समाप्त हो रहा है। यही हमारी अंतिम परिणति है। विकास की यह अंधभक्ति हमें उस युग में ले जा रही है, जहाँ आर्थिक सर्वोपरि मूल्य होंगे, स्वार्थ ही सफलता का मूलमंत्र और समाज तथा प्राकृतिक विनाश ही विकास का सोपान होगा। इस विकास पर हम पुर्नविचार कर सकते हैं और एक ऐसी राह पर अग्रसर हो सकते हैं जो व्यक्ति समाज और प्रकृति सभी के लिए श्रेयस्कर हो। किन्तु सवाल केवल विकास का नहीं सभ्यता का है, जीवन मूल्यों और आदर्श का है। पुर्नविचार का आरम्भ हमें वहीं से करना होगा जहाँ से वर्तमान विकास अर्थात् पाश्चात्य शैली का विकास प्रारम्भ हुआ था। यदि हम उन सवालों के सही जवाब खोजकर उनके अनुरूप तंत्र न खड़ा कर पाये तो जोशिले विकास की यह प्रचण्ड लहर भारत वर्ष को उसके अतीत और भविष्य समेत ले डूबेगी।

प्रधानमंत्री डॉ० मनमोहन सिंह ने राष्ट्रीय विकास परिषद की बैठक में आठ प्रतिशत विकास दर हासिल कर पाना नामुमकिन बताया है। उन्होंने इसके लिए राजग सरकार को उत्तरदायी माना है। संप्रग सरकार अपने डेढ़ वर्षों के शासन काल में ऐसी नीतियों का निर्माण नहीं कर सका जिससे आठ प्रतिशत विकास दर हासिल की जा सके। इसमें संदेह नहीं राजग सरकार सहित पिछली सभी सरकारों ने कृषि क्षेत्र की ओर उतना ध्यान नहीं दिया जितना कि आवश्यक था। भारतीय अर्थ व्यवस्था की रीढ़ होने के बावजूद कृषि की अनदेखी की गयी। जिन देशों में कृषि क्षेत्रों का विकास हुआ उनका राष्ट्रीय विकासोन्मुख और ठोस था। भारतीय किसान संसाधनों के अभाव का सामना कर रहे हैं। अधिकतर किसान अशिक्षित हैं। अशिक्षा के चलते उसके लिए कृषि क्षेत्र की बारीकियों को समझना मुश्किल होता है। फलतः भारतीय किसान खेती के तौर तरीकों में बुनियादी सुधार नहीं ला पा रहे हैं। इसका असर ग्रामीण इलाकों की अर्थव्यवस्था के साथ-साथ राष्ट्रीय अर्थव्यवस्था पर भी पड़ रहा है। आज भी कृषि में मूलभूत सुविधाओं का अभाव है और इन अभावों से औसत किसान बुरी तरह त्रस्त हैं।

इतिहास गवाह है कि जिन देशों मे कृषि क्षेत्रों का विकास हुआ है उनमें शिक्षा

की अहम भूमिका रही है। हमारे देश की विडम्बना रही है कि हमारा औसत किसान अशिक्षित है। अशिक्षा के चलते उसे कृषि की बारीकियों को समझना नामुमकिन होता है भारतीय किसान खेती के तौर तरीकों में बुनियादी सुधार नहीं ला पा रहा है। इसका असर ग्रामीण इलाकों की अर्थव्यवस्था के साथ-साथ राष्ट्रीय अर्थव्यवस्था पर भी पड़ रहा है। राष्ट्रीय विकास परिषद की बैठक में मुख्यमंत्रियों के बढ़ते वर्चस्व के कारण केन्द्र अपनी योजनाओं पर सही ढंग से अमल करने में समर्थ नहीं है। अनेक योजनाएं राज्यों का सहयोग न मिलने के कारण बेअसर हैं।

वर्तमान में हर राज्य का मुख्यमंत्री अपने यहां की भूमि, जल श्रोतों, खनिज और वन संपदा पर इस तरह पकड़ बनाये रखना चाहते है जैसे वे सब उनकी निजी संपत्ति हो मुख्यमंत्री और विशेषरूप से क्षेत्रीय राजनीतिक दलों के मुखिया यह समझने के लिए तैयार नहीं कि कोई भी राज्य अपनी संपदा के आधार पर आत्मनिर्भर नहीं हो सकता। हर राज्य किसी न किसी मामले में पड़ोसी राज्यों पर निर्भर है। बहुत से मुख्यमंत्री विकास के मामले में व्यापक सोच अपनाने से बच रहे हैं। समस्या इसलिए और गम्भीर है। केन्द्र सरकार भी राष्ट्र के समग्र विकास के मामले में अपेक्षित दूरदर्शिता का परिचय नहीं दे पा रहा है।

अंत में तमाम समस्याओं के लिए राजग शासन को कोसने वाली संप्रग सरकार यह नहीं बता सकी। अपने न्यूनतम साझा कार्यक्रम के माध्यम से उसने कृषि, बिजली, पानी, शिक्षा और स्वास्थ्य के क्षेत्र में विकास करने का जो वायदा किया था वह पूरा क्यों नहीं हो पा रहा है। इसके लिए प्रमुख मंत्रालयों के मंत्री ही अधिक उत्तरदायी हैं। केन्द्र की साझा सरकारों के मामले में यह देखने में आ रहा है कि क्षेत्रीय दलों के जो अनेक नेता केन्द्रीय मंत्रिमण्डल में शामिल किये जाते हैं उन्हें अन्य राज्यों की समस्याओं के बारे में कोई पुख्ता जानकारी नहीं होती। यही नहीं वे अन्य राज्यों की समस्याओं को सुलझाने में कोई दिलचस्पी नहीं लेते। उनकी एक ही प्राथमिकता होती है कि अपने राज्य की समस्या का समाधान करना होता है। इस संकीर्णता से राष्ट्रीय समस्याओं के समाधान की अनदेखी होती है। ऐसे मंत्री और मंत्रिपरिषद जो जनता की, जनता द्वारा, जनता की भलाई के नाम पर बनायी जाती है उनमें से अधिकांश धनबल, बाहुबल और जातीय आधार पर सत्ता के गलियारे में पहुंचते हैं। उनकी समीक्षा होनी चाहिए जिनके कारण राष्ट्रीय आय का दसवां हिस्सा भी अंतिम व्यक्ति तक नहीं पहुंच पाता है और इसका अधिकांश भाग उनके वेतन भत्ते, सुख-सुविधा, ऐश आराम भष्टाचार, चुनाव और निजी कार्य में खर्च हो जाता है। इसकी खुली आडिट और उनके अकूत धन, चल-अचल संपत्ति का निष्पक्ष आडिट होना चाहिए तथा सार्वजनिक रूप से प्रकाशित की जानी चाहिए और जनता को भी अपनी गाढ़ी कमाई का हिसाब-किताब पर पैनी निगाह रखनी चाहिए जबकि यहाँ सब माल बिकाउ है। जिसकी लाठी उसकी भैस का मुहावरा साक्षात उजागर है।

जब बिजली, पानी, सड़क, शिक्षा और स्वास्थ्य से संबंधित समस्यायें बढ़ती चली जा रही है तब विभिन्न राजनीतिक दलों अथवा केन्द्र राज्यों के बीच सहमति

का अभाव दुर्भाग्यपूर्ण है। वर्तमान में राष्ट्रीय समस्याओं के समाधान के मामले में आम सहमति का अभाव है। अब देश की जनता अच्छी तरह समझने लगी है कि राजनीतिज्ञ ज्वलंत समस्याओं की चर्चा तो करते हैं लेकिन उनके समाधान के प्रति संकल्पबद्धता नहीं दिखाते।

हमें नए तरह से सोचना होगा, 10 प्रतिशत विकास दर हासिल करना और आम आदमी को राहत पहुँचाना, दोनों संभव है। यह सही नीति का पहला बिन्दु है कि रोजगार भक्षक तकनीकी एवं उत्पादों पर एक्साइज डयूटी एवं आयात बढ़ाया जाए जिससे श्रम-साधन उत्पादन को सहज ही बढ़ावा मिले। उदाहरणतः कपड़ा मिलों, हार्वेस्टर, शीतल पेय कम्पनियां, मशीन निर्मित साबुन आदि पर टैक्स बढ़ा देने से ये उत्पादन कुटीर उद्योगों में होने लगेंगे। सरकार को राजस्व मिलेगा, आम आदमी को रोजगार मिलेगा जिससे वे निजी क्षेत्र में शिक्षा एवं स्वास्थ्य सेवाएं खरीद सकेगें। निष्क्रिय सरकारी विद्यालयों और अस्पतालों को बन्द करके उस रकम को भी बुनियादी संरचना में लगाना चाहिए। साथ ही वित्तीय घाटे को नियंत्रित रखने की नीति को छोड़ देना चाहिए। अनुत्पादित क्षेत्र की सरकारी, अर्ध सरकारी, स्थानीय निकायों के कार्यालय, संस्थानों, उद्योगों में उत्पादन विहीन स्थापना, खर्च की समीक्षा कर ऐसे अनुत्पादक कार्यालय और इकाईयों को बन्द कर देना चाहिए जिसमें उत्पादकता शून्य हो स्थापना खर्च अधिक और बिना कार्य के वेतन भत्ते दिये जाते हो जो बेवजह भार है। क्योंकि ऐसे अनुत्पादक क्षेत्र में बिना कार्य के उपयोग के अपार धनराशि वेतन भत्ते के रूप में दी जाती है, उनकी सुरक्षा ज्यादा है। जिसका कुप्रभाव कठोर श्रम करने वाले कारीगरों और मजदूरों पर पड़ता जो चौराहे पर खड़े होकर रोजाना रोजगार की तलाश करते हैं। दूसरी ओर ऐसे सरकारी कार्यालयों को और इकाइयों के अधिकारी ओर कर्मचारी बिना किसी कार्य एवं उत्पादकता के सारी सुविधाओं से लैश है और उनके वेतन भत्ते की बढ़ोत्तरी की जाती है, इसका कुप्रभाव अन्य क्षेत्रों में पड़ रहा जो आज उत्पादन और विकास दर में गिरावट का मुख्य कारण है साथ ही वित्तीय घाटे को नियंत्रित रखने की नीति को छोड़ देना चाहिए। वित्तीय घाटे पर निवेश को आकर्षित करने के लिए जरूरी होता है। जब विदेशी निवेश पर हम निर्भर नहीं रहेंगे तो वित्तीय घाटे को बढ़ाने से नुकसान नहीं होगा।

भारत के सरकारी कर्मचारियों का वेतन नागरिक की औसत आय से लगभग पांच गुना है। अधिकतर देशों में यह दो गुना से कम है। सरकारी कर्मचारियों, शिक्षकों, डॉक्टरों आदि को वेतन देने में केन्द्र एवं राज्य सरकारें कंगाल हो गई हैं। इनके वेतन को फ्रीज कर देना चाहिए और साथ ही सभी सरकारी कर्मचारियों को जनता के प्रति जवाबदेह बनाना चाहिए। इसके लिए कई उपाय हो सकते हैं। उदाहरणतः हर अफसर को संबद्ध जनता से गोपनीय रिपोर्ट माँगी जा सकती है। हर अफसर के कार्य के विषय में सार्वजनिक सुनवाई की जा सकती है। सरकारी कर्मचारियों के भ्रष्टाचार को पकड़ने के लिए एक सर्वत्र जासूसी व्यवस्था बनाई जा सकती है जो प्रधानमंत्री के अधीन हो। सरकारी कामकाज की कार्यकुशलता में

सुधार अर्थव्यवस्था में मोबिलआयल जैसा प्रभाव डालेगा। ऐसा होने पर भ्रष्टाचार पर अंकुश लगेगा, कामचोरी समाप्त होगी, जनता का शोषण कम होगा, अधिकारी और कर्मचारी निरंकुश नहीं होंगे।

अमेरिका की एक शीर्ष स्थिर कम्पनी के नवीनतम आकलन में कहा गया है कि भारत अगले पचास साल में दुनिया का सबसे अमीर देश हो जायेगा। भविष्य की जो सुनहरी तस्वीर सामने आ रही है, उसकी दमक कतिपय ज्वलंत प्रश्न फीकी कर रही है। उनमें बेरोजगारी की समस्या भी है। देश में बढ़ती बेरोजगारी तब निश्चय ही अत्यन्त गम्भीर चिन्ता का विषय हो जाती है जब अर्थव्यवस्था त्वरित विकास की ओर गतिमान होती दिखाई पड़ती है।

आजादी के बाद देश ने जो प्रगति की है, उसी का परिणाम है कि आज अमीरों की गिनती होने लगी है। किन्तु यह विकास मूलभूत समस्याओं के समाधान में विफल रही है। इसने नारी और गरीबी के बीच खाई और चौड़ी कर दी है। नब्बे के दशक में विदेशी मुद्रा भण्डार में मात्र एक अरब डालर की राशि शेष थी। उदारीकरण और आर्थिक सुधार की प्रक्रिया आरम्भ हुई और बारह वर्षों में देश की अर्थव्यवस्था एशिया की सबसे बड़ी अर्थव्यवस्था बन गयी। उदारीकरण का दौर जब शुरू हुआ था तो बड़े जोर शोर से दावा किया गया था कि इससे रोजगार के अवसर बढ़ेंगे लेकिन बेरोजगारी बढ़ी शहरी इलाके में स्थिति बद है तो ग्रामीण क्षेत्र में बदतर है। साल के छः महीने बेकार बैठने से किसान और मज़दूरों का बड़ा तबका अभावों की जिन्दगी जीने को विवश है।

ग्रामीण क्षेत्रों में स्वरोजगार के लिए शुरू की गयी स्वर्ण जयन्ती ग्राम रोजगार योजना का धन राज्य सरकारों द्वारा दूसरे कार्य में प्रयोग किया जाता है। शासन संचालित रोजगार योजनाएं भ्रष्टाचार के आगोश में है। व्यापार और विकास रिपोर्ट 2003 में बढ़ती बेरोजगारी पर चिन्ता व्यक्त करते हुए रोजगार विहीन विकास की नीति का परित्याग करने की चेतावनी दी गयी है। भारत अपवाद नहीं है। इसकी उपेक्षा के घातक परिणाम हो सकते हैं। असम, बिहार, मुम्बई में हुई हिंसा की वारदातों के मूल बेरोजगारी की समस्या ही रही है। यह समस्या समाज में विद्वेष फैला रही है और अनेक तरह की समस्या पैदा कर रही है।

आई.टी. क्रांति से ही देश की तस्वीर और तकदीर नहीं बदल सकती है इस समस्या का निदान प्रौद्योगिकी और ज्ञान आधारित उद्योग से किया जा सकता है। भविष्य में यही भारत का सबसे बड़ा उद्योग होगा। देश की आबादी में युवक-युवतियों का बहुमत है। स्त्री-महिला भी उसी कतार में है। उनकी आकांक्षा और अपेक्षाओं की उपेक्षा के भयानक परिणाम हो सकते हैं।

भारत में जहां अधिक अभाव था, वहीं राजनीतिक भ्रष्टाचार के कारण जनजीवन दूर्भर हो गया है। सामाजिक विघटन के साथ गरीबी रेखा के नीचे आधा भारत रह रहा है। 30-40 करोड़ की जनसंख्या रोटी, कपड़ा, मकान, शिक्षा एवं स्वास्थ्य के लिए

मोहताज है। ग्रामीण जनता जहाँ आधुनिक सुविधाओं से वंचित है, वहीं ग्रामीण अंचल में पैदा युवक-युवतियाँ तथा नव धनाढय परिवार शहरों की ओर पलायन कर रहे हैं।

गावों में विश्वविद्यालय, शिक्षा, बिजली, पानी, चिकित्सा तथा न्याय के अभाव तो है ही, मृत्युदर भी अधिक है। प्रौढ़ अवस्था, वृद्धावस्था में पहुंचने से पूर्व ही ग्रामीण क्रिसित जन मृत्यु को प्राप्त हो जाते हैं। पैदा होने वाले बच्चे पौष्टिक आहार एवं दवाओं के अभाव में सम्यक् स्वास्थ्य प्राप्त नहीं कर पाते। देश के कानून से अनभिज्ञ ग्रामीणजन पुलिस से लेकर सरकारी कर्मचारियों के नैतिक मन्सूबों के शिकार हो जाते हैं। साथ ही उन्हें सामाजिक व्यवस्था के घृणित एवं विकृत कार्यों का शिकार होना पड़ता है। वे अज्ञान के घोर अन्धकार में नारकीय जीवन जीने को बाध्य है। जनसंख्या वृद्धि इस समस्या को बहुमुखी बना रहा है।

लुभावने नारों से देश नहीं चलता। हमें विकास की गति को और गतिमान बनाना होगा। देश को समुन्नत और आत्मनिर्भर बनाने में बाधक समस्याओं को निपटाना होगा। जल, जमीन, जंगल, जानवर, पाठशाला, पौधशाला, औषधालय जो सात चीजें विरासत की संपदा है, उसे हमें हर प्रकार से सुरक्षित और विकसित करना होगा। बहुराष्ट्रीय कम्पनियाँ सेवा क्षेत्र में पर्दापण कर चुकी है। ऊर्जा अछूती नहीं है। रूस, अमेरिका के बैंक हमारे देश में आ चुके हैं। जापान भी गैर-एशियाई देश जैसा व्यवहार करे या न करे परन्तु दक्षिण कोरिया ने एक कदम आगे बढ़कर यह प्रारम्भ कर दिया है। राजनीतिज्ञ एवं भारतीय प्रशासन सेवा दोनों ही कमजोर चरित्र के हैं। कौन सा क्षेत्र बचा है जिससे आशा की जा सके। "स्वदेशी जनता का संघर्ष।" उसे तैयार करने में समय लगेगा और लग भी रहा है मगर यही रास्ता स्वाधीन भारत के निर्माण का है।

छोटे-छोटे टुकड़ों में किये गये नीति परिवर्तन से कुछ नहीं होगा। पूंरी व्यवस्था को बदलना होगा। डिसइन्वेस्टमेन्ट होते होते भारत का क्या होगा। विश्व बैंक, विश्व मुद्रा कोष पर प्रश्न चिन्ह लग गये हैं। उदारीकरण और बहुराष्ट्रीय कम्पनियों की अपसंस्कृति से इस राष्ट्र की आने वाली संततियों को सतर्क रखना होगा। फलों के रस, दूध, दही की जगह पेप्सी ले रही है। लघु उद्योग, ग्रामीण कुटीर उद्योग मृतप्राय होते जा रहे हैं। इसमें लगे करोड़ों देशवासियों और उनके परिवार भूखमरी की स्थिति में है। ऐसी स्थिति में जब हम विकास की बात करें तो इससे जुड़े विविध समस्याओं को देखो और उसके निदान का प्रयास करें अन्यथा स्वदेश जीवन दर्शन जो हर क्षेत्र का समन्वित स्वरूप है, उसकी क्षति होगी और स्वेदशी जीवन पर प्रतिकूल प्रभाव पड़ेगा।

3. महिला कामगार और बाल श्रमिक शोषण

भारत की कुल श्रम-शक्ति में महिलाओं की श्रमशक्ति 50 प्रतिशत है। कृषि के मुकाबले कारखानों में कारगार औरतों की संख्या बहुत कम है। 1991 के एक सर्वेक्षण के अनुसार 80 प्रतिशत कामगार महिलाएं कृषि पर निर्भर हैं। संगठित कारखानों में

कामगार महिलाओं की स्थिति और खराब है। वहीं महिला कामगारों की संख्या लगातार घटती जा रही है। एक तो जबसे "मेटरनिटी बेनी-फिट रेग्यूलेशन" लागू हुआ तबसे कारखानों के मालिक महिला कामगारों को बहाल करने से कतराने लगे हैं। दूसरे कारखानों में मशीनीकरण और तकनीकी विकास के कारण अकुशल मजदूरों का काम घटता जा रहा है। अकुशल मजदूरों में महिला कामगारों की संख्या अधिक है।

महिला कामगारों की समस्या दूसरी है। एक ओर वे सामाजिक ढांचे से पीड़ित हैं। जिसमें औरतों को दूसरे दर्जे का नागरिक समझा जाता है और उन्हें पारिवारिक सामाजिक उत्पीड़न का शिकार बनाया जाता है। दूसरी तरफ उन्हें, तमाम मेहनतकश तबके द्वारा ढाये जा रहे हैं आर्थिक-राजनीतिक जुल्मों को भी सहना पड़ता है। इस मामले में महिलाओं को पुरूषों से ज्यादा कठिनाई झेलनी पड़ती है।

भारत सरकार के समान वेतन अधिनियम 1976 में समान काम के लिए स्त्री और पुरूष वेतन की समानता की बात कही गयी थी और लिंग के आधार पर भेदभाव बरतने की मनाही की गयी थी, लेकिन व्यवहार में सारी बातें बेकार साबित हुईं। कई क्षेत्रों में महिलाओं की पदोन्नति नहीं दी जाती और कुछ मामलों में पदोन्नति रोक दी जाती है कि वह काम औरतों के लायक नहीं है। अकुशल महिलाओं को कुशल बनाने के लिए प्रशिक्षण की कोई योजना नहीं है। रेगनाइजेशन और कम्प्यूटराइजेशन से महिलाओं के रोजगार के अवसर छिन गये हैं। सैकड़ों महिलाओं की छटनी हुई है। महिला कामगारों को हर जगह घुटन भरे माहौल में काम करना पड़ता है।

कारखानों में कामगार महिलाओं की जहां एक ओर लगातार संख्या घट रही है वहीं कृषि में कामगार महिलाओं की संख्या लगातार बढ़ती जा रही है। इन मेहनतकश महिलाओं में भी अपनी जमीन पर काम करने वाली महिलाओं की संख्या भी क्रमशः धटती गयी है।

1921 में अपनी जमीन पर काम करने वाली महिलाओं की संख्या दो करोड़ से ज्यादा थी। लेकिन 1981 में यह संख्या घटकर डेढ़ करोड़ रह गयी। दूसरा इस अवधि के दौरान दूसरों की जमीन पर काम करने वाली महिलाओं की संख्या एक करोड़ से बढ़कर दो करोड़ हो गयी और 2001 में 10 करोड़ के आसपास पहुँच गयी है। लेकिन यह कामगार महिलाओं की पूरी तस्वीर नहीं है।

1971 में गावों में बेरोजगार महिलाओं की संख्या 5 लाख आंकी गयी थी। 1981 में 2 करोड़, 1991 में 3 करोड़, और 2001 में 5 करोड़ तक पहुंच गयी। आधुनिक उद्योग में होड़ के कारण सिलाई, बुनाई, मिट्टी के बर्तन, लकड़ी के खिलौने बनाने जैसे तमाम घरेलू उद्योग बर्बाद हो रहे हैं। परिणामस्वरूप इन क्षेत्रों में लगी महिलाएं खेत मजदूरों में तब्दील होती जा रही हैं। 1961 से 1971 के दौरान कुटीर उद्योगों में लगी महिलाओं की संख्या 16 लाख से घटकर 13 लाख हो गयी। कालांतर में भी क्रमशः घटती जा रही है जिसका राष्ट्रीय सर्वेक्षण अपूर्ण है।

अपने जीवन-यापन के लिए बड़े भू स्वामियों तथा धनी किसानों पर ग्रामीण

महिलाओं की बढ़ती निर्भरता ने उन्हें सभी प्रकार से सामाजिक उत्पीड़न, शारीरिक यातना एवं बलात्कार का शिकार बना दिया है।

1984 में छः हजार, 1994 में नौ हजार, 2004 में 17 हजार से ज्यादा बलात्कार के मामले दर्ज हुए। इनमें हजारों बलात्कारों की संख्या दर्ज नहीं है। जिन्हें बदनामी या भय की वजह से दबा दिया जाता है।

भू-स्वामी अपनी बधुआ मजदूर महिलाओं को शारीरिक शोषण का शिकार बनाते हैं। इसके अलावा समान काम के लिए पुरूष कृषि मजदूरों की तुलना में महिला मजदूरों को कम पारिश्रमिक दिया जाता है। चाय बागानों, जूट मिलों, घर में नौकरानियों की स्थिति बदतर रही है। उनका बहुत सारी अवैध संतानें विशेष रूप से गोरी और सुन्दर लड़कियाँ या तो विदेशों में भेज दी जाती हैं, या बड़े-बड़े भूस्वामियों-जमीन्दारों की रखैल बन जाती हैं और या तो बेच दी जाती हैं या जबरन उनसे वेश्यावृति कराया जाता है। वैश्यालयों में नारकीय जीवन व्यतीत करने वाली ऐसी औरतों की कारूणिक वेदना और चीत्कार हृदय विदारक है। इनके किसी प्रकार से बचे खुचे सुन्दर लड़कियों को या तो पालपोष कर वेश्यालयों में रखा जाता या उन्हें काफी रूपये लेकर ऐयासी, विदेशियों या देह व्यापार करने वालों के हाथों बेच दिया जाता है। उन्हें कालगर्ल, होटलों में नर्तकी के रूप में ग्राहकों को सप्लाई किया जाता है जिनमें एडस जैसी संघातिक बीमारियाँ फैलती जाती हैं और उनका अंत बुरा होता है। ऐसी महिलाओं की मजबूरियों को हमें गम्भीरता से लेना होगा और उन महिलओं को इस ओर विशेष ध्यान केन्द्रित करना होगा जो संसद और विधान सभाओं के आरक्षण के माध्यम से जाना चाहती हैं या उनका प्रतिनिधित्व करना चाहती हैं। यह ऐसी सामाजिक बुराई है जो आर्थिक मुद्दों या विवशता से जुड़ी हुई है।

कारखानों और खेतों में काम करने वाली महिलाओं को आर्थिक शोषण का शिकार तो होना ही पड़ता है, साथ ही उन्हें अच्छी निगाह से भी नहीं देखा जाता है। अपने साथ काम करने वाले पुरूषों के साथ मेल मिलाप परिवार और समाज को पसंद नहीं है। यदि वे किसी पुरूष के साथ मिलजुल कर बात करती हैं तो समाज उंगली उठाने लगता है और परिवार शक करता है।

इस दुहरी मार के खिलाफ महिला कामगार लड़कर ही छुटकारा पा सकती हैं। लखनऊ, जमशेदपुर, कलकत्ता, कानपुर, बम्बई, की महिलाओं में अपने सामाजिक, आर्थिक उत्पीड़ने के खिलाफ संघर्ष किया। ट्रेड यूनियनों में महिलाओं की हिस्सेदारी बढ़ी है लेकिन यूनियनों के प्रति उनकी उदासीनता अभी भी बरकरार है। इसका कारण भी है। ट्रेड यूनियनें महिला कामगारों को संगठित करने में कोई खास रूचि नहीं लेती।

यूनियनें छेड़खानी, हत्या, बलात्कार, बच्चों की देखभाल, पुरूष सत्ता के उत्पीड़न, दहेज आदि जैसी प्रमुख महिला समस्याओं की ओर ध्यान नहीं देती हैं।

अवसरवादी ट्रेड यूनियनें प्रबन्धक के साथ समझौते के समय महिला कामगारों

को उचित स्थान नहीं देती है। कुछ यूनियनें महिलाओं को अपने स्वार्थ में भी इस्तेमाल करती हैं। कुछ लोग सक्रिय महिलाओं के बारे में चरित्रहीनता की अफवाहें फैलाते हैं इसके अलावा महिला कामगारों को पति और पारिवारिक एतराज का भी सामना करना पड़ता है।

महिलाओं पर बढ़ते सामाजिक उत्पीड़न की आलोचना करना एक फैशन हो गया है। इस सत्य को लोग भूल गये हैं महिलाओं की सामाजिक हैसियत श्रमिक और उत्पादक के रूप में उनकी स्थिति से सीधे तौर पर जूड़ी हुई है। मुख्यतः श्रमिकों एवं उत्पादकों के रूप में ही महिलाओं को शोषण के अन्तहीन जुल्मों का सामना करना पड़ता है। जब महिलाएं एक जुट होकर विरोध करेंगी तभी वे इस दुहरी मार से बच सकेंगी।

मानव जाति पर बच्चों का वह ऋण है कि वे उन्हें अपनी श्रेष्टतम विरासत सुलभ कराये और अपने इस कर्तव्य के पालने के लिए सभी दायित्वों की पूर्ति हेतु वचनबद्ध हो। दुर्भाग्यवश सभी कानून और घोषणायें कागजों पर ही सीमित हैं। इस परिपेक्ष्य में यदि हम अपने देश में बच्चों की स्थिति, विशेषकर बाल श्रमिकों को देखें तो वह अत्यंत भयावह है।

एशिया के बाल श्रमिकों का 33 प्रतिशत तथा पूरी दुनिया के बाल श्रमिकों का 25 प्रतिशत भारत में है। श्रम मंत्रालय द्वारा प्रायोजित एक सर्वेक्षण के अनुसार देश में 8 करोड़ 80 लाख बाल श्रमिक हैं, लेकिन मजदूरी वास्तव में केवल 1 करोड़ बच्चों को ही मिलती है। देश में 5 से 15 वर्ष के वर्ग समूह का प्रत्येक चौथा बालक श्रम करके कमा रहा है। बालक श्रमिकों ने 62 प्रतिशत बड़ी उम्र के, 22 प्रतिशत मध्य उम्र के और शेष 16 प्रतिशत नादान उम्र के हैं।

इनसे 8 करोड़ 80 लाख बाल श्रमिकों में से लगभग 19 प्रतिशत बच्चे ग्रामीण क्षेत्रों के हैं। जबकि शेष 21 प्रतिशत शहरी क्षेत्र के हैं।

देश के कुल बाल श्रमिकों में से 64.2 प्रतिशत निरक्षर है, इनमें से लड़कियों की संख्या लड़कों से अधिक है। बाल श्रमिकों से प्रतिदिन 8 से 12 घन्टे काम लिया जाता है और इनके काम का समय भी बंधा हुआ नहीं है। अन्य किसी प्रकार की सुविधा तथा नौकरी की गारंटी का तो प्रश्न ही नहीं उठता है।

संगठित श्रमिक तो अपने ऊपर होने वाले अत्याचारों और शोषण के खिलाफ संगठित होकर संघर्ष कर अपने हितों की रक्षा कर सकते हैं, लेकिन असंगठित बाल श्रमिकों का यह वर्ग अर्थात् जो ---- देश के कुल श्रमिकों का सातवां हिस्सा सदियों से शोषण और उपेक्षा का शिकार बना हुआ है। सर्वोच्च न्यायालय के निर्णय के अनुसार ऐसे सभी श्रमिक जिन्हें सरकार द्वारा निर्धारित न्यूनतम दर से कम मज़दूरी प्राप्त होती है, बंधुआ श्रमिक हैं।

इस निर्णय के परिपेक्ष्य में यदि हम भारत के बाल श्रमिक की स्थिति का

आंकलन करें तो वे सभी बंधुआ श्रमिक हैं। दुनिया के इस सबसे बड़े गणतंत्र में वे हासिये पर बैठे नागरिक हैं।

शहर के अथवा देहात, में अधिकांश बाल श्रमिक घरेलू नौकर हैं। इनके बाद उन बच्चों का स्थान है जो शहरों के ढाबों और रेस्टोरेन्ट के भट्टी सुलगाने से लेकर बर्तन धोने, दुकानों में माल उठाने व रखने आदि का काम करते हैं। शहरों के बाल श्रमिकों का 83 प्रतिशत भाग इन्हीं कामों में लगा हुआ है।

1981 की जनगणना के अनुसार आंध्र प्रदेश में सबसे अधिक बाल श्रमिक हैं। दूसरे स्थान पर मध्य प्रदेश आता है, फिर क्रम में महाराष्ट्र, उत्तर प्रदेश और कर्नाटक है।

भारतीय विधि संस्थान, बंगलौर द्वारा किये गये सर्वेक्षण के अनुसार बंगलौर में कम से कम 10.5 प्रतिशत बाल श्रमिकों की उम्र दस वर्ष से कम है और कुछ बाल श्रमिकों की उम्र तो पांच वर्ष से कम पाई जाती है। 65.33 प्रतिशत बाल श्रमिकों को प्रतिदिन 8 से 12 घंटे काम करना पड़ता है। जबकि 10 प्रतिशत ऐसे बाल श्रमिक हैं जो प्रतिदिन 12 घंटे मजदूरी करते हैं।

बम्बई में 25 प्रतिशत बाल श्रमिक 6 से 8 वर्ष के बीच काम प्रारम्भ कर देते हैं, 10 से 12 वर्ष तक 48 प्रतिशत बच्चे कमाने लगते हैं। और शेष 21 प्रतिशत बाल श्रमिक 13 से 15 वर्ष तक अपना पेट स्वयं भरने लगते हैं। कुछेक तो कुपोषण, बीमारी और अधिक श्रम से पहले मर जाते हैं।

आशावादी कल का आधार आज का स्वस्थ एवं शिक्षित बालक हैं। जिस देश का बचपन भूखा हो उस देश की जवानी क्या होगी। अवैध, लाचार, दीन-हीन, निराश्रित बच्चे सड़क, जंगल, झाड़ी, नाले, नदी में समाप्त हो जाते हैं और बचे-खुचे अगर बच जाते हैं तो बड़े घरों में खिलौना के रूप में, भिखारियों के यहाँ, भिखमंगे अपराधियों के यहाँ आतंकवादी, शातिर बदमाशों, तस्करों, माफिया के यहाँ पाल पोसकर क्रमशः बड़े होकर उनके प्रशिक्षण और निर्देशन में जघन्य अपराध, चोरी, हत्या का काम किसी प्रकार बड़े होकर करते हैं और बाद में वैसे ही हो जाते हैं। बचे-खुचे अभावग्रस्त बच्चे अपना बचपन काम करते हुए बिता देते हैं। दिसम्बर-जनवरी की कड़ाकेदार ठंड में सुबह सुबह ठिठुरते हुए बाल श्रमिक किसी ढाबे अथवा होटल में भट्टी सुलगाने और सफाई करते हुए देखे जा सकते हैं। शहर के भीड़ भाड़ भरे इलाके में ऐसे ही बच्चे पत्र-पत्रिकाएं बेचते अथवा रिक्शा खींचते नजर आते हैं। पार्किंग में खड़ी कार वाले साहब लोगों का सामान पहुंचाने अथवा कार साफ करते, शीशा, पोंछते नजर आते हैं। कारखानों, खादानों, बागों में तो इन मासूमों का तेल निकाल लिया जाता है। ये बच्चे पूरी तरह मालिकों की दया पर जीते हैं। दिन भर मालिकों की गाली सुनना एवं मार खाना इनकी नियती है।

लगभग एक दशक पूर्व प्रकाशित श्रम मंत्रालय की एक रिपोर्ट के अनुसार देश के लगभग एक करोड़ बच्चे अत्यंत विषम परिस्थितियों में काम करते हैं जिनमें से छठा हिस्सा ऐसे बच्चों का है जो बहुत ही कम उम्र के हैं। रिपोर्ट में कहा गया है कि अधिकांश

श्रमिक अनपढ़ हैं। एक दिन में 7 घंटे से अधिक काम करते हैं। माचिस हथकरघा, बीड़ी, मांझा, मछली पालन, काँच (चूड़ी) उद्योग, गैराजों निर्माण कार्यों में बाल श्रमिकों का जमकर शोषण किया जाता है। फिरोजाबाद की काँच की चूड़ियों का उद्योग एवं तमिलनाडू में शिवकासी का माचिस उद्योग इन्हीं बाल श्रमिकों के बल पर चल रहा है। लोकलेखा समिति की रिपोर्ट के अनुसार शिवकाशी के माचिस उद्योग में लगभग 5,000 बच्चे काम करते हैं, जिनमें से कुछ की उम्र 5 वर्ष है।

दिल्ली, जयपुर, अमृतसर आदि शहरों में बिकने वाले मशहूर पतंग और मांझे के खरीददारों को शायद इस बात का अहसास भी न हो कि इस धारदार मांझे को तैयार करने में न जाने कितने मासूम मासूम बच्चों की हथेली और अंगुलियाँ लहुलूहान हो जाती हैं। मांझा तैयार करने एक छोर से दूसरे छोर तक कई कतार में बंधी हुई डोर पर हाथ से काँच का बुरादा मिश्रित मसाला चिपकाने, मांजने, साफ करने वाले बच्चों को दिन भर की रक्तरंजित हाथों की मजदूरी बहुत कम मिलती है।

आखिर नियोक्ता व्यस्क श्रमिकों के बजाय बाल श्रमिक रखना पसंद क्यों करता है? यदि इस प्रश्न की गहराई में उतरा जाए तो उत्तर स्वयं ही मिल जाता है। बाल श्रमिक रखने का सबसे बड़ा कारण इनका बहुत सस्ते श्रम के रूप में उपलब्ध हो जाना है। यद्यपि बच्चों की कार्यक्षमता कम होती है लेकिन अधिक से अधिक घन्टे काम करवा कर नियोक्ता कसर पूरी कर लेता है।

इसके अतिरिक्त ये बाल श्रमिक आज्ञाकारी भी होते हैं और सबसे बड़ा लाभ तो यह है कि इनसे नियोक्ता को हड़ताल, आंदोलन आदि को कोई खतरा नहीं होता। बाल श्रमिकों को दबाना बहुत आसान है। इनको घरेलू नौकर के रूप में भी रखा जाता है। घरेलू कुत्ते बिल्ली की सफाई व देखभाल से लेकर बागवानी का काम भी निवास पर करते हैं। कुल मिलाकर बाल श्रमिक रखना नियुक्ता के लिए एक लाभप्रद सौदा है। इसी कारण बाल श्रमिकों को रोजगार दिया जाता है।

शारीरिक एवं मानसिक प्रताड़ना से बाल श्रमिक गम्भीर एवं जटिल रोगों का शिकार हो जाता है। 8 से 12 घंटे तक लगातार काम करते हुए एवं इस दौरान विश्राम की व्यवस्था न होने से मांस पेशियाँ शिथिल पड़ जाती हैं और शरीर के ढांचे में दोष हो जाता है। इंसान के मस्तिष्क एवं शरीर का 50 प्रतिशत विकास पाँच वर्ष की आयु में पूरा हो जाता है। शेष पच्चास प्रतिशत विकास अगले 15-20 वर्षों में पूरा होता है। इस दौरान बाल श्रमिकों के जबरदस्त शोषण के कारण उनका शारीरिक शोषण के कारण उनका शारीरिक एवं मानसिक विकास रूक जाता है। एक सर्वेक्षण से यह बात प्रमाणित हुई है कि 14 साल से कम आयु में काम शुरू करने वाले बच्चों व 18 साल की आयु के बाद काम शुरू करने वालों की लम्बाई में 4 सैंटीमीटर का अंतर आ जाता है।

भारतीय संविधान के नीति निर्देशक सिद्धान्त की धारा 39 और 45 के अन्तर्गत बाल मजदूरी समाप्त हो जाना चाहिए। इसके अतिरिक्त संविधान की धारा 24 के अन्तर्गत खादान, फैक्ट्री या और किसी भी प्रकार की खतरनाक नौकरी में

14 साल से कम उम्र के बच्चों को रोजगार देने पर पाबंदी है।

लोक लेखा समिति ने पाया है कि श्रमिकों के कल्याण के लिए मुख्य रूप से 13 श्रम कानून हैं। लेकिन उनके प्रावधानों में समानता नहीं है। प्रत्येक कानून के अन्तर्गत कामकाजी बच्चे के लिए न्युनतम आयु भी भिन्न-भिन्न है। फैक्ट्ररी कानून के अर्न्तगत 14 वर्ष से कम आयु के बच्चे को नहीं रख सकते, खानों में 15 वर्ष से कम आयु के बच्चों के काम करने पर पाबन्दी है जबकि बगान श्रमिक कानून के अन्तर्गत 12 वर्ष से कम आयु के बच्चे काम नहीं कर सकते।

बाल श्रमिक नियम एवं उन्मूलन अधिनियम 1986 के अनुसार व्यवसायों एवं उद्यमों में 14 वर्ष से कम आयु के बच्चों का नियोजन निषिद्ध है। ऐसे उद्यमों जिसमें बाल श्रमिकों का नियोजन निषिद्ध नहीं किया गया है उनमें कार्य करने की दशाओं को नियमित कर दिया गया है। सरकार कानून बनाती है, नियोक्ता कानून से बचने का रास्ता निकाल लेते हैं।

वस्तुतः बाल श्रमिक समस्या का स्रोत सामाजिक एवं आर्थिक है। गरीबी और बेकारी की वजह से बच्चे मजदूरी करने इस लिए विवश होते हैं। यद्यपि बाल श्रमिकों की दुदर्शा को देखते हुए मन यह कहता है कि बाल श्रम प्रतिबंधित होना चाहिए किन्तु व्यवहारिकता के धरातल पर ऐसा संभव नहीं है क्योंकि गरीबी और बेरोजगारी से पीड़ित ऐसे बच्चे जो निर्धन परिवार के हैं, उनका भरण पौषण कैसे और किस तरह होगा। गलत एवं असामाजिक कार्यों से बेहतर है कि वे अपनी आजीविका को बनाये रखने हेतु एक आर्थिक स्रोत स्वयं निकालें क्योंकि कोई सरकार या संस्था इसमें उनकी सहयोगी नहीं है। मात्र कानून से संरक्षण और भूख की क्षुधा की तृप्ति नहीं हो सकती है, इसके लिए कोई आय का स्रोत आवश्यक है। महंगाई चरम सीमा पर है। शिक्षा आज के युग में गरीब लोगों के वश से बाहर की चीज है। असमानता और विविधता चरम सीमा पर है। जीवन की हर वस्तु इतनी महंगी हो गयी है कि आम आदमी और निर्बल वर्ग के पहुंच से बाहर है। बढ़ती हुई महंगाई तथा आर्थिक विषमता के कारण लोग भूखमरी के शिकार होते जा रहे हैं। एक ओर सरकारी कर्मचारियों और विधायिका के सुख सुविधा पर राजकोष का बोरा खोल दिया गया है, बिना काम के उत्पादकता बोनस दिया जा रहा है, वेतन भत्तों में काफी बढ़ोतरी की रही है वही श्रमिक, कारीगर, दस्तकार, किसानों-मज़दूरों की स्थिति दयनीय है। ऐसे ही परिवार के बच्चे बाल श्रमिक और महिला श्रमिक हैं। जिनके लिए विशेष कार्य योजना की जरूरत है।

बच्चे भविष्य की आशा हैं। उनकी सुरक्षा का समुचित उपाय कर राष्ट्र स्वयं की सुरक्षा व संरक्षा की संपुष्टि करता है। बच्चों की सुरक्षा, स्वास्थ्य, शिक्षा एवं प्रशिक्षण पर खर्च किये गये आज के कुछ रूपये भविष्य की सबसे बड़ी पूंजी है। बाल श्रम किसी भी समाज के लिए कलंक है। जितनी जल्दी इसका नियमन व उन्मूलन हो सकेगा उतना ही उपयुक्त होगा।

अतः उपयुक्त यही होगा कि बाल श्रमिकों की कार्यदशा को अधिक अनुकूल बनाया जाये। बाल मजदूरों के स्वास्थ्य, पोषण एवं शिक्षण पर विशेष ध्यान दिया जाये। जनसंख्या पर रोक लगाने एवं बच्चों की शिक्षा की लम्बी भविष्य वाली योजनाओं पर विशेष ध्यान देने की आवश्यकता है।

मार्क्स ने सोचा था कि विश्व भर के श्रमिक पूँजीवाद के विरूद्ध संगठित हो जायेंगे। लेकिन ऐसा अब तक नहीं हो सका है। यह तभी संभव है जब विश्व के सभी मजदूरों का स्तर एक हो। पश्चिम बंगाल के मजदूर संघ असफल हो गये हैं क्योंकि पूंजी दूसरे राज्यों में पलायन कर गया है। अमेरिका के मजदूर संघ नाकाम साबित हो रहे हैं क्योंकि पूंजी मैक्सिको को ओर रूख कर रहा है। हमें रूस के मॉडल पर विचार करना चाहिए रूस में आइरन कर्टन बनाने वाले श्रमिकों को विगत में ऊँचे वेतन मान मिले। रूस का माल महंगा था, लेकिन आयात पर प्रतिबन्ध के कारण घरेलू बाजार में बिकता रहा। लेकिन इसमें अकुशल उत्पादन और भ्रष्टाचार जैसी गड़बड़ियो को रोकने के लिए, जो रूस में पैदा हुई, ऊँचे आयात करों के साथ घरेलू प्रतिस्पर्धा को प्रोत्साहित करना होगा।

अमीर देशों में श्रमिकों के वेतन गरीब राष्ट्रों की तुलना में तीस चालीस गुना अधिक है। भारत में आठ घंटे दिहाड़ी के एवज में सौ रूपये मिलते हैं, जबकि अमेरिका में लगभग अस्सी डालर, यानि करीब पैंतीस सौ रूपये अमेरिकी श्रमिकों को यह आशंका सता रही है कि उनके ऊँचे वेतन मान छिन जायेंगे। उनकी कोशिश है कि भारतीय श्रमिकों के साथ मिलकर वे ब्रिज्स्टोन कम्पनी में हड़ताल करा दें क्योंकि ऐसा करने पर यह कम्पनी दोनों देशों में अपने कारखाने बन्द करके चीन की ओर पलायन कर सकता है, जहाँ मजदूर संगठन प्रतिबंधित हैं।

इसका उल्लेख इसलिये उदाहरणार्थ किया गया ताकि बाल श्रमिक इस हकीकत को समझें और जब वे वयस्क होकर वयस्क श्रमिक हो तो उन्हें गुमराह न किया जाये। भारत ऐसा देश है जहाँ सदियों की गुलामी के बाद स्वतंत्र होने पर विरासत में मिला दूसरे पर शासन करने की वहीं शासन पद्धति, शिक्षा व्यवस्था जो अभी भी बरकरार है जिसमें आम जनता पिस रही है। उनसे श्रमिक कल्याण की आशा नहीं की जा सकती। जहाँ ऐसे प्रभुत्व के कारण सारी योजनाएँ निरर्थक हो रही हैं और इसका खामियाजा श्रमिकों और उनके परिवार को भुगतना पड़ रहा है।

प्रशासनिक दमन, आत्मघाती नेतृत्व और काम करने के गैर-राजनीतिक तरीकों के बीच पिस कर भारत का मजदूर बिखर कर रह गया है। संगठित क्षेत्र के मजदूरों की बदतर स्थिति है। मार्क्सवादी फोर्स इंटरनेशनल के एक वक्तव्य में बताया गया है कि पूंजी के पलायन होने से राष्ट्रीय स्तर के श्रमिक आंदोलन प्रासंगिक और नुकसानदेह हो गये हैं। वैशवीकरण के युग में मजदूरों के लिए एक ओर कुआँ है तो दूसरी ओर खाई है। यदि वे वेतन में कटौती नहीं स्वीकार करते तो कम्पनियाँ दूसरे देशों की ओर पलायन कर जायेंगी और वे लोग बेरोजगार हो जायेंगे, जैसे पश्चिम बंगाल

की अधिकांश कम्पनियाँ दूसरे प्रान्तों में चली गयी हैं। वैश्वीकरण के युग में भविष्य में वही तस्वीर आने की संभावना से इंकार नहीं किया जा सकता जैसा कि ब्रिजस्टोन कम्पनी के बारे में कहा गया है। बाल श्रमिक, महिला श्रमिक, भारतवर्ष में मजदूर तो इससे तो त्रस्त है ही, एक दिन वही हस्श्र सरकारी प्रशासनिक मशीनरी का भी होगा जो विदेशी कर्जे पर ऐश आराम कर रहा है और इसका भार आम जनता को भुगतना पड़ रहा है। विकास बजट की तीन चौथाई उनके स्थापना खर्चे में लगता है और श्रमिक इससे बुरी तरह प्रभावित होते हैं। इससे निजात पाने के लिये सरकार को इस पर ध्यान देना होगा। अन्यथा विषमता देश को लड़ायेगी।

4. देश के आर्थिक विकास में भारतीय लक्ष्मियों का योगदान

जिस समाज में नारी को संपति मानकर दाव पर लगाया जा चुका हो, जहाँ स्त्री की व्यक्तिगत संपति आज भी गोलमाल सी अवधारणा हो, वहां स्त्रियों की हजारों करोड़ रूपये की स्व-अर्जित संपति का स्वामिनी होना सिर्फ एक दो अपवादों को छोड़कर शेष सभी ने अपनी कौड़ी कौड़ी संपदा अपनी मेधा, कौशल और परिश्रम से जोड़ी है। ऐसी महिलाओं को हम लक्ष्मी का प्रतीक मानते हैं जिनके आर्थिक योगदान से देश की विकासशील योजनाओं सहित स्थापना व्यय की पूर्ति होती है ओर राजकोषीय घाटा पूरा होता है। ये सरकारी खजाना भरती हैं, खाली नहीं करतीं जबकि सरकारी राजकोष के लूटेरे महिमा मण्डित होते हैं। हमें आयकर दाताओं को सम्मानित करना चाहिए, उसके भक्षकों को नहीं। ऐसी दस धनाढय महिलाओं का राष्ट्रीय पटल पर उल्लेख आवश्यक है जो दूसरों के लिए प्रेरणा श्रोत एक मार्ग दर्शक बने।

1. किरण मजूमदार शॉ

देश की सबसे धनी महिला है। किरण के पास बायोकान कम्पनी के 39 प्रतिशत शेयर हैं जिनकी कीमत 2100 करोड़ रूपये है। वैसे बायोकान कम्पनी के कुल 65 प्रतिशत शेयर किरण और उनके पति जान शो के नाम कुल 26 प्रतिशत शेयर हैं। किरण मजूमदार बायोकान कम्पनी की चेयरपर्सन है और जिस तरह से उन्होंने कम्पनी की वित्तीय स्थिति को मजबूत किया, उससे भारतीय कारपोरेट जगत में उनकी साख बढ़ी है। किरण काम और संवेदना दोनों को जीवन के लिए महत्वपूर्ण मानती है। किरण का कहना है कि जब तक व्यक्ति संवेदनशील नहीं होगा, तब तक वह अपने व अपने काम के प्रति ईमानदार नहीं होगा। किरण का जीवन दर्शन एक दम स्पष्ट है। वे कहती है जीवन के दुखद अनुभवों को भूलकर सुखद अनुभवों के सहारे ही आगे बढ़ा जा सकता है। किरण की सफलता का महत्व इसलिए भी काफी है, क्योंकि कुछ समय पहले बायोकान कम्पनी का भारतीय कारपोरेट जगत में इतना अहम स्थान नहीं था। भारत की सबसे धनी महिला बनने से जहाँ किरण ने प्रसिद्धि पायी है, वही बायोकान कम्पनी का दर्जा ऊँचा हुआ है।

2. सुधा मूर्ति

इन्फोसिस कम्पनी के संस्थापक और भारतीय प्रबन्धन क्षेत्र के गुरू नारायण मूर्ति की पत्नी सुधा मूर्ति भारत की अग्रणी धनी महिला होने के साथ साथ प्रसिद्ध लेखिका और सामाजिक कार्यकर्ता भी है। इन्फोसिस के शेयरों के रूप में सुधा मूर्ति का कुल नेटवर्क करीब 800 करोड़ रूपये है। वे बेंगलूर की इंडियन इंस्टीट्यूट आफ इंजीनीयरिंग से कम्प्यूटर विज्ञान में स्नातक है और टेल्को कम्पनी में तकनीकी अधिकारी के रूप में काम कर चुकी है। मगर जब उनके पति नारायण मूर्ति ने इन्फोसिस कम्पनी शुरू करने का सपना देखा तो उस सपने को साकार करने के लिए सुधा ने टेल्को की नौकरी छोड़ दी और इन्फोसिस को आगे बढ़ाने में अपने पति का साथ दिया। इन्फोसिस कम्पनी मौजूदा समय में जिन ऊचाइयों को छू रही है, उसमें सुधा मूर्ति की मेहनत और त्याग का भी योगदान है। अब सुधा मूर्ति अपना ध्यान पूर्ण रूप से गरीबों की मदद में लगाना चाहती है। वे कहती हैं, हमने और हमारी कम्पनी ने काफी सम्मान और धन कमाया है। अब इस धन का कुछ भाग गरीबों तक भी पहुँचना जरूरी है। इसलिये मैंने गरीबों की सेवा को एक मिशन के रूप में लिया है।

3. रोहिणी नीलकणि

इंफोसिस कम्पनी के आरम्भ में जिसने नारायणमूर्ति का साथ दिया, वे है नंन्दन नीलकणि। उनकी पत्नी रोहिणी नीलकणि का नाम भारत की अग्रणी धनी महिलाओं में शुमार है। नंदन नीलकणि मौजूदा समय में इंफोसिस के सीईओ है। रोहिणी नीलकणि के पास करीब 700 करोड़ रूपये की पूंजी शेयरों के रूप में विद्यमान है। वे महाराष्ट्र की है, मगर बेंगलूर आने के बाद कन्नड भाषा के साथ उसकी संस्कृति को अपनाने में भी उन्होंने कोई कसर नहीं छोड़ी। इंफोसिस की शेयरधारक होने के अलावा इन्फोसिस से रोहिणी का एक और दिलचस्प रिश्ता है। वह इंफोसिस के कर्मचारियों के लिए “उन्मीलन” सम्मेलन का आयोजन करती है। इस सम्मेलन की वह संवालिका है। इस सम्मेलन में इंफोसिस के कर्मचारियों को अपने व अपनी कम्पनियों के बारे में सोचना और गहन चिंतन करने का मौका दिया जाता है ताकि वे उत्साह के साथ अपने दायित्वों का निर्वहन कर सकें। रोहिणी पत्रकार के साथ साथ एक लेखिका भी है, पर वह अक्षरा संस्थान के जरिये पूरे देश में शिक्षा प्रचार अभियान में जुटी हुई है। इस अभियान के तहत पुस्तकें आम लोगो को खासकर गरीबों तक पहुंचाने के लिए पुस्तकालयों की भी स्थापना की गयी है। रोहिणी इस अभियान को लेकर काफी उत्साहित है।

4. अनु आगा

थर्मेक्स लिमिटेड की पूर्व चेयरपर्सन और कम्पनी की बोर्ड सदस्य है, अनु आगा। 830 करोड़ रूपये की पूणे स्थित थर्मेक्स कम्पनी को इस ऊँचाई तक लाने का श्रेय किसी को जाता है तो वह है अनु आगा। पति राबिन्सन की जब वर्ष 1997

में मृत्यु हुई तो थर्मेक्स कम्पनी के भविष्य को लेकर अटकलों का बाजार गरम था। मगर अनु आगा ने हर चुनौती का सामना किया और थमैक्स को उस ऊँचाई तक पहुँचाया, जिसकी कल्पना उनके पति ने की थी। अब अनु आगा ने अपनी सुपुत्री को थर्मेक्स का चेयरमैन बना दिया है। अनु आगा के परिवार के पास थर्मेक्स के करीब 62 प्रतिशत शेयर है, जिसकी कीमत करीब 520 करोड़ रूपये है। थर्मेक्स कम्पनी अनु आगा के महत्व का पता इस बात से लगता है जब उन्होंने 4 अक्टूबर 2004 को सेवा निवृत होने का निर्णय लिया तो कम्पनी में हंगामा मच गया। कम्पनी के अधिकारियों का कहना था कि अनु आगा को कुछ और वर्ष यह जिम्मेदारी निभानी चाहिए। मगर 62 वर्षीय अनु नहीं मानी। वे कहती है, योजनाबद्ध तरीके से काम करो और जब तुम्हें लगे कि कोई इस कार्य को ज्यादा बेहतर ढंग से आगे बढ़ा सकता है तो योजनाबद्ध तरीके से उसे कमान थमा दो। समय रहते निर्णय लेना बेहतर होता है।

5. विद्या मोहन छाबड़िया

मुम्बई स्थित जम्बो समूह की चेयरपर्सन विद्या मोहन छाबड़िया को फारच्यून पत्रिका ने अंतर्राष्ट्रीय स्तर पर शक्तिशाली महिला उद्यमियों में शामिल किया है। दो अरब डालर के जम्बे समूह को वे किस तरह से संचालित कर रही है, यह इससे जाहिर होता है कि समूह की 25 देशों में 28 कम्पनियां है और बीस हजार से अधिक कर्मचारी उसमें कार्यरत है। यह समूह अब अंतर्राष्ट्रीय स्वरूप धारण कर चुका है। गहन अध्ययन और कार्य को ही विद्या सफलता की कुंजी मानती है। वे कहती है अगर आप के अंदर किसी चीज को पाने की गहराई से चाहत है और इसके लिए आप गहन परिश्रम करने को तैयार हैं तो समझिये वह चीज़ आप को मिल गयी। बस आप एकाग्र होकर अपने मन को उसी में लगायें।

जीवन में चुनौतियों को सहज रूप में लेनी वाली विधा मोहन छाबड़िया मानती है कि हर कार्य को शुरू करने से ज्यादा महत्वपूर्ण है उसकी आरंभिक मुश्किलों से निपटना। अगर इससे पार पा गये, तो समझिये आप सफल हो गये।

6. नैना लाल किदवई

एचएसबीसी सिक्यूरिटीज एण्ड कैपिटल मार्केटस (इंडिया) प्रा. लिमिटेड की वाइस चेयर-पर्सन नैना लाल किदवई का नाम देश की अग्रणी धनी महिलाओं में शुमार है। नैना की इससे भी बड़ी उपलब्धि यह है कि प्रबन्धन क्षमता के क्षेत्र में कुछ गिने चुने दिग्गजों की सूची में उनका नाम लिया जाता है। इसके अलावा सबसे अधिक वेतन लेने वाले उच्चाधिकारियों में वह अग्रणी स्थान रखती है। हमेशा खरा बोलने वाली नैना लाल किदवई इस बात से काफी खुश है कि इस बार फाच्यून पत्रिका ने अंतर्राष्ट्रीय स्तर के 50 सशक्त उद्यमियों में विद्या मोहन छाबड़िया के साथ उन्हें भी शामिल किया है। नैना ने हालांकि उद्यम और प्रबन्धन क्षेत्र में काफी उपलब्धियां हासिल की हैं मगर भारत में महिलाओं की दशा और स्वयं महिलाओं की सोच से वह काफी दुखी है। वे

कहती है, भारत में प्रतिभाशाली महिलाओं की कमी नहीं है और इसके लिए महिलाओं को स्वयं जागरूक होकर आगे आना होगा।

7. शहनाज हुसैन

सौंदर्य प्रसाधनों का भी बाजार कितना आकर्षक और फायदेमंद हो सकता है, यह शहनाज हुसैन ने साबित कर दिखाया है। शहनाज हुसैन समेत की कुल नेटवर्क के अनुसार 400 करोड़ का स्तर पार कर चुका है। मौजूदा समय में यह समूह सौंदर्य प्रसाधन बनाने के अलावा प्रशिक्षण केन्द्र, आर्युवेदिक मसाज केन्द्र और स्वास्थ्य रिसार्टस का भी संचालन करता है। शहनाज हुसैन समूह आर्युवेदिक और हर्बल उत्पाद बनाने में माहिर है और बाजार में इसका ब्राण्ड इतना प्रसिद्ध है कि इसके उत्पाद हाथों हाथ बिक जाता है। शहनाज का मानना है कि व्यक्ति को स्वस्थ्य रहने के साथ साथ सुन्दर भी दिखना चाहिए। बशर्ते खूबसूरती नैसर्गिक होती है, मगर जितनी भी खूबसूरती व्यक्ति को मिली है, उसको बढ़ाया या कम से कम चमकाया तो जा ही सकता है। शहनाज देश की अग्रणी महिला उद्यमी के रूप में खुद को स्थापित कर चुकी है।

8. प्रिया पाल

पार्क होटल श्रृंखला का दायित्व संभालने के बाद इसका एक तरह से कायाकल्प कर देने वाली प्रिया पाल की क्षमता का लोहा हर कोई मानने लगा है। प्रिया पाल एपीजे सुरेन्द्र पार्क होटल की अध्यक्ष है। उनको यह दायित्व तब उठाना पड़ा, जब उनके पिता की आकस्मिक मौत हो गयी। प्रिया ने तब एक चुनौती के रूप में पार्क होटल का दायित्व संभाला। इस सच्चाई से इन्कार नहीं किया जा सकता कि उस समय पार्क होटल का कारोबार उतना ठीक नहीं चल रहा था। प्रिया ने सबसे पहले पार्क होटलों का रंग-रूप बदला और उनको ग्राहकोन्मुख बनाया। होटल क्षेत्र में नयी कार्यशैली उन्होंने विकसित की और महिलाओं की कार्यक्षमता बढ़ाने में भी उनका योगदान सराहनीय रहा।

9. प्रीति रेड्डी

प्रीति रेड्डी अपोलो हास्पिटल समूह की प्रबंध निदेशक हैं। प्रीति की सबसे बड़ी उपलब्धि यह है कि चिकित्सा क्षेत्र में निवेशकों को आकर्षित करने की उनकी योजना को काफी सराहना मिली। सादगी पसंद प्रीति रेड्डी मानती है कि प्रबंधन क्षेत्र काफी चुनौतीपूर्ण है, क्योंकि योजना बनाने से ज्यादा कठिन उसका क्रियान्वयन करना है। हालांकि वह यह भी मानती हैं कि चुनौतियां तो अभी शुरू हुई हैं। अपने जीवन में अपने पिता को आदर्श मानने वाली प्रीति कहती है कि वह फैसले लेने में अपने पिता की बात को सर्वोच्च महत्व देती है।

10. चंद्रा कोचर

आईसीआईसीआई बैंक को बाजार में अहम जगह दिलाने वाली महिला है इसकी कार्यकारी निदेशक चंद्रा कोचर। चंद्रा कोचर की सबसे बड़ी विशेषता है कि उन्होंने बैंक को सबसे अहम मंत्र दिया, 'आम आदमी से सीधा सम्पर्क और उत्तम सेवा।' इसके लिए सर्वे से लेकर आम आदमी से बाकायदा सीधी बातचीत तक का अभियान भी चंद्रा कोचर के नेतृत्व में चलाया गया। इसी का परिणाम है कि खुदरा बैंकिंग व्यापार में आज आईसीआईसीआई एक आकर्षक और विश्वसनीय है और बाजार में इसका हिस्सा अन्य बैंकों की तुलना में कहीं ज्यादा है। चंद्रा प्रबंधन क्षेत्र में तो माहिर हैं ही, साथ ही वह यह भी जानती है कि कैसी स्थिति में कैसी रणनीति अपनानी चाहिए। कुछ समय पहले जब आईसीआईसीआई बैंक को लेकर अफवाहों का बाजार गरमाया तो चंद्रा ने लोगों को उनका पैसा वापस करने के लिए अपने कर्मचारियों को अतिरिक्त काउंटर खोलने का आदेश दिया। परिणाम सामने आया, महज 24 घंटों के अंदर सारी अफवाहों और अफरा-तफरी पर काबू पा लिया गया।

चतुर्थ खण्ड
भारतीय राजनीति और महिलाएं

10

प्रथम महिला प्रधानमंत्री एवं संसद में महिला नेता विपक्ष

1. भारतीय नारी और देश-शासन

प्राचीन भारतीय इतिहास, संस्कृति, साहित्य, शिला-लेखों के परिशीलन से यह जानकारी मिलती है कि प्रायः राजकुल में नारियां ज्ञान विज्ञान और ललित कलाओं में प्रवीण होने के साथ ही राजनीति और युद्ध काल की भी शिक्षा पाती थी। कालिदास के शब्दों में नारी गृहणी होने के साथ पति की सचिव भी थी। भारतीय नारी अपने पति प्रतिब्रत्य को अक्षुण्य रखकर ही अन्य विषयों में यथास्थान पति की सहायता करती थी। उसमें पति से आगे बढ़कर अपनी शक्ति दिखाने की स्पर्धा नहीं थी। उसका संपूर्ण ज्ञान पति के कार्यों में सहयोग देने का था। इस प्रकार बिना राजा का शासन बहुत उत्तम और न्यायानुकूल होता था, उसकी उस शासन व्यवस्था में राजमहिषी का भी सुंदरपरामर्श काम करता था। कितनी भी स्त्रियां अपने सहयोग से अयोग्य पति की समस्याओं को दूर करके उसे योग्य शासक बनाती थी। रानी चूडाला का जीवन इस संदर्भ में एक आदर्श है। भारतीय नारी को देवांगनाओं से यह प्रेरणा प्राप्त होती थी। महारानी कैकेई ने महाराज दशरथ के साथ साथ युद्ध में जाकर जिस धैर्य और साहस का उदात्त परिचय दिया, उससे केवल राजा को विजय नहीं मिली वरन् नारी जाति का गौरव भी बढ़ा।

महाभारत में युद्ध में जो राजा मारे गये थे, उनमें से जिनके पुत्र नहीं थे उसके राज्य उनके पुत्रियों को दिये जाने का आदेश पितामह ने युधिष्ठिर को दिया था। नवीं शताब्दी में उत्कल के राजा ललिता भरणदेव के देहान्त होने पर उनकी महारानी त्रिभुवन देवी ने ही राज्य का कार्यभार संभाला तथा बडी योग्यता से निर्वाह किया। चन्द्रगुप्त प्रथम अपनी लिच्छवी बंशिया महारानी कुमार देवी के साथ ही राज्य पर शासन करते थे। उसके सिक्के पर दोनों के नाम भी लिखे रहते थे। कौशम्बी के राजा जब बन्दी बना लिये गये थे, उस समय उनकी माता ने ही राज्य का संचालन किया था। "मसग" के नरेश जब समर भूमि में मारे गये उस समय उनकी रानी ने सेना का संचालन करके युद्ध आक्रमणकारी सिकन्दर का सामना किया था ईसवी सन् से दो सौ वर्ष पूर्व दक्षिण के सातवाहन साम्राज्य की रानी नयनिका ने अपने बालक राजकुमार के वयस्क होने तक स्वयं ही राज्य की देखभाल और शासन किया था। चौथी शताब्दी में विधवा रानी प्रभावती ने भी दस वर्षों तक अपने राज्य की रक्षा की थी। उस समय राजकुमार बालिग भी नहीं हुए थे। काश्मीर की रानी सुगंधा और विभा ने भी वैधव्य अवस्था में कई वर्षों तक अपने राज्य का भार वहन किया था।

पृत्वीराज के साथ समर सिंह युद्ध में मारे गये थे उस समय कुर्मदेवी ने मेवाड़ का शासन-सूत्र अपने हाथ में लिया और कुतुबद्दीन के आक्रमण पर बड़ी योग्यता से सैन्य संचालन करते हुए उसका सामना किया था। गुजरात के सुलतान बहादुरशाह ने जब चितौड पर आक्रमण किया, उस समय राणासागा के मारे जाने पर उनकी प्रथम विधवा रानी कर्मवती ने घनघोर युद्ध करके अपने युद्ध कोशल का परिचय दिया था। राणासांगा की द्वितीय पत्नी जवाहरबाई ने भी दुर्ग की रक्षा करते हुए वीरगति प्राप्त की थी।

मराठों के इतिहास से सिद्ध होता है कि कोल्हापुर की रानी ताराबाई इददलकस जी की अनुवाई, इंदौर की अहिल्याबाई तथा झांसी की सुविख्यात वीरांगना रानी लक्ष्मीबाई ने बड़ी कुशलता, नीति और बहादुरी के साथ राज्य का शासन और युद्ध किया था। ताराबाई ने कूटनीतिज्ञ औरंगजेब को पीछे खदेड़ा था।

दक्षिण भारत में अनेक शिला लेख मिले हैं जिनसे मालूम होता है कि नारियां शासन कार्य में भाग लेती थीं। सातवीं शताब्दी के मध्य में चालुक्य वंश के राजा आदित्य की महिषी विजयमदा बम्बई के दक्षिण में राज करती थी। 786 में ई. में राष्ट्रकूटों के राजा ध्रुव की रानी शील महादेवी ने राज्य सिंहासन पर सतारूढ़ होने के बाद एक भूमिखण्ड पुरस्कार रूप में अर्पण किया था। 1053 ई. में चालुक्य वंश राजा सोमेश्वर की महारानी भेली देवी वनवासी प्रान्त पर राज्य करती थी। सोमेश्वर की दूसरी रानी केटलादेवीपोतबन्द के अग्रहार की शासक थी। जयसिंह तृतीय की बड़ी बहन अक्वा देवी 1022 ई. में किसुकद जिले पर शासन करती थी। 1079 में विक्रमादित्य की बहन कुमकुम देवी कर्नाटक के धारवाड जिले के अधिकांश भाग पर शासन करती थी। विक्रमादित्य षष्ठ की प्रधान महारानी लक्ष्मीदेवी के हाथ में 18 धर्मार्थ दातव्य संस्थाओं का शासनधार था। 13वीं सदी में प्रसिद्ध यात्री मार्कोपोलो ने गुंटुर जिले पर एक रानी को शासन चलाते देखा था।

ॠग्वेद में नारी को सास-ससुर, ननद, पति और गृह की साम्राज्ञी होने का आर्शीवाद दिया गया है। यह सामान्य शासन के लिए नहीं, प्रेम और सदभाव के लिए है। इसी के द्वारा नारी सम्राट के हृदय की साम्राज्ञी बन बैठती थी आज के परिपेक्ष में अतीत का उल्लेख इसलिए किया गया है कि आधुनिक नारियां इसका परिशीलन करें तथा अपने आचरण और व्यवहार में अपनाये, अपने देश की ऐतिहासिक नारियों के शोर्य एवं पराक्रम को अपनी विरासत समझें। इसका अनुसरण कर अपने कर्मक्षेत्र में आदर्श प्रस्तुत करें।

यह सच है कि भारतीय समाज में महिलाओं की हीन स्थिति का सबसे बड़ा कारण उनका अशिक्षित होना है। लेकिन पढ़ी लिखी महिलाओं की भी जो दुर्गति है उसे देखकर यह नहीं कहा जा सकता कि पढ़ने लिखने के बाद महिलाओं को बराबरी का दर्जा मिल जायेगा। यही स्थिति उस पुरूष समाज की है जो सदियों से उपेक्षित, वंचित है और आजादी की आधी सदी से अधिक बीतने पर भी वे राष्ट्र की

मुख्य धारा से नहीं जुड़ सके। उनके उपर भी वही कुत्सित मानसिकता विराजमान है जो इने गिने संभ्रान्त, शासन सत्ता से जुड़े अवसरवादी लोगों की नारियों को छोड़कर शेष सभी नारियों में विद्यमान हैं, जिनको जानकर अंधकार के गर्त में रखा गया है ताकि उनका वर्चस्व बना रहे।

स्वतंत्रता प्राप्ति के बाद देश के जिन कमजोर वर्गों के सामाजिक सम्मान और बराबरी का अधिकार देने की व्यापक कोशिश की गयी उसमें एक वर्ग महिलाओं का भी है। खासतौर से पिछले दो दशकों में सामाजिक, आर्थिक शैक्षिक ओर राजनीतिक क्षेत्रों में महिलाओं की सक्रिय भागीदारी और उनके स्वांगिण विकास के लिए अनेक कार्यक्रम प्रारम्भ किये गये। आज इन्हीं का सुपरिणाम है कि महिलाओं के प्रति समाज के रूढ़िवादी दृष्टिकोण में काफी अन्तर आया है। परिणामस्वरूप ढीले पड़ गये सामाजिक बन्धनों की बदौलत आज भी भारतीय नारी अपेक्षाकृत अधिक जागरूक, शिक्षित आत्मविश्वासी और स्वावलम्बी बन चुकी है।

बाहरी दुनिया के वे क्षेत्र जिन्हें महिलाओं के लिए असाध्य मानकर वर्जित करार कर दिया गया था, वहाँ भी भारतीय महिलायें अपनी लगन और परिश्रम के बल पर सफलतापूर्वक हासिल कर रही है। वर्तमान समय में कोई भी ऐसा क्षेत्र नहीं है जहाँ महिला होने के आधार पर इन्हें रोका जाता हो अथवा इन्होंने अपनी जगह न बना ली हो। परन्तु ऐसी महिलाएं साधन संपन्न, उच्च शिक्षित, उच्च वर्ग की हैं जो हर क्षेत्रों में अपनी संपन्नता एवं साधनों के बल पर अपने पारिवारिक परिवेश के वर्चस्व से विराजमान है। उनमें विपन्न महिलाएं दलित, कमजोर, अति पिछड़े वर्ग की बहुत कम दिखाई देती हैं। बाबा साहब डॉ० अम्बेडकर ने एक बार कहा था "किसी समाज की प्रगति का अनुमान इस बात से लगाया जा सकता है कि उस समाज की महिलाओं ने कितनी प्रगति की है।" मेरा विचार है कि किसी समाज के उन्नत होने का मापदंड उस समाज के पुरूष न होकर स्त्रियां हुआ करती है।

इस तथ्य से इनकार नहीं किया जा सकता कि सामाजिक मान्यताओं व बंधन और पुरूष समाज की अधिकार प्राप्त प्रवृति सभी कुछ तो भारतीय समाज में नारी को सहना पड़ता है। उसका समूचा व्यक्तित्व कर्तव्यों के बोझ से दबा है। अधिकार विशेषरूप से अति पिछड़ी महिलाओं के हिस्से में नहीं है। जिससे वे अपना विकास कर सके।

भारतीय नारियों को अपने देश की चांद बीबी, रानी दुर्गावती, रानी लक्ष्मीबाई, अहिल्याबाई, कस्तूरबा गांधी, सरोजिनी नायडू, विजय लक्ष्मी पंडित, सुचेता कृपलानी इंदिरा गांधी जैसी सशक्त महिला राजनीतिज्ञों से प्रेरणा लेनी चाहिए। भारतीय राजनीति में महिलाओं का प्रवेश महात्मा गांधी के आहवान पर हुआ। भारतीय महिलाओं को वोट देने का अधिकार 1921 में ही मिल चुका था। राजनीति में उनकी भागीदारी तो अवश्य बढ़ी लेकिन अधिकांश महिलाओं में निरक्षरता और गरीबी के कारण उतनी राजनीतिक सक्रियता नहीं बढ़ सकी। सन् 1951 के लोक सभा चुनाव

में 51, 1957 में 70, 1984 में 161, 1999 में 210, 2003 में 218 महिलाओं ने हिस्सा लिया जिनमें से पुरूषों की भांति अधिकांश महिलाएं संभ्रान्त परिवार की हैं।

उपलब्ध आंकड़े प्रमाणित करते हैं कि महिलाओं की शिक्षा के स्तर में हुई वृद्धि के फलस्वरूप उनकी राजनीतिक जागरूकता भी बढ़ी है क्योंकि सन् 1957 में 39.6, 1989 में 48, 1999 में 52, 2003 में 54.65 प्रतिशत महिलाओं ने अपने मताधिकार का प्रयोग किया। शिक्षा के स्तर के साथ साथ मताधिकार का प्रयोग करने में उनकी अभिरूचि के बावजूद राजनीतिक क्षितिज में आधी से ज्यादा महिलाएं काफी पीछे हैं। इसका मूल कारण अशिक्षा और निर्धनता है। पंचायत चुनावों में महिला आरक्षण से महिलाएं सत्ता के गलियारे में आयीं लेकिन उनमें से अधिकांश आर्थिक सहयोगियों की ओर मुखापेक्षी है क्योंकि आज का चुनाव खर्च साधारण लोगों के बस से बाहर है।

सन् 1989 से लेकर 2004 तक के महिला वोट्स की समीक्षा करने से स्पष्ट है कि अधिकांश महिलाएं अपने पतियों की इच्छा के अनुरूप ही मतदान करती हैं। ऐसी प्रवृति लोकतंत्र के लिए घातक है। महिलाओं को अपने मतों का प्रयोग अपनी स्वेच्छा एवं विवेक से करना चाहिए। अब प्रश्न उठता है कि वे परिवार जो अपनी लड़कियों द्वारा अन्य किसी भी क्षेत्र के चुनाव में बाधक नहीं बनते। उन्होंने राजनीति को निषिद्ध क्यों कर दिया है। उसकी जो वजह सामने आती है वह मौजूदा राजनीति का भ्रष्ट स्वरूप। आज की राजनीति में काले धन और अपराधियों का वर्चस्व होना है। आज राजनेताओं की स्थिति यह हो गयी है कि उन्हें अपने स्वार्थ सिद्धि के लिए अपने प्रतिद्वंदियों पर कीचड़ उछालने में परहेज नहीं होता। इस कार्य में वे किसी भी स्तर तक जा सकते हैं। जाहिर है कि ऐसे माहौल में महिलाओं का खप पाना बहुत ही कठिन है। यही वजह है कि चन्द महिलाओं को छोड़कर इन दुर्गम रास्ते को पार करना कवचधारी महिलाओं के अलावा अन्य के लिए संभव नहीं है।

महिलाओं की राजनीति में सहभागिता के लिए उनका आगे आना तो जरूरी है ही। इसके अलावा उनकी शिक्षा प्रणाली के स्वरूप में भी परिवर्तन करना होगा। उन्हें ऐसी शिक्षा दी जानी चाहिए जिससे उनमें राष्ट्रीय जागरूकता की बढ़ोतरी हो। इसके साथ ही अखिल भारतीय स्तर पर जुझारू महिला संगठन खड़ा करना होगा ताकि समय-समय पर प्रान्तीय एवं राष्ट्रीय सरकारों पर दबाव डालकर पूरे समाज के लिए काम कर सके।

महिलाओं की राजनीतिक सहभागिता के कम होने का एक कारण पुरूष वर्ग की वह विचित्र मनोवृति भी है जो राजनीति में जाने वाली महिलाओं को अलग-अलग मापदण्ड से तौलती है। अधिकांश लोग यह मानते हैं कि महिला राजनीतिज्ञ सभी भावनात्मक संवेदनाओं के प्रति जड़ हो जाती है। किन्तु वस्तुतः ऐसा नहीं होता। आज भारतीय राजनीति में ऐसी महिलाएं है जो राजनीतिक दायित्वों के साथ घर और सामाजिक दायित्वों का भी भलीभांति निर्वाह कर रही हैं। राजनीति में रूचि रखने

वाली महिलाओं को तो इनसे प्रेरणा लेने की कोशिश करनी चाहिए और इस क्षेत्र से जुड़ी समस्त भ्रांतियों को तोड़ देना चाहिए।

मेरे जीवन की आंखों देखी एक ऐसी मर्मस्पर्शी घटना है जब मैं अपने शोध कार्य के दौरान एक प्रोफेसर दम्पति के आवास पर गया था। प्रोफसर विदेश से आने के बाद किसी गम्भीर बीमारी से पीड़ित थे। उन्होंने तीसरी बार चिल्लाते हुए कहा तुमने अग्नि के सामने दुख-सुख में साथ निभाने की कसम खायी है। अन्तर्रात्मा की आवाज सुनकर प्रोफेसर पत्नी जल्दी जल्दी कमरे में पहुंची जहाँ वे बिस्तर पर पड़े-पड़े शायद मुझे अपनी हालत की गम्भीरता का एहसास दिलाने की कोशिश कर रहे थे। उनकी धर्म पत्नी ने फौरन फोन कर चिकित्सक को बुलाया और तत्काल उपचार कराया। वह स्थिति देखकर मुझे लगा कि एक बीमार मर्द को सबसे ज्यादा फायदेमन्द सांत्वना होती है कि उसकी पत्नी घर के सारे कामकाज को छोड़कर उनकी सेवा करने को तत्पर है। भारतीय नारी आदर्श चरित्र इसी से झलकता है।

नेहरू गांधी परिवार की बहू सोनिया ने पहली बार संसद को अंदर से देखा है। लोक सभा की दर्शक दीर्घा में बैठने का सौभ्य तो उन्हें शादी के तुरन्त बाद से ही मिला है क्योंकि उस वक्त उनकी सास देश की प्रधानमंत्री थी। कई दशकों से दर्शक दीर्घ में बैठकर संसद देखने के अहसास को वह आज भी नहीं भूल सकी है। नेता प्रतिपक्ष की कुर्सी पर बैठे होने के बावजूद वह सदन में चल रही कार्यवाही से अनभिज्ञ दिखाई पड़ती है। उनके चेहरे पर आने वाले हाव-भाव से साफ नजर आता है कि वह जानने का प्रयास कर रही है कि सदन किस मुददे पर गरम है।

सोनिया में नेता प्रतिपक्ष में सबसे आश्चर्यजनक बात यह नजर आती है कि वह महत्वपूर्ण से महत्वपूर्ण मसले पर "इयर फोन" का इस्तेमाल नहीं करती है लेकिन खुद को सजग जाहिर करने के लिए अपने पास बैठे उपनेता से कान में कुछ फुसफुसाती जरूर नजर आती है।

संसद में कांग्रेस अध्यक्षा सोनिया गांधी को देखने के बाद नास्तिक भी परमात्मा पर विश्वास करने लगे हैं। नास्तिकों के अस्तित्व होने का कारण सोनिया का संसद तक पहुंचना नहीं वरन् नेता प्रतिपक्ष की कुर्सी तक रूक जाना है। 13वीं लोकसभा का चुनाव सोनिया गांधी और अटल बिहारी वाजपेयी के बीच हुआ। कांग्रेस को सत्ता में चाहने वाले सोनिया को देश का अगला प्रधानमंत्री मान रहे थे।

दूसरी तेजतर्रार महिला ममता बनर्जी है जो वाजपेयी सरकार में रेलमंत्री बनने के बाद केन्द्रीय मंत्री के नाते मिलने वाले सरकारी वाहनों के लालबत्ती वाले काफिले से मना कर दिया। पूरी सरकार चौंक गई। खुद अटल जी ने ममता को समझाया, गृहमंत्री के नाते लालकृष्ण आड़वानी ने भी उन्हें बताया कि सुरक्षा के नजरिये यह काफिला बहुत जरूरी है। परन्तु ममता ने कह दिया मुझे सुरक्षा कर्मियों की फौज नहीं चाहिए। एक दिन तो सबको मरना है फिर सुरक्षा का ताम-झाम क्यों और किसलिए?

ममता की तर्ज पर चल निकले हैं अरूण जेटली। सूचना और प्रसारण मंत्री के नाते उन्हें भी सरकारी कोठी सरकारी कार का प्रस्ताव किया गया। पर जेटली का उत्तर मेरे पास दिल्ली में घर और कार दोनों ही है फिर इन सरकारी सुविधाओं को क्यों लू।

यह सच है कि देश की आधी आबादी का दर्द आजादी के अठ्ठावन साल बाद भी खत्म नहीं हुआ है। जितनी आबादी बढ़ रही है, उतनी ही गति से उनका दर्द बढ़ रहा है। राष्ट्रीय सर्वेक्षण से स्पष्ट है कि शैक्षिक उत्पीड़न, यौन उत्पीड़न, सामाजिक असमानता एवं श्रम उत्पीड़न बढ़ा है। (हालाकि महिलाओं के उत्पीड़न, यौन उत्पीड़न, सामाजिक असमानता एवं श्रम उत्पीड़न बढ़ा है।) हालाकि महिलाओं के उत्पीड़न को रोकने के लिए सरकार ने कायदे कानून बनाये हैं लेकिन उसकी संरचना ऐसी है कि गर्भ से लेकर मृत्यु तक महिलाएं उपेक्षित एवं उत्पीड़ित होती हैं। गर्भ में रहने पर भ्रूण हत्या, जन्म होने पर उपेक्षा शिक्षा ग्रहण करने के सवाल पर समाज द्वारा नाक भौ सिकोड़ना महिलाओं के प्रति उपेक्षात्मक दृष्टिकोण का नतीजा है। यदि महिलाएं शिक्षा प्राप्त कर लें और वे घर से बाहर जाकर नौकरी, राजनीति या अन्य कोई कार्य करे तो भी ज्यादा आफत है। आज उन्हें हर क्षेत्र में संघर्ष करना पड़ता है और कभी-कभी तो उन्हें अपनी अस्मत ही लूटा देनी पड़ती है।

सच यह है कि भारतीय समाज में नारियों की हीन स्थिति का सबसे बड़ा कारण उनका अशिक्षित होना है। परन्तु शिक्षित नारी की जो स्थिति अधिकांशतः है उसे देखकर यह नहीं कहा जा सकता कि उन्हें बराबरी का स्थान सभी प्रकार से मिल ही जायेगा, दरअसल पढ़ाई लिखाई उनका शस्त्र है जो उनके संघर्ष में काम आयेगा। इस परिपेक्ष्य में 10वीं से 13वीं सदी की नारियों और आज की 20वीं से 21वीं सदी की नारियों की सूक्ष्म विवेचना से इसका समाधान खोजना होगा। कहीं ऐसा तो नहीं कि उनके स्वयं सत्ताधारी होने पर अपवाद स्वरूप कुछ को छोड़कर शेष की स्थिति, जैसी पहले थी है ओर उसी प्रकार बनी रहेगी। ये अहम सवाल ज्वलंत मुद्दे बनकर पहले थे, अब भी हैं और आगे भी बने रहेंगे।

अंग्रेजों के जमाने में भारतीय नौकरशाही की पहचान जनता से कटी हुई, धौंस धमकी के सहारे काम करने वाली शक्ति की बनी हुई है। जब इस दायरे में स्त्रियों का प्रवेश शुरू हुआ तो कुछ लोगों ने इसे उनके पोरू से समीकरण की दिशा में एक कदम माना। लेकिन आज जब महिलाओं की एक पूरी पीढ़ी नौकरशाही के शीर्ष पदों पर पहुँच गई है अब यह साबित हो रहा है कि जितनी नौकरशाही ने स्त्रियों को बदला है, उससे कहीं ज्यादा स्त्रियों ने नौकरशाही को बदला है। इस संदर्भ में हम सर्वप्रथम देश की महिला प्रशासनिक अधिकारियों की कुछ प्रमुख महिलाओं के व्यक्तित्व एवं कृतित्व को आम जनता के समक्ष प्रस्तुत कर रहे हैं जो इस कालांतर का स्वरूप स्पष्ट करने के लिए सार्थक होगा। साथ उन लोगों से प्रेरणा मिलेगी जो शासन प्रशासन में अग्रणी भूमिका निभा रहे हैं या निभायेंगे।

शशि त्रिपाठी

श्रीमती शशि त्रिपाठी 1970 बैच की विदेश सेवा की अधिकारी हैं। इन दिनों वह विदेश सचिव (पश्चिमी यूरोप) पद पर तैनात हैं। हाल में ही वह इस पद पर नियुक्त हुई हैं। अगस्त 2002 से अभी तक वह कनाड़ा में भारतीय उच्चायुक्त के पद पर तैनात थीं। वह देश-विदेश में कई महत्वपूर्ण पदों पर रह चुकी हैं जिनमें अमेरिका में महा वाणिज्यिक राजदूत (1998-2002), जिम्बाम्बे में भारतीय उच्चायुक्त तथा वर्ष 1994-97 के बीच पोलैंड में राजदूत के रूप में तैनाती प्रमुख है। भारत का विदेशों में प्रतिनिधित्व करने में उनका योगदान सराहनीय रहा है और वह ऐसे पदों पर नियुक्ति के काबिल चंद गिने-चुने अफसरों में मानी जाती हैं। भारत सरकार में वह कई मंत्रालयों में संयुक्त सचिव तथा अतिरिक्त सचिव के पदों को सुशोभित कर चुकी हैं तथा भारतीय सांस्कृतिक संबंध परिषद की उप सचिव भी रह चुकी हैं। पटना विश्वविद्यालय से स्नातकोत्तर श्रीमती त्रिपाठी का कला और संगीत के प्रति विशेष रुझान है। उनके पति मणिलाल त्रिपाठी भी भारतीय विदेश सेवा के अफसर हैं तथा इन दिनों जापान में राजदूत हैं। श्रीमती त्रिपाठी रूसी भाषा की भी अच्छी जानकार हैं।

कंचन चौधरी भट्टाचार्य

पुलिस प्रशासन में महिला अधिकारियों का उच्च पद पर होना अब कोई बड़ी बात नहीं है लेकिन किसी राज्य के पुलिस महानिदेशक पद को सुशोभित करने का गौरव पहली बार जिस महिला अधिकारी को मिला वह कंचन चौधरी भट्टाचार्य हैं। 1973 बैच के उत्तर प्रदेश कैडर की भारतीय पुलिस सेवा की इस अधिकारी को 25 जून 2004 को उत्तरांचल का पुलिस महानिदेशक बनाया गया है। इससे पहले भी वह पुलिस महकमे के कई महत्वपूर्ण पदों पर रह चुकी हैं। उन्होंने अपना कैरियर मलीहाबाद (लखनऊ) के अपर पुलिस अधीक्षक के पद से शुरू किया। उसके बाद उन्होंने लखनऊ में ही अपराध शाखा की पुलिस अधीक्षक, बरेली रेंज की डीआईजी, आईजी (कार्मिक) लखनऊ रेंज, मुंबई और दिल्ली में सीबीआई के कई महत्वपूर्ण पदों तथा केंद्रीय औद्योगिक सुरक्षा बल में कई पदों की जिम्मेदारियों का सफलतापूर्वक निवर्हन किया। श्रीमती भट्टाचार्य का कहना है कि अब यह धारणा खत्म हो चुकी है कि महिलाएं बड़े पदों पर नहीं पहुंच सकतीं हैं। उनका मानना है कि अब गांवों की महिलाएं अपने अधिकारों की बात को जोर-शोर से उठाने में सक्षम हैं इसलिए अलग से महिला थाने स्थापित किये जाने की जरूरत नहीं है।

निरुपमा राव

श्रीमती निरुपमा राव 1973 बैच की भारतीय विदेशी सेवा (आईएफएस) की अधिकारी हैं तथा आजकल श्रीलंका में भारतीय उच्चायुक्त के रूप में कार्यरत हैं। केरल मूल की श्रीमती राव विदेशी मंत्रालय की चर्चित प्रवक्ता भी रह चुकी हैं। वर्ष 2001 में उन्होंने आगरा में हुई ऐतिहासिक वाजपेयी-मुर्शरफ शिखर वार्ता के दौरान

सरकार के प्रवक्ता की जिम्मेदारी को बखूबी अंजाम दिया। विदेश मंत्रालय के प्रवक्ता के रूप में वह देश भर में चर्चित हुई तथा उन्हें मीडिया ने खूब पसंद किया। इससे पहले श्रीमती राव दिसम्बर 1995 से मार्च 1998 के बीच पेरू में भारत की राजदूत रही हैं। वह रूस में उप राजदूत रह चुकी हैं। भारत स्थित अमेरिकी दूतावास में वह प्रेस अधिकारी भी रही हैं जिसे तकनीकी भाषा में मिनिस्टर ऑफ प्रेस एंड इनफार्मेशन कहा जाता है। वह 1992-93 के दौरान हार्वर्ड यूनिवर्सिटी में प्रतिनियुक्ति पर कार्यरत रहीं। 1999-2000 में वह अमेरिका की मेरीलैंड यूनिवर्सिटी में अन्तरराष्ट्रीय विशेषज्ञ के तौर पर रहीं। ब्यूरोक्रेट के साथ-साथ श्रीमती राव एक मार्मिक कवयित्री भी हैं। हाल में उन्होंने अपनी अंग्रेजी कविताओं का संग्रह प्रकाशित कराया है। उनकी एक खूबी यह भी है कि वह कई भारतीय और विदेशी भाषाओं की जानकार हैं जिनमें अंग्रेजी के साथ-साथ जर्मन, स्पेनिश, हिन्दी, तमिल तथा मलयालम भाषा शामिल है।

पुनीता अरोड़ा

सेना में महिला अधिकारी अब महत्वपूर्ण पदों पर काबिज होने लगी हैं। डॉ. पुनीता अरोड़ा हाल में देश की पहली लेफ्टिनेंट जनरल बनी हैं। वह मूलतः डॉक्टर हैं तथा इन दिनों सशस्त्र सेना मेडिकल कालेज पुणे की कमांडेंट हैं। लाहौर में जन्मी श्रीमती अरोड़ा के पिता देश विभाजन के बाद भारत आ गये थे और उत्तर प्रदेश के सहारनपुर जिले में बस गये। उनके पिता भी फौज में थे। श्रीमती अरोड़ा को सेना में 36 साल की सेवा के बाद यह ओहदा प्राप्त हुआ है। इस दौरान उन्होंने सेना में मेडिकल कोर संबंधी अनेक महत्वपूर्ण पदों पर अपनी सेवाएं प्रदान कीं। जम्मू-कश्मीर में कई आतंकवादी वारदातों में हताहत हुए लोगों की चिकित्सा से जुड़े समूचे कामकाज का उन्होंने बखूबी संचालन किया। कुछ साल पूर्व जम्मू के कालूचक में जब आतंकवादियों ने सेना पर हमला किया था तब वह भी वहां मौजूद थीं। लेकिन उन्होंने अपनी जान की चिंता किये बगैर घायल जवानों का उपचार कर अपना कर्तव्य निवर्हन किया। जम्मू में ही रघुनाथ मंदिर पर हुए हमले के दौरान भी उन्होंने अपनी डाक्टरी सेवा घायलों को प्रदान की थीं।

मीरा बोरवणकर

श्रीमती बोरवणकर हाल में मुंबई पुलिस की अपराध शाखा की संयुक्त आयुक्त बनी हैं। उन्हें देश की सबसे तेज और दुनिया की दूसरे नंबर की काबिल पुलिस के सबसे ज्यादा महत्वपूर्ण महकमे में सर्वोच्च पद पर काबिज होने का मौका मिला है। मुंबई पुलिस के इतिहास में कोई महिला इससे पहले इस पद पर नहीं बैठी। इससे पूर्व वह राज्य में एसपी, डीआईजी, आईजी आदि पदों पर भी रह चुकी हैं। उनकी पहली नियुक्ति मुंबई के सातारा क्षेत्र में हुई थी जहां उन दिनों ज्वाला सिंह डाकू का आतंक था और कई पुरुष पुलिस अधिकारी उस पर काबू पाने में असफल हो गये थे। उन्होंने

ज्वाला सिंह डाकू को सीखचों के अन्दर किया और मुंबई के माटुंगा तथा धारावी इलाकों में 1981-91 में तैनाती के दौरान क्षेत्र में सक्रिय शराब माफिया की कमर तोड़ दी। तब इस क्षेत्र में शराब किंग वरदराजन मुदलियार का एकछत्र राज्य था जिसे उन्होंने तहस-नहस कर दिया। इन्हीं कारनामों के लिए उन्हें राष्ट्रपति पदक से सम्मानित किया गया। मूलतः पंजाब के गुरूदासपुर जिले की निवासी मीरा 1981 बैच की भारतीय पुलिस सेवा की अफसर हैं।

शोभना नारायण

श्रीमती शोभना नारायण ऐसी प्रशासनिक अधिकारी हैं जिन्होंने अपनी नौकरी को अंजाम देते हुए कथक नृत्य में भी देश-दुनिया में अपना नाम रोशन किया है। कथक नृत्य में महारत हासिल करने के लिए जितने अभ्यास की जरूरत होती है, उसमें किसी नौकरी की गुंजाइश नहीं रहती, लेकिन श्रीमती नारायण ने आर्थिक मामलों के महकमों के प्रमुख पदों पर कार्य करते हुए नौकरी और नृत्य दोनों कामों को बखूबी अंजाम दिया है। श्रीमती नारायण 1976 बैच की इंडियन आडिट एंड एकाउंट सर्विस कैडर की अधिकारी हैं। इन दिनों वह नोएडा स्थित इंटरनेशनल एकेडमी ऑफ इन्फॉर्मेशन सिस्टम आडिट में महानिदेशक पद पर तैनात हैं। इससे पूर्व भी वह आर्थिक और आडिट मामलों से संबंधित कई महकमों के प्रमुख पदों पर अपनी सेवाएं दे चुकी हैं। इनमें भारत के नियंत्रक एवं महालेखा परीक्षक (सीएजी) में प्रधान निदेशक (आडिट), ज्वाइंट कंट्रोलर जनरल ऑफ एकाउंट्स, डिप्टी डायरेक्टर वीएसएनएल तथा वित्त मंत्रालय में राजस्व निदेशक आदि पद शामिल हैं। कथक नृत्य के लिए उन्हें पदमश्री सम्मान दिया जा चुका है।

नीना रंजन

संस्कृति मंत्रालय में सचिव पद पर तैनात श्रीमती नीना रंजन अनेक सामाजिक महकमों के प्रमुख पदों पर कार्य कर चुकी हैं। वह गृह मंत्रालय में आफिशियल लैंग्वेज विभाग की सचिव तथा वाणिज्य मंत्रालय में अतिरिक्त सचिव, इंदिरा गांधी नेशनल सेंटर फॉर दि आर्ट में संयुक्त सचिव, युवा एवं खेल मामलों की संयुक्त सचिव, राष्ट्रीय जन सहयोग एवं बाल विकास संस्थान की निदेशक रह चुकी हैं। इसके अलावा वह संयुक्त राष्ट्र विकास कोष (यूएनडीपी), यूनेस्को, यूनीसेफ के कई महत्वपूर्ण कार्यक्रमों के संचालन में योगदान दे चुकी हैं। केंद्र में आने से पहले वह उत्तर प्रदेश सरकार में कई महत्वपूर्ण पदों पर कार्यरत रहीं। मूलतः दिल्ली निवासी श्रीमती नीना रंजन ने दिल्ली विश्वविद्यालय से डॉरेक्टरेट हासिल की। हार्वर्ड विश्वविद्यालय से उन्होंने जन प्रशासन में मास्टर डिग्री प्राप्त की है। उत्तर प्रदेश और केंद्र सरकार की दर्जनों योजनाओं में उन्होंने नीति-निर्माता की भूमिका का निर्वहन किया है। उन्हें एक ऐसे आईएएस अफसर की प्रतिष्ठा हासिल है जिसे सामाजिक मुद्दों से संबंधित नीतियों के निर्धारण का खासा अनुभव है।

लीना मेंहदले

महाराष्ट्र कैडर की 1974 बैच की आईएएस अधिकारी लीना मेंहदले ने महिला हितों के लिए उल्लेखनीय कार्य किया है। वह राष्ट्रीय महिला आयोग में संयुक्त सचिव पद पर भी कार्य कर चुकी हैं। आजकल वह पेट्रोलियम मंत्रालय में संयुक्त सचिव पद पर कार्यरत हैं। मूलतः बिहार की निवासी श्रीमती मेंहदले ने पटना विश्वविद्यालय से भौतिक विज्ञान में स्नातकोत्तर उपाधि ग्रहण की और ब्रडफोर्ड यूनिवर्सिटी से मास्टर ऑफ प्लानिंग की डिग्री हासिल की है। वह सामाजिक विषयों और बच्चों पर हिन्दी में सात तथा मराठी कवि की मराठी कविताओं का हिन्दी अनुवाद भी किया है। महिला समस्याओं पर वह समाचार पत्र-पत्रिकाओं में नियमित रूप से कालम लिखती रहीं हैं। पूर्व में वह सांगली (महाराष्ट्र) की कलक्टर, नासिक में राजस्व आयुक्त, इंडिस्ट्रयल डवलपमेंट कारपोरेशन की प्रबंध निदेशक तथा नासिक मुक्त विद्यापीठ की कुलपति भी रह चुकी हैं।

विजयलक्ष्मी विश्वनाथन

भारतीय रेलवे में वित्त आयुक्त के पद पर तैनात श्रीमती विजयलक्ष्मी विश्वनाथन की भूमिका रेलवे को आर्थिक पटरी पर कुशलता से दौड़ाने में रही है। चालू वित्त वर्ष का जनोन्मुखी रेल बजट तैयार करने में उनकी भूमिका सबसे ज्यादा महत्वपूर्ण रही है। श्रीमती विश्वनाथन अंग्रेजी साहित्य में स्नातकोत्तर हैं तथा जन प्रशासन में भी उन्होंने मास्टर डिग्री हासिल की है। वह रेलवे एकाउंट सेवा की अफसर हैं। उन्होंने अपने कैरियर की शुरुआत अतिरिक्त सदस्य (वित्त) के रूप में शुरू की थी। इसके बाद वह केंद्र सरकार के विभिन्न मंत्रालयों एवं रेलवे में महत्वपूर्ण पदों को सुशोभित कर चुकी हैं। वह दक्षिण रेलवे की अतिरिक्त महाप्रबंधक तथा 1973 तक विभिन्न विभागों के एकाउंट प्रभागों की प्रमुख रही हैं। रेल बजट तैयार करने में हर सरकार के कार्यकाल में उनकी भूमिका महत्वपूर्ण हुआ करती है।

जब देश में अनेकानेक लोग भूख से भर रहे हो तब पंचसितारा अथवा किसी अन्य सितारा जीवन शैली में रहने वाले लोगों का ऐयाशानी खर्च एक ऐसा अपराध है जिसे क्षमा नहीं किया जा सकता। धनी लोगों द्वारा सांप्रदायिक भाषाई या कबीलाई संघर्ष और हत्याओं को इसलिए बढ़ावा दिया जाता है ताकि वे स्वयं अपनी पापपूर्ण जीवनशैली पर आजीवन चलते रह सके। इन संघर्षों और हिंसा में अमीरों के बजाय गरीब ही मारे जाते हैं। अमीर लोग अपराधी हैं क्योंकि वे गरीबों का खाना छीन लेते हैं, उनकी बीमारियों से मुनाफा कमाते हैं। वे गरीबों को हथियार बेचते हैं, ताकि वे एक दूसरों को मारे, गरीबों को लूंज-पूंज बनाने के लिए नशे को अनेक रुपों में बेचते हैं। अमीर अत्यधिक अमानवीय है, और वे सभी जगह हमारे उपर शासन करते हैं। अनेक व्यक्ति और नीतियाँ इसके लिए जिम्मेदार हैं जिनको पहचान कर बदलना होगा।

विचारधारात्मक रूप से संघर्ष करने के लिए राजनीतिक पार्टियों के नेता अधिक उपयुक्त हैं पर किसी भी प्रमुख राजनीतिक पार्टी के एजेण्डे में विचारधारा पर विचार शामिल ही नहीं है। इसी खाली जगह में गैर राजनीतिक संगठन अपनी अधकचरी विचार-धाराओं के साथ प्रवेश कर रहे हैं। इस क्षेत्र में सृजनात्मक योगदान कर समन्वय की प्रक्रिया आरम्भ की जा सकती है। इस प्रक्रिया के द्वारा खालीपन को भरा जा सकता है तथा छोटी-छोटी विचारधाराओं के समन्वय से एक बड़ी तस्वीर बनाई जा सकती है जिसमें अर्थनीति, राजनीति और नैतिकता शामिल हो जो नारी समस्या और पीड़ा के समाधान हेतु हितकारी हो सकती है।

2. प्रधानमंत्री इंदिरा गांधी का व्यक्तित्व एवं कृतित्व

इंदिरा गांधी का व्यक्तित्व एवं कृतित्व जीवित होकर हमें महसूस कराने लगता है कि वह पहाड़ की तरह ऊँचा, कठोर भी लेकिन यही पहाड़ समय समय पर पिघलता भी है। रेगिस्तान के अंतहीन विस्तार को क्षितिज के पार तक ले जाता। यह व्यक्तित्व आंधी और तूफान के परिणामों वाला निर्णय लेने में नहीं हिचकता और राहतों की फुहार छोड़ने में भी नहीं चूकता। उद्याम नदी की तरह बहता है और समुद्र की तरह गहराता भी है। ऐसे व्यक्तित्व पर सदियों तक इतिहास की जिल्द नहीं चढ़ती क्योंकि उनका कृतित्व धरती आकाश की तरह बना रहता है।

सोवियत कवियत्री रोम्या करनालोवा की एक लम्बी कविता की पंक्तियों हिन्दी रूपान्तर बताता हैं कि श्रीमती इंदिरा गांधी केवल भारत की नहीं, विश्व की उन नेताओं में थी, जो इतिहास को दिशा ही नहीं देते, बनाते हैं।

> यदि तुम हो कृत संकल्प अकेले ही बढ़ चलने को,
> अंतिम लक्ष्य पाने में दीर्घकाल संभव है,
> पर सर्वप्रथम होगा
> कोई पथ प्रशस्त करने को,
> जैसे चले थे पंडित नेहरू और
> महात्मा गांधी,
> भारत माँ की मूर्त रूप चल पड़ी
> इंदिरा गांधी।
> विजय माल्य लेकर वे,
> कर रहे धरती का आलिंगन,
> बलिदानों के रक्त से भीगे,
> जिसके सारे कण-कण.........।

यह प्रमुख रूप से विचारणीय है कि वे कौन से गुण थे, जिन्होंने श्रीमती इंदिरा गाँधी को यह असाधारण ऊंचाइयाँ दी। निश्चय यह गुण थे देश-प्रेम, एकता और खुशहाली के सपने को जमीन पर लाने की कोशिश और इसके लिए आवश्यक निडरता और साहस। पिता के पत्र पुत्री के नाम, पंडित नेहरू ने उन्हें जिस संकल्प भावना के साथ काम करने और किसी से न घबराने की शिक्षा दी थी, वह आजीवन उनके काम आयी और तभी थमी, जब मौत की खामोशी ने उन्हें खुद में समा लिया। संकटकालीन परिस्थितियों में भी न घबराने की दृढ़ शक्ति उनके विरोधी तक प्रशंसक रहे।

यद्यपि राजनीति की दीक्षा उन्हें बचपन से ही मिलने लगी थी, तो भी प्रधानमंत्री के रूप में उनके करीब दो दशक इतने गतिशील रहे कि आज उनके अनेक राजनीति विशेषज्ञ उनके सारे व्यक्तित्व को इन्हीं वर्षों में बांधकर देखते हैं। 1966 में कांग्रेस की सिंडीकेट से जूझती इंदिरा हो या 1971 के भारत-पाक युद्ध की नायिका, प्रधानमंत्री बनते ही बैंक और बीमा राष्ट्रीयकरण करके प्रगतिशील छवि बनाने वाली और न्यस्त स्वार्थी को नाराज करने वाली नेत्री हो या अन्तर्राष्ट्रीय स्तर पर साम्राज्यवादी शक्तियों को नाराज करने वाली गुटनिरपेक्ष नेता, हर जगह उन्होंने एक निजी छाप छोड़ी और ख्याति अर्जित की।

लगभग 15 साल 11 महीने तक भारत की प्रधानमंत्री के रूप में राजनीति के आकाश पर ध्रुवतारे की तरह अटल रहने वाली श्रीमती इंदिरा गांधी ने अपने जीवन काल में काफी उतार-चढ़ाव देखे। 21 वर्ष की आयु में वे औपचारिक रूप से कांग्रेस की सदस्य बनी और फरवरी 1942 में फिरोज गांधी से विवाह करने के कारण उन्हें तमाम विरोधों का सामना करना पड़ा। विवाह के छः माह बाद ही उन्हें जेल जाना पड़ा। 1959 में उन्हें कांग्रेस अध्यक्ष बनाया गया पार्टी अध्यक्ष बनते ही उन्होंने बंबई राज्य का बटवारा किया व केरल राज्य में कम्यूनिस्ट सरकार को अपदस्थ कर दिया। 1960 में आम चुनाव में केरल में कांग्रेस को सत्तारूढ़ किया।

कम्युनिस्टों की वैधानिक सरकार को गिराने के कारण यदि बरसों तक कुछ राजनीतिक क्षेत्रों में इसकी आलोचना हुई। 1966 में मोरार जी देसाई के विरोध में वह खड़ी हुई और 169 के मुकाबले 333 वोटों से जीतकर प्रधानमंत्री बनी। पार्टी फैसले के बावजूद श्री संजीव रेड्डी के विरूद्ध श्री वी. वी. गिरि को राष्ट्रपति पद के लिए उम्मीदवार बनाया। श्री मोरार जी देसाई को उपप्रधानमंत्री के पद से बर्खास्त करके 14 निजी बैंकों का राष्ट्रीयकरण किया और कांग्रेस का ऐतिहासिक विभाजन किया तथा 1971 में भारी मतों से जीतकर वह पुनः प्रधानमंत्री बनी। विरोधी पार्टियों के महागठबंधन के इंदिरा हटाओ के नारे के उत्तर में उन्होंने "गरीबी हटाओ" का नारा दिया और श्रेयस्कर साबित हुई। 1971 में ही बांग्लादेश युद्ध में उन्हें अंतर्राष्ट्रीय स्तर पर लोकप्रिय बना दिया। देश के भीतर भी उनकी छवि ऐसी उभरी कि वर्षों तक राजनीति का पूरा मैदान उनके लिए खाली रहा।

इतनी कामयाबियों ने भी उन्हें कभी चैन लेने नहीं दिया। महंगाई और

भ्रष्टाचार के माहौल में 1974 में छात्र आन्दोलन शुरू हुआ, वहीं बिहार में स्व. जयप्रकाश नारायण ने आन्दोलन की बागडोर सम्भाल ली। एक तरफ पूरे देश की विरोधी पार्टियां और उत्तेजित जनता और दूसरी तरफ अकेली श्रीमती गांधी। असहयोग के इसी वातावरण में इलाहाबाद उच्च न्यायालय ने 12 जून 1973 को रायबरेली से श्रीमती गांधी का चुनाव रद्‌द घोषित कर दिया। हर तरफ असंतोष की आग फैली हुई थी। ऐसे वातावरण में कोई भी राष्ट्राध्यक्ष इस्तीफा देना श्रेयस्कर समझता, लेकिन श्रीमती गांधी ने 25 जून 1975 को आपातकाल की घोषणा कर दी। 1977 में आम चुनाव हुए और उनकी पार्टी बुरी तरह से पराजित हुई।

यह आपातकाल इस बात का संकेत था कि लाख सर्तकता के बावजूद न्यस्त स्वार्थ न केवल हावी हो गये थे बल्कि उन्हें अपने चंगुल में भी कर चुके थे। आपात काल और इसके पराभव में श्रीमती गांधी ने असीम ताकत के आगे उस जनता को जीतते हुए देखा जो अनेक आर्थिक-सामाजिक रोगों से ग्रस्त थी।

1977 में जिस तरह जनता पार्टी ने उन्हें जिस तरह से गिरफ्तार करने की कोशिश की, उससे उनकी लोकप्रियता एक बार फिर से बढ़ गयी। उन्हें संसद से निकाल दिया गया, लेकिन चिकमंगलूर के उपचुनाव में जीत कर वह फिर लोक सभा में पहुँच गयी। जुलाई 1979 में उन्होंने चौधरी चरण सिंह को सरकार बनाने का प्रलोभन दिया और सही वक्त पर समर्थन वापस लेकर आम चुनाव की मांग कर दी। जनवरी 1980 के चुनाव में श्रीमती गांधी दो तिहाई मतों से जीतकर पुनः सत्ता में वापस आ गयी, लेकिन 6 महीने बाद ही जून 1980 में उनके पुत्र और राजनैतिक सहयोगी संजय गांधो की विमान दुर्घटना में मृत्यु हो गयी। फिर असम आन्दोलन और पंजाब की समस्याओं ने उनकी परीक्षा लेनी चाही। स्वर्ण मंदिर में सेना भेजकर जहाँ उन्होंने अपनी दृढ़ता की फिर याद दिलायी, वही अपने परिवार पर सीधा खतरा भी मोल ले लिया। श्रीमती गांधी ने अपने कार्यकाल के दौरान जितनी चुनौतियां और विरोध का सामना किया, वह विश्व के किसी अन्य राष्ट्राध्यक्ष ने नहीं किया।

अणु विस्फोट और अंतरिक्ष विज्ञान की महत्वपूर्ण उपलब्धियों के साथ औद्योगिक प्रगति को वह कंप्यूटर और इलेक्ट्रानिक युग तक ले गयी। यह तेजी से एक व्यक्ति की तेजी नहीं, एक समाज को आगे, और आगे ले जाने की छटपटाहट को ही रेखांकित करती है। यह प्रगति एकांगी नहीं थी और खेती सहित अन्य क्षेत्रों में भी सभी थी। सांइस जैसी प्रतिष्ठित विज्ञान पत्रिका ने इस क्षेत्र की उपलब्धियों को हैरतंगेज माना है और कहा है कि इंदिरा गांधी जी के प्रारंभिक शासनकाल में जो भारत अन्यत्र आयात करता था, वह आज जिस तरह से निर्यात की स्थिति में से उसकी दूसरी मिशाल मुश्किल है। यद्यपि न्यस्त स्वार्थों के दबाव और कई अन्य कारणों से वह समाज के सबसे कमजोर तबके को खुशहाल देखने का सपना पूरा होते नहीं देख सकी, पर बीस सूत्री कार्यक्रम पर अधिकाधिक जोर उनकी इसी इच्छा को मुखर करता है।

इंदिरा जी के व्यक्तित्व एवं कार्य प्रणाली की तेजी और प्रभाव को देश की जनता एक रक्षा कवच रूप में देखने लगी थी और लोग मानते थे कि सीमाओं पर चाहे जितने खतरे हो, डियोगार्शिया सहित अनेक साम्राज्यवादी सैनिक अड्डे ठीक हमारे आसपास जुड़े हों, फिर भी हम सुरक्षित है। यह विश्वास पैदा करना साधारण काम नहीं है।

अन्तर्राष्ट्रीय स्तर पर भी वह खामोश नहीं रही और आज अनेक विपक्षी तक यह मानते हैं कि विश्व साम्राज्यवाद और उसके बढ़ते खतरों के प्रति उनकी भूमिका सराहनीय रही। निर्गुट शिखर सम्मेलन हो या राष्ट्रमण्डल सम्मेलन, भारत ने उनके कार्यकाल में इसका आयोजन करके भारत ही नहीं उपमहाद्वीप की भूमिका को एक ऊँचाई दी। अनेक स्तरों पर, गरीब और विकासशील देशों के साथ न्याय पर आधारित जिस विश्व अर्थव्यवस्था की चर्चा आजकल है, उसकी शुरूआत में श्रीमती गांधी की भूमिका की उपेक्षा नहीं की जा सकती। उनके नेतृत्व में निर्गुट और साम्राज्यवादी देश एक ऐसी धुरी बन रहे थे, जिससे विश्वव्यापी साम्राज्यवादी हथकंडे लगातार बेनकाब हुए।

इस चतुर्दिक सक्रियता के चलते हुए वह अच्छी तरह जानती थी कि न्यस्त स्वार्थों का एक बहुत बड़ा वर्ग लगातार न केवल नाराज हो रहा है बल्कि उनकी जिन्दगी को भी समाप्त करने की कोशिश में है। इस पर भी न उन्होंने समझौता किया और न डरकर बैठी। असम और पंजाब के विवाद भले ही ऊपर से छोटी छोटी समस्याओं को लेकर शुरू किये गये थे, अब यह साफ हो चुका है कि उनको साम्राज्यवादी ताकतों का समर्थन प्राप्त था और है। उसको नियंत्रित करने के लिए इंदिरा जी ने कुछ उठा नहीं रखा। राष्ट्रीय एकता, अखण्डता और धर्मनिरपेक्षता के सिद्धांतों पर हमेशा अडिग रही। देश की प्रगति, एकता और खुशहाली को उन्होंने किसी भी छोटे स्वार्थ के सामने गिरवी नहीं रखा।

अक्सर उन पर तानाशाह होने का आरोप लगा, सारी ताकत अपने पास रखने का आरोप लगा, पर यह भी सही है कि अन्य लोगों और यहाँ तक कई राष्ट्रीय नेताओं के व्यक्तित्व और कार्यप्रणाली इतनी बौनी हो चुकी थी कि वे अपने नेतृत्व की कोई सार्थक तस्वीर पेश करने में विफल रहे। उनकी तेजी और प्रभावी व्यक्तित्व के कारण भले ही कई अवसरों पर ऐसी आशंका दिखाई दी हो, पर हर बार उन्होंने साबित किया प्रजातंत्र में उनका विश्वास कभी नहीं टूटा।

अपने गतिशील प्रधानमंत्रित्व काल के दौरान उनकी तेजी, ढलती उम्र के बावजूद आखिरी क्षण तक कायम रही। जन सभाओं में तेजी से सीढ़ियाँ चढ़ने 16-16, 18-18 घंटे तक काम करने और तड़फड निर्णय लेने की क्षमता पर हर एक दातों तले उंगली दबा कर देखता रहा। यह इस बात का प्रतीक है कि श्रमेव जयते का नारा उन्होंने कोरी भावुकता या नारेबाजी के तहत नहीं दिया था। उनकी सक्रियता इस बात का प्रतीक है कि आदमी को तेजी का माध्यम मात्र शरीर ही नहीं

होता उसकी संकल्पवत्ता भी होती है। उनकी तेजी, उनकी संकल्पशीलता और विश्वासों के प्रति अडिगता ने कभी ठहरे हुए तालाब का रूप नहीं लिया और एक गतिशील नदी के रूप में अपने लक्ष्य के प्रति वे आजीवन समर्पित रही।

यद्यपि उनके व्यक्तित्व और उपलब्धियों के बारे में यहाँ लम्बी चर्चा हुई है, पर यह भी एक तथ्य है कि विभिन्न कारणों से आर्थिक न्याय की लड़ाई वे शुरूआती भूमिका के बावजूद आगे नहीं बढ़ा सकी, ऐसा हो सकता कि, महंगाई रुक सकती, बेरोजगारी और गरीबी नियंत्रित हो सकती तो शायद वे इतिहास में नेहरू जी से भी बड़ी जगह बनाती। परन्तु उनके कार्यकाल में ऐसे-ऐसे व्यवधान और कंटक आये कि वे इस ओर ध्यान केन्द्रित नहीं कर सकी, जिसका दुष्परिणाम भारत की गरीब जनता अन्याय, शोषण, भ्रष्टाचार, असुरक्षा, कमरतोड़ महंगाई को विवश होकर झेल रही है और उनकी गाढ़ी खून-पसीने की कमाई पर शासन प्रशासन बेरोक-टोक राजसी ठाट-बाट का आनन्द ले रहा है। उन पर किसी का नियंत्रण न होने के कारण नीचे से उपर तक नौकरशाही का बोलबाला है। देश की जनता उनके असीम व्ययभार को तिलमिलाते हुए झेल रही है। जिसकी वेदना और पीड़ा को इंदिराजी महसूस कर उनको राहत दिलाने हेतु क्रांतिकारी कदम उठायी थी।

आपातकाल के संदर्भ इंदिरा गाँधी के दृष्टिकोण के बारे में मेरी वार्ता कई टिप्पणीकारों और स्तंभकरों से हुई, उस पर भी संक्षेप में प्रकाश डालना आवश्यक है। 1977 के आम चुनाव में सत्ता के अपदस्थ हो जाने के बाद यह उम्मीद की जा रही थी कि श्रीमती इंदिरा गांधी अपनी उन भूलों और कार्यप्रणाली की खामियों पर विचार करेगी, जिनके कारण उनकी पार्टी पराजित हुई थीं। कोई भी व्यक्ति यह सोच सकता था कि 1971 के चुनाव में श्रीमती इंदिरा गांधी के नेतृत्व वाली जिस पार्टी को लोक सभा में दो तिहाई बहुमत हासिल हुआ था वही पार्टी 1977 के चुनाव में महज 150 सीटों पर क्यों और कैसी आ खड़ी हुई? इस स्थिति में श्रीमती गान्धी से ऐसी उम्मीद करना स्वाभाविक था कि उन्होने देश में उस समय ज्यादा गम्भीर स्थितियों से निपटना (जिसके कारण उन्होंने देश में आपातकाल लागू करवाया था) के लिए जो कदम उठाये थे उस पर तीखी प्रतिक्रिया हुई थी।

वस्तुतः उस समय श्रीमती इंदिरा गांधी जाँच आयोग के निष्कर्षों पर लगातार प्रहार कर रही थी। शायद उनकी यह सोच रही होगी कि ऐसा करके वह जनता द्वारा चुनाव में उनके खिलाफ दिये गये फैसले की धार को काफी हद तक कुंद कर देगी। उसी दौरान इलाहाबाद हाई कोर्ट के फैसले पर अपनी प्रतिक्रिया व्यक्त करते हुए श्रीमती गांधी ने कहा था "एक अदने न्यायाधीश द्वारा कपोलकल्पित आधार पर दिया गया यह फैसला समझ में नहीं आता है कि किस तरह देश के एक पूर्व प्रधानमंत्री को चुनाव लड़ने से प्रतिबंधित करता है।" कुछ इस तरह की प्रतिक्रिया संजय गाँधी ने भी व्यक्त किया था।

अब जब काल के अथाह समुद्र के साथ जुड़कर इंदिरा जी की व्यक्तिगत,

आर्थिक, सामाजिक, राजनीतिक यात्रा खामोश हो चुकी है। तो भी उसे असफल और अपूर्ण नहीं माना जा सकता। राष्ट्रीय एकता और इंदिरा जी के संदर्भ में यह भी ध्यान रखना होगा कि उस समय प्रतिक्रिया ही ताकतों का सबसे प्रमुख निशाना यही था। इनके रहने पर ही विकास और खुशहाली का सपना पूरा हो सकता। इसलिए राष्ट्रीय एकता धर्मनिरपेक्षता का संघर्ष टूटे नहीं इसको बचा के रखना युग की सबसे बड़ी माँग है।

3. रायबरेली—इंदिरा गांधी से सोनिया गांधी तक

भारत में होने वाले निर्वाचन के बारे में एक बात विश्वास के साथ कही जा सकती है कि लोक सभा में किसी भी राजनीतिक दल को अकेले स्पष्ट बहुमत नहीं प्राप्त हो सकेगा, जो संसद का निचला सदन है। आने वाले अनेक वर्षों तक यही स्थिति रहेगी। एक दल का युग तो 1969 में कांग्रेस के विभाजन के साथ ही समाप्त हो गया था और साथ ही स्वतंत्रता प्राप्त करने वाले दल के रूप में कांग्रेस की प्रतिष्ठा में भी कमी आ गयी थी। यह सत्य है कि दल में विभाजन के बाद भी कांग्रेस तीन आम चुनाव जीती, किन्तु इनमें से सभी (दो चुनाव में कांग्रेस इंदिरा गांधी के नेतृत्व में विजयी हुई थी और एक चुनाव व उन्होंने राजीव गांधी के नेतृत्व में जीता था) लोगों में यह संकेत भी मिल गया था उन लोगों के विरूद्ध रोष बढ़ रहा था जो उस समय सत्ता में थे। कांग्रेस के पक्ष में नकरात्मक वोट ही पड़ा था, परन्तु उससे भी कांग्रेस ने कोई सबक नहीं सीखा। विगत कुछ वर्ष तो पार्टी के लिए और खराब रहे हैं। यह अपना जमीनी आधार स्थल गवां बैठी है।

श्रीमती इंदिरा गांधी समाजवादी सोच की महिला थी। उन्होंने गरीबों, उपेक्षित, वंचित लोगों की पीड़ा और वेदना का एहसास था। उनको आत्म निर्भर बनाने हेतु कई विकास एवं कल्याणकारी योजनायें लागू कीं परन्तु प्रतिक्रियावादी और सामंती सोच वाले लोगों के कारण इसका लाभ सही मायने में पात्र व्यक्तियों को हासिल नहीं हो सका। उनके जीवन का अधिकांश समय अंतर्द्वन्दों के बीच जूझता रहा। इस दूरदर्शी और पक्का इरादा वाली महिला ने यह सोचा कि संगठन से लेकर शासन तक दलितों के साथ-साथ पिछड़े वर्गों को भी उनको उचित हक और सम्मान सहित हर क्षेत्रों में उनकी सहभागिता सुनिश्चित की जाये। अभाग्यवश वे अपने जीवन काल में पुर्नस्थापित नहीं कर सकी और मुठ्ठी भर लोग जिनका प्रभुत्व व अधिपत्य संगठन से लेकर शासन तक था उन्होंने अपने वर्चस्व को बनाये रखने के लिए इसका घोर विरोध किया जिसका परिणाम यह हुआ कि पार्टी दिन प्रतिदिन अपना जनाधार खोती गयी और उत्तर प्रदेश जहां से अधिकांश प्रधानमंत्री हुए वहां पर इसकी स्थिति यह हो गयी कि लोक सभा की 85 सीटों में किस प्रकार मात्र एक दर्जन सीट के इर्द गिर्द सिमट कर रह गयी और अधिकांश सीटों पर जमानत भी नहीं बचा पा रही है।

श्रीमती सोनिया गाँधी के कांग्रेस अध्यक्ष होने के बाद उन्होंने असलियत को भाप कर समान विचारधारा की पार्टियों के साथ गठबंधन की नीति अपनायी है

जिसके कारण कांग्रेस का कुछ जनाधार बढ़ता दिख रहा है। जिसके लिए उन्हें कठिनं श्रम, रोड शो व पदयात्रायें निकालनी पड़ी हैं। फलस्वरूप 14वीं लोकसभा में कांग्रेस को 145 और सहयोगी दलों को 74 सीटें मिली और वाम मोर्चा के सहयोग से क़ेन्द्र में कांग्रेस नीत गठबंधन सरकार की नींव डाली है जिसका विश्लेषण हम अलग से संबंधित खण्डों और अध्यायों में करेंगे जो भविष्य के लिए अनुगामी होगा।

उल्लिखित है कि सन् 1967 में इंदिरा गांधी ने अपने पति स्व. फिरोज गांधी की कर्मभूमि उ.प्र. की राजधानी लखनऊ से लगे रायबरेली को अपना निर्वाचन क्षेत्र बनाया तो 1977 के अपवाद को छोड़कर वह बराबर यही से विजयी होती रही। उनके कार्यकाल में यहां नया रेलवे स्टेशन बना, डाकघर बना, फिरोजगांधी नगर बसाया। औद्योगिक बस्ती की स्थापना कर आई.टी.आई. का निर्माण हुआ। पिछड़े क्षेत्र की सब्सीडी देकर निजी उद्योगों को प्रोत्साहन दिया गया। नयी सड़कें बनी, नये डाक बंगले। विकास की रोशनी घर-घर पहुंचने लगी। स्वर्गीय यशपाल कपूर ने अनेक उद्योगपतियों को यहां पूजीनिवेश के लिए आमंत्रित किया। मोदी कारपेटस सहित निजी क्षेत्र में कई कारखाने यहां खुले।

1980 में इंदिरा गांधी चिकमंगलूर से भी जीती तो उन्होंने यहां की कमान अरूण नेहरू को सौपी। अरूण नेहरू 1984 में रायबरेली से जीतकर केन्द्र में गृह राज्य मन्त्री बने लेकिन वह वी.आई.पी. संसदीय क्षेत्र उपेक्षित रहा। राजीव गांधी के चुनाव संचालक बीर बहादुर सिंह ने यहां सिंचाई सुविधाओं का तेजी से विकास किया, नयी सड़कें बनी। रायबरेली-सुल्तानपुर मार्ग और जगदीशपुर को मुशीगंज को जोड़ने वाली सड़क पक्की बनी। मुंशीगंज में संजय गांधी अस्पताल बना लेकिन रायबरेली से कांग्रेस को खत्म होता माना गया। अरूण नेहरू 1989 में बिल्हौर से चुनाव लड़ने चले गये।

1989 में अरूण नेहरू के जाने के बाद इंदिरा गाँधी की भाभी श्रीमती शीला कौल कांग्रेस टिकट पर जीती, फिर वह राम लहर में पुनः विजयी रही। नरसिंह राव सरकार में नगर विकास मंत्री बनने के बावजूद वह दिल्ली चली गयी। उन्होंने विकास के नाम पर कोई काम नहीं कराया। उसका नतीजा यह हुआ कि 1996 में यहां से उनका बेटा बिक्रम कौल भाजपा के अशोक सिंह से पराजित हो गया। 1998 में फिर अशोक सिंह भाजपा टिकट पर 2,37,204 वोट पाकर विजयी रहे। स.पा. के सुरेन्द्र बहादुर सिंह 1,96,482 वोट पाये, बसपा के रमेश कुमार मौर्य 1,30,342 तथा कांग्रेस के दीपाकौल 49,615 वोट पाकर चौथे स्थान पर रही।

1999 में कैप्टन सतीश शर्मा ने कांग्रेस की इस परम्परागत सीट को जीतकर कांग्रेस का परचम लहराया और क्षेत्र के विकास की ओर ध्यान दिया। उन्हें 2,24,202 वोट मिले, सपा के गजाधर सिंह को 1,50,613 बसपा के आनन्द लोधी को 1,37,775 वोट तथा भाजपा के अरूण नेहरू 1,36,217 वोट पा कर चौथे स्थान पर रहे। सही मायने में कांग्रेस की छवि और मतदाताओं का कांग्रेस के प्रति

लगाव बना रहा पर किसी ने इस क्षेत्र के लोगों से संपर्क कायम नहीं रखा। कांग्रेस के नाम पर नगर विधान सभा क्षेत्र से अखिलेश सिंह बराबर जीतते रहे जबकि भाजपा मनोज पाण्डे जिला पंचायत के अध्यक्ष ने विकास में रूचि ली।

अब सोनिया गांधी ने रायबरेली से चुनाव लड़ने का फैसला कर लोगों में कांग्रेस के प्रति उत्साह पैदा कर दिया है। सोनिया जी के आने पर इंदिरा युग की वापसी होगी। बदले माहौल में यहां विकास की गंगा बहेगी। यदि कांग्रेस ने वी.आई पी. क्षेत्र की तर्ज पर यहां काम किया तो फिरोज गांधी और इंदिरा गांधी के इस क्षेत्र में पुनः कांग्रेस पुराना गौरव हासिल कर लेगी। सोनिया जी में इंदिरा गांधी की छवि देखकर लोग आकर्षित हो रहे हैं।

लोक सभा चुनाव 2004 में श्रीमती सोनिया गांधी रायबरेली से, राहुल गांधी अमेठी से रिकार्ड मतों से चुनाव जीते हैं। सोनिया जी अपने निर्वाचन क्षेत्र का दौरा कर रही है। जो कांग्रेस की मजबूती के लिए प्रभावशाली होगा। स्थानीय जनता विकास और सुरक्षा चाहती है समाज के पिछड़े वर्ग, दलित और कमजोर वर्ग की महिलाओं ने अपनी-अपनी समस्याओं से उन्हें अवगत कराया। श्रीमती गांधी ने स्थानीय समस्याओं के निदान हेतु जिला प्रशासन तथा राज्य सरकार को आवश्यक कार्यवाही हेतु आग्रह किया और कार्यवाही से सूचित करने को कहा।

श्रीमती सोनिया गांधी अपने संसदीय क्षेत्र के दो दिवसीय दौरे पर आयी थी। उन्होंने क्षेत्र का विकास एवं जन समस्याओं को देखकर मुलायम सिंह सरकार पर इस क्षेत्र की उपेक्षा करने का आरोप लगाया है। उन्होंने कहा कि प्रदेश सरकार रायबरेली क्षेत्र के विकास में पक्षपात कर रही है। श्रीमती गांधी ने मुलायम सिंह यादव के इस आरोप का खण्डन किया कि केन्द्र सरकार प्रदेश सरकार को गिराने की साजिश कर रही है। राष्ट्रीय जनतांत्रिक गठबंधन (राजग) द्वारा उन पर किये जा रहे लगातार हमले के सवाल पर श्रीमती गांधी ने कहा कि इससे कांग्रेस को फायदा होगा। कांची के शंकराचार्य की गिरफतारी पर उन्होंने कहा कि यह एक कानूनी मामला है और कानून अपना काम करेगा। प्रधानमंत्री के काश्मीर दौरे के बारे में श्रीमती गांधी ने कहा कि वह काफी आशान्वित है और इसे एक अच्छी शुरूआत बताया।

श्रीमती गांधी ने अपनी संसदीय क्षेत्र का दौरा सरेनी विधानसभा क्षेत्र के भोजपुर गांव से शुरू किया और वहां की जनता से रू-ब-रू हुई। बैरेकेढिंग के चारों तरफ खड़ी महिलाओं, पुरूषों और बच्चों ने श्रीमती गांधी से मिलकर अपनी समस्याओं के बारे में बताया। लगभग दो घंटे तक बड़े धैर्य के साथ जनता की बातें सुनने के बाद श्रीमती गांधी ने स्थानीय पत्रकारों से बातचीत की। उन्होंने कहा कि आज भी इस क्षेत्र की सबसे बड़ी समस्या बिजली, पानी और सड़क की है। उन्होंने कहा कि रायबरेली क्षेत्र की समस्याओं के बारे में उन्होंने मुख्यमंत्री को पत्र लिखा था लेकिन उसके बाद भी कार्य में पक्षपात हो रहा है। उन्होंने कहा सांप्रदायिक शक्तियों को रोकने के लिए हमने समाजवादी पार्टी को समर्थन किया। श्री मुलायम सिंह यादव ने इस आरोप पर कि केन्द्र

के रवैये के कारण प्रदेश को आर्थिक पैकेज नहीं मिला और राज्य सरकार को गिराने की कोशिश हो रही है, श्रीमती गांधी ने कहा कि ये आरोप निराधार है।

भोजपुर में दो घंटे तक जनता की समस्याओं को सुनने के बाद श्रीमती गांधी ने धूल भरी सड़कों से होकर इस क्षेत्र के दूरदराज गावों, रानीखेड़ा, हमीरपुर, बेनी माधवगंज आदि का दौरा किया। लोगों की सबसे ज्यादा शिकायत बिजली को लेकर थी। उन्होंने भोजपुर में कमला नेहरू स्नातकोत्तर महाविद्यालय के छात्रों की समस्याओं को सुना और कहा कि ये गम्भीर समस्याऐं हैं जिनपर वे ध्यान देगी। स्थानीय जनता से प्राप्त सूचनाओं के अनुसार अभी तक कार्यवाही अपेक्षित है। इसकी समस्याओं के निदान सहित बिजली, पानी, सड़क, यातायात, स्वास्थ्य, चिकित्सा की स्थिति पूर्ववत बनी हुई है। उनका मानना है कि हर नेता आते हैं, बड़े बड़े भाषण देते हैं, आश्वासन देते हैं, अपनी-अपनी राजधानी को चले जाते हैं, हम मनई जहां के तहां अपने भाग्य के भरोसे फटे हाल गुजर बशर करके धूल चाटते हैं और भूखे प्यासे अपना और अपने बच्चों के साथ उनके आगमन का इंतजार करते करते इस दुनिया से चले जाते हैं। यह व्यथा और पीड़ा केवल रायबरेली, अमेठी, सुल्तानपुर के दूर दराज गांवों की नहीं बल्कि यही स्थिति देश के लाखों गावों की है। जिनके विकास के लिये बजट में करोड़ों-अरबों-खरबों की योजनाएं कागज़ पर बनती है। संसद और विधानसभाओं में पेश होती है, पारित होती है, खर्च होती है परन्तु इसका लाभ समाज के अंतिम व्यक्ति को नहीं मिलता है। जब ये स्थिति वी. आई.पी. क्षेत्रों की है तो न जाने देश के ऐसे लाखों गांवों की स्थिति क्या होगी। यह धारणा सर्वेक्षण के अनुसार 80 प्रतिशत ग्रामीण अंचलों के लोगों की है। जो आस लगाये बैठे हैं। खुशहाली का इंतजार कर रहे हैं।

जब हम रायबरेली की बात कर रहे हैं तो हमें उत्तर प्रदेश पर एक नजर डालना आवश्यक है जिसने देश को ज्यादातर प्रधानमंत्री दिये। इसके बावजूद भी उत्तर प्रदेश में कांग्रेस की जमानत जब्त क्यों? इसके सापेक्ष में 12वीं लोक सभा चुनाव, परिणाम और गठन पर विचार करना होगा। कांग्रेस उ.प्र. से लोक सभा की 85 सीटों में से 78 उम्मीदवार खड़े किये उसमें से अधिकांश अपनी जमानत भी नहीं बचा सके। कांग्रेस उ.प्र. से लोक सभा की एक भी सीट प्राप्त नहीं कर सकी। यही नहीं डेढ़ वर्ष पूर्व विधान सभा चुनाव में उसे 425 में से मात्र 32 सीटें मिली थी। उसमें भी 22 पार्टी छोड़ गये।

जिस राज्य ने 1946 से लेकर 1989 तक एक को छोड़कर सभी प्रधानमंत्री कांग्रेस को दिये उस राज्य में कांग्रेस का सफाया हो जाना महज इसके लिए ही नहीं, वरन् देश की राजनीति में अहम भूमिका निभाने वाले सभी संगठनों के लिए भी चिंता का विषय होना चाहिये। यह सही है कि नए प्रकार के समीकरण उभरने के कारण सतारूढ़ दलों की स्थिति में उतार-चढ़ाव होते रहते हैं। यदि राजनीतिक दलों ने इसे आत्मचिंतन का मुद्दा नहीं बनाया तो ऐसी स्थिति उनकी भी हो सकती है। दो-दो बार

मुख्यमंत्री का पद संभालने वालों का गत चार वर्षों में जिस तरह एक दल बसपा को अवसर मिला, उसके साथ सत्तारूढ़ भाजपा और जनाधार बढ़ाने में सक्षम सपा, सभी के लिए 1998 की 12वीं लोक सभा निर्वाचन के बाद चुनौती का विषय रहा है।

कांग्रेस ने फीडबैक लेने के बजाय कैलकुलेशन के सहारे उत्तर प्रदेश में अपने घटते प्रभाव से उबरने की कोशिश की। कमोवेश यही प्रवृति कुछ अन्य राजनीतिक दलों की भी होने लगी है। जिस राजनीतिक दल का नेतृत्व चापलूसी करने वालों से घिर जाता है और जरा सी आलोचना पर बिदक कर आग-बबूला होने लगता है, वह संबंधहीनता की इस स्थिति में जिस साख पर बैठा रहता है, उसे ही काटकर गिरा देता हैं। कांग्रेसी नेतृत्व ने यही किया है। सवा सौ वर्ष से अधिक पुराना संगठन राजनीतिक नेतृत्व की गौरवपूर्ण श्रृंखला के बावजूद जिन दोषों के कारण अस्तित्वहीन हो बैठा है, यदि उसका संज्ञान अन्य दलों ने न लिया तो उन्हें भी इस हश्र तक पहुंचने में अधिक समय नहीं लगेगा।

उ.प्र. के संदर्भ में भाजपा और सपा सीटें अधिक पाने के आधार पर अपनी पीठ ठोक सकती है, लेकिन क्या वे दोनों दल हकदार हैं? संभवतः पहली बार उत्तर प्रदशे में लोकसभा चुनाव में एक लाख से अधिक मतों से अंतर से जीतने वालों की संख्या दहाई तक नहीं पहुंच पाई। पचास हजार मतों से जीतने वाले भी बहुत कम है। अधिकांश जीत-हार, बीस से तीस हजार के मतों के अंतर से हुई है, जो लोक सभा निर्वाचन के लिए विशेष महत्व नहीं रखती। इसका तात्पर्य यह है कि मतों का ध्रुवीकरण घटा है। अतएव जो भी दल अपने कैडर में प्राण फूंकने में असफल रहेगा, उत्तर प्रदेश उसके हाथ से खिसक जायेगा।

महज यह समझ जाना कि ऐनकेन प्रकारेण सत्ता में बैठ जाने से भविष्य की राह आसान हो जायेगा, दिवास्वप्न ही साबित होता है। कांग्रेस का उदाहरण हमारे सामने है। मुलायम सिंह यादव दो बार मुख्यमंत्री बने और दोनों बार अगले निर्वाचन में उन को मुंह की खानी पड़ी, यहां तक कि रक्षा मंत्री का दायित्व संभालकर संपूर्ण साधन और सुविधा का उपयोग करके भी वह अपनी संख्या 16 से बढ़ाकर 20 ही कर सके। भाजपा को सत्ता 1991 में जिस माहौल के कारण मिली थी, 1993 में उसके दो गुना हो जाने के बावजूद सफलता नहीं मिली और 1996 के लोक सभा परिणाम के अनुरूप विधान सभा में सफलता नहीं मिली। यदि ऐसा हुआ होता उसे 1996 मे 175 नहीं 260 विधान क्षेत्रों में सफलता मिलनी चाहिए थी तथा 1998 मे अटल बिहारी वाजपेयी को प्रधान मंत्री के रूप मे देखने की मतदाताओं की उत्कट अभिलाषा राज्य मे सरकार बनाने-बचाने के क्रम में प्राप्त व्यापक सहानुभूति के बावजूद बावन से बढ़कर सत्तावन ही न रह जाती।

ऐसा हुआ है तो सिर्फ इसलिए कि इन दलों में भी कमोवेश कांग्रेस की ही मानसिकता का प्रभाव पड़ा है जिसके चलते वह उत्तर प्रदेश से साफ हो गई। अपनों से संबंध हीनता की स्थिति राजनीतिक दलों में बढ़ती जा रही है। कहीं कहीं यह जानबूझकर हो रहा है, लेकिन किन्ही संदर्भों में व्यस्तता के नाम पर भी हो रहा है।

इसलिए जहाँ नेतृत्व में आस्था और श्रद्धा की प्रवृति को सोनिया गाँधी की जय जय कार करने वाली कांग्रेस भृत्य मानसिकता से ग्रसित होने से बचाने का राजनीतिक दलों को प्रयास करना चाहिए, वही नेतृत्व को सामूहिकता की सार्थकता को समझकर उपाय करना चाहिए। उत्तर प्रदेश मे कांग्रेस सफाये का यही कारण है। अन्यथा पैर के नीचे से जमीन खिसक जायेगी और हवा भी नहीं लग पायेगी।

4. लोकतंत्र में नेता विपक्ष की भूमिका

तेरहवीं लोक सभा का पहला सत्र विगत 20 अक्टूबर से शुरू हुआ। लेकिन इसका माहौल पूर्व के लोक सभा सत्रों से भिन्न था। पाँच सौ से अधिक निर्वाचित सांसदों ने शपथ लेकर संवैधानिक जिम्मेदारी पूरी कर ली। वाजपेयी जी प्रधानमंत्री पद पर तीसरी बार और कांग्रेस अध्यक्ष श्रीमती सोनिया गांधी पहली बार निर्वाचित सांसद की हैसियत से विपक्ष के नेता की भूमिका अदा की। सत्ता संभालने वालों ने पिछले 45 वर्षों में विपक्ष में बैठने की आदत को पूरी तरह निभाने का अनुभव हासिल किया है। कांग्रेस को पिछले दो-तीन मौके पर विपक्ष में बैठने को मिले हैं। उस समय कांग्रेस पार्टी का नेतृत्व संभालती श्रीमती इंदिरा गांधी ने यह साबित कर दिया था कि कांग्रेस विपक्ष में बैठने के बाद फिर से सत्ता हासिल कर सकती है। भले ही विपक्ष में बैठने वाले राजीव गाँधी, नरसिंहराव, शरद पवार एवं मंजे हुए कांग्रेसी नेता क्यों न रहे हों। सोनिया गाँधी को विपक्ष के नेता का दायित्व संभालने के लिए जिस तरह से निर्णय दिया गया वह भी विचारणीय है। पहले उन्हें सांसद की भूमिका और पर्दे के पीछे कांग्रेस का नेतृत्व संभालने को कहा गया। सलाहकारों द्वारा उन्हें बताया गया कि संसद में विपक्ष की भूमिका निभाने के लिए कुछ राजनीतिक दावपेंच और आत्मविश्वास की जरूरत होती है।

श्रीमती सोनियां गाँधी ने माधवराव सिंधिया को उपनेता बनाये जाने का निर्णय दिया। माधवराव सिंधिया की सूझबूझ और वफादारी का सबूत है उनकी भाजपा के विरूद्ध पिछली लोक सभा में देशद्रोही कहे जाने का उदाहरण। अब रही सोनिया गाँधी की ओर से अपना नेतृत्व संभालने की कसरत और उनकी राजनीतिक दूरदर्शिता किस तरह पेश करती है क्योंकि चुनाव परिणाम यह सिद्ध कर चुके हैं पार्टी का बाजार भाव चुनावी दृष्टिकोण से नीचे जा रहा है। 533 सीटों के चुनाव में पार्टी की सीट 112 रह गयी है। मध्य प्रदेश की 40 सीटों में 29 हारे हुए कांग्रेसियों की अलग अलग कहानी है लेकिन कांग्रेस नेतृत्व के लिए एक चनौती है।

श्रीमती सोनिया गाँधी को नेता विपक्ष की हैसियत से प्रश्नोत्तर काल में अधिक कठिनाइयों का सामना करना पड़ा। कई अवसर ऐसे आये जब उन्हें अपने लिखित भाषण पढ़ने पढ़ते अथवा जो उनके विश्वास पात्र लिख कर देते वही पढ़ा और बोला करती है। निहःसंदेह एक सौ करोड़ से अधिक आबादी वाले विभिन्न जाति, संप्रदाय, धर्म पर आधारित मिश्रित लोगों की अलग अलग जटिल समस्यायें हैं, उसका बिना सम्यक जानकारी के उनके लिए नेता विपक्ष का दायित्व निर्वहन

में कठिनाइयों का आना स्वाभाविक है। लोक सभा में जो बक्तव्य उपलब्ध है उसका अध्ययन एवं समीक्षा करने पर राजनीतिक परिपक्वता का बोध नहीं होता। यद्यपि श्रीमती गाँधी भारतीय जनता एवं उनके परिवेश को जानने समझने का प्रयास कर रही हैं परन्तु नेता विपक्ष का दायित्व सरकार के दायित्वों से महत्त्वपूर्ण समझा जाता है क्योंकि लोकतांत्रिक देश में सरकार के कार्यों पर अंकुश और नियंत्रण लगाने में नेता विपक्ष की अहम भूमिका मानी जाती है। यदि विपक्ष कमजोर होगा तो सरकार निरकुंश हो जायेगी। सरकारी कामकाज पर नियंत्रण नहीं रहेगा। संसद में विपक्ष के नेता की जिम्मेदारी कोई आसान बात नहीं है।

इंदिरा गाँधी, राजीव गाँधी ने जिस निर्भीकता से कुछ समय के लिए यह जिम्मेदारी निभायी थी उससे कांग्रेस को कुछ बल तो आवश्य मिला था। श्रीमती गाँधी पुनः लौटकर प्रधानमंत्री बनी, राजीव गाँव की हत्या हुई, नरसिंहराव ने गद्दी संभाली। समय आ गया है कांग्रेस को पिछली गलतियों को स्वीकार कर नीतियों में परिवर्तन लाना होगा। क्योंकि सत्ता हाथ आने की कांग्रेस की एक आदत का आरोप सत्तारूढ़ दल ढिढोरा पीट रहा है क्योंकि कांग्रेस जिन उद्देश्य को लेकर जनता की प्रिय बन गयी थी अब वह उन उद्देश्यों से दूर जाती दिखाई दे रही है।

एक ही वर्ष में हुए चुनावों में पार्टी ने लगभग 30 सीटें खोयी। यहाँ तक कि उत्तर प्रदेश जैसे राज्य में अन्य दलों की मेहनत एवं उनको मिले परिणामों की तुलना में पीछे रह गयी है। उत्तर प्रदेश, बिहार, उड़ीसा, मध्य प्रदेश में आम जनता को फिर से अपना बनाना तभी संभव होगा जब पार्टी नेतृत्व अपनी नीतियों में मोहपाश त्यागकर सभी लोगों को उचित प्रतिनिधित्व दे जैसा कि क्षेत्रीय दल कर रहे हैं। आज देश की जनता अपने अपने प्रतिनिधियों की ओर देख रही है जिसमें उनका स्वाभिमान ओर गौरव सुरक्षित है। यह तभी संभव है जब सामाजिक न्याय को सही मायने में अपनाया जाय और सबको हक और सम्मान दिया जाये ताकि कांग्रेस का ग्राफ बढ़े। जब तक हिन्दी भाषी राज्यों में अधिक सीट हासिल नहीं होगी तक तक सरकार गठन हेतु पूर्ण बहुमत संभव नहीं।

कांग्रेस नम्बर दो की पार्टी के रूप में संसद में अपना प्रभूत्त्व जमाये हुए है, भले ही संख्या में कमी आयी हो फिर भी बरसों पुरानी धाक को एकाएक भुलाने में आम जनता कुछ समय तो लेगी ही।

स्मरण रहे पंचमढ़ी सम्मेलन एवं समय समय पर लिये गये निर्णयों से विधान सभा चुनावों में कुछ राहत तो आयी थी लेकिन सत्ता के नशे में डूबे चाटुकारों ने जिस तरह से नाटक खेला था वह शुरूआत की जीत से धीरे धीरे नीचे आ गयी। इलाहाबाद ने देश को कई प्रधानमंत्री दिये, गुटबन्दी के कारण कांग्रेस प्रत्यासी को मात्र एक हजार से कम वोट पाकर संतोष करना पड़ा। यही स्थिति कमोवेश पूर्वी उत्तर व अन्य क्षेत्रों में भी रही। पंचायतों के चुनाव परिणाम भी एकाध को छोड़कर प्रायः सभी निराशाजनक रहे। विगत विधान सभा चुनाव में पूर्वी उत्तर प्रदेश में कांग्रेस को मात्र एक सीट हासिल हुई।

लोकसभा में विपक्ष के नेता के रूप में फिलहाल सोनिया गाँधी को न लाने की तिकड़म जो ऐन मौके पर असफल हुई उससे सिद्ध हो गया कि सोनिया गाँधी अब हर तरह से तय कर चुकी है कि कांग्रेस का नेतृत्व थाम कर यह सिद्ध करने पर है कि अब तक उनके बारे में जो भ्रांतियां हैं वह संसद में अपनी रणनीति से अग्नि परीक्षा के लिए तैयार है। ताकि उन पर यह तोहमत न लगे कि वह विदेशी बहू है। समय की परख देखिये, नेहरू परिवार की दोनों बहुएं 13वीं लोकसभा में मौजूद हैं। विपक्ष की भूमिका निभानी सोनिया की अग्नि परीक्षा है। श्रीमती सोनिया गांधी कांग्रेस संगठन से लेकर संसद तक विभिन्न आरोप प्रत्यारोपों के अंर्तद्वन्दों से जूझ रही है। नेता विपक्ष के रूप में उनसे जो अपेक्षायें थीं वह एक बहुत ही कमजोर विपक्ष की भूमिका साबित है। जिसमें लोक सहमति का अभाव और लोकतंत्र की दुर्बलता से सरकार अलोकतांत्रिक निर्णयों पर प्रभावी अंकुश न लगने के तत्कालीन सरकार जो चाहे करती चली गयी। विपक्षी नेताओं में दूरदर्शिता, संकल्पबोध और संसदीय कार्यक्षेत्र का दक्षतापूर्ण निर्वहन, नीतिगत विषयों पर सदन में हुई चर्चा-परिचर्या में कम्यक ज्ञान एवं विवेक का घोर अभाव रहा जिसके कारण पैट्रोल, डीजल, ईंधन गैस और किरोसेन तेल के मूल्यों में अप्रत्याशित वृद्धि हुई जिससे हर क्षेत्र में इसका प्रभाव पड़ा और सभी सामानों के मूल्यों में अत्यधिक बढ़ोत्तरी के कारण महंगाई चरम सीमा पर पहुंच गयी। सांसदों-विधायकों को खुश रखने हेतु उनके वेतन, भत्ते, निधियों में काफी बढ़ोत्तरी हुई। इसका लाभ सरकारी मशीनरी ने भरपूर उठाया उनके वेतन भत्ते, सुख-सुविधा में भी काफी बढ़ोत्तरी की गयी यहां तक बिना किसी उत्पादन के बोनस आदि में बढ़ोतरी पर कोई अंकुश नहीं रहा। कानून व्यवस्था में गिरावट आयी, भ्रष्टाचार बढ़ा। इससे आम जनता को भ्रष्टाचार और भीषण महंगाई का सामना करना पड़ रहा है। महंगाई चरम सीमा पर पहुंच गयी है। विदेशी सामान बाजार में भर गये हैं। देशी और स्थानीय उत्पादन ठप पड़ते जा रहे हैं। मुद्रास्फीती सात प्रतिशत हो गयी । अब स्थिति यह है कि यहां हर चीज बिकाऊ है।

संसद में नेता विपक्ष के रूप में श्रीमती सोनिया गांधी का कार्यकाल अल्प अवधि का रहा है। वह एक सज्जन और नेक औरत है। भारत जैसे विविधता भरे देश की भाषा, संस्कृति, आचार-विचार को समझने हेतु काफी समय लगेगा। उनके सलाहकार भी जमीनी सोच और जमीनी स्तर के नहीं है। जमीनी स्तर के कार्यकर्ताओं से उनका सीधा संपर्क नहीं होने के कारण उनको आम जनता की पीड़ा और वेदना की उन्हें सही-सही जानकारी नहीं मिल पाती है। कांग्रेस संगठन भी नीचे से ऊपर उच्च वर्गीय, सामन्ती सोच के लोगों के हाथ में हैं। पार्टी संगठन, पार्टी प्रत्याशी चयन, शीर्ष पदों पर देश की विशाल जनसंख्या विशेष रूप से अन्य पिछड़े वर्गों का प्रतिनिधित्व नहीं देने के कारण आधे से अधिक जनसंख्या वाले इन वर्गों की उपेक्षा और प्रत्याशी चयन में इनको उचित प्रतिनिधित्व नहीं देन के कारण कांग्रेस उत्तर-प्रदेश, बिहार जैसे राज्यों, जहाँ पर अपना जनाधार खो चुकी है इसका लाभ विपक्षी दलों को जो इन वर्गों को अधिकाधिक प्रतिनिधित्व देते हैं उनकी अधिक जीत होती है और उनके मुकाबिले कांग्रेस के नब्बे प्रतिशत प्रत्याशी

अपनी जमानत भी नहीं बचा पाते हैं क्योंकि वे न तो इन वर्गों के होते हैं और न ही उनका लगाव समाज के कमजोर पिछड़े वर्गों से होता है।

शासन संभालने वाले व्यक्तियों और दलों के समझने की यह बात है कि निर्वाचन लोकतंत्र नहीं होता, लोकहित में निर्वाचन होता है और उसी की आशा में उन्हें अनर्वाचित किया है। उन्हें अधिकार तो मिले हैं, लेकिन उन पर दायित्व है कि लोकहित के जरिये लोकतंत्र को सबल करने की। महात्मा गांधी ने आजादी की लड़ाई के जमाने में कहा था कि भारत के लोगों के लिए आजादी का सवाल रोटी धोती का सवाल है। सर्वानुमति और सबकी सहमति का जो नया सिद्धान्त अब प्रधानमंत्रियों ने थाम लिया है, वह उनके लिए मस्तुल है। वह जहां बंधा है, वहां से हवा के रुख की ओर तो पहुंचा जा सकेगा, परन्तु वह नियोजित निर्णित उपाय या भार नहीं होगा। शासन जिनके हाथों में आता है, उसे अपने हाथों से उनको चलाना होता है। सबकी सहमति की आशा या चाह की आड़ में समस्याओं को टाला गया तो वे अपने बोझ के नीचे इस शासन को भी दबा लेंगे। समस्याओं का सामना करने में स्थायी सेवाओं से ज्यादा मदद मिलती है, लेकिन प्रशासन तंत्र के नजरिये को देखकर लगता है कि लोकहित कम होता जा रहा है और सरकारी अधिकारियों की संख्या बढ़ती जा रही है।

प्रशासन का स्तर और असर सब तरह से गिरा है और भ्रष्टाचार बढ़ा है। कहीं भी अनुचित निर्णय के लिए कोई बड़ी सजा नहीं दी जाती। यह भी अनुभव किया जाता है कि भारतीय लोकतंत्र को भय और दण्ड से दूर करके लोकहित को अयोग्य बना दिया गया है। निर्वाचनीय अंग तो हर पाँच साल बाद अपना सिर तलवार के नीचे लाता है, लेकिन स्थायी सेवा में लगे लोग मौज-मस्ती और गुलछर्रे उड़ाते रहते हैं। "कोई नृप होई हमहि का हानी" को उन्होंने इस तरह अपना लिया है कि मन्त्री, मुख्यमंत्री, प्रधानमंत्री कोई हो, उसके अनुचित लाभ व्यवहार में अन्तर नहीं आ सकता। अधिकारी वर्ग के कारण लोकहित इतना अपाहिज हुआ है? इसका जवाब न कोई पूछता है, न देता है, लेकिन जो उच्च अधिकारी है, उनके जीवनयापन का स्तर और स्वरूप किसी से छिपा नहीं रहता। इसका उल्लेख इसलिये करना आवश्यक है कि आज देश का संचालन इन्हीं अधिकारियों एवं कर्मचारियों द्वारा होता है। जनता के शोषण के लिए शासक वर्ग तो मात्र पांच साल से सेवानिवृत्त तक करते रहते हैं। अज्ञानता एवं अनुभवहीनता का लाभ यही उठाते हैं। लोकतंत्र में मंत्री, मुख्यमंत्री, प्रधानमंत्री एक मुहरे साबित हो रहे हैं। क्योंकि वेचारों की तरह वे प्रशासनिक मशीनरी पर ही आधारित है क्योंकि सारे रिकार्डस जिनसे देश का भविष्य बनता बिगड़ता है वे सभी उन्हीं के पास और मंत्रिगण उन्हीं पर आधारित हैं। इसकी जानकारी बिना कोई मंत्री अपनी स्वैच्छा से कुछ नहीं कर सकता क्योंकि पालन-अनुपालन-क्रियान्वयन इन्हीं के द्वारा होता है। आम जनता यही मान रही कि निर्वाचन होने पर ये सभी जनता के नहीं वरन् प्रशासनिक मशीनरी में सिमटकर रह

जाते हैं और अपनी कई पीढ़ियों के वैभव विलास का काम जनता के हित के नाम पर करते हैं। केवल चुनाव के समय जनता से वोट मांगते आते हैं।

सदन में नेता विपक्ष एवं मंत्री को लोकतंत्र की मान मर्यादा को सुरक्षित और आदर्शमय बनाने के लिए जनता की, जनता द्वारा, जनता के लिए कार्य संस्कृति को अपनाना होगा तभी देश और जनता का कल्याण संभव है।

5. श्रीमती सोनिया गाँधी के भाषणों का अंश

लोक सभा चुनाव 2004 में पहली बार कुछ ऐसी बातें हुईं जिसके लिए उन्हें इतिहास मे याद किया जायेगा। इसकी महत्वपूर्ण बात यह है कि कांग्रेस अध्यक्ष श्रीमती सोनिया गाँधी के नेतृत्व मे लोक सभा चुनाव में कांग्रेस को 145 सीटें और उसके सहयोगी दलों को 74 सीटें अर्थात् कुल मिलाकर 219 सीटें हासिल हुईं। भाजपा को 189 सीटें और अन्य को 131 सीटें प्राप्त हुई। विवादास्पद कई प्रकरणों को लेकर सबसे महत्वपूर्ण बात यह है कि श्रीमती सोनिया गाँधी ने प्रधानमंत्री पद से इंकार कर दिया। जो ऐसा पहले कभी नहीं हुआ, न केवल भारत में बल्कि लोकतांत्रिक संसार मे कहीं भी। यह त्याग इसलिये मर्मर्स्पशी और उत्कृष्ट बन गया क्योंकि भाजपा की नीति राजग सरकार को हराने के लिए उन्होने छः साल तक प्रयास किया। हाल में संपन्न लोकसभा चुनावों में श्रीमती सोनिया गाँधी ने अपने सुरक्षा और सेहत की परवाह किये बिना देश भर मे धुंआधार प्रचार किया जिसके दौरान ज्यादातर पदयात्रा की। ऐसा करके उन्होंने पार्टी मे जान फूंक दी।

एक अन्य बात यह हुई कि पहली बार कांग्रेस पार्टी ने केन्द्र में एक गठबंधन बनाया जिसका नाम यूनाईटेड प्रोग्रेसिव एलायस रखा गया। श्रीमती गाँधी लगभग सभी विचारधारा वाली पार्टियों को एक साथ लाने में सफल हुईं जिनका आदर्श कांग्रेस से मिलता जुलता है। यह पहले कभी नहीं हुआ था। अंत में पहली बार एक अर्थशास्त्री डा० मनमोहन सिंह भारत के प्रधानमंत्री बने हैं।

वह क्षण भारतीय लोकतंत्र के इतिहास मे अभूतर्व त्याग एवं आदर्श का परिचायक था जब श्रीमती सोनिया गाँधी द्वारा अंतरआत्मा की आवाज पर प्रधान मंत्री पद लेने से इंकार करने के बाद डा० मनमोहन सिंह ने 22 मई 2004 को 68 मंत्रियों सहित भारत के 14वी संसद के 14वे प्रधानमंत्री के रूप मे शपथ ली। श्रीमती गाँधी ने कांग्रेस संसदीय दल की दोबारा बुलायी गयी बैठक में कहा "प्रधानमंत्री का लक्ष्य मेरा नहीं है"। मेरा हमेशा यह दृढ़ मत था कि यदि कभी मैनें अपने को इस स्थिति में पाया जैसा कि आज मैं हूँ, मैं अपनी अन्तर्आत्मा की आवाज सुनूँगी। आज वह आवाज मुझसे कह रही है कि मै विनम्रतापूर्वक यह पद लेने से इंकार करूं। यह उस ममतामयी नारी का अद्‌भूत आदेश एवं त्याग का ज्वलन्त उदाहरण है जो आज के नेताओं में चिराग लेकर ढूंढने पर भी नहीं मिलता।

हम यहां अपने दिल्ली प्रवास के दौरान आखों-देखी स्थितियों का चित्रण पाठकवृन्द के समक्ष करना चाहते हैं कि 13 मई को चुनाव परिणाम आने के तुरन्त

बाद देर शाम को कांग्रेस कार्य-समिति की बैठक बुलाई गयी। बैठक में विचार-विमर्श के बाद श्रीमती सोनिया गाँधी ने पत्रकारों से बात करते हुए कहा कि जनता ने चुनावों में भाजपा नीति राजग सरकार को अस्वीकार कर बदलाव के लिए वोट दिया है, उन्होंने कहा हमारा चुनाव प्रचार मुख्य रूप से नैतिकता और पार्टी की विचारधारा पर आधारित था। श्रीमती गाँधी ने कहा कांग्रेस पार्टी की ओर से मैं मतदाताओं का आभार प्रकट करती हूँ जिन्होंने हमारी पार्टी और समान विचारधारा वाले दलों में अपना विश्वास प्रकट किया है।"

श्रीमती सोनिया गाँधी ने देश के चारों क्षेत्रों में गठबंधन की कोशिश की। यह इस मायने मे एक एतिहासिक कदम था कि कांग्रेस पार्टी ने पहली बार सिद्धांतों के आधार पर केन्द्र में गठबंधन बनाने का फैसला किया। महत्वपूर्ण बात यह थी कि जो भी गैर-भाजपा राजनीतिक पार्टियाँ थीं, गठबंधन में आने को तैयार थीं। कुछ बाधायें थीं लेकिन वह हल्की-फुल्की थीं। चुनाव प्रक्रिया जब शुरू हो गयी तब देश की राजनीति कमोवेश दो खेमों में बंट गईं–गैर-भाजपा और भाजपा समर्थक दलों के बीच।

पाँच चरणों में मतदान होने से मतदाताओं को सोचने विचारने तथा अपनी पसंद से मतदान करने का काफी समय मिल गया। मतदाताओं ने यह भी बता दिया कि समान विचारधारा वाले दलों को वोट के बटने से बचना चाहिए और एक जूट होकर काम करना चाहिए। निश्चित रूप से इसका प्रभाव यूनाईटेड प्राग्रेसिव एलायंस पर पड़ेगा। प्रधान मंत्री का पद त्यागने से श्रीमती सोनिया गाँधी का व्यक्तित्व इतना ऊंचा हो गया है कि वह भारत की राजनीति एवं भारत की नियति का मार्गदर्शन करते हुए उसे नया आयाम दे सकती है। श्रीमती गाँधी ने डा० मनमोहन सिंह को कांग्रेस संसदीय दल का नेता और प्रधान मंत्री मनोनीत करके सही समय पर सही कदम उठाया है जब भारत का ध्यान विकास एवं 21वीं सदी मे विकासोन्मुख होने की और अग्रसरित है।

कांग्रेस संसदीय दल ने 19 मई को डा० मनमोहन सिंह को अपना नेता चुना। श्रीमती सोनिया गाँधी कांग्रेस अध्यक्ष एवं कांग्रेस संसदीय दल की अध्यक्ष बनी रहेगी। बाद में राष्ट्रपति ए. पी. जे. कलाम ने डा० मनमोहन सिंह को नई सरकार बनाने के लिए आमंत्रित किया। डा० सिंह जब श्रीमती सोनिया गाँधी के साथ राष्ट्रपति से मिलने गये और उन्हें घटक दलों एवं समर्थन करने वाले दलो के पत्र दिये तब राष्ट्रपति ने उन्हें प्रधान मंत्री नियुक्त करने का पत्र दिया। डा० सिंह ने कहा कि राष्ट्रपति ने उन्हें नई सरकार बनाने के लिए आमंत्रित किया है। श्रीमती गांधी ने, जो तनावमुक्त और प्रसन्न चित दिख रही थी, कहा, मै समझती है कि देश उनके हाथों में सुरक्षित रहेगा। डा० सिंह ने कहा कि वह विनीत महसूस कर रहे हैं और कहा राष्ट्र ने श्रीमती सोनिया गाँधी को जनदेश दिया है।

श्रीमती सोनिया गाँधी ने अपने उदबोधन में कहा कि कांग्रेस मेरी जिंदगी है,

आप सभी मेरा परिवार हैं। मैं आप की निराशा समझ सकती हूँ। लेकिन मैं आप से अपील करती हूँ कि मैं अपना फैसला बदल नहीं सकती। हम ऐसे समय में रह रहे हैं जब लोग राजनीति का मतलब सत्ता समझते हैं सारा संसार यह जान ले कि कांग्रेस के लिये राजनीति का मतलब मूल्य और ईमानदारी है।

15 मई 2004 को कांग्रेस संसदीय दल की बैठक में श्रीमती सोनिया गाँधी के भाषण का अंश

दोस्तो,

आज हम इस सदन में अपने महान राष्ट्र की जनता की इच्छा के अनुरूप निर्वाचित सदस्य के रूप मे खड़े हैं। हमें यह कभी नहीं भूलना चाहिए कि उनकी बदौलत ही हम यहा तक पहुँचे हैं। हमें एक क्षण भी बेकार नहीं गवाना चाहिए, हमेशा हमें यह स्वीकार करना चाहिऐ कि उनके जनादेश ने ही हमें यह भारी जिम्मेदारी सौंपी है, हमें हमेशा इस सत्य को याद रखना चाहिए कि हम उनके विनम्र सेवक हैं।

हमें अपनी विजय रंगरेलियों में नहीं गवा देना चाहिए। हमें इसे परिवर्तन लाने के लिए एक सुखद अवसर मानना चाहिए ताकि पूरे भारत मे भाइयो और बहनों की जिंदगी बेहतर हो सके। हमे इस जनादेश के पीछे भावना को समझना चाहिये। हममें से प्रत्येक को यह स्वीकार करना चाहिए कि भारत की जनता ने हमें इसलिए चुना है ताकि हम अपनी नहीं, उनकी आकांक्षाओ का प्रतिनिधित्व करें। उन्होंने जोर देकर यह बता दिया है कि हमारे राष्ट्र की आत्मा समग्र, सेकूलर और एकीकृत है।

शीघ्र ही केन्द्र में कांग्रेस के नेतृत्व मे गठबंधन सरकार बनेगी। हमारी यह कोशिश होगी की हम अपने घटक दलो का सम्मान करें तथा उनके साथ मिलकर काम करें। हम जल्दी ही संयुक्त कार्य योजना को अंतिम रूप देंगे। यह कार्य योजना हमारी प्राथमिकताओं, नीतियों और कार्यक्रमों को एक सजग इकाई के रूप में दर्शायेगी। एक मजबूत और स्थायी सरकार देने की प्रतिबद्वतायें जो सामाजिक सदभाव और शांति कायम करने वाली हो, गठबंधन में हम सबको एकजूट करती है। किसान मजदूर, युवा और महिलाएं, समाज के कमजोर वर्गों के कल्याण के प्रति समर्पित सरकार बनाने की प्रतिबद्धतायें हम सबको एकबद्ध करती हैं।

एक उदेश्यपूर्ण, कारगर सरकार बनाने की प्रतिबद्धता, जो रोजगार, विकास और निवेश बढ़ाने वाली हो, गठबंधन में हम सबको एक करती है। हमे एक महान काम को अंजाम देना है। रास्ता कठिनाईयों से भरा है, चुनौतियाँ बहुत हैं। हमें चुपचाप नहीं बैठना है।

हमें अपने पार्टी संगठन में नई उर्जा और गति लानी है। अनेक राज्यों से हमारा प्रदर्शन वैसा नहीं रहा जैसा होना चाहिए था। हम कड़ी मेहनत और संकल्प के साथ नये भविष्य का निर्माण करना है।

आने वाले दिनों में हम सरकार बनाने वाले हैं, हमें अपनी उपलब्धि पर गर्व है। मैं आप सबकी ओर से भारत की जनता को तहेदिल से धन्यवाद देती हूँ।

धन्यवाद ......

कांग्रेस अध्यक्ष श्रीमती सोनिया गाँधी का 18 मई 2004 को कांग्रेस संसदीय दल की बैठक मे भाषण :

मित्रो,

पिछले छः सालों से जब से मैं राजनीति में हूँ, एक बात मेरे लिए स्पष्ट रही है और वह है, जैसा कि मैं हमेशा कहती रही हूँ, प्रधानमंत्री का पद मेरा लक्ष्य नहीं है। मेरा हमेशा यह विचार रहा है कि जब भी मैं अपने को इस स्थिति में पाऊंगी, जैसा कि आज मैं हूँ, मैं अपनी अंतरात्मा की आवाज सुनूंगी। आज, वह आवाज मुझसे कह रही है कि विनम्रतापूर्वक इस पद को अस्वीकार कर दूं।

आप ने सर्वसम्मति से अपना नेता चुना है। ऐसा करके आप ने मुझमें अपना विश्वास प्रकट किया है। इसी विश्वास के कारण मेरे ऊपर भारी दबाव पड़ रहा है कि मैं उस सिद्धान्त पर चलती रहूँगी जिसने हमेशा मेरा मार्गदर्शन किया है। सत्ता का लालच मुझे कभी नहीं रहा, और न पद पाना मेरा लक्ष्य रहा। मेरा हमेशा लक्ष्य रहा है अपने राष्ट्र की धर्मनिरपेक्ष बुनियाद और गरीबों की रक्षा करना –जो इंदिरा जी और राजीव जी की प्रिय थी। इस लक्ष्य की ओर हमने एक महत्वपूर्ण कदम बढ़ाया है। हम एक लड़ाई मे कामयाब रहे हैं, लेकिन हमने युद्ध नहीं जीता है। यह एक लंबा और कठिन संघर्ष है और मैं इसे पूरी दृढ़ता के साथ जारी रखूंगी। लेकिन मैं आप से अपील करती हूँ कि आप मेरी दृढ़ धारणा को समझें। मैं आप से अनुसरोध करती हूँ कि आप मेरे फैसले को स्वीकार करें और यह समझ लें कि मैं इसे बदलूंगी नहीं।

इस समय हमारी सबसे बड़ी जिम्मेदारी है देश को एक धर्मनिरपेक्ष सरकार देना जो मजबूत और स्थायी हो।

आप ने मुझे भूरपूर समर्थन दिया है, सभी तरह की कठिनाइयां झेलते हुए आप ने मेरे साथ संघर्ष किया है। आप में से एक और कांग्रेस पार्टी की अध्यक्ष के रूप में, मैं संकल्प लेती हूँ कि आप के साथ और देश के लिए काम करती रहूँगी। हमारे सिद्धान्तों, दृष्टिकोण और आदर्शो के लिए लड़ते रहने का मेरा संकल्प और दृढ़ होगा।

श्रीमती सोनिया गाँधी द्वारा संसद भवन के केन्द्रीय कक्ष मे 7 जुलाई 2004 को कांग्रेस संसदीय दल की आम बैठक में दिया गया भाषण

सहयोगी सांसदों और सहयोगियो,

चौदहवी लोक सभा के निर्वाचित सांसदो की यह पहली बैठक है। जबसे आपने

मुझे इतना प्यार-मोहब्बत एवं भावनात्मक समर्थन दिया है, उसके बाद से यह पहली बैठक है। मैं आप में से प्रत्येक को एक बात की बधाई देती हूँ क्योंकि आठ साल बाद सत्ता में आप ने हमारी पार्टी को महत्वपूर्ण योगदान दिया है। 5 मई की बैठक मे जैसा कि मैंने आप को बताया था, सभी प्रकार की बाधाओ के बावजूद हम सफल हुए। चुनावों में हमारी हार की भविष्यवाणिया की गयी थीं लेकिन हमने परवाह नहीं की और हम विजयी हुए। मैं राज्य सभा के नवनिर्वाचित सदस्यों का भी स्वागत करती हूँ।

हमारी सरकार को अभी 40 दिन हुए हैं और अच्छी शुरुआत हुई है। प्रधान मंत्री ने राष्ट्र को संबोधित किया है। सरकार को आर्थिक एवं सामाजिक बदलाव का कारगर हथियार बनाने की उनकी विशेष अपील का देशभर मे व्यापक स्वागत हुआ है।

कल रेल बजट पेश किया गया। जैसा कि आप ने नोट किया होगा आम आदमी की हमारी धारणा के अनुकूल यह बजट पेश किया गया। बजट मे रेलवे के आधुनिकीकरण और सुरक्षा पर जोर दिया गया जिसका आप सबको स्वागत करना चाहिए।

आप ने संयुक्त प्रगतिशील गठबंधन साक्षा न्यूनतम कार्यक्रम को पढ़ा होगा। इसे बहुत कम समय में तैयार किया गया जिससे हमारे सामूहिक उदेश्य एवं संकल्प की अभिव्यक्ति होती है। यह ऐसा दस्तावेज है जो 2004 के लोक सभा चुनावों के जनादेश को दर्शाता है, ऐसा जनादेश जिसमे भाजपा/राजग की गरीब विरोधी आर्थिक नीतियो तथा विघटनकारी विचारधाराओं को ठुकरा दिया गया। यह भारत की जनता के साथ राजनीतिक, आर्थिक एवं सामाजिक सरोकार तथा यूपीए सरकार की प्राथमिकताओं, योजनाओं और कार्यक्रमों का एक विस्तृत वक्तव्य है। साझा न्यूनतम कार्यक्रम (सीएमपी) मे कृषि, रोजगार तथा सामाजिक एवं वित्तिय आधारभूत ढांचे में निवेश पर खास जोर दिया गया है

हमने सीएमपी में जो वचन दिये हैं उसके कार्यान्वयन की मानिटरींग प्रत्येक मंत्रालय और केन्द्र सरकार करेगी। इसमें हममें से प्रत्येक को जनता के जिम्मेदार प्रतिनिधि के रूप मे अपनी भूमिका निभानी है। हमें सरकार में शामिल अपने सहयोगियों के साथ मिलकर काम करना चाहिए ताकि सीएमपी को सच्चे अर्थ में व्यावहारिक स्वरूप दिया जा सके। सांसद के रूप में हमारी अतिरिक्त जिम्मेदारी है।

यूपीए की समन्वय समिति सीएमपी को राजनीतिक नेतृत्व प्रदान करती है जब कि सरकार इसको प्रशासनिक आयाम देती है।

हाल के दिनों में भाजपा/राजग के जो आचरण रहे हैं, इस बारे में कुछ कहना चाहूँगी। हमारे राजनीतिक विरोधियों की निराशा और हताशा अप्रत्याशित नहीं है। उनमें इतना अहंकार हो गया था और वे लोगों से इतना कट गए थे कि उन्हें उम्मीद ही नहीं थी कि चुनावों में वे हारेंगे। लेकिन उनकी पराजय हुई। वे और उनके नेता मतदाताओं के जनादेश को पलट देने का प्रयास कर रहे हैं। छः साल तक हम विपक्ष में थे। लेकिन हम रचनात्मक विपक्ष थे और जनता के प्रति अपने कर्तव्य एवं

जिम्मेदारियों के प्रति हमेशा सजग थे। पूरा देश चाहता है कि संसद की कार्यवाही शांतिपूर्वक चले तथा समुचित तरीके से चर्चा हो।

पिछले कुछ दिनों में कुछ युवा सांसदों ने मुझसे भेंट की और अनुरोध किया कि संसद की प्रक्रिया एवं अन्य मुददों के बारे में प्रशिक्षण कार्यक्रम आयोजित किया जाना चाहिए। मैं श्री प्रणव मुखर्जी, श्री शिवराज पाटिल, श्री पी. एम. सइद और श्री सुरेश पचौरी जैसे वरिष्ठ एवं अनुभवी सहयोगियों से अगले कुछ दिनों में पहली बार चुन कर आये सांसदों के लिए ऐसा कार्यक्रम आयोजित करने का निवेदन करूंगी मै ऐसा ढांचा बनाने मे लगी हूँ जिसमे हमारे सहयोगी मंत्री अपनी कार्ययोजना के बारे में सांसदो एवं पार्टी को अवगत कराते रहें ताकि हम अपनी उपलब्धियों के बारे मे सामूहिक रूप से बोल सकें।

साथियो, विपक्ष की नेता के रूप में जब भी मैंने आप से बात की, हमेशा यह कहकर समाप्त किया कि संसद में पूर्ण उपस्थिति और सक्रिय भागीदारी होनी चाहिए। हम संसद और संसद की कमिटियों में, जिनका गठन शीघ्र होने वाला है, हमें उदाहरण पेश करना चाहिए। हमें यह भी सुनिश्चित करना चाहिए कि सांसदों के क्षेत्रों में विकास के लिए जो योजना है उसका उचित क्रियान्वयन होना चाहिये।

अंत में हम सबको बदलाव के लिए मिलकर काम करना चाहिए जिसका देश भर मे जन-जीवन पर अच्छा प्रभाव पड़े। हमने जनता से जो वादे किये हैं उसे पूरा करने के लिए हम सब को मिलजुल कर काम करना है।

मै आप सबके लिए मंगल कामना करती हूँ तथा हम सभी यह आशा करते हैं और प्रार्थना करते हैं कि मानसून की अच्छी बारिश हो।

श्रीमती सोनिया गाँधी द्वारा संसद भवन में 11 मई 2005 को कांग्रेस संसदीय दल की बैठक में दिया गया समापन भाषण

माननीय प्रधान मंत्री जी

प्रणव जी,

कांग्रेस संसदीय दल के नव निर्वाचित पदाधिकारी गण,

सांसद साथियो,

हम लोग एक लंबे एवं व्यस्त सत्र के समापन तक आ चुके हैं। दो दिन बाद अनेक महत्वर्पूण विधेयकों पर बहस होगी। उन्हे पारित किया जायेगा। मुझे शक नहीं कि इनमें से अति महत्वपूर्ण विधेयक नयी सूचना का अधिकार विधेयक है। इस विधेयक के पारित होने से इस बात का पता चलता है कि सभी स्तर पर प्रशासन मे पारदर्शिता लाने में हमारी प्रतिबद्धता है। यह ऐतिहासिक विधेयक लोगों को केन्द्रीय एवं राज्य सरकारों के साथ पंचायतों से जबावदेही की मांग करने का एक सशक्त हथियार उपलब्ध करा देगा।

एक राष्ट्रीय आपदा प्रबंधन प्राधिकार के सृजन मणिपुर विश्वविधालय को केन्द्रीय विश्वविद्यालय का दर्जा प्रदान करने सहित अनेक विधेयक पेश किए जा चुके हैं। विधेयकों के बारे में स्थाई समिति की रिपोर्ट आज शाम तक प्राप्त होने वाली है। इनमें हिन्दू उत्तराधिकार अधिनियम, लिंग समानता और अनुसूचित जातियों एवं अनुसूचित जनजातियों के आरक्षण से संबंधित कार्यपालिका आदेशों को संहिताबद्ध करते हुए तैयार आरक्षण अधिनियम शामिल है। दुर्भाग्यवश भाजपा के बहिष्कार के कारण ऐतिहासिक रोजगार गारंटी अधिनियम से संबन्धित स्थाई समिति की रिर्पोट नहीं मिल सकी है। यह मुद्दा हमारा साझा न्यूनतम कार्यक्रम का एक प्रमुख संकल्प था। यदि प्राप्त हो जाता तो हम पारित करा लेते।

प्रणव जी का कहना है कि इस सत्र में जितने अधिक विधेयक पेश एवं पारित हुए उतने हाल के दिनों में कभी नहीं हुए । इससे संबंधित विचरणिका पुस्तिका तैयार कराई जा रही है जो परसों हम लोगों के विसर्जित होने से पहले मिल जायेगी। यदि राजग भी सदन में मौजूद होता तो हमारा विधायी कार्य निसंदेह ज्यादा संतोषजनक होता जैसा कि आप सब जानते हैं हमारे प्रधानमंत्री काफी आगे बढ़कर उन्हें मनाने के लिए गए ताकि उन्हें एकतरफा बहिष्कार खत्म करने के लिए मनाया जा सके।

जब हम लोग विपक्ष मे थे तो हम लोग भी आंदोलन करते थे। परन्तु किन बातों का विरोध करते थे तहलका, गुजरात दंगा, कारगिल के शहीदों के ताबूत खरीदने के मामले मे कैग द्वारा निकाली गयी खामियां, सर्वजानिक क्षेत्र की सम्पति का कम मूल्यांकन और उन्हें कोडियों के भाव बेचे जाने का, पेट्रोल पम्पों एवं भूखण्ड आवटनो में हुए घोटालों का घूस लेते भाजपा नेताओं की वीडियोग्राफी। कुछ दिन पहले ही सरकार द्वारा मुम्बई के दो होटलों के पूंजी निवेश से संबन्धित कार्रवाई पर कैग रिर्पोट संसद में पेश की गयी है। इन रिपोर्टों में उन्हीं बातों की पुष्टी की गयी है जो हम कहते रहे हैं कि इन सार्वजनिक क्षेत्रों की संपत्ति अति गोपनीय तरीके से बेची गई जिससे सरकारी खजाने को भारी घाटा हुआ।

राजस्थान में जो कुछ घट रहा है वह चिन्ता का विषय है। समाज के ध्रुवीकरण एवं उसे सांप्रदायिक बनाने की कुत्सित साजिश की जा रही है। जबकि परंपरागत रूप से यह एक शांत प्रदेश रहा है। हमारी पार्टी को सजग रहना है और हर तरह से इस कोशीश को रोकना होगा। और वह है व्यक्तिगत हित की अपेक्षा पार्टी हित को महत्व देना।

मुझे खुशी है कि सदन में पिछले कुछ दिनों से उपस्थिति बढ़ी है। आशा है भविष्य में भी यही रूख कायम रहेगा। चूंकि एक सांसद पार्टी एवं लोगों के लिए एक पवित्र अवलम्ब होता है, इसलिये उनका तकाजा है कि हम हमेशा सजग रहे, खासकर जब संसद का अधिवेशन चल रहा हो।

अगले सप्ताह यूपीए सरकार के कार्यकाल का एक साल पूरा होगा। हमें

उनके नेतृत्व, उनके गरिमापूर्ण एवं प्रभावकारी नेतृत्व के लिए प्रधान मंत्री को बधाई देनी चाहिए। यूपीए सरकार की प्रथम वर्षगांठ 22 मई को है। उस दिन हमारे प्रधान मंत्री तथा मैं अपने घटकों के साथ राष्ट्र के सामने एक विशिष्ट रिपोर्ट पेश करेंगें। उसके बाद, मुझे विश्वास है, आप सभी हमको पूरी तरह अपनी सरकार द्वारा अब तक किए गये कार्यों से अवगत करायेंगे और आप अपने अपने राज्य एवं चुनाव क्षेत्र में अपनी उपलब्धियों की जानकारी देंगे।

मैं इस मौके पर आप की तरफ से अपने यूपीए एवं वाम मोर्चा घटकों को धन्यवाद देना चाहूँगी। हम सबने मिलकर अपनी साझा सरकार का अच्छी तरह से संचालन किया। मुझे उम्मीद है कि गठबंधन ने अपने को सुदृढ़ किया है और भविष्य में भी यही स्थिति कायम रहेगी।

अंत मे मैं अगली बैठक तक आपके लिए शुभ कामना प्रकट करती हूँ और उम्मीद है कि आज शाम संसदीय एनेक्सी में आयोजित भोज में आप सभी शामिल होंगे।

पंचम खण्ड
संसदीय लोकतंत्र और सरकार

11

त्रिशंकु संसद एवं गठबंधन राजनीति

1. लोक सभा चुनाव एवं गठबंधन की खोज

13वीं लोक सभा के गठन के समय एक मित्र ने सवाल किया था, यदि विजयी सांसदों के स्थान पर उसके निकटतम प्रतिद्वंद्वी यहां जीतकर आते तो क्या होता? फिर अपने सवाल का उन्होंने एक विचित्र सा उत्तर दिया था, कुछ नहीं होता। सिर्फ चेहरे बदल जाते, कामकाज वैसे ही चलता रहता। 14वीं लोकसभा के गठन की पूर्व संध्या पर कुछ लोगों को यह दृष्टिकोण हास्यापद लगा कि जाति, धर्म, क्षेत्रीयता एवं वर्ग हितों के नाम पर सामाजिक न्याय बुलन्द करने वाले राजनेताओं को चुनावी समर में जीत के लिए इधर उधर भागते देखकर ऐसा लगा कि सवाल बेमानी नहीं है। इस प्रकरण में श्रीमती सोनिया गाँधी, मायावती, जयललीता हास्यापद नहीं।

सत्ता की दौड़ में गैर सरकारी संगठन और शोषण के खिलाफ खड़े होने वाले आंदोलन अपनी दिशा खो बैठे हैं। सत्ता की लगाम हाथ आते ही, हमारे चुने हुए जनप्रतिनिधि अपने चुनावी वादे भूलकर अपना और अपनों का हित साधने में लग जाते हैं। दक्षिण भारत में द्रविड राष्ट्रवाद का बिगुल बजाने वाले ब्राहमणवाद विरोधी करूणानिधि और जयललिता अपनी आपसी लडाई में कभी ब्रहमणवादी भाजपा का दामन थामते है तो कभी काँग्रेस का। उत्तर में लालू प्रसाद यादव काँग्रेस के साथ है तो मायावती काँग्रेस और भाजपा दोनों को तोल रही है। कभी पूरे देश में सर्वहारा वर्ग से आधिपत्य का सपना देखने वाले मार्क्सवादी, धर्मनिरपेक्षता के नाम पर काँग्रेस पार्टी में अच्छाइयॉ तलाश रहे हैं। दलित चेतना की बात करने वाले रामविलास पासवान और किसानों के स्वयंभू नेता अजित सिंह जैसे लोग घाट-घाट का पानी पीने के बाद हरे-भरे चारागाहों की तलाश में हैं।

यही हाल आदिवासी अस्मिता के दावेदार झारखण्ड मुक्ति मोर्चा और गोडवाना पार्टी जैसे दलों का है जो किसी से भी गठजोड़ कर अपना अस्तित्व बचाने में लगे हैं। ऐसी स्थिति में वोटर किसे चुनता है यह अप्रासंगिक सा लगता है। खासकर गठबंधन राजनीति के वर्तमान दौर में जहाँ सरकार का बनना बिगड़ना वोटर पर कम चुनाव के बाद जीते प्रतिनिधियों पर ज्यादा निर्भर करता है। मतदाता की स्थिति यह है कि चुनाव के बाद जीता हुआ जनप्रतिनिधि बेलगाम हो जाता है। वह अपने निर्वाचन का हित भूल कर अपना और अपनों का हित साधने में लग जाता है।

यह सच है कि आजादी के बाद हुए चुनावों से भारतीय संसद का वह स्वरूप बदला है, समाज के उपेक्षित वर्गो, खासतौर पर पिछड़ी और निम्न जातियों का प्रतिनिधित्व बढ़ा है। पहली लोक सभा के जहाँ मात्र दस प्रतिशत सांसद पिछड़ी जातियों के थे,

वही 1996 तक उनका प्रतिनिधित्व 23.3 प्रतिशत हो गया था। किसानों और ग्रामीण क्षेत्रों का प्रतिनिधित्व इस बीच 23.5 प्रतिशत से बढकर 51.8 प्रतिशत हो गया।

सत्ता पर काँग्रेस का एकाधिकार खत्म होने के बाद उपेक्षित वर्गों और जातियों का प्रतिनिधित्व करने वाली ताकतों के उभरने से शुरू में यह लगा था कि सरकार का वर्ग चरित्र शायद बदले। पर सामाजिक न्याय के लालू प्रसाद यादव और मुलायम सिंह यादव जैसे नेता भी केन्द्र सरकार की आर्थिक नीतियों में कोई आमूल चूल परिवर्तन नहीं ला पाये। देवगौड़ा और गुजराल की सरकारें भी आर्थिक उदारीकरण और बैश्वीकरण की वही नीतियाँ लागू करती रही जो राजीव गाँधी ने शुरू की थीं। जिसको वाजपेयी सरकार ने आगे बढ़ाया और अब मनमोहन सिंह सरकार उत्साह से आगे बढ़ा रही है। राजसत्ता पर ऊंची जातियों के एकाधिकार का विरोध करने लालू, मुलायम और मायावती सरीखे नेता सत्ता में आने पर स्वयं उस राजनीतिक संस्कृति के शिकार बन गये जिसके लिए वे काँग्रेस को दोषी ठहराते थे।

पेरियार रामास्वामी नायकर द्वारा शताब्दी के प्रारंभ में उठाये गये द्रविड़ स्वाभियान आंदोलन की तरह 1980 और 1990 के दशक में उत्तर भारत में पिछड़ी जातियों की अस्मिता स्थापित करने के उनके प्रयत्न राजसत्ता की खोज में अपनी दिशा खो बैठे। अपने-अपने वोट बैंकों का फायदा उठाते हुए उन्होंने भी चुनाव जीतने के लिए उन्हीं स्थानीय नेताओं को मैदान में उतारना शुरू कर दिया जो पहले काँग्रेस और बाद में भाजपा का टिकट पाते थे। उ0प्र0 में सांसद बलराम सिंह यादव की मिसाल सामने है। काँग्रेस सरकारों में मंत्री रहे यादव पिछला चुनाव समाजवादी पार्टी के टिकट पर लड़े थे। इस बार भाजपा से अजमाइश किये। बहुजन समाज पार्टी ने भी चुनाव जीतने के लिए अगड़ी जाति के लोगों को भी टिकट देना शुरू कर दिया।

एक बात लगभग हर राजनीतिक दल में पायी जाती है कमोवेश हर राजनीतिक दल खर्चीले चुनावों में जीत के लिए जहाँ धनाढय और नव धनाढय वर्गों पर आश्रित रहने लगा है वही आपराधिक पृष्ठभूमि के उम्मीदवारों को भी टिकट देने लगा। जीतने के बाद इस चुने हुए जनप्रतिनिधियों की निष्ठा जनता के प्रति न होकर उन राजनेताओं तक सीमित रह गयी जो उन्हें सत्तासुख में भागीदारी देने को तैयार थे। इसके लिए भारत की दोषपूण चुनाव प्रणाली जिम्मेवार है। आज की स्थिति में प्रायः सभी पार्टियाँ अपने बड़े नेताओं की अनुचर वाहिनी बनकर रह गयी है। ऐसी स्थिति में चुने हुए प्रतिनिधियों की स्थिति एक प्राइवेट कम्पनी के शेयर होल्डर जैसी बनकर रह जाती है। वह अपने नेता की इच्छानुसार कम्पनी के बोर्ड आफ डायरेक्टर की तरह सरकार के गठन के लिए देता है और गठन के बाद थोड़ी बहुत सरकार की अनुकम्पा पर निर्भर होता है।

सैद्धांतिक उहापोह की यह स्थिति सामंती, पूँजीवादी, शक्ति संपन वर्गों के लिए फायदे की है। पर खेत और खलिहानों में काम करने वाले, मजदूरों, सीमान्त किसानों, दस्तकार, कारीगरों और अन्य कमजोर पिछड़े वर्गों के लोगों के लिए चुनाव

का अर्थ वोट देना और उसके बाद लाचारी से तमाशा देखने के अलावा कुछ और नहीं रह गया है। इनके हकों की लड़ाई अब उग्रवादी आंदोलनों तक सिमट कर रह गयी है। जातिगत और धार्मिक अस्मिताओं पर केंद्रित राजनीति ने पश्चिम बंगाल और केरल को छोड़कर वामपंथी दलों का पूरे देश में सफाया कर दिया है। मुम्बई, कानपुर और अहमदाबाद जैसे औद्योगिक नगरों में जहाँ 50 और 60 के दशकों में दिग्गज वामपंथी श्रमिक नेता लगातार जीतते थे वहां इस समय भाजपा और काँग्रेस सरीखी पार्टीयों का झण्डा फहरा रहा है।

चुनावी राजनीति में सामंती और पूजीवादी ताकतों के बरकरार वर्चस्व के साथ ही पिछले कुछ सालों से दो नई श्रेणी के लोग जीत कर आ रहे हैं जिनकी अपनी कोई विशेष सामाजिक या राजनीतिक सोच नहीं है। इनमें एक वर्ग माफिया सरदारों का है। 1997 से चुनाव आयोग द्वारा कराया गया निर्वाचित जन प्रतिनिधियों का एक अध्ययन यह साबित करता है कि अपराधी पृष्ठभूमि के लोग हर राजनीतिक पार्टी में न सिर्फ तेजी से आ रहे हैं बल्कि पार्टियों के नेता उनको चुनाव लड़ने के लिए लुभा रहे हैं। बोरा कमेटी के चौकाने वाले खुलासे के बावजूद किसी भी राजनीतिक दल की सरकार ने राजनीति का अपराधीकरण रोकने का कोई कारगर कदम नहीं उठाया।

जन प्रतिनिधि बनने की होड़ में एक नया वर्ग सिनेमा और टेलिविजन के नायक और नायिकाओं का भी है। दक्षिण भारत में यह बहुत पहले शुरू हो गया था पर उत्तर भारत में पिछले लोकसभा चुनावों में लगभग हर दल ने इस वर्ग के लोगों को टिकट दिया। अब खेल और मनोरंजन जगत के लोगों को टिकट दिया जा रहा है।

निरन्तर बढ़ रही गठबंधन की श्रृंखला पर एक दृष्टि डालना आवश्यक है। तमिलनाडु में एम०डी०एम० और पी० एम० जैसी दो पार्टिया द्रुमुक के नेतृत्व में चल रही हैं। ऐसी मजबूतद्रुमुक पार्टी को काँग्रेस ने अपने गठजोड़ में ले लिया है। दूसरी तरफ भाजपा उन्हे 5 वर्षों तक अलग थलग रखी जयललिता के नेतृत्व वाली अन्नाद्रुमुक से गठजोड़ किया। आँध्र प्रदेश में काँग्रेस के साथ सम्भवतः वामपंथी दल तथा कुछ अन्य छोटी पार्टियां जुट सकती है, तो दूसरी तरफ भाजपा ने तेलगूदेशम पार्टी से अपनी चुनावी सहभागिता बना ली। महाराष्ट्र में राष्ट्रवादी काँग्रेस के तीन फांक हो गये जिसमें शरद पवार का गुट कांग्रेस के साथ चला गया। दूसरी तरफ सँगमा के गुट ने राजग भाजपा से हाथ मिला लिया। बिहार में काँग्रेस पार्टी पहले से ही राजद के साथ गठबंधन में है, तो दूसरी तरफ भाजपा भी यहाँ जद यू और समता पार्टी से गठबंधन की। उड़ीसा में बीजद के असंतुष्ट गुट ने काँग्रेस से समझौता किया। परिणामस्वरूप यहा बीजद की फूट से भाजपा को करारा झटका दिया। उ०प्र० की लड़ाई में बसपा और सपा में काटे की लड़ाई रही। इससे काँग्रेस और भाजपा की सीट में कुछ इजाफा हुआ। हरियाणा, मध्यप्रदेश और छततीस गढ़ में भाजपा अपने को मजबूत मानकर गठबंधन नहीं की जिससे उसको वहीं कुछ सीट

का नुकसान हुआ। जहा तक पश्चिम बंगाल, केरल और कर्नाटक का प्रश्न है, यहा वामपंथी दल एवं क्षेत्रीय दल मजबूत होने के कारण कॉंग्रेस और भाजपा दोनों यहां लड़ाई से बाहर रही।

विचारणीय है कि वर्तमान त्रिशंकु संसद और गठबंधन की राजनीति से उपजी राजनीतिक अस्थिरता के लिए कौन जिम्मेदार है। जनता या राजनीतिक दल। आम जनता का विचार है कि इस राजनीतिक अस्थिरता के दल जिम्मेवार है। उनका विचार है कि राजनीतिक दल जानबूझकर आम जनता से जूड़े सक्रिय, एवं निष्ठावान, योग्य व्यक्तियों को न तो टिकट देते हैं और न तो वे चाहते हैं कि अच्छे प्रत्यासी जनता द्वारा चुनकर सदन में जाय और जनता का सही मायने में प्रतिनिधित्व करे। दूसरा प्रायः सभी दल अपराधियों, माफियाओं, धनाढय लोगों में अपराधियों बड़े-बड़े पेट्रोल पम्पधारको को ही टिकट देने में अपना गौरव मानते जिनके पास बड़े बड़े कारों और वाहनों का जखीरा हो, वे अपने प्रभाव पैसे के बल पर चुनकर सदन में पहुंच तो जाते हैं लेकिन उनको अपना और अपने लोगों के हितों के अलावा अन्य किसी से कोई वास्ता सरोकर नहीं रहता, जिनसे क्षुब्ध और व्याथित होकर जनता उनसे मुंह फेर लेती है और नकारात्मक वोट से त्रिशंकु संसद या विधान सभा का स्वरूप सामने आता है जिस पर चुनाव आयोग ने भी चिन्ता व्यक्त की है और इस संबन्ध में विभिन्न सर्वेक्षण आदि ने भी संकेत दिये है। जिस पर राजनीतिक दलों द्वारा निरन्तर अवहेलना लोकतंत्र मूल धारणा के बिपरीत है। स्वार्थ परक राजनीति देश और समाज के लिए बहुत ही घातक एवं निराशाजनक है।

यदि पार्टी से ऊपर उठकर राष्ट्रहित की भावना से त्रिशुक संसद, विधान सभा और गठबंधन नीति का परिशीलन किया जाय तो इससे स्पष्ट होता है कि वर्तमानकालीन गठबंधन नीति व्यक्तिगत स्वार्थी दल को मजबूत करने की मँशा, सत्ता लिप्सा और महत्वाकांक्षा जैसे चतुष्कोणीय अलोकतांत्रिक प्रदूषणों पर आधारित है, जिसका प्रमाण है कि लोक सभा विधान सभा चुनाव की घोषणा होते ही सभी छोटी-बड़ी पार्टियों में इस समर में लड़ने के लिए जाति-बलियो, बाहुबलियों, पूजीपतियों और माफियाओं जैसे चार गुणों की समन्वित एक शक्ति मण्डित महारथियों की तलाश कर पार्टी प्रत्यासी घोषित किया जाता है जो लोकतंत्र और लोक कल्याण के हित में नही हैं।

दूसरी तरफ ऐसे रणवाकुरों ने भी व्यवसायिक नीति के तहत जनप्रतिनिधि होने के लिए अपना शक्ति प्रदर्शन, अपनी जोरदार कवायद को प्रदर्शित कर जनता को दिगभ्रमित किया जो आगे चलकर जनता में असंतोष, अविश्वास और निराशा का कारण बना। जो त्रिशुक चुनाव परिणाम से स्पष्ट है।

तीसरी तरफ सत्तासीन पार्टियां अपने कार्यकाल के बहुकोणीय विकास की छलावा भरी बयानबाजियों की रण दुदुम्भी बजाकर जनाधार को बटोरने में जुट जाती हैं। मतदाताओं को भ्रमित और गुमराह करती हैं। इसके अलावा गलत प्रलोभन और आश्वासन से मत हासिल करने का प्रपंच रचती हैं।

चौथी तरफ विपक्षी पार्टियां देश में व्याप्त भूख, भय, भ्रष्टाचार, बलात्कार, अपहरण, घोटाले, बेरोजगारी, महंगाई इत्यादि की त्रासदी-तस्वीरों को प्रस्तुत कर सरकार की असफलताओं का इजहार करने में कोई चूक नहीं कर रही हैं। एक दूसरे के प्रति आरोप प्रत्यारोप का सिलसिला चुनाव प्रचार तक इतना होता रहता है कि मतदाता असलियत को सही-सही आंक नहीं पाता है और उसका अचानक निर्णय उसी के लिए अहितकर होता है।

पांचवी तरफ पक्ष-विपक्ष दोनों एक दूसरे पर कीचड़ उछालने में कम नहीं हैं। चुनावी महासमर की सन्निकटता देख सभी राजनीतिक पार्टियां अपनी अपनी गठबंधन नीतियों, बयानबाजियों और प्रतिनिधि चयन प्रक्रियाओं में लोकतांन्त्रिक मार्ग से पीछे हटती जा रही हैं। दुष्परिणाम स्वरूप जनता की राजनीतिक अपरिपक्वता, उनकी स्वयं की विवशता, जोर, दबाव और दलीय नेताओं एवं कार्यकताओं के आपसी स्वार्थ, ईर्ष्या और प्रतिशोधजनित भीतरघात के कारण जन आवाज के विपरीत चुनाव परिणाम अप्रत्याशित और चौकाने वाला हो जाता है। जिसकी कल्पना नहीं की जा सकती।

2. साझा न्यूनतम कार्यक्रम एवं यूपीए चेयरपर्सन सोनिया गांधी का त्याग

काँग्रेस अध्यक्षा सोनिया गाँधी द्वारा प्रधानमंत्री पद ठुकराने और मनमोहन सिंह के हाथों देश की बागडोर सौंपने के बाद उनकी अध्यक्षता में 68 मंत्रियों की शपथ में जहाँ काँग्रेस का पलड़ा भारी रहा, इसके विपरीत संयुक्त प्रगतिशील गठबंधन के दीर्घ आयु के लिए न्यूनतम साझा कार्यक्रम में सभी दलों की प्राथमिकता शामिल की गयी जिसमें वामपंथी दल की छाया मसलन निवेश को समाप्त करने, आर्थिक सुधारों को विकास के साथ जोड़ने तथा द्रमुक के पोटा को लगभग समाप्त करने के लक्ष्ण साथ दिखाई देते हैं।

काँग्रेस की ओर से इसकी संवेदनशीलता पर स्वयं वामपंथी नेता हरकिशन सिंह सुरजीत ने जहाँ संतोष व्यक्त किया वहीं दूसरे नेता सोमनाथ चटर्जी ने न्यूनतम साझा कार्यक्रम को गरीबों के हित में बताते हुए कहा कि प्रधान मंत्री मनमोहन सिंह ने न्यूनतम साझा कार्यक्रम से पहले ही इस सरकार की प्राथमिकताएं स्पष्ट कर दी थीं। इसका अर्थ यह हुआ कि न्यूनतम साझा कार्यक्रम ही इस गठबंधन का मूल है।

काँग्रेस ने अपने घोषणा पत्र में रोजगार, गरीब तबके के हितों के लिए ठोस उपाय, किसानों की समस्याएं एवं अकारण निवेश को शामिल किया। वामपंथी दलों को ये सारी व्यवस्थाएँ पसंद थीं। उन्हें मात्र विनिवेश को लेकर काफी चिंता है। खाद्यान्न-सुरक्षा को लेकर सार्वजनिक वितरण प्रणाली को मजबूत करने का आग्रह किया गया है इसलिए वामपंथी दलों ने यह बात रखी न्यूनतम साझा कार्यक्रम में किसी भी तरह के निवेश का स्थान नहीं होना चाहिए बल्कि विनिवेश मंत्रालय ही समाप्त कर देना चाहिए। काँग्रेस की तरफ से न्यूनतम साझा कार्यक्रम बनाने वाले जयराम रमेश का तर्क था कि विनिवेश मंत्रालय होना चाहिए कि जो अर्थव्यवस्था

का स्वरूप है। उसमें विदेशी पूंजी निवेश आवश्यक है लेकिन वामपंथी दलों के दबाव में काँग्रेस की एक न चली। बल्कि द्रमुक, राजद भी पक्ष के थे। इसके चलते निवेश मंत्रालय को वित्त मंत्रालय में समायोजित कर दिया गया।

वामपंथी दलों को दबाव यह है कि नवरत्नों को किसी भी हालत में बेचा न जाय। दूसरा अकारण निवेश न किये जाय, जिसमें संचार, तेल कम्पनिया एवं राष्ट्रीयकृत बैंक शामिल हैं। शपथ ग्रहण समारोह से पहले ही प्रधान मंत्री मनमोहन सिंह से यह आश्वासन ले लिया गया था। यदि यह कम्पनियाँ चाहती हैं कि वे पूंजी बाज़ार में उतरे, तो यह उनकी मर्जी होगी। तब श्री सिंह ने कहा कि अकारण निवेश नहीं किये जाये। क्योंकि निजी या सार्वजनिक क्षेत्र के उपक्रमों की अपनी महत्ता है और अर्थ व्यवस्था के लिये इनकी अर्थव्यवस्था ठीक रहना आवश्यक है।

कुछ मिलाकर वामपंथी दलों ने न्यूनतम साझा कार्यक्रम के आर्थिक एजेंडे पर अपनी गहरी छाप छोड़ी है। जिसके लिए काँग्रेस को किसी हद तक झुक कर समझौता करना पड़ा। गठबंधन सरकार के इस प्रयोग में दबाव और समझौते की राजनीति विवशता और लाचारी का घोतक है जो सत्तान्मुख होने का मार्ग प्रस्तुत करती है। आगे चलकर ऐसी राजनीति का दूरगामी परिणाम लोकतंत्र के लिए घातक होता है क्योंकि इसमें जनहित का काम कम और स्वहित ज्यादा होता है। अस्थिरता के कारण कोई सरकार लोकतांत्रिक तरीके से न जो काम कर पाती है और न तो देश की आम जनता इससे लाभान्वित होती है। दल विशेष इसमें हावी और प्रभावी रहते है और स्वार्थी तत्व सरकार को घेरे रहते है।

चुनाव पूर्व साथी दलों ने द्रमुक और पी.एम.के. ने सबसे पहली शर्त यह रखी कि अर्थ व्यवस्था पर वामपंथी दलों के साथ काँग्रेस के जो विचार हैं, उनसे वे सहमत हैं। लेकिन पोटा को लेकर द्रमुक और पी.एम.के. ने जोर लगाया कि इसका दुरूपयोग रोका जाये। इसमें कुछ सुधार किये जायें ताकि बाईको जैसा नेता इसका शिकार न हो। दक्षिण में द्रमुक और पी.एम.के. ने जो जीत हासिल कर काँग्रेस को गैर भाजपा सरकार बनाने का लक्ष्य पूरा करने में जो सहायता दी, उसका मुआवजा भी उन्होंने पूरा ले लिया। दक्षिण से बिहार के बाद सबसे अधिक गठबंधन के मंत्री शामिल हैं। यह इसका सबूत है। इसी तरह लालू प्रसाद ने बिहार के आर्थिक पैकेज के अलावा मंत्रिमण्डल में आठ सहयोगियों की सपथ दिलाकर चुनाव पूर्व गठबंधन का पूरा लाभ उठाया है। जो आगे भी जारी रह सकता है।

अब हम आम जनता एवं पाठक बृन्द के समक्ष श्रीमती सोनिया गाँधी के 27 जुलाई 2005 को संसद भवन के केन्द्रीय कक्ष में काँग्रेस संसदीय दल को साझा न्यूनतम कार्यक्रम के प्रति वचनद्धता का उल्लेख करेंगे जो मनमोहन सिंह सरकार के लिए मार्गदर्शिका है। श्रीमती गाँधी ने अपने संबोधन में कहा कि हम प्रधान मंत्री को उनकी सफल अमेरिकी यात्रा के लिए बधाई देते हैं जिससे द्वपक्षीय सहयोग के अध्यायों की शुरूआत हुई है। इसके पहले प्रधानमंत्री ने इंग्लैण्ड में ग्रुप 8 के शिखर

सम्मेलन में भाग लिया। स्पष्टतः इन दोनों यात्राओं से उन्होंने हमारी अन्तर्राष्ट्रीय प्रतिष्ठा और अवसर को बढ़ाया है। इन यात्राओं की संसद में चर्चा हूई। रिकार्ड किया गया। इस सत्र में ऐतिहासिक राष्ट्रीय ग्रामीण रोजगार गारंटी विधेयक पर चर्चा होगी और उसे पारित किया जायेगा। अप्रैल, 2002 से गुवाहाटी में काँग्रेस के मुख्य मंत्रियों के सम्मेलन मे सबसे पहले तो ऐसा कानून बनाने का वादा किया गया था तथा जूलाई 2003 मे मुख्यमंत्रियों के अगले सम्मेलन में इस वादे को दोहराया गया था। 2004 के लोकसभा चुनाव में हमारे घोषणा में यह एक मुख्य वादा था। स्वाभाविक ही यह राष्ट्रीय साझा न्यूनतम कार्यक्रम का अंग है। इस विधेयक में लगभग तीन दशक पहले काँग्रेस द्वारा महाराष्ट्र में शुरू की गयी रोजगार गांरन्टी योजना से ज्यादातर बातें ली गयी हैं।

यहां इसका उल्लेख करना समीचीन होगा कि इंदिराजी ने ग्रामीण भूमिहीन रोजगार गारन्टी कार्यक्रम शुरू किया था तथा राजीव जी ने जवाहर रोजगार योजना शुरू की थी। पी.वी. नरसिंह राव की सरकार ने रोजगार आश्वासन योजना लागू की थी। मौजूदा विधेयक पहले की गयी इन सभी पहल पर आधारित है। सूचना का अधिकार, कानून और रोजगार गारंटी कानून, ये दो ऐसे जुड़वा स्तंभ होंगे जिनपर भारत निर्माण का कार्यान्वयन निर्भर करता है।

रोजगार गारंटी विधेयक के मौजूदा स्वरूप में संशोधन के द्वारा जिन चार खास परिवर्तन किये जाने हैं। मैं उनकी चर्चा करना चाहूँगी। यह परिवर्तन राष्ट्रीय सलाहकार परिषद में हुई चर्चा तथा अपने पार्टी सहयोगियों से, प्राप्त सुझावों पर आधारित है।

पहला, रोजगार, गरीबी रेखा से नीचे रहने वालों तक सीमित न होकर हर किसी को मिलनी चाहिए जो एक निर्धारित मजदूरी पर काम करने के लिए तैयार हो। दूसरा, एक बार गारंटी हो जाने पर सरकारी विवेक से उसे वापस नहीं लिया जाना चाहिए। तीसरा, कानून के प्रावधानों को पूर्ण रूप से प्रभावी बनाने के लिए सारा वित्तीय बोझ केन्द्र सरकार को वहन करना चाहिए तथा राज्यों को बेरोजगारी के भत्ते का खर्च उठाना चाहिए। चौथा और संभवतः सर्वाधिक नाजुक, विधेयक के प्रावधानों में इस प्रकार संशोधन किया जाना चाहिए जिससे यह सुनिश्चित हो सके कि कामों के चयन तथा उसके कार्यन्वयन एवं मानीटरिंग में पंचायतों की भूमिका अहम होगी। मै आशा करती हैँ विधेयक में इन परिवर्तन को शामिल किया जायेगा।

अन्य जो महत्वपूर्ण विधेयक पेश किये जायेंगे उनमें स्त्री-पुरूष समानता, खादी और ग्रामीण औद्योगिक आयोग का पुर्नगठन तथा कोअपरेटिव संस्थाओं को मजबूत बनाने से संबधित होंगे। महिला आरक्षण विधेयक के बारे में आम सहमति बनाने के गृह मंत्री सभी राजनीतिक दलों से बातचीत कर रहे हैं। असंगठित क्षेत्र के मजदूरों को सामाजिक सुरक्षा प्रदान करने के लिए तैयार किए गए विधेयक के मसौदे का भी मैं विशेष रूप से उल्लेख करना चाहूंगी। यह मसौदा अब सरकार के पास है और मैं आग्रह

करूंगी कि इस बारे में विचार विमर्श को पूरा किया जाना चाहिए।

राष्ट्रीय आपदा प्रबनधन प्राधिकार जैसे कुछ महत्वपूर्ण विधेयक संबंधित स्थायी समितियों के पास हैं। मैं आप से इस संबन्ध में अग्रणी भूमिका निभाने का आग्रह करूंगी ताकि स्थायी समितियां जल्दी से अपनी रिर्पोट पेश करें और संसद के शीतकालीन सत्र में इन विधेयकों को पारित किया जा सके। आपदा प्रबंधन के बारे में सरकार पहले ही प्रधानमंत्री की अध्यक्षता में एक पांच सदस्यीय राष्ट्रीय आपदा प्रबन्धन प्राधिकार का गठन कर चुकी है।

इस साल जून महीने की आशंकाओं एव चिंताओं के बाद देशभर में मानसून की सामान्य चर्चा हुई है। लेकिन हमेशा की तरह कुछ राज्यों में बाढ़ की स्थिति पैदा हो गयी तो कुछ अन्य राज्यों में वर्षा कम हुई है। केन्द्र सरकार इन राज्यों में तुरंत वित्तीय एवं अन्य सहायता मुहैया करा रही है तथा हमारे पार्टी कार्यकर्ता राहत और पुर्नवास कार्यों में जूटे हैं।

पिछले 14 महीनों में हमारी सरकार ने अनेकों पहल की हैं तथा अनेक कार्यक्रम शुरू किये हैं। यूपीए सरकार के एक साल पूरा करने पर जारी किये गये दस्तावेज में इनका जिक्र किया गया है। मैं उम्मीद करती हूँ कि आप सबको यह रिर्पोट पढ़ने का मौका मिला होगा। महत्वपूर्ण बात यह है कि सभी सांसदों को इन उपलब्धियों को जनता को बताने में सक्रिय रूप से भाग लेना है।

लोक सभा में हमारे राज्यसभा के सहयोगियों की मिसाल को अपनायेंगे। मुझे बताया गया है कि स्थायी एवं परामर्शदायी समितियों की बैठकों में हमारे सांसदों की उपस्थिति बढ़ाने की जरूरत है। मै आशा करती हूँ कि इन समितियों में आप की उपस्थिति बढ़ाने की जरूरत है उनको आप अच्छी तरह निभायेंगे।

काँग्रेस अध्यक्ष श्रीमती सोनिया गाँधी ने 30 जूलाई को कहा कि कुछ पार्टियां पिछडे वर्गों के लोगों का शोषण कर रही हैं तथा उनको गुमराह कर रही हैं। श्रीमती गाँधी ने अनुसूचित जातियों, जनजातियों एवं पिछड़े वर्गों के प्रतिनिधियों से यह बात नई दिल्ली में कही जो यहाँ उनके आवास पर उनसे मिलने आये थे। उन्होंने किसी का नाम लिए बगैर कहा कि ये पार्टियां अपने राजनीतिक स्वार्थ एवं आकाक्षाओं के कारण ये सब कर रही हैं। अखिल भारतीय काँग्रेस कमेटी के एक बयान में कहा गया "उनको गरीबों की भलाई की कोई चिंता नही है"। उन्होंने यह भी कहा कि उनकी पार्टी डा0 अम्बेडकर की नीतियों एवं कार्यक्रमों को आगे बढा रही है। लेकिन कुछ राजनीतिक पार्टिया एवं राजनीतिक नेता है जो बाबा साहिब के नाम पर अनुसूचित जातियों/जनजातियों तथा पिछड़े वर्गों का शोषण कर रहे हैं और उन्हे गुमराह कर रहे हैं।

यहा मैं पाठकबृन्द को सम्रण करना चाहूंगा कि तेरहवीं लोक सभा के अंतिम दिन सोनिया गाँधी ने 5 फरवरी 2004 को विपक्षी दलों के नेताओं की राजनीति भोज आयोजित किया और इस विशेष दोपहर भोज के बाद पत्रकारों से बात कर रही थीं। इसके पहले काँग्रेस संसदीय दल की बैठक को संबोधित करते हुए सोनिया ने संकेत दिये कि प्रचार

के दौरान काँग्रेस पूर्व प्रधान मंत्री अटल बिहारी वायपेयी को निशाने पर रखेगी। उन्होंने पार्टी सांसदों और कार्यकर्ताओं का आहवन किया कि वाजपेयी की असलियत सामने लाने के लिए सत्ता पक्ष को गाली गलौज, घृणा और वैमनस्य फैलाने वाली भाषा का मुकाबला गरिमापूर्ण अभियान से न करें। उन्होंने बोफोर्स काण्ड में अपने पति स्व. राजीव गाँधी के दोषमुक्त होने के फैसले का जिक्र करते हुए कहा कि इसके चलते उन्हें तथा उनके परिवार को 17 सालों तक त्रासदी झेलनी पड़ी। लेकिन इस कठिन समय में भी समर्थन के लिए उन्होंने देश की जनता तथा काँग्रेसजनों का आभार जताया।

सोनिया ने कहा कि उन्होंने इस भोज का आयोजन सभी दलों के नेताओं द्वारा दिये गये सहयोग के प्रति आभार जताने के लिए किया है और उन्हें उम्मीद है कि इसी तरह धर्मनिरपेक्ष दल सांप्रदायिक शक्तियों को हराने के लिए राजग को एकजुट होकर चुनौती देंगे। मुलायम सिंह यादव भले ही सोनिया के भोज में शामिल नही हो पाये हों लेकिन इसके पूर्व उन्होंने लोक सभा के अंदर सोनिया गाँधी से लंबी गुफतगू की। राजनीतिक हलकों में माना जा रहा है कि मुलायम ने खास रणनीति के तहत यह बातचीत की ताकि इसका राजनीतिक संदेश जाये। मुलायम ने सोनिया के प्रति नरम रूख अपनाकर उत्तर प्रदेश की राजनीति में नए समीकरणों के संकेत भी दे दिए हैं। समझा जा रहा है कि दोनों नेताओं के बीच जल्दी ही एक और मुलाकात हो सकती है।

काँग्रेस संसदीय दल की बैठक में सोनिया ने साफ संकेत दिए कि आगामी लोक सभा चुनावों में पार्टी का रूख आक्रामक होगा। उन्होंने सांसदों से कहा कि वे चुनाव प्रचार के दौरान वाजपेयी और राजग सरकार की विफलताओं को निशाने पर रखें। वे विभिन्न मुददों पर ढुलमूल रवैया अपनाते हैं और उनका सारा जोर अपने भ्रष्ट साथियों को बचाने में ही लगा रहता है।

अधिकांश लोग पूछते फिर रहे है कि आखिर मनमोहन सिंह सोनिया गाँधी की पहली पसंद क्यों और कैसे प्रधान मंत्री बन गये? जबकि काँग्रेस के भीतर के जोड़-घटाव और दाव-पेचों में मनमोहन सिंह की भूमिका मूक द्रष्टा से ज्यादा नहीं रही। फिर भी वक्त की कसौटी पर यूपीए अध्यक्ष सोनिया गाँधी के इतने विश्वास पात्र साबित हुए कि काँग्रेस अध्यक्ष ने अपने सिर का मुकुट उनके सिर पर रख दिया। एक प्रकार से मनमोहन सिंह न तो कभी खाटी राजनेता रहे और न तो उन्हें कुटिल राजनीति और साम-दाम-दण्ड-भेद के साथ होने वाली चुनावी राजनीति कभी रास आयी। बहुत कम लोगों को जानकारी होगी कि मनमोहन सिंह को पी.वी.नर सिंह राव अपने विशेष आग्रह पर राजनीति मे लेकर आये। अन्यथा मनमोहन सिंह तो अपने सेवा निवृति के बाद के काल को पढ़ने लिखने में लगाना चाहते थे एकाएक जब नरसिंह राव प्रधान मंत्री बने तो अपने साथ मनमोहन सिंह को अपने मंत्रिमण्डल में ले आये। तभी पहली बार 1991 में मनमोहन सिंह राज्यसभा के सदस्य के रूप में चुनकर संसद में आये थे।

भारतीय इतिहास में यह पहला अवसर है कि दुनिया के सबसे बडे लोकतंत्र

के इस देश में मनमोहन सिंह इस देश के पहले ऐसे प्रधान मंत्री हैं, जो अल्पसंख्यक समुदाय से आते है और यह संयोग ही है कि इसी वक्त राष्ट्रपति की कुर्सी पर बैठे डा० एपीजे अब्दुल कलाम भी अल्पसुख्यक समुदाय से ही आते है। डा. मनमोहन सिंह के नाम एक कीर्तिमान यह भी जाता है कि वे देश के सर्वाधिक पढ़े-लिखे प्रधानमंत्री हैं। वे ऐसे प्रधानमंत्री हैं, जिनकी आकादमिक योग्यता और आर्थिक दृष्टि की वृश्चिक स्तर पर पिछले तीन दर्शकों से प्रशंसा होती रही है। तब से जब वे भारत सरकार के प्रमुख आर्थिक सलाहकार बने थे।

इस तरह से देखें तो मनमोहन सिंह के जरिए भारतीय राजनीति से लगता है कि एक नये युग का भी सूत्रपात हुआ है। एक ऐसी शुरूआत जिसमें शालीन और योग्य नेताओं की एक जमात धीरे धीरे उभर कर सामने आ रही है। मनमोहन सिंह इस बदलाव के एक प्रतीक माने जा सकते हैं जबकि भारतीय राजनीति केवल लंद-फंद कुशल खिलाडियों का ही मैदान है। इस राजनीति को लेकर लंबे अरसे से जनमानस में चली आ रही इस धारणा को मनमोहन सिंह की ताजपोशी तौड़ती दिखाई देती है। उनका सत्तारोहण देश के भीतर यह आश्वस्ति का भाव बताता है कि राजनीति में भी भलेमानुसों की जगह अभी मौजूद है। इससे यह भी प्रतीत होता है कि अब पढे-लिखों का नया दौर आ गया है। देश-राष्ट्र-समाज की भलाई हेतु अब योग्य व्यक्तियों को तरजीह मिलेगी।

पढे-लिखे लोग मानने लगे थे कि राजनीति उनके लिए नही हैं। देश के भीतर राजनीति को लेकर एक तरह से नैराश्य का वातावरण बनने लगा था। मनमोहन सिंह के बहाने देश के बदलते राजनैतिक परिदृश्य पर नजर डालें तो हमें जगह-जगह इस संदर्भ में आशा की किरणें दिखाई देगीं। डा. सिंह की ताजपोशी से देश का एक बहुत बड़ा ईमानदार और कर्तव्यनिष्ट आम जनता को बोद्धिक दिशा देने वाले निराश और हतोसाहित व्यक्तियों में आशा का संचार हुआ है जो हर क्षेत्र में आयी राजनीतिक गिरावट से उपेक्षित, वंचित एवं पीड़ित थे। उसमें विशेष रूप से बह तनका जो योग्य एवं सक्षम होने के बावजूद भी सदा से अपमानित और तिरस्कृत था। बदलते परिदृश्य में उन्हें सम्मान और उचित स्थान मिलेगा और इसका यश और कीर्ति उन्हें मिलेगी जो ऐसे योग्यतम व्यक्तियों को चुन-चुन कर देशहित में उनका समुचित उपयोग करेंगे। इसकी शुरूआत करने वाले बधाई के पात्र हैं।

यह भी तथ्य है कि वाजपेयी सरकार में पहले वित्तमंत्री और फिर विदेश मंत्री रहे यशवन्त सिन्हा, जसवंत सिंह, अरूण शौरी, अरूण जेतली, जगमोहन, भुवन चंद खांडूरी ऐसे नाम थे जो अपने विशिष्ट क्षेत्रों में व्यापक प्रतिष्ठा और सम्मान पाने के बाद राजनीति से जुड़े थे। मनमोहन की इस सरकार में भी कई नाम हैं। कुंवर नटवर सिंह भारतीय विदेश सेवा में रहे हैं। कपिल सिब्बल और हंसराज भारद्वाज देश और दुनिया में अपनी वकालत की धाक जमा चुके हैं। मणिशंकर अय्यर भी विदेश सेवा से राजनीति में आये हैं। पी. चिदंरबन भी अपनी विशिष्ट अकादमिक योग्यताओं

के लिए पहचान रखते हैं। शिवराज पाटिल की भी गणना भारतीय राजनीति के कुछ भद्र चेहरों में होती है। मुरासोली मारन के बेटे दया निधि भारन सात समुद्र पार से पढ़ाई पूरी कर राजनीति में आये हैं।

कुछ मिलाकर राजनीति जंगल की जगह उपवन का रूप लेती नजर आ रही है। मनमोहन सिंह पुरानी पीढ़ी के प्रतिनिधि हैं। नयी पीढ़ी की ओर जायें तो यह भाव और मजबूत होता दिखता है।

उत्तर प्रदेश के मुख्य मंत्री मुलायम सिंह यादव के पुत्र अखिलेश सिंह यादव राजनीति में आने से पहले आस्ट्रेलिया मे पढ़ाई कर रहे थे। फारूक अब्दूला के बेटे उमर फारूक के भी अपने किस्म की संजीदगी और बेहतर शिक्षा है। नेहरू-गाँधी परिवार के दोनों चिराग राहुल और वरूण पढ़ाई लिखाई ओर शिष्टाचार के पैमानों पर खरे उतरते दिखते हैं।

ऑध्र प्रदेश में चन्द्र बाबू नायडू की पराजय के बाद राहुल गाँधी की एक टिप्पणी ने बरबस लोगों का ध्यान अपनी ओर खींचा। राहुल ने अपने पार्टी कार्यकर्ताओं से कहा कि चन्द्र बाबू का निरादर नहीं होना चाहिए। उन्होंने इस प्रदेश के लिए बहुत काम किया है और सूचना तकनीक के क्षेत्र में उनका योगदान काफी बड़ा है। यह टिप्पणी भारतीय राजनीति के सौम्य और शालीन चेहरे की अभिव्यक्ति कही जा सकती है अन्यथा चुनाव हारने पर तो "गली गली में शोर है..... जैसे नारे ही सामान्य तौर पर सुनाई पड़ते हैं।

यहाँ हम संक्षेप में कह सकते हैं दुनियाभर में मनमोहन सिंह या डा. कलाम की पहली पहचान तो आज भी राजनीति नहीं है। यह भारतीय संसदीय लोकतंत्र के लिए एक शुभ प्रस्थान का बिन्दु है। इसे साहित्य शिल्पी ही व्यक्त कर सकता है।

एक संवेदनशील मार्मिक प्रश्न सदा उद्वेलित करता रहेगा कि मनमोहन सिंह सोनिया गाँधी की पहली और आखिरी पसन्द क्यों? इसका स्पष्ट उत्तर यह प्रतीत होता है। कि 14वीं लोकसभा चुनाव साझा न्यूनतम कार्यक्रम एवं विभिन्न दलों से गठबंधन के आधार पर लड़ा गया था। सरकार बनाने के लिए किसी भी दल को स्पष्ट बहुमत हासिल नहीं था। काँग्रेस अकेले सबसे बडी पार्टी के रूप में थी। उसे अन्य क्षेत्रीय दलों का समर्थन हासिल था। काँग्रेस में जितने पुराने चेहरे प्रधानमंत्री के दावेदारी में थे उसमें किसी न किसी रूप से सभी दलों का समर्थन मिल पाने की संभावना बहुत क्षीण थी। मात्र मनमोहन सिंह को छोड़कर कोई दूसरा निर्विवाद व्यक्ति प्रधानमंत्री के उपयुक्त नहीं था। श्रीमती सोनिया गाँधी जब सरकार गठन के मामलों में राष्ट्रपति से मिलकर आयी और समर्थन की सूची पेश की थी उस समय स्वयं को अपने को वह साजिशों के घेरे में महसूस कर रही थी। एक तो स्वयं उनको अपने ही पार्टी के खुर्राट नेताओं की दबिश का शिकार होना पड़ रहा था। दूसरी और सहयोगी विपक्षी दलों का। वह क्षण बहुत ही नाजुक और मर्म स्पर्शी था। काँग्रेस अध्यक्ष एवं यूपीए चेयरमैन की हैसियत से उस समय की स्थिति और परिस्थित के अनुसार उन्हें ऐसे व्यक्ति की

जरूरत थी जो सभी को मान्य हो और गठबंधन सरकार कारगर और प्रभावी हो। सहयोगी दलों को भी मान्य हो। उन्होंने सहयोगी दलों की राय जान ली थी। श्रीमती गाँधी के लिए वह क्षण ऐसा चुनौती भरा था कि इसमें तनिक सी चूक घातक होती। उधर राजग गठबंधन भी इस फिराक में था कि यूपीए गठबंधन में थोड़ी भी अगर दरार हुई तो वे ऐन केन प्रकारेण सरकार बनाने का दावा राष्ट्रपति के सामने पेश कर देंगे।

प्रधान मंत्री सचिवालय व राष्ट्रपति सचिवालय के बीच जो गोपनीय पत्राचार हुए और विधि विभाग से जो सलाह मशविरा जारी था उससे क्षण क्षण में स्थिति अस्पष्ट दिखाई दे रही थी। नरसिंह राव के समय में जिस प्रकार से सांसदों की खरीद फरोख्त हुई थी, उसी प्रकार सांसदों पर प्रभाव डाला जा रहा था और सांसदों को प्रलोभन की प्रक्रिया जारी थी। कुछ सांसद दोनों ओर अपनी-अपनी गोटी फिट करने में लगे थे। राजग गठबंधन नही चाहता था की यूपीए सरकार बने। राष्ट्रपति की ओर से भी इस बात का संकेत था कि स्पष्ट बहुमत के आधार पर ही वह इस पर निर्णय लेंगे। कुछ लोगों को ऐसा कयास हो रहा था कि राष्ट्रपति को जिस प्रकार से राजग की ओर से सहयोग और समर्थन मिला था उसके एहसान को वे भूलेंगे नहीं। इस दौरान अटल बिहारी वायपेयी और जार्ज फर्नान्डीज ने राष्ट्रपति से कई भेट वार्ता की। यद्यपि श्रीमती गाँधी का लिखित सर्मथन पत्र राष्ट्रपति के पास था और यूपीए की ओर से राष्ट्रपति जी को अधतन स्थिति की जानकारी वस्तुतः दे दी थी। उन्होंने अपने स्रोतों से आश्वास्त होकर डा0 मनमोहन सिंह को सरकार गठन का न्यौता दिया ताकि सांसदों में असमंजस की स्थिति न हो।

यह तथ्य इस बात का संकेत है कि सरकार गठन के मामले में और विलम्ब होने पर यूपीए के सहयोगी दलों यहाँ तक कि काँग्रेस के खुर्राट नेताओं में आपसी साजिस चल रही थी और राजग की ओर उन्हें हवा भी मिल रही थी। ऐसी विषम परिस्थिति में सोनिया गाँधी को किसी ऐसे निर्विवाद व्यक्ति को प्रधानमंत्री नामित करना था जो सहयोगी दलों को मान्य हो और पार्टी के आपसी कलह से विघटन न हो। इन सभी पहलुओं पर गम्भीरतापूर्व विचार कर उन्होंने डा. मनमोहन सिंह के सिर पर सोनिया जी ने ताज रखा और सत्तारोहण के साथ एक राजनैतिक युग की शुरूआत की। जिसका मूल्यांकन आगे होगा।

3. पानी विवाद एवं वसुन्धरा-सोनिया संवाद

पानी को लेकर घर-घर में महिलाओं के बीच तू तू- मैं मैं होना आम बात है। पर ऐसी ही एक लड़ाई में राजस्थान की मुख्यमंत्री वसुंधरा राजे कांग्रेस अध्यक्ष सोनिया गांधी के साथ उलझ गयी है। इस अनूठी लड़ाई में दोनों नेताओं ने एक-दूसरे की खामियां निकालने की जो होड़ मची है उसे केन्द्र व पंजाब के साथ चल रहे पानी विवादों का निकट भविष्य में समाधान होने की उम्मीद अब नहीं लगती। सोनिया के साथ वसुन्धरा राजे की इस लड़ाई की शुरूआत पिछले माह 13 जून को टोंक जिले के सोहेला कस्बे में पानी को लेकर हुए किसान आंदोलन से हुई।

इस आन्दोलन में पुलिस फायरिंग में पाँच लोग मारे गये थे। २२ जून को सोनिया गांधी ने टोंक का दौरा कर पानी को लेकर राज्यों में हो रहे आंदोलनों व कानून व्यवस्था को लेकर राज्य सरकार की खूब आलोचना की साथ ही पुलिस की मार का दर्द सह रहे किसानों की पेयजल समस्या का अपने स्तर पर समाधान करने का भरोसा भी वे दे गयी।

सोनिया गांधी के दौरे और किसानों को दिए गए भरोसे ने प्रदेश कांग्रेस को वसुन्धरा राजे सरकार के खिलाफ आन्दोलन छेड़ने के लिए जान फूकने का काम किया। सोनिया गांधी के दौरे और बयान पर अपने सलाहकारों से कई दौर के मंथन के बाद वसुन्धरा राजे ने 5 जुलाई को एक पत्र सोनिया गांधी को लिखा। यह पत्र कांग्रेस अध्यक्ष के नाते नहीं बल्कि यूपीए सरकार की राष्ट्रीय सलाहकार परिषद् की अध्यक्ष के नाते लिखा गया। राज्य की अधूरी पेयजल योजनाओं व पंजाब के साथ चल रहे पानी से जुड़े मुद्दों को अब तक केन्द्र सरकार के समक्ष उठाती रही वसुन्धरा राजे ने पहली बार इन मुद्दों को लच्छेदार भाषा में लिखे गए अपने पत्र के जरिए सोनिया गांधी के समक्ष पेश किया और उन्हें एक तरफ से चुनौती देते हुए कहा कि वे अपने प्रभाव का उपयोग करते हुए इनका समाधान कराएं। पत्र में वसुन्धरा राजे ने टोंक दौरे के वक्त सोनिया गांधी के किए गए वायदों को भी याद दिलाया और कहा कि कांग्रेस को यदि राजस्थान की इतनी ही चिन्ता है तो पहले वे इन मामलों का हल कराएं, उसके बाद राजनीति करें।

वसुन्धरा राजे किसी भाजपा शासित राज्य की पहली मुख्यमंत्री होंगी जिन्होंने समस्याओं के समाधान के लिए सोनिया गांधी को पत्र लिखा है। इस पत्र को मुख्यमंत्री सचिवालय ने बाद में प्रेस को भी जारी किया। राज्य सरकार के अधिकृत प्रवक्ता वन मंत्री लक्ष्मी नारायण दबे का कहना है कि सोनिया गांधी को पत्र लिखना जरूरी भी था क्योंकि टोंक दौरे के दौरान उन्होंने राज्य की मदद करने का आश्वासन दिया था। दवे कहते हैं कि मुख्यमंत्री के पत्र के जवाब में 10 जनपथ से जो पत्र पिछले दिनों राज्य सरकार को मिला उसने कांग्रेस की कथनी-करनी में फर्क साबित कर दिया। असल में सोनिया गांधी ने जो जवाबी पत्र भेजा वह ठीक उसी अंदाज में था जिस अंदाज में वसुंधरा राजे का पत्र था। सोनिया गांधी ने अपने पत्र में चुटकी लेते हुए वसुंधरा राजे को सबसे पहले राज्य में कानून-व्यवस्था बनाये रखने की सीख दी और कहा कि आप कानून-व्यवस्था को संभालें पानी की बात मैं देख लूंगी।

पूर्व मुख्यमंत्री और कांग्रेस के राष्ट्रीय महासचिव अशोक गहलोत कहते हैं कि यह बहुत हद तक ठीक भी है कि बसुंधरा राजे को कानून-व्यवस्था को सुधारना चाहिए जिसमें आज आमजन खुद को असुरक्षित महसूस कर रहा है। गहलोत सोनिया गांधी की सलाह को वाजिब मानते हैं। उनका कहना है कि असल में मौजूदा राज्य सरकार ने केन्द्र के समक्ष अपने मुद्दों को तरीके से उठाने में रुचि कभी दिखाई ही नहीं। साथ ही पानी के मामले में सरकार का प्रबंधन भी चिंताजनक है। सोनिया गांधी के जवाबी

पत्र में उन्हें कानून-व्यवस्था की सीख दिये जाने से वसुंधरा राजे खफा हैं। सरकार के अधिकृत प्रथक्ता सोनिया गांधी की सलाह को महज राजनीति मानते हैं वहीं वसुंधरा राजे का कहना है कि लॉ एड ऑर्डर की सीख देने से पहले सोनिया गांधी को दिल्ली, महाराष्ट्र और आंध्र प्रदेश की तरफ भी मुंह करना चाहिए। जवाबी पत्र पर प्रतिक्रिया कहती है कि सोनिया गांधी पहले राज्य को पानी तो दिलाए, कानून-व्यवस्था की स्थिति भी सुधर जायेगी। सोनिया गांधी वंसुधरा के जरिए की जा जही लडाई अभी थमी नहीं नजदीकी लोगों का कहना है कि सोनिया गांधी का जवाब शीघ्र ही दिया जायेगा।

आज देश के अनेक भागों में सिंचाई और पीने के पानी का जो संकट है उसके सिर्फ दो की संयुक्त प्रगतिशील गठबंधन सरकार का ही नहीं, बल्कि पिछली सभी सरकारों का भी है। भारत एक ऐसा देश है जहां जल की कोई कमी नहीं है, लेकिन जल संरक्षण और प्रबन्ध के समुचित उपाय न किये जाने के कारण संकट गम्भीर रूप लेता चला जा रहा है। यह तथ्य चकित करने वाला है कि भारत में अमेरिका के मुकाबले 25 फीसदी ज्यादा बारिश होती है, लेकिन जहां अमेरिका में हर नागरिक को पर्याप्त जल उपलब्ध है वही भारत में अनेक शहरी क्षेत्रों एवं ग्रामीण इलाकों में जल संकट बना ही रहता है।

लोगों को प्यास बुझाने के लिए जितना पानी चाहिए उसका तीन गुना उसे व अपने अन्य जरूरतों को पूरा करने के लिए चाहिए। इसके अलावा यह भी स्पष्ट है कि अन्न की पैदावार और पशुपालन में भी जल की जरूरत पड़ती है। यह जल मनुष्य की आवश्यकताओं के मुकाबले तीन गुना अधिक है। भारत में जल के जितने श्रोत हैं और प्रति वर्ष जितनी बारिश होती है उसे देखते हुए यदि भारत सरकार ठान ले तो वह सिंचाई के लिए दो गुना मूहैया करा सकती है। यदि ऐसा हो सके तो भारत के किसान विश्व का खाद्यान्न उपलब्ध कराने में सक्षम हो सकते हैं। निश्चित रूप से यह तभी संभव है जब जल के मामले में किसी ठोस राष्ट्रीय नीति का निर्माण हो। आज तो स्थिति यह है कि करीब हर राज्य अपने यहां की नदियों के जल को अपनी निजी संपति समझ कर उस पर आधिपत्य जमाना चाहते हैं। पिछले दिनों उत्तर प्रदेश सरकार ने दिल्ली में बने सोनिया बिहार जल संयत्र को पानी देने का वायदा किया, लेकिन एकाएक उसने दिल्ली को पानी न देने का निर्णय ले लिया। इसे लेकर राजनीतिक विवाद खड़ा हो गया जो अभी भी सुलझने का नाम नहीं ले रहा है। ऐसा नहीं कि उत्तर प्रदेश में आवश्यकता से अधिक पानी है, लेकिन इतना तो है ही कि वह दिल्ली सरकार को दिये गये अपने वचन को पूरा कर सके। उत्तर प्रदेश अपने इस वचन को इसलिये पूरा नहीं कर सका, क्योंकि प्रदेश सरकार के सहयोगी घटक राष्ट्रीय लोकदल ने अडंगा लगा दिया।

राष्ट्रीय लोकदल के मुखिया अजित सिंह ने मुलायम सिंह यादव को इस बात के लिए विवश किया था कि वह दिल्ली को पानी न दे। इसके लिए उन्होंने समर्थन वापस लेने की धमकी भी दी। यही नहीं उन्होंने सार्वजनिक रूप से यह घोषणा भी की कि उनके

ही कारण दिल्ली को पानी देने से मना कर दिया गया। यह कोई नयी बात नहीं है इस तरह की रवैया का परिचय विभिन्न दल और राजनीतिक्ष देते ही हैं और यही कारण है कि अनेक राज्यों के बीच जल बटवारे संबन्धी विवाद सुलझने का नाम नहीं ले रहे हैं। बतौर उदाहरण तमिलनाडू और कर्नाटक कावेरी नदी के जल बटवारे को लेकर उलझे हुए हैं तो पंजाब, हरियाणा और राजस्थान को पानी देने के लिए तैयार नहीं।

यद्यपि पानी को लेकर उपजे विवाद विभिन्न समितियों, आयोगों के साथ साथ उच्चतम न्यायालय तक भी पहुँच चुके हैं, लेकिन अभी भी समाधान से दूर हैं। यदि कोई समझौता हो भी जाता है तो कोई न कोई पक्ष उससे मुकर जाता है। कभी कभी तो एक ही दल द्वारा शासित राज्य सरकारें भी पानी को लेकर एक दूसरे के खिलाफ खडी हो जाती हैं।

यह सर्वविदित है कि भारत की नदियों का अधिकांश जल समुद्र में बह जाता है और आजादी के इतने वर्षों बाद भी नदियों के जल का समुचित उपयोग नहीं किया जा रहा है। संप्रग सरकार ने जब अपना पहला बजट पेश किया था तो वितमंत्री चिंदबरम ने इस बात पर विशेष जोर दिया था कि उनकी सरकार जल संरक्षण के परंपरागत तरीकों को पुनः बहाल करेगी, लेकिन इसके लिए जो धनराशि आंवटित की गयी वह ऊंट के मुंह मे जीरा ही साबित हुई। संभवतः यही कारण है कि जल संरक्षण के विभिन्न कार्यक्रम कागजों तक ही सीमित हैं।

भारत में आमतौर पर चार-पांच माह ही जल संकट रहता है। जैसे ही मानसून आता है जल संकट समाप्त होने लगता है। इस संकट के समाप्त होते ही जल संरक्षण के उपायों के उपायों पर भी ध्यान देना बंद कर दिया जाता है। बाद का संकट खत्म होते ही उससे निपटने के उपाय भी ठंडे बस्ते में डाल दिये जाते हैं। वस्तुतः यही वह प्रवृति है जिसके चलते प्रति वर्ष जल संकट भी उत्पन्न होता है और बाढ़ का खतरा भी। यदि इस प्रवृति का परित्याग नहीं किया गया तो भारत में पानी की किल्लत एवं बाढ़ के खतरे को और अधिक गम्भीर होने से रोका नहीं जा सकेगा।

अभी भी समय है, राजनीतिक दलों को जल संकट को एक राष्ट्रीय समस्या मानकर उसे हल करने के उपायों पर आम सहमति कायम करने के लिए आगे आना चाहिए। यदि ऐसा नहीं किया गया तो देश की जिस जनता को विकसित भारत का सपना दिखाया जा रहा है वह पानी के लिए लड़ती हुई नजर आऐगी।

इन दिनों केन्द्रीय सरकार की देश की विभिन्न नदियों को आपस में जोड़ने की योजना बहुत चर्चा है। इस योजना की लागत 560000 करोड़ रूपये बतायी जा रही है। निश्चित ही इतनी महंगी योजना में कई नदियों को जोड़ने की बात है। असलियत यह है कि यदि केवल एक नदी को भी किसी दूसरी नदी से जोड़ा जाय तो वह अपने में बहुत विवाद की बात है। इसके लिए दोनों नदियों के किनारे के लोगों से बहुत व्यापक विचारविमर्श करना और योजना के बारे में बताना होगा।

इस योजना का मुख्य औचित्य यह बताया जाता है कि जिन नदियों के क्षेत्रों

में अधिक जल उपलब्ध है, वहां से जल की कमी वाले नदी क्षेत्रों में पानी भेजा जायेगा। किन्तु यह स्पष्ट नहीं है कि किन नदियों को अतिरिक्त जल वाला मान लिया गया है। प्रांयः जल के संकट के दिनों में हिमालय से निकलने वाली नदियों को ही पर्याप्त जल वाला माना जाता है, क्योंकि गर्मी के महीनों में उनमें बर्फ से पिघलने वाला जल उपलब्ध रहता है। फिर भी गंगा के जल के बँटवारें को लेकर भारत बांग्लादेश में जो विवाद चलता आ रहा है, उसके पीछे यही कारण है कि जरूरत के अनुपात में जल पर्याप्त नहीं माना जा रहा है। इस स्थिति में गंगा का पानी कावेरी तक पहुंचाने जैसी चर्चित योजनाओं का कितना औपित्य है? यमुना को तो कई स्थानों पर गंदे नाले जैसी स्थिति में बदल दिया गया है।

हमें यह भी नहीं भूलना चाहिए कि जब ये नदियां समुंद्र में मिलती हैं तो उस समय उनके बहाव में पर्याप्त जल एवं वेग बनाउ रहना जरूरी है अन्यथा समुद्र तट के आस पास का पर्यावरण बुरी तरह बिगड जायेगा। यदि नदी का मीठा जल पर्याप्त मात्रा में वहां नहीं पहुंचा तो मछलियों एवं अन्य जीवों के प्रजन्न के लिए जरूरी परिस्थितया बहुत अस्त व्यस्त हो जायेंगी। साथ ही समुंद्र का खारा जल तटीय प्रदेश के उपजाऊ और जलश्रोतों में प्रवेश कर उन्हें तबाह कर सकता है।

हाल ही में केवल एक नदी के पानी के बटवारे को लेकर कर्नाटक और तामिलनाडू के बीच तनाव बढ गया था किन्तु जब बहुत सी नदियों को आपस में जोड़कर उनका पानी एक दूसरे के क्षेत्रों में भेजने की बात होगी तो निश्चित ही देश के विभिन्न राज्यों और क्षेत्रों के बीच तनाव और विवाद बहुत बढ़ जाने की संभावना है। इतना ही नहीं, अधिकांश पड़ोसी देशों से भी नदियों के जल बटवारे को लेकर नये विवाद और तनाव पैदा हो सकते हैं, विशेषकर यदि ब्रहमपुत्र नदी का पानी अन्य नदियों के क्षेत्र में मोड़ा गया तो पड़ोसी देशों से विवाद बढ़ सकता है।

इसका सही आकलन ग्रामीण क्षेत्र से जूडे विशेषज्ञों के द्वारा ही विश्वसनीय हो सकता है। वास्तव में नदियों एवं नदी क्षेत्रों को जोड़ने के लिए बहुत बड़ी नहरों का एक जाल बिछाना पड़ेगा एवं अनेक जलाशय बनाने पडेंगे। इससे बहुत बड़े पैमाने पर विस्थापन होगा। इसमें पूर्ण एवं आंशिक तौर से बहुत से किसानों की जमीन छिन जायेगी और बहुत से वन भी इस कारण नष्ट हो जायेंगे। जिन स्थानों से नहरें गुजरेगी उनमें कई जगहों पर मिट्टी एवं भूमि की स्थिति अनूकुल न होने पर दल दलकरण जैसी समस्याएं उत्पन्न हो सकती हैं।

जल को दूर के क्षेत्रों में भेजने के लिए कई स्थानों पर उद्वहन (लिफट) करना होगा, जिसमें बहुत सी ऊर्जा की जरूरत पड़ेगी। धन की दृष्टि से भी यह योजना बहुत महंगी सिद्ध होगी और वास्तविक खर्च अनुमानित खर्च से बहुत अधिक हो सकता है। एक ओर यह देश की सबसे खर्चीली योजना बन सकती है, दूसरी ओर राज्यों एवं क्षेत्रों के आपसी मतभेदों, पड़ोसी देशों से मतभेदों, विस्थापित होने वाले लोगों के विरोध आदि के कारण इस योजना का कार्य बीच में फंस जाने की संभावना

अधिक है। इस कारण देश का अरबों रूपया ऐसे कार्य में दीर्घकालीन तौर पर फस सकता है। इस कारण देश का आर्थिक संकट और विकट हो सकता है।

इस संदर्भ में यहां हम बड़े बांधों के विरोध और समर्थन का जिक्र करते हुए इसके निदान पर प्रकाश डालना चाहेंगे। पर्यावरणविदों के अनुसार भाखडा जैसे बड़े बांधों के स्थान पर जल के उपयोग एवं संग्रहण के लिए स्थानीय तरीकों जैसे खडीन, बावड़ी, एनीकट, जोहड़, तालाब आदि को बढ़ावा देना चाहिए। इस तर्क मे दम है, क्योंकि यदि पानी का दुरूपयोग ही करना है, तो उसे बचाने का क्या लाभ है? ऐसी हालत में हमें बड़े बांध के लाभ हानि को ठीक से समझना चाहिए। यदि लाभ कम और हानि ज्यादा है तो बांध नहीं बनाना चाहिए। परन्तु यदि लाभ अधिक और हानि कम है तो बड़े बांध बनाने चाहिए।

बड़े बांध के तीन लाभ हैं जो स्थानीय जल प्रबंधन में संभव नहीं होते। बिजली उत्पादन, बरसाती पानी का ज्यादा उपयोग, बाढ़ नियंत्रण स्थानीय तरीकों से ये उदेश्य आंशिक रूप से ही पूरे हो सकते हैं इसलिये स्थानीय तरीकों एवं बड़े बांधों को साथ साथ लागू किया जा सकता है। भाखड़ा के अवाह क्षेत्रों में एनीकट और कमांड क्षेत्र में खड़ीन बनाये जा सकते हैं। अतः स्थानीय तरीके और बड़े बांध एक दूसरे के पूरक हैं।

धर्माधिकारी की पुस्तक भाखड़ा की सत्यता के अनुसार भाखड़ा द्वारा पंजाब और हरियाणा में सिंचाई के बावजूद पुराने भूमिगत जलों का दोहन चालू है, जिससे भूमिगत जल स्तर गिरता जा रहा है। भाखड़ा की नहरों से जितना पानी भूमि में समा रहा है, उससे अधिक निकाला जा रहा है। धर्माधिकारी की बात सच दिखाई पडती है। दूसरी आपत्ति है कि भाखड़ा के जल का दुरूपयोग हो रहा है। तीसरी समस्या जलभराव की है। चौथी समस्या जैबिक विविधता की है। पाँचवी आपत्ति है भाखड़ा बांध का आकार आवश्यकता से बड़ा है। यह आपत्ति ठीक नहीं है। हर साल वर्षा समान नहीं होती। बांध इस तरह बनाये जाते है कि किसी साल में अधिकतम वर्षा को संभाल सके। यदि पच्चास साल भाखड़ा झील पूरी तरह भरी नही है, तो यह सोचना चाहिए की बांध का आकार सही है यदि किसी वर्ष वर्षा अधिक हुई, तो बांध उस पानी को रोक लेगा और नीचे के क्षेत्रों को बाढ़ से बचाने में सफल होगा।

पर्यावरणविदों को समझना चाहिए कि प्रकृति ने मनुष्य को बुद्धि इसलिये दी है कि हम प्रकृति को सजायें। सजावट करने में कुछ गलतियां हो सकती हैं। उन गलतियों को सुधारना चाहिए। यदि प्रकृति की मंशा अपने संतुलन को बनाये रखने की होती तो मनुष्य को बुद्धि क्यों देती? अतः अपना ध्यान बुद्धि के सदुपयोग पर लगाना चाहिए। बडे बांध की कमियों को उजागर करना चाहिए और उनके समाधान खोजना चाहिए। छोटी छोटी समस्याओं को मुद्‌दा बनाकर बड़े बांध का विरोध करके हम प्रकृति के विरूद्ध काम करेंगे।

पानी विवाद एक राष्ट्रीय एवं समसामयिक मुद्‌दा है। पानी ही जीवन है। मनुष्य और जीव जन्तुओं पर शोध के अनुसार पानी वह अमृत है जिसके सेवन से कोशिकाओं

के ऐसी जीवनदायिनी शक्ति मिलती है जिसके पोषक तत्व जीवन रक्षा करते हैं और प्राणी को स्वस्थ्य एवं दीर्घायु प्रदान करते हैं। पानी ही एक ऐसा पोष्टिक तत्व है जो मनुष्य या जीव जन्तु को स्वास्थय जीवन ही नहीं शताय एवं दीर्घाय प्रदान करता है भारत में यदि नदी तालाब, नहर, बांध, पोखरी, कुंआ, टयूबेल से पानी उपलब्ध न हो तो धरती पर प्राणी जीव जन्तु का अस्तित्व समाप्त हो जायेगा। पदूषित जल के कारण लाखों जीव जन्तु प्रति वर्ष मर जाते हैं और संक्रामक बिमारियों से ग्रस्त रहते हैं। इस पर सरकार को मानवसेबी संस्थाओं का विशेष ध्यान केन्द्रित करना चाहिए।

पानी में 70 फीसदी घिरे ग्रह पर लोगों को साफ पानी के लिए तड़पना पड़े, तो लापरवाही और उपेक्षा की कई तस्वीरें एक साथ उभरती हैं। संयुक्त राष्ट्र के हवाले से यह कहा जाना निराशाजनक है कि इस सदी के मध्य तक हो सकता है कि दुनिया के दो से सात अरब लोगों का पानी का घोर संकट झेलना पड़े। फिलहाल एक अरब लोक साफ पानी से महरूम हैं और हर साल प्रदूषित जल से पैदा होने वाली बिमारियां पांच साल तक की उम्र के डेढ़ करोड़ बच्चों को मौत के मुंह में धकेल रही हैं। यूनेस्को की यह चेतावनी तो और भी कान खड़े करने वाली है कि बढ़ती मांग के अनुपात में साफ पानी की सप्लाई दिनोंदिन घट रही है। दो दशकों बाद की स्थिति का आकलन करते हुए यूनेस्को के महानिदेशक कोइचिरो मात्सूरा ने बताया है कि तब बहुत संभव है कि प्रति व्यक्ति साफ पानी की उपलब्धता आज की तुलना में एक तिहाई रह जाए। यह पहला मौका नहीं है, जब पानी के मामले में चिंता जताई गई है। पहले भी तमाम मौकों पर दुनिया के कई मंचों से बार-बार कहा जाता रहा है कि अगर प्रकृति की इस नेमत को सहेजा नहीं गया और मौजूदा लापरवाह रवैया कायम रहा, तो अगला विश्वयुद्ध पानी को लेकर हो सकता है। भारत में राज्यों के बीच पानी के मुद्दे पर तकरार अब रोज की बात हो चुकी है। देश के तमाम हिस्से ऐसे हैं, जहां लोगों को पेयजल के लिए मीलों भटकना पड़ता है। भारत जैसे विकासशील और गरीब देशों के लिए पानी का संकट और भी भयावह रूप इसलिए ले सकता है, क्योंकि बढ़ती जनसंख्या के दबाव के चलते सभी संसाधनों पर बेतरह बोझ पड़ रहा है। ऐसे में, दिल्ली-मुंबई जैसे महानगरों में 2020 के बाद पानी के बेहद दुर्लभ वस्तु में बदल जाने की चेतावनी आधारहीन नहीं लगती। पानी उपलब्धता से जुड़ा दूसरा मुख्य संकट मीठे और स्वच्छ पानी की कमी का है। पृथ्वी पर बेशक बेहिसाब पानी है, पर उसमें से ज्यादातार खारा है। पीने योग्य जल की मात्रा तो महज एक फीसदी है। पर इस पेयजल को भी जहां फैक्ट्रियों से निकले रासायनिक कचरे आदि का प्रदूषण झेलना पड़ता है, वहीं शाहखर्च आदतें इसका बहुत सा हिस्सा बर्बाद कर देती हैं। पानी को पानी की तरह बहाकर नहीं, तेल की तरह बचाकर ही संकट हल किया जा सकता है, पर इसके लिए व्यापक चेतना की जरूरत है।

4. यूपीए सरकार की उपलब्धियां एव समीक्षा

हमारा देश एक विशाल, बहुजातीय और बहुधार्मिक देश है जो जनतंत्र, पंचशील एवं शांतिपूर्ण सहअस्तित्व के सिद्धान्तों पर चलते हुए अपने सारे पड़ौसी

देशों के साथ बचनबद्ध है। भारत कभी भी क्षेत्रीय एवं अन्य प्रकार की विस्तारवाद की गतिविधि में शामिल नहीं रहा। आज हमारे राष्ट्रीय हित का तकाजा है कि हम अपनी सीमा की रक्षा करें और अपने लोगों का जीवन स्तर ऊंचा उठायें। इस मामले में हम चीन से सबक ले सकते हैं कि कमयूनिष्ट पार्टी के नेतृत्व में काम करने के बावजूद इसने विदेशी निवेश के लिए द्वार खोल दिये हैं, क्योंकि ऐसा करना उनके व्यापक जनहित में है।

पिछले लगभग तीन दशकों में केन्द्र में विपक्षी पार्टियों की आधे दर्जन सरकारें बन चुकी हैं, लेकिन यह पहली बार है कि सही अर्थ के समान विचारधारा वाली पार्टियों ने केन्द्र में एक साझा सरकार बनायी है जिसका नेतृत्व देश की सबसे अधिक अनुभवी पार्टी, कांग्रेस पार्टी कर रही है। कांग्रेस को इस बात का भी लाभ है कि वह भारत को, इसके लोगों को उनकी समस्याओं तथा उनकी आशाओं एवं आकांक्षाओं को जानती है क्योंकि उसने अनगिनत कुर्बानियां देकर देश को आजादी दिलाई। पार्टी को स्वतंत्र भारत को सामाजिक-आर्थिक विकास के मार्ग पर आगे बढ़ाने का भी सौभाग्य प्राप्त हुआ। कांग्रेस ने भारत के आर्थिक सपनों, समानता और सामाजिक व्यय की आकांक्षों एवं अन्तर्राष्ट्रीय समुदाय में सम्मानजनक स्थान पाने की नींव रखी। यदि महात्मा गांधी की अहिंसा ने विश्व के विवादों को सुलझाने तथा राजनीतिक एवं सामाजिक दमन के खिलाफ, संघर्ष में नया रास्ता दिखाया तो जवाहर लाल नेहरू की गुटनिरपेक्षता ने राष्ट्रों के बीच शांतिपूर्ण सह अस्तित्व सुनिश्चित करने के लिए विश्व को नया विकल्प दिया। कांग्रेस पार्टी के इस विशाल अनुभव ने यूपीए सरकार को अपूर्व एवं भिन्न कोटि का बना दिया है। स्वतंत्र भारत में वर्षों तक सरकार चलाने से जो परिपक्वता और विवेक हासिल हुआ उसकी अभिव्यक्ति यूनाईटेड प्रोगेसिव एलायंस (यूपीए) के साझा न्यूनतम कार्यक्रम एवं उसकी रिर्पोट्र में प्रदर्शित है।

देश के आधुनिक इतिहास में यह काफी नाजुक दौर है। केवल अत्यंत कुशल प्रशासक, विशेषज्ञ तथा विचारक ही, जिनकी ईमानदारी और प्रतिब्द्धता असंदिध है, इस कठिन और जटिल काम को पूरा कर सकते हैं। संयुक्त प्रगतिशील गठबंधन (संप्रग) में शामिल घटक दलों ने यूपीए में अपनी अपनी भूमिका सराहनीय ढंग से निभाई है। यह कितना महत्वपूर्ण कि यूपीए में शामिल घटक दलों ने विभिन्न मतभेदों के बावजूद एक साथ रहने तथा एकजूट होकर काम करने के प्रति प्रतिब्द्धता दिखाई है। वास्तव में उन्होंने गठबंधनों के लिए एक मानक स्थापित किया है।

बामदल यूपीए में महत्वपूर्ण भूमिका निभा रहे हैं लेकिन उन्हें तथ्यों से सत्य सिखाने की जरूरत है जैसा कि माओ त्सेतूंग ने कहा था "समय के साथ चलना चाहिए"। अन्य जो केन्द्र की सत्ता में नये हैं उन्हें राष्ट्रीय परिपेक्ष्य की अनिवार्यता को समझना होगा। इस बात को ध्यान में रखने की जरूरत है कि यूपीए की चेयर पर्सन श्रीमती सोनिया गाँधी ने स्वेच्छा से प्रधान मंत्री का पद त्याग करके एक

उदाहरण और मानक स्थापित किया है। यूपीए ने गौरव के साथ 21 मई को अपना कार्यकाल पूरा किया है। यद्यपि राज्यों और केन्द्र में गठबंधन का होना कोई नई बात नहीं है, लेकिन केन्द्र में पहली बार समान विचारधारा के दलों के मिश्रण से कांग्रेस नेतृत्व में गठबंधन की सरकार बनी है। सही अर्थ में समान विचारधारावाली पार्टियों के केन्द्र से एक साझा सरकार बनायी है जिसका नेतृत्व देश की सबसे अधिक अनुभवी पार्टी, कांग्रेस पार्टी कर रही है। अब समय है सुदृढ़ीकरण का। जहां तक कांग्रेस का प्रश्न है उसने श्रीमती सोनिया गांधी के नेतृत्व मैं अपने वचन पर खरा उतरने के लिए हर संभव प्रयास किया है। उसे भी अपनी शक्तियों एवं कमजोरियों की समीक्षा करनी और पुर्नआंकलन करना चाहिये।

यू.पी.ए. का केवल सत्ता हासिल करने के लिये गठबंधन नहीं है बल्कि यह केवल एक मिशन है। कांग्रेस को भी जानना चाहिए कि उसे क्या करने की जरूरत है। चूकि इसने स्वतंत्र भारत के इतिहास का खाका तैयार किया है, यह उसकी भावी दिशा को भी जानती है। ऐसे समय में जब भारत महाशक्ति बनने की दिशा में आगे बढ़ रहा है, इसकी सत्ता चलाने के लिए सर्वदलीय कांग्रेस की जरूरत है क्योंकि वही कुशलता एवं दक्षतापूर्वक राष्ट्र को सही मंजिल पर पहुँचा सकते हैं।

इसकी शुरूआत हम प्रधानमंत्री डा. मनमोहन सिंह द्वारा 24 जून 2004 को राष्ट्र को संबोधित उनके संदेश का मूल पाठ से करना चाहेंगे जिसमें स्पष्ट कर दिया है कि आर्थिक विकास ऐसा हो जिसमें सभी की बराबर की भागीदारी हो। समाज के कमजोर उपेक्षित वर्गों अल्पसंख्यकों, पिछड़े वर्गों को सरकार की सभी नीतियों में प्रमुख स्थान मिले। उन्होंने इसकी शुरूआत राष्ट्रपिता महात्मा गाँधी की एक बात का स्मरण किया कि उनके जीवन को लक्ष्य "हर आंख से आंसू पोंछना है"। गांधी जी कहा करते थे कि "जो सबसे गरीब और कमजोर आदमी तूमने देखा है, उसकी शक्ल याद करो और अपने दिल से पूछो कि जो कदम तुम उठाने का प्रयास कर रहे हो, वह उस आदमी के लिए कितना उपयोगी होगा"। आज भी बापू का यह संदेश हमारे कानों में गूंज रहा है। हमारी सरकार हर हाल में सभी अल्पसंख्यकों की हिफाजत और भलाई, अनुसुचित जातियों, जनजातियों, पिछडे वर्गों तथा सभी कमजोर वर्गों के हितों की रक्षा करेगी। महिलाओं को अधिकार दिलायेगी।

न्यूनतम साझा कार्यक्रम का सार यह है कि ऐसी नीतियां बनाई जायं जिनसे आर्थिक विकास बढे, रोजगार के नए मौके पैदा हों और जिनसे सभी को बराबर लाभ पहुँचे। हालाकि हमारे देश में ऐसे अनेक लोग है जो देश की प्रगति से जुड़कर लाभ उठा रहे हैं। फिर भी लाखों-करोड़ों लोग ऐसे हैं जो अनपढ हैं, गरीबी और भूख से पीड़ित हैं। स्त्री पुरूष के बीच काफी असमानतायें हैं। महिलाएं पढ़ाई और सेहत में पुरूषों के मुकाबले काफी पीछे हैं। ऐसे लाखों लोग है जिनके पास आमदनी और भोजन का कोई जरिया नहीं है। ये हालात अनुसूचित जातियों, जनजातियों, अन्य पिछडे वर्गों, कमजोर वर्गो, और अल्पसंख्यकों में और भी खराब है। राज्यों के बीच ये असमानताए काफी अधिक है। हम ऐसी गैर-बराबरी को सहन नही कर सकते।

केन्द्र सरकार, राज्य सरकारों और समाज की जिम्मेदारी है कि वे इन आर्थिक और सामाजिक चुनौतियों पर गौर करें। हमें विकास के लिए सामाजिक और बुनियादी ढ़ाचे की व्यवस्था, प्राथमिक शिक्षा, लोगों की सेहत, पीने के पानी और सफाई की व्यवस्था पर ध्यान देना होगा। इसके अलावा कृषि सिंचाई, बिजली, सड़क और रेल सुविधाओं पर जोर देना होगा। हम आर्थिक सुधार जारी रखेंगे और इसमें हर नागरिक का सहयोग लेंगे। प्रशासन और सरकारी संस्थाओं में सुधार लाने को हम पहले तरजीह देंगे ताकि लोगों को बेहतर सेवाएं मुहैया कराई जा सकें।

कृषि के विकास में आई काफी गिरावट से देखा जा सकता है कि किसानों के हितों की अनदेखी हुई है। हमारा न्यूनतम साझा कार्यक्रम ग्रामीण इलाकों की खुशहाली के लिए नई पहल करेगा। कृषि को तरजीह दी जायेगी और सरकारी तथा निजी निवेश को अधिक बढ़ाया जायेगा। भारत किसान सरकारी नियमों से भी बधे हुए हैं। देश के अंदर व्यापार के लिए कई बाधायें अभी भी मौजूद हैं जिन्हें खत्म किया जाना चाहिए। मैं चाहता हूँ कि देश के अंदर व्यापार के लिए एक "सिंगल मार्किट" बनाया जाए। बैट शुरू करने से भारतीय बाजार का यह एकीकरण और मजबूत होगा।

आज देश में 30 से अधिक ऐसे शहर हैं जिनकी आबादी 10 लाख से अधिक है। इस शहरों का जिस तेजी से और बेहतरीन ढंग से विकास हुआ है उससे शहरी प्रदुषण, अपराध, बेरोजगारी तथा गरीबी बढ़ी है। पीने का पानी, सफाई, फुटपाथ और बगीचों जैसी बुनियादी सुविधाओं के अभाव में भारत का शहरी जीवन अनेक लोगों के लिए रहने लायक नहीं रह गया है। हमारी यह कोशिश रहेगी कि हम ऐसी नीतियों पर विशेष ध्यान दें जिनसे शहरी विकास और नवीनीकरण को बढ़ावा मिल सके।

पानी देश भर में एक महत्वपूर्ण तथा विवाद का मुद्‌दा बना हुआ है। लोगों को पीने का साफ पानी मुहैया कराना भी देश के अनेक भागों में एक समस्या है। जल प्रबंध नीतियां इस तरह से तैयार की जायेंगी ताकि किसानों और कमजोर वर्गों, महिलाओं तथा शहरों में रहने वाले लोगों की जरूरतों को पूरा किया जा सके। भूजल को बढ़ाने तथा बारिश के पानी को इकट्‌ठा करने के लिए सरकार, पंचायती राज संस्थाओं तथा गैरसरकारी संस्थाओं के बीच गहरा सहयोग जरूरी है। सिंचाई के क्षेत्र में सार्वजनिक निवेश की जो अनदेखी हुई है, सरकार उसे दूर करेगी।

सरकार निजी और समुदाय पर आधारित स्वास्थ्य और चिकित्सा देखभाल को बढ़ावा देने में मदद देती रहेगी। फिर भी, जन स्वास्थय और सरकारी अस्पतालों में सुधार लाने की बहुत जरूरत है। हम सरकारी अस्पतालों को अधिक प्रभावी और सुलभ बनायेगें। संक्रामक रोगों, महामारियों, विशेषकर एच.आइ.बी./एड्स से लड़ने, अपंगता पर रोक लगाने तथा बढ़ती आबादी पर नियंत्रण पाने के लिये हमें समुदाय आधारित उपाय करने की जरूरत है।

पिछले दो दशकों में शुरू किये गए आर्थिक सुधार के कारण अर्थव्यवस्था अधिक विश्वास के साथ और तेजी से विश्व अर्थ व्यवस्था से जुडती जा रही है। एक मजबूत

अर्थ व्यवस्था के लिए बेहतर सड़कें, बेहतर संपर्क व्यवस्था, आधुनिक हवाई अडडे, रेलवे, कारगर बन्दरगाह तथा उचित दर पर भरोसेमंद बिजली बुनियादी जरूरतें हैं हम ऐसी नीतिया आगे बढ़ायेंगे जो हमारी अर्थ व्यवस्था के साथ बेहतर ढंग से जोड़ सके और जिनसे हमारी जनता के हितों को भी कोई नुकसान न पहुँचे।

हम एक स्वतंत्र विदेश नीति की अपनी परंपरा पर चलते रहेंगे जो राष्ट्रीय आम सहमति और सर्वोच्च राष्ट्रीय हितों पर आधारित है। हम अपने अंतर्राष्ट्रीय संबन्धों का विस्तार करेंगे, पुराने मित्र देशों के साथ गहरे सहयोग बनाये रखेंगे तथा नए भागीदार बनायेंगे। हम एक ऐसी न्याय संगत तथा मल्टीपोलर विश्व-व्यवस्था कायम करने हेतु समान विचार रखने वाले देशों के साथ मिलकर काम करेंगे जिसमें विकासशील देशों की अपेक्षाओं का ख्याल रखा जायेगा।

हम अपने पड़ोसी देश के साथ शांति और खुशहाली के साथ रहना चाहते हैं। हम पाकिस्तान के साथ संयुक्त बातचीत बराबर जारी रखेंगे। हम जम्मू काश्मीर सहित सभी मसलों को बातचीत के जरिये हल निकालने के प्रति गंभीर हैं। जाहिर है कि आतंकवाद और खून खराबे से इस प्रक्रिया में अड़चने पैदा होती होंगी। हमारा प्रयास रहेगा कि हम दक्षिण एशिया के अपने अन्य पड़ोसी देशों के साथ मिलकर काम करें। जहां तक चीन के साथ हमारे संबन्धों की बात है, हम हाल में की गयी पहलों से उत्साहित है और उन्हें अधिक गति देंगे। दोनों देशों के बीच आर्थिक सहयोग में काफी वृद्धि हुई है और उसमें विविधता भी आई है। हम अपने आपसी संबन्धों के राजनैतिक नजरिये से सीमा के मसले हल करने के लिए बातचीत जारी रखेंगे।

भारत और अमेरिका दुनिया के दो महान् लोकतांत्रिक देश हैं। इसलिये हमारे मजबूत संबन्ध काफी महत्व रखते हैं। हम अमेरिका के साथ अपने संबन्धों को जारी रखेंगे जो आर्थिक संबन्धों के विस्तार तथा दोनों देशों के लोगों के बीच आपसी मेल-जोल से मजबूत है। हम दोनों सरकारों के बीच बढ़ती भागीदारी का स्वागत करते हैं।

शीत युद्ध के बाद विश्व में आये बदलाव के बावजूद रूस के साथ हमारे मजबूत और अहम संबन्धों पर कोई असर नहीं पड़ा है। हम रूस के साथ विभिन्न मामलों में विशेषकर रक्षा, अंतरिक्ष तथा परमाणु उर्जा में अपने संबन्धों में और मजबूती लायेंगे और इसके साथ ही आर्थिक सहयोग को बढ़ावा दिया जायेगा। हम लेटिन अमेरिका तथा अफ्रिका के विकासशील देशों के साथ ऐसा ही और अन्य ऐतिहासिक संबन्ध विकसित करना चाहते हैं। इसी प्रकार मध्य एशिया के देश हमारे अंतर्राष्ट्रीय व्यापार और रणनीतिक तथा ऊर्जा की सुरक्षा के लिए महत्व रखते हैं। हम यूरोपीय देशों के साथ राजनीतिक और आर्थिक सहयोग बढ़ाने के लिए प्रभावी ढंग से कार्य करते रहेंगे।

मैं अपनी सेनाओं की वीरता, साहस और बलिदान की भावना के प्रति देश की ओर से आभार व्यक्त करता हूँ। मै देश को विश्वास दिलाता हूँ कि हम अपनी सेनाओं की जरूरतों को पूरा करने और भूतपूर्व सैनिकों की देखभाल में कोई कमी

नहीं आने देंगे। हम रक्षा सामानों की खरीद प्रक्रियाओं को आसान बनायेंगे ताकि हमारी सेनाओं की आधुनिक हथियार-प्रणाली और टेकनालाजी हासिल हो सके।

भारत एक जिम्मेदार परमाणु हथियार संपन्न देश है, और हम भारी विनाश के हथियारों का फैलाव रोकने की दिशा में काम करते रहेंगे। हम पूरी दुनिया से प्रमाणु हथियार को खत्म करने की दिशा में भी कोशिश करते रहेंगे।

आंतरिक सुरक्षा एक प्रमुख चुनौती बनी हुई है। आतंकवाद हमारे देश की एकता और प्रगति के लिए खतरा पैदा करता है। हम इसका पूरी ताकत के साथ मुकाबला करेंगे। सरकार जम्मू कश्मीर में हुर्रियत और अन्य सभी ग्रुपों के साथ बातचीत के लिये तैयार हैं। प्यारे देशवासियों में देश के शुभ चिंतकों, नागरिकों की उन भावनाओं को समझता हूं। जब वे सार्वजनिक जीवन में नैतिकता और आचार विचार में आई गिरावट के बारे में गहरी चिन्ता व्यक्त करते हैं। लोकतंत्र में इस खतरे से निपटने के लिए इससे बेहतर तरीका कोई नहीं हो सकता कि हम खुद सार्वजनिक जीवन में आकर सीधे इससे निपटें। मैंने सार्वजनिक जीवन में आने का विकल्प इसीलिये चुना क्योंकि मुझे इस बात का विश्वास था कि हमारे लोकतंत्र को और अधिक पेशेवर लोगों की जरूरत है। आप आगे आयें और सामाजिक कार्यों मे अहम भूमिका निभायें। आप सभी के सहयोग से स्थिति बदल सकती है। हमें आजादी की लड़ाई वाली आदर्शवादी और आत्म बलिदान की भावना जगानी होगी। साथ मिलकर काम करके हम अपने इस प्राचीन, पावन देश को दुनिया में उसकी सही जगह दिला पाऐंगे।

सतारूढ़ गठबंधन में श्रीमती सोनिया गांधी के नेतृत्व में कांग्रेस और उसके सहयोगियों द्वारा स्वीकृति साझा न्यूनतम कार्यक्रम अगले 5 वर्षों में सरकार के उदेश्यों को बताया गया है। इसके प्रमुख लक्ष्यों में से कृषि का पुर्नहद्धार और बेरोजगारी से निपटना है। जहाँ एक तरफ आर्थिक उदारीकरण की प्रक्रिया जारी है वही साझा न्यूनतम कार्यक्रम यह सुनिश्चित करने के लिए प्रतिबद्ध है कि आर्थिक सुधार प्रक्रिया में जो कमियां हैं उसको दूर किया जायेगा। संयुक्त प्रगतिशील गठबंधन सरकार के पहले बजट 2004 में नीतिगत उपायों को उचित स्थान पर रखने की कोशिश की गयी है। इससे साझा न्यूनतम कार्यक्रमों को लागू करने में मदद मिलेगी। बजट वैचारिक कथन होते हैं जो किसी विशेष उद्देश्य को प्राप्त करने के लिये राष्ट्र की अर्थव्यवस्था और राजनीति को निर्देशित करते हैं। इस बजट का उद्देश्य यह सुनिश्चित करना है कि आर्थिक सुधार जारी रहें और इसके अच्छे परिणाम समाज के निम्नतम वर्ग तक पहुँच सकें। साझा न्यूनतम कार्यक्रम का लक्ष्य ग्रामीण और शहरी भारत के बीच अंतर कम करना है।

जहां एक तरफ भारतीय अर्थव्यवस्था ने उल्लेखनीय लचीलापन दिखाया है और इसकी विकास दर प्रति वर्ष और 6 प्रतिशत रही है, वही दूसरी तरफ विशेषकर ग्रामीण क्षेत्रों में कई आर्थिक विषमता बनी हुई है। ग्रामीण क्षेत्र में गरीबी भारत की उपभोक्ता जागरूकता और शहरी मध्य वर्ग के बीच का सबसे बडा विरोधाभास है।

ग्रामीण क्षेत्र की यह गरीबी छोटे किसानों की भूमि पर आधारित है। गांवों की बुनियादी सुविधाओं विशेष रूप से शिक्षा, स्वास्थ्य और सड़क की अनदेखी की जा रही है साझा न्यूनतम कार्यक्रम ने इस चुनौती को स्वीकार किया है और महसूस किया है कि जब तक ग्रामीण क्षेत्र को समृद्धशाली नहीं बनाया जाता तब तक हम 8 प्रतिशत वार्षिक विकास दर नहीं प्राप्त कर सकते। चीन ने पहले ग्रामीण क्षेत्रों में निष्पक्ष उद्यम की अनुमति देकर और विकल्प के रूप में ग्रामीण योजना का सृजन करके अपने आर्थिक सुधार शुरू किया।

प्रधानमंत्री मनमोहन सिंह ने बताया कि कृषि व्यापार को बेहतर सुविधा देकर और ग्रामीण अर्थव्यवस्था को परिवर्तित करके विकास कर रहे लोगों को ग्रामीण रोजगार पैदा करने तथा कृषि और उभोक्ता वस्तुओं के लिए नये बाजार उत्पन्न करने में किस प्रकार से मदद। सरकार का ध्यान मुख्य रूप से कृषि और कृषि आधारित उद्योगों पर है और उसे उम्मीद है कि 7-8 प्रतिशत तक बढ़ सकती है। इन उद्योगों को बढ़ावा देने के लिए एक अच्छा पैकेज लाया गया है। इसमें बर्द्धित सिचाई योजनायें शामिल हैं। जिसमें पारंपरिक जल संरक्षण योजनाओं पर जोर दिया गया है जिसमें ग्राम पंचायतों की सक्रिय भागीदारी होगी। इससे आशातीत सफलता मिलने की संभावनाएं बन रही हैं।

गरीबी रेखा से नीचे रहने वाले लोगों के लिए बजट में ध्यान दिया गया अन्त्योदय अन्न योजना को और 50 लाख लोगों तक पहुचाया गया है। वित मंत्री ने कुछ क्षेत्रों में विशेष प्रायोगिक योजना शुरू की है। यह योजना उन समस्याओं को हल करने में सहायक होगी जो खाद्य और गरीबी उन्मूलन योजनाओं के वितरण और लागू करने के स्तर पर उत्पन्न होती है। यह संग्रह पर नियंत्रण करेगी। राशन के लिए निर्धारित धनराशि कहीं और नहीं जायेगी और भ्रष्टाचार को रोकने में मदद मिलेगी।

समाज के कमजोर वर्गों के लिए आय और रोजगार उत्पन्न करने के प्रयासों में एक सुनिश्चित रोजगार योजना लाई गयी है। जब तक यह योजना पूरी तरह लागू नहीं होती है तब तक विशेषीकृत पिछड़े जिलों में काम के बदले अनाज योजना चलती रहेगी ग्रामीण विकास के लिये यह व्यापक प्रयास भारत के दूसरी पीढ़ी के सुधारों की ओर उठाया गया एक महत्वपूर्ण प्रयास है और अगर गरीब देश को धनी देश बनाने में सफल होना है तो यह आवश्यक है।

एक तरफ भारत को उच्चतर अनुसंधान शिक्षा के स्तरों पर महत्वपूर्ण सफलता मिली वहीं दूसरी तरफ हम प्राथमिक, माध्यमिक और व्यवसायिक शिक्षा की आवश्यकताओं के प्रति हम बिल्कुल उपेक्षित रहे हैं। चीन और श्री लंका की तुलना मे भारत की निरक्षरता का स्तर बहुत ज्यादा है। साझा न्यूनतम कार्यक्रम के चार्टर में इसे दूर करने का लक्ष्य रखा गया है। शिक्षा पर सार्वजनिक व्यय सकल घरेलू उत्पाद का 4 प्रतिशत से बढाकर 6 प्रतिशत करने का वायदा किया गया है लेकिन इसको लागू करने में राज्य की बुनियादी सुविधायें और योजनाएं निर्भर हैं। इसके लिए हर वर्ष 5000 करोड़ रूपये जुटाने होंगे।

इसी प्रकार स्वास्थ्य पर सार्वजनिक व्यय को पुर्नगठित और विकसित किया गया है। प्रतिवर्ष 40 करोड़ रूपये की लागत वाली वीमा, स्वास्थ्य वीमा योजना को नया स्वरूप दिया गया है और गरीबों के लिए एक नई सामूहिक स्वास्थ्य बीमा योजना लाई गयी है। साझा न्यूनतम कार्यक्रम से स्वास्थ्य पर सार्वजनिक व्यय 2.3 प्रतिशत की वृद्धि की गयी है। इससे स्वास्थ्य सुविधाओं की बढ़त और उनका रखरखाव करने में मदद मिलेगी। और यह सुनिश्चित किया जायेगा कि ग्रामीण प्राथमिक स्वास्थ्य केन्द्र सभी साधनों से परिपूर्ण हों और वहां पर्याप्त कर्मचारी हों। शायद ही निजीकरण प्रक्रिया भी सामाजिक क्षेत्र के कार्यक्रमों से जोड़ी गयी है और इनसे मिलने वाली धनराशि का उपयोग निर्धारित सामाजिक क्षेत्र की योजनाओं में किया जायेगा।

वित्त मंत्री ने अपने बजट भाषण में दूर संचार, नागरिक उड्डयन और बीमा क्षेत्रों में प्रत्यक्ष विदेशी निवेश की सीमा बढ़कर आर्थिक सुधार जारी रखने का संकेत दिया है। सरकार के सहयोगी वामदलों ने जहां एक तरफ इसका विरोध किया है वहीं वितमंत्री ने यह स्पष्ट करने की कोशिश की है कि ऐसा करने से किस प्रकार ये सारी सुविधायें ग्रामीण क्षेत्रों तक पहुचेंगी। और उनको रोजगार के बेहतर साधन उपलब्ध हो पायेंगे। आज मोबाइल का उपयोग समाज के सभी वर्गों के लोग कर रहे हैं उनके ब्रांड और सीमा में फर्क हो सकता है।

हमारी अर्थव्यवस्था का सर्वाधिक उपेक्षित एवं पिछड़ा क्षेत्र ग्रामीण एवं खेती का विकास रहा है। जब कि हमारे शहरी और औद्योगिक क्षेत्रों ने विश्व अर्थव्यस्था की बदली हुई मांगों के अनुरूप आप को मूल रूप से ढाल लिया है। हमारे देहाती क्षेत्र पर्याप्त पिछड़ते गये हैं। इस स्थिति से निजात पाने के लिए सरकार ने कई पहल की हैं। ग्रामीण भण्डारन योजना और विपणन संबन्धी बुनियादी ढांचे के विकास का काम शुरू किया गया है। इन स्कीमों का मतलब है उन समस्याओं और बाधाओं को दूर करना जो खेती के क्षेत्र से कायम है।

यूपीए सरकार ने पूर्व की अपेक्षा कृषि ऋण राशि में तीस प्रतिशत से ज्यादा वृद्धि की है। सरकार ने कृषि विकास के सहायक के रूप में खाद्य प्रसंसकरण क्षेत्र की पहचान की है और इस क्षेत्र के लिए ऋण को प्राथमिकता दी है। यूपीए सरकार का ख्याल है कि हमारी अर्थ व्यवस्था सर्वागीण विकास तब तक संभव नहीं है जब तक ग्रामीण क्षेत्र विकास न करेगा। डब्लू.टी.ओ. के विभिन्न अनुच्छेदों के मद्देनजर यह और भी ज्यादा महत्वपूर्ण काम है।

सरकार ने लघू उद्योगों पर भी अपना ध्यान केंद्रित किया है। इससे पहले इस क्षेत्र के विभिन्न मदों पर ऋण तथा कर मे छूट देने का मकसद इस क्षेत्र को प्रोत्साहित करना था जब तक हम लघु क्षेत्र को प्रोत्साहित तथा सशक्त नहीं करेगे, भारतीय वस्तुऐं दूसरे देशों की वस्तुओं से मार खाती रहेंगी। इसी मकसद से बुनयादी वस्तुओं पर सीमा शुल्क की मूल दर में 15 प्रतिशत की कटौती की गयी है। उद्योगों एवं खेती की बुनियादी सुविधाओं के विकास तथा अपने जल एवं वन संसाधनों की ठोस

व्यवस्था के लिए लगातार ध्यान दिये जाने से भी प्रोत्साहित किया जा सकता है। आज किसी भी देश के लिए विकास के काम को समन्वित करने की जरूरत है सिर्फ अपने बंदरगाहों, हवाई अड्डों और सडकों के विकास एवं सुधार से ही हमारे व्यापार एवं उद्योग पनप पायेंगे। भारत के लिए यह काम महत्वपूर्ण है।

यूपीए सरकार ने फिर से देश में समान सामाजिक विकास की प्राथमिक जरूरतों पर अपना ध्यान केंद्रित किया है। स्वास्थ्य एवं प्राथमिक शिक्षा, खासकर बुनियादी और ग्रामीण स्तरों पर, योजना नीति एवं निवेश का मुख्य बिन्दु बन गयी है। एक राष्ट्रीय ग्रामीण स्वास्थ्य मिशन शीघ्र काम करना शुरू करेगा, जो ग्रामीण इलाकों में समन्वित स्वास्थय सुविधा प्रणाली कायम करेगा तथा प्राथमिक स्वास्थ्य निगरानी पर अपना ध्यान केद्रित करेगा। साथ ही, एड्स और अन्य संक्रामक बीमारियों की रोकथाम के लिए निर्धारित बजट राशि में 408 करोड रूपये की वृद्धि की गयी है।

यूपीए सरकार ने अनेक नीतियां बनाई हैं, जिससे प्राथमिक शिक्षा के प्रसार में मदद मिलेगी। उनमें बालिका शिक्षा पर विशेष ध्यान दिया गया है। यूपीए सराकर ने इतिहास तथा अपने अनुसंस्थानों द्वारा शुरू की गयी अन्य परियोजनाओं के भगवाकरण के खिलाफ भी सफल संघर्ष किया है। इसने बोद्धिक आजादी तथा वस्तुनिष्ठ वैज्ञानिक अनुसंधान के अनुकूल माहौल बनाने के लिए भी प्रयास किया है।

यूपीए सरकार की अन्य उपलब्धियों में विदेश नीति भी है, जिसकी अनदेखी नहीं की गयी है। हम लोगों ने कम समय में ही चीन तथा पाकिस्तान, दोनों साथ आपसी संबन्ध में काफी सुधार किया है। हम लोगों ने अमेरिका और अन्य देशों के साथ भी अधिक मैत्रीपूर्ण संबन्ध स्थापित किया है। इससे भी महत्वपूर्ण बात यह है कि हमारी सरकार ने आसियान देशों के साथ अपना संबन्ध बढाने पर ज्यादा ध्यान दिया है। इन नीतियों और संधियों से भारत के व्यापार और विदेशी निवेश को भी बढावा मिलेगा।

यूपीए सरकार आसियान जैसे अन्य तथा पड़ोसी आर्थिक समूहों के साथ समान परस्पर समझौते का महत्व समझती है। हमारे प्रधानमंत्री हाल ही में लाओस से वापस आये हैं जहां उनकी चीन और जापान के प्रधानमंत्रियों से मुलाकात हुई है। इन सबसे वैश्विक व्यापार एवं राजनीति में भारत की भूमिका को बढ़ावा मिलेगा। कूटनीतिक पहलों के साथ-साथ भारत ने ऊर्जा कूटनीति पर भी अपना ध्यान केंद्रित किया है जो रूस और अन्य तेल उत्पादक देशों के साथ समझौता वार्ता में संलग्न है ताकि यह तेल क्षेत्रों और पाईपलाइनों में पूंजी निवेश कर सके, भविष्य में भारत की बढ़ती ऊर्जा संबन्धी जरूरतों को पूरा किया जा सके और उनकी निगरानी की जा सके।

यूपीए सरकार की सबसे बड़ी उपलब्धि रही देश के धर्मनिरपेक्ष ताने बाने को एक जुट रखने की। सरकार ने अर्थ व्यवस्था और सामाजिक चिंताओं को भी अपने एजेण्डा में सबसे ऊपर रखा। सरकार के पहले वर्ष में देश में सांप्रदायिक तनाव में उल्लेखनीय कमी आयी। यूपीए के शासन काल में विदेशी, विशेष रूप से पाकिस्तान और अमेरिका के साथ भारत के संबंधों में उल्लेखनीय सुधार हुआ।

यहा हम उदधृत करना चाहेंगे कि पिछले 15 सालों में प्रत्येक गठबंधन का अपना एक विशेष माडल रहा। बी.पी. सिंह ने भाजपा और वामदलों के बाहरी समर्थन से सरकार चलाई, जबकि चन्द्रशेखर अल्प सदस्यों के साथ कांग्रेस सरकार के बाहरी समर्थन से गठबंधन सरकार चलायी। एच.डी. देवगौड़ा भी ऐसी ही सरकार के मुखिया थे जहाँ मुख्यमंत्री हुक्म चलाते थे। इन्द्रकुमार गुजराल अपनी सरकार में एक भी मंत्री को नहीं बदल सके और प्रधानमंत्री की अवधारणा बदल दी। 24 पार्टियों का गठबंधन चलाने वाले अटल बिहारी वाजपेयी भी अपनी पसंद का वितमंत्री नही रख सके।

सरकार का वर्तमान स्वरूप, डा. मनमोहन सिंह प्रशासन और सरकार का काम देख रहे हैं और श्रीमती सोनिया गांधी ने गठबंधन सरकार को सुचारू रूप से चलाने और पार्टी के मामले को देखने की जिम्मेदारी अपने ऊपर ले ली है ताकि सरकार के कामों पर नियंत्रण रखा जा सके। और जब भी वह पटरी से उतरे इस पर नियंत्रण किया जा सके। इस मॉडल के प्रभाव का अन्दाजा इस बात से लगाया जा सकता है कि श्रीमती गांधी और मनमोहन सिंह ने किस तरह अपने कामों को सम्मिश्रित कर लिया है। दोनों विभिन्न मुद्दों पर कितनी सहजता से फोन पर चर्चा कर लेते हैं। गठबंधन राजनीति में आने वाली कुछ अड़चनों को छोड़कर सोनिया गांधी और मनमोहन सिंह को बहुमत की राजनीति का विकल्प पेश करने का श्रेय जाता है। सबसे महत्वपूर्ण बात है संप्रग शासन से पहले कुछ वर्ष में पिछड़ेपन और बौद्धिक दिवालियेपन की अर्थ व्यवस्था का विकल्प प्रदान करना। किसी सरकार के लिए अपनी उपलब्धियां दिखाने के लिए वर्ष का समय पर्याप्त नहीं होता है।

गठबंधन राजनीति में गठबंधन धर्म के अन्तर्गत एक साल का सफल संचालन आज के परिपेक्ष में एक बडी उपलब्धि है जिसकी नेता के रूप में भूमिका असहज हो। यह सरकार आम जनता के सपने को हकीकत में बदलने के लिए प्रयासरत है। पिछले वर्ष जब मई में वामदलों के सहयोग से कांग्रेस पार्टी चुनाव जीती, तो मनमोहन सिंह को भारती स्टाक मार्केट की अब तक की सबसे बड़ी गिरावट के बाद निवेशकों को शांत करने की जिम्मेदारी दी गई। पदभार सभालने के एक वर्ष के भीतर प्रधान मंत्री ने अपने कूटनीतिक और राजनीतिक प्रतिभा का परिचय दे दिया है और राष्ट्र को समृद्धि और अन्तर्राष्ट्रीय पहचान की ओर अग्रसर किया। डा. सिंह ने विपक्ष की कई बातें मानी व कईयो को नरजंदाज किया है तथा विभिन्न गठबंधन सहयोगियों तथा क्षेत्रीय आकांक्षाओं व अतिरिक्त विरोधियों के बीच सामंजस्य स्थापित किया है। डा. सिंह और सोनीया गांधी ने मिलकर एक बढ़िया टीम बनायी।

चीन के साथ सबन्धों को सुधारने का श्रेय भी संप्रग को जाता है। अमरीका के साथ बीजिंग की शत्रुता को देखते हुए, समीक्षक इसे भारत और चीन के बीच सुधरते हुए आर्थिक संबन्धों की तरफ बढ़ा हुआ कदम बता रहे हैं। अब चीनी नक्शों

में सिक्किम को भारत का हिस्सा दिखाने से सिक्किम का विवादास्पद मुद्दा एक तरह से समाप्त हो गया है।

चीनी प्रधानमंत्री वेन जियावाओ की भारत यात्रा के दो सप्ताह बाद ही जापान के प्रधानमंत्री भारत यात्रा पर आये। समीक्षकों का कहना है कि चीन के प्रधानमंत्री की भारत यात्रा को बीजिंग और भारत के सुधरते संबन्धों के रूप में देखा जाना चाहिए। अचानक भारत एक ऐसा देश बन गया है जिससे सभी देश बात करना चाहते हैं। अमेरिका से लेकर रूस, चीन और जापान तक सभी देश भारत में निवेश करना चाहते हैं। विश्व भारत को सुपरपावर के रूप में देख रहा है, उसके नेता डा. सिंह को दक्षिण और दक्षिण-पूर्वी ब्लॉक के चयनित प्रतिनिधि के रूप में बहुत सम्मान मिल रहा है। पाकिस्तान के परवेज मुर्शरफ के साथ संबन्ध सुधर रहे है, जिसके बारे में आगरा सम्मेलन के बाद सोचा भी नहीं जा सकता था। एक लम्बे समय का तनाव, जिसने आधी से अधिक सदी तक उपमाहाद्वीप के लोगों को बांटे रखा उसके हल होने की संभावना बढ़ रही है। यह सब दो नेताओं के लचीले और प्रौढ़ रवैये के कारण संभव हुआ।

दिसंबर में सुनामी कहर संप्रग शासन काल में होने वाली सबसे बड़ी प्राकृतिक आपदा है। भारत ने श्रीलंका और मालद्वीप में खाना, दवाइयां और कंबल आदि बांटने के लिये अपने युद्धपोत, हेलीकाप्टर और एकरक्राफट भेजा और 23 मिलियन डालर की सहायता की पेशकश भी की।

कांग्रेस कार्य समिति की बैठक में प्रस्ताव पारित किया कि कांग्रेस की यूपीए सरकार की पहली साल गिरह के अवसर पर कांग्रेस कार्य समिति भाजपा गठबंधन के खिलाफ सभी जनतांत्रिक एवं धर्मनिरपेक्ष शक्तियों को एकजुट करने में कांग्रेस अध्यक्ष श्रीमती सोनिया गांधी ने जो भूमिका निभायी जिसके फलस्वरूप यूपीए सरकार का गठन हुआ, उसे गौरव के साथ याद करती है।

प्रधानमंत्री डा. मनमोहन सिंह और यूनाइटेड प्राग्रेसिव एलायंस (यूपीए) के चेयरपर्सन श्रीमती सोनिया गांधी के नेतृत्व के पिछले 12 महीनों में अनेक नीतियों एवं कार्यक्रमों पर अमल किया गया। किसानों, खेत-मजदूरों, कमजोर वर्गों, अनुसूचित जातियों जनजातियों, अन्य पिछडे वर्गों, बुनकरों, महिलाओं के कल्याण पर विशेष ध्यान दिया गया है। प्राथमिक शिक्षा, ग्रामीण स्वास्थ्य, पोष्टाहार, महिला और शिशु विकास तथा ग्रामीण बुनियादी ढांचे पर केन्द्र सरकार के निवेश में अभूतपूर्व बढ़ोतरी हुई है। 50 लाख अतिरिक्त किसानों को बैंक ऋण दिये गये है। पिछडे राज्यों एवं जिलों को केन्द्र सरकार से अधिक फण्ड मिले। 150 सर्वाधिक पिछड़े जिलों में काम के बदले अनाज कार्यक्रम शुरू किये गये जो बाद में राष्ट्रीय ग्रामीण रोजगार गांरटी कार्यक्रम का रूप लेगा। तेल के अंतर्राष्ट्रीय मूल्यों के वृद्धि के बावजूद आम लोगों द्वारा इस्तेमाल किये जाने वाले मिट्‌टी तेल के दाम नहीं बढ़ाये गये। जम्मू काश्मीर तथा पूर्वोतर में शांति बहाली के ऐतिहासिक पहल की गयी है। लंबे समय के बाद पिछले साल सेना के आधुनिकीकरण पर पर्याप्त धन खर्च किया गया। प्रशासन में

पारदर्शिता एवं जवाबदेही बनाने के लिए नए कदम उठाये गये। हमारे परमाणु एवं आंतरिक टेकनॉलोजी कार्यक्रमों में काफी प्रगति हुई है आर्थिक विकास में आयी तेजी को बनाये रखा गया है। भारत ने नई अन्र्तराष्ट्रीय प्रतिष्ठा हासिल की है। पिछले साल भारत की धर्मनिरपेक्ष शाख को मजबूती मिली है।

14वीं लोक सभा में सत्ता और विपक्ष के बीच उत्पन्न गतिरोधों तथा एक दूसरे के आरोप-प्रत्यारोप को देखते हुए बार बार यह प्रश्न पूछा जा रहा है "क्या आर्थिक सुधार का कोई मानवीय चेहरा होता है"। आखिर यह कैसा लोकतन्त्र है? मनमोहन के राजकाज में सोनिया का हस्तक्षेप इसकी चर्चा सर्वत्र गूंज रही है। विपक्ष और सत्ता पक्ष के लोग भी इस बिन्दु पर प्रेस और मीडिया को आन्तरिक व बाह्य सूचनायें देते रहते हैं। ये तीनों प्रश्न इतने गूढ एवं जटिल हैं कि लेखक द्वारा जनता एवं प्रश्नकर्ताओं को स्पष्ट विचार देना संभव नहीं है। फिर भी एक लेखक के रूप में विचारों को उल्लिखित करना जनहित में आवश्यक है ताकि इस पर विचार किया जा सके। पहली बात तो यह समझना है कि दरअसल आर्थिक सुधारों की असलियत क्या है? साफ तौर पर इनका मतलब है, भूमण्डलीकरण, उदारीकरण की तिकड़ी। 1980 के दशक के शुरूआत में वाशिंगटन कन्सेन्सस की कोख मे इसका जन्म हुआ था। इसके फलस्वरूप आर्थिक सुधारों यानी ढांचागत समायोजन कार्यक्रमों का दौर आया। इन कार्यक्रमों को विश्व बैंक, अन्र्तराष्ट्रीय मुद्रा कोष, गैट, अमेरिकी ट्रेजरी ने लैटिन अमेरिकी, पूर्वी यूरोप, अफ्रिकी देशों आदि में लागू किया था। रोनाल्ड रीगन और मार्गरेट थैचर की पहल पर शिकागों विश्वद्यालय के अर्थशास्त्री मिल्टन फ्रीडमैन के नेतृत्व में बनी टीम द्वारा तैयार ये नीतियां डब्लूटीओ (विश्व व्यापार संगठन) के प्रावधानों में पूरी तरह समाहित है।

1991 में आर्थिक सुधारों की खेप भारत पहुँची थी। यहाँ भी एक-एक करके प्रायः सभी क्षेत्र बहुराष्ट्रीय कम्पनियों की भेंट चढ़ते गये। विदेशी उत्पादो के लिए हमारे बाजार पूरी तरह खोले गये। वित्तिय क्षेत्र में उदारीकरण पांव पसार रहा है। शिक्षा, स्वास्थय, पेय जल, स्वच्छता जैसी बुनियादी नागरिक सुविधायें आम आदमी की पहुँच से बाहर होती चली जा रही हैं। सरकारें व्यापक लोक हित के कल्याणकारी कार्यक्रमों से पल्ला झाड़ रही हैं। गरीब लोगों ने और किसानों को मिलने वाली राज राहत (सबसिडी) में कटौती जारी है।

आर्थिक सुधारों के नाम पर लागू इन नीतियों के परिणाम आने शुरू हो गये हैं। खेतीबाड़ी चौपट हो रही है, बेरोजगारी बढ़ रही है, छटनी का दौर चल रहा है, रोजगार के अवसर खत्म हो रहे हैं, छोटे उद्योग धंधे बन्द हो रहे हैं, बड़े उद्योग या तो बीमार होने के कगार पर हैं या बहुराष्ट्रीय कम्पनियों के पिछलग्गू बनते चले जा रहे है। शेयर के बाजार को बड़े-बड़े खिलाडी चला रहे हैं, किसान, दस्तकार, बुनकर और बेरोजगार आत्महत्या कर रहे हैं। मीडिया बहुराष्ट्रीय कम्पनियों का भोपू बनता जा रहा है। विकास के नाम पर लोग उजड़ रहे हैं, पर्यावरण का विनाश हो रहा है और गुलामी बढ़ रही है।

आर्थिक सुधार और मानवीय चेहरा ये दो असंगत बातें हैं। वह इस बात से स्पष्ट होगा कि अगर यह कहे कि मानवीय चेहरा के साथ डकैती डालेगा, लूटपाट

करेगा छल, फरेब या हेराफेरी, लफंगाई, चोरी, हत्या, बलात्कार करेगा। आर्थिक सुधार ज़ारी रखने का मतलब है बहुराष्ट्रीय यानि समूचे राष्ट्र को विदेशी कम्पनियों के हवाले खुला छोड़ना।

दूसरी असलियत है कि आधी सदी के भारतीय लोकतंत्र को बदहाली देखिये कि देश में व्यवस्था नाम की कोई चीज बची ही नहीं है। क्या उत्तर प्रदेश, बिहार, क्या कश्मीर, सभी राज्यों में बदहाली है। चौराहों पर पॉच-पॉच रूपये में बिकने वाले खाकी वर्दी वाले, खद्दरधारियों के आलीशान बंगलों पर अटैचीचोरों से लेकर देश को गिरवी रखने वालों का जमावड़ा, चौराहों पर लूटती अबलाओं की अस्मत, भूखमरी पीठ से घुसते पेट, सरकारी दफ्तरों में रिश्वतखोरी की बाट जोहते कर्मचारी, सरकारी योजनाओं से खुद का पेट भरते मंत्री, विधायका, अधिकारी, बिना काम के वेतन भत्ते, बिना उत्पादकता के बोनस लेते लोग, पढ़े लिखे/बेरोजगारों की भीड़ न्यायालय में लम्बित असहाय लोगों के कई दशकों के मुकदमे, विधायिका, कार्यपालिका, न्यायपालिका में ब्याप्त भ्रष्टाचार, ईमानदार, सज्जन लोगों का तिरस्कार, चोरी-हत्या-लूट-बलात्कार, दूसरे की जर-जोरू-जमीन लूटने वाले माफियाओं का वर्चस्व चारा से लेकर चारा घोटाले तक में फंसे मंत्री, संतरी अधिकारी आदि हमारे लोकतंत्र की पहचान हैं।

लोकतंत्र की स्थापना उस जनता के लिए थी जो अंग्रेजों की दासता से ताजा छूटी थी और उसे विश्वास था कि वह जिसे चाहेगी कुर्सी पर बैठायेगी और जिसे चाहेगी नेस्तनाबूद कर देगी। हुआ भी वही जो लोकतांत्रिक देश में लोकतांत्रिक प्रणाली के तहत होता है। अंग्रेजों की कैद से छूटे आम आदमी ने अपनी सरकार चुनी। उसे विश्वास था कि अंग्रेजों के राज में जो उनकी दुर्दशा हुई थी इसकी अपनी सरकार उससे मुक्ति दिलायेगी। कुछ समय बाद तक लोकतंत्र के ठेकेदार इस बात की दुहाई देकर अपना पल्ला झाड़ते रहे कि अंग्रेजों ने देश में कुछ छोड़ा ही नहीं पर धीरे धीरे यह बहाना लगने लगा। आम आदमी की स्थिति बद से बदतर होती गयी। यह कहने में हमें गुरेज नहीं कि अंग्रेजों की दासता में भी इतनी अव्यवस्था और इतना भ्रष्टाचार नहीं था। चोर, डकैत, हत्यारों को खुलेआम घूमने की छूट नहीं थी। हर गुनाह की एक सजा थी। जेलों को कष्टदायक समझा जाता था लेकिन आज सब कुछ छिन्न-भिन्न है। जिस की लाठी उसकी भैंस वाली कहावत चरितार्थ हो रही है। फिर भी भारत में लोकतंत्र की जड़े काफी मजबूत हैं।

तीसरी असलियत यह है कि श्रीमती सोनिया गाँधी के पद त्याग से मनमोहन सिंह प्रधानमंत्री बने। इस बीच मनमोहन सिंह के प्रधानमंत्री बनने के साथ साथ राजनीति भी अपना सफर तय करती रही। मनमोहन सिंह के सामने प्रधान मंत्री के रूप में पहली समस्या मंत्रियों के पद एवं उनके विभाग बटवारे को लेकर आयी। मंत्री पद तथा विभाग देने के क्रम में भारतीय प्रधान मंत्री को देश के पूर्व प्रधान मंत्रियों की तरह ज्यादा दिमाग नहीं दौड़ाना पडा। सब कुछ परदे के पीछे से होता रहा। मंत्री

पद के दावेदार मनमोहन सिंह के बजाय सोनिया गांधी के यहां अपना राजनीतिक जुगाड़ बैठाते रहे और सफल भी हुए। इस प्रकार देखें तो मनमोहन सिंह मंत्रिमण्डल गठन में संप्रगअध्यक्ष सोनिया गांधी का राजनीतिक वर्चस्व रहा। वैसे मंत्री पद की खींचतान में मनमोहन सिंह का सौम्य स्वरूप भी काम आया।

इधर सोनिया गांधी के पद त्याग और महत्वाकांक्षा के बीच से नयी बयार बह रही है। श्रीमती गांधी कांग्रेस अध्यक्ष और संयुक्त प्रगतिशील गठबंधन की मुखिया के तौर पर अपना राजनीतिक दायित्व वहन कर रही है। कुछ समालोचकों ने मनमोहन के राजकाज में उनके हस्तक्षेप का प्रश्न उठाया और कहा है कि उनके खर्च के लिए बजट में प्रधानमंत्री कार्यालय के अलावा अलग से व्सवस्था की गयी है। जिसे खर्च करने का उल्लेख संविधान में कहीं भी नहीं है। यह एक ऐसा सवाल है कि बुदिजीवियों का माथा ठनकने लगा है। विपक्ष को सत्ता के स्तर पर यह सब जँच नहीं रहा है। भारत में अब तक प्रधान मंत्रियों का इतिहास तो यही रहा है कि चाहे वे जिस किसी परिस्थिति में देश के इस उच्चेपद पर पहुंचे हों सबने अपनी मर्यादा की रक्षा की तथा पद का अवमूल्यन नहीं होने दिया।

यही सही है कि देश की जनता ने मनमोहन सिंह को सत्ता नहीं सौंपी है, पर अब तो वे इस भूखण्ड के प्रधानमंत्री बन गये हैं। उनका अधिकार असीमित है जिसे सीमित करने की कोई चाल भारत में लोकतंत्र की जड़ हिला सकती है। शासन के सवाल पर ही भारतीय राजनीति की दिशा तय होती है। भारतीय राजनीति की दशा और दिशा ऐसी होने चाहिए जिससे भारतीय जनमानस को लगे कि उसका रहनुमा कोई ऐसा व्यक्ति है जिसे राष्ट्र और राष्ट्रीयता की सेहत का पूरा ख्याल है। यह भी एक प्रश्न उठा कि जब तमिलनाडू में एक स्कूल में आगजनी की घटना में मरे बच्चों के अभिभावकों तथा परिजनों को सांत्वना देने श्रीमती सोनिया गांधी वहा पहुँचीं तो उन्होंने शासन के स्तर से एक पैकेज देने की घोषणा भी कर दी। विपक्ष को इस पर काफी चिढ़ हुई और उसने सोनिया के कदम को अनाधिकार चेष्टा करार दिया। उनकी बात भी सही है। इस प्रकार की घोषणायें प्रधान मंत्री के मुख से ही शोभा देती हैं। भले ही ऐसी घोषणा पर पूरा सत्ता पक्ष एकमत हो लेकिन सोनिया गांधी को ऐसी घोषणाओं से बचना चाहिए। भारत में जहां कहीं भी जनमानस की पीड़ा उजागर हो और यदि सोनिया गांधी उस पर मरहम लगाना मुनासिब समझती हों तो भी उन्हें ऐसे कार्य प्रधान मंत्री से करने की पहल करनी चाहिए। उन्हें ऐसा कोई कार्य नहीं करना चाहिए जिससे परिलक्षित हो कि वह कांग्रेस अध्यक्ष नहीं, बल्कि स्वयं प्रधानमंत्री है।

विभागीय सूत्रों भंमियो तथा विपक्षियो से जो संकेत मिल रहे हैं वे तो यही बताते हैं कि काम करने के उत्साह में विभिन्न विभागों की फाइल मंगाकर उसकी जांच परख करना भी सोनिया जी अपना अधिकार समझने लगी हैं। राजनीति के खिलाड़ी भी जो बात मनमोहन सिंह से करनी चाहिए वह सोनिया गांधी से करते हैं। लोकतंत्र में इसे अधिनायकवाद की संज्ञा दी जाती है जो कहीं से उचित नहीं

है। श्रीमती गान्धी ने इन बिन्दुओं को स्पष्ट करते हुए बताया कि यह कार्य संबधित मंत्रियों तथा विभागों का है जिनको स्वयं इसका निराकरण लोक हित में करना चाहिए।

गत दिनों प्रधानमंत्री मनमोहन सिंह ने बिहार से बाढ़ ग्रस्त इलाकों का सर्वेक्षण किया। वहां पीड़ितों की पुकार से उन्हें अवगत कराया गया। स्वयं लालू यादव तथा बिहार की मुख्यमंत्री राबडी देवी भी प्रधानमंत्री के साथ थीं। लेकिन तत्कालिक घोषणा के संचालन पर मनमोहन सिंह ने कुछ देने से इंकार कर दिया तथा कहा कि केंद्रीय टीम के आंकलन के बाद ही बाढ़ पीड़ितों को पैकेज या कुछ और देने की बात कही जायेगी। प्रधानमंत्री को सदैव अपना आत्मविश्वास साथ रखना चाहिए। यह सही है कि बिहार में बाढ़ से नुकसान का पूरा पूरा आकलन केन्द्रीय टीम ही करेगी लेकिन पीड़ितों को तत्काल कुछ चाहिए। या तो प्रधानमंत्री को बाढ़ की पीड़ा का अनुभव नहीं है या वे अपनी शासनिक मजबूरियों का परिचय दिये हो। प्रधानमंत्री को इतना तो समझना ही चाहिए कि जिसकी खेतीबारी, घर-द्वार सब कुछ नष्ट हो गया है उसे तत्काल सहायता कितनी जरूरी है।

प्रधानमंत्री मनमोहन सिंह स्वयं में एक सुलझे हुए व्यक्ति हैं। ऐसा प्रतीत होगा है कि स्वयं मंत्री भारी दबाव में है और यह दबाव विपक्ष से कम स्वयं। सत्ताधारी दल कांग्रेस से ज्यादा हैं। उनके पास देश की समस्याओं का अच्छा खासा अनुभव है। इसके बावजूद अगर इन्हें तरजीह नही दी गयी तो इसका परिणाम सकारात्मक नही होगा। रही बात सोनिया जी की तो सरकार गठन तक उनका कार्य सराहनीय रहा। कांग्रेस को सत्ता के द्वार तक पहुंचा कर श्रीमती सोनिया गांधी ने ऐतिहासिक कार्य किया है। उनका पद त्याग भी ऐतिहासिक ही है लेकिन यह तभी तक इतिहास बना रहेगा जब तक सोनिया गांधी निर्पेक्ष होकर राष्ट्र की सेवा करती रहेगी। शासन कार्यों के प्रति आसक्ति तथा मोह उनके पद त्याग की खिल्ली उड़ायेंगे। उन्हें चाटुकारों और स्वार्थी तत्वों से सावधान रहना होगा। तीन सौ से अधिक समितियों उपसमितियों आयोग में योग्यतम, इमानदार एवं कार्यकुशल निष्ठावान जनप्रिय लोगों का चयन कर नामित करने मे बरीयता देनी होगी जिसका उल्लेखनीय कार्य रहा हो ताकि इसका अच्छा संदेश आम जनता में जाये और पदों की गरिमा बनी रहे। साथ ही उनके कार्य सरकार और जनता के लिए लाभदायक सिद्ध हों।

श्रीमती सोनिया गांधी कांग्रेस पार्टी की अध्यक्ष एवं यूपीए की चेयरपर्सन है, सरकार चलाते रहने की भी उनकी जिम्मेदारी है। उन्हें वह सब कुछ करना चाहिए जिससे सरकार और पार्टी उचित दिशा में काम करती रहे। उन्हें यह बात नहीं भूलना चाहिए कि कभी कभी घर के चिराग से भी आग लग जाती है तथा पूरा घर स्वाहा हो जाता है। देश की जनता को कांग्रेस पार्टी, सोनिया गांधी तथा प्रधानमंत्री मनमोहन सिंह से काफी अपेक्षायें हैं। यह अपेक्षा तभी पूरी होगी जब सब लोग अपने अधिकार और कर्तव्य का उचित निर्वहन करेंगे।

कुल मिलाकर यूपीए सरकार का कार्य संपादन औसत से ज्यादा अच्छा रहा है। इसने हर स्तर पर सुशासन उपलब्ध कराने पर अपना ध्यान केंद्रित किया है और विधि सम्मत शासन और जनतंत्र को सुदृढ़ किया है। सरकार ने धैर्यपूर्वक और दृढ़ संकल्प के साथ अनेक घरेलू एवं अंतराष्ट्रीय चुनौतियों का सामना किया है। तब भी यूपीए उन असंख्य कार्यों के प्रति सजग है जिनको पूरा किये जाने की जरूरत है। यदि भारत को 21वीं सदी का अग्रणी आर्थिक राष्ट्र बनाने के अपने लक्ष्य को हम पूरा करना चाहते हैं तो इन कार्यों को पूरा करना पडेगा। मुख्य चुनौतियां गरीबी उन्मूलन और अपने देश में व्याप्त असमानता को दूर करने की है। जैसा कि श्रीमती गांधी ने हाल में ही कहा है ''भारत को अभी भी विकास की अनेक चुनौतियों का सामना करना पड़ रहा है। साक्षरता, शिक्षा, स्वास्थय एवं बुनियादी ढांचा जैसे क्षेत्रों में हम कितनी सफलता से इन चुनौतियों का सामना करते हैं यह हम पर और सिर्फ, हम पर निर्भर करता है।

श्रीमती सोनिया गांधी के नेतृत्व में कांग्रेस पार्टी सुधार के माहौल को कायम रखने के प्रति कृतसंकल्प है और अपने मित्र दलों के सहयोग से यह सुनिश्चित करेगी कि इसने मतदाताओं से जो वायदे किये हैं उनको पूरा किया जा सके।

5. गठबंधन सरकार एवं निर्वाचित प्रतिनिधियों से अपेक्षाएं

भारतीय संविधान में निहित प्रावधानों के अनुसार भारत में लोकतन्त्र की जडें और भी मजबूती से पल्लवित एवं पुष्पित हो रही है। 14वीं लोकसभा के चुनाव में सभी राजनीतिक दलों ने जनता को लम्बे चौड़े वादों के साथ लुभाने का काम अपने ढंग से किया। पिछली सरकार ने 'फील गुड' तथा 'इण्डिया शाइनिंग' के नारों की धूम मचा दी और सारे हथकण्डे अपनाये गये, यहां तक कि फिल्मी हस्तियों को काफी प्रलोभन देकर प्रचार के लिए अनुबन्धित किया गया लेकिन अटलबिहारी वायपेयी की सरकार पुनः सत्तासीन नहीं हो पायी।

इसका सबसे प्रमुख कारण यह था कि जनता ने उनकी नीतियों तथा सरकार के कार्यों को महत्व नहीं दिया क्योंकि आम जनता महंगाई बेरोजगारी आतंकवाद भ्रष्टाचार तथा अफसरशाही के शोषण से ऊब चुकी थी। पिछली सरकार में किसान, मजदूर, छात्र, कर्मचारी कोई भी वर्ग खुश नहीं था। इधर मन्त्रियों, सांसदों तथा, एन. डी.ए. नेताओं पर सत्ता का भूत परवान चढ़ा था, सही मायने में एन.डी.ए. सरकार जमीनी हकीकत को आत्मसात् करने को तैयार नहीं थी।

गोधरा काण्ड ने भाजपा तथा अन्य सहयोगी दलों की नींव हिलाकर रख दी तथा चुनाव परिणाम के बाद भाजपा कार्य समिति की जो बैठक हुई उसमें गोधरा काण्ड का मुद्दा प्रमुख रूप से छाया रहा। यहां तक कि एन.डी.ए. के सहयोगी दलों के नेता ममता बनर्जी व चन्द्रबाबू नायडू ने आरोप भी लगाया कि उनकी पार्टी की हार गुजरात के दंगों के कारण ही हुई। इसमें कितनी सच्चाई है, यह तो मतदाता ज्यादा महसूस कर रहे होंगे, लेकिन इसमें कोई दो मत नहीं है कि आजादी के 57

वर्षों बाद भी नरेन्द्र मोदी सरकार ने एक वर्ग विशेष के साथ जो कहर ढाया उसकी चीख पुकार भारत के अन्य क्षेत्रों में भी सुनाई पड़ी जो राज्य सरकार के लिए कलंक ही नहीं था बल्कि लोकतन्त्र के नाम पर एक वदनुमा धब्बा भी।

परिवर्तन की लहर एवं आंधी में जनता ने एन.डी.ए. सरकार के विकल्प के रूप में सोनिया गांधी के नेतृत्व में चुनाव लड़ रहे दलों को अंगीकार करके उनकी नीतियों को गले लगाया तथा उन्हें शिरोधार्य भी किया। यह कड़वा सच है कि एन.डी.ए. सरकार को इसकी कोई भनक तक नहीं थी। इन दलों के समस्त नेता चुनाव परिणाम से हतप्रभ रहे। भाजपा के मन्थन शिविर के दौरान भाजपा अध्यक्ष वेंकैया नायडू तथा पूर्व प्रधानमन्त्री अटलबिहारी वायपेयी के परस्पर विरोधी बयान समाचार पत्रों में छपे।

एक तरफ पूर्व प्रधानमंत्री अटलबिहारी वायपेयी मुख्यमन्त्री नरेन्द्र मोदी को हटाने के पक्षधर थे, वहीं दूसरी और भाजपा अध्यक्ष का बयान गुजरात के मुख्यमन्त्री के बचाव में आया। बाद में संघ परिवार के दबाव तथा भाजपा के वरिष्ठ नेताओं के हस्तक्षेप से तथा उनके इस तर्क से सहमत होते हुए कि इस समय मुख्यमन्त्री के हटाने का निर्णय देश में गलत सन्देश देगा जो भाजपा की हत्ताश मानसिकता का परिचायक है, क्योंकि दंगों के दौरान कांग्रेस सहित अन्य विपक्षी दलों ने मुख्यमन्त्री को जब हटाने की मांग की तो भाजपा उस समय नरेन्द्र मोदी की एक युद्ध विजेता तथा अपराजित योद्धा के रूप में पेश कर रही थी। चुनाव परिणाम के बाद भाजपा ने यह महसूस किया कि मुख्यमन्त्री को न हटाया जाना भाजपा की राजनीतिक भूल थी लेकिन उस समय शासक दल सत्ता के मद में चूर था जिसने जनहित की भावना तथा विपक्षी दलों के सुझावों को नजर अन्दाज कर दिया जिसका खामियाजा भाजपा को चुकाना पड़ा।

उत्तर प्रदेश, जहां से कभी भाजपा के दो तिहाई सांसद लोक सभा में चुनकर जाते थे, वहीं चौदहवी लोक सभा के चुनाव में केवल उन्हें दस सीटों पर ही संतोष करना पड़ा। सत्ता में रहने वाला दल जनहित की उपेक्षा करके ज्यादा दिनों तक सत्ता में नहीं टिक सकता। जनता उसे सत्ता से उखाड़ फेंकेगी, क्योंकि लोकतंन्त्र में निर्वाचित प्रतिनिधियों की हैसियत अस्थायी होती है जो जनता के रूख पर निर्भर करता है। जो प्रतिनिधि जन भावनाओं की उपेक्षा करता है वह ज्यादा दिनों तक नहीं टिक सकता। उसकी दुर्गति होनी तय है।

जबसे उत्तर प्रदेश में नयी सरकार सत्ता में आयी है तथा सोनिया गांधी ने कांग्रेस संसदीय दल की नेता चुनी जाने के बाद प्रधान मन्त्री पद का परित्याग कर दिया तबसे निश्चित रूप से सोनिया गांधी का कद देश के जनमानस में ऊंचा हुआ है, साथ ही जनता की यह धारणा बनी कि एन.डी.ए. के नेताओं के मुकाबले जो सत्तालोलुप हो चुके थे, सोनिया गांधी का पद त्यागना एक मिसाल है। जिससे कांग्रेस तो महिमामण्डित हुई ही, साथ में कांग्रेस की गौरवशाली परम्परा में एक अध्याय और जुड़ गया जो मील का पत्थर साबित होगा। नयी सरकार के गठन के बाद कांग्रेस के समक्ष नयी चुनौतियां आयी है। राजनीतिक जानकारों का अनुमान है कि यह

सरकार पांच वर्ष का कार्यकाल पूरा नहीं कर पायेगी, क्योंकि इस सरकार के समक्ष गम्भीर चुनौतिया हैं जैसे कर्नाटक तमिलनाडु का जल-विवाद, हरियाणा और पंजाब की पानी के विवाद की समस्या राज्यपालों की नियुक्ति की समस्या, दागी मन्त्रियों को हटाने का मामला तेलंगाना राज्य के निर्माण की समस्या तथा वामपन्थी दलों की बीमा निवेश, विदेशी निवेश तथा पोस्टल विभाग की कुछ नियुक्तिया, कश्मीर में शान्ति व्यवस्था को समस्या कांग्रेस के लिए तलवार की धार साबित हो सकती हैं। समरण रहे कि जब इस देश में इन्दिरा गांधी ने आपातस्थिति की घोषणा की थी, उस समय भी कांग्रेस को वाम दलों का समर्थन प्राप्त था और नतीजा वही ढाक के तीन पात जैसा हुआ और कांग्रेस को सत्ता से हटना पड़ा क्योंकि वाम दलों की स्थिति "सूझ जुआरी आपन दाऊ" जैसी है। कम्युनिस्ट पार्टी की सोच में हैं कि केरल, पश्चिम बंगाल के चुनाव कांग्रेस से ही लड़ना होगा।

ऐसी स्थिति में कांग्रेस को न्यूनतम साझा कार्यक्रम के तहत सभी दलों को सन्तुष्ट करके चलना एक कठिन चूनौती है जो यू.पी.ए सरकार के केन्दीय बजट तथा रेल बजट में दिखाई पड़ रहा है नयी सरकार के गठन से आम जनता को काफी आशाएं है। यदि जनता की आशाओं के अनुरूप सरकार खरी नहीं उतरी तो यह सरकार के लिए खतरे की घण्टी साबित हो सकती है।

जनता का निर्वाचित प्रतिनिधि होना निश्चित रूप से एक विशेषाधिकार की बात है और कोई भी व्यक्ति इसमें विधिसम्मत गर्व का अनुभव कर सकता है। लेकिन इस विशेषाधिकार के साथ एक भारी जिम्मेदारी भी आ जाती है। किसी विधायक का मुख्य कर्त्तव्य राज्य के विकास की प्रक्रिया और अपने निर्वाचन क्षेत्र की जनता की सेवा के माध्यम से देश की उन्नति के लिए प्रयत्न करना है।

एक कर्तव्यनिष्ठ विधायक अपने क्षेत्र की जनता के दैनिक जीवन की समस्याओं से अछूता नहीं रह सकता। उसे अपने क्षेत्र के लोगों की समस्याओं और शिकायतों के निर्धारण के लिए विधान मण्डल और सरकार की जानकारी में लाना होता है। विधायक के पास ही आम लोग सहायता के लिए आते हैं और विधायक को ही अक्सर लोगों की समस्याओं के समाधान ढूंढने के लिए उनकी ओर से लोक पदाधिकारियों से मिलना पड़ता है। विधायक को अपने निर्वाचन क्षेत्र में विकास परियोजनाओं के लिए आवश्यक कोष के लिए आवण्टन प्राप्त करने का प्रयत्न करना होता है। इसके अलावा उन्हें प्रशासन के कार्य में अनुचित हस्तक्षेप किये बिना सरकार द्वारा स्वीकृत विभिन्न परियोजनाओं, और योजनाओं के समय पर कार्यन्वयन में गहरी रुचि लेनी होती है।

हमारे जैसे संसदीय लोकतन्त्र में जनता निःसन्देह शासक होती है। विधायक उनके प्रति जवाबदेह होते हैं तथा इस प्रणाली को सफल बनाने के लिए उन्हें निरन्तर जनता के सम्पर्क में रहना चाहिए उनकी इच्छाओं और आकांक्षाओं का पता लगाना चाहिए और उन्हें पूरा करने की कोशिश करनी चाहिए यदि विधायक सभी उपलब्ध

अवसरों का उपयोग करता है और विधानसभा विधायी, वित्तीय और अन्य कार्यों में सक्रिय रूप से और पूरे जोश से भाग लेता है तो वह अपने लोगों की प्रगति और समृद्धि के लिए प्रभावी भूमिका निभा सकता है। अतः उसे सरकार के कार्य-निष्पादन की समीक्षा तथा साथ ही लोक शिकायतों के निवारण में अपना योगदान करना चाहिये।

प्रभावी विधायक बनने के लिए भारत के संविधान तथा अपने विधानमण्डल की प्रक्रिया और कार्यसंचालन नियमों एवं उसकी परम्पराओं और परिपटियों की पूरी जानकारी होना और इनका ईमानदारी से अनुपालन करना आवश्यक है। कहावत भी है कि 'जो खेल के नियम जानता है, खेल उसी का होता है'। इसलिए विधायकों को अपनी विधानसभा के प्रक्रिया नियमों को समझने के लिए ईमानदारी से प्रयास करने चाहिए।

विधानसभा के समक्ष आने वाले प्रत्येक विषय पर भले ही विधायक अपने विचार व्यक्त न करें, किन्तु सभा को सम्बोधित करने से पहले विधायकों को पूरी तरह तैयार होना चाहिए। किसी भाषण की सफलता विधायक की प्रासंगिक और अप्रसांगिक बातों में भेद कर पाने की योग्यता पर निर्भर करती है। विधायकों से सभी विषयों या फिर किसी एक विषय में विशेषज्ञ होने की अपेक्षा नहीं की जाती। हालांकि एक विशेष स्तरतक सामान्य जानकारी होना वांछनीय है, किन्तु कुछ विषयों की गहन जानकारी से विधायक को उन विषयों पर होने वाले वाद-विवाद के दौरान प्रभावी योगदान कर पाने में मदद मिलेगी। अपनी अभिरुचि के अनुकूल विषयों में कुछ हद तक विशेषज्ञता प्राप्त करने के प्रयास विधायकों को शुरू ही करने चाहिए।

संसदीय शासन व्यवस्था में विधायकों द्वारा अनुशासन और शालीनता का पालन करना विधानमण्डल के सुचारु और दक्ष रूप से कार्य करने के लिए आवश्यक पूर्वपेक्षा है जैसा कि शालीन मानवीय आचरण के सभी मामलों में अनिवार्य है। निःसन्देह, असहमति और स्वीकृति लोकतान्त्रिक अभिव्यक्ति है लेकिन इसकी अभिव्यक्ति संसदीय उपायों और शालीनता के दायरे में रहकर होनी चाहिए। हाल के वर्षों में सदस्यों के अशोभनीय व्यवहार और सदन की कारवाई में व्यवधान की घटनाओं में वृद्धि हुई है। इससे न केवल सदन का बहुमूल्य समय नष्ट होता है बल्कि लोगों की दृष्टि में संसदीय संस्थाओं की छवि भी धूमिल होती है:

सदन के प्रक्रिया नियमों तथा सुस्थापित संसदीय प्रथाओं और परम्पराओं के अनुसार अध्यक्षपीठ सथा के कार्यों का विनियमन करती है। पूर्वोदाहरणों, पीठासीन अधिकारियों के निर्णयों आदि पर आधारित ये प्रथाएं और परम्पराएं संसदीय संस्थाओं की मर्यादा को बढ़ाने तथा उसे बनाये रखने में महत्वपूर्ण योगदान करती हैं। इस बात का उल्लेख करने की आवश्यकता नहीं है कि हमारे लोकतन्त्र कों गुणवत्ता पर हमारे विधायकों के व्यवहार का सीधा प्रभाव पड़ता है।

विधायक के लिए एक आवश्यक अपेक्षित गुण सुनने की आदत डालना है। दूसरों, विशेषतः अपने विरोधियों के विचारों के सुनने की इच्छा लोकतन्त्र में आपके अपने विश्वास की परीक्षा है। यह कभी न भूलें कि लोकतन्त्र विकल्पों की प्रणाली है -वैकल्पिक

सिद्धान्तों, वैकल्पिक विचारधाराओं और वैकल्पिक नेताओं की प्रणाली। लोकतान्त्रिक प्रणाली का यह मूलभूत नियम है कि आज का विपक्षी दल कल सत्ता पक्ष में हो सकता है और आज का सत्ता पक्ष विपक्ष की भूमिका में आ सकता है। इससे हमारे ऊपर यह दायित्व आ जाता है कि हमें दूसरे लोगों, दलों, विचारों और सिद्धान्तों के प्रति सहिष्णुता प्रदर्शित करनी है। सहिष्णुता लोकतन्त्र का मूलभूत सिद्धान्त है। गांधी जी ने एक बार कहा था, 'जब तक हम दूसरे पक्ष को सूनने के लिए तैयार नहीं होते, लोकतन्त्र का विकास सम्भव नही है।' प्रतिनिधियों के रूप में हम अपनी संसदीय लोकतन्त्र आधारित राज्य व्यवस्था को, जिसे हमारे संविधान निर्माताओं ने चुना है, पोषित करने तथा सशक्त बनाने की महती प्रक्रिया के सहभागी हैं। लोकसभा ओर विधानसभाओं का स्थान इस प्रणाली में सर्वाधिक महत्वपूर्ण है। जनसामान्य अपनी समस्याओं के समाधान और शिकायतों के निराकरण के लिए इन महान लोक संस्थाओं की ओर देखता है। हमारे द्वारा जिम्मेदारी, कुशलता, गरिमा और शालीनता के साथ अपना कार्य करने पर ही यह बात निर्भर करेगी कि लोग इस प्रणाली में आस्था बनाये रखेंगे कि नहीं।

हमें ऐसी कोई बात नहीं कहनी चाहिए और न ही ऐसा कोई कार्य करना चाहिए जिससे इस प्रणाली का कोई नकारात्मक प्रभाव पड़े और हमारे देश के सहभागितापरक लोकतन्त्र की जड़े कमजोर हों और परिणाम स्वरूप यह किसी किस्म की तानाशाही के रूप में पतित हो जाय, जिसके गम्भीर परिणाम हों। अतएव, हमें अपने विधानमण्डलों को जनता द्वारा बडी आशा और अपेक्षा के साथ उपलब्ध कराया गया सबसे प्रमुख सार्वजनिक मंच मानना चाहिए कि हम वाद-विवाद और संवाद के माध्यम से पूर्ण कर्तव्य दायित्व भावना के साथ अपना काम करें तथा अशिष्ट व्यवहार करके, अकारण बहसबाजी करके या शोरगुल मचाकर जनभावना का निरादर न करें। मैं अपने सभी विधायक साथियों से अपील करता हूं कि आप बड़ी जिम्मेदारी से, वैसे ही जैसा जनता, हमारी मालिक हमसे उम्मीद करती है, अपना कर्तव्य निभाने का प्रयत्न करें।

स्वार्थ इतना प्रबल है कि जब सत्ता के लिए संकट उत्पन्न होता है संविधान को शल्य क्रिया कर दी जाती है। 'तंत्र' इतने भयानक रूप से अपनी करतब दिखाता है कि 'जन' की 'आत्मा' तक कांप उठती है। अतएव आज की परिवर्तित परिस्थिति में इस मुद्दे पर विचार करने की आवश्यकता है कि आखिर शासन और समाज एक दूसरे से कटे-कटे क्यों है? राजनेता और जनता के बीच यह दूरी क्यों है? राष्ट्र जीवन में जनसामान्य की भागीदारी क्यों बढ़ पा रही है? पांच वर्ष में केवल कुछ क्षणों के लिए वोट देते समय की वह 'साझेदारी' ही क्या पर्याप्त है, क्या मात्र वोट देने को सहभागिता कहा जा सकता है? ऐसे मंच तथा अवसर जनसामान्य को क्यों नहीं उपलब्ध कराए गए कि वह हर परिस्थिति में अपना योगदान दे पाने में सक्षम हो पाता? देश के केवल 15 से 20 प्रतिशत मुट्ठीभर लोग देश की 80-85 प्रतिशत आबादी पर इस प्रकार अपना अधिकार जताते हैं मानों उन पर शासन और शोषण करना उनका जन्मसिद्ध अधिकार है। क्या न्याय की तुला पर समान रूप से सबको

तोलने की घोषणा का लाभ उस भूखे, नंगे को आज मिल रहा है जो हजारों रुपया खर्च करके दिल्ली के सर्वोच्च न्यायालय तक आने की कल्पना भी नहीं कर सकता?

क्या विचार-अभिव्यक्ति, व्यक्ति स्वातंत्र्य और सामाजिक समता का सुख 85 प्रतिशत लोगों को उपलब्ध है जिसे शासन तंत्र एवं समाज का संपन्न वर्ग भेड़ों की भांति हांका करता है? क्या रोजगार के अवसर सुविधाभोगी वर्ग के चंगूल से निकलकर उसके पास तक पहुंच पाए हैं? समाज के मुट्ठीभर निहित स्वार्थी वर्ग की मुट्ठी मे देश की तकदीर बंद है। न्याय और स्वातंत्र्य, सामाजिक-आर्थिक समता की चर्चा शहरी बुद्धिजीवियों की मानसिक विलासिता की संतुष्टि करने का साधन मात्र है। वह जीवन की वास्तविकता नहीं बन पाया है। तीसरी दुनिया में आज भारत ही एकमात्र ऐसा देश है जिसने निष्ठापूर्वक सांविधानिक शासन पद्धति को अपना रखा है, वयस्क मताधिकर को स्वीकृति देकर स्वतंत्र भारत ने आज से लगभग पाँच दशक पूर्व जो साहसपूर्ण कदम उठाया था वह अब लडखडाने लगे हैं। प्रश्न यह है कि अत्यंत ही गहन निष्ठापूर्वक भारतीय जनतंत्र के सर्वसमावेशी मार्ग पर चलने का संकल्प धारण करने के बाद यह स्थिति क्यों निर्मित हो गई कि निष्ठा और संकल्पों को बार-बार दोहराया तो जाता है, किंतु जनविश्वास क्षीण होता जा रहा है। दरअसल, आज कुछ ऐसी स्थिति है कि जिन राजनीतिक दलों के माध्यम से जनमत की अभिव्यक्ति होती है, उनका चरित्र और उन राजनीतिक दलों के संचालको का संकुचित चिंतन देश और सांविधानिक मार्यादाओं का चिंता न करके केवल सत्तासुख भोगने की तिकडम में लगा हुआ है।

वर्तमान में हर दल का दोहरा व्यक्तित्व और हर नेता के दो चेहरे बन गए हैं -एक हैं चुनाव के समय का चेहरा और चरित्र, दूसरा है सत्ता में आने के बाद का व्यवहार। दोनों के बीच इतना लंबा फासला है कि दलों और व्यक्तियों की निष्ठा की पहचान कर पाना काफी मुश्किल हो जाता है। इसका कारण स्पष्ट है। जब यात्रा के प्रारंभ में ही पग गलत दिशा में पड़ गए तो सही राह पर चलना कैसे संभव होगा? अब तो मात्र यही हो सकता है कि जहां तक आ गए हैं वहीं ठहरकर अपनी दिशा का निर्धारण कर लें। अनुभव की कसौटी पर अपने संविधान को कसें-परखें, उसका परिष्कार करें। देश का संपूर्ण जीवन एवं भविष्य जिस किताब में बंद है उसका शांत चित से परायण तथा परीक्षण करें और उस पंक्ति का अर्थ ठीक-ठीक समझें, जो देश को तोड़ती और जनता को सत्ता से तथा सत्ता को जनता से अलग करती है और समाज जीवन को सत्तावलंबी बनाती है। अब कुछ ऐसा करने का समय आ गया है कि देश की अंतरात्मा को अभिव्यक्ति करने वाला कोई इस प्रकार का दस्तावेज बनाया जाए जिसमें भारत की समय जीवनशक्ति सन्निहित हो।

सालों पहले बहुचर्चित हुई वोहरा समितिकी रिर्पोट ने राजनीति में अपराधिकारों के घुसपैठ को राजनीतिक्षों और अपराधियों के बीच पनपे घातक गठजोड़ के रूप में रेखांकित किया था। 1993 में मुम्बई में हुए बम विस्फोटों के बाद इस समितिका

गठन हुआ था जिसने राजनीतिज्ञों और माफिया अपाराधियों के बीच बने रिश्तों का विस्तार से बयान किया है। इस रिर्पोट में कहा गया था, यह गठजोड़ संवैधानिक व्यवस्थाकों अप्रासंगिक बना रहा है। इसने अपनी एक समानान्तर व्यवस्था कायम कर रखी है। सरकार का रवैया इस गठजोड़ से बनी व्यवस्था को तोड़ने में ढीला-ढाला रहा है।

इस समिति की रिर्पोट में साफ कहा गया था कि अपराधी सत्ता तन्त्र में घुसपैठ करने के लिए पानी की तरह पैसा बहा रहे हैं। बाद में इससे कई गुना ज्यादा धन वह भ्रष्टाचार के जरिये कमाते हैं। ज्यादातर प्रदेशों की पुलिस के पास राजनीतिज्ञों और अपराधियों के इस तरह के गठजोड़ की ठोस जानकारी होती है लेकिन शीर्ष स्तर से अनुमति न मिलने के कारण वह न केवल ऐसे गठजोड़ों को तोड़ने में असफल रहती है, बल्कि उनके साथ खुद भी मिल जाती है ताकि उसका घर-परिवार अपराधियों का निशाना न बने। उदाहरणार्थ मुम्बई के माफिया जगत ओर यहां के राजनीतिज्ञों के सम्बन्धों के बारे में पुलिस को 1983 से ही पता था, फिर भी कोई ठोस कारवाई नहीं हुई। अगर पुलिस ने इस गठजोड़ के खिलाफ कारवाई की होती तो मुम्बई में घटी बम विस्फोट की घटना नहीं घटती।

वोहरा समिति की रिपोर्ट में साफ कहा गया था कि बिहार, उत्तर प्रदेश, हरियाणा में अपराधियों और राजनीतिज्ञों का खूल्लमखुल्ला गठजोड़ है। इन सभी प्रदेशों में अपराधियों को सत्तासीन और सत्ता से बाहर प्रभावशाली नेताओं का संरक्षण हासिल है। इस रिपोर्ट का मानना था कि प्रभावशाली तस्कर गिरोह, जिनके अन्तरराष्ट्रीय स्तर पर सम्बन्ध हैं, हवाला लेन-देन के जरिये काले धन की अर्थव्यवस्था पर पैर जमा चुके हैं। ये एक समानान्तर अर्थव्यवस्था चला रहे हैं, जिससे भारतीय अर्थव्यवस्था के ढांचे को गम्भीर खतरा पैदा हो गया है।

जिस समय यह रिपोर्ट आयी थी उसी समय 47 सांसद ऐसे थे, जिनपर हत्या, बलात्कार और अपहरण जैसे संगीन अपराध के आरोप थे। तत्कालीन चुनाव आयुक्त जी.वी.जी. कृष्णमूर्ति के अनुसार देश भर में ऐसे विधायकों की संख्या 700 के ऊपर थी। जी.वी.जी. कृष्णमूर्ति का कहना था कि 1996 के लोकसभा चुनाव में 14,000 उम्मीवारों ने भागीदारी की थी, जिसमें 1500 का अपराधिक रिकार्ड था। इन 1500 में से ४७ सांसद बने थे। अकेले उत्तर प्रदेशों में ही 1996 में 100 से ज्यादा अपराधी गुट सक्रिय थे जिनके 5000 से ज्यादा लोग जगह जगह फैले थे। मतदान से पहले इनमें से सिर्फ 100 लोगों को ही जेल में डाला जा सका था, बाकी अपने राजनीतिक आकांओं की बदौलता या तो जमानत पर रिहा हो चुके थे या भूमिगत हो गये थे। ध्यान रखिये, यह एक चुनाव आयुक्त का निजी अध्ययन था, वह भी लगभग एक दशक पूर्व। आज कल्पना की जा सकती है कि भारतीय राजनीति का किस कदर अपराधीरकण हो चुका होगा।

इस समूचे परिदृश्य में एक बेहद सहज सवाल उभरता है कि आखिर राजनीति

का इस कदर अपराधीरण हुआ कैसे? इसके लिए कौन लोग जिम्मेदार हैं? जाहिर है यह रातों रात तो नहीं हुआ। ऐसा भी नहीं है कि इसे आपराधिक चोला पहनाने बाहर से कोई आया हो। दरअसल राजनीति के इस अपराधीकरण के लिए वही लोग जिम्मेदार है जो लोग आज गला फाड़-फाड़कर चिल्ला रहे हैं कि कोई कानून बनाओ, वरना गुण्डे, बदमाश संसद और विधान सभाओं पर कब्जा कर लेंगे। एक बार सर विंस्टन चर्चिल ने मजाक में कहा था कि संसद (हाउस आफ कामन्स) अपराधियों की मनपसन्द जेल होती है। लेकिन आज की तारीख में हमारे यहां यह मजाक फूहड़ हकीकत बन चुका है।

राजनीति के अपराधीकरण का अगर सचमुच गम्भीर अध्ययन किया जाय तो आज जिन राजनीतिज्ञों का शुमार महान विभूतियों और 'ग्रेट पार्लियामेण्टेरियन' के रूप में होता है हो सकता है उनकी छवियां ध्वस्त हो जायं क्योंकि वास्तव में राजनीति का अपराधीकरण तभी से शुरू हो गया था जब भारतीय लोकमानस से नेहरू का आदर्शवादी खुमार उतर गया और कांग्रेस की बागडोर इन्दिरा गांधी के हाथों आ गयी। श्रीमती गांधी ने जब पुराने कांग्रेसियों के विरुद्ध पार्टी का नेतृत्व संभाला तो वह समझ गयी थीं कि आदर्श और राजनीतिक संघर्ष के मामले मे उनका कद पूर्व के कांग्रेसियों से बहुत छोटा है। नेहरू, पटेल, शास्त्री यहां तक कि मोरारजी देसाई और कामराज के कदों से भी श्रीमती गांधी का कद छोटा था। उनके पास विरासत भले नेहरू और स्वतन्त्रता संग्राम की अग्रचेता कांग्रेस की थी, लेकिन खुद उनका व्यक्तित्व ऐसा नहीं था, जिसके चलते लोग जुनून की तरह उनका नेतृत्व स्वीकार करते।

मगर सवाल था (इन्दिरा गांधी के सामने) कि इस योजना को अंजाम कैसे दिया जाय, क्योंकि इसके लिए जिस एक चीज की सबसे ज्यादा जरूरत थी, वह था धन। पैसे की बदौलत ही यह चकाचौंध रची जा सकती थी, इसीलिए सबसे जरूरी था पैसे का प्रबन्ध, जो कि अन्ततः उद्योगपतियों से हासिल किया गया। इनमें इन्दिरा गांधी ने उन्हें दिया तोहफा आयकर में छूट का। उद्योगपतियों से पैसा लेकर चुनाव लड़ने और बदले में उन्हें आर्थिक छूट का लाभ देने का सिलसिला इमरजेसी तक चलता रहा। इमरजेंसी के दौरान जब कांग्रेस की वास्तविक ताकत इन्दिरा गांधी के बेटे संजय गांधी के हाथों आ गयी तो उसने ऐलान किया कि हम क्यों उद्योगपतियों के पास पैसा लेने जायं। आखिर उन्हें इस पैसे के बदले में हम आर्थिक लाभ (नीतिगत) तो देते हैं, तो फिर क्यों न वह खुद आयें। और इस तरह पैसे देने और बदलें में राजनीतिक आर्थिक लाभ पाने का एक तरह से धन्धा बन गया। इस प्रक्रिया के दो नतीजे निकले। पहला तो यह कि लेन-देन परदे के पीछे होने के बजाय काफी पारदर्शी हो गया। दूसरा महत्वपूर्ण नतीजा यह निकला कि वे नेता अप्रासंगिक हो गये जो सीधा पैसा वसूलने के बजाय अपने लोगों से बसूलवाते थे। दरअसल, हुआ यह कि जो लोग पैसे वसूल कर लाते थे, उनकी सीधे दरबार में 'एण्ट्री' हो गयी। उनके सामने और सीधे आने से सोच बदली। आकाओं ने सोचा, क्यों न इन्ही लोगों को राजनीति में उतारा जाय। ऐसे में वसूली बढ़ने का गणित तो था ही, साथ में यह सोच भी थी कि जब ये लोग अपने आकाओं की जीत सुनिश्चित कर सकते

है तो अपनी क्यों नही। अन्ततः इस सोच ने भारतीय राजनीति को अपराधियों से सीधे-सीधे जोड़ दिया। 1977 में पहली बार चुनावों में 14 ऐसे लोग लोकसभा चुनाव के लिए खड़े हुए जो हिस्ट्रीशीटर थे। इनमें से तीन लोग कांग्रेस के टिकट से चुनाव जीतकर संसद पहुंचे। इसी साल देशभर की तमाम विधानसभाओं में 40 से ज्यादा ऐसे लोग चुनाव जीतकर पहुंचे जो हत्या, बलात्कार जैसे अपराधों के लिए जिम्मेदार थे। अकेले बिहार में 10 ऐसे लोग चुनाव जीते हैं।

इसके बाद तो यह सिलसिला ऐसा चला कि पीछे मुड़कर कभी नहीं देखा। साल-दर-साल डी.पी यादव की कड़ी के लोगों की संख्या बढती गयी। गुण्डों एवं बदमाशों ठगों, बलात्कारियों की आमद संसद और विधानसभाओं में बढ़ती ही गयी। यह सिलसिला इतना प्रभावी हो गया कि धीरे-धीरे ऐसे लोग चुनाव जीतने में ही असमर्थ होने लगे जिनके पास प्रत्यक्ष और अप्रत्यक्ष रूप से यह 'मसल' और 'मनी' पावर का अभाव था। हालांकि सुप्रीम कोर्ट ने राजनीति के अपराधीकरण को रोकने के लिए चुनाव आयोग को व्यवस्था सुनिश्चित करने के लिए कहा। चुनाव आयोग ने कोशिश भी की। इसका एक प्रारूप भी बना जिससे राजनीतिज्ञ घबराये। इसलिए इन सब लोगों ने मिलकर इस व्यवस्था को नख-दन्तविहिन बना दिया।

भारतीय जनतंत्र को अबाध रूप से गतिमान और सुव्यवस्थित रखने के लिए दिशा-निर्देश संबंधी एक दस्तावेज तैयार किया गया, जिसका नाम दिया गया 'भारतीय संविधान'। संविधान को स्वीकार करने के साथ ही संपूर्ण देश ने राष्ट्रीय एकात्मता, सर्वधर्म समभाव बनाए रखने और सामाजिक-आर्थिक विषमता को समाप्त करने की सोद्देश्यपूर्ण प्रतिबद्धता को मान्यता प्रदान की। इस संविधान के माध्यम से बिना किसी भेदभाव के सभी को चिंतन-मनन जीवनयापन, विचार-अभिव्यक्ति और स्वातंत्र्य का समान अवसर दिया गया। दुर्भाग्य से सांविधानिक यात्रा उस समरसता और सामंजस्यपूर्ण ढंग से शुरू नहीं हुई जिसकी अपेक्षा संविधान निर्माताओं और देश के मूर्धन्य लोगों ने की थी। वस्तुतः संविधान के निर्माण काल में ही उसके निर्माताओं के बीच अनेक मुद्दों पर गहरे मतभेद थे। बाद में संविधान की कई धाराओं को तोड़ा-मरोड़ा और बदला गया। फलस्वरूप जो संविधान तैयार किया गया उसमें भारतीय जनतंत्र की मूलभावना के साथ छेड़छाड़ कर उसका स्वरूप ही बदल दिया गया।

संविधान के लागू होने के बाद से ही उसमें अभी तक लगभग सौ संशोधन किए जा चुके हैं। भारतीय संविधान में संशोधन की आवश्यकता क्यों महसूस की गई , उसकी धाराओं, उपधाराओं को कैसे चीरा-फाड़ा और परिवर्तित किया गया, इसकी सच्चाई सभी जानते हैं और यह भी स्पष्ट है कि अब तक अधिकांश संशोधन सत्तारूढ दल की सत्ता को मजबूत बनाने और राजनीतिक लोकप्रियता अर्जित करने की दृष्टि से किए गए। यथार्थ में राजनीतिक दलों द्वारा निहित स्वार्थवश संविधान के साथ की गई खिलवाड़ से उसकी उपयोगिता और मर्यादाएं ही संदिग्ध हो गई हैं। 26 जनवरी 1950 को भारतीय जनतंत्र के संविधान को देश की करोड़ों जनता की

ओर से हमने 'आत्मसर्पित' किया था और एक संप्रभुता संपन्न गणराज्य की स्थापना करने की घोषणा की थी। घोषणा के साथ यह भी कहा था कि न्याय, धर्म और सामाजिक स्तकर सभी समान होंगे, लेकिन संविधान के निर्माण काल में और उसको 'आत्मर्पित' करने के बाद भी देश के अनेक चिंतकों और विचारकों ने एकदम बेबाक बात कही थी- ''यह संविधान हमारी अपनी प्रवृति और प्रकृति के अनुकूल नही हैं। यह भारत का संविधान नहीं, दूनिया के देशों से उधार लेकर जोड़ा गया एक संयुक्त दस्तावेज मात्र है। इस संविधान में एकता का मंत्र नहीं, विघटन का बीज निहित है। यह सत्तारूढ दल की सनक एवं स्वभाव का दास बनकर रह जाएगा।''

उपरोक्त आशंकाएं कितनी सच थीं अथवा कितनी गलत, इसका विश्लेषण कर पाना अब कठिन नहीं है। अपने संविधान को देश की जनता ने जिया और भोगा है। उसने देश को कितना तोड़ा, कितना बटोरा, यह सत्तारूढ दल के हाथों में कितना 'सुरक्षित' या 'आरक्षित' एवं जनता के बीच कितना बेसहारा है, इसकी मीमांसा भी की जा सकती है। संविधान निर्माताओं की नीयत चाहे जो भी रही हो, किंतु उनके उत्तराधिकारियों ने अपना सत्ता सुख चिर स्थाई बनाए रखने के लिए संविधान के साथ जितनी छेड़छाड़ की वह इतिहास के पन्नों में लिखा हुआ है। संविधान में लगे संशोधन के पैबंद इसके साक्षी हैं। जैसे-जैसे भारतीय जनतंत्र वयस्क होता गया 'जन' और 'तंत्र' के बीच खाई बढ़ती गई। 'जन' से सत्ता कटती गई और इसके परिणामस्वरूप समाज जीवन असंतुलित होता गया। एक आत्मनिर्भर, स्वावलंबी 'जन' की तादाद बढ़ गई, बढ़ रही है। कुछ करने की सात्विक तमन्नाएं कुछ पाने के तामसी अंधकार में विलीन हो गईं, हो रही हैं। प्रेरणाओं का स्रोत सूखता जा रहा है और आसेतु हिमाचल भारत बोलियों, भाषाओं, जातियों तथा क्षेत्रों के घरौंदों में बँटकर कंगाल बनता गया, बनता जा रहा है। संपूर्ण राष्ट्र की अखंड प्रतिभा की अवधारणा मात्र भाषणों तक सीमित रह गई।

'इंडिया दैट इज भारत' की घोषणा ने 'भारत' की मूल भावना को खंडित कर दिया है। यह पहला वाक्या कितना मारक सिद्ध होगा, संविधान निर्माताओं ने शायद इसकी फलश्रुति में झांककर नहीं देखा। इस वाक्य ने पहले भारत को राज्यों के रूप में तोड़ा और फिर उसे एक देश के रूप में जोड़ा। इसका निहितार्थ यह है कि राज्य जुड़े तो, किंतु अभिन्न नहीं हुए। वे देश में एक जमघट (संघ) के रूप में माने गए।

मुख्य निर्वाचन आयुक्त टी एस कृष्णमुर्ति ने चुनाव सुधारों पर आयोजित संगोष्ठी में तो अनेक सुझाव रखे उनकी सार्थकता तभी है जब उनके अनुरूप किसी व्यवस्था का निर्माण हो सके। यद्यपि मुख्य निर्वाचन आयुक्त ने चुनाव संबंधी सुधारों को अपने निजी विचारों के रूप में प्रस्तुत किया है, लेकिन वे महत्वपूर्ण है। इस संदर्भ में यह अपेक्षा नहीं की जा सकती कि राजनीतिक दल मुख्य निर्वाचन आयुक्त के सुझावों के प्रति गंभीरता प्रदर्शित करेंगे। स्पष्ट है कि चुनाव सुधार की पहल खुद निर्वाचन आयोग को ही करनी होगी। इस पहल को नागरिक और सामाजिक संगठनों का सहयोग

मिलना स्वाभाविक ही है। पिछले कुछ समय से देश के अनेक नागरिक एवं सामाजिक संगठन चुनाव सुधार के लिए अपने-अपने स्तर पर प्रयास कर रहे हैं, लेकिन अभी बात बन नहीं पा रही है। मुख्य निर्वाचन आयुक्त ने चुनाव से दो माह पूर्व मुख्यमंत्री, गृहमंत्री और वित्तमंत्री के अतिरिक्त अन्य मंत्रियों के त्यागपत्र देने का सुझाव रखा। निःसन्देह इस सुझाव के पीछे यही उद्देश्य है कि मंत्रीगण सरकारी मशीनरी को प्रभावित न कर सकें, लेकिन यह कार्य बाकी बचे दो-तीन मंत्री तो कर ही सकते हैं। जाहिर है कि आवश्यकता इस बात की है कि चुनाव के पूर्व पूरा मंत्रीमंडल त्यागपत्र दे दे और राज्यपाल शासन के अंतर्गत चुनाव प्रक्रिया संपन्न हो। दरअसल इस स्थिति में ही स्वतंत्र एवं निष्पक्ष चुनाव के प्रति आश्वस्त हुआ जा सकता है। इस मामले में इस बात की अनदेखी नहीं की जा सकती कि सत्तारूढ़ राजनीतिक दल चुनाव जीतने के लिए किस हद तक प्रशासनिक तंत्र का दुरुपयोग करते हैं। निर्वाचन आयोग के तमाम प्रयासों के बावजूद नौकरशाही के माध्यम से चुनावी लाभ हासिल करने की चेष्टा की जाती है। अब तो नौकरशाही को अनुचित कार्य करने के लिए विवश भी किया जाने लगा है। नौकरशाही का जो राजनीतिकरण हो रहा है उसका एक प्रमुख कारण सत्तारूढ़ राजनीतिक दलों द्वारा येन-केन-प्रकारेण चुनाव जीतना ही है।

मुख्य निर्वाचन आयुक्त ने नौकरशाही के राजनीतिकरण को बेहद खतरनाक तो बताया लेकिन आखिर इस समस्या का समाधान कैसे होगा? वैसे तो नौकरशाही के राजनीतिकरण के लिए राजनीतिक दल ही दोषी हैं, लेकिन यह एक तथ्य है कि नौकरशाही का एक वर्ग ऐसा है जो अब राजनीतिक दलों के एजेंट की तरह से कार्य करने लगा है। यह उम्मीद नहीं की जानी चाहिए कि राजनीतिक दल अपने स्तर पर नौकरशाही को सही राह दिखाने के लिये तैयार होंगे। राजनीतिक दलों की कुछ ऐसी ही स्थिति राजनीति के अपराधीकरण को रोकने के मामले में भी है। वे खुद को राजनीति के अपराधीकरण का विरोधी तो बताते हैं, लेकिन जब चुनाव आते हैं तो एक बडी संख्या में अपराधिक इतिहास वाले लोगों को चुनाव मैदान मे उतार देते हैं। मुख्य निर्वाचन आयुक्त ने यह बिलकुल सही कहा कि अपराधी तत्वों और राजनीतिज्ञों की साठगांठ, उतनी ही आपत्तिजनक है जितनी कि नौकरशाहों और राजनीतिज्ञयों की सांठ-गाठ लेकिन आखिर सच को दोहराते रहने से हासिल क्या होगा? यह विचित्र है कि राजनीति और चुनाव प्रक्रिया को साफ-सुथरा बनाने के उपायों पर तो रह-रहकर चर्चा होती रहती है, लेकिन वह किसी अंजाम तक पहुंचती नजर नहीं आती।

चुनाव सुधारों की प्रक्रिया को गति न मिलना भारतीय लोकतंत्र के लिए एक गंभीर खतरा है। चुनाव प्रक्रिया दिन-प्रतिदिन दूषित होती चली जा रही है। राजनीतिक दल चुनाव जीतने के लिए हर प्रकार की बुराइयों का सहारा लेने के लिए तैयार हैं। इस स्थिति में यह आवश्यक हो चुका है कि चुनाव सुधार के उपायों पर आम जनता के बीच व्यापक बहस हो और समाज के विभिन्न क्षेत्रों से एक ऐसी आवाज बुलंद हो जो राजनीतिक दलों को चुनाव सुधार के लिए विवश करे।

विधायक के लिए एक आवश्यक अपेक्षित गुण सुनने की आदत डालना है। दूसरों, विशेषतः अपने विरोधियों के विचारों के सुनने की इच्छा लोकतन्त्र में आपके अपने विश्वास की परीक्षा है। यह कभी न भूलें कि लोकतन्त्र विकल्पों की प्रणाली है—वैकल्पिक सिद्धान्तों वैकल्पिक विचारधाराओं और वैकल्पिक नेताओं की प्रणाली। लोकतान्त्रिक प्रणाली का यह मलभूत नियम है कि आज का विपक्षी दल कल सत्ता पक्ष में हो सकता है और आज का सत्ता पक्ष विपक्ष की भूमिका में आ सकता है। इससे हमारे ऊपर यह दायित्व आ जाता है। कि हमें दूसरे लोगों, दलों, विचारों और सिद्धान्तों के प्रति सहिष्णुता प्रदर्शित करनी है। सहिष्णुता लोकतन्त्र का मूलभूत सिद्धान्त है। गांधी जी ने एक बार कहा था, 'जब तक हम दूसरे पक्ष को सुनने के लिए तैयार नहीं होते, लोकतन्त्र का विकास सम्भव नहीं है।'

षष्टम खण्ड

12
साक्षात्कार

1. मोहिनी गिरी, अध्यक्ष राष्ट्रीय महिला आयोग

महिलाओं के लिए आरक्षण की मांग कहां तक उचित है?

उत्तर : मेरे विचार में जब तक महिलाओं को आरक्षण नहीं दिया जाएगा, तब तक इस पुरूष प्रधान देश में उनकी बात कोई नहीं सुनेगा। आज महिलाओं की जो स्थिति है, उससे उबरने के लिए महिला आरक्षण बहुत ही आवश्यक है। घर-बाहर हर जगह महिलाओं के साथ दोयम दर्जे का व्यवहार किया जाता है। महिलाएं चूंकि आत्म-निर्भर नहीं हैं, इसलिए प्रायः उन्हें दूसरों पर आश्रित रहना पडता है।

आरक्षण की व्यवस्था से उनकी स्थितियों में निश्चित तौर पर बदलाव आएगा और तभी सही मायने में संविधान में प्रदत्त समानता या बराबरी का अधिकार महिलाओं को मिल सकेगा।

यह अलग बात है कि इसे कुछ वर्षों बाद समाप्त किया जा सकता है। आरक्षण का प्रत्यक्ष लाभ पंचायत चुनावों में देखने को मिला है। बहुत कम समय में महिलाओं में एक क्रांतिकारी परिवर्तन आया है। यदि यही आरक्षण संसद, विधायिका और नौकरियों में भी मिल जाएगा तो पूरे समाज का माहौल ही बदल जाएगा।

क्या महिला आरक्षण का भी 'मंडलीकरण' नहीं होगा और राजनीतिक लोग इसका लाभ लेने की कोशिशें नहीं करेंगे?

उत्तर : मैं नहीं समझती कि महिला आरक्षण का मंडलीकरण किया जा रहा है। मेरे विचार में इसे राजनीति से जोड़कर देखना भी उचित नहीं होगा। सचाई यह है कि जब तक महिलाओं को बोलने का अवसर नहीं मिलेगा, तब तक वे समानता का दर्जा कैसे हासिल कर पाएंगी। किसी की टिप्पणी मुझे याद आ रही है कि 'महिलाओं को पानी में छोड़ दो, उन्हें अपने आप तैरना आ जाएगा।' लेकिन मेरे ख्याल में जब तक व्यक्ति को पानी की प्रकृति एवं स्वभाव से पूरी तरह परिचित न करा दें तब तक उसे पानी में तैरने के लिए छोड़ देना न्यायपरक नहीं होगा। इसलिए आवश्यक है कि महिलाओं को पहले खड़े होने की जगह दी जाय। उन्हें राजनीति में सक्रिय होने दीजिए, वह अपना रास्ता खुद-ब-खुद बना लेंगी। जो लोग यह कहते हैं कि महिलाओं को आरक्षण देने की बात राजनीतिक लाभ के लिए हो रही है, दरअसल वह लोग अपने लिए मुद्दे तलाश रहे हैं।

राजनीति में आने के लिए महिलाओं पर कोई पाबंदी नहीं है। आकांक्षा एवं क्षमता होने के बावजूद महिलाएं राजनीतिक रूप में सक्रिय क्यों नहीं हो रहीं?

उत्तर : सबसे बडी चिंता की बात तो यही है कि कोई भी पार्टी महिलाओं को टिकट देने को तैयार नहीं है। हर पार्टी यह गौर करती है कि महिलाओं में चुनाव जीतने लायक क्षमता, शक्ति एवं धन है या नहीं? आज राजनीति में बाहुबल एवं धनबल का वर्चस्व है। महिलाएं कभी भी इस तरह की गतिविधियां नहीं पाएंगी। यही वजह हैं कि महिलाएं चाहकर भी राजनीति में सक्रिय नहीं हो पातीं। इसलिए जब तक राजनीति में सुधार नहीं होता, आरक्षण की सुविधा उपयोगी साबित नहीं होगी। रही बात उन महिलाओं की जो राजनीति में सफल हुईं तो उनमें से ज्यादातर को राजनीति विरासत में मिली थी या फिर किसी पार्टी ने सहानुभूति के चलते उन्हें टिकट दिया।

आरक्षण की वजह से महिलाएं पिछड़ी, अगड़ी, शिक्षित, अशिक्षित वर्ग में बंट सकती हैं और संभव है कि उनकी सामूहिक चेतना में भी कमी आये। क्या इसके दूरगामी परिणाम खतरनाक नहीं होंगे?

उत्तर : देखिए, ऐसा कुछ भी नहीं होगा क्योंकि महिलाएं स्वयं आरक्षण मांग रही हैं। आरक्षण की यह मांग धर्म, जाति, अगड़ी, पिछड़ी, आदि फालतू बातों से ऊपर हैं और सामूहिक चेतना में कमी आने का सवाल ही नहीं उठता। आरक्षण के दूरगामी परिणाम सकारात्मक होंगे।

कोई समाज तभी उन्नति कर सकता है, जब उस समाज में महिलाओं का उचित स्थान हो। जब महिलाएं पढ़ेंगी, लिखेंगी, नौकरी पेशे में आएंगी तो इससे समाज एवं देश निश्चित रूप से उन्नति करेगा। आरक्षण मिलने पर वह अपनी समस्या अपने मुंह से कह सकेंगी और उसके समाधान के लिए प्रयत्नशील भी रहेंगी।

बहुत संभव है कि आरक्षण का लाभ शहरी महिलाओं को ही मिल पाये। ग्रामीण महिलाओं में एक बहुत बड़ा हिस्सा अशिक्षित हैं उन्हें नौकरियों आदि में कहां जगह मिलेगी?

उत्तर : शुरूआती तौर पर हमारा प्रयास होगा कि हम पहले ग्राम पंचायत में चुनकर आयी उन महिलाओं के प्रशिक्षण की व्यवस्था करें, जिससे वे आगे सांसद या विधायक बनें। वह अभी से ही पढ़ना-लिखना शुरू कर दें, ऐसी व्यवस्था महिला आयोग करना चाहेगा। इसके अलावा ग्रामीण क्षेत्रों में तमाम ऐसे रोजगार हैं, जिन्हें अशिक्षित महिलाएं भी कर सकती हैं। उनमें आरक्षण किये जाने की मांग भी हम उठाएंगे।

आज के आर्थिक उदारीकरण के दौर में जहां सरकारी नौकरियों की संख्या तेजी से घट रही है, ऐसे में नौकरियों में आरक्षण का क्या लाभ होगा?

उत्तर : सरकारी नौकरियों में कमी होने का मतलब यह नहीं हैं कि महिलाओं का जो हक है वह उन्हें न मिले और वह घर में ही बंद रहें, चूल्हा चौका में ही जिन्दगी गुजार दें। ऐसा नहीं होना चाहिए। आर्थिक उदारीकरण की बात पुरूषों पर भी लागू

होती है, उन्हें जहां नौकरी मिलेगी वहीं महिलाओं को भी मिलेगी।

नौकरियों और चुनावों में अनुसूचित जाति एवं जन जाति के लोगों को पहले से ही आरक्षण की सुविधा प्राप्त है। अन्य पिछडे वर्ग की महिलाओं की संख्या अभी आधी से अधिक हैं वह अधिकांशत अशिक्षित तथा उपेक्षित और वंचित है। महिलाओं को आरक्षण मिल जाने से क्या वर्ग-संघर्ष की स्थिति उत्पन्न नहीं होगी

उत्तर : मैं समझती हूँ, आरक्षण मिलने से समाज में जितने प्रकार के अपराध हो रहे हैं वे सब बंद हो जाएंगे। क्योंकि जब एक महिला आर्थिक रूप से स्वावलम्बी हो जाएगी, तब पुरूष उसे इतना नहीं दबा पाएगा जितना कि आज दबा रहा है और वर्ग संघर्ष की तो बात ही बेमानी है।

2. नजमा हेपतुल्ला, उपसभापति राज्य सभा

1. संसद, विधानसभा में महिला आरक्षण के संबन्ध में आप की पहली प्रतिक्रिया क्या है?

उत्तर : आरक्षण से स्पर्धा की भावना के लोप होने का खतरा है। आज महिलाओं में धीरे-धीरे स्वतः जागृति आ रही है। सामाजिक, राजनीतिक मंचों पर वह आगे बढ़ रही है। उनके आगे बढने में अभिरूचि हैं लेकिन इनमें से अधिकांश अंत्यन्त पिछड़ी है। यह मानसिक परिवर्तन कुछ में शिक्षा एवं आर्थिक स्वतंत्रता के कारण आया है। आरक्षण से पहले शिक्षा पर जोर देने की जरूरत है ताकि वे स्व-विवेक से कार्य कर सकें।

महिलाओं को मिलने वाली इस सुविधा का मैं स्वागत करूंगी। लेकिन साथ ही साथ मुझे भय है कि इससे महिलाओं में कहीं डिपेंडेटस की मानसिकता न बढ़ जाय तथा उनमें प्रतिस्पर्धा की भावना का लोप न हो जाय। आरक्षण से लोकसभा या विधान सभाओं में महिलाओं को सीट मिल जायेंगी। महिलाएं सांसद, विधायक और मुखिया भी बन जायेगी। लेकिन उनके मस्तिष्क का विकास या व्यक्तित्व का उभार उस अनुपात में हो पायेगा इसमें सन्देह बना रहेगा। केवल एजेंसी बन जाने से पूरा लाभ नही मिलने वाला है।

2. आरक्षण के मसौदे में नौकरियों में भी आरक्षण की बात शामिल है। इस पर आप की क्या सोच है?

उत्तर : जैसा कि आप ने कहा कि नौकायिों में भी महिलाओं को आरक्षण मिलेगा तो नौकरी में हों या कहीं भी महिलाओं को आरक्षण मिले यह बहुत खुशी की बात है। लेकिन इससे उनकी डिपेंडेटस की भावना खत्म हो, यह ज्यादा जरूरी है। जैसा आप देख रहे हैं कि आजादी के इतने सालों के बाद तक हरिजनों को तमाम सुविधाएं मिल रही हैं। लेकिन फिर भी हम कह रहें हैं कि उन्हें और भी सुविधाएं मिलनी चाहिंए, ताकि वे उच्च्व वर्ग के समकक्ष आ सके। लेकिन ये सुविधाएं कब तक चलती रहेंगी।

अब इस तरह की सुविधाएं महिलाओं को देने की बातें चल रही हैं। लेकिन इन सुविधाओं और अवसरों में महिलाओं के व्यक्तित्व का विकास हो, उनमें चेतना या जागृति आये तो इससे अच्छी बात क्या हो सकती है।

3. प्रतिस्पर्धा की भावना से आप का क्या तात्पर्य है?

उत्तर : मेरा मतलब महिलाओं का पुरूषों के साथ प्रतिस्पर्धा करने से नहीं है। उनके साथ कदम से कदम मिला कर आगे बढ़ने की भावना से है। प्रतिस्पर्धा की यह भावना आगे बढ़नी बहुत जरूरी है आप देखिये आज महिलाएं अपने दम पर आगे आयीं हैं, वह अच्छा काम कर रही हैं।

4. लेकिन प्रतिस्पर्धा के बल पर शिक्षित और जागृत महिलाएं भले ही मन चाहा स्थान पा लें, लेकिन ग्रामीण या कम पढ़ी लिखी और पिछड़े वर्गों की महिलाएं कुछ खास नहीं कर पातीं। उन्हें तो आरक्षण से विकसित होने का मौका मिल सकता है?

उत्तर : मौका तो मिलेगा, पर वह बहुत लाभप्रद होगा, ऐसा मैं नहीं मानती। मुझे पंचायत में एक महिला मुखिया को देखने का मौका मिला। वह महिला आरक्षण से मुखिया बनकर आ गयी लेकिन उसका सारा काम काज उसका पति करता है। वह महिला केवल हस्ताक्षर भर करती है। बाकी क्या हो रहा है, या क्या करना है, उसको कुछ पता नहीं। यह ठप्पा मात्र होकर रह गयी। यह किस तरह का विकास हुआ इसी चीज का मुझे भय है।

5. क्या आप को ऐसा लग रहा है कि इस आरक्षण से जो महिलाएं सांसद, विधायक या मुखिया बनेंगी या सरकारी नौकरियों में आयेंगी उन सबका काम उनके पति किया करेंगे?

उत्तर : ऐसा हो सकता है। पति नहीं तो कोई दूसरा पुरूष यह भूमिका निभा सकता है। मसलन कोई महिला सांसद बन जाने पर सदन में अपनी कोई भूमिका ही नहीं निभा पाये। किसी सवाल पर उसका कभी मुंह ही न खुले। उसके नाम पर सारा काम कोई मर्द, करे तब क्या होगा?

6. लेकिन ऐसी स्थिति तो नौकरियों में संभव नहीं है?

उत्तर : हाँ, नौकरी में तो ऐसी स्थिति नहीं होगी। लेकिन, किसी कार्य विशेष के लिए गुणात्मक तो होनी ही चाहिए।

यानी आरक्षण का लाभ आप उन महिलाओं को देने के पक्ष में है जो उस काम के लायक और योग्य हों। हाँ ऐसा होना बहुत जरूरी है। गुणात्मक के बिना आरक्षण से आने का लाभ नहीं होगा। जो महिला जिस काम पर आ रही हैं, उस काम को सफलतापूर्वक संपन्न करने की उसमें योग्यता भी होनी चाहिए। ना समझ, कम योग्य या अंगूठा छाप महिलाओं को आरक्षण का सम्मान देकर संसद या विधान सभा में लाने से महिला वर्ग को विशेष लाभ नहीं होने वाला है। जबकि उनके पति या पुरूष पहले से ही विराजमान हैं तो नीतिगत मुद्दों पर न तो बोल सकते हैं और न

तो उसकी व्यवस्था कर सकते हैं।

मेरे विचार से आरक्षण समाज की सारी समस्याओं का समाधान नहीं है उससे ज्यादा जरूरी शिक्षा की सुविधाएं मुहैया कराना है। उचित शिक्षा के बिना समाज और महिलाओं का विकास संभव नहीं है।

3. पदमृश्री अमृताप्रीतम, सदस्य, राज्यसभा

नारी चेतना को जागृत करने वाली कई प्रतिनिधि महिलाओं से बातचीत की। इस सिलसिले में "भारतीय नारी और उसका त्याग" की ओर से पदमृश्री अमृताप्रीतम, मनोनीत सदस्य, राज्यसभा का लम्बा साक्षात्कार लिया । जिसका एक अंश यहां प्रस्तुत है।

1. नारी बहुत समय से शोषित रही है। इसके लिए आप किसको उत्तरदायी मानती हैं?

उत्तर : जो शोषण हैं वह समाज के पूरे पैटर्न पर है। उसका एक अंग है। इसलिए जब शोषण हटेगा तो पूरे समाज से हटेगा और सुधार रहेगा तो पूरे समाज में कायम रहेगा। स्त्री उसका थोड़ा ज्यादा शिकार इसलिए है, क्योंकि वह कमजोर है। कम पढ़ी-लिखी है। और स्त्री पर बच्चों का गृहस्थी का एक बोझ है। इसलिए मैं सोचती हूं कि हमे जनरलाईजेशन (समान्यीकरण) नहीं करना चाहिए इसलिए मैं वर्ण-व्यवस्था और लिंग भेद को उत्तरदायी मानती हूँ साथ ही आधुनिक परिवेश को उत्तरदायी मानती हूं। साथ ही आधुनिक परिवेश में वर्तमान दशा के लिए जीवन के हर क्षेत्र में आयी नैतिक गिरावट और शिक्षा की कमी भी इसका प्रमुख कारण हैं।

2. अभी आपने बताया कि नारी की वर्तमान दशा के लिए नारी समाज में शिक्षा की कमी भी एक कारण है। क्या सरकार की नयी शिक्षा नीति नारी की प्रस्तुत चेतना को जगा सकने में सार्थक और सफल है?

उत्तर : देखिये, जब तक शिक्षा नीति लागू नहीं की जाती है तब तक हम कह नहीं सकते कि वह सफल होगी या असफल मिसाल के तौर पर शिक्षा कैसी है? जिस गांव में स्कूल है, उस स्कूल का, उस समाज का वातावरण कैसा है? उस गांव में किस प्रकार की जातियाँ हैं, उन जातियों के बीच कैसी व्यवस्था है, गांव की आर्थिक दशा कैसी है, यही चीज शहर में भी लागू होती है। वही शिक्षा नीति खास तरह के स्कूलों या खास तरह के शिक्षकों के हाथ में पड़कर खास तरह की परिस्थितियां पाकर फल-फूल सकती है।

कहीं ऐसा न हो कि एक पूरा का पूरा इस तरह का ढांचा हमारे यहां लाया जाए जिसकी जमीन हमारे यहां है ही नहीं और कहीं ऐसा न हो कि शिक्षा के जो वास्तविक उद्देश्य हैं, वे एक सीमित वर्ग तक पहुंच कर रह जाएं। जहां शिक्षा छोटी होती चली जाती है, वहां पर जाहिर है कि एक बडी संख्या में औरतें इसके दायरे के बाहर हो जाती हैं, अभी भी हमारे यहां अगर किसी चीज की कमी होती है तो

जब हिस्सा बटाई होती है तो उसमें औरतों का, लड़कियों का नम्बर बाद में आता है। माडल स्कूल में फीस वृद्धि होगी तो दस में से नौ परिवार अपने पुत्रों को ही भेजेंगे। पुत्रियों में प्रतिभा हो भी उनको उतना महत्व नहीं दिया जाता क्योंकि मानस यह जानता है कि वह शादी करके बच्चे पालेंगी। जो उसकी क्रीम आफ द क्रीम हैं, वे तो पढ़ रहे होंगे तो माडल स्कूलों में और बाकी दो नम्बर के नागरिक हैं। इस भौतिकवादी उपभोक्ता बाजार में जहां हर माल बिकाऊ है। वहां नारियां सदा से उपेक्षित, वंचित व पीड़ित रही हैं। ऐसी सूरत में मात्र संभ्रान्त और धनी परिवार की महिलाएं ही लाभांवित रही हैं और कुछ क्षेत्रों में अंग्रेजी भूमिका निभा रहीं है। शेष अधिकांश में हमारी शिक्षा नीति उनकी प्रसुपा चेतना को जगाने में पूर्णतया सार्थक एवं सफल नहीं रही है।

3. पुत्र-पुत्री विभेद के लिए क्या पुरूष की अपेक्षा स्त्री स्वयं जिम्मेदार नहीं है?

उत्तर : औरतें बहुत प्रैक्टिकल होती हैं। पुरूष लोग कई बार समानी भावनाओं और समानी वांग्जाल में जो वस्तु स्थिति है, उसको ढांक देते हैं। वे ऐसा दिखाते हैं कि स्त्री ही स्त्री की दुर्गति के लिए जिम्मेदार है। एक सास के रूप में स्त्री क्यों बहु से चिढ़ती हैं? इसलिए चिढ़ती हैं क्योंकि एक माता के रूप में उसको पाकर के बहुत पास आने को मिल जाता है। अचानक उसकी उम्र ढल रही है, उस वक्त एक नवयुवती का परिवार में प्रवेश होता है, वह रूपसी है, नवयौवन है, वह सब कुछ है जो कि मां कभी रही होगी और उसका एक अधिकार है उसके पुत्र पर। तो पावर में साझी जिस तरह से पुरूष को स्वीकार नहीं होता, मां को भी स्वीकार नही होता। आखिर आप देखिये सास-बहु के झगड़े इतनी मात्रा में रिपोर्ट होते हैं इतनी मात्रा में इसकी हंसी उडाई जाती है, क्या बाप-बेटे के बीच में झगडे नहीं होते? चाचा-भतीजे के झगडे नहीं होते? कितने दिवानी के मुकदमे हैं जो पुरूषों के विरूद्ध ठोके गये हैं। जिनको अपनी उम्र में वह सब नहीं मिला और वह सहयोग और सहानुभूति अपने परिवार से नहीं मिली, जिसकी वे अपेक्षा करते थे, इसलिए वे हर सफल व्यक्ति से कुढ़ते हैं और इर्ष्या करते हैं; तो हिरस और इर्ष्या सिर्फ स्त्रियों का ही प्रधान गुण नहीं हैं हर दबे हुए व्यक्ति का प्रधान गुण हैं। स्त्रियों के जो दोष गिनाये जाते हैं, वे परिस्थितिजनित हैं और स्त्रियों में ज्यादा मात्रा में ये सब देखने को आते हैं; क्योंकि स्त्रियां ज्यादा मात्रा में परिस्थितियों की शिकार होती हैं।

4. आपने कहा स्त्रियों की परवरिश इस ढंग से होती है कि उसकी नियति शादी मान ली जाती है। आप अपने अनुभवों से बताइए कि क्या विवाह स्त्रियों के लिए बहुत जरूरी है विशेषकर कामकाजी महिलाओं के संदर्भ में?

उत्तर : मैं समझती हूं विवाह स्त्री और पुरूष दोनों के लिए बहुत जरूरी है और विवाह की जो संस्था है, वह खारिज किये जाने योग्य नहीं है क्योकि मानव स्वभाव है चाह है कि व्यक्ति 'कम्पेनियनशिप' की या साझेदारी की और प्रेम की चाह होती है और इस चाह को दीर्घकाल तक टिकाये रखने की इच्छा भी होती है।

कम्पेनियनशिप एक स्वाभाविक मानवीय इच्छा है। मेरे विचार में जरूर करे शादी, पर सोच समझकर करे।

शादी में पति-पत्नी की साझेदारी का क्या अनुपात हो, उनके बीच किस तरह की शेयरिंग हो और एक कामकाजी औरत और उसके पति के बीच में कैसा तालमेल हो, ये स्थितियां तो पहले थी ही नहीं, वे कन्स्ट्रक्शन साइड वर्ग से थी या भट्टी में काम करने वाली थी। ये जो पढी-लिखी स्त्रियां काम कर रहीं हैं यह स्थिति सिर्फ 50 वर्षों से आयी हैं। इतना जरूरी है कि जहां मूलतः एक दूसरे के लिए इज्जत की भावना होगी, वहां आहट के बावजूद भी संबंध बिखरेगे नहीं बल्कि उसमें एक नये तरह का जुड़ाव आयेगा।

जहां तक मेरा स्वभाव है मै सोचती हूँ कि विवाह और परिवार ये दो ऐसी संस्थायें हैं जिसका कोई विकल्प नहीं है, पर जरूरत यह है कि हम इसको आज की परिस्थितियों में जोड़ करके और मनुष्य की सचमुच में इच्छा-अनिच्छा से जोड़े। मैं सोचती हूँ कि एक स्वस्थ विवाह होता है उसमें इसका लचीलापन होता है कि इसमें कोई नियम नहीं होते आप अपने व्यक्तित्व, इच्छा अपनी परिस्थिति, अपने कार्य क्षेत्र इसके अनुकूल तालमेल बैठाते हैं।

5. दया, करूणा, वात्सल्य जितना मां दे सकती हैं, उतना पिता नहीं दे सकता। इस संभावना में आपकी क्या सोच है?

उत्तर : जैसा कि मैने कहा पति और पत्नी दोनों का अलग-अलग रूप है जैसे एक-दूसरे की इच्छा होती है, वैसे ही बच्चे को भी अलग-अलग रूप में मां और पिता दोनों की इच्छा होती है। मां का शारीरिक साहचर्य और मां की शारीरिक निकटता बच्चे के लिए बहुत जरूरी है, खासतौर से शुरू के दो सालों में, पर उसके बाद मैं नहीं सोचती कि कोई भी काम ऐसा है जो पिता नहीं कर सकता और जो सिर्फ मां कर सकती है। एक बहुत बडी मात्रा में यह भ्रान्ति खुद औरतों ने भी फैलायी है, क्योंकि वह पहले एक तरह से अपने को अपरिहार्य समझना चाहती है कि, "हटो तुम हाथ मत लगाओ, तुम यह नहीं कर सकते, तुम वह नहीं कर सकते।" मेरे भी दो बच्चे हैं और उनके पढ़ने-लिखने में हम दोनों की भागीदारी है और कोई भी ऐसा काम नहीं था जिसे हम दोनों ने बच्चों के लिए साझीदार होकर नहीं किया। इसके बावजूद बहुत सारी चीजें ऐसी हैं, जिसमें मां का बच्चे के साथ एक तरह का शारीरिक इनवालवमेंट (शिरकत) स्वतः हो जाता है। अधिकतर पुरूष शारीरिक रूप से अपना प्यार बच्चों पर नहीं जता सकते। कारण यह है कि उनकी परवरिश इस तरह से हुई कि माता ने उन्हे बहुत लाड़-प्यार दिया पर पिता कुछ अलग से रौबीले चित्रित किए जाते हैं। इस वजह से लड़के के सामने बाप की इमेज है या अपने लिए भविष्य की इमेज है, वह यह बन जाती है, वह चुप्प या अन्तर्मुखी हो।

अधिकतर भारतीय परिवार में बच्चे जितने मां के करीब होते हैं पिता के करीब नहीं होते जबकि पिता का भी योगदान उनके गढ़ने में होता है। मैं सोचती हूं एक ही कमी हमारे परिवार में है और वह रोकी जानी चाहिए।

6. क्या आप मानती हैं कि अन्याय और शोषण के खिलाफ देश की जागरूक महिलाएं एक प्लेटफार्म पर हैं या एकजूट हैं?

उत्तर : नहीं, मै यह तो नहीं कह सकती कि एक जुट होकर खडी हैं। पर वैसे आप व्यक्तिगत रूप से उन सबसे बात कीजिए तो मोटे तौर पर उनकी सहानुभूति भी है और एकमत भी है कि ये बातें हैं। पर जाहिर है लक्ष्य तक पहुंचने के बारे में, जैसा राजनीतिक दलों में एक नर्म दल होता है, एक गर्म दल होता है। एक दल जो कि उग्र तोड़-फोड़ द्वारा लक्ष्य तक जल्दी पहुंचना चाहता है, दूसरा गुस्सा नहीं होता, समझना चाहता है, सबको साथ लेकर चलना चाहता है, थोडी देर से ही सही। मेरी सहानुभूति दूसरे वर्ग के साथ है। मैं समझती हूं कि मनुष्य संबंध भी उतना ही पवित्र और लंबे अर्से में जुडनेवाली चीज है कि उसमें उग्रता या असंतुलन के बल पर सिर्फ तोड़कर उसका कोई विकल्प नहीं। परिवार को छोड़कर उसका कोई हल नहीं। सड़क पर आई हुई औरत कहां जायेगी? ज्यादा स्वस्थ बात तो यह होगी कि जिस यूनिट में नारी की अवमानना हुई है, या शोषण किया गया है, नारी उस यूनिट में नारी के अंदर रह कर ही संघर्ष करे। मै तो यही सोचता हूं कि पहले स्त्री को अपने परिवार के ही अन्दर कार्य करना चाहिए, जिससे परिवार के सदस्यों से उसको वह मान-सम्मान मिले।

4. श्रीमती सोनिया गांधी, अध्यक्ष कांग्रेस/यू.पी.ए.

प्रश्न : आप ऐसा क्यों सोचती हैं कि देश को भाजपा के लिए मतदान नहीं करना चाहिए?

उत्तर : भाजपा सरकार सभी मोर्चों पर विफल रही है लेकिन चार काफी महत्वपूर्ण मुद्दे हैं। पहला, इसने सामाजिक सद्भाव नष्ट कर दिया। केवल यही नहीं गुजरात में क्या हुआ। सबसे दुखदायी बात यह है कि कट्टरता और नफरत फैलाने वालों के खिलाफ कानूनी कार्रवाई नहीं की गयी।

दूसरा, आर्थिक मोर्चे पर सरकार का काम निराशाजनक रहा है। हाल के महीनों के तथाकथित फील गुड फैक्टर के बावजूद आर्थिक विकास दर पूर्व कांग्रेस सरकारों की तुलना में कम है। बेरोजगारी तेजी से बढ़ी। कर्ज के बोझ से लदे इतनी संख्या में किसानों द्वारा आत्महत्या देश में पहले कभी नहीं हुई थी।

तीसरा, संस्थाओं का हास हुआ है। केन्द्रीत सतर्कता आयोग, राष्ट्रीय मानवाधिकार आयोग, सीबीआई, पीएसी, सीएजी आदि संस्थाओं पर सरकार के हमले हुए। आईआईएम और आईआईटी संस्थाओं की स्वायत्तता छीनी जा रही है। शैक्षणिक संस्थाओं से प्रतिभाओं का पलायन हो रहा है।

चौथा, इस सरकार में अनेक घोटाले हुए, चाहे सार्वजनिक क्षेत्र उपक्रमों की बिक्री, पेट्रोल पंपों का आबंटन, कारगिल के शहीदों के लिए ताबूतों की खरीद हो या यूटीआई का घोटाला हो जिसमें मध्य वर्ग के लाखों परिवारों ने अपनी खून-पसीने

की कमाई गंवा दी। यह बहुत दुख की बात है कि पिछले पांच दशकों की उपलब्धियों को भाजपा नकार रही है। अनेक चुनौतियां बाकी हैं लेकिन जो हासिल हुई हैं उनसे इंकार करना घोर पक्षपात है। इंदिरा गांधी को एक बार दुर्गा कहने का कोई मतलब नहीं रह जाता।

प्रश्न : वे महत्वपूर्ण बातें क्या हैं जिनकी वजह से देश को कांग्रेस के पक्ष में मतदान करना चाहिए?

उत्तर : कांग्रेस की नीतियों में निरंतरता एवं स्पष्टवादिता है। इसका राष्ट्रवाद सबको जोड़ता है, तोड़ता नहीं है; यह गर्व का भाव पैदा करता है, पूर्वाग्रह नहीं। कांग्रेस ने आधुनिक भारत का निर्माण किया और इसके नेतृत्व में भारत की अर्थव्यवस्था विश्व की चौथी सबसे बडी अर्थव्यवस्था बन गयी। कांग्रेस के नेतृत्व में ही कृषि, उद्योग, उच्च शिक्षा, विज्ञान एवं प्रौद्योगिकी, ग्रामीण विकास तथा लोकतंत्र मजबूत हुआ। उसने परिवर्तन के साथ निरंतरता प्रदान की। 'कांग्रेस का हाथ आम आदमी के साथ' इस एक वाक्य से हमारी प्राथमिकता की अभिव्यक्ति होती है।

प्रश्न : कांग्रेस और भाजपा में मुख्य अंतर क्या है?

उत्तर : हमारा राष्ट्रवाद धर्मनिरपेक्ष है, उदार है, सहिष्णु है, सबको जोड़ने वाला है जबकि भाजपा का ऐसा नहीं है। हमारा एजेंडा पारदर्शी है, कुछ छिपा हुआ नहीं है। हम मुखौटा के पीछे कुछ छिपाते नहीं जैसाकि भाजपा करती है। भाजपा आधुनिकता की बात करके विध्वंस का अपना असली एजेंडा छिपाती है। धर्मनिरपेक्षता हमारा मूलमंत्र है। हम भारत की अनेकता में विश्वास करते हैं। हम आर्थिक उदारीकरण को समाज से जोडते हैं। हमारा मानना है कि आर्थिक विकास सामाजिक ध्रुवीकरण के माहौल में आगे नहीं बढ़ सकता। हमारा विश्वास अभी भी सार्वजनिक क्षेत्र में है। हमारे लिए कृषि और ग्रामीण विकास तथा पंचायती राज को प्राथमिकता देना महज नारेबाजी नहीं, बल्कि विश्वास की बात है।

प्रश्न : क्या आप समझती हैं कि 'धर्मनिरपेक्ष' शब्द से लोग ऊब चुके हैं?

उत्तर : कदापि नहीं। यदि भारत धर्मनिरपेक्ष नहीं होगा तो उसका अस्तित्व ही नहीं रहेगा। धर्मनिरपेक्षता हमारी नियति है। धर्मनिरपेक्षता का मतलब है सभी धर्मों का समान आदर, सभी प्रकार की सांप्रदायिकता से लड़ना, अल्पसंख्यकों को सुरक्षा एवं समान अवसर प्रदान करना। मेरे लिए धर्मनिरपेक्षता का मतलब बहुसंख्यक-अल्पसंख्यक मुद्दे से कहीं अधिक है। यह ऐसा मुद्दा है जिसमें करोड़ों भारतीय शामिल हैं, जिनकी धर्म में गहरी आस्था है लेकिन जो उदारवादी हैं, दूसरी तरफ एक छोटा सा तबका है जो आस्था के सार को ही नष्ट करना चाहता है।

प्रश्न : आप पर नरम हिन्दुत्व अपनाने का आरोप लगाया गया है, ऐसा क्यों?

उत्तर : बिल्कुल नहीं। यदि मै गुवाहाटी में कामख्या मंदिर जाती हूं जैसा कि

में अनेक वर्षों से कर रही हूं, तो मेरे ऊपर नरम दिल हिन्दुत्व का आरोप क्यों लगेगा। उसी तरह यदि मैं मुल्लाओं से मिलती हूं और दरगाह जाती हूं तो मेरे ऊपर तुष्टीकरण का आरोप क्यों लगेगा? इस तरह के लेबल अर्थहीन हैं।

प्रश्न : उत्तर भारत में कांग्रेस इतनी कमजोर क्यों दिखायी देती है?

उत्तर : पूरे उत्तर भारत में नहीं, शायद केवल उत्तर प्रदेश और बिहार में। उत्तर भारत में पिछले एक दशक में जिस तरह की जातिवादी एवं सांप्रदायिक राजनीतिक हवा बही उसमें कांग्रेस के पैर उखड गए। हम एक जिम्मेदाराना एवं मध्यमार्गी पार्टी हैं तो समाज के प्रत्येक वर्ग से अपील करती है और उससे शक्ति पाती है। लेकिन मैं सोचती हूँ कि इन चुनावों में उत्तर प्रदेश में पार्टी फिर मजबूत बनकर उभरेगी। लोगों ने सभी पार्टियों को देख लिया और मैं समझती हूं कि उन्हें अहसास हो गया है कि केवल कांग्रेस ही एक अच्छी पार्टी है। हालांकि बिहार में हमारे सामने अनेक चुनौतियां है।

प्रश्न : लोक सभा में प्रतिपक्ष की नेता के रूप में आप अपने काम को किस प्रकार देखती हैं?

उत्तर : यह काफी घटनापूर्ण और शिक्षाप्रद था। हम एक रचनात्मक और जिम्मेदार विपक्ष थे - भाजपा जब विपक्ष में थी उससे ज्यादा रचनात्मक और जिम्मेदार। हमने सभी प्रमुख राजनीतिक, आर्थिक एवं विदेश नीति के मुद्दे पर सरकार का समर्थन किया क्योंकि हमने सोचा कि यह राष्ट्र के हित में है। मेरे कुछ सहयोगियों ने इस रवैये के लिए मेरी आलोचना की लेकिन मैं अपने रवैये पर कायम रही। जम्मू-कश्मीर में तथा पाकिस्तान के साथ शान्ति पहल के लिए हमने सरकार का पूरा समर्थन किया। सूखा राहत, सार्वजनिक वितरण प्रणाली, रोजगार की गारंटी तथा पूर्वोत्तर में सुरक्षा जैसे मुद्‌दों पर मैं प्रधानमन्त्री के साथ बराबर संपर्क में थी। लेकिन प्रधानमंत्री से मुझे जवाब नहीं मिला। भारतीय सेना को इराक भेजने के खिलाफ हमने दृढ़ एवं सैद्धांतिक रूख अख्तियार किया जिससे वहां सेना नहीं भेजने के लिए सरकार मजबूर हुई जबकि सेना भेजने का फैसला कर लिया गया था।

प्रश्न : 1999 चुनावों की तुलना में इस बार के आपके चुनाव प्रचार में अंतर क्या है?

उत्तर : विभिन्न राज्यों में मेरे जन संपर्क से नई दिशा मिली जिसे आप मीडिया वाले 'रोड शो' कहते हैं। मैने पिछले साल ही जन संपर्क शुरू कर दिया था लेकिन इन चुनावों में इसमें तेजी आयी। इस बार के जन संपर्क में काफी उत्साह देखने को मिला। अब हम उस चरण में पहुच गए हैं जब परंपरागत रैलियां एवं जनसभांए होती है, 10 मई तक देश भर में 70-80 रैलियों में मैं भाषण कर चुकी होऊंगी। इस बार मीडिया में हमारा प्रचार काफी सुगठित और मुद्दों पर आधारित रहा तथा क्षेत्रीय अखबारों में यह विशेष रूप से देखने को मिला। इसकी शुरूआत हुई इससे 'आम आदमी को क्या मिला'। उससे भाजपा-राजग की विफलता का पर्दाफाश हुआ जिसे तथाकथित 'भारत उदय' प्रचार से ढकने की कोशिश की गयी। उसके बाद हमने

अपनी उपलब्धियां गिनायी और नारा दिया कांग्रेस के राज में है हमारी सुनवाई, और अब हम अंतिम चरण में हैं जिसका नारा है 'मै कांग्रेस के साथ हूं'। युवाओं, महिलाओं, किसानों और मध्य वर्गों पर हमारा विशेष जोर है।

प्रश्न : हमारी राजनीति में ऐसा क्या है जिसे आप बदलना चाहेंगी?

उत्तर : मैं निश्चत रूप से चाहूंगी कि विधानसभाओं और संसद में अतिपिछड़ेवर्गों, युवा महिलाओं और अल्पसंख्यकों का प्रतिनिधित्व बढ़े। केवल प्रतिनिधित्व ही नहीं बल्कि पूर्णरूप से अधिकार संपन्न। हम कोशिश कर रहे हैं लेकिन हमें अधिक करना है। हमें चुनाव खर्च को भी पारदर्शी बनाना है और दो साल पहले ही कांग्रेस ने इस दिशा में पहल की थी। उम्मीदवारों द्वारा अपनी संपत्ति का खुलासा करना एक सराहनीय कदम है। हमें राजनीति में सेवा और त्याग की भावना पुनः लानी है तथा मितव्ययता की संस्कृति स्थापित करनी है।

प्रश्न : आपके विरोधियों का कहना है कि सौ करोड़ लोगों के इस देश में विदेश में पैदा हुआ व्यक्ति प्रधानमंत्री नहीं हो सकता-आपका जवाब क्या है?

उत्तर : यह वास्तव में लोगों को फैसला करना है, देश को करना है।

प्रश्न : क्या आप प्रधानमंत्री पद की उम्मीदवार हैं?

उत्तर : यदि मैं प्रधानमंत्री बनना चाहती तो 1991 में ही प्रधानमंत्री बन जाती। मैं इसके लिए राजनीति में नहीं आयी। कांग्रेस पार्टी को पुनर्जीवित करने का सवाल था। यह मेरे लिए सबसे महत्त्वपर्ण है। मैंने कहा है कि अन्य विचाराधारा वाले दलों के साथ मिलकर मौजूदा गठबंधन को हराना मेरी प्राथमिकता है।

प्रश्न : क्या इसकी संभावना है कि कोई और कांग्रेस संसदीय दल का नेता बने, यदि कांग्रेस के घटक दल ऐसी मांग करते हैं, और कांग्रेस स्वयं सरकार बनाने स्थिति में नहीं होती?

उत्तर : जैसा कि मैं देखती हूं, आमतौर पर पार्टी अपना नेता चुनती है। यह सचमुच में पार्टी को फैसला करना है।

प्रश्न : यदि घटक दल किसी और को नेता बनाने पर जोर देते हैं तो?

उत्तर : फिर मैं कहूंगी कि यह पार्टी को फैसला करना है, मुझे नहीं।

प्रश्न : आमतौर पर राजनीतिक दलों से लोगों का मोह भंग हो गया है, हर कोई चाहता है कि कुछ नया हो, नये लोग आएं और नई तरह की राजनीति हो। आप देश की राजनीति में किस तरह का बदलाव लाना चाहेंगी?

उत्तर : यह सच है कि राजनीति से मोह भंग हुआ है। राजनीतिक दलों को मिलने वाला चंदा पारदर्शी होना चाहिए। इस बारे में हमने श्री मनमोहन सिंह की अध्यक्षता में एक कमेटी बनायी है यह काफी महत्वपूर्ण है।

मैं यह भी सोचती हूं कि राजनीति में और अधिक पेशेवर लोगों को आना

चाहिए तथा युवा, महिलाओं एवं अल्पसंख्यकों का ज्यादा से ज्यादा प्रतिनिधित्व होना चाहिए। आज कांग्रेस में बड़ी संख्या में प्रतिभाशाली युवक और युवतियां हैं जो देश के विभिन्न भागों में प्रचार करने निकले हैं और यह काफी सफल रहा है। क्षेत्रीय अखबारों में इसकी काफी चर्चा है।

इसके अलावा हमें कुछ मूल्यों का पालन करना चाहिए जिसका आज की राजनीति में अभाव है। आज लोग सोचते हैं राजनीति भी एक धंधा हो गया है। मेरा मानना है कि राजनीति में ऐसे लोगों की जरूरत है जो इसको धंधा नहीं समझते बल्कि ईमानदारी के साथ लोगों की सेवा करने का अवसर मानते हैं।

प्रश्न : लेकिन राजनीतिक दल ऐसे लोगों के पास नहीं जा रहे।

उत्तर : सभी दलों में ऐसे लोग हैं लेकिन ऐसे और लोगों की जरूरत है। मैं निश्चित रूप से कोशिश करूंगी ताकि ऐसे और लोग आएं। किन्तु यह रातों रात नहीं हो सकता, धीरे-धीरे होगा।

प्रश्न : राजनीति में धन का प्रभाव बढ़ रहा है तथा धनी लोग अधिक संख्या में संसद में आ रहे हैं।

उत्तर : यह राजनीति का दुखद पहलू है। लेकिन नया कानून बनने से आशा है, इसमें कमी आएगी।

प्रश्न : पहले हम सुना करते थे कि राज्यसभा के कुछ उम्मीदवार विधायकों के वोट खरीदने के लिए उन सभी को पैसे दे देते थे। अब वे सिर्फ पार्टी नेताओं से सौदा कर सकते हैं।

उत्तर : मैं आशा करती हूं कि ऐसा नहीं होगा। यदि होता है तो उसे रोकने के लिए कदम उठाने होंगे।

प्रश्न : ऐसी धारण है कि कांग्रेस गरीब की बात करने में कतराती है। आपका नारा अब "कांग्रेस का हाथ, गरीब के साथ" नहीं रहा। इसके बदले अब नारा है "कांग्रेस का हाथ आम आदमी के साथ" उसमें सूक्ष्म तरीके से बदलाव आया है।

उत्तर : गरीबी के बारे में संकोच होने का सवाल ही पैदा नहीं होता। कांग्रेस ने हमेशा अपनी नीतियों एवं कार्यक्रमों में गरीब और उपेक्षित लोगों पर ध्यान देकर दिया है। आम आदमी में गरीब भी आते हैं। यह अधिक उपयुक्त नारा है। अधिकांश लोग अपने को आम आदमी मानते हैं। कांग्रेस पार्टी ने समाज के संपन्न वर्ग को छोड़ा नहीं है और उन्हें अवसर और प्रोत्साहन देती रहेगी जबकि साथ ही गरीबों का खास ध्यान रखा जायेगा।

प्रश्न : क्या आप समझती हैं कि कांग्रेस और भाजपा जनंसख्या के शीर्ष तीन प्रतिशत की आकाक्षाओं का प्रतिनिधितत्व करते हैं और यही कारण है कि

दोनों पार्टियां उपेक्षित वर्गों को भूलने लगी है।

उत्तर : मैं इसे बिल्कुल नहीं मानती। हमारे यहाँ नेता हैं जो सभी का प्रतिनिधित्व करते हैं।

प्रश्न : कुछ समय से कांग्रेस कमजोर पड़ती जा रही है। उसे रोकने और अपना जनाधार बढ़ाने के लिए पार्टी क्या कर सकती है।

उत्तर : एक चीज यह करने की जरूरत है कि पार्टी के अंदर उन वर्गों को राजनीतिक रूप से मजबूत किया जाए जो हमारे साथ होते थे लेकिन हमसे अलग हो गए क्योंकि हम उनके लिए उतना नहीं कर पाए जितना उनको उम्मीद थी। मेरा आशय दलितों, अल्पसंख्यकों और अन्य पिछड़े वर्गों से है। उन्हें वास्तविक प्रतिनिधित्व देने की मेरी बड़ी इच्छा है।

प्रश्न : क्या आप ऐसा मानती कि भाजपा और कांग्रेस जिस तरह अपने चुनाव प्रचार के लिए फिल्म अभिनेताओं को ला रही है उससे राजनीति ओछी पड़ती जा रही है?

उत्तर : यदि उनका पार्टी के सिद्धांतों में विश्वास है और पार्टी के लिए प्रचार करना चाहते हैं तो इसमें कोई बुराई नहीं है।

प्रश्न : कांग्रेस केन्द्र में वाम दलों के साथ सहयोग कर रही है लेकिन पश्चिम बंगाल, केरल और त्रिपुरा में उनके विरूद्ध है। क्या उसी तरह की व्यवस्था अन्य गैर-भाजपा दलों, जैसे तेदेपा और बीजेडी, के साथ हो सकती है।

उत्तर : तेदेपा आंध्र प्रदेश में और बीजेडी उड़ीसा में हमारे विरोधी हैं। उन्होंने केवल अवसरवादी कारणों से भाजपा के साथ हाथ मिलाने का फैसला किया है। इस समय हम एक-दूसरे के कट्टर विरोधी हैं। लेकिन जैसा कि मैंने कहा, कांग्रेस नई परिस्थितियों के अनुरूप अपने को ढाल रही है। इसलिए भविष्य के बारे में कुछ नहीं कहा जा सकता । राजनीति में सब कुछ संभव है।

प्रश्न : क्या आपको सचमुच उम्मीद है कि 2004 के चुनाव आप जींतेगी?

उत्तर : हां, निश्चय ही।

प्रश्न : आपने कहा कि यदि आप सत्ता में आएंगी तो आर्थिक सुधार जारी रहेगा। यह भाजपा के सुधार से किस प्रकार भिन्न होगा?

उत्तर : हम निश्चय ही सुधार की प्रक्रिया जारी रखेंगे लेकिन गरीबों की हालत सुधारने और गरीबी उन्मूलन पर हमारा विशेष ध्यान होगा। क्या आप ऐसा देश चाहती हैं जहां मुट्ठी भर संपन्न लोग हैं बाकी विशाल जनसंख्या गरीब है। यदि यह जारी रहा तो सामाजिक असंतोष और टकराव होगा। उसका प्रभाव आर्थिक सुधार पर पड़ेगा और रूक जाएगा। यह प्रत्येक के हित में होगा विशेषकर जिनके पास अधिक है और

उसमें मैं अपने को भी गिनती हूं, कि अमीरों और गरीबों के बीच गहरी खाई को पाटा जायें। हम अपनी शक्ति इस दिशा में लगाएंगे। मौजूदा कार्यक्रम को और चुस्त-दुरूस्त करना होगा तथा डिलीवरी सिस्टम को अधिक कारगर बनाना होगा।

प्रश्न : पाकिस्तान के साथ संबंध सामान्य बनाने के लिए प्रधानमंत्री अटल बिहारी वाजपेयी ने जो पहल की है, क्या आप उसको आगे बढ़ायेंगी?

उत्तर : राजीव गांधी जब प्रधानमंत्री बने थे तो पहले उन्होंने यह पहल की थी। पाकिस्तान की यात्रा मुझे याद आती है। अनेक वर्षों के गतिरोध के बाद यह यात्रा हुई थी जब बेनजीर भुट्टो वहां सत्ता में थी। वर्तमान में कांग्रेस हमेशा यह कहती रही है कि पाकिस्तान के साथ बातचीत का दरवाजा बंद नहीं होना चाहिए और यह जारी रहनी चाहिए। राजग सरकार ही 'आर पार की लड़ाई' की बात करती है तथा यहां तक कहा कि 'हम तब तक बातचीत नहीं करेंगे, जब तक सीमापार आतंकवाद बंद नहीं हो जाता।' इतना ही नहीं, सीमा पर सेना तैनात की गई जो नौ महीने तक वहां बनी रही। पाकिस्तान के प्रति सरकार की नीति एक जैसी नहीं रही है जबकि हमारी नीति स्पष्ट रही है। हमें खुशी है कि प्रधानमंत्री ने हमारे सुझाव के अनुरूप काम किया। अब पीछे हटने का सवाल ही पैदा नहीं होता। हम वर्तमान सरकार की नीति को आगे बढ़ायेंगे।

प्रश्न : भारत-अमेरिका संबंध के बारे में क्या कहना है?

उत्तर : कांग्रेस पार्टी अमेरिका के साथ घनिष्ट आर्थिक एवं राजनीतिक संबंध के पक्ष में है। 1982 में इंदिरा गांधी-रीगन शिखर बैठक से दोनों देशों के संबंधों को नई दिशा मिली। लेकिन साथ ही कुछ मतभेद हैं। उदाहरण के लिए इराक संकट के दौरान जिस तरह संयुक्त राष्ट्र की उपेक्षा की गयी तथा जम्मु-कश्मीर में हमारी चिंता के प्रति अमेरिका गंभीर नहीं रहा है।

प्रश्न : पीडीपी - कांग्रेस सरकार ने जम्मू-कश्मीर विधानसभा में महिलाओं के बारे में स्थायी निवास (अयोग्यता) विधेयक कैसे पारित किया?

उत्तर : जब मैंने सुना तो मैं भौंचक रह गयी। सब कुछ जल्दीबाजी में किया गया। 5 मार्च को विधानसभा स्थगित होने वाली थी, विधेयक को ध्वनिमत से पारित किया गया। मैंने मुफ्ती मोहम्मद सईद को पत्र लिख कर नाराजगी जाहिर की क्योंकि यह महिलाओं के अधिकार के बिल्कुल खिलाफ है। मैंने विधेयक को प्रवर सीमित को भेजने का सुझाव दिया लेकिन साथ ही सरकार को समर्थन जारी रखा।

प्रश्न : कहा जाता है कि आपने अपने पति राजीव गांधी को राजनीति में आने से मना किया था?

उत्तर : यह सच है। मैं अपने पति के राजनीति में आने के बिल्कुल खिलाफ थी। पहली बात तो यह कि मेरा देवर एक दुर्घटना में मारा गया था और तभी राजीव राजनीति में आए। मैंने काफी नजदीक से राजनीति देखी। मैंने अपनी सास को

संघर्ष करते देखा जब सहायोगियों ने अक्सर उनका साथ छोड़ दिया। तब एक ऐसा समय आया जब मेरे पति पर राजनीति में आने के लिए दबाव डाला गया। उनको अपनी मां और देश के प्रति कर्त्तव्य की भावना तथा राजनीति में नहीं आने की मेरी इच्छा के बीच द्वंद्व में फंसे मैं देखना नहीं चाहती थी। एक तरह से मुझे अहसोस हो रहा था कि मैं उन्हें खो दूंगी।

प्रश्न : क्या उस समय आपको ऐसी कोई आशंका थी?

उत्तर : मैं जानती थी कि राजनीति में होने तथा मेरे पति का जैसा स्वभाव था, उसका मतलब होगा जनता पहले और जनता के लिए हमेशा उपलब्ध होना। राजनीति में आने से पहले राजीव अपना काफी समय हमारे साथ बिताते थे, अपने बच्चों और मेरे साथ। यह सच है कि वे पायलट थे और उड़ान भरते थे लेकिन यह रोज नहीं होता था। वे दो दिन काम पर जाते थे और तीन दिन छुट्टी रहती थी। यह बहुत ही आराम की जिंदगी थी। असली संकट तब आया जब 1984 में मेरी सास की हत्या हुई। क्योंकि उसके बाद पार्टी ने फैसला किया कि उनको प्रधानमंत्री की जिम्मेदारी संभालनी होगी। मुझे याद है, हम अस्पताल, आल इंडिया इंस्टीट्यूट में थे। मैं अपनी सास को वहां ले गयी थी। राजीव पश्चिम बंगाल के दौरे पर थे। बाद में वे आए। मुझे वह दृश्य याद है जब इन्हें कहा गया था कि वे यह जिम्मेदारी अवश्य संभालें। मैंने उनसे बहुत आरजू-मिन्नत की (मना किया)। मैं नहीं चाहती थी कि वह यह जिम्मेदारी संभालें। मेरी सास का शव हमारे बगल में था। मैंने महसूस किया कि बहुत संभावना है कि उनका भी हश्र यही होगा।

प्रश्न : क्या उस समय आपने उनसे यह आशंका जतायी थी?

उत्तर : हां, मैंने जरूर उनसे कहा कि वे भी मारे जाएंगे।

प्रश्न : उन्होंने क्या कहा था?

उत्तर : उन्होंने कहा कि यह जिम्मेदारी संभालना देश के प्रति उनका कर्त्तव्य है।

प्रश्न : आपने अपना विचार कैसे बदला और राजनीति में आने का फैसला किया। राजीव की हत्या के बाद आपने मना किया था?

उत्तर : मैंने अपना विचार इसलिए बदला कि उस समय (1997 में) कांग्रेस की स्थिति काफी खराब थी। पार्टी में समस्या थी और वरिष्ठ नेता मेरे पास आए और मुझसे पार्टी में सक्रिय होने के लिए कहा। दबाव बढ़ता गया। दीवार में लगे ये दो फोटो आप देख रहे - ये मेरे पति और सास के हैं। जब भी मैं उधर से गुजरती। मेरे अंदर यह भावना उठतीं कि मैं कायर की तरह चुपचाप यहां बैठे स्थिति को बिगड़ते देख रही हूं। यही समय था जब मैंने फैसला किया।

प्रश्न : क्या लोगों ने आपको मना करने की कोशिश की?

उत्तर : मैं जिद्दी हूं, शायद यह गलत शब्द है। जब मैं सोचती हूं कि कुछ फैसला करना मेरा कर्त्तव्य है तब मैं यह नहीं देखती कि कौन क्या कह रहा है और

यही हुआ।

प्रश्न : अंततः आप पार्टी के दबाव में राजनीति में आईं।

उत्तर : हां, दबाव था, लेकिन पार्टी में जो समस्याएं थीं, उनको लेकर भी मैं चिंतित थी।

प्रश्न : 1991 में भी कांग्रेस अध्यक्ष बनने के लिए आप पर दबाव डाला गया था, उस समय आप क्यों नहीं तैयार हुईं।

उत्तर : उस समय कई अन्य लोग थे और मेरी मनोदशा ठीक नहीं थी, मैं किसी और चीज के बारे में सोच ही नहीं सकती थी।

प्रश्न : राजनीति में आने का आपको कोई अफसोस है?

उत्तर : नहीं, मुझे कोई अफसोस नहीं है। जैसा कि मैंने कहा, जब मैं कोई फैसला करती हूं तो उस पर कायम रहती हूं। जीवन में उतार-बढ़ाव होता रहता है। कुछ बातें अच्छी होती हैं और कुछ अच्छी नहीं होती।

प्रश्न : आप वैसी नेता नहीं है जिसे "24 घंटे हाजिर राजनेता" कहा जा सके और राजनीति के कारण आपका निजी जीवन प्रभावित होता है?

उत्तर : हां, प्रभावित होता है, लेकिन अपने आप इसके आदी हो जाते हैं।

प्रश्न : आपका विवाह एक राजनीतिक परिवार में हुआ, लेकिन अपने पति के देहांत के बाद और उनकी तथा परिवार के किसी अन्य सदस्य की सुरक्षा के बिना आप राजनीति में आई और तब जब कांग्रेस सत्ता से बाहर थी? इंदिरा गांधी ने अपने पिता से सीखा था और जब इंदिरा गांधी सत्ता में थी तब राजीव गांधी को मौका मिला। एक राजनीतिक दल का नेतृत्व करते हुए क्या आप अपने को अकेला महसूस करती हैं, खासकर एक महिला होने के नाते?

उत्तर : मेरी सास ने अपने पिता से नहीं सीखा। वह स्वतंत्रता आंदोलन के वातावरण में पली। मैंने वैसे समय में जिम्मेदारी ली जब कांग्रेस सत्ता में नहीं थी और मेरे पति भी नहीं थे, दोनों स्थितियों में अंतर है। हां, मेरे पुत्र और पुत्री मेरे साथ हैं।

प्रश्न : शीर्ष स्थान पर आप बहुत अकेली हैं?

उत्तर : मैं यह नहीं बताती कि इस पार्टी का नेतृत्व करते हुए मैं अकेली हूं। सत्ता के विभिन्न पदों पर रहने वाले लोगों के साथ मेरी बातचीत का अनुभव यह है कि यह व्यापार, राजनीति अथवा अन्य किसी क्षेत्र की तुलना में एक ही जैसी बात है। जब आप शीर्ष पद पर होते हैं तो कुछ हद तक एकाकीपन और अकेलापन होता ही हैयह जीवन का हिस्सा है।

जब आपने इस बात की चर्चा की है तो मैं कहना चाहूंगी कि जब मेरे पति ने राजनीति में प्रवेश किया था तब मैं बच्चों के साथ कुछ दिनों के लिए कहीं चली

गई थी और वह दिल्ली में थे। उन्होंने लिखा था, जिसे मैं आपको दिखाऊंगी उन्होंने लिखा था "जिस प्रकार हिन्दू परंपरा के अनुसार एक पुरूष एक आधा व्यक्ति ही होता है और उसकी पत्नी शेष आधा हिस्सा पूरा करती है। मैं ठीक उसी प्रकार महसूस करता हूं। मुझे मालूम है कि तुम्हारे बिना मैं पहले से भी अधिक कठिनाइयां महसूस करूंगा क्योंकि अब मैं राजनीति में आ गया हूं।"

प्रश्न : क्या आप समझती है कि विश्वासमत के दौरान वाजपेयी की पिछली सरकार को गिराना गलत था?

उत्तर : हां, मैं समझती हूं कि गलत था। लेकिर हमने सरकार नहीं गिरायी। उनका गठबंधन टूट गया। लेकिन हमारा अनुमान गलत था। हम कुछ दलों के आश्वासनों पर भरोसा कर रहे थे लेकिन वे आश्वासन पूरे नहीं किए गए।

प्रश्न : जब आप राष्ट्रपति के प्रांगण में थीं और कहा "हमारे पास 272 ....हैं।" क्या सचमुच आपको विश्वास था?

उत्तर : स्पष्टतः मेरा मतलब यह नहीं था कि हमारे पास 272 सदस्य थे। मेरा मतलब था कि सदन में विपक्ष का बहुमत है क्योंकि विश्वासमत में सरकार गिर गयी।

प्रश्न : चूंकि हम अभी भी इसी विषय पर बात कर रहे हैं, अब जयललिता क्यों आपके खिलाफ हो गई है?

उत्तर : आप उनसे पूछिए (मुस्कुराती हैं)

प्रश्न : विश्वासमत के दौरान क्या आप दोनों मित्र थीं।

उत्तर : हम लोगों के बीच में केवल बेहतर संबंध था बल्कि जहां तक मुझे याद है, उनकी पार्टी ने राष्ट्रपति को लिखकर दिया कि सोनिया गांधी की नीति व कांग्रेस का वह समर्थन करती है।

प्रश्न : क्या उस समय विदेशी मूल की समस्या नहीं थी?

उत्तर : हां, कुछ ऐसा ही था (मुस्कुराती हैं)।

प्रश्न : क्या आपको आश्चर्य हुआ कि चुनाव प्रचार के दौरान यह मुद्दा फिर उठाया गया?

उत्तर : नहीं, चुनाव प्रचार के दौरान उन्होंने उसे पूरा नहीं उठाया। पहले उन्होंने भारत उदय और फील गुड की बात की और जब उन्हें लगा कि चुनाव प्रचार में हमें अपार जनसमर्थन मिल रहा है तो उनकी चिंता बढ़ गयी। मैं कोई शेखी नहीं बघारना चाहती लेकिन हमारे जनसंपर्क अभियान को अपार जनसमर्थन मिला और इससे वे चिंता में पड़ गए। यदि आप उस अवधि का विश्लेषण करें तो पायेंगे कि उसके तुरंत बाद आडवाणी ने यात्रा करने का फैसला किया और इस मुद्दे को फिर उछाला गया। जब भी उनको लगता है कि कांग्रेस मजबूत हो रही है तो वे इस मुद्दे को उठाने लगते हैं।

प्रश्न : क्या आपको लगता है कि यह अभी भी एक जीवंत मुद्दा है या खत्म हो गया?

उत्तर : मैंने पूरे देश का दौरा किया, हर जगह गयी और मुझे कभी यह महसूस नहीं हुआ कि मैं इस देश की नहीं हूं। इसलिए मैं नहीं समझती कि इस मुद्दे पर उन्हें कोई समर्थन मिल रहा है।

प्रश्न : मैं इसे पलट कर पूछता हूं। मान लीजिए आपकी मुलाकात राजीव गांधी से नहीं हुई होती। मान लीजिए आप अभी भी इटली में रह रही होती तब आप कैसा महसूस करती यदि कोई भारतीय आपके देश में किसी पद के लिए चुनाव लड़ता?

उत्तर : मैं आपको बताती हूं, इटली के एक छोटे शहर में जहां मेरी मां रहती है, हाल में मेयर के लिए चुनाव था और उम्मीदवारों में एक भारतीय था। मेरी मां ने मुझे बताया कि उसे लोग बहुत चाहते और प्यार करते हैं। हालांकि वह चुनाव जीत नहीं पाया लेकिन उसका भारतीय मूल का होना कोई मुद्दा नहीं था। इसलिए मैं नहीं सोचती कि मुझे खराब लगता यदि इटली का कोई नेता इटली के बाहर या भारत मैं पैदा होता।

प्रश्न : आपकी संपत्ति के ब्यौरे से मैंने पाया कि इटली में अभी भी आपका एक मकान है। यह कुछ अजीब सा लगता है, है ना?

उत्तर : मेरा अपना मकान नहीं है। मेरे पिता बिना कोई वसीयतनामा बनाए मर गए। इटली के कानून के अनुसार किसी भी संपत्ति का ज्यादातर हिस्सा उसकी पत्नी को मिलता है और शेष बच्चे बांट लेते हैं। इसलिए वे जो मकान छोड़ गए हैं उसमें मेरा भी कुछ हिस्सा बनता है। उसको यह नहीं कहा जा सकता कि इटली में मेरा अपना मकान है।

प्रश्न : मैं आपसे सीधा पूछना चाहूंगा, क्या आप सचमुच प्रधानमंत्री बनना चाहती हैं?

उत्तर : मैंने इस सवाल का जवाब दे दिया है। मैंने अपने कार्यों से इसका उत्तर दिया है। 1991 में जब मेरे पति की हत्या की गयी, कांग्रेस पार्टी ने मुझे उनका स्थान ग्रहण करने के लिए कहा था। मेरे लिए कांग्रेस अध्यक्ष बनना आसान था और जैसाकि आप जानते हैं उस समय कांग्रेस की सरकार बनी थी। लेकिन मैंने राजनीति में आने के लिए सारे प्रस्ताव ठुकरा दिए।

और जब मैं राजनीति में आयी तो इसलिए आयी कि जिस पार्टी के लिए मेरे पति, सास और उनके परिवार के अनेक सदस्यों ने अपनी जानें दीं वह कमजोर होने लगी थी और इस वजह से विध्वंसकारी शक्तियां सिर उठाने लगी थीं।

13
चिंतन एवं विचार

1. शाश्वत चिन्तन एवं विचार

आज देश और दुनिया के जो हालात हैं, वे कोई बहुत उत्साहवर्द्धक नहीं हैं। ऐसा नहीं है कि दुनिया में तरक्की नहीं हुई है। हां, हिंसक जानवरों के बीच रहने वाला गुहा मानव और कंक्रीट की गगनचुम्बी अट्टालिकाओं में रहने वाला आज का शहरी मानव? कहां दिनभर भोजन की खोज में खाइयों-खन्दकों को फांदने वाला मानव और कहां आलीशान पांच सितारा होटलों में षड्रसभोजी मानव? कहां पत्रों और छलों के खुरदरे कपड़े पहनने वाला मानव, कहां सिन्थेटिक्स के फूल-से हल्के-फुल्के रंग-बिरंगे चिकने-चमकीले कपड़े पहनने वाला मानव? कहां एयरबसों और उपग्रहों में ग्रह-नक्षत्रों की यात्रा करने वाला मानव, कहां प्राकृतिक आपदाओं से घिरा भयभीत मानव? कहां रेडियो टेलीविजन से रात-दिन मनोरंजन करनेवाला मानव, कहां निरक्षर भट्टाचार्य मानव, कहां डिग्रियों का भारी बोझा ढोनेवाला मानव? सचमुच आकाश-पाताल का अन्तर है। पर प्रश्न उठता है क्या पहले की तुलना में मानव आज ज्यादा शान्त, सुखी है।

शहरों में जनसंकुलता, कोलाहल, प्रदूषण तथा औद्योगिक हलचल इतनी बढ़ गयी है कि मानव उससे तंग आ गया है। भले ही अब भी कुछ लोग पेट की खातिर महानगरों की ओर दौड़ रहे हैं पर वहां का रहन-सहन इतना अकुलाने वाला हो गया है कि उससे विरक्ति होने लगी है। कृत्रिम स्वाद और स्वार्थी मानसिकता ने भोजन को इतना चटपटा तथा मिलावटी बना दिया है कि आदमी का स्वास्थ्य ही गड़बड़ाने लगा है। सभ्यता ने उस पर इतने कपड़े लाद दिये हैं कि वह स्वयं एक चलता-फिरता मॉडल बन गया है। जंगली जानवरों कें भय से मुक्त मानव आज आतंकवाद से परेशान हो गया है। बोइंग विमानों एवं राकेटों में घूमने वाला मानव बीमारियों एवं दुर्घटनाओं से दुखी हो गया है। उच्च शिक्षा प्राप्त मानव विविध सर्टिफिकेट लिये नौकरी की तलाश में दफ्तरों का चक्कर लगा रहा है। तो क्या सचमुच आदमी आज दुखी है और यदि वह दुखी है तो कहां है उसके दुःख की जड़ें? निश्चय ही ग्रह-नक्षत्रों की यात्रा में समुन्नत मानव फिर से गुफामानव नहीं बन सकता। स्वर्ग और नरक को भी वह माने या न माने, यह एक अलग सवाल है पर क्या वह अपने अन्दर निर्मित होने वाले स्वर्ग और नरक से बच सकता है? सचमुच मानव का सुख और

दुःख उसके अपने अन्दर ही निर्मित होता है। असल में मनुष्य का दुःख आज देह का नहीं अपितु मानस प्रसूत है। वह बाहर से तो भरा हुआ है पर अन्दर से खाली है। अन्दर का खालीपन ऊपर भी उभर कर आ रहा है। दवाईयां और ट्रेंक्वेलाइजर्स उसे भर नहीं सकते। भले ही आदमी ने नशीली दवाईयों से अपने आप को दुःख मुक्त करने की कोशिश की हो पर सच तो यह है कि आज वह अपने ही द्वारा निर्मित वैतरणी में फंस गया है। बाहरी समृद्धि आदमी के अन्दर के खालीपन को नहीं भर सकती। इसका यह अर्थ नहीं है कि आदमी को जीने के लिए पदार्थ की आवश्यकता नहीं है। रोटी-पानी के बिना वह जी नहीं सकता। पहनने के लिए कपड़े भी आवश्यक है। रहने के लिए मकान भी आवश्यक है। पर ये सब साध्य नहीं हैं। ये सब साधन हैं। आज सबसे बड़ी भूल यही हो रही है कि साधनों को ही साध्य के रूप में स्वीकार कर लिया गया है।

जब पदार्थ ही साध्य बन जाता है तो उसे प्राप्त करने की शुद्धता की प्रतिबद्धता नहीं रह जाती। यदि आदमी का साध्य शान्ति हो तो वह उसी में आनन्द का अनुभव कर सकता है तो उसे उपलब्ध है। पदार्थ की आखिर कहीं अन्तिम सीमा नहीं हो सकती। बाहर आकांक्षा हमेशा आगे से आगे बढ़ती जायगी। यदि मनुष्य की दौड़ बाहर न होकर अन्दर की ओर हो जाय तो उसे जो कुछ प्राप्त है, वह उसे भी ठुकरा सकता है। महावीर और बुद्ध के पास वैभव की कोई कमी नहीं थी पर अन्दर की अमीरी जागी तो उन्होंने राजपाट को भी ठुकरा दिया।

यदि हम आज की तुलना में पुराने जमाने को देखें तो स्पष्ट आभास होगा कि आज जितनी सुख-सुविधाएं आम आदमी को प्राप्त हैं, वे पुराने जमाने के शहंशाहों को भी प्राप्त नहीं होंगी। मैं जमीन और धन की बात नहीं करता। हो सकता है, पुराने शहंशाहों के पास अपार वैभव और जमीन-जायदाद रही होगी, पर साधनों की दृष्टि से देखा जाय तो आज आम आदमी को जितनी सुख-सुविधाएं प्राप्त हैं, उतनी पुराने अमीरों के पास नहीं थीं। फिर भी यदि आज का आदमी सुखी नहीं है तो केवल इसलिए कि वह बाहर की दौड़ दोड़ रहा है। गरीब लोगों की बात छोड़ भी दें, जिनके पास प्रभूत पैसा है, वे लोग भी शायद हैरान हैं। इसका कारण यही है कि बाहरी दौड़ आदमी को शान्ति प्रदान नहीं कर सकती। उसके लिए तो मनुष्य को अपने अन्दर में ही मील का कोई पत्थर लगाना पड़ेगा।

2. कर्म की गति एवं धर्म की उपलब्धि

कर्म की तीन गतियां हैं। तीन तरह से कर्म को विभाजित किया जा सकता है। अज्ञानी यह कहता है कि करने से ही होता है, बगैर किये नहीं होता। मैं कुछ

करूंगा तो होगा, क्योकि अज्ञानी को कर्तापन का अभिमान होता है। उसका यही अनुभव है कि करने से ही होगा, बिना किये नहीं होगा। वह ऐसे-ऐसे तर्क देता है कि जैसे थाली में भोजन रखा है। तुम खाओगे, तभी खाया जायेगा। नहीं खाये बिना नहीं खाया जायेगा। वह ठीक कहता है क्योंकि उसका यही अनुभव है तो कर्त्तापन को जानने वाले व्यक्ति का यही अनुभव है कि करने से ही होगा, बिना किये नहीं होगा। यह वर्ग बहुत बड़ा है। फिर एक दूसरा वर्ग है व्यक्ति का, जो है जिज्ञासु का, साधक का। वह कहता है, मेरे किये से नहीं होता, अपने आप होता है। उसका कर्त्तापन चला गया है, उसका अनुभव यही होता है–वह चाहे कहे न पर उसका तजुर्बा यह होता है कि मेरे किये से नहीं होता। उसे अनुभव यही होता है कि मैं कहां करता हूं, अपने आप होता है। वह कहता है भोजन मैं थोड़े ही कर रहा हूं अपने आप हो रहा है। वह करने वाला नहीं होता। इसलिए जिज्ञासु यदि भगत होगा तो वह कहेगा, मैं नहीं करता, परमात्मा कर रहा है। जिज्ञासु यदि ज्ञानी होगा तो वह कहेगा, 'मैं करने वाला नहीं, क्रिया स्वंय से होती है। मैं तो अपने आपमें स्थित हूं। गुण गुणों में बरत रहे हैं।' यदि वह योगी होगा तो कहेगा, 'मैं तो देखता रहता हूं। क्रिया अपने आपसे होती है। मैं भोजन खा कहां रहा हूं, मैं तो अनुभव कर रहा हूं। भोजन तो अपने आपसे खाया जा रहा है।' तो जिज्ञासु का, साधक का, अनुभव है, कोई करने वाला नहीं होता। और जो पूर्ण पुरूष है, जो परम ज्ञानी है, जो सन्त है, वह कहेगा 'कुछ हो ही नहीं रहा है। कुछ होता ही नहीं है। क्रिया कहीं है ही नहीं। जैसा है, बस वैसा है।'

जैसे अज्ञानी यदि सागर को देखे तो वह कहेगा 'सागर बड़ी लहरें उठा रहा है। समुद्र बड़ी लहरें पैदा कर रहा है, बड़ी लहरें फेंक रहा है।' जैसे कि समुद्र कोई बड़ा कार्य कर रहा है। जिज्ञासु कहेगा'–समुद्र लहरें उठा नहीं रहा है, लहरें तो समुद्र में अपने आप उठती हैं। लहरें पैदा होती हैं। समुद्र में लहरें हो रही हैं।' और ज्ञानी कहेगा'–न समुद्र लहरें उठा रहा हैं न समुद्र में लहरें उठ रही हं। समुद्र तो बस है ही ऐसा। समुद्र का तो बस स्वभाव ही ऐसा है कि लहरें उठती जान पड़ रही हैं। समुद्र तो शान्त है, पर उसका होना ऐसा है कि उसमें लहरें उठती जान पड़ती हैं। समुद्र है ही ऐसा, उसेा स्वभाव ही ऐसा है कि लहरें उसमें दिखाई दे रही हैं।'

जैसे ज्ञानी की परिभाषा शास्त्र में आती है कि मैं सूर्य की तरह से अप्रकाश्य हूं। जैसे सूर्य में प्रकाश नही हैं, ऐसा मैं हूं। अब सूर्य की तरह से अप्रकाश्य होना बड़े अचरज की बात जान पड़ती है। सूर्य तो महाप्रकाशवान है पर उसके कहने का अर्थ है कि सूर्य में प्रकाश कोई अलग चीज नहीं है सूर्य के अलावा। सूर्य में प्रकाश होने का तो. अर्थ है कि सूर्य अलग है और प्रकाश अलग है। पर सूर्य और प्रकाश दो अलग-अलग बातें नहीं हैं।

सूर्य का होना ही ऐसा है कि उसमें प्रकाश है। सूर्य तो प्रकाशरूप ही है, वे दो नहीं हैं। ऐसे ही समुद्र का होना ऐसा है कि उसमें लहरें हैं। इसी तरह जगत क्रियाशील हैं। इसमें न तो क्रिया की जा रही है। न इसमें क्रिया हो रही है। इसका होना ही ऐसा है कि क्रिया इसमें होती है।

मनुष्य का जीवन सेवा के लिए है। सेवा से बढ़कर कोई धर्म नहीं है। धर्म की आधारशिला सेवा और समर्पण है। सेवा का तात्पर्य प्राणों के दुःख कष्ट और वेदनाओं यथाशक्ति सेवा की औषधि से दूर करना है। सेवा निष्काम समर्पित कर्म का नाम है। समर्पण में इच्छा, आशा, लालच, लोभ का कोई स्थान नहीं है। एकनिष्ठ भाव से समर्पण होता है। बाह्य जगत का स्वार्थपरक सम्बन्ध विनष्ट हो जाता है। एकाकी और एकनिष्ठ तथा एकात्मक भाव प्रारलंब्ध रहता है। इन्द्रियों के व्यापार पर अंकुश लगाना समर्पण मूल कार्य है।

समर्पण का दूसरा पक्ष आन्तरिक्ष जगत से है। यहां पर बाह्य सेवा का पूर्णरूपेण विलीनीकरण होता है। सेवा से भी उत्कृष्ट स्थान समर्पण का है। समर्पण पूर्ण निष्ठा से किया गया भाव है। मनुष्य का जीवन समर्पण को उस समय तक स्वीकार नहीं करता है, जब तक मनुष्य तर्क का अवलम्बन करता है। तर्क सेवा और समर्पण के भाव का सबसे बड़ा अवरोधक है। तार्किक प्रक्रिया सत्य को परखने में ही उलझ जाती है और अन्तिम निर्णय तर्क नहीं दे पाता।

समर्पण सेवा भी उत्तम भाव है। सेवा में समर्पण की भावना उत्पन्न हो जाने के बाद मनुष्य का बाह्य-आन्तरिक जो भी कलुषित भाव उसे अपने जीवन के व्यापार से हटा देता है और समर्पित जीवन, जिसमें आशा और निराशा का कोई स्थान नहीं है, जीता है। यह बड़ी उच्च अवस्था है, जिसे प्राप्त करना अति कठिन कार्य है। जीवन में लौकिक भावनाएं, जो परिस्थिति जन्य उत्पन्न होती हैं। जीवन को अत्यधिक प्रभावित करतीं हैं। परिस्थिति से घबराकर प्राणी भगवान की शरण में जाता है। उस प्राणी के अन्दर सेवा और समर्पण का भाव नहीं है बल्कि तात्कालिक कष्ट से मुक्ति पाने की प्रार्थना मात्र है। धर्म की वास्तविक उपलब्धि शाश्वत समर्पण के भाव में है। धर्म के लिए ही समर्पण के भाव में है। धर्म के लिए ही मनुष्य इस संसार में जीता है। धर्म से विमुखता अधोगति है। मनुष्य ने जितनी भी उपलब्धियां अपने पुरूषार्थ से प्राप्त की हैं, वह मनुष्य के यशोगान के लिए पर्याप्त हैं। सेवा और समर्पण की उपलब्धि पारलौकिक है, जिसके लिए मनुष्य जीवनभर प्रयत्नशील रहता है। समर्पण में धार्मिकता पुर्णरूपेण रहती है। धर्म से ही आशा और विश्वास का निर्माण होता है। श्रद्धा का भाव उत्पन्न होता है। श्रद्धा से ही मनुष्य समर्पण की ओर अग्रसर होता है। श्रद्धा विश्वास की भूमि पर वह शिखर है, जहां पहुंचने के लिए

समर्पण की सीढ़ी की परम आवश्यक है। समर्पण का भाव क्रिया के रूप में परिणत होता है तो बाह्य जगत के दुःख-सुख से, समर्पित व्यक्ति निलिप्त हो जाता है। सेवा की गति भी समर्पण के आगे संज्ञाशून्य हो जाती है। निष्काम सेवा की बात धार्मिक ग्रन्थों में कही गयी है। इन्द्रिय की चंचलता निष्काम सेवा में सबसे बड़ी बाधा है।

धर्म का कार्यक्षेत्र बाह्य-अन्तर दोनों है। बाह्य जगत में धन की प्रधानता स्वीकार की गयी है परन्तु संसार का आकर्षण सौन्दर्य धर्म के मार्ग में बाधा उत्पन्न करता है। मनुष्य का स्वभाव चकाचौंध में ज्यादा जागता है क्योंकि क्षणिक सुख को मनुष्य छोड़ना नहीं चाहता। इसी क्षणिक सुख को भोगने की प्रवृत्ति के कारण मनुष्य का आत्मिक ह्रास शुरू हो जाता है। वास्तविकता का ज्ञान होने पर मनुष्य का जीवन बहुत कम शेष रहता है। धर्म ही वास्तविकता का ज्ञान कराने में सहायक होता है और नश्वर जगत के प्रति आदमी उन्मुख होता है। धर्म जीवन को अपने क्षेत्र में लाने के लिए मनुष्य के अन्दर पश्चात्ताप की स्थिति लाता है। ऐसी परिस्थितियां मनुष्य को समर्पण की ओर ले जाने में सहायक होती हैं।

समर्पण क्रियाशून्य है और जिसे क्षण मनुष्य में समर्पण का भाव जागरिक होता है, वह स्थायी भाव है।

समर्पण क्रियाशून्य है और जिस क्षण मनुष्य में समर्पण का भाव जागरित होता है, वह स्थायी भाव है परिस्थितियां परिष्कृत होकर समर्पण में परिणत होती हैं। समर्पण, सेवा, धर्म, श्रद्धा–ये सब सोपान हैं। परमात्मा और आत्मा की निकटता समर्पण-सेतु से होती है।

परमात्मा का उद्घोष है कि ज्ञानी मेरी आत्मा है, परन्तु भक्त परमात्मा है। ईश्वर को पाने के लिए अनेक रास्ते हैं। किन्तु उसमें सब से सुगम रास्ता है भक्ति ज्ञान का मार्ग यानि तलवार की धार पर चलना।

दर्शन शास्त्र के अनुसार ज्ञानी परमात्मा के पीछे चलता है किन्तु भगवान स्वयं भक्त के पीछे-पीछे चलते हैं। हमारे यहाँ तीन शब्द हैं परीक्षा, समीक्षा और प्रतीक्षा। सती जी परीक्षा है, सपर्नखा ने समीक्षा की किन्तु सवरी ने प्रतीक्षा की। परीक्षा करने वाली सती जी को पति का वियोग सहना पड़ा। इतना ही नहीं उन्हें अपने पिता दक्ष द्वारा आयोजित यज्ञ कुण्ड में खाक होना पड़ा। ज्ञानी परीक्षा लेता है। किन्तु परमात्मा परीक्षा का विषय नहीं है। सूर्पनखा ने अपने बल पर भगवान की समीक्षा किया। परिणाम नाक-कान कटवाना पड़ा और प्रतिष्टा धूल में चली गयी। सूर्पनखा अपने ज्ञान के बल पर विश्व सुन्दरी बनकर राम के पास आयी लेकिन पुरूषोत्तम भगवान राम ने उसकी तरफ देखा तक नहीं। क्योंकि जीवन में शाश्वत सत्य है

कि बाह्य रूप से दिखने वाली सुन्दरता नहीं। बल्कि वही सुन्दर है जिसकी आत्मा भीतर से स्वच्छ हो।

3. भारत की आत्मा पर प्रहार

पांच-सितारे होटल में करोड़ों रूपए व्यय करके गरीबी या पंचायती राज पर कोई गोष्ठी करना ऐसी प्रवंचना है जिससे बहुत लोग परिचित हैं, किंतु उससे भी बड़ी प्रवंचना भारतीयों द्वारा अपने देश या जनता के लिए अंग्रेजी में चिंता करना है। धर्म और सभ्यता संस्कृति की रक्षा के लिए अंग्रजी में आँसू बहाना और मैकालेवाद के विरुद्ध रोष प्रकट करना उनका स्वभाव है। क्या उन्होंने कभी सोचा है कि उनके आँसू किन तक पहुँचते हैं, उनकी आवाज कौन सुनता है? उनके द्वारा अंग्रेजी में तैयार दस्तावेज, नियम, कानून घोषणाएं, आह्वान, प्रस्ताव, पुस्तकें आदि कौन पढ़ता है? हमारे अनेक राष्ट्रवादी लेखक भी 'मैकाले के मानस पुत्रों को अंग्रेजी में खरी-खोटी सुनाते हैं। हमारे अंग्रेजी-प्रेमी राष्ट्रवादियों, समाजसेवियों आदि ने मैकाले दर्शन के मर्म को समझा ही नहीं। मैकाले ने भारतीयों को 'शरीर से भारतीय, किंतु मस्तिष्क से अंग्रेज बनाने का लक्ष्य बनाया था। इस कार्य के रास्ते के संदर्भ में मैकाले के शब्द थे, "अगर आप एक ऐसी युवा पीढ़ी उत्पन्न करना चाहते हैं जो न केवल अपनी अस्मिता और विरासत से अनभिज्ञ हो, बल्कि इसके प्रति गहरी हिकारत भावना रख सके तब उसे संस्कृत की शिक्षा नहीं दी जानी चाहिए क्योंकि यह एक ऐसी भाषा है जो एक भारतीय को अपनी सशक्त परंपरा और विशिष्ट अस्मिता के प्रति सचेत करती है। उसे अंग्रेजी की शिक्षा दी जानी चाहिए, जिसके माध्यम से वह पश्चिमी मूल्यों में दीक्षित हो सके।"

अतः मैकाले की असली अनुशंसा भारतीय बच्चों को अपनी भाषा से काटने की थी। यह दो टूक समझना चाहिए कि मैकाले ने हमें अंग्रेजी पढ़ाने पर उतना बल नहीं दिया था जितना संस्कृत व अपनी मातृभाषाओं से अलग करने पर। उसने यह मर्म समझा था कि भारतीयता की आत्मा संस्कृत में है।

4. सफलता का आधार संकल्पशक्ति

प्रकृति का कुछ ऐसा विधान है कि उत्थान के साथ पतन स्वाभाविक है। उत्थान मे परिश्रम व संयम, लगन की आवश्यकता है जबकि पतन के लिये ऐसा कुछ नहीं करना है क्योंकि जो मन है वह सबसे ज्यादा गतिवान है। मन की गति को सबसे तेज चलने वाला कहा गया है और मन व पानी को एक ही तरह से देखा गया है। तिस तरह कठिन परिश्रम, लगन, निष्ठा, कार्य के प्रति ईमादारी की जरूरत

है, उसी तरह से पतन के लिये मन विभिन्न प्रकार के साधन खोज लेता है जैसे गलत संगत, गलत साहित्य आदि, जो हमें पतन की तरफ ले जाते हैं। अतः हमें गलत संगति व गलत साहित्य से बचना चाहिये।

इस सबके लिये व्यक्ति को संकल्प लेना चाहिए कि ऐसी स्थिति को प्रभावी नहीं होने देंगे। यह तभी संभव हो सकता है जब आपके संकल्प में शक्ति हो। यह शक्ति लगातार संकल्प लेने से आती है। आज जिधर देखें लोग बुराई को ही भलाई कह रहे हैं गलत कार्यों की तरफ उनका मनन, चिन्तन चल रहा है। जिससे उनके यथेष्ठ चरित्र में गिरावट आ रही है जो आज स्पष्ट दिखाई देती है। यदि इस वातावरण से हम सबको ऊपर उठना है तो 'संयम' के साथ संकल्प लेना होगा। जिस प्रकार भूताल से ऊपर के खण्ड में जाने के लिए सीढ़ी का प्रयोग करते हैं इसी तरह से धैर्य और साहस संकल्प को बलवती बनाते है और व्यक्ति को लक्ष्य की प्राप्ति की ओर ले जाते हैं। व्यक्ति अपनी संकल्पशक्ति से जो इच्छा करता है उसे प्राप्त कर लेता है। जिसका आधार परिश्रम है। जब किसी पत्थर को हम ऊपर फेंकते हैं तब हमें ताकत लगानी पड़ती है और जब नीचे गिराते हैं तो कोई खास प्रयास नही करना पड़ता, इसीलिए हमारे संतों, मुनियों व ऋषियों ने कहा है कि अपने मन को मतबूत बनायें। मन बलवान होगा तो मनोबल बढ़ेगा और लगातार मनोबल बढ़ाने के लिये संकल्प लेना पढ़ेगा। संकल्प करते रहेंगे तो संकल्प शक्ति बढ़ेगी। शास्त्रों में संकल्प शक्ति का प्रभाव बताया गया है कि इससे सभी कार्य पूरे होते हैं। इसीलिए कहा गया है कि संकल्प शक्ति सर्वोपरि शक्ति है और इसका प्रभाव सबसे अधिक रहता है।

यदि यह सच न होता तो चाणक्य, कर्ण, हरिश्चन्द्र, बलि, अर्जुन व भीष्म आदि के निश्चय सच न होते। संकल्पशक्ति से मनुष्य के हर उद्देश्य की पूर्ति हो सकती है और वह प्रगति के शिखर पर पहुँच सकता है।

5. हमारे भारत पर एक नजर

अपनी गौरवमयी परम्परा को अपने आँचल में पुष्पित करने वाले भारत में सन् 1947 से 1960 तक के वर्ष आजादी के नवोन्मेष के सुनहरे वर्ष थे। फिर धीमे-धीमे कैशोर्य की उस दहलीज पर कदम रखा जो एक साथ उत्तेजक और कष्टकर थी। चीनी हमले के बाद सन् 1963 से देश तबसे लेकर अबतक अनेक बार विघ्न संतोषियों को गलत प्रमाणित करता हुआ सर्वनाश के कगार से वापस लौट आया है। अगर 1963 भारत के बाल्यखण्ड का अंत था तो 1985 का वर्ष उसके अल्हड़ कैशोर्य को समापन और 21वीं सदी की वयस्कता की ओर यात्रा का पहला पड़ाव

बना। इतना स्पष्ट है कि अपनी मोहक मासूमियत खोकर 2005 का भारत लगातार 1985 के भारत से अधिक मजबूत और प्रौढ़ बनाता गया है। इस दौरान नेहरू युग की निश्छल अबोधता या इंदिरा युग की कूटनीति या राजीव युग के हसमुख लापरवाही से इक्कीसवी सदी में हमारा काम नही चल सकता। इस दौरान बन्द किये गये उपनिवेशवाद नस्लवाद, आतंकवाद सांप्रदायिक कट्टरपंथिता और शास्त्रों की होड़ जैसे न जाने कितने अंधेरे पिटारों को हर कहीं धूप दिखाई जा रही है। भारत में दिल्ली से लेकर गुजरात तक की फाइलों का खुलना भी उसी का एक अंग है जिसका जिक्र नेहरू जी ने 15 अगस्त 1947 को अपने भाषण मे किया था।

इतिहास गवाह है कि 15 अगस्त 1947 को जब देश आजाद हुआ तब पूरे देश में चारों तरफ एक खुशी का माहौल था। लोग अपने को गुलामी की जंजीर से मुक्त महसूस कर रहे थे। स्वतंत्रता सेनानियों और क्रांतिकारियों ने सपने देखे थे कि उनका आजाद भारत एक सुख समृद्धि वाला देश होगा। यह सपना अब सपना ही रह गया है। देश का जो हिंसापूर्ण बँटवारा हुआ, वह अवश्य ही एक प्रत्यासित घटना थी। यह बटवारा नहीं होना चाहिये था। क्योंकि आजादी की लड़ाई सभी ने एक साथ मिलकर लड़ी थी। तभी अंग्रेजों ने भारत छोड़ा। परतंत्र और स्वतंत्र भारत मे कोई खास अंतर नहीं आ सका है। अंग्रेज चले गये मगर अंग्रेजियत की बू आज भी हर जगह विद्यमान है। स्वतंत्र भारत का नागरिक आज भी भूख, बीमारी, बेकारी, नाइंसाफी से परेशान है। सरकारी दफतरों से लेकर अदालतों तक भ्रष्टाचार का साम्राज्य स्थापित हो गया है। देश में व्यवहारिक उपभोक्ता ताकतवर है। सामाजिक सांस्कृतिक, आर्थिक हासिये पर रखे लोग कमजोर और उपेक्षित हैं। भारत की केन्द्रीय सत्ता काश्मीर से पूर्वोत्तर तक घोषित अघोषित युद्ध लड़ती रहती है।

भारत मे आधुनिकता के कास्मेटिक्स को धारण करने वालों की एक गुलाबी दुनिया है। यह बेहद छोटी है। लेकिन सबसे ज्यादा नजर आती है। दूसरी ओर हाथ मे लाठी थामें बर्बर मनोकामनाओं का संसार है जो कहीं भी देखा जा सकता है। तीसरा है भूखे नंगों की लाचार दुनिया जो खूब नजर आती है। परन्तु हम उसे देखना नहीं चाहते। देश के कुछ राज्यों में माफिया गिरोंहो के कारण कानून-व्यवस्था मटियामेट हो गयी है। सत्ता प्रतिष्ठा न की लाठी मजदूरों गंरीबों और मजलूमों पर जितनी आसानी से चलती है, माफियों पर नहीं। लाकेतंत्र को भयतंत्र में कौन बदलना चाहता है, यह बुनियादी प्रश्न है चुनाव आयोग के अनुसार लोकसभा 1996 के चुनाव में जघन्य अपराधों, हत्या, सामूहिक नरसंहार, बलात्कार, अपहरण डकैती आदि जघन्य अपराध मे दागदार 1500 उम्मीदवार खडे हुए उसमें से 62 सांसद चुने गये! विधान सभाओं में 700 जघन्य अपराधों में सने उम्मीदवार निर्वाचित हुए। यह

भारत के लिये शर्मनाक है। बाहुबलियों का राज सत्ता में पहुँचकर लोक कल्याण के बजाय कानूनी अभेदय कवच प्राप्त करना एकमात्र उदेश्य है। इसमें से अधिकांश मंत्रिपरिषद मे शोभायमान होते हैं जो भारत जैसे राष्ट्र के लिये कलंक है। न्यायालय से ससम्मान बरी हो जाते हैं जबकि आम जनता के साधारणवाद न्यायालयों में पीढ़ी दर पीढ़ी चलते रहते हैं। अर्थाभाव के कारण उन्हें समय से न्याय नहीं मिलता है। राष्ट्रपिता महात्मा गाँधी ने अपने देश की न्याय-प्रणाली व व्यवस्था की खामियों को बड़ी शिद्दत से महसूस किया था। वे अंग्रेजी सरकार द्वारा स्थापित अदालतों के विरोधी थे। उन्हें पूरी तरह से खत्म कर देना चाहते थे। उन्होंने महसूस किया था कि इस न्याय प्रणाली में भाषा, लिखापढ़ी, कानूनी दाँवपेंच, दलाली, समय और धन की बर्बादी आदि इतनी खामियाँ हैं कि इससे सामान्य लोगों को कभी सही न्याय नहीं मिल सकता। वही सारी व्यवस्थायें पूर्ववत हैं। जिनके हाथ में देश की रक्षा, शासन और न्याय की बागडोर है, उनकी घूसखोरी तथा अन्याय की प्रवृति ने समाज में बेईमानी नृशंसता अत्याचार धोखेबाजी हत्या को कितना प्रशय दिया है इससे हर व्यक्ति परिचित है। इसका मूल कारण अच्छे इंसान बनाने की कोई उचित योजना नहीं बनी और न तो इनको अवसर दिया गया।

देश के करोड़ों शिक्षित बेरोजगारों के लिये कोई ऐसी प्रभावी योजना परियोजना नही बन पा रही है ताकि उन खाली हाथों को काम सौंपकर देश में विकास की अवधारणा को बल दिया जा सके। देश के पौने छः लाख गावों में तीन चौथाई आबांदी बुनियादी सुविधाओं के लिये तरस रही है। देश मे एक लाख दस हजार ऐसे गाँव है जहाँ न तो सड़कें पहुँच पायी हैं, न तो पीने का पानी उपलब्ध है। भूखों मरने वालों की समस्या भारतीय गावों का साथ नहीं छोड़ पायी है। हमारे देश पर अरबों खरबों डालर का विदेशी ऋण है। सत्ता और सियासत के सौदागर राष्ट्र को गिरवी रखकर अपनी स्वार्थ तथा पाखण्डी पुरूषार्थ का घिनौना प्रदर्शन कर रहे है। सरकारी आकड़ों के अनुसार देश में हर साल सवा दस करोड़ बच्चे जन्म लेते हैं। इनमें से चन्द लाख ही स्कूलों में दाखिला ले पाते है। इनमें से करीब 1.8 लाख ही ऊंची तालीम पाते हैं। हमारी लोकतांत्रिक प्रणाली निरन्तर ढीली पड़ती जा रही है।

भारत एक अरब से ज्यादा आबादी वाली दुनिया का सबसे बड़ा लोकतंत्र है। भारत कम से कम 5000 साल पुरानी सांस्कृतिक विरासत के साथ बना हुआ है। सूचना और संचार महाशक्ति के रूप से भारत उभरा है। आर्थिक विकास की दृष्टि से भी भारत महान संभावना वाला देश है। विवेकवान परमाणु शक्ति भी है। भारत की सैन्य शक्ति शांतिप्रिय गैर राजनीतिक है। राष्ट्रसंघ की जब-जब शांति कायम करने वाली सेना की जरूरत पड़ी है। भारतीय सेनाओं ने उस दायित्व का निर्वहन

किया है। भारत अपने 5000 साल के इतिहास में कभी किसी दूसरे देश पर हमला नहीं किया है। ऐसा रिकार्ड किसी भी विश्व के देशों का नहीं है। पिछले पाँच दशकों को भारत को पाकिस्तान के ...थ चार युद्ध लड़ने पड़े लेकिन पहले हमला पाकिस्तान ने किया। एकमात्र भारत ही है जो बसुवैध कुटुम्ब कम को अपनी नीति का आधार मानता है। इसके बावजूद भी संयुक्त राष्ट्र सुरक्षा परिषद में स्थायी नहीं बन सका जबकि छोटे-छोटे मुल्क पहले से उसके सदस्य हैं। यह हमारी विदेश नीति की खामियों का परिणाम है।

औधोगिक विकास से ही देश समृद्ध होगा। गरीबी, बेरोजगारी, दूर होगी वैश्वीकरण उदारीकरण, निजीकरण जैसे आर्थिक सुधार से भारत की प्रगति आंकी जायेगी। परन्तु काल्स मार्क्स के "दास कैपिटल" से स्पष्ट है कि मुक्त बाजार में कुछ ही कम्पनियों का एकाधिकार स्थापित हो जाता है और छोटे उद्यमी समाप्त हो जाते हैं। इस पर काफी सूझ बूझ के साथ कदम उठाना हितकर होगा।

आज हमारा देश संक्रमण काल से गुजर रहा है। हमारा नैतिक दायित्व है कि देश की रक्षा एवं आम जनता की खुशहाली में सक्रिय भूमिका अदा करें। राष्ट्रीय अन्दोलन के दौरान जो भूमिका लेखकों की थी वह आज सिमट रही है। लेखकों को जन-जन तक पहुँच उनकी समस्याओं के निदान हेतु लेखनी चलानी चाहिऐ तथा इसे संसद तक पहुंचाना चाहिये। निर्वाचित सरकार को भी इन सुझावों पर गम्भीरता से विचार अच्छे सुझाव सलाह को शीघ्र कार्यान्वित करना चाहिये।

6. सिन्दूर का महत्व एवं वृक्षों की पूजा क्यो ?

भारतभूमि की एक महान विशेषता यह है कि इसके कण-कण में भगवान का वास है। इस तथ्य को हमारे प्राचीन मनीषियों ने पहचानकर उन लाभकारी वस्तुओं का प्रयोग धर्म के साथ जोड़कर मनुष्यों के दैनिक उपयोग में जिस प्रकार से अनिवार्य किया, वह आज भी एक रहस्य है। जब अनुसन्धानों के माध्यम से उन दैनिक क्रियाकलापों एवं वस्तुओं के रहस्य का पर्दा उठता है तो यह जानकर बहुत हैरानी होती है कि हमारे जीवन की पद्धति बहुत ही वैज्ञानिक है। प्रत्येक जीवन-पद्धति के पीछे कुछ लोक-परक की भावनाएं रहती हैं। भारत में लोकोपरक भावनाएं मनुष्य के स्वास्थ्य एवं व्यक्तित्व-विकास से जुड़ी हुई हैं। यह पूर्ण रूप से सत्य है कि भारतीय जीवन-पद्धति को अपनाकर मनुष्य स्वस्थ रहकर अपने व्यक्तित्व का विकास कर सकता है।

इसी प्रकार एक जीवन-पद्धति दैनिक जीवन में सिन्दूर का प्रयोग। सिंदूर से प्रत्येक भारतीय भली भांति परिचित है।

सिन्दूर के बिना विवाह पूर्ण नहीं होता है। मांग में सिन्दूर प्रत्येक भारतीय नारी की शोभा है। भाल पर सिंदूर का टीका दैनिक जीवन की पद्धति है। भारतीय नारी सिन्दूर का प्रयोग सौभाग्य सूचक चिह्न के रूप में करती है। सभी देवी-देवताओं की पूजा में यह अनिवार्य माना गया है। यह हमारी भारतीय जीवन-पद्धति है जो पूर्ण रूप से वैज्ञानिक है। हमारे प्राचीन धर्मग्रन्थ इन रहस्यों से भरे हैं।

शंत चेकाच हृदयस्य नाड्यः। स्तासां मूर्धानम भिः निसृतैका।।

तयोर्ध्वमायन न मृतत्वमेति। विष्वडन्या उतमर्णो भवति।।

कठोपनिषद (3/3/13)

अर्थात् हृदय की एक सौ एक नाड़ियां हैं। उसमें सुषुम्ना नाड़ी हृदय से सीधे भूकुटी के मध्य होकर ब्रह्मरन्ध्र केन्द्र में पहुंचती है। उसके द्वारा प्राणोत्सर्ग करने वाले उत्तम लोक में पहुंचते हैं।

मानव-शरीर में मस्तिष्क एक महत्वपूर्ण अंग है। मस्तिष्क के माध्यम से ही सम्पूर्ण शरीर को संचालित करने के दिशा-निर्देशों का आदान-प्रदान होता है। इसी प्रकार हृदय का भी शरीर में महत्वपूर्ण स्थान एवं कार्य हैं। मस्तिष्क एवं हृदय का सम्बन्ध स्थापित करने वाली नाड़ियों भृकुटी के मध्य से होकर गुजरती हैं, जिसमें सुषुम्ना नाड़ी प्रधान है।

भालपर तिलक लगाने से सुषुम्ना नाड़ी को ऊर्जा तथा पीयूष-ग्रन्थि को शक्ति प्राप्त होती है। सम्पूर्ण शारीर को नियन्त्रण करनेवाली पीयूष-ग्रन्थि के स्वस्थ रहते हैं। पीयूष-गन्थि से ग्रोथ हार्मोन प्रोलेकिटन, एड्रीनोकार्टिको ट्राफिम हार्मोन, थाईराइड स्टीमुलेटिंग हार्मोन, फाल्किल स्टीमुलेटिंग हार्मोन, मेलेनोसायट स्टीमुलेटिंग हार्मोन, ल्यूटीनाजिग हार्मोन, एण्टीडाइयूरेटिक, हार्मोन, आक्सीटोसिन हार्मोन आदि का निर्माण होता है। ये हर्मोन शरीर-संचालन तथा स्वास्थ्य की दृष्टि से बहुत ही महत्वपूर्ण होते हैं। इन हर्मोनों के अभाव में शरीर बीमार तथा अस्वस्थ हो जाता है।

सूर्य में सात रंग होते हैं। इनमें लाल रंग प्रमुख रंग की श्रेणी में आता है। लाल रंग जीवन चेतना का प्रतीक माना गया है। ज्योतिष शास्त्र में लाल रंग मंगल ग्रह का प्रतीक है। मंगल सेनापति है, अतः सम्पूर्ण शरीर के नियन्त्रण में मंगल ग्रह की बहुत बड़ी भूमिका है। मंगल ग्रह की विशेषताओं में लालसा, वासना, आवेश, ओज, शक्ति, शौर्य, भोग, कामशक्ति आदि प्रमुख हैं। मंगल इन शक्तियों में प्रमुख भूमिका निर्वाह करता है। लाल रंग अग्नि तत्वका भी प्रतीक है। तृष्णा, पित्तदाह, स्नायु तन्त्र, पित्त ज्वर, कुष्ठ, नेत्र रोग, पेट रोग, फोड़ा, मज्जा रोग, खुजली, चर्म रोग आदि शरीर में लाल रंग के अभाव के कारण उत्पन होते हैं। लाल रंग के द्वारा इन

रोगों पर सरलता से नियन्त्रण हो सकता है।

यही कारण है कि भारतीय जीवन में सिंदूर के टीके को बहुत महत्व दिया जाता है। सिन्दूर दो प्रकार का होता है। एक लाल तथा दूसरा केसरिया। स्त्री-पुरुष तथा देवताओं के टीका हेतु लाल रंग का प्रयोग किया जाता है तथा देव-प्रतिमाओं के लिए केसरिया सिन्दूर का प्रयोग होता है। असली सिन्दूर में पारद कण होते हैं। पारद को शिव बीज माना गया है।

शिव बीज सूतराजः पार्वती गन्धकोरजः

शिव मृत्युंजय हैं। अविवाहित लड़की योग्य वर की प्राप्ति के लिए शिव-गौरी का पूजन करती है। विवाह के बाद सौभाग्य की प्राप्ति के लिए सिन्दूर का प्रयोग अपनी मांग में करती है। नाग-नागिन शिव के आभूषण हैं। सामुद्रिक शास्त्र में भृकुटी के मध्य नागिन रेखा का होना स्त्रियों की वैधव्यता का प्रतीक होता है। स्त्रियों के वैधव्य (विधवा होना) योग के दोष को समाप्त करने के लिए ऋषि-मुनियों ने मांग में सिन्दूर की प्रथा को चलाया। असली सिंदूर में पारद कण होते है। सिन्दूर शिव का भी प्रतीक हैं, अतः मांग में जिन स्त्रियों के नागिन होती है, उस स्त्री द्वारा सिन्दूर धारण करने पर नागिन रेखा का दोष समाप्त हो जाता है। जब शिव रूपी स्वामी ही मांग में उपस्थित हों तो नागिन क्योंकर सौभाग्य का हरण करेगी ? मांग में सिन्दूर लगाने से जुएं, लीख आदि पारद प्रभाव से नष्ट हो जाती हैं। आजकल व्यापारिक होड़ में महिलाओं द्वारा नकली सिन्दूरका प्रयोग किया जा रहा है या नकली प्लास्टिक की बिन्दियाँ लगायी जा रही हैं जो किसी भी प्रकार से उचित नहीं हैं। कुछ आधुनिक विवाहित स्त्रियां तो सिन्दूर लगाती ही नहीं है।

सिन्दूर के सम्बन्ध में सीता और हनुमान की एक बहुत ही रोचक कथा है। एक बार हनुमान जी स्नान कर भोजन करने आये। वे पीढ़ी पर बैठ गये और भोजन की प्रतीक्षा करने लगे। जब भोजन मिलने में देरी हुई तो उन्होंने सीता मैया को आवाज लगायी। सीता जी ने कहा, अभी आती हूं।' लेकिन उनके आने में काफी देर हो गयी। इधर हनुमान जी भूख से बेहाल हो रहे थे। काफी देर के बाद सीता जी भोजन की थाली लेकर आयीं। हनुमान जी ने इसका कारण पूछा तो सीता जी ने बातया कि मैं सिन्दूर लगा रही थी।

इस पर हनुमानजी ने जिज्ञासा प्रकट की कि सिन्दूर लगाने से क्या होता है? तब सीता जी ने हनुमान की जिज्ञासा को शान्त करते हुए कहा 'माथे पर सिन्दूर लगाने से स्त्रियां सौभाग्यवती रहती हैं तथा उनके स्वामी की उम्र ज्यादा होती है।' यह सुनकर हनुमान जी ने भोजन करना छोड़ दिया और उठ विदा हुए। जब वे थोड़ी

देर में आये तो उनके सम्पूर्ण शरीर पर सिन्दूर का लेप था। यह देखकर सीता जी हंस पड़ी और हनुमान जी से इसका कारण पूछा। हनुमान जी ने बताया कि सिन्दूर लगाने उनके स्वामी अर्थात रामजी दीर्घायु होंगे। फिर तो वे प्रतिदिन सिन्दूर लगाने लगे। हनुमान जी को सिन्दूर अत्यधिक पसन्द है। यही कारण है कि उनके भक्त उनके सारे शरीर में सिन्दूर लगाने से स्वामी की उम्र बढ़ती है।

सौभाग्यप्राप्ति के लिए सिन्दूर के विविध प्रयोग

सिन्दूर विष भी है और अमृत भी। इससे कई प्रकार की ओषधियां एवं मलहम बनाये जाते हैं। बन्दर, कुत्ते आदि के काटने पर सिन्दूर औषधी का कार्य करता है। सिन्दूर का कई प्रकार के तान्त्रिक प्रयोग में भी उपयोग किया जाता है, साथ ही देव-प्रतिमाओं को भी प्रसन्न किया जाता है।

नारी के मांग का सिन्दूर उसके सुहागिन होने का घोतक है जिसके लिये वह देवी-देवताओं का पूजा-अर्चना करती है और आर्शीवचन के रूप मे सदा सुहागिन रहने हेतु याचना करती है। मनोकामना की पूर्ति हेतु वृक्षों की पूजा करती है। वेद, उपनिषद काव्य पुरा में भी इसका विशद विवेचन किया गया है। गीता में पीपल को अवस्थ या वासुदेव वृक्ष कहा गया है। धार्मिक एवं मांगलिक अनुष्ठान, व्रत उत्सव यज्ञ आदि इन पवित्र वृक्षों की पूजा के बिना पूर्ण नहीं होते। लोक विश्वास के अनुसार विभिन्न वृक्षों में विभिन्न देवताओं का निवास माना जाता है।

पीपल के वृक्ष में विष्णु, लक्ष्मी एवं पितृदेव, आवला मे लक्ष्मी का, बेलपत्र में भगवान शिव का अशोक के पेड़ में इन्द्र का कदम में भगवान कृष्ण का, वट-बरगद के विशाल वृक्ष में तथा पलाश (ढाक) में ब्रहमाजी का, नीम में शीतला माता का निवास माना गया है। रुद्राक्ष के पेड़ में भिनेमधारी शिव का निवास माना गया है। इसी प्रकार पदमपुराण में अशोक के पेड़ लगाने से यज्ञ कराने का फल, नीम के पेड़ लगाने से भगवान सूर्य को प्रसन्न करने का फल मिलता है। चम्पा का पेड़ सौभाग्य वृद्धि करता है। पीपल का पेड़ लगाने से धनवृद्धि होती है। चमेली के पेड़ से कुल वृद्धि होती है। केवड़ा के पेड़ से शभुंनाश तथा खजूर का पेड़ आरोग्य वृद्धि करता है। भारत के तीन चौथाई महिलाओं की यही अवधारणा है।

महिलाओं का उत्थान तभी संभव है जब वे धार्मिक व पारिवारिक दायित्वों सहित समाज के सभी कार्यों में बढ़ चढ़कर हिस्सेदारी निभायें और अपने को जन प्रतिनिधि होने का गौरव महसूस करें। लेखक के विचार से महिला जागरूकता तो सदियों पूर्व से है उन्हें सिर्फ इसे गति देने की जरूरत है।

महिलाओं में अदभूत त्याग, सर्मपण व संघर्ष करने की क्षमता है। वे त्याग

व क्षमता की प्रतिमूर्ति हैं। महिला यदि सफल गृहणी बन सकती है तो वह सफल जनप्रतिनिधि का भी दायित्व निभा सकती है। जनप्रतिनिधि महिला के पतियों को उनके अधिकार का हनन नहीं करना चाहिए।

7. जिन्दगी एक मिनट में बदल सकती है

महान सपना देखें महान विचार सोचें और संपूर्णता के साथ जीवन जीने का जोखिम लें, सपने के अनुरूप अपना जीवन बनायें। अपनी जिंदगी सिर्फ एक मिनट में बदल सकती है। अपने सपनों का पीछा करें तथा अपने जीवन को नियमित करें।

अनुभव ने हमें सिखाया है कि मुझे सीमित समय में अपना सर्वश्रेष्ठ प्रदर्शन करना होगा। इसने मुझे संक्षिप्तता का महत्व और शक्ति सिखायी है। अनुभव से मैंने महत्वपूर्ण सबक सीखा कि लोगों पर सकारात्मक प्रभाव डालने और उन तक अपनी बात पहुंचाने में ज्यादा समय नहीं लगता। यह महत्वपूर्ण नहीं कि आप के पास कितना समय है, महत्वपूर्ण तो यह है कि आप उस समय क्या करते है, जो आप को दिया गया है। मुझे सीमित समय में अपना सर्वश्रेष्ट प्रदर्शन करना होगा। इसने मुझे संक्षिप्तता का महत्व और शक्ति सिखायी है। इसने सिखाया कि बेहतरीन प्रदर्शन संक्षिप्त और सघन हो सकते हैं। दरअसल दुनिया के सबसे बेहतरीन भाषणों में से एक सबसे संक्षिदा था। यह भाषण अब्राहम लिंकन ने गेटिसवर्ग युद्धभूमि में दिया था और इसे गेटिसवर्ग भाषण के नाम से जाना जाता है।

लोगों की धारणा है कि एक मिनट कम होता है। मैं सोचता था कि एक मिनट का एक मात्र महत्वपूर्ण उपयोग घन्टे बनाने में होता है, जो ज्यादा महत्वपूर्ण होता है, एक व्यक्ति सफल है दूसरा असफल। इन दोनों के पास एक जितना समय है, परन्तु कुंजी यह है कि वे उस समय का क्या करते हैं, जो उन्हें दिया गया है। आप की जिंदगी एक मिनट में बदल सकती है। हमें सफलता को सिर्फ मंजिल के रूप में नहीं, बल्कि एक यात्रा के रूप में देखना होगा जो सतत रोमांच और चुनौतियों से भरी है। अगर इन चुनौतियों का सामना करने के इच्छुक हो तो जीवन को पूरी तरह जी सकते हैं।

जिस मिनट आप निर्णय लेते हैं और निर्णय के अनुसार काम करते हैं उसी मिनट आप अपनी जिन्दगी बदल लेते हैं। आप का निर्णय आप के जीवन को बदलने की कुंजी है। परन्तु उस निर्णय को लेने के लिए आप को यह पहले यह मालूम होना चाहिए कि आप कहाँ जाना चाहते हैं। आप के पास एक सपना होना चहिए।

अविश्वसनीय काम करने के लिए पहले आप को उस समय काम करने का

सपना देखना होगा। प्रेरणाजिसका अर्थ है कर्म करना। अगर हम उन बंधनों को काट दें जो हमें बाधे रहते हैं तो हम अविश्सनीय कार्य कर सकते हैं। अगर आप अपने भीतर के शत्रु को जीत लेते है, तो बाहर के शत्रु आप को नुकसान पहुंचाने में सफल नहीं हो पायेंगे। ईश्वर आप को ऐसा कभी सपना नहीं देगा जिसे आप साकार नहीं कर सकते। यदि आप में आस्था है तो हर चीज संभव है।

बौद्धिक प्रतिभा साधन और सुविधाओं का अंबार तो लगा सकती है, परन्तु उसका सम्यक रूप से उपयोग और उपभोग कौन करे। यह जलता हुआ सवाल हर जेहन में उभरता है। इसका समुचित समाधान बुद्धि के पास कहां? बुद्धि तर्क करती है। तर्क और भी विकराल समस्याएं खड़ा करता है। यह उलझे हुए को और उलझा देता है। फिर समाधान क्या है,? इसका समग्र और सर्वागीण जवाब सजल भावनाओं में समाहित है।

महापुरूष अनुभव के आधार पर कहते हैं "प्रभु के सपर्श से असंभव भी संभव हो सकता है। मैंने जो लिखा है वह तो कुछ भी नहीं है और उसे लिखा भी नहीं जा सकता फिर भी यह एक हजार वर्ष के बाद भी नई मानव जाति के लिए है। श्री अरविन्द की अत्युत्तम कृति "सावित्री" मानव जाति को अवतीत हुई और वह भी तब जब मन और वृद्धि की समाप्ति हो गयी थी।

यह अवस्था बड़ी ही दुष्कर कठिन और अनवरत चलने वाली प्रक्रिया है। ध्यानसाधक की यही असली अग्नि परीक्षा है जिससे धैर्यपूर्वक गुजर जाने से अगले क्रम में ब्राहमी चेतना के महा आनन्द से महालक्ष्य स्थापित हो जाता है और दिव्य अनुभवों को निर्भर करने लगता है।

अतः ध्यान की इस कला को क्रमशः जीवन में उतारकर हमें भी अपने खोये मूल केन्द्र की ओर वापस लौटना चाहिए। हमें मूल बिन्दु पर गहन चिंतन एक मनन करना होगा कि जिन्दगी एक मिनट में क्यों नहीं बदल सकती और उसके कल्याण के क्या कारक है। इस बिंदु पर उस अहम और अहंकार के चन्द प्रकार विचारार्थ पाठक अर्न्तनिहित वृन्द को विचारार्थ प्रस्तुत करना आज के परिपेक्ष में आवश्यक है।

शिल्पी और उसकी कला आपस में उलझ पड़े। शिल्पी से कला बोली मेरे–ही कारण तुम्हारा नाम संसार में अमर रहता है। अतः मैं तुमसे श्रेष्ठ हूँ। विवाद बड़ी देर तक चलता रहा। तभी पास पड़ा हुआ पत्थर का टुकड़ा बोल उठा, मेरे बिना तुम दोनों अस्तित्वहीन हो। मैं तुम दोनों से श्रेष्ठ हूँ।

बुद्धि विश्लेषण करती है, विचारों की काट-छांट करती है। बुद्धि का संसार उलझनों से उलझा रहता है। एक समस्या सुलझती है तो अनेक और खड़ी हो जाती

हैं। समस्यायें दीखती है–चुभती हैं और इस कसक चुंभन से बड़ा दर्द होता है। इसके दंश से मन छटपटाता है।

बुद्धि तर्क करती है। तर्क और भी विशाल समीक्षाएं खड़ा करता है। यह उलझे हुए को और उलझा देता है। फिर समाधान क्या है। समाधान है भावनायें भी परिकृत-परिमार्जित भावनाओं में।

भावना के संस्पर्श से बुद्धि की प्रक्रिया बदल जाती है, यह सदबुद्धि में परिवर्तित हो जाती है। "आँधी ने मंद बुद्धि से कहा–शक्तिमान बनने मे गौरव है। जब मैं अपने आवेश के साथ चलती हूँ। तो पेड़ उखड़ जाते है। नदी, तालाबों का पानी उद्वेलित होने लगता है पौधे उखड़ जाते हैं। नदी, तालाबों का पानी उछलने लगता है, पौधे उखड़ जाते हैं, प्राणियों को मेरे सामने ठहरने की हिम्मत नहीं होती। सभी अपना बचाव करने के लिए छिपते फिरते हैं, जिन्दगी ऐसी जीनी चाहिए कि लोग उसका लोहा माने और डरते रहें। मृदुवायु बोली, "तुम समर्थवान, जो चाहो वह कर सकती हो। मै धीमी चली हूँ ताकि किसी को कष्ट न हो, निरन्तर बहती हूँ ताकि सेवा के आल्स्य से क्षण भर के लिए भी वंचित न रहना पड़े। मुरझाये चेहरों पर शीतल सुंगधित पंखा झलते हुए जिससे संतोष प्राप्त होता है। मेरे लिए वही सब कुछ है। तुम्हें शक्ति का हर्ष प्रिय होता है, पर मेरे लिए सिर्फ सेवायुक्त समर्पण ही सब कुछ है।"

मेरे विचार से जीवन में कुछ भी आसानी से नहीं मिलता है। इसके लिए संघर्ष और कठिनश्रम आवश्यक है। प्रतिभा कभी छिपायी या दबायी नहीं जा सकती। इसका फल आज नहीं तो कल अवश्य मिलेगा। इसी के सहारे हमें अपनी अंतिम मंजिल तक पहुंचने का सार्थक प्रयास करना चाहिए और अपने लक्ष्य के लिए ही जीवन को सार्थक एवं सफल बनाना इसका मूल स्रोत एवं संदेश है।

आज पाठकों की वही दिया जाता है जो वे पढ़ना पसन्द करते हैं। ऐसे भी सिर्फ लेखकों को दोष देना आज के परिपेक्ष में उचित नहीं होता पुस्तकीय लेखन विचित्र पुस्तकालयों में शोभामान है, पाठक इससे क्या ग्रहण करते हैं और जनसामान्य में इसकी क्या पृष्ठभूमि है यह उन्हीं में समाहित एवं अन्तरनिहित हैं। सोचें, समझे और आगे बढ़ें इसे फलीभूत करें यही एक मिनट का औचित्य है।

8. कल्पना का श्रृजनशील संसार

कल्पना मन और देह की सीमाओ मे आबद्ध नही होती है। यह मन के सरोवर मे तरंगो के समान उठती है और इन तरंगो की लपटे अनंत अंतरिक्ष में व्याप्त हो जाती है। कल्पना एक शक्ति हैं क्षमता है। जब वह ठहरती है तो जीवन नीरस हो जाता हैं और वह बहती हैं, तो जीवन मे नई कोपले फूटती है। यह जिधर भी बहे, वहीं सुरम्य तंरगों और सरसता का आलोक बिखेर देती है, यह भौतिक क्षमता

को पंख देने का कार्य करती है। सुखद कल्पना शीतल छॉह के समान है और दुखद कल्पना अंगारों जैसी जलन पैदा करती है । इस कला में पारंगत एवं प्रवीण कल्पना शक्ति का सुंदर ढंग से प्रयोग करने वाले अपनी भौतिक क्षमता तथा कल्पना शक्ति के बीच बेहतरीन तारतम्यता स्थापित कर लेते है और इस तालमेल का परिणाम है कि उनके जीवन में चाहे जो विचार हो या भावना या फिर व्यवहारिक पक्ष ही क्यो न हो, नित नूतन लगता है, सदा नये पन से सरोकार रहता है। जब कल्पना का रंग विचारो में घुलता है तो अबाध गति से लेखन शकि का सृजन होने लगता है एवं बुद्धि के संग धूनी रमाती है तो इस धूनी के मर्म से नूतन विषयो का आर्विभाव एवं श्रृजन होता है। ऐसी लेखक की धारणा है।

लेखक की ऐतिहासिक पुस्तक "हम और हमारी आजादी" का विभिन्न भाषाओं में अनुवाद से इसकी बढ़ती लोकप्रियता का पता चलता है क्योकि मानवीय संवेदनाओ से जुड़ी कल्पनाशीलता मनोरम है। इसके वैचारिक एहसास शीतल एवं सुखद है। साथ ही दूसरी पुस्तक "भारतीय नारी और उसका त्याग" मर्मस्पर्शी एवं मार्मिक है। ऐसी सुखद एहसासो से ओतप्रोत होती है। ऐसे बहुत से लोग है जो इतिहास पर अपनी अमिट छाप छोड़ते है लेकिन ऐसे लोग बहुत कम होते है, जो सचमुच इतिहास रचते है।

कल्पना जब परिष्कृत बुद्धि के साथ उड़ान भरती है तो जीवन के व्यापक अस्तित्व को स्पर्श करती है। इसी से साधनाओं के तमाम रहस्य अनावृत होते है और नई-नई साधनाओ का प्रादुर्भाव होने लगता है। कल्पना और बुद्धि का सुमेल उपनिषिदो की भाव-भूमि मे परिलक्षित होता है, जहाँ बुद्धि की उत्ताल तरंगे चेतना के महाशिविरो मे रमण करती हैं। उपनिषदो मे अस्तित्व की जितनी सूक्ष्मता और व्यापकता से खोज एवं शोध की गयी है, वह संभव है, कही और देखने को न मिले। कल्पना ने बुद्धि के साथ मिलकर इसी तकनीक को खोजा और अपने अभीष्ट परिणाम को पाया भी है।

कल्पना की पहली छटा भावनाओ की उत्ताल तरंगो से मिलकर ऋग्वेद की ऋचाओ मे मुखरित हुई। भावनाओ के संग कल्पना लेखन शक्ति को जन्म देती है। लेखन शक्ति भावनओं की अभिव्यक्ति है, जिसमें कल्पना माला के समान इसे पिरोती है, इसे आकार प्रदान करती है। साहित्य मे कल्पना की ऊची उड़ान होती है परन्तु इतिहास में इसकी उधेड़बुन होती है। प्रस्तुत पुस्तक मे अनकही अनछुई भावनाओ की अभिव्यक्ति है जिसमे तथ्य माला के समान इसे पिरोते है, भावनाए इसे आकार प्रदान करती है। लेखक के विचार सीधे मर्म को छूते है और अनचाहे इसकी निविड़ गहराई में उतर आते हैं। कल्पनाओं की अशेष यात्रा है, जो कही गयी है, उससे कहीं और भी अधिक कहना शेष रहता है।

कल्पना इतिहासकार, साहित्याकार, संगीतकार की धुन मे थिरकती है तो

इसके श्रृजन का उद्भव होता है। यही कोई प्रथम किरण रही होगी जो किसी के पावन उर की कोमल तरंगो से टकराकर उसके स्वर मे उभरी होगी। अनहद नाद से घुलकर कल्पना जब मूर्त हुई तो संगीत बना और यह अब तक की परंपरा का मूल कारण है। कल्पना और नाद के महामिलन के लिए भले ही कोई माध्यम कोई न बना हो। ठीक इसी प्रकार कल्पना तूलिका के रंगो मे जान डालती है और इन आड़ी-टेढ़ी रेखओं में एक जीवन्त प्रतिमा बोलने लगती है। चित्रकार की कल्पना ही तो साकार रूप मे अनगिनत चित्रो का रूप धरती है। अतः कल्पनाओ का फलक बड़ा ही व्यापक है। यह पानी में घुलने वाले रंग के समान है शीशे के सामने आने वाले चरित्रो या व्यक्तियों की तरह क्रमशः पानी का रूप एवं शीशे के प्रतिबिम्ब जैसी होती है। कल्पना जिस रूप के साथ मिलती है, उसी के अनुरूप सृजित कर लेती है जैसा कि लेखक ने अपनी रचनाओं में इसके साकार स्वरूप को चित्रित किया हैं।

कल्पना से सब कुछ संभव है। यह हमारी मौलिक प्रतिभा का विकास करती है। सृजनशील कल्पना से ऊर्जा के इस बेपनाह भंडार को एक नई दिशा प्रदान की जा सकती है और जीवन के कई अनछुए पहलुओ को जागृत किया जा सकता है। शुभ कल्पनाओ के संग उड़ान भरकर तथा इसे संकल्पबल से क्रियान्वित करके लोक-लोकान्तरों में गमन किया जा सकता है। यही कल्पना तो मंत्र का देवता कहलाती है। देवता अर्थात् एक विशिष्ट कल्पनाओ का मूर्त रूप। ध्यान मे कल्पना का ही अनमोल मूल्य है। ठीक इसके विपरीत दुःखद कल्पना, आशंका, संदेह, भय और भ्रम से आच्छादित कर देती है। इसकी अधिकता ही मनोरोगो का दुर्वह कारण होती है।

जीवन मे कल्पना शक्ति का महत्वपूर्ण स्थान है। इसका सदुपयोग करके असंभव को संभव किया जा सकता है, परन्तु सामान्यतः इसका घोर दुरूपयोग ही किया जाता है। इच्छाओ और वासनाओ से आक्रांत मन सदैव कुकल्पनाओ का आदी हो जाता है। यदि व्यक्ति को इन बेतरतीब कुकल्पनाओ का अंकन करके उसी को दिखाया जाए तो शायद इसे वह स्वयं देखना पसंद नही करेगा, पर यह यथार्थ और कड़ुआ सच है और यही कारण है कि कल्पनाशीलता कुंद पड़ जाती है और नितांत अकेलेपन से हमें भय लगने लगता है।

ध्यान में अनपढ़ कल्पनाओ को सवारा जाता है। कुकल्पनाओ से बचने के लिये हमें मनोनुकुल किसी विशिष्ट चीज से कल्पना की ऊर्जा को उड़ेलना चाहिए। जैसे जैसे कल्पना प्रगाढ़ होने लगेगी, इच्छित वस्तु मन मे साकार होने लगेगी। यह प्रक्रिया अपनी प्रगाढ़ता मे ध्यान के रूप में परिवर्तित होने लगती है और इसमें मन

रमने लगता है। मन रमते-रमते ही कुकल्पनाओ का खर पतवार अपने आप समाप्त हो जाता है और कल्पना अपने रोमांचक यात्रा पथ पर चल निकलती है।

कृपया इस पर विचार करे, खलीफा उमर एक बार अपने धर्म स्थान पर बैठे हुए थे। उन्हे स्वर्ग से एक फरिश्ता उड़ता हुआ दिखाई दिया। उसके कंधे पर एक बहुत मोटी पुस्तक लदी हुई थी। खलीफा ने उसे पुकारा, वह नीचे उतरा तो उन्होने उस पुस्तक के बारे मे पूछा कि इसमे क्या है : फरिश्ते ने कहा = "इसमें उन लोगो के नाम लिखे है, जो खुदा की इबादत करते है।" उन्होने अपना नाम तलाश कराया तो फरिश्ते ने सारी पुस्तक ढूढ़ डाली नाम कहीं न मिला। इस पर खलिफा बहुत दुखी हुए कि हमारा इतना परिश्रम बेकार ही चला गया।

कुछ दिन बाद एक और फरिश्ता छोटी सी किताब लिए उधर से गुजरा। खलीफा ने उसे भी बुलाया और पूछा इस पुस्तक मे क्या है। उसने उत्तर दिया "इसमें उन लोगो के नाम है, जिनकी इबादत खुदाबंद करीम खुद करते हैं।" खलीफा ने पूछा-क्या ईश्वर भी किसी की इबादत करता है फरिश्ते ने कहा-हाँ : जो लोग खुदा के आदेशों का पालन करते हैं, उन पर दुनिया को चलाने की कोशिश करते हैं, उन्हे खुदा बहुत आदर की दृष्टि से देखता है और उनकी इबादत वह खुद करता है। क्या इसमें मेरा भी नाम है : खलीफा ने पूछा। फरिश्ता बोला कुछ नही, पुस्तक वही छोड़कर आगे बढ़ गया। खलीफा ने खोलकर देखा तो उसका नाम सबसे पहला था।

यह बहुत ही सारगर्भित विचारणीय बिन्दु है किसी अच्छे कार्य को करने में बहुत समय लगता है। इसकी परख और गुणवत्ता समय आने पर अज्ञात करिश्माई शक्ति अवतरित होकर करती है। आज के भौतिकवादी संस्कृति में यदि ऐसे कार्यों का मूल्याकन सही समय और सही व्यक्ति की कृतियो का हो सके तो वे सभी बधाई के पात्र है जिन्होने श्रम और साध्य को पहचाना और उसे गौरान्वित करने में अहम भूमिका अदा की।

सन्दर्भ ग्रंथ

1. महाभारत कालीन समाज – सुखलाल भटाचार्य
2. पूर्वाधृत –पी.पी.एस. शास्त्री
3. बुद्धिस्ट इंडिया –रायस डेविड
4. सोशल लाइफ –डा० जी.एम. शर्मा
5. ए मुस्लिम सबकास्ट इन नादर्न इन्डिया –पी.सी. अग्रवाल
6. स्टडीज इन इस्लामिक कल्चर –अजीज अहमद
7. मुस्लिम मैरिज इन इंडिया –जी अंसारी
8. दि इन्डियन विलेज कम्यूनिटी –पावेल वाडेन
9. टाइव एण्ड कास्ट इन इन्डिया –फेडिरिक वेले
10. पालिटिक्स एण्ड सोशल चेंज –(1961) "
11. द जवाइंट फेमिली इन इंडिया –(1968) "
12. कास्ट इन इन्डिया --एम.के. बोस
13. ऐन इन्डियन विलेज (1960) बृजराज चौहान
14. विमेन इन वर्किंग फोर्स इन्डिया (1965) डीआरन गाडगिल
15. हिन्दू सभा एण्ड डवलपमेन्ट –एन गलेस्टर
16. हिस्ट्री आफ इन्डिया –वी. स्मिथ
17. भारतीय नारी –डा० राजकुमार
18. दि क्लासिकल एकाउण्टस ऑफ इंडिया –आर.सी. मजूमदार
19. दि विलेज एण्ड कम्यूनिटी –वी नाथ
20. इकोनामिक चेंज इन इन्डिया –सी. एक्वाल्टर
21. इण्डिया सोशल हेरिटेज –आक्सफोर्ड
22. प्वाइन्ट फेमिली सिस्टम –वी.वी. साह
23. दि यूनिटि आफ इंडिया विलेज –रन्द्रदत्त सिंह
24. गोदान –मुंशी प्रेमचन्द
25. रिफार्मेटरी एक्ट 1897
26. लीग आफ नेशन्स रिपोर्ट
27. बाम्बे चाइलड एक्ट 1938
28. दि फेमिनिन मिस्टीक –मेरी फ्रीडन
29. वि सेकण्ड स्टेज –फ्रीडम
30. ए बिन्डिकेशन आफ द राइटस आफ विमेन –मेरी वोल्स्टन क्राफट
31. दि क्लासिकल एकान्टस आफ इंडियन कलचर इरिटैर –आर.सी. मजूमदार
32. डिस्कवरी आफ इंडिया –जवाहर लाल नेहरू

33. सती निषेध अधिनियम —1947
34. वेश्यावृति निर्वारण अधिनियम
35. बाल विवाह निषेध अधिनियम —1986
36. थेरीगाथा —बौद्ध ग्रंथ
37. बाल श्रमिक नियम —1986
38. कास्टस एण्ड ट्राइब्ज इन नार्दन इंडिया —एडगर थ्यस्टन
39. कूराने शरीफ (सूरा 2/223 2/221 2/224)
40. हदीस
41. हिन्दू पर्सनल लॉ बोर्ड (1972)
42. निकाहनामा
43. वेद
44. पुराण
45. भाखड़ा की र्सतयता श्रीपाद धर्माधिकारी
46. पिंजर —अमृताप्रीतम
47. इंडिया किरण --"
48. सुनहरे (अकादमी परस्कार) —"
49. धरती सागर सेसीपिया —"
50. खबर नामा —"
51. रसीदी टिकट —".
52. नराधाम रूकमणी —"
53. कामायनी —जयशंकर प्रसाद
54. भारत भारती —मैथिली सरण गुप्त
55. हल्दी घाटी —श्याम सरण पाण्डे
56. जौहर —" "
57. इंदिरा गाँधी 1028 डेज राज दरबारी
58. विश्व के युग निर्माता—डा० लक्ष्मीनारायण व्यास
59. माया —महादेवी वर्मा
60. निहार —"
61. रश्मि —"
62. नीरजा —"
63. सांध्यगीत —"
64. दीप शिखा —"
65. मीरा की आराधना —जगदीश स्वरूप
66. गोदान —मुंशी प्रेमचन्द

66. गवन —मुन्शीप्रेमचन्द

67. कर्म भूमि —"

68. रंग भूमि —"

69. जूलूस —"

70. रानी सारंधा —"

71. प्रतिज्ञा —"

72. प्रेमाश्रम —"

73. वरदान —"

74. साविभ्त्री —महर्षि अरविन्द

75. हम और हमारी आजादी —डॉ० गुरू रामजी मधुकर

76. ग्रीन रिब्यूलेशन —बलराम जाखड़

67. इंडियाज फारेन पालिसी —नटवर सिंह

68. विमेन एण्ड पोलिटिकल लाइफ —मार्गरेट अलवा

69. इंडियन इयर्स —1966 व 1984 गिरधारी लाल जैन

70. स्पीचेज आफ इंदिरा गाँधी —1960

71. राजीव गाँधी बम्बई 1985

72. द बुक आफ मेमोरी —इंदिरा गाँधी

73. वीमेन आन द मार्च —श्रीमति इंदिरा गाँधी

74. द एण्ड आफ हिस्ट्री एण्ड टू लास्ट मैन—फुकुयामा

75. सरोजनी नायडू (पोरट्रेट आफ पैट्रियाट) तारा अली वेग